新世纪 新发展

山西省工商联（总商会）年鉴

SHANXISHENG GONGSHANGLIAN ZONGSHANGHUI NIANJIAN

中华工商联合出版社
CHINA INDUSTRY&COMMERCE ASSOCIATED PRESS

责任编辑：王宝平 李红霞 楼燕青 郑承运 祖冲力
设计制作：山西大源传媒商务有限公司

图书在版编目（CIP）数据

山西省工商联（总商会）年鉴 / 郎宝山编.—北京：中华工商联合出版社，2007.7
ISBN 978-7-80193-586-1

Ⅰ.山… Ⅱ.郎… Ⅲ.中国工商联合会—山西省—2000～2007—年鉴 Ⅳ.D665.9-54

中国版本图书馆CIP数据核字（2007）第086661号

中华工商联合出版社出版、发行
北京东城区东直门外新中街11号
邮编：100027 电话：64153909
网址：www.chgslcbs.cn
山西新华印业有限公司新华印刷分公司印刷
新华书店总经销

889×1192毫米1/16 印张：40 彩插96面 700千字
2007年8月第1版 2007年8月第1次印刷
ISBN 978-7-80193-586-1/F·236
定价：298.00元

《山西省工商联（总商会）年鉴》编纂委员会

《山西省工商联（总商会）年鉴》编辑工作人员

历史的足迹

HISTORICAL FOOTMARKS

中国工商业联合会是新中国成立后，在改组改造旧商会、旧工业会基础上建立的以私营工商业为主体，国营企业和合作社、公私合营企业等各类工商业者参加的具有统一战线性质的人民团体和商会组织，是人民政治协商会议的组成单位之一。山西省工商业联合会的成立以1952年10月17日召开首届会员代表大会为标志，至今已走过五十五年的光荣历程。五十多年来，省工商联团结广大会员，联系工商界人士，在沟通政府与工商界联系方面发挥了桥梁助手作用。建国初期，为推动生产、发展经济、繁荣市场、保障供给做出了积极贡献；在国家对资本主义工商业进行社会主义改造时期，团结和联系私营工商业人士，协助党和政府贯彻过渡时期总路线和有关方针政策；“文化大革命”期间，省工商联被迫停止活动，广大会员经受住了严峻考验。改革开放后，党和政府赋予工商联做非公有制经济代表人士思想政治工作的重要任务，随着主要工作职能的转变，作为党和政府联系非公有制经济人士的桥梁和纽带、政府管理非公有制企业的助手，工商联工作步入新的发展时期。

省工商業界代表會議開幕

這次會議將正式成立山西省工商業聯合會

1952年10月21《山西日报》关于首届省工商联会员代表大会开幕的报道

2004年3月4日，边鸣涛会长参加全国政协十届二次会议受到中共中央总书记胡锦涛同志的亲切接见

2001年7月，时任全国政协副主席、中共中央统战部部长王兆国视察山西海鑫钢铁集团有限公司，省工商联副会长、山西海鑫钢铁集团有限公司董事长李海仓汇报企业情况

2006年12月20日，在第二届全国“优秀建设者”表彰大会上，全国政协副主席、中央统战部部长刘延东接见省工商联党组书记马天荣和姚俊良、李兆会、陈忠孝三位“优秀建设者”

2000年5月，时任全国政协副主席、全国工商联主席经叔平视察山西安泰集团股份有限公司，安泰集团董事长、时任省工商联副会长李安民向经主席汇报企业发展情况

2007年6月12日，全国政协副主席、全国工商联主席黄孟复接见省工商联会长边鸣涛、副会长樊秀清

2001年7月9日，时任全国工商联党组书记、第一副主席梁金泉，中共中央统战部副部长胡德平视察民营企业山西长信钢铁集团

2007年5月20日，中共中央统战部副部长、全国工商联第一副主席胡德平为山西运城豪德光彩贸易广场奠基

2006年11月28日，全国工商联党组副书记、副主席张龙之来山西省参加中国光彩事业“太行行”活动启动仪式

2007年5月20日，全国工商联副主席谢伯阳为山西运城豪德光彩贸易广场奠基仪式授牌

2004年10月30日，全国工商联副主席孙晓华参加省工商联举办的“2004晋商国际论坛”并做重要讲话

2007年6月11日，全国工商联副主席沈建国出席省工商联举办的第九届环渤海地区民营经济经贸合作交流洽谈会在京项目推介暨新闻发布会

2007年4月4日，省委书记张宝顺到省工商联会员企业山西通达集团调研，听取省工商联副会长、通达集团董事长远勤山的汇报

2005年9月23日，时任省委副书记、代省长于幼军到省工商联会员企业山西锌业集团调研，听取省工商联副会长、锌业集团董事长王建国的汇报

2002年9月13日，时任省委常委、省纪检委书记金银焕参加朔州市私立中学“朔州第二中学”落成剪彩

2007年1月30日，省政协主席刘泽民，省委常委、常务副省长薛延忠，省委常委、副省长梁滨等省领导出席省“两会”非公人士代表委员联谊会

2007年1月30日，省委常委、常务副省长薛延忠，省委常委、省委统战部部长李政文等领导接见出席山西省“两会”的非公经济人大代表和政协委员

2002年6月26日，省委常委、省委秘书长申联彬参加省工商联第九次会员代表大会，并代表中共山西省委致贺词

2006年2月9日，时任副省长梁滨出席省工商联与太原市工商联共同举办的“省城民营企业家元宵联谊会”，并代表省四大班子领导讲话

2006年12月8日，省委常委、省委统战部部长李政文视察省工商联机关

2002年9月14日，时任副省长范堆相出席省工商联举办的“能源与环境”论坛

2003年7月12日，副省长靳善忠视察民营企业招聘下岗职工再就业活动

2005年8月21日，时任省委副书记、代省长于幼军，副省长宋北杉，时任省政府秘书长李政文等领导接见参加省工商联九届三次常委（扩大）会议的全体同志

2002年6月26日至27日，省工商联第九次会员代表大会在太原山西饭店隆重举行

2002年6月27日，时任省委书记田成平在山西饭店接见新当选的省工商联九届会领导班子全体成员，与大家座谈

2002年6月27日，时任省长刘振华、副省长杜五安等领导出席省工商联第九次会员代表大会闭幕会议

2002年6月26日,省工商联第九次会员代表大会在太原山西饭店隆重召开。时任全国工商联党组副书记、副主席瞿怀明，省领导申联彬、梁国英、薛军、靳承序、吴锦文、宋绍华、聂向庭、张正明出席开幕式并讲话

2002年6月26日，省工商联第九次会员代表大会在太原山西饭店隆重开幕

2002年6月26日，时任全国工商联党组副书记、副主席瞿怀明出席省工商联第九次会员代表大会，并代表全国工商联发表了贺词

2002年6月26日，省政协副主席、时任省委统战部部长吴锦文在省工商联第九次会员代表大会上代表省委统战部作重要讲话

2002年6月27日，时任省委书记田成平接见新当选的省工商联九届会领导班子成员

2004年3月4日，边鸣涛会长出席全国“两会”

2002年6月27日，省领导听取新当选的省工商联九届领导班子成员对加快发展山西省民营经济的建议

2005年2月28日，省工商联组织省城民营企业家学习座谈国务院“非公经济36条”

2006年1月11日，省领导到省政协分组讨论会上听取工商联界别委员对政府工作报告的意见

省工商联政协委员与经济专家共商促进山西省民营经济发展大计

省工商联宣传载体和调查研究、参政议政成果

2000年9月26日，省工商联与省有关部门共同组织了全省万户民营企业（含个体户）问卷调查活动

2002年1月28日至30日，全国工商联领导来山西省调研，召开了华北五省区工商联负责人和省民营企业家、基层工商联负责人参加的《章程》修改座谈会

2004年9月9日至11日，省工商联领导参加了在平遥举办的中国商会百年研讨会，边鸣涛会长发言

2004年12月24日,省工商联党组成员、副会长郎宝山就宏观调控与民营企业科学发展在河津市调研

2006年11月16日，省政协副主席、省工商联会长边鸣涛就民营企业参与社会主义新农村建设情况，在孝义市驿马乡进行调研

2006年11月29日，省委统战部副部长、省工商联党组书记马天荣在潞宝集团就民营企业文化建设情况进行调研

2001年3月至7月，省工商联组织了全省民营企业纪念建党80周年文艺汇演活动

2003年2月至9月，省工商联组织了全省民营企业学习贯彻“三个代表”重要思想知识竞赛与征文活动

2003年10月14日至15日，省工商联在怀仁县组织召开了全省民营企业文化建设交流研讨会

2005年4月25日，省工商联与省总工会联合召开了全省民营企业“关爱员工，实现双赢”经验交流大会

2001年7月10日至12日，省工商联与省委统战部在长治市共同组织召开了山西省非公有制经济代表人士思想政治工作经验交流大会

2005年4月25日，省工商联在太原来福集团隆重召开民营企业文化建设委员会成立大会

2005年8月6日至7日，省工商联在沁源县组织召开了全省非公企业文化建设暨思想政治工作经验交流会

2005年8月21日，在太原市山西国贸大饭店，省工商联组织举办了“2005晋商国际论坛”

2006年10月29日至30日，在山西黄河电视台演播大厅，省工商联与有关单位联合举办了“国际营销大师山西高端论坛”，有300多名企业管理者参加

2004年10月30日至31日，在太原市山西国贸大饭店，省工商联牵头与有关部门共同组织举办了“2004晋商国际论坛”

2001年7月28日，在太原市太航招待所，省工商联与省委统战部共同举办了工商联委员资格培训班

2002年10月25日至26日，在太原市铁道大厦，省工商联与省委统战部共同举办了全省非公有制经济代表人士培训班

2005年5月31日至6月3日，省工商联组织民营企业家在浙江党校进行了民营企业管理和民营企业文化培训

2005年8月5日至9日，省工商联组织省市工商联领导参加了全国工商联在南宁市举办的培训班

2006年8月18日，在太原万狮京华大酒店召开了全国工商联法律委员会第三次全体会议，与会领导、专家、学者共同研讨建立民营企业风险防范机制和危机处理机制

2001年1月18日，在太原并州饭店，省工商联与香港新界总商会签订结为友好商会协议书，并互赠锦旗

2001年9月17日至19日，省工商联组团参加了在南京举办的第六届世界华商大会

2001年9月20日，省工商联与江苏省工商联在南京签订结为友好商会协议书

2004年7月4日，时任省工商联党组书记邓永武、副会长张慎德率团到浙江省工商联调研考察，两会互赠礼品

2005年10月10日，参加第八届世界华商大会的省工商联代表团，在韩国首都首尔市会见香港中华总商会代表团

2006年4月25日，在太原晋祠国宾馆，省工商联与安徽省工商联赴晋考察团进行晋商与徽商文化座谈交流

2001年4月28日，省工商联与省国防工办共同组织了山西省首届大型民企与军工合作交流洽谈会

2002年8月27日，省工商联与有关部门共同组织承办了科技项目对接洽谈会

2002年10月11日至13日，省工商联举办了经省政府批准的山西省首届民营企业交易会

全国工商联和省四大班子及有关部门领导、来自全省11个地市工商联和民营企业共500多人参加了交易会开幕式

2003年9月22日，在太原市云山饭店，省工商联与省劳动和社会保障厅、省质量技术监督局、省国税局、省地税局共同召开了全省民营企业就业工作、质量工作、诚信纳税先进单位表彰大会

2006年6月，省工商联参与了我省“沪洽会”的组织工作，并组成工商联代表团参会

2006年6月8日，在省政协宾馆，省工商联与天津市工商联共同举行环渤海地区开发开放津晋民企恳谈会

2006年8月30日，省工商联加入环渤海地区民营经济经贸合作理事会，边鸣涛会长、樊秀清副会长参加了在天津市滨海新区召开的理事会议

2006年8月31日，省工商联领导率会员企业参加了在天津市举办的第八届环渤海地区民营经济经贸合作洽谈会

2006年9月16日至17日，省工商联组织全省11个市县工商联和会员企业参加了全国民营企业家齐鲁行—山东德州投资洽谈会

2006年10月13日，在省人大培训中心省工商联召开上规模民营企业调研总结暨自主创新培训会

2007年6月11日，在北京国贸中心省工商联与临汾市政府、省招商局举办第九届环渤海民营经济经贸合作洽谈会项目推荐暨新闻发布会

2000年12月27日，省工商联与省委统战部在太原并州饭店组织召开了山西省光彩事业促进会二届一次理事会议

2001年12月11日，省工商联与省委统战部在运城市组织召开了光彩事业重点项目经验交流现场会

2001年10月31日，由香港王氏宗亲会捐建、王兆国题写校名的静乐县杜家村中心学校落成剪彩

2001年10月31日，由经叔平主席题写校名的灵丘县王佐安光彩小学隆重揭牌

2002年10月24日，省工商联与省委统战部在太原铁道大厦组织召开了山西省光彩会二届二次理事会议

省工商联与省委统战部向光彩事业先进单位和个人颁发奖牌和奖章

2002年4月19日，省工商联接受日本友人援助款在榆社县修建的李峪中日友好学校建成剪彩

2003年7月12日，在太原南宫广场，省工商联与省有关部门共同主办了再就业大型公益捐赠和招聘下岗职工活动

2003年7月12日，省工商联组织会员企业参加招聘下岗职工大型公益活动

2004年3月30日，省工商联联合省直14个单位共同组织实施的光彩劳务输出工程，在榆次环海工业园“光彩劳务输出培训基地”正式启动

2006年“六一”前，边鸣涛会长到孝义市看望民营企业残疾职工孩子，送去衣物和学习用品

2007年5月20日，省工商联与有关部门共同举办了第三届“山西省民营企业招聘周”活动

2002年6月26日至27日，省工商联第九次会员代表大会在太原市山西饭店隆重召开，330名代表出席会议

大会选举产生了山西省工商业联合会第九届执行委员会，当选执委194名

2004年7月20日至21日，省工商联九届二次执委会议在太原省职工活动中心隆重召开，会议补选王建华、郎宝山、关志道、李兆会、赵远长为副会长，牛定元为秘书长

2006年7月18日，省工商联九届三次执委会议在太原并州饭店隆重召开，会议补选樊秀清为副会长

2006年10月25日至26日，省工商联在灵石县召开全省工商联组织工作座谈会

2006年12月1日，省工商联在太原晋祠宾馆组织召开全省基层工商联工作座谈会

2000年12月，省工商联直属会员山西省五金商会成立，省工商联领导出席成立大会

2001年6月16日，省工商联直属会员山西省浙江商会在太原湖滨会堂隆重举行成立大会，省工商联领导出席大会

2006年5月27日，省工商联领导参加直属会员山西省河南商会一届二次会员代表大会

2006年6月，省工商联副会长王建华到直属会员山西省福建商会考察指导工作

2006年9月30日，省工商联领导参加直属会员山西省代理商联合会成立庆典活动

2006年11月18日，省工商联领导参加直属会员山西省广东商会一次会员代表大会

2002年10月12日，省工商联在省政协宾馆召开了各界人士和新老会员代表参加的纪念山西省工商业联合会成立50周年座谈会

2003年2月14日，省工商联在省职工活动中心组织了省城会员元宵联谊会

2005年11月23日至24日，省工商联主办的山西省民营企业乒乓球比赛在晋城市举行

2005年2月1日，时任省工商联副会长李建勋，副会长王建华代表省工商联慰问山西省统战工作老领导安志藩

2005年2月1日，副会长郎宝山、秘书长牛定元代表省工商联领导慰问退休老领导郭佑民

2006年1月18日，时任省委统战部副部长、省工商联党组书记岳纪安到大同慰问省工商联老会长郭德恒老先生

2001年2月1日，省工商联机关召开学理论、提建议活动动员会

2005年2月2日，省工商联召开机关全体人员会议，安排部署保持共产党员先进性教育活动

2005年9月，省工商联机关干部赴革命圣地井冈山参观考察，接受革命传统教育

2006年6月，省工商联机关实施“三定”工作，机关同志民主推荐中层干部

2006年10月12日，省委统战部副部长、省工商联党组书记马天荣向机关全体人员传达中共十六届六中全会精神

2007年6月28日，山西省工商联召开机关第一次党员代表大会，机关党委成立

非公经济代表人士响应《信誉宣言》活动

为了响应全国33位非公有制经济代表人士发出的《信誉宣言》，2000年2月24日，省工商联与省委统战部组织李安民、李海仓、姚俊良、崔晋宏、梁文海等担任省工商联副会长和常委职务的非公经济代表人士，在太原银苑大厦召开山西省非公有制经济代表人士响应《信誉宣言》座谈暨新闻发布会，22位民营企业家发出了弘扬中华民族守信用、讲信誉、重信义的传统美德，共同维护社会主义市场经济正常秩序的倡议书。

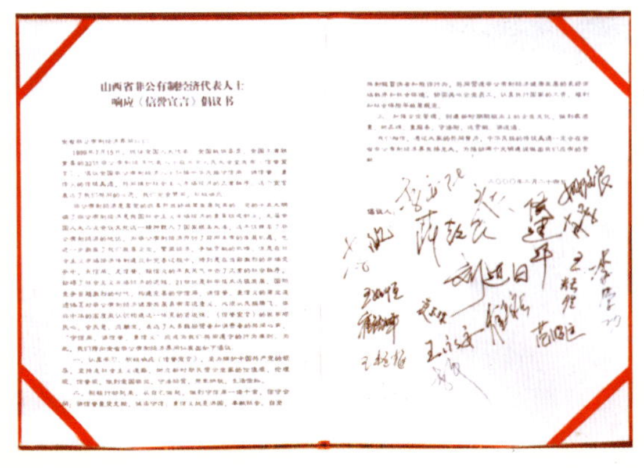

山西省非公有制经济代表人士
响应《信誉宣言》倡议书

山西省优秀民营企业评选表彰活动

2000年下半年，省委、省政府批准省委统战部和省工商联关于在全省评选表彰优秀民营企业的报告，于12月28日，在太原市并州饭店隆重举行中共山西省委、山西省人民政府表彰“优秀民营企业”大会，授予山西海鑫钢铁集团有限公司等12家企业“山西省优秀民营企业”称号，并同意省委统战部、省工商联授予山西华宇集团等38家企业“山西省先进民营企业”称号。

非公经济人士思想政治工作经验交流大会

为纪念中共中央1991年15号文件下发10周年，总结交流山西省开展非公有制经济代表人士思想政治工作经验，研究探索新形势下非公经济领域思想政治工作有效实现途径，2001年7月8日至10日，省工商联与省委统战部共同在长治市召开了山西省非公有制经济代表人士思想政治工作经验交流暨纪念中央15号文件颁发10周年大会。全国工商联党组书记梁金泉、中央统战部副部长胡德平和刘泽民、吴锦文、边鸣涛等省领导，省市县统战部、工商联领导和民营企业家代表共280余人参加会议。与会领导做了重要讲话。会议交流了先进单位和个人的经验体会，参观了优秀民营企业。

纪念建党80周年文艺汇演活动

为隆重纪念中国共产党成立80周年，引导教育广大民营企业家和员工树立“致富思源，富而思进”，坚定不移跟党走的政治信念，推动民营企业文化建设，省工商联于2001年3月至7月，组织了全省民营企业纪念建党80周年文艺汇演活动。在市县工商联组织企业汇演的基础上，7月4日至5日，省工商联在太原铁三局礼堂进行了优秀节目评选和汇报演出，从11个市地和直属会员企业的22个单位、53个节目中评选出最佳节目10个，优秀节目20个，组织奖单位15个，组织奖个人10名。汇报演出有500多名民企员工登台，1000多人观看了优秀节目汇报演出晚会。省领导为获奖单位和个人颁了奖，并观看汇报演出晚会。

山西省首届民营企业交易会

为推动山西省民营企业经贸合作与交流，在隆重纪念山西省工商联成立50周年之际，经省政府批准，省工商联于2002年10月11日至14日在太原市中国煤炭博物馆举办了山西省首届民营企业交易会，360余家民营企业在交易会上展出了自己的产品、技术和项目。全国工商联和省领导出席开幕式并参观展示区。本届交易会签订合作协议126个，意向投资金额3.7亿元，并授予97个优质产品奖，55个科技产品奖。

山西省工商联成立50周年纪念座谈会

1952年10月12日，山西省工商业界在太原隆重召开代表大会，宣告山西省工商业联合会正式成立。为隆重纪念省工商联50华诞，2002年10月12日下午，省工商联在省政协宾馆多功能会议厅举行纪念山西省工商业联合会成立50周年座谈会。全国工商联领导、省领导及省各民主党派、人民团体和有关部门负责人，新老会员代表共280多人参加了座谈会。全国工商联党组副书记、副主席保育钧代表全国工商联发表了热情洋溢的讲话，省委副书记刘泽民代表省委做了重要讲话，新老会员代表发了言。

组织民营企业捐款捐物抗击“非典”

2003年春夏之交的“非典”，严重威胁了三晋大地。面对突如其来的灾难，省工商联动员和组织全省非公有制经济代表人士与全省人民团结一心，众志成城，和衷共济，投身到防治“非典”的特殊战斗中。

4月30日，省工商联与省委统战部共同组织了非公经济代表人士捐款捐物座谈会，担任省工商联副会长和常委的13位民营企业家向省红十字会捐款135万元和价值10万元的药品。据省工商联调查统计，全省民营企业为抗击“非典”捐款捐物总额达4200多万元，其中捐款占到60%多。这项活动表现出在民族危难之时，山西省广大非公经济人士的觉悟和情操。在2004年6月召开的省工商联九届二次执委会议上，省工商联与省委统战部、省光彩事业促进会联合表彰了11家捐款捐物超过50万元的“优秀单位”和捐款捐物超过10万元的89家“先进单位”。

全省民营企业“三百”评选表彰活动

为推动全省民营企业贯彻《产品质量法》、《劳动法》和《税法》，宣传表彰先进典型，促进民营企业健康发展，2003年6月至9月底，省工商联联合省劳动和社会保障厅、省质量技术监督局、省国税局、省地税局，在全省民营企业中开展了就业工作、质量工作、诚信纳税先进单位评选表彰活动。

9月22日，活动领导组在太原云山饭店举行总结表彰大会，对全省评选出的283家先进企业和55个组织奖单位进行了表彰。

学习“三个代表”重要思想知识竞赛活动

为认真学习贯彻党的十六大精神，在全省工商联系统掀起组织民营企业学习十六大精神和“三个代表”重要思想新高潮，2003年2月至9月，省工商联在各市地工商联的配合下，在全省民营企业中开展了学习贯彻“三个代表”重要思想知识竞赛和征文活动，分别在运城、长治、太原、大同4个市进行了分片赛，各市地和省直选拔出的12个代表队参加了分组比赛。9月23日，在省政协宾馆多功能会议厅举行了“海鑫杯”决赛，海鑫钢铁集团代表队捧走冠军杯，华宇集团、长信钢铁公司、大同永和食府、通达集团、太原贵都百货代表队分获2至6名。

山西省民营企业文化建设交流研讨会

为积极响应全国工商联组织推动民营企业文化建设的号召，交流研讨推动民营企业文化建设工作经验，2003年10月14日至15日，省工商联在怀仁县召开了山西省民营企业文化建设交流研讨会。全国工商联副主席程路莅临会议做了专题演讲报告，省政协副主席、省委统战部部长吴锦文，省政协副主席、省工商联会长边鸣涛，省工商联党组书记邓永武等领导就会议主题发表重要讲话。会议进行了交流研讨，表彰了先进，参观了怀仁县优秀民营企业。

2004晋商国际论坛

2004年10月30日至31日，省工商联联合有关部门共同主办了“2004晋商国际论坛暨当代经理人山西企业高峰会”，包括6位省部级领导和有关部门领导在内的500余名各界人士参加了会议，30多家媒体跟踪报道。此次论坛产生了很大影响，成为此后省工商联连续举办的品牌活动。

高峰会嘉宾云集

全国工商联副主席 孙晓华

国务院特派稽查员 国情调查研究中心 刘吉

省委常委、宣传部长 申维辰

省人大副主任 薛军

省政协副主席 晋商研究专家 张正明

省政协副主席 省工商联会长 边鸣涛

新晋商代表 百度CEO 李彦宏

方太集团董事长 茅理翔

慧聪集团董事长 郭凡生

太原华杰集团董事长 崔晋宏

太原来福集团董事长 陈福喜

山西大学商务学院副院长 容和平

新晋商代表风采

高峰会单元论坛

山西省“优秀建设者”评选表彰活动

2004年12月17日，“山西省非公有制经济人士优秀中国特色社会主义事业建设者”表彰大会在太原市南宫礼堂隆重举行，中共山西省委、山西省人民政府授予李安民等26名优秀民营企业家“山西省非公有制经济人士优秀中国特色社会主义事业建设者”称号。省工商联与省委统战部共同承担了评选表彰活动的推荐组织工作。

“关爱员工，实现双赢”经验交流大会

2005年4月25日，省工商联与省总工会在太原市省经贸宾馆隆重召开山西省民营企业“关爱员工，实现双赢”经验交流大会。大会向获得山西省“关爱员工优秀民营企业家”、“热爱企业优秀员工”的40位民营企业家和40名员工，组织开展这项活动的36家先进组织、35名先进个人颁发了奖牌和证书。太原华杰集团董事长崔晋宏代表受表彰的民营企业家宣读倡议书。大会进行了经验交流。

民营企业文化建设委员会成立大会

2005年4月25日，省工商联在太原来福集团隆重召开山西省工商联民营企业文化建设委员会成立大会。边鸣涛会长向受聘委员颁发了聘书，委员会选定来福集团、沁新集团、潞宝集团为“山西省民营企业文化建设示范基地”，与会人员参观了来福集团企业文化。

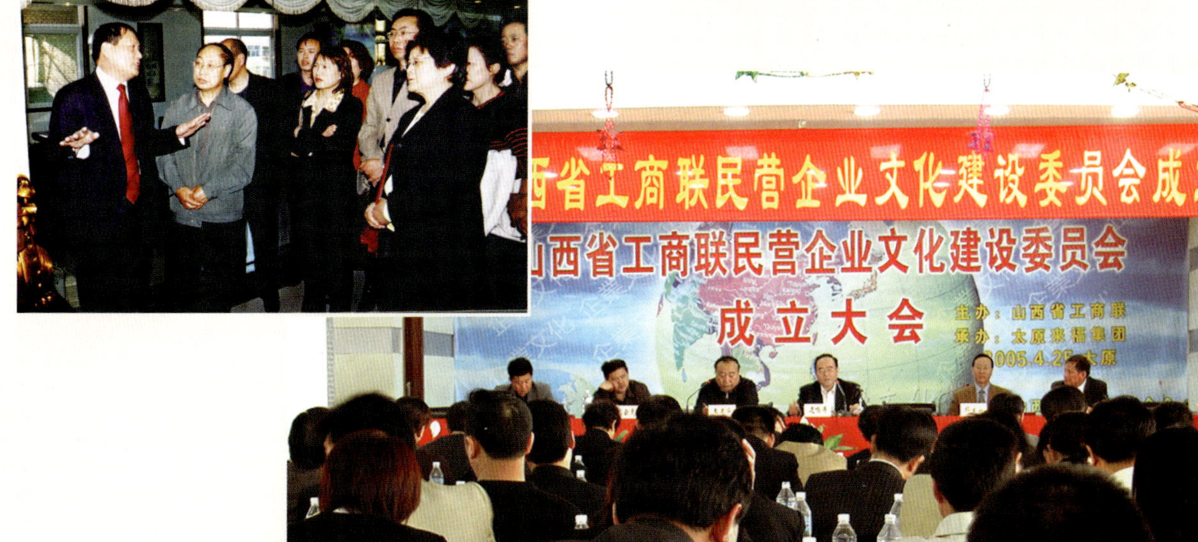

组织推动民营企业文化建设活动

省工商联积极响应全国工商联组织推动民营企业文化建设的各项重大活动，在各项主题活动中多次受到全国工商联的表彰，一批民营企业家和会务干部受到党和国家领导人、全国工商联领导的亲切接见，受到全国工商联等部门的奖励。

民营企业关爱员工慰问活动

为推动山西省民营企业“关爱员工，实现双赢”活动，省工商联领导多次下基层参加民营企业春节慰问员工活动，向民营企业的先进工作者、一线员工和困难员工、残疾员工送去温暖，表达关怀。

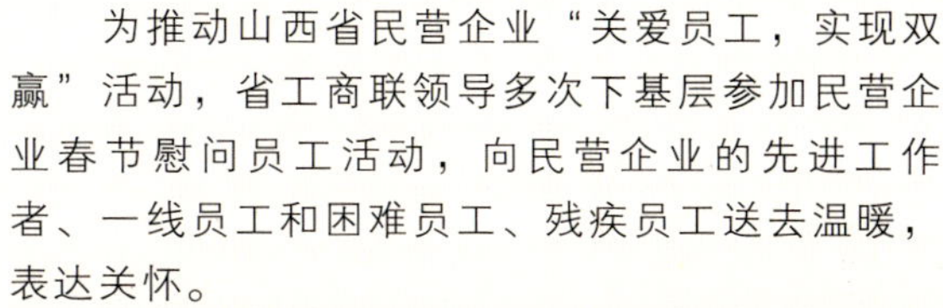

全省非公有制企业文化建设经验交流会

2005年8月6日至7日，省工商联在沁源县召开全省非公有制企业文化建设暨思想政治工作经验交流会，全国工商联副主席程路莅会并做重要讲话，省政协副主席、省委统战部部长吴锦文，省政协副主席、省工商联会长边鸣涛，省委宣传部副部长、省思想政治工作研究会会长田惠爱，省委统战部副部长、省工商联党组书记岳纪安等领导参加会议并讲话。会议进行了现场参观、经验交流和表彰。

省城民营企业家元宵联谊会

2006年2月9日，省工商联与太原市工商联在太原全晋会馆共同举办了省城民营企业家元宵联谊会。省领导薛延忠、刘泽民、薛军、梁滨、吴锦文、边鸣涛及太原市四大班子领导和省市统战部、工商联等有关部门领导与省城民营企业家代表共庆元宵佳节。联谊会举办了文艺演出、书画表演和抽奖等活动。

中国光彩事业“太行行”活动

2006年11月28日，由全国工商联、中国光彩事业促进会、山西省政府主办，省工商联与省委统战部、长治市政府共同承办的中国光彩事业“太行行”活动，在武乡县八路军太行纪念馆举行隆重的启动仪式。全国工商联党组副书记、副主席张龙之，省委常委、省政府党组副书记薛延忠，全国工商联副主席、光彩49集团董事长金会庆，省政协副主席、省光彩事业促进会会长吴锦文，省政协副主席、省工商联会长边鸣涛，省政协副主席韩儒英、周然，省委统战部副部长、省工商联党组书记马天荣及省委统战部、省工商联领导和省各民主党派负责人，长治市四大班子领导，各市统战部和工商联领导，海内外企业家300余人出席了大会。

山西省民营企业文化建设工作会议

2007年1月12日，省工商联在太原市太航大酒店西楼会议厅隆重召开“山西省民营企业文化建设工作会议”。省政协副主席、省工商联会长边鸣涛，省委统战部副部长、省工商联党组书记马天荣出席会议并做重要讲话。省工商联党组成员、副会长兼民营企业文化建设委员会主任郎宝山，党组成员、秘书长牛定元，省委统战部、省总工会、省政研会有关部室负责同志，11个地级市工商联的会领导和宣教工作负责人，40多个重点县（市）工商联领导，省工商联民营企业文化建设委员会委员140余人参加了会议。会议传达了全国民营企业文化建设工作会议精神，总结交流了全省民营企业文化建设和参与新农村建设的经验，表彰了《当代山西商会》宣传工作先进单位，参观了企业文化建设先进单位，安排部署了全省民营企业文化建设工作。太原来福集团董事长、民营企业文化建设委员会常务副主任陈福喜做委员会工作报告。与会代表参观了太原来福集团和双合成食品公司。

省“两会”非公经济代表委员联谊会

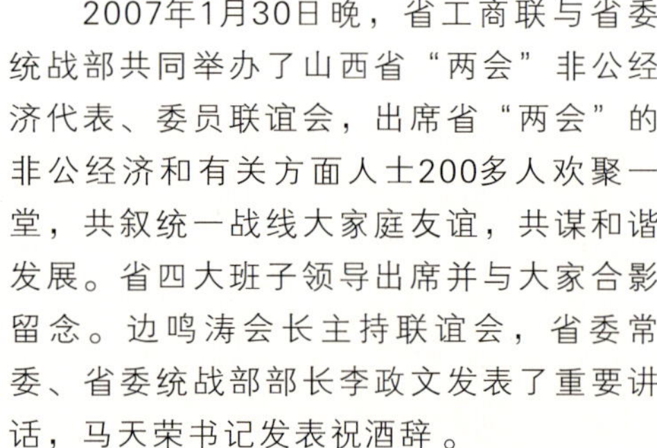

2007年1月30日晚，省工商联与省委统战部共同举办了山西省“两会”非公经济代表、委员联谊会，出席省“两会”的非公经济和有关方面人士200多人欢聚一堂，共叙统一战线大家庭友谊，共谋和谐发展。省四大班子领导出席并与大家合影留念。边鸣涛会长主持联谊会，省委常委、省委统战部部长李政文发表了重要讲话，马天荣书记发表祝酒辞。

山西省工商业联合会九届五次常委会议

2007年3月23日，省工商联九届五次常委（扩大）会议在太原晋祠国宾馆隆重召开，常委和列席会议的人员共80余人参加会议。省委常委、省委统战部部长李政文出席会议并做重要讲话，省政协副主席、省工商联会长边鸣涛向常委会报告工作，省委统战部常务副部长王大高莅会指导，省委统战部副部长、省工商联党组书记马天荣做会议总结讲话。会议总结了省工商联一年来的工作，安排部署了换届工作。李政文在讲话中对全省非公有制经济代表人士树立新晋商良好的新形象，提出了希望和要求。

省工商联单位荣获重要奖项

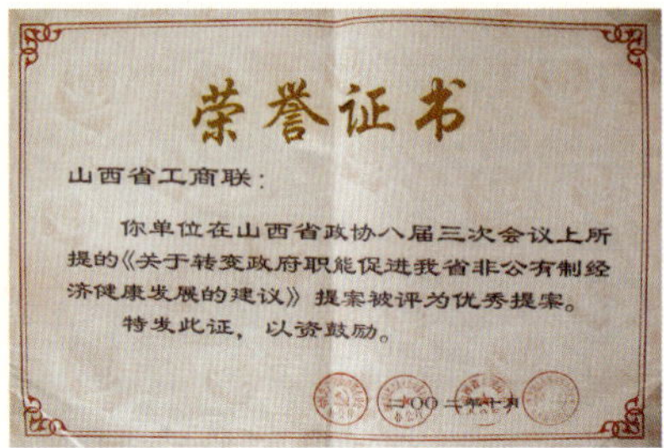

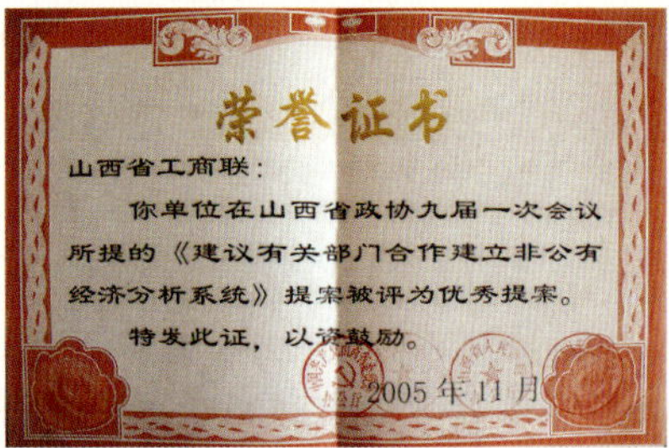

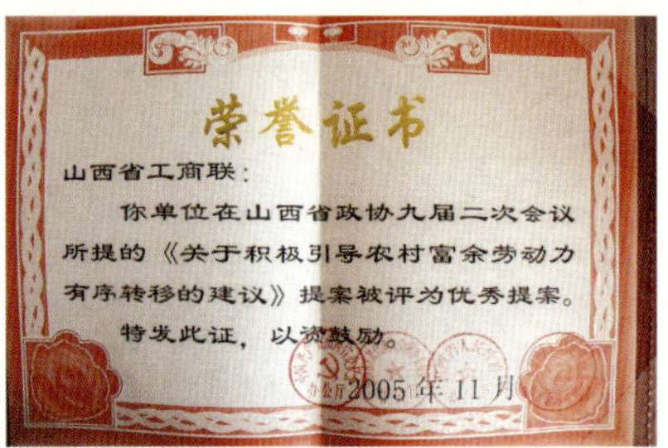

总目录

工作概览

工作报告

重要讲话

重要发文

重点提案

重大活动

特别关注

领导专论

调研报告

直属商会

市（地）工商联

政策法规

组织机构

荣誉奖项

工作概览

山西省工商联2000年工作概要
……………………………………… / 2
山西省工商联2000年大事记
……………………………………… / 4
山西省工商联2001年工作概要
……………………………………… / 6
山西省工商联2001年大事记
……………………………………… / 8
山西省工商联2002年工作概要
……………………………………… / 11
山西省工商联2002年大事记
……………………………………… / 15
山西省工商联2003年工作概要
……………………………………… / 18
山西省工商联2003年大事记
……………………………………… / 21
山西省工商联2004年工作概要
……………………………………… / 25
山西省工商联2004年大事记
……………………………………… / 28
山西省工商联2005年工作概要
……………………………………… / 31
山西省工商联2005年大事记
……………………………………… / 35
山西省工商联2006年工作概要
……………………………………… / 39
山西省工商联2006年大事记
……………………………………… / 42

工作报告

认真实践“三个代表”重要思想　与时俱进
不断创新　努力开创全省工商联工作新局面
——在山西省工商业联合会第九次会员代表大会上的工作报告
………………………………………边鸣涛 / 50

在山西省工商联九届二次执委会议上的工作报告
……边鸣涛 / 60
认真贯彻落实科学发展观 积极推动全省工商联工作再上新台阶
——在山西省工商联九届三次执委会议上的工作报告
……边鸣涛 / 69
在山西省工商联九届五次常委会议上的工作报告
……边鸣涛 / 78
以人为本 科学发展 构建和谐
全面提升民营企业文化建设水平
——山西省工商联民营企业文化建设委员会工作报告
…… / 87

重要讲话

省委书记张宝顺讲话摘要
……张宝顺 / 94
省长于幼军讲话摘要
……于幼军 / 94
在山西省工商业联合会第九次会员代表大会上的讲话
……瞿怀明 / 95
在中国光彩事业“太行行”活动启动仪式上的讲话
……张龙之 / 96
动员广大人民群众 追求美好富裕生活
——在山西省民营企业文化建设交流研讨会上的讲话
……程 路 / 98
思想政治工作要走上科学化轨道
——在山西省非公有制企业文化建设暨思想政治工作经验交流会上的讲话
……程 路 / 108
中共山西省委致山西省工商业联合会第九次会员代表大会的贺词
……申联彬 / 114
树立科学发展观 推动民营经济健康快速发展
……梁 滨 / 116

树立起新晋商良好的新形象
——在山西省工商联九届五次常委会议上的讲话
…………………………………………李政文 / 121
在山西省工商业联合会第九次会员代表大会开幕式上的讲话
…………………………………………吴锦文 / 126
在山西省工商联九届二次执委会议上的讲话
…………………………………………吴锦文 / 129
在山西省非公有制企业文化建设暨思想政治工作经验交流会上的讲话
…………………………………………吴锦文 / 132
在山西省民营企业文化建设交流研讨会上的讲话
…………………………………………边鸣涛 / 137
在山西省民营企业“关爱员工，实现双赢”经验交流会上的讲话
…………………………………………边鸣涛 / 139
在山西省工商业联合会第九次会员代表大会闭幕会上的讲话
…………………………………………邓永武 / 142
在山西省民营企业文化建设交流研讨会上的总结讲话
…………………………………………邓永武 / 146
在山西省非公有制企业文化建设暨思想政治工作经验交流会上的总结讲话
…………………………………………岳纪安 / 149
在山西省工商联九届三次常委（扩大）会议上的总结讲话
…………………………………………岳纪安 / 154
在山西省民营企业文化建设工作会议上的讲话
…………………………………………马天荣 / 157
在山西省工商联九届五次常委会议上的讲话
…………………………………………马天荣 / 162

重要发文

关于继续推进再就业工作的通知
………………………………………… / 168

关于在全省市县工商联开展“学理论、提建议”活动的通知
……………………………………… / 169
关于推荐工商联就业先进会员企业的通知
……………………………………… / 171
关于评选工商联会员企业质量工作先进单位的通知
……………………………………… / 172
关于推荐工商联就业先进会员企业的通知
……………………………………… / 173
关于加大发展会员力度 改善会员结构的意见
……………………………………… / 174
关于在全省民营企业中开展“重质量 讲信誉 自觉维护市场秩序”活动的通知
……………………………………… / 175
关于转发全国工商联、全国总工会《关于开展“关爱员工，实现双赢”活动的通知》的通知
……………………………………… / 177
关于认真组织纪念邓小平同志诞辰100周年宣传教育活动的通知
……………………………………… / 178
关于学习贯彻《国务院关于鼓励支持和引导个体私营等非公有制经济发展的若干意见》的通知
……………………………………… / 179
关于大力发展企业会员进一步规范会员管理工作的通知
……………………………………… / 180
关于征集民营企业“十一五”规划项目的通知
……………………………………… / 181
关于推进我省贯彻落实《国务院关于鼓励支持和引导个体私营等非公有制经济发展的若干意见》的建议报告
……………………………………… / 182
关于深入开展“关爱员工，实现双赢”系列活动的通知
……………………………………… / 183
关于推荐民营企业参与新农村建设先进典型的通知
……………………………………… / 185

重点提案

关于对先进非公有制企业和优秀非公经济代表人士进行评选表彰的建议 ……………………………………… / 188

建议有关部门合作建立非公经济统计分析系统 ……………………………………… / 188

关于研究全省经济结构调整的有关计划和制定政策、法规应当吸收工商联参加的建议 ……………………………………… / 189

深入贯彻十六届三中全会精神　支持民营企业积极参与国企改革 ……………………………………… / 189

关于创我省劳务输出品牌　积极引导农村富余劳动力有序转移的建议 ……………………………………… / 191

建议省委制定加强工商联工作的文件 ……………………………………… / 192

关于落实工商联行政机构、行政编制问题的建议 ……………………………………… / 192

关于进一步完善对非公有制经济人士表彰工作的建议 ……………………………………… / 193

建议省人大尽快废止《山西省个体经营户和私营企业管理条例》并制订实施《山西省促进个体、私营等非公有制经济发展条例》 ……………………………………… / 194

关于请省政府参照广东、浙江、湖南等省市做法授权工商联作为同业公会（商会）业务主管单位的建议 ……………………………………… 195

关于对涉及民营企业家的社团进行规范管理的建议 ……………………………………… / 196

关于解决中小企业融资难问题的建议 ……………………………………… / 197

关于加强对发展非公有制经济的指导和政策协调工作的建议 ……………………………………… / 198

鼓励支持引导非公企业参与新农村建设的建议 ……………………………………/200
关于加强全省工商联系统信息化建设的建议 ……………………………………/201
关于合理调整企业自备电厂输配电电价的建议 ……………………………………/201
关于解决我省部分市、县工商联公务员登记中存在问题的建议 ……………………………………/202
关于进一步加强对非公有制经济宣传工作的建议 ……………………………………/202
关于建立民营企业风险防范和危机处理机制的建议 ……………………………………/203
建议扶持农业合作经济组织促进农村经济快速发展 ……………………………………/204
关于动员社会各方面力量全力推进我省劳务输出的建议 ……………………………………/205
改善涉农投资环境引导民营企业投资农业产业化经营 ……………………………………/207
加快民营企业走新型工业化步伐 努力实现我省民营经济跨越式发展 ……………………………………/209
贯彻党的十六大精神推进非公有制经济健康发展 ……………………………………/212
用科学发展观引导民营企业健康发展 ……………………………………/214
关于进一步改进我省非公有制经济发展外部环境状况的建议 ……………………………………/216
弘扬晋商文化 重振晋商雄风 ……………………………………/218
加大对国务院“非公36条”的贯彻力度 鼓励支持引导非公经济快速健康发展 ……………………………………/220
树立非公经济人士新形象 造就一支中国特色社会主义事业优秀建设者队伍 ……………………………………/222
积极组织引导民营企业参与新农村建设 ……………………………………/224

重大活动

非公有制经济代表人士响应《信誉宣言》活动 ……………………………………/228

山西省优秀民营企业评选表彰活动 ……………………………………/228

万户民营企业（含个体户）问卷大调查活动 ……………………………………/229

山西省民营企业纪念建党80周年文艺汇演活动 ……………………………………/230

山西省非公有制经济代表人士思想政治工作经验交流暨纪念中发[1991]15号文件颁发十周年大会 ……………………………………/230

山西省首届民营企业交易会 ……………………………………/230

纪念山西省工商联成立50周年座谈会 ……………………………………/231

组织非公经济代表人士积极投身抗击“非典”捐款捐物活动 ……………………………………/231

“送走一个，脱贫一户，影响一片”贫困地区劳务输出光彩扶贫活动 ……………………………………/232

民营企业学习十六大精神和“三个代表”重要思想知识竞赛活动 ……………………………………/232

全省民营企业“三百”评选表彰活动 ……………………………………/233

组织开展民营企业文化主题活动 ……………………………………/233

组织开展民营企业“关爱员工，实现双赢”活动 ……………………………………/234

举办晋商国际论坛活动 ……………………………………/235

非公有制经济人士优秀中国特色社会主义事业建设者评选表彰活动 ……………………………………/235

成立山西省工商联民营企业文化建设委员会 ……………………………………/236

组织举办“山西首届国际营销节”
……………………………………/237
组织民营企业文化建设学习考察和培训活动
……………………………………/237
山西省第一届民营企业“华厦杯”乒乓球比赛
……………………………………/238
省城民营企业家元宵联谊会
……………………………………/238
紫林醋业·国际营销大师山西高端论坛
……………………………………/239
省工商联机关实施“三定”工作
……………………………………/239
全省基层工商联工作座谈会
……………………………………/239
协助省政府组织招商引资活动
……………………………………/240
中国光彩事业“太行行”活动
……………………………………/240
山西省民营企业文化建设工作会议
……………………………………/240
“两会”非公经济人士代表、委员联谊会
……………………………………/241
“树立新晋商新形象，争做优秀建设者”座谈会
……………………………………/241
省工商联机关党委成立
……………………………………/244
山西省非公有制经济代表人士响应《信誉宣言》倡议书
……………………………………/245
山西省优秀民营企业家倡议书
……………………………………/246
争做优秀中国特色社会主义事业建设者倡议书
……………………………………/247
关爱员工　实现双赢　为构建社会主义和谐社会做贡献倡议书
……………………………………/248
倡议书
——让我们积极投身社会主义新农村建设的伟大事业
……………………………………/249

特别关注

李海仓遇害事件
……………………………………/252
山西省委、省政府主要领导亲切接见李海仓亲属和海鑫集团新班子成员
……………………………………/256
悼念李海仓同志
……………………………………胡德平/257
长忆晋商奇才
——忆当代晋商骄子李海仓
……………………………………边鸣涛/258
李海仓永远活在我们心中
……………………………………黄有泉/264
揭开李海仓财富之谜
——海鑫集团真相彻底调查
………………张志勇 马璐瑶 张华钰/266
极度关注李海仓事件
……………………………………李 涛/272
海仓走后话海仓
——陪同全国工商联记者团采访侧记
………………………郎宝山 闫晓红/275
善待民营企业家
……………………………………郎宝山/279

领导专论

民营经济——中西部超常规发展的关键
……………………………………边鸣涛/284
坚持中国特色社会主义 致力非公有制经济健康发展
……………………………………边鸣涛/288
企业文化——振兴企业的原动力
……………………………………边鸣涛/292
全面贯彻党对非公有制经济的理论方针和政策
——学习《江泽民文选》的心得体会
……………………………………张慎德/295

工商联参与非公有制企业党建工作面临的形势和任务
……………………………………王建华 / 298
如何推动民企主题文化活动
……………………………………郎宝山 / 300
引导非公有制经济代表人士为构建社会主义和谐社会做贡献
……………………………………郎宝山 / 303
非公有制经济人士在政协组织中履行职责情况的调查和思考
……………………………………郎宝山 / 307
如何看待民营企业的以人为本
……………………………………郎宝山 / 313
当前市县工商联工作的调查与思考
……………………………………郎宝山 / 315
非公有制企业在新农村建设中的机遇
……………………………………郎宝山 / 321
加强工商联机关自身建设 努力提高履行职责和发挥作用的能力
……………………………………牛定元 / 325
围绕中心 加强服务 全力推动我省经济发展
——访省工商联党组成员、副会长郭 锐
…………………………………… / 327
大力加强工商联组织建设
——访省工商联党组成员、副会长王建华
…………………………………… / 329
推进民企文化建设健康发展
——访省工商联党组成员、副会长兼民营企业文化建设委员会主任郎宝山
…………………………………… / 333

调研报告

关于山西省非公有制经济发展外部环境状况的调查
…………………………………… / 338
2001至2003年山西省上规模民营企业发展态势分析
…………………………………… / 344

山西省民营企业家队伍状况分析
……………………………………/348
山西省民营企业文化建设状况调查
……………………………………/362
关于对我省贯彻落实《国务院关于鼓励支持和引导个体私营等非公有制经济发展的若干意见》情况的调查报告
……………………………………/373
山西省工商联和民营企业参与社会主义新农村建设的情况调查
……………………………………/376
山西省非公有制经济现状及对策
……………………………………/380
光彩的历程　神圣的事业
——山西省光彩事业十年回眸与展望
……………………………………/393
山西省非公有制企业思想政治工作基本情况的调查
……………………………………/401
2006年山西省民营经济发展报告
……………………………………/407
2006年山西省商会发展报告
……………………………………/414
《法律·法规·理论·实践　民营经济发展的若干问题》
……………………………………/418
《非公经济思想政治工作理论与探讨》
……………………………………/418
《山西省民营企业名录》
……………………………………/419
《山西省工商业联合会成立50周年纪念画册》
……………………………………/419
《山西民营经济发展报告》
……………………………………/420
《建设者风采》
……………………………………/420
《2005年山西民营经济发展分析与预测》
……………………………………/421

直属商会

山西省福建商会 ……………………………………/424

山西省浙江商会 ……………………………………/426

山西省河南商会 ……………………………………/428

山西省广东商会 ……………………………………/428

山西省五金商会 ……………………………………/429

山西省代理商联合会 ……………………………………/429

市（地）工商联

太原市工商业联合会 ……………………………………/432

大同市工商业联合会 ……………………………………/432

阳泉市工商业联合会 ……………………………………/433

长治市工商业联合会 ……………………………………/434

晋城市工商业联合会 ……………………………………/435

朔州市工商业联合会 ……………………………………/435

忻州市工商业联合会 ……………………………………/436

晋中市工商业联合会 ……………………………………/437

临汾市工商业联合会 ……………………………………/438

运城市工商业联合会
……………………………………/439
吕梁市工商业联合会
……………………………………/440

政策法规

中共中央关于促进非公有制经济发展的重要论述（摘选）
……………………………………/442
国务院关于鼓励支持和引导个体私营等非公有制经济发展的若干意见
……………………………………/444
中共山西省委 山西省人民政府关于进一步加快非公有制经济发展的决定
……………………………………/450
中共山西省委、山西省人民政府关于加快发展县域经济的若干意见
……………………………………/456
山西省人民政府办公厅印发关于促进全省个体私营等非公有制经济快速健康发展的实施意见的通知
……………………………………/460
山西省发展和改革委员会关于推进投资管理制度改革支持非公有制经济和县域经济发展的实施意见
……………………………………/463
山西省贫困地区农副产品加工、流通企业贷款贴息办法（试行）
……………………………………/465
山西省财政厅关于加快非公有制经济和县域经济发展财政配套措施的意见
……………………………………/466
中国人民银行太原中心支行关于印发《关于金融支持县域经济发展的实施方案》的通知
……………………………………/467
中国人民银行太原中心支行关于印发《关于金融支持山西省个体私营等非公有制经济发展的意见》的通知
……………………………………/470

山西省商务厅关于进一步促进非公有制企业发展的实施意见 ……………………………………… / 473
山西省交通厅关于贯彻省委、省政府《关于加快发展县域经济的若干意见》的意见 ……………………………………… / 475
山西省扶贫开发领导组办公室关于落实晋发[2004]15号、晋发[2005]18号文件“十一五”期间利用财政贴息扶持贫困地区农业产业化龙头企业加快发展的通知 ……………………………………… / 476
山西省教育厅关于贯彻《中共山西省委、山西省人民政府关于加快发展县域经济的若干意见》的意见 ……………………………………… / 477
山西省农村信用社联合社关于支持发展县域经济的实施意见 ……………………………………… / 479
山西省劳动和社会保障厅关于贯彻省委省政府进一步加快非公有制经济发展的决定和加快发展县域经济的若干意见有关问题的通知 ……………………………………… / 481
山西省人民政府办公厅关于印发山西省民营经济“十一五”发展规划的通知 ……………………………………… / 484

组织机构

2000年至2006年6月省工商联机关组织机构 ……………………………………… / 498
2006年6月省工商联机关组织机构调整情况 ……………………………………… / 498
山西省工商业联合会第九届执行委员会会长、副会长、秘书长、常务委员名单
2002年6月27日山西省工商业联合会第九届执行委员会第一次会议选出 ……………………………………… / 499

山西省工商业联合会第九届执行委员会委员名单
2002年6月27日山西省工商业联合会第九次会员代表大会全体会议选出
……………………………………/500
山西省工商业联合会第九届执行委员会增补、替补副会长、秘书长、常务委员、执行委员名单
2004年7月21日山西省工商联九届二次执委会议选出
……………………………………/501
山西省工商业联合会第九届执行委员会增补、替补常务委员、执行委员名单
2005年8月22日山西省工商联九届三次常委会议选出
……………………………………/501
山西省工商业联合会第九届执行委员会替补副会长执行委员名单
2006年7月18日山西省工商联九届三次执委会议选出
……………………………………/501

荣誉奖项

省工商联荣获重要奖项情况
……………………………………/504
优秀调研成果获奖情况
……………………………………/505
山西省工商联优秀提案获奖情况
……………………………………/506
非公有制经济人士优秀中国特色社会主义事业建设者
……………………………………/506
山西省非公有制经济人士优秀中国特色社会主义事业建设者
……………………………………/507
各民主党派、工商联、无党派人士“为全面建设小康社会做贡献先进单位”
……………………………………/507

各民主党派、工商联、无党派人士“为全面建设小康社会做贡献先进个人”
……………………………………/507
山西省光彩事业光荣榜
……………………………………/508
全国关爱员工优秀民营企业家
……………………………………/510
全国双爱双评先进企业
……………………………………/510
山西省关爱员工优秀民营企业家
……………………………………/511
山西省热爱企业优秀员工
……………………………………/512
全国工商联就业先进会员企业
……………………………………/513
全国工商联质量先进会员企业
……………………………………/513
全国工商联纳税先进会员企业
……………………………………/514
全国就业工作先进民营企业
……………………………………/514
全国就业与保障先进民营企业
……………………………………/514
全国民营企业思想政治工作先进单位
……………………………………/514
全国民营企业思想政治工作先进单位
……………………………………/515
全国民营企业文化建设先进单位
……………………………………/515
山西省优秀民营企业
……………………………………/515
山西省先进民营企业
……………………………………/516
山西省思想政治工作优秀单位（非公有制企业）
……………………………………/516
山西省优秀思想政治工作者（非公有制企业）
……………………………………/517
山西省企业文化建设先进单位（非公有制企业）
……………………………………/517

山西省企业文化建设先进工作者（非公有制企业）
……………………………………/517
山西省非公企业思想政治工作先进单位
……………………………………/518
山西省民营企业文化建设先进单位
……………………………………/519
非公有制企业为山西省抗击“非典”捐款捐物优秀单位
……………………………………/519
非公有制企业为山西省抗击“非典”捐款捐物先进单位
……………………………………/520
山西省民营企业就业工作先进单位
……………………………………/521
山西省民营企业质量工作先进单位
……………………………………/523
山西省民营企业诚信纳税先进单位
……………………………………/525

工作概览

山西省工商联2000年工作概要

2000年，是我国实现经济和社会发展三步走战略目标承前启后、继往开来的重要一年。全省工商联组织紧跟党委、政府的步调，在统战部的指导和帮助下，积极进取，开拓创新，在世纪交替之年取得了新的可喜成绩。

调查研究、参政议政

全省各级工商联围绕经济建设这个中心，认真学习贯彻党的十五届三中、四中、五中全会和中共中央关于加强和改进思想政治工作的指示精神，进行了大范围、深层次、多方面的调查研究，向党委和政府一共提出1987件提案、建议和报告，认真履行了参政议政职能。在全省开展了第四次“全国私营企业抽样问卷调查”、“非公有制经济组织党建情况调查”、“全省万户民营企业问卷大调查”、“再就业政策落实情况调查”、“在非公有制企业贯彻劳动法的调查”、“全省工商联现状和问题调查”以及非公有制经济领域发展情况的调查研究，向全国工商联报送了“1996~1999年山西个体私营经济发展情况”、“山西省非公有制经济组织党建情况”等调研报告。万户民营企业问卷大调查，得到刘振华省长的重视与支持，共下发问卷15000余份，调查走访了上万个企业。11月1日，省政协召开了首次省长办理提案座谈会，薛军副省长、万良适副主席和省政府办公厅、省财政厅、省地税局等有关方面负责人与商会领导及部分民营企业家就商会关于建立非公有制经济贷款担保机构和县、乡工商联协同税务部门对个体、私营企业纳税额进行民主评议两件团体提案的办理情况进行了通报和座谈。“山西省中小企业信用担保有限公司”已经开始运作，另有10个市、县、区也成立了类似机构；省地税局下发了23号文件，要求各地地税部门吸收工商联参与个体工商户的民主评税工作；完成了“关于非公有制经济代表人士思想政治工作的探讨”、“改革开放以来山西个体私营经济发展状况的考察”两个省级软课题。

组织建设

山西省总商会已经省民政厅批准登记注册。2000年，全省新组建乡镇商会102个，同业公会、行业协会40个，发展新会员3008个，全省工商联基层组织达到735个，会员总数达到47573个。山西省福建商会、五金商会已经省民政厅登记注册并举行了成立大会，浙江商会、汽车用品和美容美发商会正在加紧筹建中。

12月26日，召开了山西省工商业联合会八届五次执委会议，会议对全省工商联2000年工作进行了总结，表彰了全省46个先进组织和45名先进个人。刘泽民副书记作了重要讲话。会议选举边鸣涛为山西省工商业联合会（总商会）会长，马长有被选为名誉会长。

思想政治工作

一是以响应《信誉宣言》为契机，开展了“守信用、讲信誉、重信义”的宣传教育活动。2月24日，在省工商联八届四次执委会议期间，省委统战部、省工商联共同组织召开了“山西省非公有制经济代表人士响应《信誉宣言》座谈暨新闻发布会”，李安民、李海仓、姚俊良、梁文海、崔晋宏等22位非公有制经济代表人士向全省非公有制经济界同仁发出了守信用、讲信誉、重信义，共同维护社会主义市场经济正常秩序的倡议书；二是进行了“致富思源、富而思进”的学习教育。5月29日省委统战部、省工商联在省委常委会议室召开了非公有制经济代表人士“致富思源，富而思进”座谈会，省委副书记刘泽民同志参加座谈并作了重要讲话；三是在全省范围内进行了优秀民营企业家评选活动。在12月27日省委、省政府举行的表彰会上，山西海鑫钢铁公司等12户企业被授予优秀民营企业称号，长信钢铁公司等38家民营企业被省委统战部、省工商联授予先进民营企业称号；四是探索非公企业党建工作。各地工商联协助当地党委、工会、共青团等部门，在非公有制企业中开展党组织、工会、共青团组织的建设。临汾地区工商联经地委组织部批准，成立了地区工商联党总支，领导11家会员企业党支部、98名党员。吕梁地区在私营企业中建立党支部129个、党小组222个；五是推动光彩事业活动健康发展。据统计，2000年全省共有2263位非公经济人士开展了290个光彩项目，投入资金2.85亿元。

经济服务

开展融资服务。省工商联提议并协助调研考察后，省财政厅组建了“山西省中小企业信用担保有限公司”，5月正式挂牌服务，首批支持的3个企业中有两家非公经济企业。临汾地区工商联组织成立的“正和中小企业贷款担保公司”，已为16家中小民营企业提供了18笔贷款担保，获得银行贷款总额2840万元。阳泉市工商联帮助成立的“个体私营企业信用担保有限公司”，为84家企业提供了106笔融资担保业务，累计融资3759万元。

组织展销、促销活动。12月8日至12日省工商联组织全省122家企业参加了由国家经贸委和全国工商联在云南昆明主办的首届中国民营企业交易会，会上共签定招商引资项目2个，协议投资2750万美元，其中利用外资2100万美元；签定内联项目11个，合同协议金额3.69亿元人民币；签定贸易合同、协议31个，金额2.5亿元人民币。

组织会员企业外出学习考察。4月份，组织部分会员企业参加了在上海虹桥民营经济城举办的“民营企业与上海2000年民营企业高级论坛”活动，阳泉市工商联组织会员参加在深圳举办的第二届高新科技成果交易会和北京、西安召开的专业交易会，帮助企业引进了项目和技术。

配合有关部门继续做好下岗职工再就业和非公经济参与国企改革工作。省工商联参加了省政府再就业领导组组织的再就业政策落实情况检查和劳动保障综合执法大检查验收等工作。

各地工商联大力引导会员为当地经济建设做贡献。垣曲县工商联会同统战部，连续几年实施“经济统战工程”，个体私营企业年纳税额由372万元增加到1760万元。临猗县工商联积极参与民营经济园区建设，吉县、五台、河曲、保德等山区贫困县工商联组织会员企业投入当地生态农业综合开发，收到了良好效果。

信息服务

7月份，省工商联组织各地、市和部分县、区工商联参加了全国工商联信息工作研讨会，为推进中华工商网服务会员企业做了准备。太原、长治、临汾、侯马等市、县工商联建立了信息中心，利用网络、会讯、小报等手段，为会员企业提供信息服务。太原市杏花岭区工商联建立了“银杏商网”，利用互联网为会员提供服务。法律服务方面，省工商联与山西省烽华律师事务所合作，成立了法律工作处。长治市工商联成立了“维权”中心，设立了“维权”专线。各地工商联开展了全方位的维权工作。一是印制缴费明白卡下发会员和非公企业，帮助抵制乱收费和不规范执法行为；二是仗义执言维护会员的合法权益。顺利解决了“古县占道风波”事件，维护了会员及个体经营户的权益。朔州市工商联出面解决了怀仁县民营企业家钟伟国被殴打并非法绑架一案。

机关建设

按照省委的安排，省工商联机关进行了历时两个月的“讲学习、讲政治、讲正气”的学习教育，在省委巡视组的帮助指导下，严格按照程序抓好每一个环节，较好地达到了省委的要求。各地、市工商联也都参加了“三讲”学习教育。通过“三讲”，全省各级工商联领导班子在思想上有了明显提高，政治上有了明显进步，作风上有了明显转变，工作也得到明显推进。山阴县工商联认真加强机关党支部建设，被县委评为“模范党支部”。

山西省工商联2000年大事记

1月5日至14日，省工商联副会长张慎德到运城、临汾、晋城、长治四地、市调研，了解各地民营经济发展状况和1999年商会工作情况及新年度工作打算。

1月9日，山西省福建商会成立。山西省政协副主席万良适，福建省政协副主席、省工商联会长李祖可，山西省工商联会长马长有等领导出席大会。

1月20日，省政协副主席万良适在省政协八届三次会议上作常委会工作报告时称："省工商联在民营企业的大型调研中，全力以赴，发挥了重要的骨干作用"。宋绍华副主席做提案工作报告中称："省工商联关于重视解决当前我省民营经济发展中若干突出问题，做到了情况明、数据清、问题符合客观实际，建议具有参考价值"。

1月20日至27日，省政协召开八届三次会议。省工商联提交团体提案13件，省工商联副会长张慎德、崔晋宏做大会发言。

2月23日至25日，山西省工商联八届四次执委会议在太原银苑大厦隆重召开。116名执委参加了会议。省委副书记刘泽民，省委统战部副部长邓永武出席会议并讲话。会长马长有代表省工商联常委会做工作报告。会上，增补了部分执委、常委，对运城地区工商联等39个先进单位和刘自根等41名先进个人进行了表彰。省民政厅王处长到会宣布了山西省总商会成立批文，山西大学教授容和平做了经济形势报告。

2月24日上午，省委统战部、省工商联在太原市银苑大厦隆重召开"山西省非公有制经济代表人士响应《信誉宣言》座谈暨新闻发布会"。省委副书记刘泽民、省人大常委会副主任白陛、原省政协副主席秦国栋、省长助理边鸣涛和有关厅局领导出席了会议。李安民代表22名非公有制经济代表人士向全省非公有制经济界人士发出倡议并举行了签字仪式。《山西日报》、山西电视台等省城12家新闻单位作了报道。

2月26日，省工商联召开机关"三讲"教育动员大会。省工商联党组副书记商庆武主持，党组书记邓永武做动员讲话。省委"三讲"教育巡视组组长宋登高传达了省委关于搞好省工商联"三讲"教育的有关指示精神。

3月20日至25日，省工商联经济联络处副处长隋淑静和主任科员冯学亮分别参加了省政府再就业领导组组织的对太原市、长治市、晋城市、吕梁地区落实中央及省有关下岗职工再就业优惠政策落实情况大检查。

3月29日至31日，第五届现代农业与高科技合资合作项目洽谈会在北京召开。省工商联经济联络处组织五台山兴达实业集团（筹）有限公司、省建筑工程公司、太原市晋源区粮库等企业参加了洽谈会。

4月26日至27日，省工商联组织部分民营企业参加了在上海虹桥民营经济城举办的"民营企业与上海2000年民营企业高级论坛"活动。安泰公司、美锦公司、临汾地区工商联、大同市工商联代表山西省在论坛上进行了演讲。上海虹桥民营经济城和长宁区政府与临汾地区工商联签订了合作营销农畜产品的协议，两年内免费为临汾地区工商联在虹桥民营城提供办公营业场地60平方米，支持临汾地区农畜土特产品进入上海市场。

4月27日下午，省委、省政府召开第三次社会科学研究表彰大会。省工商联三篇论文获山西省第三次社会科学研究优秀成果奖。顾问赵承亮撰写的《正确对待个体私营经济的发展问题》，副会长张慎德撰写的《山西省个体私营经济的回顾与展望》，常委李冠瑶撰写的《对加强山西口岸建设的思考》获奖。

5月9日至10日，山西省私营经济界妇女友好促进会2000年年会在临汾市召开。省委统战部副部长、省工商联党组书记邓永武，省工商联顾问、省私协会长赵承亮，省工商联副会长郭锐参加了此次年会。

5月9日至13日，省工商联副会长张慎德、宣传调研处处长郎宝山等前往朔州、大同、忻州三地市及部分县区调查非公有制经济和工商联工作的现状，安排非公企业问卷调查工作。

5月8日至15日，中共中央总书记、国家主席、中央军委主席江泽民，先后在江苏、浙江、上海考察，强调要在非公有制经济组织中加强党的建设。他指出：这是我们党确立和巩固社会主义初级阶段基本经济制度，引导非公有制企业劳动的广大职工群众的联系，巩固党在新形势下执政的群众基础的需要。凡是已具备条件的非公有制经济组织，都应建立党组织，都要在企业职工中发挥政治核心作用。

5月12日至19日，马长有会长到忻州地区14个县市和9家民营企业进行了调研，并与忻州地委梁滨书记、部分县市主要领导就如何加强工商联工作及发展民营经济交换了意见。

5月23日至28日，省工商联副会长张慎德、宣传调研处处长郎宝山等前往运城地区及河津、万荣、运城等县、市，调查了解非公有制经济发展和工商联工作情况，安排全联布置的非公企业抽样问卷调查工作。

5月29日下午，省委统战部、省工商联在省委常委会议室召开了“山西省非公有制经济代表人士‘致富思源，富而思进’座谈会”。省委副书记刘泽民参加座谈并讲话。

6月29日下午，省工商联机关组织召开庆祝建党79周年，深入学习江泽民总书记“三个代表”重要论述座谈会。

7月6日下午，山西省政府省长助理边鸣涛、山西省政府办公厅调研室主任王洪岐等一行五人到省工商联，就如何发展民营经济，促进山西经济结构调整进行了研讨。省工商联副会长张慎德、郭锐及有关人员参加了座谈会。

7月13日，省长助理边鸣涛、省工商联郭锐副会长带领省政府研究室主任王洪岐等一行八人参加了阳泉市政府组织召开的发展非公有制经济座谈会。

7月12日至26日，省委统战部副部长、省工商联党组书记邓永武率省工商联宣传调研处处长郎宝山和省委统战部五处同志赴临汾、运城两地区，就工商联现状及发展趋势进行调研。

7月28日至31日，华北地区第五次提案工作座谈会在内蒙首府呼和浩特召开。省工商联副会长张慎德参加。

8月29日至31日，全省工商联宣传调研工作会议在宁武宾馆召开。来自全省各地、市及40余个重点县（市、区）工商联的70余名负责同志参加了会议。

8月31日至9月4日，省工商联党组成员、副会长郭锐，经济联络处副处长隋淑静等先后在运城、临汾、晋中三地市的六个市（县），就非公企业在产业结构调整方面所遇到的问题进行了调研。

9月18、19日，省工商联副会长李建勋到海鑫集团调研。

10月1日上午，省工商联会长马长有、副会长张慎德出席临汾五洲超市开业庆典。

10月5日下午，美国加州首府沙加缅度华人工商协进会会长毛邦杰先生访问省工商联。省委统战部副部长、省工商联党组书记邓永武及有关会领导参加了座谈。

11月8日至9日，省长助理边鸣涛、省工商联副会长郭锐等在运城市就全省万户民营企业问卷调查和首届中国民营企业昆明交易会组团情况进行调研。

11月24日上午，全国工商联副主席谢伯阳，省委统战部副部长、省工商联党组书记邓永武，省工商联会长马长有出席太原市基业有限公司在阳高县投资兴建的基业畜物有限责任公司和基业柳沟光彩小学开业及落成剪彩仪式。

12月5日下午，省长刘振华亲自主持召开民营企业座谈会，省工商联党组成员、副会长郭锐向出席座谈会的领导和单位汇报了全省民营经济发展情况。

12月8日至12日，省工商联组团参加在云南省昆明国贸中心举行的首届中国民营企业交易会。省长助理、山西省代表团团长边鸣涛与老挝、缅甸总商会会长尤迁韦、保那厚进行了亲切、友好的会谈。

12月18日，山西省第一个省级行业组织山西省五金商会在省城太原隆重成立。

12月26日，山西省工商联八届五次执委会议在太原召开。会议选举边鸣涛同志为省工商联会长，同意马长有同志辞去省工商联会长职务的请求。省委副书记刘泽民，省委统战部部长纪友伟，统战部副部长、省工商联党组书记邓永武等领导出席会议。

12月27日，边鸣涛会长和王振声会长分别代表山西省总商会、香港总商会签订了建立友好商会的协议，并互赠锦旗。

12月28日，省委、省政府在太原隆重举行“优秀民营企业”表彰大会。山西海鑫钢铁有限公司等12家企业，被省委、省政府表彰为优秀民营企业；华宇公司等38家企业被省委统战部、省工商联表彰为先进民营企业。

山西省工商联2001年工作概要

参政议政

2001年省工商联继续围绕鼓励、引导非公经济健康发展，推动经济结构调整这一主题，调查研究，建言献策；撰写了《民营经济——中西部超常发展的关键》、《戒空求实，促大帮小，推动非公有经济健康发展》、《大力实施结构调整战略，实现山西经济的整体创新和综合发展》等一批调研报告和理论文章；并与省政协经科委联合调查起草了《关于加快我省非公有制经济发展的若干建议》；充分利用政协会议和民主协商会、情况通报会、专题座谈会的机会，通过大会发言、团体提案和参与提案办理等形式，向各级党委政府建言献策，八届四次省政协会议上，共提交了8件团体提案和4份大会发言，举行了2次电视、电台论坛，全面具体地提出了工商联的意见和建议。

6月份，省工商联就上半年非公经济发展形势专题向省政府主要领导作了汇报。并提出了6条重要建议：①省里抓紧成立发展非公经济协调领导组，办公室最好设在工商联；②尽快出台并切实兑现适合山西省实际、更加宽松优惠的政策；③各级政府要进一步转变职能，搞好服务；④采取有效措施，解决融资难关；⑤大力优化经营环境，减轻民营企业不合理负担；⑥省政府确定一名副省长分管指导工商联工作。刘振华省长对省工商联的工作给予了充分肯定，认为工商联调研工作抓得实，掌握了大量第一手材料，协助政府做了许多富有成效的工作，实在不容易，反映出工商联同志的事业心和责任心。

商会组织建设

基层组织建设方面实施了“131工程”，把全省131个县级工商联组织建设列入重要议事日程。对全省90个市县换届工作中的班子配备、会长人选进行了初步摸底，认真听取了各市地统战部分管工商联工作的副部长、工商联党组书记对工商联换届工作的意见和建议。到2001年底，本年度需要换届的90个组织，实施换届的15个。针对地方机构改革中工商联出现的编制问题，通过与省编办等有关部门协商，省编办在有关文件中明确指出，在市县机构改革中“工商联维持现状”。

截至2001年12月底，全省会员总数累计50586个，今年新发展会员2886个；乡镇分会610个，同业公会、行业协会179个。一批经济实力强、科技含量高、有发展潜力的私营、股份制企业加入其中，会员队伍结构得到了改善。指导浙籍在晋商人发起成立了山西浙江商会，指导帮助有关企业牵头成立了山西省代理商联合会，并为成立省种子商会，汽车用品、电器、化妆品同业公会进行了积极的筹备。

宣传调研

全年在山西日报、人民政协报等10多家省内外媒体上发表消息、专访、学术研讨文章100余篇，向社会各界散发《民企颂党恩》、《开放的山西欢迎您》等宣传资料10000余份。组织了全省民营企业纪念建党80周年文艺汇演活动，安泰集团、海鑫集团、华杰集团、美锦集团、皇威集团等23家优秀民营企业排演了53个文艺节目参加了优秀节目汇报演出，在省城太原隆重举行了纪念建党80周年文艺汇报表演。邀请省干部合唱团到省武警总队三支队进行了慰问演出。在调查的基础上，编撰出版了《政策与法规》、《非公经济思想政治工作理论与探讨》、《山西省民营企业名录》3本书和6期《当代山西商会》会刊，编辑印发了52期《工商联会讯》。

对外联络

加强了省内的经贸协作。1月份邀请省委、省政府的35个有关部委、厅、局、新闻单位的负责人，在江南酒店举行了新世纪民营经济发展座谈会。在设定非公企业网站、民企立项、培养人才、吸纳外资、宣传造势、办理出国（境）护照、提高产品质量、规范劳动用工、交流信息、银行借贷等10个方面建立了对口联系。

在全省人才暨技术交流大会上，为25家会员企业联络、招聘了各类人才103名。

扩大对外的联络范围，促进全省非公经济与外界的交流合作。今年省工商联接待了法中经济交流协会、南京市工商联等工商社团的访问；与香港新界总商会，新疆总商会、南京商会结为友好商会；与澳门总商会和日本琦玉县商会建立了联系，并引资200万日元在榆社县李峪沟村新建中日友好学校，解决了8个村200余名贫困孩子上学难的问题。

组织15家优秀会员企业参加了在南京市举行的第六届世界华商大会，并完成了30个项目与华商大会对接任务。参与了中国第六届“映山红”民间戏剧节的组织工作，邀请90余家会员企业参加了洽谈会，达成12亿元的合作意向。9月份，组织25名企业家参加了第十届乌鲁木齐对外经济贸易洽谈会，达成11项协议，协议金额3.7亿元。

服务会员

组织非公人士参加多种论坛、讲座、培训、考察等活动，为改善和提高企业家的知识结构、理论素养做了许多具体工作。与省私营企业协会、省公共关系协会、山西日报社联合举办了以人力资源管理和资本运营为主题的“2001山西财智论坛”，80余家会员企业的130名管理人员聆听了教授专家的讲座。在我国加入WTO前夕，又组织部分企业家参加了由中国投资学会、新华通讯网联合举办的“2001中国投资论坛”。论坛期间，山西浩海集团与宏源证券股份公司达成了1.8亿元的投资意向。

与省委统战部联合举办了两期全省工商联委员资格培训，198名非公人士参加培训。组织全省10名数据库负责人参加了全国工商联组织的数据库软件应用培训。

从政策、信息、法律、融资等方面提供积极的服务，帮助非公企业在经济结构调整中顺应发展要求，维护合法权益，把企业做强做大。2001年省工商联与太原市杏花岭区工商联共同建立了山西省工商联银杏网站，推动部分会员企业和基层组织在网上开展了电子商务活动。

全省各级工商联成立的7家贷款担保中心，全年共为中小私营企业担保贷款近3亿元。

与省国防科学技术协会、省兵工学会联合举办了“产学研”交流洽谈会，140多个私营企业的200多位民营企业家和30多家军工企业的100余位技术项目负责人进行了洽谈，双方达成合作意向20多个，协议金额8亿元。

与山西烽华律师事务所合作，开展了法律咨询、法律帮助等活动，省工商联先后为介休亚胜、太原亚飞·登利、汾阳西股线厂、平陆县靖家山磷肥厂等企业进行了法律服务。

配合省劳动和社会保障厅对全省范围各类企业、事业和有雇工的个体工商户等用人单位的劳动用工和社会保险情况进行了两次检查指导。帮助翼城明亮钢铁厂完成了“金属化球团”立项审批工作。

思想政治工作

今年，重点加强了对非公有制经济组织中的党建工作的指导，充分发挥党组织的政治核心作用，促进非公企业健康发展，非公人士健康成长。据统计，全省非公有制企业中，共建立党支部203个。大同北方电器城董事长马巍然、朔州万发集团董事长邢志权、文水金泰化工有限公司董事长孔庆然被选举为山西省第八次党代会代表。

响应省政府的号召，引导非公人士“致富思源，富而思进”、参与光彩事业、回报社会、贡献国家。由省光彩会运作、香港王氏宗亲会和社会各界捐资223万元，总建筑总面积3754平方米的4所光彩小学顺利建成，2000多贫困学童脱离了陋舍危房。

省光彩事业促进会于12月份在运城市召开了光彩事业重点项目经验交流会，通过弘扬“义利并举”的精神，宣传民营企业和非公人士的先进事迹，推动山西省光彩事业的深入开展。

召开了非公经济人士思想政治工作经验交流会

7月8日至10日，省工商联与省委统战部在长治市召开了“山西省非公有制经济代表人士思想政治工作经验交流暨纪念中央15号文件颁布10周年大会”。全省11个地市、94个县（区）近200名统战部、工商联负责人和37位民营企业家参加，会议认真学习贯彻江泽民总书记“七一”讲话精神，以及近年来关于非公有制经济和非公有制经济人士工作的重要指示，交流开展思想政治工作的形式、方法、手段和机制，研究探讨如何进一步加强对非公有制经济代表人士的思想政治工作，鼓励引导他们为全省经济腾飞、社会发展和人民生活水平的不断提高做出更大贡献。全国工商联党组书记、第一副主席梁金泉和中央统战部副部长胡德平同志一起莅会指导。中共山西省委副书记刘泽民，省政协副主席、省工商联会长边鸣涛，省委统战部部长吴锦文，省委统战部副部长、省工商联党组书记邓永武，省工商联副会长张慎德等领导出席会议并作了重要讲话。中央党校中青年领导干部培训班6名司局级领导、长治市四大班子以及有关部门领导也出席了会议，长治市委书记吕日周致欢迎辞。

上榜全国民营企业500强晋企名单

2001年度全国500家上规模民营企业中，山西省有16家工商联会员企业荣登红榜，在31个省、市、自治区中排名第八。这些企业是：山西海鑫钢铁集团公司（29位），山西通达集团有限公司（47位），山西美锦集团煤气化股份有限公司（114位），山西华宇集团有限公司（129位），山西安泰集团股份有限公司（135位），山西阳光焦化集团有限公司（168位），山西皇威实业有限公司（291位），山西振兴集团有限公司（297位），山西常平集团有限公司（357位），太原洪达集团有限公司（359位），山西介休二机实业股份有限公司（372位），山西昌泰工贸有限公司（417位），山西介休三盛焦化有限公司（442位），山西长信钢铁有限公司（461位），山西众心钢铁有限公司（494位），山西潞宝焦化有限责任公司（497位）。

山西省工商联2001年大事记

1月16日下午，省工商联邀请省委、省政府的35个有关部委、厅、局、新闻单位的负责人相聚江南酒店举行座谈会。副省长杨志明出席会议并讲了话，原省政协副主席路正西参加了座谈。

2月1日上午，法国法中经济交流协会秘书长王功荣先生借回晋探亲机会到省工商联（总商会）访问，与省工商联领导进行了亲切友好的座谈。省委统战部副部长、省工商联党组书记邓永武代表省委统战部和省总商会，对王功荣先生的到访表示欢迎，并向客人介绍了商会的基本情况。省长助理、省工商联会长边鸣涛向王功荣先生介绍了山西省的经济和社会发展情况，特别是非公有制经济发展状况，希望今后法中经济交流协会和山西省总商会加强联系与合作，省工商联副会长商庆武、张慎德、郭锐、李建勋参加了会见和座谈。

2月2日，省工商联全体人员举行座谈会，深入揭批李洪志的“法轮功”反社会、反科学、反人类的邪教本质。

2月11日上午，省工商联召开了“学理论提建议”活动动员会。这项活动旨在通过学习，提高素质，增强团结，群策群力，实现新世纪工商联工作良好开局。此次活动分三个阶段进行，用6周时间完成。会长边鸣涛作了动员。

2月14日至15日，全国工商联参政议政委员会首次工作会议在天津市宝成集团会议中心召开。全联秘书长程路主持开幕式，全联副主席、参政议政委员会主任保育钧和全联副主席朱文棨听取汇报并作了重要讲话。省工商联副会长、全联参政议政委员会委员张慎德汇报了山西省工商联参政议政工作。在本年度的山西省“两会”期间，省工商联提交团体提案8件，在全国各省、市、自治区中排名第三位；政协大会发言4份，排名第1位；举行电视、电台论坛2次，在全国尚属首创。

2月15日晚，省工商联邀请参加省政协会议的各地市委统战部长举行了座谈会，省委统战部部长纪友伟、副部长兼工商联党组书记邓永武，省工商联会长边鸣涛和党组副书记、副会长商庆武同志出席座谈。

2月16日，在政协山西省委员会八届四次会议上，省长助理、省工商联会长边鸣涛当选省政协副主席，省工商联党组书记、省委统战部副部长邓永武和省工商联副会长、原省工商局局长刘增民增选为省政协常委。

2月19日晚，省工商联（总商会）在太原愉园大酒店多功能厅举行座谈联谊会，邀请参加省九届人大四次会议和省政协八届四次会议的全国和省人大代表、政协委员中的民营经济人士及与工商联工作联系密切的代表、委员们座谈联欢，新当选的省政协副主席、省长助理、省工商联会长边鸣涛讲话。省工商联参加座谈联谊的领导还有党组副书记、副会长商庆武，副会长张慎德、李建勋、刘增民、姚俊良、崔晋宏、梁文海。

3月1日，山西省工商联、人民政协报联合举办“重振晋商雄风”座谈会。省政协副主席张正明，晋中市政协主席籍振芳，及梁文海、范小玲、朱建军等企业家，应邀出席座谈会。省政协副主席、省长助理、省工商联会长边鸣涛主持座谈。

3月13日至14日，省政协副主席、省长助理、省工商联会长边鸣涛对朔州市民营经济发展进行情况调研，朔州市市长闫沁生、市政协主席卢维邦对有关情况作了详细介绍。

3月22日下午，省政协副主席、省工商联会长边鸣涛，与参加临汾市第一届会员代表大会的20余名非公经济代表人士进行了座谈，省工商联党组副书记、副会长商庆武，临汾市副市长董彩霞参加座谈。

3月23日，临汾市工商业联合会第一次会员代表大会在临汾市隆重召开。省政协副主席、省长助理、省工商联会长边鸣涛，省委统战部副部长、省工商联党组书记邓永武，省工商联党组副书记、副会长商庆武应邀出席会议。

4月3日，省工商联郭锐副会长赴朔州市调研，与出席朔州市政协三届三次全体会议的40余名民营企业家进行了座谈。

4月4日至5日，省工商联副会长郭锐及组织人事处有关人员专程赴宁武进行调研，听取了县政协副主席、工商联会长马桂珍的工作汇报。

省工商联参加了由各级劳动保障行政部门牵头，工会、共青团、妇联、工商联等有关部门参加的劳动用工执法检查活动，该次活动从4月20日起至7月20日止，对所辖区域内的用人单位进行了全面检查。

4月16日，山西省万户民营企业（含个体户）问卷调查领导组组长会议暨总结表彰座谈会在省城太原召开，省政协副主席、省长助理、省工商联会长边鸣涛出席会议，省工商联顾问、省私营企业协会会长赵承亮，省工商联副会长郭锐，省政府办公厅研究室主任王洪岐、发展导报常务副总编陈树章到会并讲话。

4月13日至20日，省工商联副会长张慎德率宣传调研处调研员刘中东等同志前往运城市、临汾市及闻喜县、盐湖区、万荣县、河津市、侯马市、汾西县、古县、安泽县、霍州市进行调研。

4月23日至25日，省政协副主席、省长助理、省工商联会长边鸣涛和省工商联宣传调研处处长郎宝山应邀参加了政协吕梁地区工委组织的“吕梁地区促进非公有制经济发展研讨会”和该地区的省政协委员视察民营企业活动。

4月24日至29日，省工商联副会长张慎德带领办公室副主任张重阳、宣传调研处助理调研员付成启等同志前往忻州、大同、朔州三市进行工作调研。

4月28日，由省工商联、省总商会、省国防科学技术协会、省兵工学会联合举办的山西省首届大型民企与军工合作交流洽谈会在省人大多功能厅隆重召开。副省长杨志明、省政协副主席、省工商联会长边鸣涛出席会议。

5月14日至5月16日，省工商联副会长张慎德赴晋中、阳泉两市及和顺、昔阳、寿阳三县的工商联工作、非公经济发展等情况进行了调查研究。

5月18日，省政协副主席、省工商联会长边鸣涛和省工商联副会长郭锐等陪同日本琦玉县友好人士榊多嘉子一行，赴榆社选定“李峪中日友好学校”校址。日本友人此行是专程到山西捐资200万日元，资助山西省工商联在贫困县榆社建立李峪中日友好学校而来的。

5月18、19日，由省工商联、省私营企业协会、省公共关系协会、山西日报社联合发起并组织的以人力资源管理和资本运营为主题的“2001山西财智论坛”在迎泽宾馆成功举行。省政协副主席、省工商联会长边鸣涛以“发挥后发优势，实现经济跨越”为主题作了演讲。

5月23日至25日，省工商联副会长张慎德对吕梁地区及交口、石楼、岚县、方山四个贫困山区县的个私经济、工商联工作进行了调查研究。

5月26、27日，山西省私营经济界妇女友好促进会2001年年会在朔州市召开，70余名理事参加，共谋发展。

5月28日至31日，省工商联党组成员、副会长郭锐，经济联络处副处长隋淑静，在忻州市的河曲等县进行调研，并走访部分民营企业。

6月11日上午，省政协主席郑社奎，副主席靳承序、吴慧琴、边鸣涛一行在工商联会员企业山西瑞福莱药业有限公司进行调研。

6月16日，山西省浙江商会在省城太原湖滨会堂隆重召开了成立大会，1800余名会员在晋浙商出席了会议。山西省晋泽消防工程有限公司董事长潘锡六当选为第一任会长。

6月29日上午，省政府在常务会议室召集会议，刘振华省长，杜五安、杨志明副省长等领导听取了省经贸委、省劳动厅、省工商联的情况汇报。省工商联党组书记邓永武参加会议，重点汇报了商会调查了解到的全省个体私营经济的现状。

7月4日上午，省工商联党组理论学习中心组，集体学习江泽民总书记在庆祝建党80周年大会上的重要讲话。

7月5日，由省工商联组织的山西省民营企业纪念建党80周年文艺汇演活动“民企颂党”优秀节目演出评比在省城太原市铁三局文化宫落下帷幕。省委副书记刘泽民，省人大副主任白陛，副省长杨志明，省政协副主席靳承序，宋绍华、张正明、边鸣涛，原省政协副主席路正西，省军区、省武警总队的领导以及有关厅局领导和各界人士1000多人观看了当晚的优秀节目汇报演出。

7月8日至10日，“山西省非公有制经济代表人士思想政治工作经验交流暨纪念中发[1991]15号文件颁发十周年大会”在长治市召开。全国工商联党组书记、第一副主席梁金泉和中央统战部副部长胡德平，中共山西省委常务副书记刘泽民，省政协副主席、省工商联会长边鸣涛，省委统战部部长吴锦文，省委统战部副部长、省工商联党组书记邓永武，省工商联副会长张慎德等领导出席会议。中央党校中青年领导干部培训班六名司局级领导、长治市四大班子以及有关部门领导也出席了会议。

7月27日，由省工商联牵头，省政协经济委员会、省计委计划科学研究所联合举办的“山西省民营经济发展创新座谈会”在太原召开，省政协副主席、省工商联会长边鸣涛出席并主持会议。

7月28日，由中共山西省委统战部、山西省工商联在太航招待所举办的两期全省工商联委员资格培训圆满结束。来自全省11个市、地的198名非公有制经济代表人士参加培训。

8月10日至15日，省工商联副会长张慎德带领宣传调研处和办公室有关同志，在临汾市工商联秘书长景明陪同下，前往浮山、蒲县、隰县、永和、大宁、吉县、乡宁、尧都八县区进行调研。

9月18日至20日，全省工商联宣传调研工作会议在五台县台怀镇五峰宾馆召开。

9月29日下午，省委统战部，省各民主党派和工商联、侨台联、民族宗教界及无党派人士欢聚迎泽宾馆，庆祝共和国建国52周年，共渡中秋佳节。省政协副主席、省工商联会长边鸣涛代表工商联在会上做了发言。

11月7日至14日，省工商联副会长张慎德带领办公室副主任张重阳、宣传调研处助理调研员付成启、《中国工商》杂志记者古嘉红、《山西经济日报》记者杨静，前往临汾、运城两市进行个体私营经济工作调研。

11月15日，由省工商联收集整理编辑的《山西省民营企业名录》（上册）编辑印刷完成，本册中共收录大中小民营企业2135个，其中私营企业1363个，乡镇企业92个，集体企业195个，股份制企业459个，三资企业26个。资产达5亿元以上的8个，1亿元以上的30个，1000万元以上的252个，100万元以上的956个，50万元以上的889个。

12月2日至4日，省政协副主席、省工商联会长边鸣涛带领省政协经济与人口环境资源委员会办公室主任刘道友、省工商联办公室主任尤战生、宣传调研处处长郎宝山等一行赴晋城、长治两市，分别召开了由政协、统战部、工商联领导和民营企业家参加的座谈会，就“关于加快我省非公有制经济发展的若干建议（征求意见稿）”与两市民营企业家座谈。

12月8日至10日，省光彩事业促进会在运城市召开“山西省光彩事业重点项目经验交流现场会议”，省光促会领导和各市、地统战部、工商联及民营企业家代表50余人参加了会议。

12月24日下午，由省私营经济界妇女友好促进会和太原市私营经济界妇女友好促进会共同举办，太原市杏花岭区工商联协办的省城私营界百名女企业家“迎新倡德、加快发展”座谈会在迎泽宾馆举行。省委常委、宣传部长申维辰，省政协副主席、省工商联会长边鸣涛等省领导出席。

山西省工商联2002年工作概要

2002年，山西省工商联围绕经济结构调整主线，努力履行做好非公有制经济人士思想政治工作，推动非公有制经济健康发展的职责。

在促进非公有制经济人士健康成长方面，突出召开全省第九次会员代表大会工作重点，以省工商联成立五十周年纪念活动为契机，通过思维创新、观念创新推动工作创新、服务创新，把全面深入地贯彻“两个坚持”“三个结合”的要求融于会员商务活动之中，从而使工商联工作在各个方面都有了新的进展，为推进全省民营经济发展、社会稳定做出了新的贡献。

召开了第九次全省会员代表大会

根据《中共中央办公厅关于转发中央统战

部关于工商联（民间商会）2002年换届工作的意见》（中办发[2001]12号）和中共山西省委办公厅晋办发[2001]30号文件精神，山西省工商联第九次会员代表大会于6月26、27日在太原山西饭店隆重召开。

大会期间，全国工商联党组副书记、副主席瞿怀明到会祝贺，省委副书记、省长刘振华出席会议，省委常委、秘书长申联彬代表省委致贺词，常务副省长薛军代表省人民政府讲话，省人大副主任梁国英、省政协副主席靳承序、吴锦文、张正明，省妇联主席梁豫秦分别代表省人大，省政协、省委统战部和各民主党派省委、省各人民团体致贺词。闭幕会上副省长杜五安代表省政府向工商联组织及广大会员提出了希望，省委统战部常务副部长、省工商联党组书记邓永武致闭幕词。会议结束的27日下午，省委书记田成平同志接见了新当选的省工商联会领导班子成员，并与大家进行了座谈。大会共三项议程：①听取和审议山西省工商联第八届执行委员会工作报告；②选举山西省工商联第九届执行委员会；③表彰2001年度全省先进工商联组织及个人。边鸣涛同志代表省工商联八届执委会做了工作报告。大会选举边鸣涛为第九届执委会会长，商庆武、张慎德、郭锐（女）、李建勋、李海仓、梁文海、王秀顺、王国强、王建国、王艳梅（女）、吕治成、远勤山、李勇、李珍富、段青山、袁玉珠、崔裕峰、韩长安、薛靛民为副会长。

山西电视台、山西日报、中华工商时报、山西经济日报等15家新闻媒体对大会的盛况进行了详细报道。北京市工商联等31个省市自治区工商联及98个省直、市地有关部门、党派、团体、企业在山西日报专版祝贺，通达集团、通泰昌集团、阳光集团在山西经济日报专版祝贺。

以此次大会为标志，省工商联实施的“131工程”取得了阶段性成果。11个地市除太原外，都完成了换届工作。到2002年底，全省会员总数达51510个，其中个人会员32315个，企业会员14326个，团体会员774个，老会员4095个。

参加了全国工商联第九届会员代表大会

山西省工商联推荐16名代表参加了全国工商联第九次会员代表大会。省工商联副会长、海鑫钢铁集团（公司）董事长李海仓当选为全国工商联副主席，省政协副主席、省工商联会长边鸣涛，省委统战部常务副部长、省工商联党组书记邓永武，安泰集团董事长李安民当选为全国工商联常委。会议结束返晋后，当选副主席和常委的同志受到省委书记田成平的亲切接见。

调查研究，参政议政

配合全国工商联完成了全国上规模民营企业500强和第五次全国私营企业抽样问卷调查任务。省上规模民营企业调查经企业所在地政府部门的严格审查，营业收入达1.2亿元以上的企业有38家，并上报全国工商联。两项调查均受到全国工商联的好评。

参与了省政协名牌战略调研工作，起草了“我省民营企业实施名牌战略的调查报告”，被省政协八届十二次常委会议作为参阅材料印发。

对市（地）县工商联成立的7家信用担保机构进行了一次比较全面的摸底调查，调查发现担保基金总额偏小，信用度偏低，与银行合作不畅，利益与风险不对称等因素不同程度地制约和影响着信用担保机构的正常运行。

对全省非公企业大户2001年资产、纳税等情况进行了调查统计，完成了“山西省非公经济企业大户情况调查统计表”。

在做好重点项目调研的基础上，继续发挥工商联参政议政的优势，为党委、政府建言献策。一是综合分析了2001年全省非公有制经济发展情况，编制了山西省非公有制经济发展情况调查统计资料报送政府有关部门参阅。二是在省政协八届五次会议期间，工商联共提交团体提案12件，委员个人提案33件，还有7人做了大会和书面发言，提案数量继续居界别领先位置。团体提案现已得到有关部门答复，对提案中的意见和建议给予了充分肯定。

履行助手职能，发挥桥梁作用，做好服务工作

1.帮助全省有条件的民营企业新上、技改、续建项目申报立项。通过对申报的186家民营企业进行筛选，为17家企业编制了可行性报告，分别报省经委和省计委。忻州纪元酒精厂、晨虹鹿业有限公司等单位得到了总计250万元的项目支持资金。

2.实施了1210工程。即在全省11个市地工商联举办11期由山西大学教授容和平、李志强主讲，有1210名民营企业管理人士参加的WTO知识培训，同时全省各市（地）县纷纷邀请山西大学容和平等知名教授为当地民营企业家举办培训活动。全省各级工商联开展各类培训115期，培训人数8678人次。

3.与太原教育电视台、温州亚美信企业顾问有限公司联合举办了《企业管理创新与领导艺术》专题研讨会，国家行政学院领导艺术研究中心主任刘峰教授就企业如何打造核心竞争力，如何提高创新力，如何进行人才资源的有效配置，为300多位企业家及管理人员进行了讲演。

4.与省人才市场于4月21日共同举办了山西民营企业人才招聘专场会，近70家民营企业带1135个岗位参加招聘，当场有1000多人与用人单位达成意向，收到良好效果。

5.继续与有关部门和新闻媒体合作配合开展宣传工作。先后配合全国工商联进行了“中国工商百年”大型电视在山西的采访拍摄；帮助海鑫公司、通达公司入选省委办公厅研究室编印的《“三个代表”在山西》大型画册；特别是与山西经济日报现代周刊成功地合办了“商会与工商界”专版。全年共出版52期，不但对李海仓等7名企业家和安泰集团等4个会员企业进行了专题宣传，而且对省工商联乃至全省各级工商联组织的会务、商务活动进行了及时的宣传报道。全年共采写稿件600余篇，在各类新闻媒体刊（播）发理论文章、新闻报道共计480余篇。编发《当代山西商会》6期、《工商联会讯》63期，对工商联会务工作、商务工作，会员企业发展状况作了比较全面及时的宣传。在良好的服务促进下，会员企业都有了不同程度的发展，高起点、高效益的项目纷纷上马。产品质量、纳税意识不断提高，为带动地方经济发展，增加财政收入发挥了积极作用。海鑫钢铁集团公司被国家质量监督检验检疫总局、国家税务总局和全国工商联分别表彰为“质量先进会员企业”“纳税先进会员企业”。安泰集团被国家税务总局和全国工商联联合表彰为“纳税先进会员企业”。

6.积极推动“光彩事业”，引深“致富思源，富而思进”教育。据不完全统计，几年来，全省实施的较大项目620个，投入资金50亿元，培训人才4万多人次，安排就业3.5万人，安排农村富余劳动力就业6万人，捐资建校、助学和其他社会公益事业3.2亿元，帮助20余万贫困人口解决了温饱问题。省工商联副会长、阳光焦化集团董事长薛靛民为西藏自治区光彩促进会捐款10万元。2002年光彩促进会还组织企业家为太原市和平南路部分国企下岗职工特困户的子女捐资助学，其中，建峰集团董事长郝建秀捐款5万元。10月24日省光彩促进会召开了二届二次理事会，对一年多来在光彩事业方面做出贡献的企业家进行了表彰。通泰昌集团董事长李珍富获2002年度中国光彩事业奖章。

7.继续积极引导非公企业参与国企改革，安排国企下岗职工再就业。截至目前，全省民营企业累计吸收下岗职工的人数已经突破24万人，其中有10万多人是国有企业下岗职工。在全国工商联第九次全国会员代表大会上，会员企业山西华宇集团公司、山西通达集团公司被国家劳动和社会保障部、全国工商联联合表彰为“就业先进会员企业”。

开展庆祝省工商联成立50周年活动

一是与湖南远大中央空调有限公司联合举办了“能源与环境”高层论坛，政府官员、民营人士专家学者就山西省的能源发展、环境保护问题进行了深入的探讨研究。省委副书记刘泽民，副省长范堆相、靳善忠，省政协副主席张正明，省政协副主席、省工商联会长边鸣涛等省级领导与来自各地的企业家、国家计委能源研究所所长周凤起、国家外贸部研究中心主任何茂春等专家共同进行了研讨。二是举办了“风雨同舟”50年大型专场文艺晚会。热情洋溢的气氛，丰富、活泼的文艺节目展示了工商联50年来的成就，更进一步宣传扩大了工商联的社会影响。三是组织举办了山西省首届民营企业交易会，360余家民营企业参加了展销，签订合作协议项目126个，意向金额、项目投资、销售金额累计3.7亿元。四是编印出版了纪念山西省工商联成立50周年画册。五是召开了大型庆祝座谈会。全国工商联党组副书记、副主席保育钧，省委副书记刘泽民、副省长靳善忠及社会各界人士，新老会员近300人欢聚一堂，畅谈工商联50年来听党话、跟党走，风雨同舟，肝胆相照之情，表述新世纪工商联要继续发扬光荣传统，当好党和政府桥梁、助手，坚持全面促进非公人士健康成长，非公有制经济健康发展的决心，唱响了非公有制经济要勇敢地担负起历史重任，为中华民族伟大复兴而贡献力量的主旋律。

继续加强与有关部门合作，推动民营经济发展上台阶

由省政府和中科院主办，省工商联、省科技厅联合承办，于2002年8月27日至28日在山西科技会展中心召开“山西省—中科院科技项目对接洽谈会”。在这次洽谈会上，中科院下属上海冶金所、沈阳生态所、长春应化所、兰州近代物理所、北京过程工程所、广州分院等20个研究所和50位研究员携带他们开发的100项最新应用科技成果项目参加会议。省工商联组织70余位民营企业家参加了这次洽谈会。

由省工商联特邀日本応微株式会社社长理学博士堀内勳与太原市锦绣河山生态农业发展有限公司就“潜力产品项目”合作事项进行洽谈。此次与日本洽谈合作的项目主要是土壤改良和畜牧业免疫，污水处理、除臭、除味等微生物方面的事项。

帮助平遥县成立了中国商会博物馆。9月9日，由全国政协副主席、全国工商联主席经叔平题名的“中国商会博物馆”在平遥举行开馆典礼。商会博物馆，是在中国银行鼻祖日升昌所在地平遥明清一条街明清时代的“汇源涌”票号的基础上，修缮、恢复起来的又一历史经典，也曾是1911年成立的平遥商会会馆。

12月21日，与山西财经大学、山西省财政税务专科学校、中国国情与发展研究所、山西省政府改革与发展研究中心、山西省社会科学院、《山西经济日报》社、《发展导报》社等单位联合举办了“山西民营经济发展战略”高峰论坛。

与省科技厅、省科协联合开展了山西省第二届民营科技企业“三优”表彰活动。山西安泰集团股份有限公司、山西海鑫钢铁集团有限公司等50家民营企业被表彰为优秀科技企业；李勇、李海仓等45名企业家被表彰为优秀民营科技实业家；溶栓胶囊、络欣通片等29种产品被表彰为优秀民营科技产品。

表1 2002年度全国上规模民营会员企业500强中山西13家企业情况

序号	企业名称	营业收入（万元）	主营业务
44	山西海鑫钢铁集团有限公司	329653	炼铁、炼钢、轧钢
56	山西通达集团有限公司	271350	摩托车生产销售配件供应
134	山西美锦能源集团有限公司	126815	煤气焦炭、煤化工产品、煤矸石发电、集中供热、陶瓷、墙地砖、微晶石
166	山西华宇集团有限公司	109060	商业
212	山西振兴集团有限公司	92627	原煤、发电、点解铝
230	山西安泰股份有限公司	85000	焦炭、生铁、水泥
253	山西中阳钢厂	79027	钢坯、线材、带材
267	山西通泰昌股份有限公司	74673	煤焦铁运销、黄金珠宝销售、乳制品加工销售
271	山西三佳煤化有限公司	73370	生产销售冶金焦、铸造焦及副产品加工
252	山西洪达（集团）有限公司	55000	汽车配件修理保养中外产汽车、大型综合超市
404	山西常平集团有限公司	50000	冶金、建材、化工
437	山西皇威实业有限公司	46421	铁合金系列生产、发电、供热、纺纱、织布、焦炭、洗精煤生产、药品生产
442	山西金业煤焦化集团有限公司	45704	煤炭采掘、洗选炼焦、化工

山西省工商联2002年大事记

1月4日，省政协副主席、省工商联会长边鸣涛，省工商联副会长商庆武带领省工商联办公室、组织人事处的同志到省总工会走访座谈。省总工会常务副主席、党组副书记徐改清，副主席张海流、冀中时、高风平以及省总工会办公室、组织部的同志参加了座谈。双方就民营企业工会工作面临的形势及今后工作交换了意见。

1月12日至17日，省工商联副会长郭锐与经济联络处的同志就民营企业新上（技改）项目，在临汾、运城、晋中有关市县进行摸底调研。

1月20日，山西省工商联八届六次常委会议在太原召开，会议由省政协副主席、省工商联会长边鸣涛主持。省工商联副会长商庆武、张慎德、郭锐、李建勋、啜文、常福林、李安民、姚俊良、崔晋宏、梁文海参加了会议，名誉会长郭德恒、马长有，顾问马存义、赵承亮、张彦林列席了会议。各市、地工商联（办事处）未担任省工商联常委的会长、党组书记也列席了会议。会议审议通过了《山西省工商业联合会2001年工作总结》、《山西省工商业联合会2002年工作要点》、《山西省工商业联合会关于表彰2001年度先进组织、先进工作者的决定》、《山西省工商业联合会第九届执委会规模、结构及执委候选人选拔条件、名额和推荐、考察、审批程序》、《山西省工商业联合会第九届会员代表大会代表的条件、结构、名额和产生办法》。

1月26日晚，省工商联邀请省人大代表、政协委员中的非公经济人士和相关人士在省城煤炭大厦举行联谊会。

1月21日至27日，在山西省政协八届五次会议上，省工商联提交了12件团体提案。7位工商联界别政协委员做了大会和书面发言。省政协副主席、省工商联会长边鸣涛主持了省政协组织的“电视议政会”，省工商联副会长李海仓、常委刘建日、执委李平、刘占中就山西省如何应对WTO规则等问题发了言。

1月28日至30日，全国政协副主席、全国工商联主席经叔平，全国工商联副主席黄孟复一行来山西调研考察，就全国工商联第九次会员代表大会审议修改的《中国工商业联合会章程》召开座谈会。在此期间，全国工商联领导听取了山西、河北、天津、内蒙和山东五省、区工商联负责人对“章程”提出的修改建议，并召开了山西省非公有制经济代表人士座谈会、山西省基层工商联负责人座谈会和同业公会负责人座谈会，听取了太原、大同、阳泉、临汾四市工商联和30余位会员企业、同业公会负责人对“章程”的修改意见。

2月9日，来自全省各地的20余名民营企业界的省长特邀联络员在山西饭店西小楼二层会议室，与省长刘振华等省级领导和有关厅局负责人、新闻单位记者举行座谈。

3月10日至13日，省工商联副会长张慎德带领宣传调研处、办公室人员及中国工商杂志、山西经济日报记者，前往临汾、运城两市进行工作调研。

3月16日，山西省工商联民营企业管理人士WTO培训班在朔州开讲。包括民营企业和政府部门的1000余人参加了培训会。

3月16日至19日，省工商联副会长郭锐在朔州市的山阴县、怀仁县、应县、朔城区对四个列入市、县龙头的民营企业进行调研。

3月26日至4月1日，省工商联副会长郭锐就民营企业产业结构调整在临汾、运城两市进行调研。

3月26日至27日，全国工商联在北京召开了第五次全国私营企业问卷调查会议，山西省领到的问卷为55份，太原市、运城市、汾阳市、大同城区、定襄县、五台县、山阴县工商联具体承担调查任务。

4月19日，山西省政协副主席、省工商联会长边鸣涛，省委统战部副部长、省工商联党组书记邓永武，省工商联副会长郭锐、李建勋等随同日本友人榊多嘉子、小久保平吉、田口勇等前往榆社参加中日友好学校交付使用典礼仪式。

4月20日，由省工商联主办，太原教育电视台、温州亚美信企业顾问有限公司协办的“企业管理创新与领导艺术”专题研讨会在煤炭大厦四楼会议厅举行，省政协副主席、省工商联会长边鸣涛与省内300余位企业家及企业高级管理人员参加了研讨会。研讨会由国家行政学院领导艺术研究中心主任刘峰教授主讲，省工商联副会长郭锐主持，会长边鸣涛发表了演讲。

4月21日，省工商联与山西省人才市场共同举办了山西民营企业人才招聘专场会。来自全省各地市和省外近70家民营企业用人单位带着1135个岗位参加招聘，3000多名大中专毕业生和下岗待业人员及各类流动人才前来应聘求职，当场有1000多人与用人单位达成意向。

4月28日，山西省承担的第五次全国私营企业问卷调查任务全部完成，向全国工商联报送了调查问卷和分析报告。

6月7日下午，省工商联党组组织处以上党员干部，学习讨论江总书记“5·31”讲话精神。省委统战部副部长、省工商联党组书记邓永武主持并做了辅导性发言。

6月26日至27日，山西省工商联第九次会员代表大会在太原隆重召开。来自全省11个地市和省直的366名代表参加了会议。全国工商联党组副书记、副主席瞿怀明到会祝贺，省委副书记、省长刘振华出席会议，省委常委、秘书长申联彬代表省委致贺词，副省长薛军代表省人民政府讲话，梁国英副主任、靳承序副主席、吴锦文副主席、张正明主委分别代表省人大、省政协、省委统战部和省各民主党派致贺词。闭幕会上副省长杜五安代表省人民政府讲话，省委统战部副部长、省工商联党组书记邓永武致闭幕词。大会选举产生了第九届执委会、常委会。边鸣涛当选为会长，商庆武、张慎德、郭锐、李建勋、李海仓、梁文海、王秀顺、王国强、王建国、王艳梅、吕治成、远勤山、李勇、李珍富、段青山、袁玉珠、崔裕峰、韩长安、薛龍民当选为副会长，李建勋兼秘书长。

6月27日下午，中共山西省委书记田成平来到山西饭店，与新当选的省工商联九届会领导班子进行座谈。

7月30日上午，新任副省长宋北杉同志来到省工商联机关，与省政协副主席、省工商联会长边鸣涛和在机关的会领导及省工商联顾问马长有同志进行了亲切的座谈，省委统战部和有关方面的领导参加座谈。

8月8日上午，新任副省长牛仁亮来到省工商联机关调研，与省政协副主席、省工商联会长边鸣涛，省委统战部常务副部长、省工商联党组书记邓永武以及在机关的副会长进行了座谈。牛副省长说，当前，非公有制经济代表人士应当首先在三个方面发挥带头作用：一要依法纳税，这是企业对国家最主要的贡献；二要在环保产业、退耕还林改善生态环境上多投入、多贡献；三要尽力吸纳下岗职工，帮助他们再就业，为社会稳定多做贡献。

8月19日，省工商联召开会长会议，总结上半年工作，研究安排下半年工作。省政协副主席、省工商联会长边鸣涛主持了会议。省委统战部常务副部长、省工商联党组书记邓永武以及副会长商庆武、张慎德、郭锐、李建勋、王秀顺、王艳梅、段青山、王建国、梁文海、崔裕峰参加了会议。

8月21日上午，省工商联召开换届情况通报暨顾问座谈会。应邀参加会议的有省社会和劳动保障厅厅长李顺通、省科技厅厅长温泽先、省工商局局长李鹏、省质量技术监督局局长孙桂芳、省国税局总会计师高建文。省政协副主席、省工商联会长边鸣涛，向到会的同志通报了山西省工商联第九次会员代表大会的情况。

9月9日，“中国商会博物馆”在平遥举行开馆典礼。该馆是在明清时代的“汇源涌”票号（也曾是1911年成立的平遥商会会馆）的基础上，经过平遥县工商联牵头组织，民营企业家投资修缮、恢复而成的。省政协副主席、省民进主委张正明和省政协副主席、省工商联会长边鸣涛一同为“中国商会博物馆”揭牌。省工商联副会长郭锐也参加了开馆典礼仪式。

9月14日，省工商联与湖南远大空调有限公司在省城迎泽宾馆联合举办“能源与环境——企业经营之道”高层论坛，参加论坛的有省委副书记刘泽民，副省长范堆相、靳善忠，省政协副主席张正明、边鸣涛等领导和国家计委能源研究所所长周凤起，国家外经贸部研究中心主任何茂春及有关部门负责人及企业老总、新闻单位共计200余人。省政协副主席、省工商联会长边鸣涛致辞，省工商联副会长、海鑫钢铁集团董事长李海仓与湖南远大空调公司董事长张跃围绕企业经营之道进行了对话。

9月14日晚，为庆祝山西省工商联成立50周年，山西省工商联、湖南远大空调有限公司在省城太原湖滨会堂联合举办了“风雨同舟”50年大型专场文艺晚会。省政协副主席、省工商联会长边鸣涛在晚会上致辞。

10月11日，经政府批准，由山西省工商联主办的“山西省首届民营企业交易会”在太原中国煤炭博物馆隆重开幕，交易会历时4天，设置展位300余个，签订合作协议、引进投资、销售收入累计3.7亿元。

10月12日，省工商联在省政协宾馆隆重举行“纪念山西省工商业联合会成立50周年座谈会。”全国工商联党组副书记、副主席保育钧，省委常务副书记刘泽民，副省长靳善忠，省政协副主席、省委统战部部长吴锦文等领导出席会议并讲话。省各民主党派、人民团体、省直有关部门主要负责人及地市县工商联领导、执委、老领导、老会员共280余人参加了座谈会。

10月24日，省光彩事业促进会在太原铁道大厦召开二届二次理事会议。本届理事和省、市（地）统战部、工商联领导同志200多人参加了会议。省政协副主席、省工商联会长边鸣涛在会上讲了话。

10月25日至26日，省委统战部会同省工商联、省社会主义学院在太原举办了“全省非公有制经济代表人士培训班”，来自全省各地的200多人参加了培训。

10月28日至11月3日，省工商联副会长张慎德带领机关人员，前往阳泉市、长治市、晋城市和翼城县、闻喜县、霍州市，就非公经济现状、工商联工作，进行了为期一周的工作考察。

11月8日上午，省工商联全体工作人员认真收看了中国共产党第十六次全国代表大会开幕式，认真收听了江泽民同志的报告。会后，全体人员进行了热烈的学习讨论。省政协副主席、省工商联会长边鸣涛作了重点发言。

11月15日上午，省工商联组织全体机关工作人员，收看了新一届中央领导集体与中外记者见面会实况，下午进行了座谈学习。

11月22日，省工商联党组副书记、副会长商庆武为大同市非公经济人士和工商联干部作了题为“贯彻十六大精神，创新工商联工作，促进非公有制经济健康发展”的宣讲报告。

12月3日，省委书记田成平接见了山西省新当选为全国工商联常委以上的4位同志。田书记对李海仓当选为全国工商联副主席，边鸣涛、邓永武、李安民当选为全国工商联常委表示祝贺，并对工商联在促进全省非公经济发展中的作用提出了希望和要求。

12月4日下午，省工商联召开机关全体人员会议，传达学习全国工商联“九大”精神。省政协副主席、省工商联会长边鸣涛作了传达，全国工商联副主席、省工商联副会长、海鑫钢铁集团公司董事长李海仓出席会议并讲了话。全国工商联“九大”选举黄孟复为主席。山西省工商联副会长、海鑫集团公司董事长李海仓当选为副主席，边鸣涛、邓永武、李安民当选为常委，姚俊良、崔晋宏、梁文海当选为执委。

2002年12月21日，由省工商联协办的第三次山西经济高峰论坛——山西民营经济发展战略研讨会在太原举行，省政协副主席、省工商联会长边鸣涛，省工商联副会长郭锐出席了会议。

12月24日，省政协副主席、省工商联会长边鸣涛，副会长商庆武带领省工商联机关相关人员前往山西并州高速快客集团有限公司调研，就企业在扩大规模、提高档次方面遇到的难题进行了协调研究。

12月26日，由省科技厅、省科协、省工商联联合开展的山西省第二届民营科技企业“三优”评审揭晓，安泰、海鑫等50个企业，李勇、李海仓等45个人受到表彰，溶栓胶囊等29个产品被评为科技产品。

山西省工商联2003年工作概要

学习理论

个体私营等非公有制经济作为我国社会主义市场经济的重要组成部分，在党的十六大和十六届三中全会进一步得到鼓励和支持。依据十六大和十六届三中全会精神，结合山西省的实际，省委八届五次全会审议通过了《中共山西省委贯彻落实 < 中共中央关于完善社会主义市场经济体制若干问题的决定 > 的实施意见》。为深入学习贯彻这些新的发展思路，省工商联坚持学习创新，以活动为载体，把全省工商联系统和非公经济界学习贯彻“三个代表”重要思想、十六大、十六届三中全会和省委八届五次会议精神推向新高潮，用科学的发展观认识非公有制经济在兴晋富民大业中的重要地位和作用。组织全省工商联干部、非公经济代表人士、会员企业员工参加了全国工商联开展的学习十六大精神问卷答题暨征文比赛，组织实施了全省民营企业学习贯彻“三个代表”重要思想知识竞赛活动。完成答卷1404份，收集征文77篇，组织知识竞赛5场。太原市工商联、阳泉市工商联被全国工商联评为“优秀组织奖”。海鑫钢铁集团、华宇集团、长信钢铁集团分别获得学习贯彻“三个代表”重要思想知识竞赛“海鑫”杯决赛第一、二、三名。

服务会员

经过近年来经济结构战略性调整，山西省非公经济产业和产品结构逐渐趋于合理，规模和总量不断扩大，全省列入“1311”工程企业总数221家，其中民企186家，占总数的84%，而且相继投产达效。2003年底全省仅亿元以上企业达148家，纳税超过亿元的有4户，超千万元的有60多户，安排就业人员超过100万人；全省民营经济完成增加值1205亿元，比上年度增加29.6%，占GDP比重达到49.3%，在全省经济发展中越来越显现出强大的推动作用，已经成为全省经济增长的重要组成部分。新形势、新任务要求坚持用新的思维、新的方法，研究探索解决新的问题。省工商联今年不但进一步加强了与政府部门已建立起的工作联系，而且还有重点地扩大了与有关部门的联系面，初步实现了为政府当好桥梁、助手，通过服务加快发展非公经济的目标。

帮助非公企业进行了技改和新上项目的申报立项工作。帮助环海集团完成了600mm热轧不锈钢带项目的立项工作。

开展了评优表彰活动。根据党的十六大关于“对为祖国富强贡献力量的社会各阶层人们中的优秀分子都要表彰”的精神，省和各级工商联注重对优秀的会员企业进行全面培养、大力宣传、积极推荐，使他们受到国家和省有关部门的隆重表彰。与省总工会联合推荐金业煤焦化集团总经理张新跃、皇威集团董事长秦诗禄、联盛能源有限公司董事长邢利斌和三名企业员工及长治振东实业有限公司、大同普德药业有限公司为“关爱员工，实现双赢”和“双爱双评”活动的先进单位和模范个人，受到全国工商联、全国总工会的表彰，分别被授予“关爱员工的优秀民营企业家”、“热爱企业的优秀员工”、“双爱双评”先进企业的称号，受到党和国家领导同志的亲切接见。并会同省劳动和社会保障厅、省质量技术监督局、省国税、地税局一道，对海鑫等283家就业、质量、纳税方面被评为先进的会员企业进行了隆重表彰。

组织了经贸洽谈活动。组织部分企业家参加了在新加坡召开的第七届世界华商大会和第一届中国兰州投资贸易洽谈会，与甘肃省工商联建立了友好商会。

“送走一个、脱贫一户、影响一片”贫困地区劳务输出光彩扶贫活动取得明显成效。省工商联联合省劳动和社会保障厅等14个厅局组织开展的这项活动，为静乐等17个县区的2300余名务工人员进行了培训，并输往外省实现了就业。中央电视台等重要媒体对这项活动进行了报道。

开展了广泛的宣传舆论服务。通过中央和省级媒体以及《当代山西商会》和《工商联会讯》，为各级工商联和会员企业提供宣传舆论服务。与山西经济日报成功地合办了每周一期的“商会与工商界”专版，对会员企业和全省各级工商联组织进行了大篇幅、全方位的宣传报道。配合全国工商联进行了“中国工商百年”大型电视片在山西的采访拍摄；针对李海仓遇害事件引发的社会舆论，配合中央级媒体开展了大规模的调查采访和正面宣传活动，为优秀民营企业和优秀民营企业家正了名。《当代山西商会》和运城市工商联的《民生报》，获全国工商联“民营企业报刊优秀奖”，信息工作列全国工商联系统第十位。

各市地工商联在发挥商会职能、当好桥梁助手、服务会员企业等方面也有不少新举措。长治市工商联受市纠风办委托两次对政府有关职能部门营造非公经济发展环境进行监督测评，并在报纸上公布结果，在社会上引起强烈反响，探索出了与政府职能部门共同服务非公经济的新形式，省工商联对这两次活动给予了很大关注，《全联通讯》刊发了他们的经验。朔州市工商联先后参加了市劳动局、工商局、物价局和市工行的行风评议活动。晋城市工商联与市纪检委联合维护会员企业的合法权益，对民营企业提出的问题随时解决和反馈。太原市工商联举办了非公企业用工招聘大会。临汾市工商联牵头组织实施了“百家企业进信合”的银企合作工程，直接融资3.5亿元，为解决企业融资难问题开辟了途径。忻州市工商联参加了32个行业行风的评比和61次巡视活动。大同市工商联推荐非公经济代表人士担任行政执法监督员。

参政议政

2003年省政协九届一次会议上，工商联界别的政协委员有1人作了大会发言，4人参加了电视议政会，11人提交了书面发言材料，省工商联提交团体提案10件，立案9件。

对上规模民营企业进行了调研，2003年度全省有11家会员企业上榜全国民营企业500强。它们分别是：海鑫钢铁有限公司（44位）、通达集团有限公司（76位）、美锦能源集团有限公司（92位）、金业煤焦化集团有限公司（189位）、安泰集团股份有限公司（232位）、常平集团有限公司（233位）、华宇集团有限公司（243位）、三佳煤化有限公司（312位）、阳光焦化集团有限公司（321位）、振兴集团有限公司（324位）、皇威实业有限公司（369位）。完成了“山西省非公经济企业大户情况调查统计”、“山西省个体私营经济发展情况统计”和“2003年山西民营经济发展形势分析报告”。

配合省委统战部进行了中央统战部关于《新时期新阶段工商联工作》课题的调研，参加了省委、省政府《关于进一步加快非公有制经济发展的决定》起草阶段的多次讨论和修改。针对山西省个别企业假冒生产“老陈醋”、“平遥牛肉”的问题，组织省直会员企业和直属商会进行了“重质量、讲信誉，自觉维护市场秩序”的座谈会，通过宣传法律法规，引导会员企业增强品牌意识，树立良好的市场形象。

进行了民营企业文化建设情况调研活动。10月份，在怀仁县组织召开了全省民营企业文化建设交流研讨会，并表彰了34家企业文化建设先进民营企业。全国工商联副主席程路，省政协副主席、省委统战部部长吴锦文等领导同志参加会议并作了重要讲话。

各级工商联组织在参政议政、调查研究方面也取得了良好的成绩。共向各级党委、政府、人大、政协提出报告、建议及议案、提案3000多件，被有关部门采纳1588件，被评为优秀提案433件。阳泉市工商联对全市非公企业开展了拉网式调研，取得了底数清、情况明、建议准的效果。晋中市工商联《充分发挥工商联职能作用》和《举全市之力加快民营经济发展》的调研报告被列为市政协大会的典型发言。

组织建设

基层组织建设稳步发展。全省11个市地全部完成了换届，119个县级工商联有83个完成了换届，乡镇、街道分会累计总数达到560个，已建立行业商会190个。山西省福建商会在太原市购置了永久性会馆，为会员开展商务活动提供了场所，增进了亲合力，促进了商会发展。大同市美容美发商会开设电视讲座、组织培训、开办连锁企业，为会员企业提供技术、用品服务，推动行业商会以规模优势、技术优势占领市场。原全国政协副主席孙孚凌，中国民（私）营经济研究会会长保育钧在山西省调研期间，对省工商联行业商会建设工作给予了肯定。

坚持创先评优活动。继续推行工作目标考评制度，经过综合考评，2003年晋城、长治、运城、临汾、大同、阳泉6个市被评为全省先进组织，36个县市（区位）、43名个人也受到了表彰。

会员队伍不断壮大。全省会员总数达54072个。在扩大会员队伍的同时，各级工商联还积极搭建桥梁，通过丰富多彩的活动增进工商联与会员和会员与会员之间的沟通、联络。

非公经济代表人士队伍不断壮大。2003年底，全省担任县级以上人大代表、政协委员的非公经济代表人士达到4445人，其中担任县级以上人大副主任、政协副主席的有18人，担任常委的有628人。全省会员中有65人当选全国和省人大代表，78人担任了全国和省政协委员。

为了完善服务体系，深化服务效果，省工商联与省政协社会法治委员会、省司法者工作协会联合成立了维护会员合法权益委员会。并对敦煌科技公司、长治巨翔公司及方山县、夏县会员企业的经济纠纷给予了协调。

光彩公益事业

全省非公企业家积极参与光彩事业和社会公益事业，为促进社会共同富裕作贡献。截至2003年底，全省非公有制企业家累计投入光彩事业74亿元，带动脱贫人数20多万人，培训技术骨干4万人次，安排农村富余劳动力6万余人，安置国企下岗职工再就业30万人。有15000多位非公有制企业家捐赠社会公益事业，累计捐款捐物7.2亿元。兴建中小学450所，打深井285眼，架桥35座，修建等级路1500余公里。

在抗击“非典”斗争中，全省非公经济人士在工商联的组织引导下，一手抓防控“非典”不动摇，一手抓生产经营不放松，并积极以捐款捐物的实际行动，为社会奉献爱心。4月30日，担任省工商联副会长和常委的13名民营企业家，在省委统战部、省工商联、省光促会的组织下，向省红十字会捐款135万元，捐赠药品价值10万元。据不完全统计，全省非公经济人士捐款捐物价值达4200余万元，为全省夺取抗击“非典”斗争的胜利作出了重要贡献，受到全国工商联的表扬和省委、省政府乃至社会各界的赞誉，这是继1998年抗洪以来非公经济人士的又一可以载入史册的重大义举。

机关建设

明确了“核心是创新，关键是改革，本质是服务”的工作思路，树立了创建学习型组织和服务型组织的工作目标，并着力从政策理论、法律、经济等业务知识方面提高干部综合素质。省工商联机关坚持星期二学习制度，聘请山西大学教授讲解经济、法律知识，并鼓励支持干部参加有关部门举办的培训和在职学习。

推动了办公自动化、信息化工作。重新组建了省工商联网站，建立了机关局域网，并对全省工商联系统信息网站的项目建设进行了规划和论证。与省政府信息办联合下文，推荐了项目方案，为市县（区）、信息网站的建设提供了建设平台。

山西省工商联2003年大事记

1月8日至15日省政协九届一次会议和1月10日至19日省人大十届一次会议在太原市隆重召开，全省当选代表、委员的144名非公经济人士出席“两会”。党组书记邓永武及副会长梁文海、王艳梅，常委姚俊良、王永安、范小玲、范明远、郝建秀，执委李京陆当选为省政协常委；副会长郭锐被推选为省政协提案工作委员会副主任；李建勋等36位执委被推选为九届省政协委员。省工商联会长边鸣涛，全联副主席、省工商联副会长李海仓，全联常委李安民，全联执委、省工商联执委崔晋宏被推选为九届全国政协委员。省工商联副会长李珍富当选为省人大常委；省工商联副会长韩长安、袁玉珠，省工商联常委、大同市人大副主任、市工商联会长王玉田当选全国人大代表；李勇等13位执委以上会领导当选省十届人大代表。

1月10日晚，省工商联在并州饭店召开了“喜会新老朋友，携手共谋发展，省十届人大、省九届政协民营经济代表、委员联谊会”。参加省人大十届一次会议、省政协九届一次会议的非公经济人士人大代表、政协委员，市地政协主席、统战部长，省直有关部委、厅局的领导，省工商联顾问等260余人参加了联谊会。

1月22日，省工商联和团省委联合举行山西省第二届“杰出（优秀）青年民营企业家”

表彰会。

1月22日上午，全国工商联副主席、省工商联副会长、山西海鑫集团董事长李海仓同志在其集团公司办公室遭歹徒枪击身亡。

1月27日，省工商联机关召开全体人员大会，部署2003年工作，边会长提出今后一段时间省工商联机关的工作要围绕“核心是创新，关键是改革，本质是服务”这一思路开展，把工商联建设成一个学习创新型和服务创新型的组织。

1月29日，全国工商联副主席、省工商联副会长、山西海鑫钢铁集团公司董事长李海仓同志遗体告别仪式在闻喜县东镇举行。中央统战部副部长胡德平，全国工商联副主席孙晓华，原全国工商联副主席严克强，中共山西省委常委、政法委书记杜玉林，省政协副主席、省委统战部部长吴锦文，省政协副主席、省工商联会长边鸣涛等领导参加了告别仪式。省委统战部常务副部长、省工商联党组书记邓永武，省工商联副会长商庆武、张慎德、郭锐、李建勋及处室有关同志，运城市和闻喜县四大班子领导同志和群众2000余人参加了吊唁。中共中央政治局委员、中华全国总工会主席王兆国同志派人前往进行了慰问。

2月15日上午，在山西省考察调研的全国政协副主席孙孚凌、全国政协副秘书长、中国民（私）营经济研究会会长保育钧在迎泽宾馆九楼会议室专门听取了省工商联关于同业公会发展情况汇报，并与有关人员进行了座谈。座谈会由省政协副主席、省工商联会长边鸣涛主持，省政协副主席、省委统战部部长吴锦文出席了会议，省委统战部常务副部长、省工商联党组书记邓永武作了汇报，山西省五金商会、山西省代理商联合会，太原市、大同市、阳泉市、临汾市工商联的负责人参加了座谈。

2月16日，山西安泰集团隆重举行创业二十周年暨两大工程开工庆典活动。全国政协副主席孙孚凌，全国政协副秘书长、中国民（私）营经济研究会会长、原全联副主席保育钧，全国工商联副主席谢伯阳应邀专程从北京赶来参加庆典活动。省委副书记、省长刘振华，省委副书记侯伍杰，省委常委、宣传部长申维辰，省委常委、副省长范堆相，省人大副主任薛军，副省长靳善忠，省政协副主席吴锦文、边鸣涛、阎爱英，省委统战部常务副部长、省工商联党组书记邓永武，省工商联副会长商庆武、张慎德、李建勋等领导和省工商联机关处室负责人参加了庆典活动。

2月21日，省工商联召集副会长和省部分知名民营企业家就民营经济发展的环境问题进行了座谈讨论。省委常务副书记、省政协主席刘泽民，省政法委书记杜玉林，副省长靳善忠出席了会议，省政协副主席、省工商联会长边鸣涛主持了座谈会。

2月20日至24日，按照中央统战部和全国工商联领导的批示精神，省工商联副会长张慎德、宣传调研处处长郎宝山等同志，陪同全国工商联宣教部处长刘建同志带领的中华工商时报、中国工商杂志、中华儿女杂志、中国青年报的记者，在省城太原和运城市、闻喜县、海鑫公司进行了为期5天的调查采访，共召开座谈会30余次，有120多人接受采访和参加座谈。

2月26日下午，靳善忠副省长在长治市出席全省劳动和保障会议期间，由省工商联副会长郭锐、长治市副市长曹惠斌陪同到潞宝集团调研。

3月4日下午，省委宣传部、省委统战部、省工商联召开省主要新闻媒体深入宣传海鑫公司和李海仓同志先进事迹协调会，省委宣传部常务副部长申存良、省委统战部副部长岳纪安、省工商联副会长张慎德和省委宣传部新闻处、省委统战部经济处、省广播电视局宣传处、省工商联宣传调研处、山西日报社、山西人民广播电台、山西电视台的负责同志参加了会议。对如何宣传海鑫公司和李海仓同志做出安排，提出了要求。

3月28日，山西省浙江商会捐资10万元兴建临县曲峪镇李家塌村光彩小学捐赠仪式在临县隆重举行。省工商联党组书记、省光彩会会长邓永武出席仪式。

3月24日至4月2日期间，省政协副主席、省工商联会长边鸣涛分别对运城市、晋城市和运城盐湖区、河津市、闻喜县、高平市、晋城城区、泽州县工商联及当地16家重点民营企业进行了调研。

4月11日，中共山西省委书记田成平致信省政府靳善忠副省长，省政协副主席、省工商联会长边鸣涛两位同志，建议全省的企业家阅读《郭台铭的富士康》，并学习借鉴其思想观点，从中接受有益的启迪。

4月30日上午，省委统战部、省工商联在省委大楼常委会议室举行“山西省非公经济代表人士为防治‘非典’奉献爱心捐赠仪式”，13位担任全国及省人大代表、政协委员和工商联领导职务的民营企业家，通过省光彩事业促进会，将135万元捐款和价值10万元的药品捐赠给省红十字会。省委副书记、省政协主席刘泽民，省委常委、常务副省长范堆相，副省长张少琴，省政协副主席、省委统战部部长、省光彩事业促进会名誉会长吴锦文，省政协副主席、省工商联会长、省光彩事业促进会名誉会长边鸣涛，省政协副主席、省农工主委周然，省光彩事业促进会会长、省工商联党组书记邓永武，省委统战部副部长、省光彩事业促进会副会长武锦福、岳纪安，省红十字会副会长赵震寰等有关方面领导和新闻媒体参加了捐赠仪式。

5月26日下午，全国工商联召开九届二次常委电视电话会议。山西省工商联常委边鸣涛、邓永武、李安民在太原市电信局会议室参加了会议。省工商联副会长商庆武、张慎德、李建勋、梁文海、王建国、王艳梅、吕治成、远勤山、韩长安列席了会议，省委统战部经济处处长王建华、海鑫集团董事长李兆会旁听了会议。

6月27日，省工商联机关全体工作人员认真学习了中央7号、8号文件和中央关于印发《“三个代表”重要思想学习纲要》的通知精神，并对机关下半年学习作了安排。

7月1日，省工商联机关干部举行座谈会，庆祝中国共产党成立50周年。省政协副主席、省工商联会长边鸣涛，省工商联党组书记邓永武讲了话。党组副书记、副会长商庆武主持了会议，副会长张慎德、李建勋参加了座谈。

7月9日上午，省委统战部常务副部长王大高，联系工商联工作的副部长岳纪安一行5人到省工商联，与机关全体干部进行了座谈。

7月16日，会长会议决定由副会长郭锐带领经济处副处长隋淑静、主任科员马德鹏、宣传调研处主任科员闫晓红组成工作组支援省工商联副会长梁文海的环海锅炉有限公司新上10万吨不锈钢项目筹建。

7月17日，省工商联牵头联合省民政厅、省民营经济发展局、团委、省光彩会、省职业介绍服务中心等14个单位联合开展的“送走一个、脱贫一户，影响一片”贫困地区劳务输出光彩扶贫活动正式启动。山西日报在二版要闻显要的位置进行了报道。

8月11日至14日，省工商联副会长、党组副书记商庆武率宣传调研处处长郎宝山及办公室、组织人事处的同志一行5人，到晋北三市就民营经济发展环境状况进行调研。

8月20日上午，由省工商联副会长张慎德带队，省工商联调研组一行四人到太原市就民营经济发展环境状况进行调研。

8月26日至29日，省工商联组团参加由全国工商联参与举办的第十一届中国兰州投资贸易洽谈会。省政协副主席、省工商联会长边鸣涛，省长助理纪友伟分别任团长和副团长。省工商联副会长、环海集团董事长梁文海，省工商联副会长、连顺能源公司董事长王秀顺，全国工商联常委、安泰集团董事长李安民，省工商联常委、美锦集团董事长姚俊良，长治市政协副主席、工商联会长闫建国等参加。

8月25日至9月1日，省工商联党组书记邓永武、副会长张慎德率领由宣传调研处处长郎宝山等机关处室同志组成的“山西省民营企业学习贯彻‘三个代表’重要思想知识竞赛”竞赛调研组一行8人，赴临汾、运城、晋城、长治四市工商联和民营企业进行分片竞赛和工作调研。

8月27日，“山西省民营企业学习贯彻‘三个代表’重要思想知识竞赛”第一场分组赛晋南片预赛在运城市举办，运城市代表队山西通达集团获晋南片赛区第一名。

8月31日，“山西省民营企业学习贯彻‘三个代表’重要思想知识竞赛”第二场分组赛在长治市举办，长治市代表队山西长信钢铁有限公司喜摘桂冠。

9月5日，省委统战部和省工商联联合发出《关于在全省广大非公有制经济代表人士中开展“争当优秀中国特色社会主义事业建设者”征文活动的通知》。征文截止时间是10月31日，各市（地）不少于15篇，字数在3000字以内，由各市（地）委统战部和工商联统一上报。

9月8日，由太原市工商联承办，山西华宇集团协办的“山西省民营企业学习贯彻‘三个代表’重要思想知识竞赛”太原片分组赛，在山西华宇集团有限公司会议厅举办，省直代表队太原贵都百货公司获得第一名。

9月10日，由大同市工商联承办，威奇达药业有限公司和永和食府有限公司协办的“山西省民营企业学习贯彻‘三个代表’重要思想知识竞赛”最后一场预赛晋北片分组赛在大同市举办，大同市代表队永和食府有限责任公司晋北片获胜。

9月22日，省工商业联合会、省劳动和社会保障厅、省质量技术监督局、省国税局、省地税局在太原云山饭店联合为在解决就业、提高产品质量、依法纳税等方面做出突出成绩的民营企业先进单位举行隆重的表彰大会。省人大副主任赵劲夫，副省长靳善忠，省政协副主席、省工商联会长边鸣涛及省委统战部和省政府相关厅局的主要领导，李顺通、孙桂芳、许月刚、宋德晋、岳纪安、邓永武出席了大会。省工商联党组成员、副会长郭锐主持，靳善忠副省长、边鸣涛副主席分别作了讲话，122个先进单位接受颁奖。山西日报、山西电视台等10多家新闻媒体进行了宣传报道。省工商联副会长、中阳钢厂厂长袁玉珠代表受表彰的企业向全省民营经济界发出了诚信纳税、认真贯彻执行《劳动法》、《质量法》、《税法》，扩大规模、增加就业岗位、增强质量意识，提高产品质量的倡议。省工商联副会长段青山、袁玉珠、崔裕峰出席会议。

9月23日，“山西省民营企业学习贯彻‘三个代表’重要思想知识竞赛‘海鑫’杯决赛”在省政协宾馆隆重举行。4位省领导和省直有关部委厅局的10余位领导及各市地工商联领导、民营企业员工300多人观看了比赛，山西海鑫钢铁集团代表队捧走了冠军杯。省政协主席刘泽民、副主席吴锦文、边鸣涛、吴博威和省委统战部、省直工委、省政协办公厅及省工商联等有关方面的领导为参赛企业和获得组织奖的市地工商联和获得精神文明奖的代表队颁了奖。

10月14日、15日，山西省民营企业文化建设交流研讨会在雁门关外新兴富裕县怀仁县隆重召开，来自全省11个市地、39个县区工商联和34家民营企业文化建设先进单位的代表共300余人参加了会议。全国工商联副主席程路莅临大会指导并做重要讲话，中国民（私）营经济研究会秘书长邵伟生作了专题报告。省政协副主席、省委统战部部长吴锦文，省政协副主席、省工商联会长边鸣涛，省长助理纪友伟、省委统战部副部长岳纪安等领导出席会议并讲话。

10月18日，中央就业再就业督察组对山西省再就业工作进行督察，省委、省政府再就业领导组成员单位分别向中央督察组进行汇报，省工商联副会长郭锐介绍了工商联参与再就业工作的情况。

10月23日，省工商联和省经贸委共同邀请国内不锈钢专家，为省工商联副会长梁文海新上600mm热轧不锈钢带项目进行可行性评审并批准立项。省经贸委副主任郭树峰主持会议，省政协副主席、省工商联会长边鸣涛出席。省工商联派驻的人员将继续为项目的融资、工程技术人员的招聘、培训以及外联工作跟踪服务。

12月1日至4日，由省工商联副会长张慎德带队，对晋城、长治、晋中三市工商联责任目标完成情况进行考核。

12月1至5日，省政府组织五厅局在全省开展劳动用工及工资支付大检查，郭锐副会长带队对吕梁、晋中两地进行督查，并对两地的民营企业进行了调研。

12月11日至15日，全国工商联在海南省召开了“2003年中国民营企业文化海口论坛中国民营企业报刊年会”。《当代山西商会》和运城市工商联主办的《民生报》被年会评选为工商联系统优秀报刊。省工商联副会长张慎德，宣传处处长郎宝山参加了会议。

12月25、26日，省工商联在省城太原金港大酒店召开会长扩大会议，纪念毛泽东诞辰110周年，总结2003年工作、部署2004年工作。省政协副主席、省工商联会长边鸣涛，省委统战部副部长岳纪安出席了会议，省工商联党组书记邓永武，副会长商庆武、张慎德、郭锐、李建勋、梁文海、王艳梅、吕治成、远勤山、李珍富、段青山、袁玉珠及市地的工商联会长、党组书记，省工商联机关各处处长及省委统战部经济处处长王建华共50余人参加了会议。

12月28日，省政协副主席、省工商联会长边鸣涛，副会长张慎德等到华宇集团调研，并与该集团全体员工共庆2004年新年，参加了该集团举办的迎新春联欢晚会。

山西省工商联2004年工作概要

2004年，特别是省工商联九届二次执委会议以来，省工商联领导一班人坚持以邓小平理论和“三个代表”重要思想为指导，认真贯彻党的十六大和十六届三中、四中全会及省委、省政府《关于进一步加快非公有制经济发展的决定》精神，在省委、省政府的正确领导下，在全国工商联和省委统战部的指导帮助下，坚持贯彻落实科学发展观，依照核心是创新、关键是改革、本质是服务的基本思路，在调查研究、参政议政，组织开展对非公经济代表人士的思想政治工作，加强组织建设，拓宽服务领域等方面取得了新进展，会领导班子和机关自身建设有了新发展，整体工作又迈出新步伐。

做好非公经济代表人士思想政治工作

加大宣传力度，努力扩大非公经济的社会影响。协办了《山西日报》举办的“百年小平”大型有奖征文活动，在社会上广泛宣传非公经济的地位、贡献和作用，宣传非公经济人士的社会贡献。会里主要领导撰写的《致富思源，富而思进》获一等奖。

开展了组织优秀民营企业家进高校进行创业论坛活动。邀请慧聪国际公司执行总裁郭凡生，百度网络技术有限公司总裁李彦宏等6位国内著名民营企业家到山西大学、中北大学举办创业演讲，热情歌颂了党的富民政策的伟大，以其对地方经济和社会发展的突出贡献赢得大学生对先富起来的民营企业家的理解、尊重，提高大学生对改革开放特别是党的十六大以来坚定不移地发展非公有制经济的路线、方针政策的认识。

大力宣传表彰非公经济人士。与省委统战部联合推荐26名“山西省非公有制经济人士优秀中国特色社会主义建设者”，受到省委、省政府的表彰。并推荐李安民、袁玉珠两位优秀民营企业家受到国家五部委的联合表彰，被授予“优秀中国特色社会主义事业建设者”称号。与省委统战部共同编辑印发了《建设者风采》一书。

推荐襄汾有色金属实业有限公司等4家民营企业受全国工商联、劳动和社会保障部表彰。

远鑫实业有限公司等30家企业，段学良等27名企业家受全联和中国民营科技实业家协会表彰。九届二次执委会上，与省委统战部、省光彩事业促进会联合对为抗击“非典”慷慨捐赠50万元以上的山西古唐文化生态园开发有限公司11家优秀单位和捐赠10万元以上的89家先进单位进行了表彰。

积极组织开展“关爱员工，实现双赢”活动，促进非公企业构建和谐的劳动关系。推荐秦诗禄等三名企业家和员工及两个企业受全国工商联、全国总工会的表彰，被授予“关爱员工优秀民营企业家”、“热爱企业优秀员工”、“双爱双评先进企业”称号。

宣传服务坚持正面引导。6月份，中央电视台某频道对安泰集团使用土地的问题进行了歪曲报道。针对这一在全国影响很大的事件，省工商联迅速向全国人大、中央统战部、中央电视台、全国工商联客观地反映情况、旗帜鲜明地站在维护会员合法权益的立场，积极配合全国工商联及《中华工商时报》，给予了及时、客观、富有成效的正面舆论帮助，保持了安泰集团的生产经营正常有序进行。10月份，在平遥召开了宣传调研工作会议上，对《华宇》、《今日中联》、《安泰报》、《海鑫报》等一批优秀会员企业的报刊进行了表彰。

调查研究，建言献策，以科学发展观引导非公有制经济和非公人士健康成长

一是做好重点。充分利用人大政协渠道，做好建言献策。省政协九届二次会议上，省工商联共提交团体提案14件，大会发言材料4份，2位会领导作了大会发言。参加了省委、省政府《关于进一步加快非公有制经济发展的决定》草案修改工作，提出的意见建议均被采纳，并对全省工商联基层组织在市场经济条件下的性质定位、职能作用、工作对象、工作方式、工作现状、组织结构、干部队伍建设等问题进行了广泛调研，并专题报全国工商联党组。

二是关注热点。根据国家宏观调控形势，省工商联主要领导先后多次深入长治、运城、晋城、大同、太原等地的厂矿企业进行实地调研，与企业家直面交流意见，探讨分析宏观调控形势，引导民营企业家正确认识国家宏观调控的必要性和正确性，克服盲动心理，增加理性思维，促进企业学习贯彻落实好科学发展观的要求，走新型工业化道路，逐渐向以人为本，全面协调可持续发展的方式转变。

三是抓住难点。针对我省假冒生产“老陈醋”、“平遥牛肉”等不诚信、市场不规范的问题，进行了深入细致的调查，并组织省直会员企业和直属商会进行了“重质量、讲信誉，自觉维护市场秩序”的座谈会，引导教育会员企业更加自觉地走爱国、敬业、诚信、守法的经营之路。

四是形成了一批优秀成果。认真组织开展上规模民营企业调研，2003年度全省有11家会员企业上榜，省工商联被全国工商联评为一等奖。山西中阳钢厂（第67位），山西通达集团有限公司（第84位），美锦能源集团有限公司（第127位），山西常平集团有限公司（第182位），山西长信钢铁有限公司（第323位），山西阳光焦化集团有限公司（第351位），山西三佳煤化有限公司（第368位），山西大土河焦化有限责任公司（第407位）8家会员企业上榜2004年全国上规模民营企业500家，《关于山西省民营企业实施名牌战略的调查》被全联评为优秀调研成果二等奖。信息工作被全国工商联评为三等奖。全省民营企业文化建设主题活动获全联优秀组织奖。2003年山西民营经济发展形势分析报告、山西省非公有制经济发展外部环境状况调研和第六次全国私营企业问卷调查受到全联好评。编辑出版了《山西民营经济发展报告》。与省社科院、省中小企业局共同组织编写出版了《2005年山西民营经济发展分析与预测》一书。

加强组织建设，扩大会员队伍，夯实工商联工作基础

领导班子进一步加强。7月19日至21日，在太原市隆重召开了山西省工商业联合会第九届

二次执行委员会会议。会议审议通过了工作报告，增补了部分执委和常委，补选王建华、郎宝山、关志道、李兆会、赵远长为副会长，牛定元为秘书长。

组织发展趋势良好。全省共发展乡镇、街道分会累计563个，同业公会、行业商会286个，并协助浙江商会、代理商会完成换届工作，指导了五金商会、福建商会召开理事会和山西河南商会和山西华商会的筹备工作。并围绕组织建设先后召开了省直商会工作座谈会、商会促进企业发展座谈会、指导参加了晋城市基层组织建设座谈会，充分发挥商会作用，增强凝聚力，把组织工作落到实处。

会员队伍不断壮大。充分依托商会组织发展会员、扩大队伍，向各地市分解下达了发展1000个会员的目标任务，并把企业会员发展作为年度目标责任考核的重要内容。通过对全省工商联2004年责任目标工作检查，都较好地完成了任务，全年共发展会员8542个，会员总数达61048个。同时，加强会费收缴工作，截至2005年1月实际收到会费112万元，并利用省人大、政协“两会”期间邀请工商联会员中的参会代表和委员200余人举办了丰富多彩的代表委员联谊活动，4月份还举办了省直会员企业“金海马杯”羽毛球比赛。

非公经济代表人士政治作用得到发挥。在2004年的省、市、县人大、政协换届中，非公经济代表人士进入人大、政协的人数都有不同程度的增加。目前，进入县级以上人大代表、政协委员队伍的非公经济代表人士总数达到4445人，其中担任县级以上人大副主任、政协副主席的有18人，担任常委的有628人。全省会员中有65人当选全国和省人大代表，78人担任了全国和省政协委员。

努力开辟服务工作的新领域、新途径、新方法

经济论坛和教育培训效果显著。在中国商会、山西商会成立百年之际，支持有关单位于9月9日至11日在平遥县召开了“商会与近现代中国”国际学术研讨会暨山西商会成立100年座谈会。

10月30、31日，省工商联牵头联合有关部门，成功举办了“2004晋商国际论坛暨当代经理人山西企业高峰会”。此次会议作为近年来山西最高规格的经济论坛活动，得到了全国工商联副主席孙晓华，省委常委、宣传部长申维辰等6位省部级领导出席支持和500多名机关干部、科研人员、院校师生、民营企业家的参与。中央、省和太原市乃至外省共30多家新闻媒体进行了跟踪宣传报道，搜狐网和山西新闻网、省工商联网站进行了现场直播。

“七一”前夕，举办了“纪念邓小平诞辰100周年山西入围全国500强民营企业管理论坛”，并于8月22日，组织省城民营企业家召开了“纪念邓小平同志诞辰100周年座谈会”，另外，还在山西劳务输出与合作论坛上，省工商联就继续引深活动和号召省内民营企业在转移农民工上做贡献进行了讨论交流。

在与晋美工商管理专修学院等单位长期合作中，继续以多种形式的经济发展论坛、培训班为会员企业家服务，并较好地影响和带动了全省经济论坛和教育培训工作。

经济服务工作取得成效。组织12家企业参加了东北老工业基地振兴合作交流会；联合省政府外事办举办了俄罗斯招商信息发布会，为山西黄土食品有限公司“年产3000吨黄土蛋生产”等10个项目进行了推荐申报，组织部分民营企业参加了2004中国国际人才智力交流大会和国际营销节活动。9月份在阳泉召开了经济服务经验交流会，会上对全省29个先进单位、39名先进个人进行了表彰。

“送走一个、脱贫一户、影响一片”贫困地区劳务输出光彩扶贫活动逐步引向深入。联合省劳动和社会保障厅等14个厅局组织开展这项活动以来，先后有17个县区的3000余名务工人员经过培训后输往外省就业。3月30日又成立了就业培训示范基地，澳门中国工业集团成为首批农民工学员就业单位。副省长范堆相专门听取了工商联的汇报，中央电视台、山西电视

台等重要媒体对这项活动进行了报道。

维权服务走向规范。为了完善服务体系，深化服务效果，省工商联与省政协社会法治委员会、省司法者工作协会联合成立了维护会员合法权益委员会。对敦煌科技公司、长治巨翔公司及方山县、夏县会员企业的经济纠纷给予了协调，及时向有关部门反映孝义非公人士合法权益侵害案，并争得妥善解决。

机关建设不断适应新形势、新任务的发展要求

进一步明确了“核心是创新，关键是改革，本质是服务”的工作思路，确立了创建学习型组织和服务型组织的工作目标，并着力从政策理论、法律、经济等业务知识方面提高干部综合素质。省工商联机关坚持星期二学习制度，聘请山西大学教授讲解经济、法律知识，并鼓励支持干部参加有关部门举办的培训和在职学习，两位新任副会长和一名处级干部参加了省委党校脱产学习班，四位处级干部经过了党校短期培训，并组团到浙江、湖南等省进行了考察学习，重新组建了省工商联网站，建立了机关局域网。

山西省工商联2004年大事记

2月4日，省政协副主席、省工商联会长边鸣涛，省委统战部副部长岳纪安等一行，前往闻喜县慰问海鑫集团和已故的全国工商联副主席、省工商联副会长、运城市人大副主任、市工商联会长李海仓同志的家人。

2月12日下午，省委副书记、代省长张宝顺看望省政协九届二次会议经济企业界委员，并就如何促进非公有制经济健康快速发展讲了三点意见。

2月13日晚，省工商联邀请出席省人大、省政协会议的民营企业家代表委员与省工商联机关和民生银行太原分行的员工们在民生银行漪汾街支行的多功能大厅举行联欢。省人大副主任薛军，副省长靳善忠，省政协副主席、省工商联会长边鸣涛，省政协副主席阎爱英，省长助理纪友伟，省工商联党组书记邓永武，省委统战部副部长岳纪安和省工商联特邀顾问单位的厅（局）长，省工商联老领导等有关方面200多人参加了联欢。

2月10日至16日，省政协召开九届二次会议，省工商联提交团体提案14件，被全部立案交有关部门办复。

2月20日下午，省工商联召集在并的全国工商联、省工商联执委和部分民营企业家及山西省代理商联合会、山西省五金商会、山西省浙江商会、山西省福建商会的负责人举行“重质量，讲信誉”座谈会，就中央电视台《每周质量报告》在2月8日、2月15日分别以《变了味的老陈醋》和《调了“包”的牛肉》为题的产品质量问题曝光事件进行讨论。大家对清徐县老醯儿醋厂、海城醋厂、太原市粮食局醋厂等企业生产假老陈醋和平遥县个别牛肉加工点以次充好，以假乱真的行为进行了批评。会议围绕我省产品质量和名牌市场销售上存在的问题，进行了“重质量，讲信誉”为内容的专题座谈。

3月15日，省政府外事办公室与省工商联联合举办俄罗斯招商信息发布会。省政协副主席、省工商联会长边鸣涛出席会议并讲话。省工商联副会长郭锐主持会议，山西恒山房地产公司总经理杨茂宁等30余家民营企业参加了发布会。

3月18日，省政协副主席、省工商联会长边鸣涛会见了省外商投资企业协会会长王步祥和协会秘书长石燕丽等一行。

3月26、27日，省政协副主席、省工商联会长边鸣涛赴革命老区左权县调研，在县长孙光堂的陪同下，就县域民营经济发展情况进行了广泛而深入的考察。

3月27日下午，省政协副主席、省工商联会长边鸣涛专程赶往长治市与中共长治市委书记张兵生，长治市政协副主席、市工商联会长闫建国及有关同志就长治市工商联开展的行风评议工作进行了深入细致的座谈研究。

3月30日，省工商联与省劳动厅在榆次区环海工业园联合启动光彩扶贫劳务输出示范培训基地。山西省委副书记侯伍杰，省政协副主席、省工商联会长、省光彩扶贫劳务输出活动领导组组长边鸣涛和省计委，省劳动、农业、财政、教育、民政、建设厅，民营经济发展局、扶贫开发办、光促会，省工、青、妇等14个省直委、厅、局、办，晋中市的四大班子领导为省光彩扶贫劳务输出示范培训基地正式启动剪彩。省工商联党组成员、副会长、省光彩扶贫劳务输出领导组副组长郭锐主持启动仪式。

4月19日至23日，由中共中央统战部、中华全国工商业联合会、国家工商总局、中国民（私）营经济研究会等单位联合召开的第六次全国私营企业抽样调查工作会议，在省城太原万狮京华大酒店举行。省工商联承办了会议接待工作。

5月12日下午，省委常委、常务副省长范堆相带领政府7个厅局的负责人在省政协举行省长接待日活动，郭锐副会长汇报了从2003年由省工商联牵头、14厅局围绕“三农”问题联合开展的光彩扶贫与劳务输出“送走一个，脱贫一户，影响一片”的活动开展情况。

5月11日至14日，根据省政协的安排，省非公经济发展外部环境调研组一行五人由省工商联副会长张慎德带队，在临汾市、运城市进行了调研。

5月10日至18日，省工商联党组书记邓永武带领省工商联党组副书记、副会长商庆武，宣传调研处处长郎宝山，组织人事处副处长武晓武及办公室有关人员到太原、运城两市就中央统战部部署的调研课题，结合《中共中央批转中央统战部<关于工商联若干问题的请示>的通知》的具体贯彻落实情况，进行了广泛而深入的调研，为中央统战部和全国工商联开展的“新时期新阶段工商联工作调研”做准备。

5月25日，应省工商联的邀请，沙特国王家族成员奥玛王子一行7人乘包机专程到山西省进行了为期2天的投资项目考察。省政协副主席、省工商联会长边鸣涛接待了奥玛王子。

5月24日至28日，省工商联副会长张慎德、特邀顾问赵承亮带领宣传调研处及组织人事处有关人员，前往朔州、大同两市就省政协“关于非公经济发展外部环境”和中央统战部“关于新时期工商联工作”两个调研课题进行调研。

6月7日至14日，省政协副主席、省工商联会长边鸣涛率领11人组成的考察团，前往四川省参观考察老工业基地改造和民营经济发展现状。

6月26日，应运城市委、市政府和省工商联副会长远勤山的山西通达集团的邀请，省政协副主席、省工商联会长边鸣涛陪同省长张宝顺，省政协主席刘泽民等省领导前往运城市共同为中信机电汽车工业园奠基剪彩。

6月30日上午，为纪念中国共产党成立83周年和邓小平同志诞辰100周年，由省工商联主办的“山西民营企业家管理论坛”在山西科技会展中心举行。省政协副主席、省工商联会长边鸣涛，省委统战部副部长岳纪安，省工商联党组书记邓永武，省民营经济发展局副局长陈晓东，省工商联党组成员、副会长郭锐及太原、晋中、忻州、吕梁、长治、晋城、大同等市工商联领导和企业家近300余人参加了这次论坛。

7月3日至9日，由省工商联党组书记邓永武和副会长张慎德带队，朔州、忻州、河津、静乐、交城5市县工商联会领导以及民营企业家和省工商联宣传调研处同志组成的山西省工商联赴浙江调研考察团一行18人，赴非公经济发展和工商联行业商会工作先进的浙江省进行调研和考察。考察团与浙江省工商联和温州市工商联进行了座谈并互赠纪念品。

7月19日至21日，“山西省工商业联合会九届二次执委会议”在太原省总工会职工活动中心隆重召开。省政协副主席、省委统战部部长吴锦文代表中共山西省委和省委统战部出席会议并讲话，省政协副主席、省工商联会长边鸣涛作工作报告。会议审议通过了工作报告；增补了部分执委和常委，王建华、郎宝山、关志道、李兆会、赵远长被补选为省工商联副会长，牛定元当选为秘书长；表彰了2003年度全省工商联先进组织、先进工作者和为抗击“非典”慷慨捐赠50万元以上的11家优秀单位和捐赠10万元以上的89家先进企业；山西皇威集团有限公司董事长秦诗禄代表参会企业家发出“关爱员工，实现双赢”的倡议书。

8月25日，全国工商联2003年度上规模民营企业调研排序结果正式公布，山西省10家民营企业榜上有名。

9月9日，省政协副主席、省工商联会长边鸣涛就当前宏观调控形势下民营企业的发展情况在临汾市调研。

9月9日至11日，省工商联和中国商会博物馆、华中师范大学、山西大学、天津社会科学院在世界文化遗产平遥古城联合召开了“商会与近现代中国”国际学术研讨会暨山西商会成立100年座谈会。省政协副主席、省工商联会长边鸣涛，省工商联副会长郎宝山，秘书长牛定元应邀出席了会议。

9月21日，省政协副主席、省工商联会长边鸣涛出席2004平遥牛肉文化节开幕仪式，并为“平遥牛肉博物馆”揭牌。

9月30日下午，省工商联在政协宾馆隆重举行庆祝中华人民共和国建国五十五周年联谊会。省政协常务副主席薛荣哲，副主席张正明，秘书长田喜荣，省委统战部常务副部长王大高，副部长岳纪安出席联谊会，省工商联副会长李建勋、王建华、郎宝山以及各民主党派省委、政府有关厅局负责人共100余人参加会议。联谊会由省工商联党组书记邓永武主持，省政协副主席、省工商联会长边鸣涛致欢迎词，省委统战部副部长岳纪安作了重要讲话。山西建峰集团董事长郝建秀等6名会员发了言，万民大药房等会员企业员工表演了文艺节目。

10月10日上午，由中共山西省委宣传部、中共山西省委统战部、山西省工商业联合会和北京《当代经理人》杂志社共同主办的“2004晋商国际论坛暨当代经理人山西企业高峰会”新闻发布会在太原市山西国贸大饭店隆重举行。

10月11日至14日，省工商联党组书记邓永武到长治市、壶关县、沁源县等地就工商联的组织建设情况进行了调研，并对常平集团、沁新煤焦股份有限公司在今年宏观调控形势下生产经营和参与光彩事业情况进行了考察。

10月14日至15日，全省工商联宣传调研工作会议在晋中市平遥县召开。省工商联党组书记邓永武出席会议并作了重要讲话，省工商联副会长兼宣传调研处处长郎宝山主持会议，原省工商联副会长张慎德和省工商联党组成员、秘书长牛定元参加了会议。

10月18日下午，省工商联副会长郎宝山率省工商联宣传调研处和《当代山西商会》编辑部、省工商联网站有关人员与太原市工商联副会长李海元、调研处处长崔素娟等一行对来福集团企业文化建设进行考察调研。

10月21日至22日，省政协副主席、省工商联会长边鸣涛应邀出席在北京举办的第二届中国国际营销节。

10月30日上午，全国工商联副主席孙晓华，省委常委、宣传部长申维辰，省人大常务副主任薛军，省政协副主席、省工商联会长边鸣涛等领导出席“山西世贸中心开盘庆典剪彩仪式”。

10月30、31日，由省工商联牵头举办的“2004晋商国际论坛暨当代经理人山西企业高峰会”在太原市山西国贸大饭店隆重召开。6位省部级领导出席了论坛，来自省城主办单位和政府有关部门机关干部、科研单位研究人员、大专院校教师学生、各市地民营企业500余人参加了会议。中央、省和太原市乃至外省新闻媒体30多家进行了跟踪宣传报道，搜狐网和山西新闻网、省工商联网站进行了现场直播。

10月30、31日晚，省工商联邀请来并参加晋商国际论坛的慧聪国际公司执行总裁郭凡生，浙江庄吉服饰集团董事长、温州服装商会会长陈敏，百度网络技术有限公司总裁李彦宏，方太集团总裁茅理翔，四川大陆希望集团总裁陈斌，广东格兰仕集团总裁助理赵为民为山西大学、中北大学的大学生们作了两场精彩的演讲报告。副会长郎宝山陪同并与中北大学、山西大学领导进行了座谈。

10月31日上午，省政协副主席、省工商联会长边鸣涛在山西国贸大饭店会见新晋商杰出代表百度公司总裁李彦宏。

11月2、3日，省工商联党组成员、副会长郭锐带领经济联络处有关人员在阳泉进行调研。

11月5日，由省委安排部署、《山西日报》政法部主办、省工商联协办的隆重纪念邓小平同志诞辰100周年“百年小平”大型有奖征文活动圆满结束。省政协副主席、省工商联会长边鸣涛撰写的《致富思源，富而思进》获一等奖。

11月30日，副会长王建华参加了晋城市工商联乡镇分会组织建设座谈会。

12月13日，“全省工商联系统经济服务经验交流会”在阳泉市召开。省政协副主席、省工商联会长边鸣涛，全联经济部副部长侯志锐，省委统战部副部长、省侨联党组书记岳纪安，省工商联党组书记邓永武，中共阳泉市委副书记李天太等领导出席会议并讲话，各市工商联分管经济工作的副会长和先进单位代表共100余人参加。

山西省工商联2005年工作概要

学习贯彻国务院“非公36条”

2月24日，《国务院关于鼓励支持和引导个体私营等非公有制经济发展的若干意见》（简称“非公36条”）颁布后，全省各级工商联迅速行动，把学习好、宣传好、贯彻好、落实好“非公36条”作为工商联工作的一件大事来抓，通过开展形式多样，富有成效的座谈、调研、解读等活动，迅速在全省各级工商联组织和会员企业中掀起了学习贯彻落实的热潮。

2月28日省工商联召集在并的知名企业代表进行学习座谈，并向各市县工商联下发了《关于学习贯彻〈国务院关于鼓励支持和引导个体私营等非公有制经济发展的若干意见〉的通知》。之后，大多数市县工商联都组织召开了专门的学习贯彻工作会议。太原市工商联在与电视台合作开办的《民营之道》栏目中组织了论坛报告会；大同市工商联参与了市委、市政府《关于进一步加快非公有制经济发展的决定》的起草工作，长治市工商联在深入调研的基础上，向市委、市政府提交了建“绿色百强工程”的建议报告，阳泉市工商联在阳泉晚报上开辟了宣传专栏，省工商联组织会务干部和民营企业家赴北京听取了中国民（私）营经济研究会举办的解读报告。会刊《当代山西商会》登载了全国工商联领导和专家学者的专述。各级工商联会领导还充分利用到企业和基层调研的机会宣讲文件精神，征求他们对发展非公有制经济的意见和建议，印制了3万余册《若干意见》发放会员企业。7月22日省工商联九届三次常委扩大会议再次对学习贯彻落实“非公36条”进行了专题研究和部署。在广泛宣传调研的基础上，综合全省情况，省工商联于九月份向省委、省政府报送了《关于贯彻落实国务院“非公36条”的建议报告》。10月9日，省政府办公厅发出了《关于促进全省个体私营等非公有制经济健康发展的实施意见》。

参政议政

加强宏观调控对民营企业影响的调研，为改善非公有制经济发展政策环境和执法环境鼓与呼。这一轮宏观调控对民营企业的发展产生了很大的影响。为此，省工商联深入企业和基层进行广泛的调研，在省政协九届三次会议上，会领导作了“用科学发展观引导民营企业健康发展”、“关于进一步改进我省非公有制经济发展外部环境的建议”的大会发言。还以团体提案和人大代表联名提交议案的形式，向省人大和省政协递交了《建议省人大常委会尽快废止〈山西省个体经营户和私营企业管理条例〉并制订实施〈山西省促进个体私营等非公有制经济发展条例〉》的议案和提案，省人大常委会将这个议案列为此次会议重点办理的17件议案之一。在省政协的年度提案评比中，省工商联提出的“建议有关部门合作建立非公有制经济分析系统”、“关于积极引导农村富余劳动力有序转移的建议”两件提案被评为省优秀提案。

深入开展全省民营经济发展现状和非公经济代表人士思想政治工作、工商联组织和行业商会工作的调研。为全联编辑出版的《中国民营经济发展报告》、《中国民营企业发展报告》和《中国商会发展报告》撰写了山西省发展情况的报告。与省社会科学院、省中小企业局联合编撰出版了《2005年山西民营经济发展分析与预测》，撰写了全书9个专题中的4个。上规模民营企业调研工作获全国工商联一等奖。“如何促进非公有制经济代表人士在政协组织中更好地履行职责”、“引导非公经济代表人士为构建和谐社会积极做贡献”两篇论文在省政协和省委统战部分获一等奖和三等奖。

宣传教育

引深民营企业开展“关爱员工、实现双赢”活动。4月25日，省工商联联合省总工会组织召开了全省民营企业“关爱员工、实现双赢”经验交流大会，表彰了40名“关爱员工的优秀民营企业家”和40名“热爱企业的优秀员工”以及组织开展这项活动的36个工商联和35个总工会。根据民营企业用工流动性强、农民工比例大的特点，省工商联配合劳动部门结合山西省实际报请国家劳动和社会保障部批准，实施了“一企两制”的养老金上缴方法（城镇工与农民工按不同比例上缴），在安泰集团召开了“推动民营企业为职工上缴养老保险经验交流现场会”，并在阳光、海鑫、金业等10家企业开始试行。元旦、春节期间省和一些市县工商联组织开展民营企业家慰问员工活动。

推动民营企业文化建设。省工商联于4月25日在太原隆重成立了“山西省工商联民营企业文化建设委员会”，8月上旬在沁源县组织召开了全省民营企业文化建设暨思想政治工作经验交流会，表彰了52家非公有制经济思想政治工作先进单位和26个宣传教育工作先进工商联组织。在省工商联的带动下，太原市、孝义市、沁源县、昔阳县也相继成立了民营企业文化建设委员会。特别是孝义市，他们以市委名义成立了民营企业文化建设指导委员会，探索由党委牵头以组织推动企业文化为载体提高民营企业的组织化程度。6月初，省工商联组织民营企业文化建设委员会委员到浙江省委党校进行了培训并考察了浙江民营经济和企业文化。

举办“2005晋商国际论坛”，为民营企业家及时解读国家宏观经济重大方针政策，引导民营企业科学发展提供高层次的智力支持。这是继2004年晋商国际论坛后由省工商联牵头举办的又一次大型论坛活动。相关部门领导，国有、民营企业的高层管理者，省内金融系统的主管人员及出席省工商联九届三次常委（扩大）会议代表共400余人参加，30多家新闻媒体进行了跟踪报道。国务院发展研究中心副主任谢伏瞻以及国务院研究室、高盛集团、美国金融管理学会、省政府等方面的资深人士作演讲报告。副省长宋北杉出席论坛并讲话。

发挥舆论导向作用，致力于宣传、引导工作。省和市县工商联通过多种形式、多种渠道对全省的先进典型和经验进行宣传推广，引导民营企业家走“爱国、敬业、诚信、守法、贡献”道路，大力培养优秀建设者队伍，推动思想政治工作深入开展。省工商联组织会员企业参加了人民政协报和全联宣教部开展的“党旗在我心中”大型有奖征文活动，在全联召开的全国民营企业思想政治工作会议上，省工商联和太原市工商联荣获“党旗在我心中”有奖征文优秀组织奖，3个企业和3位企业家也同时获奖，成为全国获奖最多的省份。省工商联会刊《当代山西商会》、太原双合成公司主办的《双合成人》、长治振东集团主办的《振东视野》被评为2005年度中国商会（工商联）优秀报刊。省工商联还向全国和省委、省政府推荐了“优秀中国特色社会主义事业建设者”、“就业与再就业先进单位”、“关爱员工优秀民营企业家”等一批先进典型，有9名个人和3家企业受到全国表彰。

组织建设

2005年，省工商联把组织建设列为工作重点，加强和重视基层工商联组织的全面发展，拓宽渠道加大组织发展力度，确立了用三年时间实现企业会员翻数番的目标，促进了市县工商联班子和机关建设，会员队伍快速发展。

重视和加强了对市县工商联班子建设的指导。省工商联重视和加强了指导市县工商联班子建设，督促和指导换届工作，利用下乡调研的机会积极建议当地党委配齐配强工商联领导班子，协调改善机关办公条件。11月份召开了组织工作会议，全省11个市工商联会长、党组书记及部分县级工商联负责人参加了会议，研究探讨了新时期、新阶段工商联组织工作的新情况、新问题，交流了各地的典型经验，提出了推进工商联组织建设的具体意见，随后又在忻州市举办了全省工商联会员组织统计报表培训班。

加大了发展会员的力度。按照全国工商联会员发展五年规划要求，省工商联先后下发了《积极发展企业会员，调整会员结构的通知》和《大力发展企业会员，进一步规范会员管理工作的通知》，对发展会员提出明确的任务和指标要求。全省各级工商联坚持把会员发展列入重要议事日程，坚持数量扩大和质量提高相统一，制定切实可行的发展计划，对有代表性、有影响力的企业进行了重点吸收。2005年全省新发展会员8542个，全省会员总数达到61790个。

积极推进行业组织建设。太原市、运城市、孝义市已取得行业商会主管权。太原、大同、运城和孝义等市县工商联的行业商会发展呈现良好局面。省直商会注册登记的有4个，还有3个正在筹备过程中。省工商联通过召开省直商会座谈交流等多种形式加强对商会工作的指导，推进商会工作开展，并积极努力协调有关方面，争取尽快取得行业商会主管权地位。

畅通了会员交流渠道。省工商联利用全省“两会”期间组织非公有制经济界的人大代表、政协委员进行联欢活动。11月下旬省工商联在晋城市组织举办了全省第一届民营企业“华厦杯”乒乓球比赛，全省23家会员企业组成12个代表团参加了比赛，晋城市工商联承办了这次比赛。

代表人士队伍得到壮大。到2005年底，全省进入县级以上人大代表、政协委员队伍的非公经济人士总数达到4445人，其中担任县以上人大副主任、政协副主席的有18人，担任常委的有628人。全省工商联组织中有65人当选全国和省人大代表，78人担任了全国和省政协委员。全省非公经济代表人士队伍已经达到8000多人。

进一步完善了工作责任目标考核工作。全省工商联推行工作责任目标考核已经有12年了，这项活动对推动工商联组织建设和各项工作起到了积极的作用，为了适应新时期、新阶段工商联工作的变化，省工商联年初修订和完善了考核办法，年底按新标准组成了3个考核组，利用一个月时间，对全省11个市和各市推荐的先进县以及省直商会进行了考核，详细了解掌握了市和重点县区工商联的工作情况以及当前面临的困难和存在的问题。考核工作得到了市县工商联的积极配合，特别是得到了当地党政分管领导同志的重视，他们认真听取了考核组的意见建议，对工商联机关建设和工作开展存在的困难和需要解决的问题给予了足够的重视。

经济服务

牵头组织了“山西省首届国际营销节”。为了给企业营销搭建高层次平台，省工商联牵头与有关部门合作，举办了山西省首届国际营销节。营销节以“营销山西”为主题，推出了“营销创新论坛”、“营销大奖赛”、“企业风采展”等系列活动，把学习新知识、新理念与开拓新的市场渠道结合起来。

光彩扶贫劳务输出活动结出硕果。由省工商联牵头联合省直14个厅局组织开展的“送走一个，脱贫一户，影响一片”贫困地区劳务输出光彩扶贫活动开展两年多来，先后有17个县区的11000余名农民务工人员经过培训基地培训后输往外省就业，得到了省委、省政府领导的支持和肯定。山西省工商联在全国工商联系统扶贫和再就业工作会议上介绍了经验。同时响应全国100个省市同时开展光彩扶贫民营企业招聘周活动，组织了全省的招聘活动。全省共举办招聘洽谈会18场，共有813户民营企业现场招聘，提供就业岗位28468个，有4万多名求职者前来应聘。达成协议和工作意向的有13348人，下岗失业人员7108人，其他（含农民工）4208人。

经济协作活动不断加强。组织会员企业分别参加了西宁市黄河经济、环渤海经济协作北京区协作会议、大连市振兴东北老工业基地协作洽谈会议等经贸协作会议、赴山东海阳、河南鹤壁等省市进行商务考察。并组团参加了第八届世界华商大会，组织召开了全省非公有制企业参与文化产业发展等座谈会，促进省内产业、行业间的合作。

市县工商联经济服务亮点纷呈。运城市工商联为区域经济发展招商引资牵线搭桥成果显著，受到市委、市政府表扬；临汾市工商联为会员企业融资服务力度大，受到会员的广泛好评；长治市工商联为重点项目服务受到政府和企业的重视；太原市工商联协调会员企业发展中与有关职能部门的关系力度大，受到了市政府的重用，得到了企业的拥护；平定县工商联牵头定期组织召开民营经济发展协调座谈会，为民营经济发展搭桥服务；省工商联牵头在部分市县与民生银行太原分行等金融机构合作，组织召开银企座谈会8次，为解决民企融资难问题进行了尝试。

维权服务不断向前推进。省工商联和省政协社会法治委员会、省司法工作者协会联合成立了维护会员合法权益委员会，起草印发了《山西省工商联维护会员（组织）合法权益工作暂行办法》，指导全省工商联的维权工作，并针对会员反映的侵权个案，积极协调帮助。对安泰集团、皇威集团等会员企业的建设项目征地、环保和经济纠纷进行了调节和维权工作。

申报项目，引进人才见成效。2005年是我省工商联在申报国家级星火计划项目立项方面实现了零的突破。经过努力，山西黄土食品有限公司“年产3000吨黄土蛋生产项目”、阳城县三利珍农业综合开发有限公司“10万亩陕桑305示范推广项目”、武乡县豁达鞋业有限公司“年产百万双绿色多功能健身皮鞋项目”列入2005年国家级星火计划项目。省市工商联还为“十一五”规划收集整理了12个行业的300多个项目及意见建议158条，并与省人才市场合作在太原、阳泉等市组织民营企业用工招聘会，引进人才200多名。

机关建设

根据全省的统一部署，上半年省市县工商联机关参加了保持共产党员先进性教育活动，按要求进行了每个阶段的学习教育内容，组织机关干部到会员企业进行了参观学习，到刘胡兰纪念馆、井冈山革命根据地接受革命传统教育。

认真研究机关群众和基层组织普遍反映、而且应该改进的问题。省工商联驻会领导多次就改进工作作风，解决干部职务晋升慢、改善职工住房困难、重视关心群众生活，加强班子团结等问题进行专题研究，形成了改进工作、解决问题的措施。修订和完善了机关工作制度，制定印发了《山西省工商联机关工作制度》、《山西省工商联党组主要职责和工作规则》，严格规范了班子议事程序、内容和机关管理工作职责。参照全国工商联“三定”方案，就调整省工商联机关内设机构积极与省委统战部和省编办进行了协商，向省编办上报了“三定”方案。

信息工作得到各级重视，并取得较好成绩。全年各市、县、省直商会共报送信息3000多条，涌现出太原、长治、吕梁、孝义、长子、平顺、和顺等好的单位。编印《山西省工商联会讯》50期，在全国工商联信息工作会议上受到表扬。

召开了省工商联九届三次常委（扩大）会议。会议对2004年以来的工作情况向常委会作了报告，对后全省工商联工作进行了研究部署。省委副书记、代省长于幼军接见了参会同志并合影。

山西省工商联2005年大事记

1月8日，省工商联举行“第三届中国国际营销节·山西省首届国际营销节暨‘东方国际狩猎场’杯科特勒营销创新论坛新闻发布会”，并成立山西首届国际营销节活动组委会。省政协副主席、省工商联会长边鸣涛担任组委会主任，省工商局局长王虎胜、省中小企业局局长周明定、省旅游局局长籍振芳、省工商联副会长郭锐、省质量技术监督局总工盛佃清、省商标协会秘书长贾昶、省广播电视总台副台长李光明担任副主任，省工商联副会长郭锐兼秘书长。

1月17日，由省工商联和省社会科学院、省中小企业局联合编辑，省政协副主席、省工商联会长边鸣涛担任主编，省工商联副会长郎宝山担任副主编的《2005年山西民营经济发展分析与预测》一书编印完成，由山西经济出版社出版。

1月19日，省工商联机关召开全体人员大会，省委组织部副部长张凯同志代表省工商联在会上宣读了岳纪安任工商联党组书记的决定，同时免去邓永武省工商联党组书记职务。省政协副主席、省委统战部部长吴锦文，省政协副主席、省工商联会长边鸣涛分别讲了话。会议由省委统战部常务副部长王大高主持。

1月21日，由省工商联主办，山西来福集团、中国民生银行太原分行、中国光大银行太原分行、山西江南餐饮集团、山西安泰集团、山西华宇集团承办，主题为“腾飞吧，山西”的省工商联“两会”人大代表、政协委员联欢晚会，在江南大酒店隆重举行。省政协主席刘泽民，省人大副主任薛军，副省长靳善忠，省政协常务副主席薛荣哲，副主席吴锦文、边鸣涛、吕日周、阎爱英、吴博威，原省级老领导郭裕怀、李玉明、万良适、吴慧琴、宋绍华、徐大毅，省政协秘书长田喜荣，省委统战部常务副部长王大高，副部长武锦福、岳纪安，省工商联副会长郭锐、李建勋、王建华、郎宝山、王建国、王艳梅、远勤山、韩长安及政府有关厅局的负责同志，各市政协主席、统战部长，参加“两会”的非公经济界的人大代表、政协委员共300余人参加了联欢活动。

1月23日，在省政协九届三次会议上，省政协副主席、省工商联会长边鸣涛，省工商联副会长、山西襄汾有色金属实业有限公司董事长王建国分别作了“用科学发展观引导民营企业健康发展”、“进一步改进我省非公经济发展外部环境”的大会发言。此次会议工商联界别共提出了40件提案和9件意见。

1月25日，“山西省工商联会长（扩大）会议”在太原省职工活动中心召开。会议传达了全国工商联九届三次执委会议和全国工商联扶贫工作会议精神；审议通过了省工商联2004年工作总结、2005年工作要点；商讨并一致同意在鑫茂公司建设的世贸大厦中筹建晋商会馆。鑫茂公司承诺无偿为省工商联和各市提供4000平方米左右的面积作为省和各市商会会馆。

1月31日至2月3日，省政协副主席、省工商联会长边鸣涛，省委统战部副部长、省工商联党组书记岳纪安，省工商联副会长郎宝山，秘书长牛定元分别赴朔州市的皇威集团富华电冶公司、大同市春毅电器公司、太原市来福集团参加民营企业家慰问员工活动。

2月2日，省工商联召开机关全体工作人员大会，对开展“保持共产党员先进性教育活动”进行了动员。

2月28日，省工商联召开《国务院关于鼓励支持和引导个体私营等非公有制经济发展的若干意见》座谈会，省政协副主席、省工商联会长边鸣涛，省工商联副会长郭锐、李建勋、王建华、郎宝山，秘书长牛定元和省城部分民营企业家参加了座谈。

3月5日，省工商联与太原市民营经济促进会邀请山东海阳市投资促进会的领导和专家来太原与省城部分民营企业家就资源共享、项目合作、扶贫招工等方面的事项进行了交流洽谈。

3月10、11日，省工商联党组成员、副会长郎宝山在长治市政协副主席、市工商联会长闫建国的陪同下，对沁源县民营企业文化建设和非公企业党建工作进行专题调研。

3月14日，省工商联机关干部根据“保先教育”安排，到文水县参观了刘胡兰烈士纪念馆，接受革命传统教育。

3月7日至16日，省工商联党组成员、副会长王建华带领组织人事处和办公室同志，赴运城、临汾、吕梁三市就工商联工作进行调研。

3月25日，省政协副主席、省工商联会长边鸣涛出席由省政府副秘书长王茂设主持的省光彩扶贫劳务输出活动领导组成员单位会议。

4月1日，省工商联在省职工活动中心召开“经济服务暨上规模民营企业调研先进单位表彰会”。

4月2日，省政协副主席、省工商联会长边鸣涛，省委统战部副部长、省工商联党组书记岳纪安，省工商联党组成员、秘书长牛定元等在太原金港大厦会见澳大利亚国际商会代表团成员、澳大利亚国际商会顾问、澳大利亚联邦工党国会议员哈里·奎克先生一行5人。

4月25日，由省工商联和省总工会联合召开的“山西省民营企业‘关爱员工，实现双赢’经验交流大会”在太原市省经贸宾馆隆重举行。省“关爱员工，实现双赢”领导组组长、省政协副主席、省工商联会长边鸣涛，省“关爱员工，实现双赢”领导组副组长、省委统战部副部长、省工商联党组书记岳纪安，省“关爱员工，实现双赢”领导组副组长、省总工会常务副主席徐改清，省“关爱员工，实现双赢”领导组副组长、省总工会副主席冀中时，省“关爱员工，实现双赢”领导组副组长、省工商联党组成员、副会长郎宝山及省委统战部、省工商联、省总工会有关部门负责同志参加了会议。会议对山西太原江南餐饮集团有限公司董事长王艳梅等40名民营企业家；潞宝集团焦化有限责任公司员工王军等40名民营企业员工；长治市工商联会长闫建国、太原市总工会副主席李晓龙等35名市、县工商联、总工会领导进行了表彰。

4月25日，山西省工商联民营企业文化建设委员会在民营企业文化建设示范基地太原来福集团成立。省政协副主席、省工商联会长边鸣涛出席会议，并作重要讲话。省工商联党组成员、副会长王建华宣读经省工商联党政联席研究通过的委员会组成人员名单，省工商联党组成员、副会长兼委员会主任郎宝山主持会议，各市推荐的委员及部分县（市、区）工商联同志80多人参会。党组成员、秘书长牛定元和机关全体人员参加了会议。

5月18日至20日，由省工商联与有关部门联合举办的“第三届中国国际营销节·山西首届国际营销节”在太原三晋国际酒店隆重举行。中共山西省委副书记薛延忠，省委常委、常务副省长范堆相，省政协副主席、省委统战部部长吴锦文，省政协副主席、省工商联会长边鸣涛等领导和企业界人士300多人出席开幕式，世界著名营销实战大师米尔顿·科特勒、联合国开发计划署中小企业改革国际专家邱明正（台湾）、国际SMC潜力训练机构创始人彭明隆（台湾）、北大纵横管理咨询公司创始人王璞、北大光华管理学院教授王建国、中国国际营销节秘书长、中国十大营销风云人物陈放等专家学者，参加了论坛活动。

5月23日，省政协副主席、省工商联会长边鸣涛出席在长治市举办的太行山大峡谷国际攀岩比赛开幕式，并为开幕式剪彩。

5月27日，省政协副主席、省工商联会长边鸣涛参加了由河南省政协牵头举办，全国政协常委考察团参与的中部崛起座谈研讨会，与河南、安徽、湖南、湖北、江西省就联合一致争取中央政策支持，促进共同发展的有关问题达成共识，并形成了向中央的建议报告。

5月27、28日，中国扶贫开发协会第三届会员代表大会在北京召开。省政协副主席、省工商联会长、中国扶贫开发协会顾问边鸣涛带领山西省安泰集团董事长李安民，长治振东集团董事长李安平等一批知名企业家参加了会议。

5月29日，山西省河南商会召开成立大会。华嘉盛房地产开发有限公司董事长彭家华当选为会长。

5月30日至6月8日，省工商联民营企业文化建设委员会在副会长郎宝山、韩长安的带领下，组织委员会委员26人赴浙江等地培训考察。考察团在浙江省委党校进行了两天培训，考察了温州正泰公司等民营企业。

6月18日，第二届“山西省青年实业家”表彰大会在省城三晋国际饭店隆重召开。省委副书记薛延忠、副省长梁滨出席会议，山西省青年实业家评选委员会主任、原省政协主席郑社奎出席会议并致辞。省政协副主席、省工商联会长边鸣涛就评选情况作了介绍。省工商局局长王虎胜宣读了“山西省优秀青年实业家”获奖名单。

6月18、19日，省工商联参与协办的山西省第五届人才技术交流大会在省人才市场隆重举办。来自全省200多家企业参加了交流大会，共提供职位5600多个，求职洽谈人数达1万余人次。

7月15日，省工商联向国家科学技术部星火计划办公室推荐的2005年山西省申报的三个国家级星火计划项目获得批准，分别是：山西黄土食品有限公司“年产3000吨黄土蛋生产项目”、阳城县三利珍农业综合开发有限公司“10万亩陕桑305示范推广项目”、武乡县豁达鞋业有限公司“年产百万双绿色多功能健身皮鞋项目”。

8月5日至7日，“山西省非公有制企业文化建设暨思想政治工作经验交流会”在长治市沁源县隆重举行。全国工商联党组成员、副主席程路，省政协副主席、省委统战部部长吴锦文，省政协副主席、省工商联会长边鸣涛，省委统战部副部长、省工商联党组书记岳纪安，省委宣传部副部长、省思想政治工作研究会会长田惠爱，省工商联副会长李建勋、郎宝山、韩长安，秘书长牛定元及省市县工商联有关领导，民营企业文化建设和思想政治工作先进单位代表180余人参加了会议。

8月11日，由北京汇源集团投资两亿元人民币的年加工消化苹果、桃、杏等水果的饮料加工项目，在万荣县正式举行奠基仪式。省政协副主席、省工商联会长边鸣涛应邀出席奠基仪式并讲了话。

8月21日，由省工商联主办的“2005晋商国际论坛暨山西企业发展战略选择与财富管理研讨会”在太原市山西国贸大饭店隆重召开。国务院发展研究中心副主任谢伏瞻，副省长宋北杉，省政协副主席、省工商联会长边鸣涛，省委统战部副部长、省工商联党组书记岳纪安，省政府副秘书长王清宪、巨宪华，省政府经济研究中心主任张保，省发改委副主任兰光东，省国资委副主任朱成基，省工商联副会长李建勋、王建华、郎宝山等领导出席本次论坛。省内部分国有、民营企业的高层管理者、省内金融系统的高管人员及出席省工商联九届三次常委（扩大）会议代表共350余人参加了论坛。

8月22日，省工商联九届三次常委（扩大）会议在太原舞龙大酒店召开。省委副书记、代省长于幼军，副省长宋北杉接见了全体参会人员并与大家合影，省政协副主席、省委统战部部长吴锦文出席会议并讲话，省政协副主席、省工商联会长边鸣涛总结了上半年以来的主要工作、安排部署了下一阶段的工作。省长助理刘俊谦向到会人员介绍了山西省今年以来的经济发展形势，省委统战部副部长、省工商联党组书记岳纪安作了会议总结讲话。

9月19日，在省“光彩扶贫劳务输出培训基地”培训，并经用工企业笔试、面试和技能测试合格的200余名来自贫困地区的农家子弟应聘上岗。省政协副主席、省工商联会长、省光彩扶贫领导组组长边鸣涛，省劳动和社会保障厅副厅长白秀平等有关领导冒雨为即将走向工作岗位的农民子弟送行。

9月21日至28日，省工商联根据保持共产党员先进性教育活动的安排，先后分两批组织机关30余人赴中国革命的摇篮江西井冈山革命根据地接受革命传统教育。

10月2日，省政协副主席、省工商联会长边鸣涛在介休市对安泰集团、三盛公司、茂胜（集团）公司和正在兴建的佳乾煤化有限公司等企业的生产管理、产品结构调整、市场经营等情况进行了详细考察。

10月10日至12日，省工商联组织省内知名企业家共20余人参加了在韩国首都首尔举办的第八届世界华商大会。省长助理刘俊谦担任团长，省委统战部副部长、省工商联党组书记岳纪安，省工商联副会长李建勋担任副团长。

应全国工商联和天津市人民政府的邀请，省政协副主席、省工商联会长边鸣涛，省工商联副会长郎宝山，全国工商联常委、山西安泰集团董事长李安民，省工商联常委、山西美锦集团副总经理姚锦城到天津市渤海新区参加了由全国工商联和天津市人民政府举办的“第二届民营经济发展天津论坛”。

10月17日，省工商联组织各地市22名企业家赴山东参加“2005海内外知名企业家齐鲁行”活动。

10月25日，由省工商联邀请、浙江省工商联推荐，宁波蓝光实业股份有限公司在太原三晋国际大厦召开了在山西省寻找合作伙伴投资，建立生产基地及产品演示会。

10月25、26日，“山西省工商联组织工作座谈会”在灵石县召开。来自全省11个市工商联会长、党组书记、部分县区工商联、省直属商会负责同志参加了座谈会。省政协副主席、省工商联会长边鸣涛，省委统战部副部长、省工商联党组书记岳纪安，省工商联党组成员、副会长王建华，晋中市委常委、市委统战部部长郭光明出席会议并讲话。

11月4日，由省工商联组织的“全省非公有制企业参与文化产业座谈会”在太原省职工活动中心召开。省政协副主席、省工商联会长边鸣涛，省长助理刘俊谦，省委宣传部助理巡视员卢渝，省新闻出版局副局长李锐锋，省工商联副会长郎宝山，秘书长牛定元及省文化厅文化产业处处长杨小平，省旅游局政策法规处处长陈少卿，省广播电视局宣传处调研员毛来福等有关方面负责同志和来自全省各地的50多位民营企业负责人参加了座谈会。

11月5日，省工商联副会长郎宝山率宣传调研处同志和孝义市工商联会务干部及10余名民营企业家到北京大学参加了由北京大学光华管理学院、中国企业投资协会、中华工商时报共同主办、北京大学民营经济研究院承办的“第二届中国民营企业投资与发展论坛”。

11月18日，省工商联经济联络处组织12位民营企业家前往河南鹤壁参加由全国工商联、河南省人民政府主办，河南省工商联、鹤壁市委市政府承办的“全国民营企业家看鹤壁”活动。

11月20日，“中西部商品博览城”开工仪式暨“中国亚欧国际金融港”奠基仪式在运城市隆重举行。全国工商联党组副书记、副主席张龙之，副秘书长、工商时报社社长沈建国应邀参加奠基活动，并到通达集团等民营企业调研。省政协副主席、省工商联会长边鸣涛，省工商联党组成员、副会长郎宝山出席项目的开工剪彩活动。

11月23、24日，“山西省第一届民营企业“华厦杯”乒乓球比赛”在晋城市隆重举行。各市工商联和省直共12个代表团，23个民营企业参加了此次比赛。比赛由省工商联主办，晋城市工商联承办，晋城市华厦房地产公司协办。太原市钢材商会、晋城市华厦房地产开发有限公司、山西海鑫集团分别获得男子团体前三名，山西海鑫集团、大同市灵宇发展有限责任公司、晋城市华厦房地产开发有限公司分别获得女子团体前三名。山西远鑫集团等10家民营企业分别获得道德风尚奖。

11月29日，在省政协提案工作会议上省工商联在省政协九届二次会议提出的《建议有关部门合作建立非公有制经济分析系统》和《关于积极引导农村富余劳动力有序转移的建议》两件提案被评为优秀提案。

12月14日上午，中共山西省委书记张宝顺，省委副书记、代省长于幼军，省委副书记薛延忠，省委常委、秘书长申联彬，省政协副主席、省委统战部部长吴锦文一同走访了各民主党派省委机关，并与各民主党派省委、省工商联领导和无党派代表人士进行座谈。省政协副主席、省工商联会长边鸣涛参加了座谈，汇报了省工商联近年来的工作情况，特别是今年学习宣传《国务院关于鼓励支持和引导个体、私营等非公有制经济发展的若干意见》所取得的良好效果，并就全省非公有制经济发展和工商联系统的基本情况及存在的问题提出了意见和建议。

山西省工商联2006年工作概要

调查研究 参政议政

以推动“国务院36条意见”的贯彻落实为主题，以工商联和民营企业参与社会主义新农村建设为重点，整合各方力量，发动和组织会务干部、会员企业家、社会相关单位和社会知名人士充分利用人大、政协渠道，通过提案、建议、发言、社情民意等形式向各级党委政府提供民营企业发展情况，反映民营企业诉求，为政府提供决策依据，为全省构建和谐社会、全面实现小康建言献策。在省政协第四次全体委员会议上省工商联共递交了7份团体提案，两位会领导做了大会发言，引起有关部门的关注。目前，相关部门对所递交的提案全部给予了回复。在省委组织的民主协商会上，省工商联主要领导提出的关于加快全省非公有制经济发展的建议，得到省委、省政府重视和采纳。省委书记张宝顺在九次党代会讲话中指出：“鼓励和支持个体私营等非公有制经济发展，鼓励社会资本以多种形式参与国有企业改组改造，保障各类市场主体平等竞争，激发全民创业的动力，使非公有制经济的比重大幅度增加。”2006年，各级工商联关于民营经济发展的建议、意见被党委政府采纳情况较之以往有了明显的进步，工商联参政议政能力不断提高，有效地促进了全省个体私营等非公有制经济健康发展。一批有实力、有影响的非公企业又好又快地成长壮大。全省民营经济完成增加值2548亿元，增长20.2%，占到全省地方生产总值的53.6 %；从业人员达到560万人；民营经济户数达到69万多户；民营企业上交税金325.8亿元。

积极响应党中央提出的建设社会主义新农村建设伟大战略部署，大力抓民营企业参与社会主义新农村建设调研和引导民营企业参与社会主义新农村建设这一重点工作。先后下发了《关于推荐民营企业参与新农村建设先进典型的通知》、《关于报送参与社会主义新农村建设材料的通知》，组织参加省工商联九届三次执委会的非公经济代表人士向全省民营企业家发出了倡议，并组织开展了两次大规模的调研活动，深入到全省80多个乡村和民营企业对工商联和民营企业参与社会主义新农村建设进行了广泛深入的调研，形成了《山西省工商联和民营企业参与社会主义新农村建设情况调查报告》等6个调研报告，在全国工商联工作会议上进行了交流。通过典型示范、宣传帮助、表彰鼓励等方式方法，大力组织和引导民营企业家积极投身到社会主义新农村建设中，鼓励民营企业紧紧抓住这一机遇，实现企业又好又快发展。长治、孝义、昔阳等地民企参与新农村建设已具备了典型示范作用，全省民营经济参与社会主义新农村建设的热潮正在兴起。

宣传教育培训

省工商联继续把《当代山西商会》作为对外宣传的重要载体，下大力气抓好编辑发行工作。共出版12期，发行4200余份，为25名企业家进行了封面宣传。并以此为基点，广泛与社会各大媒体联络合作做好宣传工作，在中央级媒体发稿15篇，省级媒体发稿47篇。同时，充分发挥文化建设委员会的作用，探索新形势下宣传教育的新形式。一是融宣传于活动中。组织了“省城民营企业家元宵联谊会”，省和太原市四大领导班子的主要领导及企业家共300余人参加了联谊会，梁滨副省长代表四大班子讲话；10月份参与举办了“紫林醋业·国际营销大师山西高端论坛”，来自企业的高层管理人员、营销人员300人参加了论坛。几项较大的活动均受到山西电视台、山西日报、新浪网等20多家新闻单位的关注和跟踪报道。二是融培训于考察之中。“赢在形象”培训活动是去年开创的一个新模式。9月份，省工商联民营企业文化建设委员会组织企业家围绕“新晋商走出去，走回来”的主题，赴上海、南京等地进行了为期8天的“赢在形象”培训考察交流活动。通过“个人形象管理”、“领袖风采”等一系列科目的训练和实地的参观考察，使企业家的个人综合素质、团队精神、组织领导能力都有了质的提升，在企业家中产生了良好影响。三是融教育于表彰之中。党的十六大明确提出，“对新的阶层中的优秀分子都要给予表彰”。省工商联认真贯彻落实十六大精神，充分利用表彰奖励这一做好新时期非公有制经济人士思想政治工作的有效手段，大力开展表彰奖励活动。通过对优秀的民营企业和企业家表彰，鼓励他们以自身的典型性和示范性影响带动更多企业家自觉地走爱国、敬业、诚信、守法、贡献的道路。先后共有20名企业家和企业管理者，21家民营企业受到全国表彰。李兆会、陈忠孝、姚俊良被授予“优秀中国特色社会主义建设者”，王建国、贺美璧、原国胜被授予“全国关爱员工优秀民营企业家”；通达集团、潞宝集团、同世达集团被授予“全国优秀就业和社会保障先进民营企业”；沁新、新禹、大同书城被授予“全国民营企业文化建设先进单位”。省工商联也抓住有效时机，联合有关部门对全省优秀非公企业和先进个人进行了表彰。在加强宣传引导表彰的同时，利用执委会、常委会、会长会等联谊座谈会等形式，组织非公代表人士深入学习中共十六届六中全会精神，胡锦涛同志关于“八荣八耻”和树立科学发展观，构建社会主义和谐社会的重要论述，引导非公代表人士树立正确的荣辱观、义利观，承担社会责任，努力做合格的社会主义建设者。

组织建设和会员发展

根据民营经济发展情况及新阶层人士成长的状况，提出了多种方法、多种途径壮大队伍，优化结构，提高素质，重点发展高科技企业和新阶层人士的要求。分解下达了2006年全省企业会员发展指标，并将发展会员工作列为各市工商联年度责任目标考核内容之一。总结推广了太原市万柏林区工商联发展会员的做法。截至12月底，新发展会员4605个，会员总数达70210个，基层组织630个。同时继续做好地域和行业性商会的服务工作。指导成立了山西省广东商会，帮助山西省河南商会、山西省代理商联合会、山西省五金商会召开了理事会和庆典大会，组织召开了省直商会座谈会，影响和带动了各地行业商会的发展，全省共有行业商会349个，初步形成了与当地经济发展相适应的行业自律组织框架，成为繁荣区域经济，促进社会和谐发展的一支重要力量，并且对工商联开展工作，扩大影响起到了很好作用。

省工商联先后召开了会长扩大会议、九届四次常委会议和九届三次执委会议。执委会议审议通过了《山西省工商业联合会九届三次执委会议关于常委会工作报告的决议》。会议一致同意李建勋因年龄原因提出的不再担任省工商联九届执委、副会长职务的辞呈，选举樊秀清为省工商联九届副会长。规范了领导班子和工作班子的工作程序，机关顺利实施了职能配置、内设机构和人员编制的“三定”方案。内设机构由原来的4个处室调整为7个处室，共为21名干部调整了职务。

继续注重对基层工商联的指导帮助。12月初，根据市县反映的新情况、新问题，又及时地召开了全省基层工商联工作座谈会，研究讨论了基层工商联在开展工作中存在的困难和问题，确立了新的工作思路和方向。特别是针对基层反映强烈的公务员登记问题，专门进行了调查，较全面地掌握了情况，并就此问题向省委组织部、省编制委员会写出了报告，向省政协九届五次会议写出了提案建议，引起有关部门的重视。

经济法律服务和对外联络

根据省政府“十一五”规划编制要求，开展了全省民营企业新建新上和技改项目征集工作，共收回涉及12个行业的300多个项目，初步建立了全省民营企业项目数据库。以此为基础参加了省政府主办的上海、香港、长沙等经济合作项目推介活动。会长边鸣涛均作为主要领导组成员参加，省工商联也作为政府经济项目推介活动的重要参与单位，组织山西华杰集团等65家企业组成经贸团参加了这一系列商贸活动。促成了中发（上海）集团、马来西亚中城集团等企业总投资16亿元建设太原中发大厦、马来西亚（山西）工业园区等项目。在第八届环渤海区域经济合作洽谈会和2006年海内外知名企业家齐鲁行暨中国德州第十届投资贸易洽谈会等活动中，工商联组织的40余位企业家经过实地考察和洽谈，又签约10亿元的项目，帮助山西华丽防辐射服饰有限公司的高支高密含超细不绣钢纤维府绸项目申报，并获批准列入国家级火炬计划；帮助交城县宏基源食用菌有限公司的食用菌国产设施工厂化栽培项目和山西凝辉塑料建材有限公司的年产5000吨PVC塑料异型材、10万平方米塑窗项目列入国家级的星火计划。工商联组织会员参与政府的招商引资和为企业会员技改立项所取得成绩，得到省委、省政府的充分肯定，中共山西省委常委、统战部部长李政文在走访省工商联时，对一年来工商联围绕中心、服务大局、当好助手方面做出的努力给予了很高评价。

积极推动法律服务，对企业融资、行业准入等在法律层面存在的问题进行了调查研究，配合政府开展了相关政策的清理整顿工作，在会员企业中开展了配合政府做好清理限制非公有制经济发展的政策障碍和全省非公有制经济发展法制环境调查问卷活动。

光彩扶贫助学就业

“送走一个，脱贫一户，影响一片”光彩扶贫活动开展几年来成效不断。2006年又通过光彩扶贫劳务输出培训基地的定单式培训，先后为山东、天津、东莞10多家企业输送老区农民工600余人。响应劳动和社会保障部、全国总工会、全国工商联号召，与全国100个大中城市同步开展了主题为“发展民营经济，落实扶贫政策，开拓就业天地”的“民营企业招聘周”活动。太原、大同、阳泉、长治共举办招聘洽谈会12场，717户民营企业通过现场招聘、委托招聘等方式参与活动。提供空岗信息47347个，签订就业意向15807人。

积极协助全国政协和全国扶贫协会山西革命老区光彩扶贫助教活动，组织动员全省22个民营企业家，捐款750万元，支援老区新农村建设，受到全国政协主席贾庆林的亲切接见。参与主办了“光彩事业‘太行行’”活动。活动共捐赠现金实物折合人民币1000多万元，签约14个合作项目，总投资121.42亿元，项目涉及农业及农产品深加工、基础设施建设、文化教育、旅游开发、交通物流等。其中，合同9个，协议1个，意向4个。参与发起的“爱传太行，情动天下”的山花工程太行山助学行动，赢得40多位企业家支持，共捐款320余万元，为太行革命老区的长治市、晋城市、晋中市家庭贫困的品学兼优的230名学生提供了资助。

山西省工商联2006年大事记

1月18日，省政协副主席、省工商联会长边鸣涛，省总工会副主席冀中时，省工商联副会长郎宝山以及省总工会民主管理部和吕梁市政协副主席、市工商联会长梁来茂等领导慰问新禹公司、金晖公司、金岩公司3家民营企业的困难员工。

2月9日，由省工商联、太原市工商联主办，省工商联民营企业文化建设委员会、太原市工商联民营企业文化建设委员会、太原电视台新闻频道、《当代山西商会》编辑部承办的省城民营企业家元宵联谊会在太原江南餐饮集团全晋会馆隆重举行。省委副书记薛延忠，省政协主席刘泽民，省人大副主任薛军，副省长梁滨，省政协副主席、省委统战部部长吴锦文，省政协副主席、省工商联会长边鸣涛，省政协秘书长田喜荣及太原市四大班子领导和省市有关厅局领导，省市工商联领导，省市工商联民营企业文化建设委员会委员，省城和周边地区知名民营企业家，新闻和文化艺术界友好人士，省市委统战部、工商联、县区工商联机关同志共300余人参加了联谊会。

2月22日，山西省工商联会长（扩大）会议在太原晋祠宾馆召开。副省长梁滨，省政协副主席、省委统战部部长吴锦文出席会议并作重要讲话。省政协副主席、省工商联会长边鸣涛简要回顾了2005年工作，并安排了2006年主要工作。省委统战部副部长、省工商联党组书记岳纪安对会议作了总结。省工商联副会长李建勋、王建华、郎宝山、梁文海、王建国、王艳梅、远勤山、段青山、崔裕峰、韩长安、薛靛民及各市工商联会长、党组书记、省委统战部经济处负责人张云虎、省工商联秘书长牛定元参加了会议。

3月31日，省政协副主席、省工商联会长边鸣涛，在河南省新郑市参加了由河南省政协主办，郑州市政府和新郑市政府承办的“丙戌年黄帝故里拜祖大典”。在拜祖大典仪式上，边鸣涛副主席代表山西省与来自黄河流域的青海、甘肃、宁夏、陕西、河南、山东七省（区）领导和华人华侨代表一道进行了蕴含九曲汇流、龙腾呈祥之意的举瓶注水活动，分别向拜祖台两侧卧的“巨龙”龙头内注入黄河水。

4月10日，省劳动和社会保障厅、省总工会、省工商联在太原、大同、阳泉、长治同时启动以“发展民营经济，落实扶贫政策，开拓就业天地”为主题的全国100个大中城市民营企业招聘周活动。省政协副主席、省工商联会长边鸣涛，劳动和社会保障厅厅长张健，省总工会副主席梁若洁，省工商联副会长李建勋，太原市副市长袁高锁等领导参加了启动仪式。招聘周共举办招聘洽谈会12场，共有717户民营企业通过现场招聘、委托招聘等方式参与活动；提供空岗信息47347个；签订就业意向15807人，其中下岗失业人员6461人，进城务工人员3764人，高校毕业生1862人；签订职业培训人数（含委托培训企业）720人；印刷发放政策宣传品数85000册；发放就业跟踪卡数（含职业推荐信）10657封；维权及法律援助4070人次。

4月23日至26日，安徽省政协副主席、安徽省工商联会长王鹤龄率领徽籍民营企业家、工商联干部考察团一行53人，到山西省的安泰集团、祁县乔家大院等地，进行了为期3天的晋商文化考察。

5月17日，经中共山西省委组织部研究决定，任命樊秀清同志为中共山西省工商联党组成员，正式由省残联调入省工商联。

5月28日，省政协副主席、省工商联会长边鸣涛，省工商联党组成员、副会长郎宝山以及吕梁市、孝义市领导出席孝义市农业科技园区山西田源阳光生态假日酒店建成剪彩仪式。

6月1日上午，由全国政协委员视察团，中国扶贫开发协会共同举办的扶贫开发项目和捐赠签约仪式在省城迎泽宾馆隆重举行。资助贫困地区330名考上大学的贫困学生完成四年大学学业；帮助安排500名中专（职高）生培训与就业；解决2万名劳动力的转移与就业；解决农村1.5万人的饮水安全问题；为老区绿化荒山1万亩，及工业硅开发加工、养牛技术推广和市场项目合作、武乡砖壁村獭兔养殖等具体扶贫项目实现对接。全国政协常委、中国扶贫开发协会会长胡富国为27名民营企业家颁发扶贫捐助荣誉证书。中国扶贫开发协会顾问、山西省政协副主席、省工商联会长边鸣涛带领我省郝建秀等20名民营企业家参加了这次捐助活动，共捐赠现金750万元，并于5月24日下午，在全国政协礼堂受到中共中央政治局常委、全国政协主席贾庆林接见。

6月6日上午，省工商联召开机关全体人员大会，就落实省工商联机关“三定”方案和干部调整进行了动员部署。

6月14日，应朔州市政府邀请，省政协副主席、省工商联会长边鸣涛带领山西省福建商会的企业家赴朔州进行项目考察。朔州市委书记高建民、市长田喜荣、市政协主席王耀斌等领导分别向边鸣涛副主席和同行的企业家介绍了朔州的基本情况和招商引资政策。

6月21、22日，由山西省人民政府主办，山西省经济委员会承办，上海市经济委员会、上海市人民政府合作交流办公室协办的“2006·山西（上海）经济合作项目推介会”，在上海国际会议中心上海厅隆重举行。省委书记张宝顺，副书记、省长于幼军亲自率领由申联彬、申维辰、范堆相、靳善忠、梁滨、边鸣涛等省领导和政府秘书长、各厅局主要负责人、11个市市长组成的党政代表团参加。

省工商联组织了以边鸣涛为团长，樊秀清为副团长，牛定元为秘书长，山西华杰集团、华胜电缆集团、德力西集团、太原思科达科技发展有限公司等33家企业为成员的经贸团，携300余个经济合作项目参加了此次活动，并取得丰硕成果。中发（上海）集团与山西省签约5亿元在太原市投资建立山西（上海）中发大厦；马来西亚中城集团选中省工商联提供的15个项目，拟在山西投资建立马来西亚（山西）工业园区。期间，上海市人大副主任、上海市工商联会长任文燕设宴招待了边鸣涛副主席一行。两地工商联和民营企业家就两省市民营经济发展交流进行了座谈。

6月23日，边鸣涛副主席带着全省民企的300余个招商引资项目与工商联经贸团部分成员前往温州市，向当地企业进行了推介，同时，考察了温州市工商联和长城电器集团、德力西集团等著名民营企业。

7月12日下午，香港新界工商业总会代表团来晋考察，并与山西省总商会缔结友好商会。省长于幼军出席缔结友好商会签字仪式并代表省委、省政府对香港新界客人的来访表示欢迎，副省长宋北杉主持签字仪式。省政协副主席、省工商联会长边鸣涛，中央政府驻港联络办新界工作部副部长、代表团团长林武，新界工商业总会会长，代表团副团长吴汉良分别代表山西和香港新界两地商会签字。

7月18日，山西省工商联九届三次执委会议在太原并州饭店召开。省政府梁滨副省长出席会议并讲话，省政协副主席、省工商联会长边鸣涛作工作报告，省委统战部副部长、省工商联党组书记岳纪安作了总结讲话。省财政厅厅长郑建国、省工商联副会长李建勋、王建华、郎宝山、梁文海、王建国、吕治成、远勤山、崔裕峰、韩长安、薛靛民、关志道、李兆会和省工商联党组成员樊秀清、秘书长牛定元及顾问单位负责人出席会议，144名执委参加了会议。

会议审议通过了《山西省工商业联合会九届三次执委会议关于常委会工作报告的决议》。

会议一致同意李建勋同志因年龄原因提出的不再担任省工商联九届执委、副会长职务的辞呈；选举樊秀清同志为省工商联九届副会长；对2005年度市县工商联先进组织和个人进行了表彰。

省工商联副会长、襄汾有色金属集团董事长王建国代表与会全体企业家委员向全省民营企业家发出了《让我们积极投身社会主义新农村建设的伟大事业》的倡议。

7月20、21日，省委统战部副部长、省工商联党组书记岳纪安，省工商联副会长樊秀清、王建华专程赴长治参加由中央统战部、全国工商联、中国光彩事业促进会支持发起，省委统战部、省工商联、省光彩会共同主办，长治市政府具体承办的中国光彩事业“太行行”活动领导组工作会议，对整个活动作具体部署。

8月18日，全国工商联法律委员会第三次全体会议在太原召开。这次会议的主题是“研究建立民营企业风险防范机制和危机处理机制”。全国工商联副主席孙晓华，全国工商联副主席、全国工商联法律委员会主任金会庆，省政协副主席、省委统战部部长吴锦文，省政协副主席、省工商联会长边鸣涛，全国工商联法律部部长王瑗，省委统战部副部长、省工商联党组书记岳纪安，省工商联副会长王建华等出席。

8月30、31日，由北京市、天津市、河北省、内蒙古自治区、山东省、山西省、辽宁省工商联主办，天津市工商联承办的第八届环渤海地区民营经济经贸合作洽谈会在天津滨海新区举行。省政协副主席、省工商联会长边鸣涛率领由部分市县工商联会长和企业家32人组成的山西代表团参加会议并做会议发言。省工商联副会长樊秀清、秘书长牛定元参加了洽谈会。山西省代表团经过实地考察和洽谈，签约金额近10亿元。

洽谈会期间，七省市工商联负责同志共同签署了《加强环渤海地区商会合作，促进民营经济发展天津协议》。同时，按章程规定，决定2007年第九届环渤海地区民营经济经贸合作洽谈会在山西举行，边鸣涛会长代表山西省接牌。

9月2日至6日，东北亚投资贸易博览会在吉林长春隆重召开。来自东北亚及世界46个国家和地区高官、国内26个省(市、区)的跨国公司和大型贸易组织参加，国务院副总理吴仪出席。省政协副主席、省工商联会长边鸣涛受省政府委托，率山西省各有关厅局领导组成的山西党政代表团和企业家组成的山西经贸团一行40余人参加，山西晋能国际经贸有限公司等11家企业参加了产品展示。

9月7日下午，省工商联党组成员、副会长樊秀清、郎宝山带领的山西省民营企业家“赢在形象”培训考察团一行17人，在上海金水湾大酒店与沪晋商会领导和上海晋籍民营企业家及驻沪培训机构负责人举行了“晋商发展联谊座谈会”。座谈会围绕“新晋商走出去，走回来”的主题进行了交流，参加座谈的在沪企业界人士介绍了来沪创业发展的体会，并向家乡企业家介绍了上海的创业环境、融资环境、科技人才优势和各自企业与家乡企业的合作方向，合作项目情况。

9月10日，由省工商联党组成员、副会长兼民营企业文化建设委员会主任郎宝山带队，省工商联民营企业文化建设委员会办公室组织的山西省民营企业家“赢在形象”培训考察活动，经过在上海、南京、浙江为期8天的学习考察圆满结束。

9月13日，省工商联机关召开干部大会，中共山西省委组织部张凯副部长到会宣读了2006年8月27日省委常委会议关于马天荣同志任省工商联党组书记，免去岳纪安同志省工商联党组书记职务的决定。

9月17日至20日，中共山西省委统战部副部长岳纪安率团参加了由中国光彩事业促进会在山东泰安市举办的“2006年中国光彩事业促进会理事培训班”。山西省潞宝集团、锌业集团、众心钢铁有限公司、大同瑀丰实业、山西正贸物资公司等八家企业参加了培训。培训期间，省工商联副会长王建华还主持召开了“光彩事业太行行”山东推介会，向全国工商联和中国光彩事业促进会领导及参会的八十余位光彩理事发出了“光彩事业太行行”活动邀请函和项目推介书，并与部分有意向的企业进行了咨询和前期接触洽谈。

9月28日，全国工商联、全国总工会在北京召开全国民营企业“关爱员工，实现双赢”经验交流暨表彰电视电话会议。联合表彰“全国关爱员工优秀民营企业家”、“全国热爱企业优秀员工”和“全国双爱双评先进企业”，全国非公有制经济领域的87位企业家和86位员工以及115家企业受表彰。山西省山西锌业集团董事长王建国、大同市瑀丰实业有限责任公司董事长贺美壁和晋城市华厦房地产开发有限公司董事长原国胜荣获“全国关爱员工优秀民营企业家”称号。山西锌业集团员工任鸿雁、大同市瑀丰实业有限责任公司员工李海生和晋城市华厦房地产开发有限公司员工梁芳荣获“全国热爱企业优秀员工”称号。山西信联集团实业有限公司、山西盂县西小坪耐火材料有限公司和山西亚美大宁能源有限公司荣获“全国双爱双评先进企业”称号。

9月28日下午，省工商联召开了全省工商联宣传调研工作会议。省政协副主席、省工商联会长边鸣涛到会就全省工商联宣传调研工作做了重要讲话，省工商联党组成员、副会长郎宝山主持会议并总结部署工作。11个地级市工商联分管宣传调研工作的会领导和省工商联宣教部、研究室同志参加了会议。

9月26日至28日，由国务院三峡办、全国工商联、中国光彩事业促进会、湖北省人民政府主办、宜昌市人民政府承办的“中国光彩事业三峡库区（宜昌）行”和“第七届中国宜昌三峡国际旅游节”在湖北省宜昌市隆重开幕，省工商联副会长王建华率部分民营企业家参加了这一活动。

9月29日，省工商联秘书长牛定元参加昔阳县“民企帮村”共建社会主义新农村活动启动暨井沟村企农合作社揭牌仪式。

10月12日，省工商联机关召开全体人员大会，新任党组书记马天荣为全体干部提出要求。

1. 以深入学习贯彻十六届六中全会精神为契机，大兴学习调研之风，建设学习型机关。

2. 要有计划有组织地走下去开展调研，调研要做到有提纲、有观点、有实例子。

3. 围绕中心服务大局，充分发挥好桥梁、纽带和助手作用。

4. 加强自身建设，增强感召力、凝聚力和向心力。

10月12日，由劳动保障部、全国总工会、全国工商联召开的“全国就业与社会保障先进民营企业表彰会”在人民大会堂隆重召开。山西潞宝集团、山西通达集团、临汾同世达实业有限公司与全国其他95家民营企业受到表彰。

10月29、30日，省工商联民营企业文化建设委员会和省商业联合会、省代理商联合会、中国黄河电视台主办，山西龙鹏文化传播有限公司承办，清徐紫林醋业有限公司冠名赞助的“紫林醋业·国际营销大师山西高端论坛”在太原中国黄河电视台演播大厅成功举行。省政协副主席、省工商联会长、论坛组委会名誉主任边鸣涛，省工商联党组成员、副会长樊秀清，省工商联党组成员、副会长、民营企业文化建设委员会主任郎宝山，省工商联党组成员、秘书长牛定元，以及其他主办单位和政府有关部门的领导同志出席了论坛开幕仪式。来自全省各地企业中高层管理人员、营销人员300余人参加了为期两天的论坛会议。山西电视台、山西日报、山西广播电台等省市20多家新闻媒体进行了跟踪宣传报道，中国黄河电视台进行了全程录制，山西营销策划网进行了现场直播。

11月8日，省政协副主席、省工商联会长边鸣涛，省委统战部副部长、省工商联党组书记马天荣赴安徽省安庆市参加第四届中国黄梅戏艺术节开幕式暨中部崛起论坛。论坛主要就新阶段、新形势下工商联如何抓住中部崛起这一大好机遇履行职责；如何在促进非公有制经济健康发展、非公人士健康成长中有所作为；如何在发挥桥梁、纽带、助手作用中有所建树等问题进行研讨。来自河南、山西、安徽、湖南、湖北、江西六个省份的工商联主要负责人和民营企业家共50余人参加了论坛，并在建立六省工商联联合机制，每年就某个共性问题进行研讨，轮流举办一次会长见面会；加强信息交换交流，重大活动相互邀请，协调引导行业商会互动交流；共同研究给政府提出建议，团结协助推动环境改善；加快落实国务院36条意见方面成达合作初步意向。

11月13、14日，省工商联在太原召开2005年度工商联上规模民营企业调研总结工作暨山西省民营科技自主创新企业培训会。参加2005年度全国工商联上规模民营企业调研的企业和部分科技自主创新企业及11市工商联负责同志60余人参加了会议。会议总结了2005年度工商联上规模民营企业调研工作，通报全省荣获2005年度全国工商联上规模民营企业调研二等奖嘉奖情况。为46家上规模民营企业颁发了全国工商联上规模民营企业证书，为运城、长治、吕梁、大同四市工商联颁发了上规模民营企业调研工作组织奖。

11月28日，由全国工商联、中国光彩事业促进会、山西省人民政府主办，中共山西省委统战部、山西省工商联、山西省光彩事业促进会、长治市人民政府承办的中国光彩事业“太行行”活动在武乡县八路军太行纪念馆隆重开幕。全国政协副秘书长、全国工商联副主席、中国光彩会副会长张龙之，山西省委常委、省政府党组副书记薛延忠，全国工商联副主席、光彩49集团董事长金会庆，山西省政协副主席、山西省光彩事业促进会会长吴锦文，山西省政协副主席边鸣涛、韩儒英、周然，山西省各民主党派负责人，以及来自香港、广东、福建、天津、山东、河北、河南、新疆等省市自治区的300余名企业家和部分省、市工商联负责同志出席了开幕式。

天津汇森集团、山西常平集团、山西潞宝集团、山西沁新集团等19家非公有制企业和个人为老区捐赠现金实物折合人民币1000多万元。同时举行了14个合作项目的签约仪式，总投资121.42亿元，拟引资102.85亿元，项目涉及农业及农产品深加工、基础设施建设、文化教育、旅游开发、交通物流等。其中，合同9个，协议1个，意向4个。由山西省工商联直接联系签约项目3个，总投资67.7亿元，占全部签约项目投资总额的56%，为此次“太行行”活动做出突出贡献。忻州、阳泉、晋中、长治、晋城五市还在八路军太行纪念馆展厅举行了招商引资洽谈会。

12月1日，11个市和33个县（区）工商联会长参加的全省基层工作座谈会在太原晋祠宾馆召开。省政协副主席、省工商联会长边鸣涛，省委统战部副部长、省工商联党组书记马天荣出席会议并讲话。省工商联副会长樊秀清、王建华、郎宝山，秘书长牛定元及机关部室负责人参加了会议。樊秀清副会长主持了会议。

会议就当前基层工商联在开展工作中遇到的问题和困难及今后努力的方向、开展工作的思路等进行了座谈交流。

12月2、3日，全国工商联在山东省济南市隆重召开全国民营企业文化建设工作会议。省工商联党组成员、副会长郎宝山，省工商联宣传教育部副部长闫晓红，孝义市工商联会长、新禹煤焦有限公司董事长杨树茂，沁新集团副董事长郝维俊代表山西省参加了会议。

山西省工商联被授予“党旗在我心中”活动优秀组织奖，是13个省级单位之一。沁新集团、山西新禹煤焦有限公司、大同市大同书城有限公司被评为“全国民营企业文化建设先进单位”。山西新禹煤焦有限公司董事长杨树茂荣获“党旗在我心中”活动优秀个人奖，太原双合成食品有限公司撰写的《感恩的心》、山西新禹煤焦有限公司撰写的《为党旗添彩，为社会分忧》荣获“党旗在我心中”活动征文优秀奖。省工商联会刊《当代山西商会》被评为2006年度中国商会（工商联）优秀内部报刊，这是《当代山西商会》第三次被全国工商联评为优秀期刊，受到与会代表的一致好评。山西潞宝集团主办的《潞宝园区报》、山西五洲集团主办的《五洲月刊》被评为2006年度中国民营企业优秀内部报刊。

工作报告

认真实践“三个代表”重要思想 与时俱进 不断创新 努力开创全省工商联工作新局面

——在山西省工商业联合会第九次会员代表大会上的工作报告

边鸣涛

（2002年6月26日）

各位代表、各位同志：

我受山西省工商业联合会第八届执行委员会的委托，向大会作工作报告，请予审议。

一、五年工作回顾

山西省工商业联合会第八次会员代表大会自1997年7月召开以来，至今已经五年了。这五年中，我们党和国家大事多、喜事多，党中央召开了十五大，香港、澳门回归祖国怀抱，北京取得2008年奥运会承办权，中国正式加入世界贸易组织。特别是党的十五大确立了“以公有制为主体，多种所有制经济共同发展”的基本经济制度，党中央对非公经济发展、非公经济人士工作和工商联工作作出了一系列重要指示，进一步明确了非公经济和工商联工作的方针和任务。五年来，我会在省委的正确领导和省政府的大力支持下，在全国工商联和省委统战部的指导帮助下，致力于促进全省非公有制经济健康发展和非公有制经济人士健康成长，围绕中心，服务大局，献计出力，为全省非公有制经济健康发展做出了新贡献；认真学习贯彻“三个代表”思想，努力做好非公有制经济代表人士思想政治工作，一支拥护中国共产党的领导，坚持走建设有中国特色社会主义道路，爱国、敬业、守法的非公有制经济代表人士积极分子和“合格建设者”队伍不断壮大；注重加强自身建设，不断发展组织网络，壮大会员队伍，各级工商联组织建设有了新发展。经过八届执委会的努力，我省工商联工作五年来取得了新的突破，上了一个新的台阶。

（一）紧紧围绕经济建设中心，服从服务于党和政府工作大局，积极献计出力，为促进全省非公有制经济健康发展做出了新贡献

1.认真履行政治协商、民主监督和参政议政职能，围绕促进我省个体、私营等非公有制经济快速健康发展，开展了广泛深入的调查研究，积极建言献策。

1997年省工商联换届后，我省各级工商联组织在深入学习贯彻十五大精神过程中，省、地（市）、县三级工商联集中三个月时间，深入基层和会员企业宣传十五大精神，省工商联参加了省委组织的贯彻十五大精神千人大调查活动。各地工商联在调查了解制约个体、私营等非公有制经济发展瓶颈问题的基础上，撰写报送了一批提案和报告，受到了党委和政府的重视。随后，我们在全系统大兴调查研究之风，把经常性的非公经济发展情况调研作为一项制度坚持下来，省工商联领导以身作则，驻会会长和副会长经常深入基层和会员企业，对重点联系的30余个市、县（区）工商联和100余户会员企业每年走访1～2次。在坚持经常性调查研究的同时，我会还配合有关部门或单独进行了一些大规模的专项调研活动，如山西省非公有制企业问卷调查、民营企业家队伍建设大调研、非公有制经济发展环境情况调研、民营企业实施名牌战略调研等重大调研活动，与有关部门共同开展了万户民营企业大调查、非公企业安排下岗职工再就业情况调查等专题调研活动，完成了全国工商联交给的每年推选全国私企百强调查和第四次、第五次私营企业问卷调查任务。各地工商联不仅配合完成了上述调查，而且根据当地实际进行了不同形式的调研活动，承担了党委、政府交给的调研任务。在进行广泛深入调研基础上，形成了一批调研成果，我会与省政府办公厅研究室、太原市发展私营经济工作办公室共同编辑出版了《法律·法规·理论·实践民营经济发展的若干问题》一书，“山西省个体私营经济的现状调查”、“山西省个体私营经济的历史考察”分别被省委办公厅、省政府办公厅印发。全省推进个体私营经济发展工作会议和省委、省政府出台的关于加速民营经济发展的若干意见，吸纳了我会有关意见和建议。我会领导还就全省重大政策的出台和重要人事安排事宜，多次参加了省委、省政府召开的民主协商会、座谈会，并参加了省人大和省政协组织的视察活动，通过省委、省人大、省政府、省政协的内部资料反映社情民意近50件。

我会大兴调查研究之风，提高了提案和报告质量，提升了参政议政水平。据统计，省工商联八大召开的五年来，全省工商联系统共向各级党委、政府报送调研报告、意见、建议，向各级人大、政协提交议案、提案总共10347件。仅省工商联在5年中就向省政协全会提交61件团体提案，（另与民主党派省委联合提案3件），其中8件被省政协列为重要提案，为省委、省政府发展非公经济宏观决策提供了科学依据，产生了显著效果，得到社会各界的好评。有28人次作了大会和书面发言，团体提案数量连续几年居省政协界别之首。

2.积极履行桥梁助手职能，围绕党和政府的中心工作，动员和组织非公有制经济界为全省经济和社会发展做贡献。

非公经济代表人士奋力发展企业，为全省经济结构调整争做贡献。广大非公经济人士乘十五大东风，奋力发展企业，非公经济创造的国内生产总值由1997年占全省GDP不到14%增加到2001年的28%，个体、私营经济纳税额由13.28亿元增加到26.4亿元。省工商联副会长李安民的安泰集团、李海仓的海鑫集团，近几年都有很大的发展。安泰集团股份有限公司，以焦化为龙头，企业发展与“三废”治理齐头并进，实现生态环保产业链型新模式，形成了安泰工业园全新形象，公司通过了ISO9002国际质量体系认证和ISO14001环境管理体系认证，“安泰”牌冶金焦在美国、日本等国际市场上享有较高声誉，成为中国民营企业焦炭出口第一大户，年出口创汇近亿美元，年创税上亿元。海鑫钢铁集团陆续投资30多亿元，采用当代钢铁行业先进技术和装备，新上和改造了一系列项目，产品质量进一步提高，经济效益更加显著，“海鑫”牌螺纹钢成为国家质量免检产品、山西省标志性名牌产品。到2001年底，海鑫公司总资产达到25亿元、年销售收入26亿元、创利税4.5亿元，近5年共上交税金3.2亿元，其中2001年交税1.5亿元。运城远勤山的通达集团、河津薛靛民的阳光集团，太原李珍富的通泰昌集团、王艳梅的江南集团，长治韩长安的潞宝集团，吕梁袁玉珠的中阳钢铁厂，襄汾王建国的有色金属公司等企业近年来都有大幅度的发展。一些会员企业通过参与国企改革，构建多元化的产权体系，实现了资本扩张，盘活了国有资产，安置了国企下岗职工。这些典型的示范作用带动了全省非公有制企业的发展。据调查统计，目前全省资产在10亿元以上的非公有制企业达到6户，亿元以上的有80户左右，5000万元以上的有220户左右；2001年纳税在亿元以上的有2户，千万元以上的有27户，500万元以上的有80余户。

推动光彩事业深入开展，为扶贫攻坚和农村小康建设做出新贡献。我省各级工商联会同各级统战部，深入动员和组织非公有制经济人士开展光彩事业，据不完全统计，目前已有400多名非公经济人士和港、澳、台、侨各界友人参与我省的光彩事业活动，实施较大光彩事业项目620个，投入资金16.9亿元，培训人才4万多人次，安排就业3.5万人，捐资建校、助学和其他社会公益事业3.8亿元，帮助20余万贫困人口解决了温饱问题。省光彩事业促进会获中国光促会“光彩事业组织奖”，省工商联被省委、省政府评为“社会扶贫先进单位”。李安民、梁文海、李海仓、崔裕峰、李珍富获中国光彩事业奖章，50人获山西省光彩事业奖章。香港王氏宗亲会捐款100万元援助我省4个国家级贫困县建光彩小学。在1998年长江、松花江流域遭受水灾时，我省工商联系统捐款捐物1200多万元，省工商联和崔裕峰、秦诗禄等7名民营企业家被全国工商联评为抗洪抢险捐款捐物先进单位和个人，荣获“人民不会忘记”奖牌。

服从服务于国家改革、发展、稳定大局，积极为再就业工程做贡献。做好下岗职工再就业工作，是推进改革、加快发展、维护稳定的大事。我会近年来把此项工作作为当好桥梁助手的重点工程来抓，各级工商联不仅在全系统开展了声势浩大的宣传发动，而且协助政府做了大量富有成效的实际工作。省工商联参加了省政府再就业工作领导组，与省劳动厅共同评选表彰了非公经济在再就业工程中做出显著贡献的39个企业和38名个人；协助省委、省政府进行了百名“再就业功臣”、百名“再就业名星”的推选表彰工作，并会同劳动部门进行了《劳动法》的宣传贯彻、非公企业社保费检查征缴等项工作。全省工商联组织还开设12个再就业培训基地，举办培训班180余期，培训近20万人。1998年6月28日，全省工商联系统会同劳动、工会等部门联合组织了国企下岗职工再就业大型洽谈会，组织3500个用工单和10万余名下岗职工在全省地、市、县同时进行供需见面洽谈，有10758名下岗职工在此次活动中找到了工作岗位。据不完全统计，迄今为止，全省非公有制企业共安置吸纳国企下岗职工20余万人。

3.努力履行民间商会职能，围绕拓展服务会员新途径，不断加大服务工作力度。

一是加大了维权服务工作力度。这几年，针对非公经济人士反映强烈的发展环境问题，省和各地工商联向各级党委和政府提出有关摒弃所有制歧视，坚决制止“三乱”现象，对重点非公企业进行封闭式管理的提案、议案、报告上千件。这些建议被采纳后，有效地改善了个体、私营等非公企业的经营环境。省政府办公厅于1998年6月3日下发了《关于严禁向私营企业、个体经营户乱收费、乱罚款和各种摊派的意见》，有效地维护了个体工商户和私营企业的权益。我会连续2年报送《建议省人大修改个体经营户和私营企业管理条例》的提案，引起省人大重视，于1998年9月29日修改了“条例”，废止了向私营企业收取管理费的不合理规定。各地工商联也采取切实有效的措施维护会员的合法权益，临汾、运城、阳泉、朔州等地工商联与纠风办共同印制收费明白卡下发会员企业。省工商联与华烽律师事务所合作成立了法律服务处，长治、阳泉、太原等市和侯马、吉县等工商联都成立了法律服务机构，开展对会员企业的维权活动。据统计，全省工商联共成立法律服务机构41个，五年中共受理法律咨询和经济纠纷544件。

二是加大了经贸服务工作力度。五年来，我会组团参加了第六届世界华商大会、首届中国民营企业交易会、第十届乌鲁木齐对外经贸洽谈会等大型国际、国内经贸活动。组织了山西省首届大型民企与军工合作交流洽谈会等经济技术交流活动，协助太原市举办了第六届“映山红”民间戏剧节经贸洽谈会，帮助环海集团成功地举行了“世纪之交、技术较量”大型宣传促销活动。

三是加大了融资服务力度。省和一些市、县工商联积极探索成立中小企业贷款担保机构，支持和鼓励会员企业独立或联合组建贷款担保公司。省政府采纳我会提案建议，吸收省工商联参加，组织考察组赴广东、云南等省学习，结合我省实际，省财政投资1.5亿元建立了“山西省中小企业信用担保有限公司”。翼城县、临汾市、阳泉市、晋城市城区工商联成立了主要面向工商联会员企业的贷款担保公司。临汾市工商联正和中小企业贷款担保公司成立2年多来，为35家承担省市潜力产品和重点项目的会员企业融资担保7803万元。目前，全省由工商联参与或牵头组建成立的信用担保机构已达到7家，融资担保2.6亿元。全省各级工商联还帮助会员企业引进资金21.96亿元。

四是加大了对会员企业调产和技改的服务工作力度。去年以来，围绕支持会员企业调整产业结构，进行技术改造，由省工商联牵头，会领导挂帅，与各地工商联一起协调有关部门扶持有条件的会员企业进行技改和新上项目的申报、立项，并把此项工作列为2002年实施的"三项工程"之一。在省市县三级工商联调研考察基础上，年初，省工商联对目标企业进行了申报培训，通过企业自荐、工商联推荐，已有186家会员企业就新上、技改、续建项目进行了申报，经筛选已将17家企业的可行性报告报送省经贸委和省计委。

五是加大了人才、信息、培训等项服务工作力度。省工商联加强了与省人才交流中心的合作，在全省人才暨技术交流大会上，为25家会员企业招聘各类人才103名。今年4月21日，又与省人才市场共同举办了民营企业人才招聘专场会，有1000多人与用人单位达成意向。凡重大政策信息、非公经济动态我们都在文件和会刊《当代山西商会》中及时向基层组织和会员传达。长治市工商联建立信息中心，利用信息小报向会员发出各类信息2万余条。太原市杏花岭区工商联建立了"银杏商网"，利用互联网为会员提供信息服务。大同市工商联副食品同业公会成立了电脑网络服务部，为会员发布网上商品信息。近几年各级工商联还与有关部门合作，开展了针对会员企业的职业技术培训和鉴定工作，组织开展了会员企业会计证培训换发工作。省工商联组织了《合同法》培训班，举办了以人力资源管理和资本运营为主题的"2001山西财智论坛"。特别是面对中国加入WTO后的新形势，省工商联与各市、地工商联共同组织实施了1210WTO培训工程，目前已举办8期，参训人数达到1500多人。5年来全省各级工商联共举办培训班1616期，参加培训的人员达到42216人次。

六是加大了联络服务工作力度。五年来，省工商联共组织13批800多人次到省外或出境参观、考察，进行商务活动。我会以山西省总商会的名义与加拿大多伦多商会、香港新界总商会、江苏省总商会、新疆总商会、南京总商会结为友好商会，与法国、加拿大、澳门、新加坡、马来西亚、泰国、缅甸、老挝、日本琦玉县等海外商会和福建、山东、广东等发达地区省份的商会建立了联系，参与接待了韩国经济代表团在我省的商务考察和美中文教科技经贸交流团。李安民、姚俊良两位副会长应邀参加了在澳大利亚举行的第五届世界华商大会。日本琦玉县友人为我会捐资240万日元，在榆社县李峪沟村建成中日友好学校。

（二）全面贯彻"八字方针"，用"三个代表"思想推动非公企业文化建设，全省非公有制经济代表人士思想政治工作取得了新成绩

1.认真学习贯彻党的十五大和江泽民总书记一系列重要讲话精神，积极开展宣传教育工作，用"三个代表"思想推动非公有制经济健康发展。

党的十五大在所有制理论上实现了重大突破，面对非公有制经济大发展和非公经济人士群体队伍迅速壮大的新情况，江泽民总书记提出了关于在非公有制企业开展党建工作和进行"致富思源，富而思进"教育的要求；提出了要引导非公有制经济人士"把自身企业的发展与国家的发展结合起来，把个人富裕与全体人民的共同富裕结合起来，把遵循市场法则与发扬社会主义道德结合起来"的"三个结合"要求；特别是江泽民同志2001年的"七一"讲话，提出了非公经济人士也是"有中国特色社会主义事业的建设者"。我会上下认真贯彻十五大和江泽民总书记的讲话精神，开展了一系列学习、宣传、教育活动。省工商联先后组织了非公经济代表人士学习十五大精神座谈会、山西省非公有制经济代表人士"致富思源，富而思进"座谈会等学教活动，引导教育广大会员和非公经济人士按照"三个结合"要求，用"三个代表"思想推进企业文化建设。省工商联副会长李安民的安泰公司加强党组织建设，开展思想政治工作，促进企业健康发展的经验被人民日报内参印发。通达、创同、江南等会员企业的文化建设经验材料，在全国工商联民营企业文化建设座谈会和宣传教育培训工作会议上进行了交流。2001年7月初，江总书记在纪念中国共产党成立80周年纪念大会上的讲话发表后，省工商联与省委统战部在长治市召开了“山西省非公有制经济代表人士思想政治工作经验交流暨纪念中央15号文件颁发10周年大会”，组织260多位非公有制经济代表人士和各市、地、县统战部、工商联的同志学习贯彻江总书记的“七一”重要讲话精神，学习领会非公有制经济人士也是“有中国特色社会主义事业的建设者”的论述，总结交流中央15号文件下发10年来，我省非公有制经济代表人士思想政治工作的经验和体会。全国工商联党组书记、第一副主席梁金泉，中央统战部副部长胡德平，省委常务副书记刘泽民等领导同志亲临会议指导，并结合学习江总书记“七一”讲话精神，发表了做好非公经济人士思想政治工作的重要讲话，推动了此项工作的进一步开展。

2.全面贯彻“八字方针”，积极开展思想政治工作，努力培养壮大非公有制经济代表人士积极分子队伍。

开展了一系列引导教育工作。首先是建立了非公经济人士群体资料档案，目前，省、市（地）、县（区）工商联都对本省、本地区的非公经济企业大户、经营管理者情况做到了掌握详实，联系经常，服务上门。我们把这些大户经营管理人士作为团结、帮助、引导、教育工作的重点，保证了思想政治工作的重点目标。第二，引导和推进会员企业文化建设，为开展思想政治工作选取了新的切入点。省和各地工商联把深入开展光彩事业、实施信誉工程、进行“致富思源，富而进思”教育作为引导会员企业健康发展，实现“三个结合”要求的有效途径，开展了系列活动。2000年4月，在省工商联八届四次执委会议期间，我会与省委统战部共同组织了“山西省非公有制经济代表人士响应《信誉宣言》座谈暨新闻发布会”，李安民、李海仓、姚俊良、崔晋宏、梁文海等22位担任省工商联执常委以上职务的非公经济代表人士，向全省非公经济界同仁发出了响应《信誉宣言》的倡议书。同年5月，我们又召开了“山西省非公有制经济代表人士‘致富思源，富而思进’座谈会”。中共中央《公民道德建设实施纲要》颁布后，省工商联和省私营经济界妇女友好促进会组织全省100多位非公经济界女企业家学习座谈。第三，加大了对光彩事业活动的支持和宣传表彰力度。五年来，通过县级以上报刊、电视台、电台、简报等宣传媒体报道光彩事业先进事迹、先进人物达2000多人次。省工商联编印了《光彩历程》一书，宣传了100位投身光彩事业的民营企业家。第四，推进会员企业建立党组织，促进非公企业的社会主义精神文明建设。临汾市工商联成立了临汾私营企业党总支，下设25个私营企业支部。吕梁地区工商联办事处配合地委组织部在文水县召开了全区非公企业党建工作现场会，全区已建立私营企业党组织151个。第五，充分利用宣传媒体营造良好的社会舆论环境。在继续办好会刊《当代山西商会》向会员和社会各界宣传工商联、宣传会员企业和非公经济代表人士的同时，我会与省电视台、电台合作办栏目，与报刊合作办专版，加大了对外宣传力度。协助山西有线电视台“财富故事”专题宣传了一批会员企业，协办了《山西经济日报》的“民营经济”专版、“商会与工商界”专版和《发展导报》的“民营经济专刊”，共组织专版和专刊稿件160多篇。在去年隆重纪念中国共产党成立80周年活动中，我会在全省开展了民营企业纪念建党80周年大型文艺汇演活动，选调23家会员企业的53个节目，在省城太原举行了3场演出，500多名企业员工登台表演，观众达3000多人。省四大班子领导和有关厅局领导亲临观看了演出。临汾市、晋城市城区、定襄县工商联和一些会员企业也举行了较大规模的汇演活动。此次大规模的宣传纪念活动不仅扩大了工商联的社会影响，而且在全省会员企业员工中进行了一次大范围的爱党、颂党、跟党走的政治思想教育。

创新了教育培训的方法。通过以会代训的方法，组织召开有各级党政主要领导参加的学习座谈会进行培训教育，仅省工商联五年中就召开这类座谈会20余次。我们还与省委统战部共同向省政府推荐30位非公经济代表人士作为省长特邀联络员，定期召开特邀联络员座谈会。这些形式搭起了党委、政府主要领导与民营企业家联系的桥梁，民营企业的困难和呼声直接传到了最高决策层，一些部门对非公经济的歧视性做法和民营企业不少具体困难和问题都得到了好转和有效的解决。

加大了对非公经济代表人士政治安排和表彰的力度。随着非公经济的大力发展和非公经济人士队伍的不断扩大，省和各地工商联都加大了对非公经济代表人士的政治推荐和安排力度。现在，非公经济代表人士在全省各级人大代表和政协委员中有6944名，比1996年的516名增加了12倍还多，各级工商联执委3500多人，在全省形成了一支较大的非公有制经济代表人士队伍。在加大政治推荐安排的同时，5年中各级工商联推荐宣传表彰的非公经济人士共计8007人次，其中受到国家级表彰的210人次，省级表彰的739人次，市（地）县级表彰的7067人次。涌现了一批在全省乃至全国知名的优秀民营企业家，在他们的模范作用下，目前全省非公有制经济人士群体思想状况积极向上，没有发生政治上的不良倾象，在与“法轮功”邪教组织的斗争中，不仅全省非公经济人士没有参与的，全省会员企业的员工也没有参加的。工商联会员中的非公经济人士政治坚定，爱国、敬业、守法，奋力发展各自企业，为兴晋富民争做贡献。

3.注重总结经验，开展理论研究，积极探索非公经济思想政治工作理论与实践。

省工商联在各市、地工商联的配合下，历时2年多，完成了《关于山西省非公有制经济代表人士思想政治工作的探讨》这一研究课题，对我省非公经济人士队伍的群体现状、政治表现以及发展趋势进行了调查分析，并针对存在的问题，提出了加强和改进非公经济人士思想政治工作的意见和建议。在课题基础上，编印了《非公经济思想政治工作理论与探讨》一书，下发基层组织和非公经济代表人士。

（三）加强自身建设，发展组织网络，壮大会员队伍，各级工商联组织建设有了新发展

1.组织网络得到健全和发展，会员队伍进一步扩大。

1998年，全国工商联在我省召开了省级工商联会员（组织）处长会议，推动了我省工商联组织建设工作。在全省11个地、市和119个县（区）全部恢复或建立了工商联组织以后，省和各地工商联把组织网络建设和会员发展的目标放到发展乡镇商会和同业公会、行业协会等基层、专业组织上，使组织网络和会员队伍得到扩大。省工商联在陵川县召开了乡镇商会工作座谈会，现场参观了城关、礼义两镇商会工作，座谈交流了全省各地发展乡镇等基层商会的做法和体会。在大同市召开了同业公会建设研讨会，为各地组建和开展同业公会工作提供了经验。在会员发展中，按照“稳步发展，调整结构，提高质量”的原则，注意把重点放到发展私营企业、股份制企业和民营科技企业会员上，使会员结构优化，非公经济大户、科技型民营企业逐步加入到会员队伍中来。目前，全省工商联共建立基层商会、同业公会和行业协会794个，会员总数达到50361个，企业会员达到10776个，分别比第八次会员代表大会召开前增加84.2%和60.61%、64.1%。非公经济会员占90%，比1997年提高32.2个百分点。省和各地还发展了一些异地商会，如山西福建商会、山西浙江商会、大同市温州商会、阳泉市温州商会、介休市温州商会等。万荣县在太原等18个大中城市建立了万荣商会，翼城等县的乡镇已全部建立了乡镇商会。为推进组织建设工作，结合地方机构改革，省工商联于2001年5月下发了《关于加强自身建设启动131工程的通知》，把全省131个县级以上工商联组织建设列入重要议事日程。

2.目标责任考核继续推进，会务工作日趋活跃。

省工商联继续坚持了在全省工商联系统每年进行一次目标责任考核的办法，五年来，共评选表彰了先进工商联组织210个，先进个人216名，有效地激发了各级组织的工作热情，推动了各项工作的开展。

3.领导班子和机关建设进一步加强，各项工作上了新台阶。

在各级党委的重视和统战部的直接帮助指导下，一大批优秀党内外领导干部和非公经济代表人士进入各级工商联领导班子，完成了具有历史意义的政治交接和新老交替。省及48个市、县由党外人士和非公经济代表人士担任会长，有16位各级工商联会长担任了同级人大、政协领导职务。新的领导班子在新的形势下，抓住机遇，迎接挑战，继往开来，与时俱进，使全省工商联整体工作上了一个新台阶，工商联在经济发展工作中的地位日益提高，在非公经济代表人士思想政治工作中的作用越来越大，自身建设的加强进一步夯实了开展工作的基础。

在加强领导班子建设的同时，各级工商联的机关建设也有了新发展。一是加强了思想建设，按照省委的部署，省工商联和市、县工商联都开展了反对官僚主义斗争和“三讲”学习教育，并在2001年开展了为期2个月的“学理论，提建议”活动，这些学习教育活动提高了机关人员的政治理论水平，增强了纪律性，振奋了精神，转变了观念，提高了工作效率。二是加强了机关工作者队伍建设，临汾、运城、吕梁等市、地工商联申请编制增加了机关工作人员。通过接收招聘、调整调动等形式，一些工商联机关充实了一批年青有为、知识层次高、有专业特长的干部，使机关工作出现了生机和活力。三是加强了机关硬件建设，改善了办公条件。四是关心和做好老会员工作，为切实解决原工商业者的生活困难问题，省工商联在调查摸底的基础上，向有关部门报送了专题报告，省领导批示各级政府妥善解决。省工商联每年对原工商业者进行慰问，会领导亲自上门慰问老会员，将困难补助资金下拨各市、地，并与省委统战部、省财政厅、省劳动厅联合转发了中央统战部等部门联合下发的《关于切实解决部分原工商业者生活困难问题的通知》。

二、五年工作的基本经验和体会

各位代表、同志们，回顾五年来八届执委会的工作，我们有以下基本经验和体会：

（一）工商联必须坚定不移地坚持党的领导，工商联工作必须坚持坚定正确的政治方向，这是我们必须把握的根本原则

工商联不是政党，也不是一般的社会团体，新时期工商联是中国共产党领导下的具有统战性、经济性和民间性的人民团体和民间商会。统战性是工商联区别于其他社团的政治优势。新时期工商联会员主要由非公经济企业组成，非公经济人士是我们党新时期统一战线的重要工作对象之一，因此，工商联作为党的统战工作组成单位，具有特殊的群团属性，统战性是工商联的政治优势，统战性的本质要求是坚持党的领导，只有坚持党的领导，做到解放思想，实实求是，与时俱进，工商联才能保持坚定正确的政治方向；只有自觉接受党委的领导和统战部的指导、帮助，工商联才能履行好各项职能和任务。五年来，我会各级组织全面贯彻党的基本路线，紧紧围绕经济建设这个中心，团结和带领广大会员始终不渝地坚持党的领导，引导广大非公有制经济代表人士走“三个结合”道路，努力实践“三个代表”思想，促进了全省非公有制经济健康发展和非公有制经济代表人士健康成长。

（二）树立以经济建设为中心的大局观念，围绕党和政府的中心工作，积极献计出力，是工商联有为有位的关键所在

工商联是党和政府联系非公经济人士的桥梁，管理非公经济的助手，在党和国家把工作重心转移到经济建设上来的历史条件下，我们必须树立以经济建设为中心的工作思路，紧紧围绕党和政府发展经济的工作部署，积极主动地承担任务，发挥优势，有所作为。参政议政服务于发展经济，就体现了工商联的特色，发挥了自己的优势；开展思想政治工作服务于发展经济，我们的思想政治工作就有了实效；履行民间商会职能服务于发展经济，商会就具有了生机和活力。五年来，我们积极响应省委、省政府号召，为实现用三年时间使国有大中型企业基本走出困境，农村贫困人口基本解决温饱问题，全省农村基本实现小康的“三个基本”目标，动员和组织全省非公经济人士奋力发展企业，为经济发展争做贡献，对我省非公经济生产力水平的发展和非公有制经济总量的增长起到了积极的促进作用。

（三）做好新时期工商联的工作，必须转变职能，不断创新，这是工商联工作实现新突破、开创新局面的现实途径

发展是时代的主题，创新是生命的源泉，工商联在我国改革开放进入新的发展阶段，在机遇和挑战并存中，必须解放思想，与时俱进，敢于和善于开拓创新，这不仅是工商联具有生机和活力的现实途径，也是工商联有为有位的现实途径。转变职能就是要走创新之路，思想政治工作方法要创新，服务内容和形式要创新，组织建设和会务活动也要创新，我们只有在新世纪新阶段，有新的发展思路，工作有新的突破，才能开创新的局面。这些年来，凡是工商联工作开展好的地方，无不来自于会领导班子的开拓创新，积极进取。临汾市工商联1999年4月挂牌成立以来，创新工商联工作新途径，努力服务经济建设，全面推进商会工作，促进了临汾非公有制经济快速健康发展，被劳动竞赛委员会荣记“集体一等功”。大同市工商联积极探索组织建设新途径，经过不懈争取和努力工作，在非公经济占主体的行业建立了12个同业公会，使商会工作有了坚实的基础；陵川县工商联通过搞活基层商会工作，凝聚了会员，受到了政府的重视；运城市工商联通过“贯彻八字方针，抓好五个环节”，创新思想政治工作，在非公经济人士思想政治工作中创造了先进经验，全市涌现了一大批在全省乃至全国著名的非公经济代表人士。忻州地区是工商联工作基础比较差的地区，近两年来，在办事处的积极努力下，不仅把四个贫困县的工商联组织建立起来，而且每年都组织各县、区工商联开展活动，会务工作和代表人士思想政治工作取得了明显进展。

（四）发挥统战性的政治优势和民间性的有利条件，找准方位，搞好服务，是工商联吸引力和凝聚力的坚实基础

工商联是非公有制经济人士的群众性商会组织，在我国由计划经济向市场经济转型的特殊阶段，工商联作为非公经济人士和会员企业的“娘家”，为会员提供服务，代表并维护会员的合法权益是工商联责无旁贷的职责和义务。充分发挥自己的独特优势，开展积极有效的服务经济、服务会员的工作，既是形势和任务的要求，也是工商联的特点和优势之所在。我们只有注重发挥自己的优势，当好“娘家”人，不断丰富服务内容和提高服务水平，才能不断增强吸引力和凝聚力。

（五）加强组织建设和机关建设，转变作风，提高素质，是工商联自身建设的当务之急

当前全省工商联的组织状况和机关工作水平与党和政府的要求，与形势的发展和担负的任务还有相当差距，快速发展的非公有制经济，非公经济人士队伍的发展变化，培养“合格建设者”的重任，各级党委和政府的期望，广大会员的要求，都需要各级工商联组织和机关与时俱进，尤其要尽快做到领导班子和机关的思想、作风转变，工作水平的提高。转变作风的核心是办实事，去年以来，我们通过学理论、提建议活动，把办实事作为转变作风的核心内容，通过一件件实实在在的服务会员企业的工作，逐步在拉近我们与会员企业和非公经济人士之间的距离。提高机关工作人员的素质，现实途径是加强学习和培训，不断补充新知识，注入新活力。

回顾过去，总结经验教训，我们也清醒地看到五年来工作中存在的不足和困难。主要表现：一是思想观念还比较陈旧，开拓创新精神不足。二是自身素质和水平不高，工作力度不够大。三是服务手段欠缺，服务领域还有限。四是会员工作和对外交往还欠活跃，会员间的联络活动少，会费收缴率普遍很低，工作走不出去，对外交往少。五是机关建设薄弱，工作条件仍然较差，部分市、县工商联的房产问题尚未得到落实，老会员的生活困难问题没有全部得到妥善解决等等。因此，振奋精神，开拓进取，把我省工商联工作推上新台阶，努力为全省非公有制经济健康发展做出更大贡献，还有待九届执委会和各级工商联及广大会员的共同努力。

三、对今后工作的建议

各位代表，同志们！当前，我国已经进入全面建设小康社会，加快推进社会主义现代化建设新的发展阶段。随着加入WTO，面对经济全球化中日益激烈的竞争，工商联和非公经济面临着更加严峻的考验，新的形势。对工商联工作提出了新要求。今年下半年，党的十六大即将召开，在“三个代表”重要思想的指引下，建设有中国特色社会主义的伟大事业将推向一个新阶段。全国工商联“九大”也将于今年四季度召开，大会将对进入新世纪的工商联工作作出与时俱进的安排和部署。未来的五年，将是工商联工作开拓前进和上一个新台阶的五年，省工商联新一届执委会一定要以邓小平理论为指导，全面贯彻“三个代表”要求，在党的十六大及全国工商联“九大”精神的指引下，以促进我省非公有制经济快速健康发展为目标，以不断培养壮大拥护党的领导、坚定地走社会主义道路的积极分子和合格的有中国特色社会主义事业建设者队伍为立足点，适应新形势要求，加强学习，转变观念，改进作风，与时俱进，不断创新，努力使全省工商联整体工作再上新台阶。

（一）继续围绕中心，服务大局，献计出力，为促进全省非公有制经济快速健康发展做出更大贡献

在深入学习贯彻党的十五大和十六大精神过程中，以邓小平理论和江泽民同志“三个代表”思想为指导，坚持党的“一个中心，两个基本点”的基本路线，围绕我省“十五计划”目标，继续动员和带领非公经济人士和广大会员为全省的经济和产业结构调整，实施赶超战略，积极做贡献。各级工商联和非公经济代表人士，要在我省非公经济大发展中担当起排头兵的重任，深入实践“三个代表”思想，按照“三个结合”要求，做出无愧于“建设者”称号的贡献；要继续大兴调查研究之风，围绕制约和阻碍我省非公有制经济发展的瓶颈问题，加大调研深度，向各级党委和政府提出更具可操作性的意见和建议；要引导非公有制企业在发展中不断进行体制创新、制度创新和科技创新，加大调整产业结构的力度，以实施名牌战略促进经济整体水平的提高，不断增强企业的核心竞争能力和市场开拓能力，增强应对加入WTO的挑战能力，着力促进一批亿元、十亿元乃至百亿元的民营企业大户的成长和发展，进一步推动个体和中小企业的发展，力争在“十五”期间形成一个新的发展高潮；要围绕当好桥梁助手，加快职能转变，创新服务方式，不断完善服务手段，积极创造条件，努力履行民间商会的各项职能，力争在创新服务手段，加大服务力度方面实现较大突破，省和各地工商联要把“经济服务工程”继续做实作好，争取为会员企业调整产业和产品结构，提升效益方面有所作为；要继续加大融资、人才、信息、法律等方面的服务工作力度，不断增强商会工作的服务能力。在省委、省政府的正确领导下，通过各部门的协同作战，共同努力，为山西民营经济在“十五”期末占GDP比重达到全国平均水平，为实现省委八届一次党代会所提出的到2005年使山西人民生活达到全国平均水平的兴晋富民事业，做出我们应有的贡献。

（二）继续做好思想政治工作，大力推动会员企业文化建设，不断培养壮大拥护党的领导、坚定地走社会主义道路的积极分子和合格的有中国特色社会主义事业的建设者队伍

在继续贯彻中央15号文件精神的同时，各级工商联在工作中要认真学习贯彻现阶段党指导非公有制经济和工商联工作的基本理论和政策，引导非公经济人士用江泽民同志“三个代表”思想和“两个坚持”、“三个结合”的要求加强企业文化建设。按照去年中央经济工作

会议提出的要求，把信用文化建设作为推动民营企业文化建设的重点，引导全省非公经济人士守信用、讲信誉、重信义，继续加大推动光彩事业和“信誉工程”的力度。在贯彻团结、帮助、引导、教育的“八字方针”，培养非公经济代表人士和“合格建设者”队伍的工作中，用江总书记提出的“不能简单地把有没有财产、有多少财产当作判断人们政治上先进与落后的标准，而主要应该看他们的思想政治状况和现实表现，看他们的财产是怎么得来的以及对财产怎么支配和使用，看他们以自己的劳动对建设有中国特色社会主义事业所作的贡献”的“三看标准”，来衡量非公经济人士够不够“合格建设者”。通过大力推动民营企业文化建设这个切入点，进一步创新非公经济代表人士思想政治工作。要组织开好今年下半年的全省民营企业文化建设座谈研讨会，以此为契机，推动我省民营企业文化建设工作的广泛深入开展，适当时候与有关部门共同组织“合格建设者”宣传表彰活动。

（三）继续加大自身建设工作力度，注重转变思想和工作作风，推进基层建设，建设充满生机和活力的工商联组织

在今后一段时期内，自身建设的重点应放在加强领导班子和机关建设上，把思想建设放在首位，注重转变观念，用发展的理念、创新务实的精神实践“三个代表”重要思想。要加强学习和培训，学习与工商联工作有关的政治理论以及经济、技术和法律知识，特别是学习WTO知识，通过选送外出培训和组织专业培训学习等方法，尽快提高机关干部的政治理论水平和业务水平，提高工商联机关工作者队伍的整体素质，建立一支能适应新形势、新要求、新任务的富有开拓奋斗精神的工作队伍。用出色的工作取得党委、政府的信任和支持，用出色的服务赢得广大会员的信赖。要把作风建设放在突出地位，重点解决机关化和软弱涣散、工作效率低下等问题，走出机关深入基层和会员企业，保持同工作对象的紧密联系。要把抓基层作为组织建设的基础环节，把工作着力点放在乡镇商会和同业公会等基层和专业组织建设上，力争在今后5年中使我省工商联在非公经济占主体的行业都建立同业公会或行业协会，形成较为完整的商会体系。要创造条件，尽快建立与全国工商联相对应的专门委员会，发挥各专门委员会在推动会务工作中的作用。今年10月17日，是山西省工商业联合会成立50周年，我们要借纪念宣传活动的东风，把我会的组织建设推向新阶段。

各位代表，同志们，今后五年工商联发展会更加充满生机和活力，任务光荣而艰巨。让我们继续高举邓小平建设有中国特色社会主义理论的伟大旗帜，认真实践江泽民同志“三个代表”的重要思想，在中共山西省委的正确领导下，在全国工商联和省委统战部的指导下，抓住机遇，迎接挑战，与时俱进，不断创新，为促进我省非公有制经济健康发展和非公有制经济人士健康成长做出更大的贡献，以优异成绩迎接党的十六大以及全国工商联九大的召开。

在山西省工商联九届二次执委会议上的工作报告

边鸣涛

（2004年7月21日）

各位执委、同志们：

我受常委会的委托，向本届执委会第二次全体会议作工作报告，请予审议。

省工商联自2002年6月换届以来，新一届领导班子坚持以邓小平理论和“三个代表”重要思想为指导，认真学习贯彻中共十六大、十六届三中全会和省委八届五次会议精神，在省委、省政府的正确领导下，在全国工商联和省委统战部的指导帮助下，发挥工商联统战性人民团体和民间商会的独特优势，围绕促进全省非公有制经济健康发展和非公有制经济代表人士健康成长的两大任务，围绕省委、省政府的工作中心，依照“关键是改革，核心是创新，本质是服务”的基本思路，以创建学习型组织和服务型组织为目标，抓住非公经济大发展和工商联工作空间不断扩大的大好机遇，加强学习，振奋精神，锐意进取，通过思维创新、观念创新推动工作创新、服务创新，为促进全省经济发展和社会稳定，做出了积极的贡献。

一、主要工作回顾

（一）认真组织非公经济人士掀起学习十六大、十六届三中全会精神新高潮

个体私营等非公有制经济作为我国社会主义市场经济的重要组成部分，在党的十六大和十六届三中全会进一步得到鼓励和支持，依据十六大和十六届三中全会精神，结合我省的实际，省委八届五次全会审议通过了《中共山西省委贯彻落实<中共中央关于完善社会主义市场经济体制若干问题的决定>的实施意见》，2004年5月8日，省委、省政府又正式颁布了《关于进一步加快非公有制经济发展的决定》。为深入学习贯彻这些新的发展思路，我们坚持学习创新，以活动为载体，把全省工商联系统和非公经济界学习贯彻“三个代表”重要思想、十六大、十六届三中全会和省委八届五次会议精神推向新高潮，用科学的发展观认识非公有制经济在兴晋富民大业中的重要地位和作用。组织全省工商联干部、非公经济代表人士、会员企业员工参加了全国工商联开展的学习十六大精神问卷答题暨征文比赛，组织实施了贯彻“三个代表”重要思想知识竞赛活动。完成答卷1404份，收集征文77篇，组织知识竞赛5场。太原市工商联、阳泉市工商联被全国工商联评为“优秀组织奖”。海鑫钢铁集团、华宇集团、长信钢铁集团分别获得学习贯彻“三个代表”重要思想知识竞赛“海鑫”杯决赛一、二、三名。刘泽民等省领导观看了知识竞赛决赛，并为获奖单位和选手颁奖。学习活动得到了各市地工商联和会员企业的积极响应，受到了全国工商联的好评，在社会引起较大反响。各市县工商联也采取不同形式把学习十六大精神，贯彻“三个代表”重要思想与工作实际结合起来，推动学习不断向深入发展。

（二）适应新形势和新任务，坚持工作创新，当好桥梁助手，努力拓展服务工作新领域

经过近年来经济结构战略性调整，我省非公经济产业和产品结构逐渐趋于合理，规模和总量不断扩大，全省列入“1311”工程企业总数221家，其中民企186家，占总数的84%，而且相继投产达效，2003年底全省仅亿元以上企业达148家，纳税超过亿元的有4户，超千万元的有60多户，安排就业人员超过100万人；2003年全省民营经济完成增加值1205亿元，比上年度增加29.6%，占GDP比重达到49.3%，今年第一季度民营经济继续快速发展，增速为19.3%，增加值占到全省GDP的51%。在全省经济发展中越来

越显现出强大的推动作用，已经成为全省经济增长的重要组成部分。新形势、新任务要求我们必须坚持工作创新，用新的思维、新的方法，研究探索解决新的问题。换届以来，省及各级工商联不但进一步加强了与政府部门已建立起的工作联系，而且还有重点地扩大了与有关部门的联系面，初步实现了为政府加快发展非公经济当好桥梁助手的目标。

帮助非公企业进行了技改和新上项目的申报立项工作。为17家企业编制了技改项目可行性报告，分别报省经委和省计委。忻州纪元酒精厂、晨虹鹿业有限公司、天骄枣业公司等单位得到了总计约300余万元的项目支持资金。省工商联还组成了由一名副会长带队的4人工作组深入会员企业帮扶，帮助环海集团完成了600mm热轧不锈钢带项目的立项工作。目前，该项目已开工建设。

推动WTO等知识培训和经济论坛向深度和广度发展。省工商联请山西大学知名教授在11个地市举办了11期WTO知识培训班，有2000余人参加了学习；与晋美工商管理专修学院等单位合作，举办各种形式的经济发展论坛10多次。今年“七一”前夕，又举办了纪念邓小平诞辰100周年山西入围全国500强民营企业管理论坛。运城市工商联连续举办了12期“运城民营企业发展论坛”，有3000余人次参加，并辐射到河南、陕西等周边省市，形成了较大的社会影响。临汾、晋城、长治市工商联也都聘请有关专家学者举办了面向会员企业的经济发展论坛和培训班。近两年，全省各级工商联共举办各类培训班588期，培训人数30780余人。

开展了评优表彰活动。根据党的十六大关于“对为祖国富强贡献力量的社会各阶层人们中的优秀分子都要表彰”的精神，省和各级工商联注重对优秀的会员企业进行全面培养、大力宣传、积极推荐，使他们受到国家和省有关部门的隆重表彰。2002年推荐的海鑫集团、安泰集团、华宇集团、通达集团受到全国工商联与国家劳动和社会保障部、国家质量监督检验检疫总局、国家税务总局联合表彰，分别授予他们为“就业先进会员企业”、“质量先进会员企业”、“纳税先进会员企业”。推荐通泰昌集团董事长李珍富荣获2002年度“中国光彩事业奖章”。今年又与省总工会联合推荐金业煤焦化集团总经理张新跃、皇威集团董事长秦诗禄、联盛能源有限公司董事长刑利斌和三名企业员工及长治振东实业有限公司、大同普德药业有限公司为“关爱员工，实现双赢”和“双爱双评”活动的先进单位和模范个人，受到全国工商联、全国总工会的表彰，分别被授予“关爱员工的优秀民营企业家”、“热爱企业的优秀员工”、“双爱双评”先进企业的称号，受到党和国家领导同志的亲切接见。

2003年省工商联会同省劳动和社会保障厅、省质量技术监督局、省国税、地税局一道，对海鑫等283家就业、质量、纳税方面被评为先进的会员企业进行了隆重表彰。省工商联连续三年会同团省委、乡镇局、省科技厅等单位对青年优秀企业家和优秀非公企业及产品进行了表彰。据统计，会员队伍中，近两年受到全国、省级以上表彰的有539个，受到市、地、县级表彰的有2012个。

组织了经贸洽谈活动。2002年10月，受省政府委托，省工商联牵头组织举办了我省首届民营企业交易会，并获得了成功，受到省领导和有关方面的好评；2003年组织部分企业家参加了在新加坡召开的第七届世界华商大会和第一届中国兰州投资贸易洽谈会，与甘肃省工商联建立了友好商会；今年又组织12家企业参加了东北老工业基地振兴合作交流会；联合省政府外事办举办了俄罗斯招商信息发布会，并组团到浙江、湖南等省进行了考察学习。

“送走一个、脱贫一户、影响一片”贫困地区劳务输出光彩扶贫活动取得明显成效。省工商联联合省劳动和社会保障厅等14个厅局组织开展了这项活动，已经将静乐等17个县区的2300余名务工人员经过培训后输往外省就业。今年3月30日正式成立了就业培训示范基地，省委副书记侯伍杰在基地开学典礼仪式上作了重要讲话；副省长范堆相在5月12日省长接待日专门听取了工商联的汇报；中央电视台等重要媒体对这项活动进行了报道。

开展了广泛的宣传舆论服务。省工商联近两年通过中央和省级媒体以及《当代山西商会》和《工商联会讯》，为各级工商联和会员企业提供宣传舆论服务。2003年与山西经济日报成功地合办了每周一期的“商会与工商界”专版，对会员企业和全省各级工商联组织进行了大篇幅、全方位的宣传报道。配合全国工商联进行了“中国工商百年”大型电视片在山西的采访拍摄；帮助海鑫公司、通达公司入选省委办公厅研究室编印的《“三个代表”在山西》大型画册；针对李海仓遇害事件引发的社会舆论，配合中央级媒体开展了大规模的调查采访和正面宣传活动，为优秀民营企业和优秀民营企业家正了名。《当代山西商会》和运城市工商联的《民生报》，获全国工商联“民营企业报刊优秀奖”，信息工作列全国工商联系统第十位。

换届以来，省工商联党政主要领导还采取多种方式、通过多种渠道，帮助会员企业协调解决经营上遇到的较大困难。先后帮助安泰集团反映、协调、解决土地使用问题，帮助连顺集团解决债务纠纷和朔州王坪煤矿职工上访问题，帮助皇威集团反映合同诈骗问题，诸如此类问题都取得了不同程度的效果。

各市地工商联在发挥商会职能、当好桥梁助手、服务会员企业等方面也有不少新举措。长治市工商联受市纠风办委托两次对政府有关职能部门营造非公经济发展环境进行监督测评，并在报纸上公布结果，在社会上引起强烈反响，探索出了与政府职能部门共同服务非公经济的新形式，省工商联对这两次活动给予了很大关注，《全联通信》刊发了他们的经验。长治市委、市政府也给予充分肯定，市委书记张兵生专程到市工商联听汇报作指示。朔州市工商联先后参加了市劳动局、工商局、物价局和市工行的行风评议活动。晋城市工商联与市纪检委联合维护会员企业的合法权益，对民营企业提出的问题随时解决和反馈。太原市工商联举办了非公企业用工招聘大会。临汾市工商联牵头组织实施了“百家企业进信合”的银企合作工程，直接融资3.5亿元，为解决企业融资难问题开辟了途径。忻州市工商联参加了32个行业行风的评比和61次巡视活动。大同市工商联推荐非公经济代表人士担任行政执法监督员。

（三）围绕全省经济发展的热点、难点、重点问题，深入调查研究，积极参政议政

近年来，我省经济虽然有了长足发展，但在发展环境、产业产品结构方面还存在弊病，非公有制经济发展不足一直是省委、省政府十分关注的问题。非公经济发展如何抢抓机遇，培育市场，创造品牌，扩大企业规模，提高企业层次，这是我们力求通过调研能够探索一些解决办法的重要内容。对此，省和各级工商联都有重点地进行了深入的调查研究，并多渠道、多形式地向党委、政府建言献策。去年，省和各市地工商联进行了8个重点课题的选题调研活动，形成了一批优秀调研成果。

2003年省政协九届一次会议上，工商联界别的政协委员有1人作了大会发言，4人参加了电视议政会，11人提交了书面发言材料，省工商联提交团体提案10件，立案9件。

2004年省政协九届二次会议上，我会共提交团体提案14件，大会发言材料4份，会领导分别就推进我省劳务输出和民营企业走新型工业化道路问题作了大会发言。

对2002、2003年上规模民营企业进行了调研，2002年度我省有13家会员企业上榜全国民营企业500强。完成了“山西省非公经济企业大户情况调查统计”、“山西省个体私营经济发展情况统计”和“2003年山西民营经济发展形势分析报告”，并将这些基础资料报送全联和省委、省政府领导及有关部门决策参考。

配合省委统战部进行了中央统战部关于《新时期新阶段工商联工作》课题的调研，参加了省委、省政府《关于进一步加快非公有制经济发展的决定》起草阶段的多次讨论和修改。完成了省政协关于实施名牌战略和走新型工业化道路两个大型调研活动中非公经济发展情况的调研任务。连续五年参加了省政府组织的安全执法大检查。针对我省个别企业假冒生产“老陈醋”、“平遥牛肉”的问题，组织省直会员企业和直属商会进行了“重质量、讲信誉，自觉维护市场秩序”的座谈会，通过宣传法律法规，引导会员企业增强品牌意识，树立良好的市场形象。

在全省进行了民营企业文化建设情况调研活动，2003年10月份，在怀仁县组织召开了全省民营企业文化建设交流研讨会，参观了先进企业，听取了怀仁县的经验介绍，并表彰了23家企业文化建设先进民营企业。全国工商联副主席程路，省政协副主席、省委统战部部长吴锦文等领导同志参加会议并作了重要讲话。

各级工商联组织在参政议政、调查研究方面也取得了良好的成绩。仅去年就向各级党委、政府、人大、政协提出报告、建议及议案、提案3000多件，被有关部门采纳1588件，被评为优秀提案433件。阳泉市工商联对全市非公企业开展了拉网式调研，取得了底数清、情况明、建议准的效果。晋中市工商联《充分发挥工商联职能作用》和《举全市之力加快民营经济发展》的调研报告被列为市政协大会的典型发言。

（四）稳步推进组织建设，加快会员发展步伐，不断壮大两支队伍

随着各级党委、政府对非公经济、工商联组织的关注和重视程度不断提高，全省工商联会务干部队伍和代表人士积极分子队伍的建设得到了进一步加强。

基层组织建设稳步发展。目前，全省11个市地全部完成了换届，119个县级工商联有83个完成了换届，乡镇、街道分会累计总数达到560个。特别是同业公会建设发展良好，2002年初原全国政协副主席孙孚凌，中国民（私）营经济研究会会长保育钧在我省调研期间，对我省工商联同业公会建设工作给予了肯定。万柏林区工商联以“六联”形式团结会员，会务工作生动活泼，河津市工商联服务工作扎实细致，赢得会员好评。

坚持创优评选活动。省工商联继续推行工作目标考评制度，经过综合考评，2003年晋城、长治、运城、临汾、大同、阳泉6个市被评为全省先进组织，36个县市（区）、43名个人也受到了表彰。

会员队伍不断壮大。截至目前，全省会员总数达54072个。在扩大会员队伍的同时，各级工商联还积极搭建桥梁，通过丰富多彩的活动增进工商联与会员和会员与会员之间的沟通、联络。利用每年“两会”期间举办了丰富多彩的代表委员联谊活动，今年4月份省工商联还举办了省直会员企业“金海马杯”羽毛球比赛。

非公经济代表人士队伍不断壮大。近两年来省和市、县人大、政协换届中，非公经济代表人士进入人大、政协的人数都有不同程度的增加。目前，全省担任县级以上人大代表、政协委员的非公经济代表人士达到4445人，其中担任县级以上人大副主任、政协副主席的有18人，担任常委的有628人。全省会员中有65人当选全国和省人大代表，78人担任了全国和省政协委员。

为了完善服务体系，深化服务效果，省工商联与省政协社会法治委员会、省司法者工作协会联合成立了维护会员合法权益委员会，并对敦煌科技公司、长治巨翔公司及方山县、夏县会员企业的经济纠纷给予了协调。

（五）动员和组织全省会员企业参与光彩公益事业，促进共同富裕，夺取抗“非典”胜利

全省非公企业家积极参与光彩事业和社会公益事业，为促进社会共同富裕做贡献。截至2003年底，全省非公有制企业家累计投入光彩事业74亿元，带动脱贫人数20多万人，培训技术骨干4万人次，安排农村富余劳动力6万余人，安置国企下岗职工再就业30万人。有15000多位非公有制企业家捐赠社会公益事业，累计捐款捐物7.2亿元。兴建中小学450所，打深井285眼，架桥35座，修建等级路1500余公里。

在抗击“非典”斗争中，省工商联积极响应党中央、国务院和省委、省政府号召，严密部署，积极行动，及时下发了《关于做好防治“非典”工作的紧急通知》、《关于动员和组织会员企业为防治“非典”做贡献的号召》，发放宣传材料2000余册，指导各级组织充分发挥自身优势和会员的力量，为抗击“非典”做贡献。各市工商联也都开展了相应的工作，太原、大同等市工商联还组织非公代表人士发出了倡议活动。

全省非公经济人士积极响应工商联的号召，一手抓防控“非典”不动摇，一手抓生产经营不放松，并积极以捐款捐物的实际行动，为社会奉献爱心。去年4月30日，担任省工商联副会长和常委的13名民营企业家，在省委统战部、省工商联、省光促会的组织下，向省红十字会捐款135万元，捐赠药品价值10万元。随后涌现出一批捐款捐物先进单位和个人。其中，山西中保集团董事长邢拴林捐款120万元，华宇集团董事长赵华山捐赠111万元，山西金业集团总经理张新跃捐款110万元，恒康集团捐款捐物110万元，香港籍省政协委员钟志孟捐赠药品价值200万元，山西古唐文化生态开发有限公司董事长何俊民以300万元的药品名列捐赠者之首。省工商联副会长远勤山、袁玉珠、王艳梅、李勇、韩长安、王秀顺、王建国，以及皇威集团董事长秦诗禄、海鑫集团董事长李兆会等都以满腔的热情捐赠几十万元钱物。据省工商联不完全统计，在2003年抗击“非典”斗争中，全省非公经济人士捐款捐物价值达4200余万元，为我省夺取抗击“非典”斗争的胜利作出了重要贡献，受到全国工商联的表扬和省委、省政府乃至社会各界的赞誉，这是继1998年抗洪以来非公经济人士的又一可以载入史册的重大义举。

（六）围绕50周年会庆，筹划组织了系列活动，进一步扩大了工商联的社会影响

2002年10月17日，是省工商联成立50周年纪念日。我们以此为契机，通过举办系列庆祝活动，大张旗鼓地宣传工商联和非公经济的发展成就，展示会员企业的风采，扩大社会影响。一是与湖南远大中央空调有限公司联合举办了“能源与环境”高层论坛，两省民营企业家与省政府领导、专家学者们共同就我省的能源发展、环境保护问题进行了深入的探讨研究；二是举办了“风雨同舟”50年大型专场文艺晚会；三是组织举办了山西省首届民营企业交易会。360余家民营企业参加了展销，签订合作协议项目126个，意向金额、项目投资、销售金额累计3.7亿元；四是编印出版了纪念山西省工商联成立50周年大型画册；五是召开了有全国工商联保育钧副主席、省委刘泽民副书记、省政府靳善忠副省长及新老会员、社会各界人士近300人参加的庆祝座谈会。

（七）以创建学习型组织、服务型组织活动为目标，推动机关工作上台阶

换届以来，为使机关建设适应新形势、新任务的要求，省工商联党政领导注重把改善基础设施和干部队伍知识结构、提高素质和工作效率作为推动机关工作上台阶的重要工作抓紧抓实。明确了“核心是创新，关键是改革，本质是服务”的工作思路，确立了创建学习型组织和服务型组织的工作目标，并着力从政策理论、法律、经济等业务知识方面提高干部综合素质。省工商联机关坚持星期二学习制度，聘请山西大学教授讲解经济、法律知识，并鼓励支持干部参加有关部门举办的培训和在职学习。吕梁市工商联工作人员进行了法律、中文、计算机专业的在职学习。

推动了办公自动化、信息化工作。重新组建了省工商联网站，建立了机关局域网，并对全省工商联系统信息网站的项目建设进行了规划和论证。这项工作，得到了省政府信息办的大力支持和首肯，并进行了网站项目论证，联合下文，推荐了项目方案，为市县（区）信息网站的建设提供了方案和建设平台。

同志们，两年来，我们在工作上取得了一定的成绩，这些成绩是与各级党委、政府的正确领导分不开的，与各级党委统战部的具体指导及有关部门的支持分不开的，与各级组织的尽责尽职、会员的关心参与分不开的。在此，我向大家并通过你们向全省5万多会员表示衷心的感谢！

二、主要工作体会

回顾两年多的工作实践，我们深深体会到：

（一）各级党委的关怀和重视是我们能够把握正确的政治方向，不断努力创新、开拓工作新局面的不竭动力

在2002年6月省工商联第九次会员代表大会上，省委书记田成平与新当选的会领导班子成员进行了座谈，省长刘振华出席了大会。全国工商联九大后，田书记又接见了我省的4名全国工商联常委，去年4月份还就《郭台铭的富士康》一书专门写信给我会主要领导，鼓励全省民营企业家学习郭台铭先生的创业精神。在庆祝省工商联成立50周年座谈会上，原省委副书记刘泽民等省领导对工商联50年与党风雨同舟、肝胆相照，特别是在新的历史时期发挥桥梁助手作用，做好非公人士思想政治工作，培养优秀社会主义建设者，推动地方经济建设和社会进步所做出的贡献，给予了充分肯定。今年4月份，省委副书记侯伍杰专程到省工商联机关调研座谈，就新时期、新阶段的工商联工作作了指示。各市地和许多县区的党政领导也都给予工商联工作不同程度的支持和鼓励。各级党委对工商联的关心、重视，极大地激发起工商联各级组织和广大会员的工作热情、创业热情，增强了做好工作的光荣感、责任感和使命感。

（二）各级政府的支持及各级组织和会员企业的配合是我们开展工作的基础

换届以来，作为政府工作的助手，我们十分注重与政府有关部门的沟通协作，加强横向的联合、纵向的联系，促进了各项工作圆满完成。各项工作的开展既得到了省委、政府有关部门的指导帮助，也得到了市地工商联及会员的大力支持和配合，还有兼职副会长和部分常委的人力、物力支持。第九次会员代表大会圆满召开、民交会成功举办、学习“三个代表”重要思想知识竞赛活动的顺利进行、“三百”表彰如期完成，就很好地例证了这一点。如海鑫集团为“知识竞赛”，阳光集团、潞宝集团为“三百表彰”，连顺集团为“民企文化建设研讨”等活动都提供了较大的财力支持。

（三）正确把握统战性、经济性和民间性的关系是做好一切工作的前提

作为非公经济界组成的人民团体和民间商会，工商联一肩挑两头，既要发挥党联系非公有制经济人士的桥梁作用，又要当好政府管理非公有制经济的助手；既要配合党做好引导非公有制经济人士健康成长的工作，又要协助政府促进非公有制经济健康发展；既要引导教育非公有制经济人士，做好他们的思想政治工作，又要反映他们的正确意见，代表并维护他们的合法权益，向他们提供力所能及的服务。工作中在坚持统战性为主的前提下，注重把为非公企业搞好服务作为工作的落脚点，主动把工商联的发展寓于非公企业发展之中，与企业共荣辱。通过服务促进非公企业的健康发展，通过企业的发展壮大推动工商联建设，提高工商联的社会地位。

（四）发挥主观能动性，恪尽职守，不辱使命，是我们开拓工作新局面的内在动力

从目前看，工商联由于受职能不到位、任务不具体、办公条件较差、人员结构不合理等因素的影响，开展工作难度比较大。但同志们能够克服困难，顾全大局，坚守岗位，尽职尽责，不辱使命，并逐步兴起了进取向上、努力做好本职工作的风气。太原、晋城等不少市县工商联在较短时间内，通过自身努力，改变了面貌，为我们起到了很好的示范作用。

（五）加强学习，不断创新，努力开拓，是推动新时期工商联事业发展的关键

进入新世纪以来，工商联工作涉及的领域愈来愈宽，对知识的广度、深度的要求也愈来愈高。但唯一应变的办法就是学习、学习、再学习，在学习中求创新，在创新中求发展。实践证明，工商联要跟上时代的步伐，不落伍、不掉队，在社会主义市场经济条件下，在各种商会林立的局面中占有一席之地，只有比别人学得更多更快、服务的水平更专业、更科学、更真诚一些。只有掌握更丰富的知识和更科学的思维方式，才能应对瞬息万变的形势和各种挑战。所以，各级组织要切实把加强学习、提高服务水平作为工商联的兴会之本。

同志们，回顾两年来的工作，成绩是主要的，但也存在着许多不足。在参政议政、思想政治工作方面，创新不足；在服务会员方面，路子窄、手段少；在组织建设方面，会员规模小，对基层指导不够，个别县区工商联组织无办公用房、无行政编制、无活动经费的问题还没有得到解决；在干部的配备、使用、交流及工作环境、待遇上还有待进一步加强。我们要认真按照“三个代表”要求，在各级党委、政府的领导下，通过更加扎实的工作和不懈的努力，力求能不断地得以改进。

三、今年工作安排

今年省委、省政府正式颁布了《关于进一步加快非公有制经济发展的决定》，这是实现十六大提出的全面建设小康社会奋斗目标的重要步骤。当前，国家宏观经济调控已取得明显成效，全省上下对大力实施结构调整已形成共识，经济结构调整的主线地位日益突出，对发展的带动性越来越强，资源优势逐渐转变成为发展优势、经济优势。毫无疑问，愈来愈宽松的环境、公平透明的政策，良好的经济发展势头，必将推动全省非公有制经济进入一个新的快速发展时期，逐步赶上全国非公经济发展的水平。我省广大非公人士将焕发出无穷的创业激情，特色社会主义事业合格建设者队伍也将更加壮大。我们工商联的工作空间更加广阔，面临的任务也更加繁重。

形势喜人，形势逼人。面对大好的形势，我们必须保持清醒的头脑。必须认识到我省非公有制经济总量发展不足和低水平的落后状况；必须认识到非公经济人士队伍素质的差异性，不讲诚信、假冒伪劣、偷税漏税、污染环境等违法犯罪现象确实存在。引导非公有制经济人士健康成长，建设一支坚决拥护中国共产党的领导，坚持走“爱国、敬业、诚信、守法”道路的非公经济代表人士积极分子队伍的任务还十分艰巨；必须认识到工商联工作与新任务的要求还有很大差距：传统手段多，创新理念少；一般形式多，商会特色少；缺乏一种既能够充分体现“三性”，又区别于其他社团，富有商会特色的工作思路和工作方式，新时期、新阶段工商联的工作还需要进一步研究探讨。总之，要跟上时代的要求，必须在思想观念、工作作风、商会职能，特别是服务机制上坚持与时俱进、开拓创新。为此，今年的工作总体要求是：以党的十六大精神和“三个代表”重要思想为指导，依照核心是创新，关键是改革，本质是服务的基本思路，围绕全面建设小康社会的目标，遵循以人为本、科学发展的原则，促进非公有制经济健康发展，引导非公人士健康成长，促进服务方式、职能手段、工作作风的转变，努力建设学习型、服务型组织。

（一）继续深入学习贯彻“三个代表”重要思想和党的十六届三中全会精神

学习贯彻“三个代表”重要思想，是在新形势下坚持马克思主义的必然要求，是全面建设小康社会的迫切需要。学习要与非公有制经济发展结合起来，要与工商联工作实际结合起来，要学出思路、学出精神、学出干劲。要充分认识和自觉坚持“三个代表”重要思想在全党一切工作中的指导地位；要充分认识实现全面建设小康社会的宏伟目标和推进各项工作必须以“三个代表”重要思想为根本指针；要充分认识《中共中央关于完善社会主义市场经济体制若干问题的决定》和省委、省政府《关于进一步加快非公有制经济发展的决定》，对当前发展非公有制经济和开展工商联工作具有的重要指导意义；要充分认识到随着党的十六大和十六届三中全会精神的逐步贯彻落实，非公有制经济又迎来了一个大发展的机遇期，工商联的工作也面临着新的机遇和挑战。要抓住机遇，迎接挑战，适应形势，乘势而上，进一步增强责任感、使命感、紧迫感，努力提高自身素质和服务本领，进一步创新工作思路、工作机制、组织形式和活动方式，使工商联及商会的功能和作用充分发挥出来，把工商联工作推上一个新台阶。

（二）紧紧围绕党委和政府的中心工作开展调查研究，不断提高参政议政水平

只有紧紧抓住党委和政府的中心工作开展调查研究，我们的参政议政才会有力度，我们提出的意见和建议才易被采纳，这是被实践证明了的工作经验。因此，省和各级工商联都要围绕加快非公经济发展的环境问题和引导非公经济发展的政策问题深入调研，向党委和政府提出有针对性的对策建议。

还要加强工商联组织建设的调研，不断探索新时期、新阶段工商联改善自我建设、完善自我发展的途径和方法。就市场经济条件下工商联组织的性质定位、职能作用、工作对象、工作方式等问题进行调查研究；就工商联的组织结构、干部队伍建设、工作现状等问题进行调查研究。弄清楚建设什么样的工商联、怎样建设好工商联、才能适应党和政府对我们的要求，才能满足广大会员企业对我们的需要。

对市场经济条件下行业协会、同业商会如何设立和发挥作用所涉及的法律问题进行调研，力争使工商联成为行业商会的主管部门。

（三）以建立行业商会为重点，加强组织建设，不断扩大会员队伍

截至目前，应换届还没换届的县区工商联还有36个。要加大力度，督促、指导、推动换届工作。

进一步加大基层工商联和同业商会组织建设力度。今年全省同业公会、行业商会数量要从194个发展到280个，并在适当时候召开全省工商联组织和行业组织会议，争取联合政府人事部门对工商联的工作人员进行评比表彰。

调整会员结构，扩大会员队伍，重点要发展企业会员。实事求是核清现有会员底数，对长期失去联系或不履行义务的会员，对情况变化不存在的会员进行清理，夯实我们的工作基础。根据全联会员发展规划和我省非公企业发展情况，全省企业会员数要占到非公企业数的50%以上。今年全省要新发展企业会员4000个，到2007年底全省企业会员总数达到35000个。省工商联要在下半年组织一次会员工作检查，并作为年终考核的重要内容。

（四）抓好宣传教育培训工作

继续办好会刊《当代山西商会》和《工商联会讯》，加强与各大新闻媒体合作，加强会务商务信息反馈、交流，达到宣传典范、促进全面、交流经验、共同发展的目的。紧紧围绕省工商联的整体工作思路和中心工作，不断加大对工商联工作宣传报道的力度，扩大工商联对外的影响；大力宣传非公有制企业典型事迹、先进人物，进一步树立非公有制经济人士良好的社会形象，不断营造有利于非公有制经济发展的良好舆论环境。

与有关部门联合对县（区）以上工商联会长、党组书记、副会长及非公有制代表人士进行集中培训，进一步明确新时期工商联的任务。

在全省非公企业中大力倡导“关爱员工、实现双赢”和“双爱双评”活动，推动以人为本的民营企业文化建设深入开展。充分发挥企业文化在精神文明建设、提升企业整体素质和核心竞争力方面的作用。

继续深化“双思”、“三个结合”、“信誉宣言”、“光彩理念”和“三增强、四热爱”等宣传教育活动，教育、引导广大非公有制经济人士承担起应有的社会责任，为推进社会主义物质文明、政治文明和精神文明协调发展贡献力量。

（五）充分发挥经济性和民间性的作用，当好桥梁、助手，推动服务工作上台阶

各级工商联组织要在政府和非公企业之间架起沟通之桥，摆正位置，找准切入点。本着既要当好助手，又要充分发挥工商联（商会）的组织优势，充分整合各方面的管理资源，帮助政府推进工作，为会员提供服务。在全省工商联中统一开展几项有影响、有实效，能从根本上为非公有制经济发展创造环境、提供帮助的活动。

搞好高层论坛。就民营经济发展问题进行探讨，帮助企业家换思维、变方法。

开展银企合作活动。帮助企业架设与银行合作的桥梁，解决企业融资难问题。

引深“送走一个，脱贫一户，影响一片”光彩扶贫劳务输出活动，抓实抓好抓出更大成效。

巩固和加强与政府部门已建立起来的工作联系，为会员企业做好协调关系的服务。

继续做好再就业、诚信纳税、质量监督等项工作，重点要做好国企下岗职工再就业工作。做好省委、省政府今年表彰为再就业做出贡献的300名功臣和明星的推荐工作。

继续推动民营企业提高科技水平，帮助民营企业申报星火、火炬项目，并对项目的实施情况进行跟踪服务。

进一步落实《全国工商联信息网络建设规划》，以省工商联与省政府信息办联合下发的网络建设规划为平台，推动各市网站的建设，逐步搭建“水平＋垂直”模式的网络。为民营企业提供政策和商务、信息咨询、工程技术、市场营销、联络交流等服务。

发挥维权委员会的作用，加大维护会员企业合法权益工作的力度。积极反映非公企业在发展中遇到的法律和政策障碍，参与典型案件的调研和劳动仲裁工作。

加强省内会员企业之间以及与兄弟省市和海内外工商社团的联络与交流，增进团结，促进发展。帮助会员企业积极参与市场竞争，有计划地组织民营企业家参加国际国内商贸洽谈、考察学习，为企业向外发展架桥铺路。配合我省经济发展，到兄弟省市商会进行交流，开展招商引资活动，在外省宣传山西的形象，吸引更多外资到山西来投资办企业。

（六）加强工商联机关自身建设

新时期工商联的机关建设直接关系到整个组织的发展，要以创建学习型组织、服务型组织为目标，努力适应非公经济大发展的要求。

加强机关干部思想作风建设，要倡导“讲团结、树正气、干实事、比贡献”，形成团结、民主的工作作风，树立廉洁高效、公道正派、公开透明的良好风气，营造人人争先干事业、人人能干成事业的工作氛围。采取有效措施，提高干部的工作积极性和工作效率。

建立切实可行的规章制度和工作程序，规范机关工作，促进机关作风转变，防止和杜绝违章违纪行为的发生。

加强对基层工商联机关建设的指导，努力改善基层办公条件和办公环境。适应新时期、新任务的要求，组织开展思想教育、学习培训工作，提高工商联机关干部综合素质。

推进办公自动化进程。以省工商联的网站为中心，尽快完成各市网站的建设和省、市联网的建设工作，进而完成省、市、县三级网站和网络及行业网络的建设，逐步完善会员信息服务体系。

各位执委、同志们，新时期、新阶段工商联的工作任重而道远，我们要在中共山西省委、省政府的正确领导下，在全国工商联、省委统战部的指导帮助下，为实现我省全面建设小康社会的奋斗目标而积极努力工作，为促进全省非公有制经济的快速健康发展和非公经济人士的健康成长做出更大的贡献。

认真贯彻落实科学发展观
积极推动全省工商联工作再上新台阶

——在山西省工商联九届三次执委会议上的工作报告

边鸣涛

（2006年7月18日）

各位执委、同志们：

受常委会委托，我向省工商联九届三次执委会作工作报告，请予审议。

一、两年来工作回顾

自2004年7月召开九届二次执委会议以来，在省委、省政府的正确领导下，在全国工商联和省委统战部的指导下，特别是在保持共产党员先进性教育活动的推动下，我省工商联各级组织团结和带领广大会员认真学习贯彻党的十六大、十六届三中、四中、五中全会精神和省委八届七次、八次、九次全会精神，坚持以邓小平理论和“三个代表”重要思想为指导，认真贯彻落实科学发展观，围绕推动国务院“非公经济36条”的宣传贯彻和为“十一五”规划献计出力的工作主线，依照“核心是创新，关键是改革，本质是服务”的基本工作要求，创新发展思路、创新组织方式、创新活动载体，改革开放促发展，服务立会上台阶，积极为全省经济社会发展和建设社会主义和谐社会做贡献，推动了全省工商联全面工作，促进了非公有制经济快速健康发展和非公有制经济代表人士健康成长。

（一）认真贯彻落实科学发展观，为促进全省非公有制经济健康发展积极建言献策

过去的两年，党和国家确立执行了用科学发展观统领经济社会发展全局的战略决策，我们认真学习贯彻党和国家的方针政策，教育和引导会员用科学发展观引领企业健康发展。在去年和今年的省“两会”上，我会领导分别作了《用科学发展观引导民营企业健康发展》、《关于进一步改进我省非公有制经济发展外部环境的建议》、《加大对国务院“非公经济36条”的贯彻力度，鼓励支持引导非公经济快速健康发展》的政协大会发言，省工商联还以团体提案和人大代表联名提交议案的形式，向省人大和省政协递交了《建议省人大常委会尽快废止<山西省个体经营户和私营企业管理条例>并制订实施<山西省促进个体私营等非公有制经济发展条例>》的议案和提案，以及有关促进非公有制经济发展的系列团体提案。国务院《关于鼓励支持和引导个体私营等非公有制经济发展的若干意见》（简称“非公经济36条”）下发一年多来，我们在积极组织学习宣传的同时，开展了广泛的调研活动。在深入调研基础上，省工商联于去年9月份向省委、省政府报送了《关于贯彻落实国务院“非公36条”的建议报告》，提出了尽快建立促进非公有制经济发展的协调工作机制、抓紧制订相应实施细则和配套措施、重视发挥各级工商联在政府管理非公有制企业方面的助手作用的三条建议，省委书记张宝顺、省长于幼军分别在我会报告上作了批示，要求有关部门研究建议内容。两年来，我会还就民营企业参与社会主义新农村建设、全省民营经济发展现状和非公经济代表人士思想政治工作以及工商联组织和商会发展情况进行了深入调研，形成了一批优秀调研成果，被全国工商联和各级党委、政府及有关部门采用。我会领导还多次参加省制定“十一五”规划等重大决策出台前的民主协商会，反映社情民意的议政会，参加省政协组织

的重大课题调研活动，在不同场合积极建言献策。调查研究，参政议政取得了较好的成效。

（二）加强和改进思想政治工作，为促进非公有制经济代表人士健康成长和构建和谐社会做出了新成绩

按照“团结、帮助、引导、教育”的八字方针，培养“爱国、敬业、诚信、守法、贡献”的优秀建设者队伍，促进非公有制经济代表人士健康成长，是党中央赋予新时期工商联的重要工作任务。非公有制经济代表人士思想政治工作作为建设和谐社会的重要工作方面，对工商联提出了新的工作要求。面对新形势、新任务、新要求，我会通过组织一系列行之有效的宣传教育活动，探索加强和改进非公经济代表人士思想政治工作的新途径、新方法。一是创新宣传教育方式。通过组织民营企业开展“关爱员工、实现双赢”活动，抓非公企业思想政治工作，推动民营企业文化建设等方法和途径，加强和改进思想政治工作。省工商联和太原市、孝义市、沁源县、昔阳县都先后成立了民营企业文化建设委员会。省工商联在沁源县召开了“全省非公有制企业文化建设暨思想政治工作经验交流会”，研究探讨了新形势下非公企业文化建设与企业思想政治工作的有机结合和相互促进，表彰了一批企业文化建设和企业思想政治工作先进会员企业。二是加大宣传教育力度。通过加大对先进典型的宣传表彰，营造争当优秀建设者的舆论氛围，促进非公有制经济代表人士健康成长。省工商联与省总工会联合表彰了一批“关爱员工的优秀民营企业家”和“热爱企业的优秀员工”；我会参与了受全国和省委、省政府表彰的“优秀中国特色社会主义事业建设者”的推荐考察工作；向全国工商联、国家劳动和社会保障部、全国总工会等部门推荐的再就业工作、关爱员工活动涌现出的先进企业家受到表彰；我会推荐的一批企业党建工作、企业文化建设工作、企业思想政治工作等方面的先进单位和先进个人受到省有关方面的表彰。三是加强爱党爱国教育。两年来，我会注重了在全省民营企业中开展热爱党的教育活动，协办了《山西日报》开展的“百年小平”征文宣传活动，召开了邓小平同志诞辰100周年座谈会，引导非公经济人士思源、思进，走共同富裕道路；连续两年组织参加了全国工商联和人民政协报发起的民营企业“党旗在我心中”有奖征文活动，在全国工商联召开的全国民营企业思想政治工作会议暨民营企业文化建设委员会年会上，省和太原市工商联荣获优秀组织奖。四是办好会刊《当代山西商会》，建设好我会自己的宣传舆论阵地。《当代山西商会》作为全省惟一一份专门面向民营经济的期刊，创办15年，在我会工作中发挥了重要宣传指导作用，获得了各方面的好评，去年又被全国工商联评为商会“优秀期刊”。

（三）重视基层工作，加快组织发展，工商联组织建设不断上新台阶

基层组织是我们开展工作的基础。两年来，省和市县工商联都注重了组织建设，省工商联把县级工商联建设和组织发展列为重点工作。一是重视指导市县工商联加强领导班子和机关建设。以建设好强有力的领导班子和机关干部队伍，促进市县工商联工作全面开展。开展了对县级工商联建设的大调查，修订了《全省工商联工作责任目标考核办法》，以目标责任制考核的形式督促市县工商联加强自身建设，尽快改变认识不到位、条件不到位、开展工作不到位的状况。去年底，省工商联组成了3个考核组，利用一个月时间，对全省11个市目标责任制进行了考核，考核推动了市县工商联工作，引起了当地党政领导同志的重视。这次会议还对先进的单位和个人进行了表彰，为推动组织建设，去年11月份，省工商联专门组织召开了全省工商联组织工作会议，研讨交流了当前全省工商联组织工作，提出了推进工商联组织建设的意见；二是加大会员发展工作力度，优化会员结构。按照全国工商联会员发展五年规划的要求，省工商联对各市发展会员提出了明确的任务和指标要求。全省各级工商联坚持把发展会员列入重要议事日程，推进了会员发展工作。到2005年底，全省工商联会员总数达到63447个，其中企业会员16111个，占到会员总数的25%；三是积极推进商会组织工作。两年来，全省各级工商联加强了对商会工作的研究和组织指导，按照党中央、国务院文件精神和章程规定，积极与有关方面协调落实行业商会主管地位问题，经过各级不懈努力争取，太原市、运城市、大同市和孝义市已经取得了行业商会主管地位。到目前，全省131个县级以上工商联主管的各类行业商会有345个，基层乡镇和市场商会627个。

（四）拓展商会功能，提升服务水平，积极组织开展各种经济联络和服务活动

两年来，在转变作风，拓展商会服务功能方面也有了新的进步，工商联的服务工作取得了新进展。在经济服务方面，围绕服务“十一五”规划和全省扩大对外开放、招商引资工作，采取率领会员企业走出去和将发达地区商会与企业家请进来的方法，组织了一些大型经贸活动，为全省经济发展做出了新贡献。在省市县工商联共同努力下收集整理了全省民营企业“十一五”规划项目300多个，初步建立了省工商联的项目库。牵头组织了山西省首届国际营销节，组团参加了“2006·山西（上海）经济合作项目推介会”和在韩国首都首尔召开的“第八届世界华商大会”。在参加第八届世界华商大会期间，向世界华商推介了省民营经济项目，使山西省企业家走出去与世界共舞。组团参加上海招商会，不仅展示了山西工商联和总商会的形象，而且收获颇丰，马来西亚中城集团选中我会提供的15个项目，拟在我省投资建立马来西亚（山西）工业园区。中发（上海）集团也签约5亿元在太原市投资建设山西（上海）中发大厦。去年，我省工商联还在申报国家级星火计划项目立项方面实现了零的突破，经过努力，有3个项目列入2005年国家级星火计划项目。在对外联络和交往方面，省工商联加强了与发达省市区商会的交往和区域经济合作，与上海市、天津市、安徽省和温州市、天津开发区等省市区工商联进行了互访和经贸洽谈活动，多次组团参加周边省市区的经济协作会议。在招才引智服务方面，省工商联与省人才市场合作举办了多次民营企业专场招聘会，今年4月又参与承办了“山西省2006年北京招才引智大会”和“山西省2006年人才智力交流大会”。在扶贫与社会服务方面，由我会牵头联合省直14个厅局组织开展的“送走一个，脱贫一户，影响一片”贫困地区劳务输出光彩扶贫活动结出丰硕的成果。累计有11000余名农村务工人员经过我们的培训基地培训后输往省内外就业，这项活动起到了示范作用，推动了一些部门和市县开展劳务输出工作，得到了省委、省政府领导的支持和肯定，中央电视台在全国“两会”期间播出了我们的活动。省工商联还组织民营企业家参加了全国政协委员视察团到我省革命老区进行扶贫视察活动，为这次活动捐赠700多万元。在法律维权服务方面，我们与省政协社会法制委员会、省司法工作者协会联合成立了维护会员合法权益委员会，对安泰集团、皇威集团等会员企业的建设项目征地、环保和经济纠纷进行了有效的调节和维权工作。

（五）以先进性教育为契机，加强领导班子和机关建设，机关工作呈现新面貌

去年上半年，省市县三级工商联机关参加了保持共产党员先进性教育活动。这次以学习实践“三个代表”重要思想为主要内容的保持共产党先进性教育活动，促进了工商联各级领导班子和党员队伍建设，各级工商联工作作风有了明显的改善，党员的先进性进一步体现，党员领导干部的表率作用进一步发挥，进而促进了齐心协力谋发展的大好局面，推动了工商联各项工作的全面发展，先进性教育在全省工商联取得了实效。通过这次教育，省工商联机关党员素质得到了普遍提高，增强了群众观念，推动了团结和谐局面的形成，明确了工商联工作新思路，驻会领导和机关干部呈现了崭新的精神面貌，形成了党组和行政、班子成员之间团结协作、互相支持、协调有序的工作氛围。一是认真研究解决了机关群众最关心的热点难点问题。参照全国工商联机关“三定”方案，在省委统战部和有关部门的支持帮助下，行政向省编办报送了省工商联机关职能、内设机构和人员编制的“三定”方案，今年3月省编委会会议给予批准，省工商联机关内设机构由原来的4个增至7个，并增加了编制。在党组和行政的组织领导下，机关在6月份进行了内设机构、职能和干部职位的调整。这次省工商联“三定”方案的批准是省委、省政府重视工商联工作，贯彻落实国务院“非公经济36条”精神，充分发挥工商联桥梁、纽带和助手作用，对我们工作寄予厚望的重要体现。在实施工作中，我们以“三个代表”重要思想为指导，坚持科学发展观和正确的政绩观，贯彻执行党的干部路线、方针、政策，理顺了机关职能、优化了人员结构。整个过程严密、细致而又上下协调，充分体现了先进性教育给省工商联机关带来的精神风貌。“三定”方案的实施，进一步细划了职能，增添了骨干力量，稳定了机关干部队伍，同时也激发了干劲，从根本上加强了省工商联机关工作。二是进一步规范了领导班子议事规则和机关工作制度。重新修订印发了《山西省工商联机关工作制度》，对会长办公会议、办公行文、人事和财务管理等都作了较为细致的规定。省工商联会党组也研究制订了《山西省工商联党组职能和工作规则》，进一步规范了班子议事和机关管理工作。三是研究出台了加强省工商联会领导班子和机关工作的方案。在今年2月召开的会长（扩大）会议上，拿出了《山西省工商联专门委员会工作规则》、《省工商联副会长（兼职）职责与分工》、《省工商联驻会领导联系市工商联和非公有制经济代表人士制度》三个文件草案进行了研究讨论。为了整合各方面资源，延伸机关工作臂膀，加强我会专业工作力量，我们参照全国工商联的做法，在成立民营企业文化建设委员会的试点基础上，正在筹备成立参政议政委员会、组织委员会、宣传教育培训委员会、维权委员会、经济联络委员会等专业委员会，这些专委会不是机关的职能部门，而是商会的参谋、咨询机构，是机关工作延伸，专门委员会以聘请民营企业家、专家学者、政府官员等人士担任委员为主，希望我们的执常委，尤其是企业家副会长们要积极支持成立各专委会，并在其中担负主要的组织领导工作。

（六）市县工商联工作亮点纷呈

太原市工商联与政府部门建立了协调联系机制，经常组织召开联席会议，听取民营企业家对政府工作的意见和建议，努力为民营企业创造更加宽松的发展环境；大同市工商联努力探索行业商会建设工作新路子，全市行业商会发展步伐加快，被省发改委确定为工商联作为行业商会主管的试点市；长治市工商联狠抓撤并乡镇后工商联乡镇（街道）分会的工作，在具备条件的乡镇（街道）全部建立了分会；阳泉、朔州等市工商联积极推荐民营企业家担任行风监督员，并多次参与了有关监督和行风评议活动；晋城市工商联进一步完善了基层商会工作制度，使基层商会活动逐步走向正常化、规范化、制度化；晋中市工商联与有关部门密切合作，对100家“党建”、“企业文化”、“环保”和“双爱双评”工作先进会员企业进行了隆重表彰；临汾市工商联紧紧抓住国家开发银行支持民营经济发展的政策契机，成立了临汾市中小企业信用促进会，倡导企业诚信自律，为会员企业融资成效显著；运城市工商联积极配合政府招商引资工作，内联外引，牵线搭桥，受到了市委、市政府和有关部门的重视和重用，桥梁助手作用得到了更好发挥；忻州市工商联积极开展调查研究，对全市民营经济发展情况的调研和建议受到市委、市政府的重视；吕梁市工商联将2005年定为组织建设年，集中解决加强县级工商联班子建设问题，县级工商联组织建设走在全省前列。孝义市工商联在市委、市政府和统战部的支持下，全面贯彻落实中央关于工商联工作的方针政策，努力开拓进取，在机构编制、机关建设、商会发展和工作全面开展上都为全省提供了先进的典型经验。

上述成绩的取得，离不开各级党委和政府

的领导以及统战部的指导，离不开各级工商联组织和全体执委们的共同努力，离不开民营企业家们的大力参与和积极奉献，离不开各级工商联干部的辛勤工作。在此，我代表常委会向省委、省政府和省委统战部领导，向全体执委、各级工商联干部、全省民营企业家和各类行业商会及全体会员表示最衷心的感谢！

在看到大好形势和工作成绩的同时，必须清醒地看到存在的差距。一是全省工商联自身建设薄弱的问题直接影响着职能作用的发挥，特别是县（区）工商联人员编制、工作条件不到位等问题制约了基层组织全面开展工作，需要进一步引起党委政府的重视和支持，需要各级工商联干部努力争取；组织发展步伐需要加快，会员规模占全省非公企业总量比例偏小的问题亟待改变。大力发展企业会员、调整会员结构，加快行业商会、乡镇分会等基层组织建设，应成为各级工商联的重点突破工作。二是还需要进一步创新思路和开拓进取，工作还需要进一步求实效、办实事，学习还要进一步加强，要善于认清形势，抓住机遇，全面推进各个领域的工作。三是要努力改进服务，桥梁助手作用发挥不够的问题还需要有较大突破，服务手段缺乏，服务力度不大，工作缺少抓手，发挥助手作用找不准切入点的现状亟需尽快争取转变。四是参政议政，建言献策工作要努力加强。一些工商联组织参政议政意识不强，调查研究还不够深入广泛，建言献策力度不大；五是加强和改进思想政治工作仍然是我们需要不断探索的课题。

二、下步工作思路与要求

今年是我省推进经济结构调整，加快科学发展，加大改革开放，全面实施“十一五”规划的开局之年，是非公有制经济迎来又一次大发展机遇的关键年，也是工商联拓展工作空间可以大有作为的一年。全省各级工商联要按照省工商联年初制定下发的全年工作要点，认真学习贯彻党的路线方针政策，继续围绕“核心是创新，关键是改革，本质是服务”的工作思路，进一步转变思想观念、改进工作作风，紧紧服从服务于贯彻“十一五”规划纲要和全省对外开放工作会议精神，积极推动非公有制经济有关方针政策的全面贯彻落实，积极为全省招商引资、扩大对外开放当好桥梁助手，积极为民营企业发展提供更多的有效服务，积极努力完成全年各项重点工作任务，积极推动全省工商联工作迈出新步伐，再上新台阶。

（一）认真学习贯彻胡锦涛同志讲话精神，充分认识和把握当前工商联工作面临的形势

今年7月1日，在庆祝中国共产党成立85周年暨总结保持共产党员先进性教育活动大会上，胡锦涛总书记作了重要讲话。这个讲话通篇贯穿着我们党解放思想、实事求是、与时俱进、科学发展等重大战略思想，围绕保持和发展党的先进性这条主线，提出了一系列重要的新思想、新观点、新论断。在刚刚结束的全国统战工作会议上，胡锦涛同志讲话时强调指出，“必须科学和准确把握我国社会阶层结构发生的深刻变化，全面兼顾和实现社会各阶层群众的利益，充分发挥社会各阶层在推动经济社会发展中的作用。要坚持充分尊重、广泛联系、加强团结、热情帮助、积极引导的方针，切实做好新的社会阶层人士的工作，尊重他们的劳动创造和创业精神，凝聚他们的聪明才智，引导他们做合格的中国特色社会主义事业的建设者。”总书记的这些讲话精神，是对科学发展观和建设社会主义和谐社会重要思想的进一步阐释。当前全党和全国人民都在认真学习贯彻讲话精神，我们各级工商联要迅速组织学习贯彻，要把各级工商联干部和广大会员的思想和行动统一到总书记讲话精神上来，用讲话精神指导我们的工作。全体执委和各级工商联干部，要充分认识和把握当前工商联工作面临的形势。随着党中央关于工商联工作新文件和国务院关于工商联助手职能作用发挥文件的制定和即将出台，今后工商联将履行更多职能、承担更大责任、工作领域更加拓展。这将给我们带来更多的发展机遇，同时，也将面临更大工作挑战。这些机遇和挑战主要有：一是民营经

济快速发展和地位作用不断提高，为工商联工作增加了更丰富的内容、开拓了更大空间；同时，民营企业在地方经济中日益成为主体，行业经济和社会组织日益将其作为主要工作和发展对象，工商联迎来更多竞争、面临新的挑战。二是民营企业数量不断增多、产业范围不断扩大、行业类别不断细化、新兴行业不断涌现，为工商联行业商会发展提供了更宽范围、更多对象；同时，工商联行业商会管理水平不高，特别是国家有关社团管理某些规定未能适时调整，行业商会发展和会员队伍扩大面临一些新的困难与问题。目前，虽然全国一些省区工商联已经获得了行业商会业务主管权，但全国还没有统一，在我省，虽然经我们多次与省民政厅协商，但仍没有结果。三是政府职能转变和行政管理体制改革深化，国务院关于充分发挥工商联政府助手作用的明确提出，将为工商联正常行使社团业务主管权，为行业商会获得新的发展空间创造更好的制度条件；同时，行业协会改革将推进各类行业组织加快市场化进程、加快队伍发展步伐，工商联行业商会将面临新的竞争压力。四是非公有制经济人士队伍迅速扩大、社会主义事业建设者素质不断提高，为各级工商联优化会员结构创造了更好条件；同时，更多非公有制经济人士提出各种经济社会诉求，给工商联做好非公有制经济人士思想政治工作提出了新任务。五是今后我省对外开放水平不断提高，民营企业“走出去”步伐会明显加快，国内乃至世界商会组织之间交往会更加频繁和密切，为工商联拓展国内外空间、提升商会地位提供了更多机会、创造了更好条件；同时，工商联对外交往的组织和活动能力相对较弱，对外交往工作与实际需要差距更显突出。面对当前形势，各级工商联和各类行业商会，既要树立机遇意识，也要树立忧患意识，要抓住机遇，争取全面推进工作。还要以强烈事业心和高度责任感，迎接挑战，克服困难，积极努力开拓进取，为工商联事业发展壮大做出更大努力和贡献。

面对新的形势，我会各级组织要积极响应全省转变政务作风的号召，认真学习省政府《关于改进机关作风、优化政务环境、全面提高政府公信力和执行力的决定》，真正转变工作作风，努力在创新、改革和服务上下力气，真正把工商联的民间属性和服务是硬道理体现出来，只有这样才能和我们的本质属性统一起来，才能使我们组织的吸引力和凝聚力不断得到增强。

（二）紧紧围绕我省“十一五”规划和扩大对外开放的战略部署，为全省大开放新发展新跨越做出新贡献

今年省“两会”通过了我省的“十一五”规划，随后又召开了全省对外开放工作会议，要走出内陆省份对外开放新路子，用大开放促进新发展新跨越。从今年起到2010年的5年，党和国家按照科学发展观的要求，进一步深化改革开放、保持经济平稳较快发展，加快转变经济增长方式，不断提高自主创新能力，促进城乡区域协调发展，加强和谐社会建设。在这种大政方针的指引下，我省“十一五”时期的发展将遵循坚持把科学发展观统领下的加快发展作为鲜明主题；坚持把调整经济结构、转变经济增长方式作为突出主线；坚持把改革开放和科技进步作为发展的主要动力；坚持把统筹城市与农村、经济建设与社会事业协调发展作为发展的重大任务；坚持把不断提高人民生活水平作为发展的根本目的的原则，努力到2010年，全省人均生产总值、财政收入、城乡居民收入等主要经济社会发展指标将达到或超过全国中等水平。

在这个原则和目标指导下，“十一五”时期全省非公有制经济将大显身手。随着党的十六大以来关于非公有制经济发展方针政策和《宪法》（修正案）有关规定的进一步贯彻，特别是随着国务院“非公经济36条”的全面落实，非公经济将获得更加公平竞争的政策环境、法治环境和市场环境，非公经济地位和作用会得到明显提升。在我省“十一五”规划扶持大企业、大集团的三个方阵中，已经有海鑫、安泰、阳光、潞宝等民营企业进入，各市地在自己的方阵中也选择了一批优秀民营企业，目前已经有一批民营企业在我省产业结构调整、培育八大优势产业中显露头角。我们希望民营企业家要按照科学发展观和构建和谐社会的要求，遵循国家转变经济增长方式和改进宏观经济调控的政策取向，采取更加切实有效的措施努力解决企业发展中与社会不相和谐的矛盾和问题，自觉维护大好的发展局面，推动民营经济健康发展，不断树立民营企业家新的、良好的社会形象。

全省大开放新发展新跨越对工商联工作提出了新要求。今年3月27日，省委、省政府隆重召开全省对外开放工作会议，按照省委八届七次全会精神和在扩大对外开放上实现新突破的要求，对全省进一步扩大对外开放作出全面部署，用大开放为实现我省又快又好发展和跨跃式发展注入活力，增添动力。要求全社会营造“重商亲商安商富商”环境。随后不久，一系列的重大举措相继展开，6月15日，省委八届九次会议通过了关于实施中部地区崛起战略的决议，对我省实施中部地区崛起战略的目标、任务、基本原则和主要措施作出了安排部署。6月21、22日，省政府在上海举办了经济合作项目推介会，省主要领导率有关厅局和11个市的市长和企业代表前往推介项目，洽谈合作，签订了192个合作项目，总投资1489亿元，其中引资额858亿元，占到总投资额的57.6%。省政府还确定于7月24日在香港举办招商洽谈会，全省将有近百家民营企业赴港洽谈。7月3日，省政府召开了全省政府系统干部大会，部署改进机关作风，优化政务环境，全面提高政府公信力和执行力的专项整治和全面建设工作，15个厅局公开向社会作出改进机关作风，优化政务环境的承诺。这一系列重大行动，体现了省委、省政府加快山西发展的决心和信心，各有关部门都在努力改进工作作风，提高公信力和执行力。作为政府管理非公企业的助手，我们各级工商联勇于承担任务责无旁贷，这种形势要求我们要充分发挥自身优势，加大服务工作力度，内联外引，牵线搭桥，在当地招商引资和服务经济社会协调发展上有大的作为，做出更多的成绩，以有为获得有位，为全省大开放新发展新跨越做出我们的新贡献。

（三）组织引导支持民营企业参与社会主义新农村建设，推动扶贫和光彩事业活动深入开展

党的十六届五中全会做出了建设社会主义新农村的重大决策，党中央、国务院今年1号文件出台了《关于推进社会主义新农村建设的若干意见》，中央和省农村工作会议就推进社会主义新农村建设做出了专门部署，党和政府提出的这一重大战略决策和重大历史任务，必将对解决“三农”问题、改变农村面貌、实现全面建设小康社会目标产生重大而深远的影响。为响应党中央号召，中央统战部发出了《关于认真组织和引导统一战线广大成员为建设社会主义新农村服务的意见》，今年5月召开的全国工商联九届八次常委会专题研究并审议通过了《全国工商联关于组织引导支持民营企业参与社会主义新农村建设的意见》，6月9日，全国工商联又专门召开了建设社会主义新农村工作会议，研究部署民企系“三农”，共建新农村光彩行动方案。为响应中央的号召，在今年的全国“两会”上，刘永好等30多位民营企业家向全国民营企业家发出了积极参与新农村建设的倡议。在这次会议上，担任省工商联执委的全体民营企业家也将向全省民营企业发出积极参与我省社会主义新农村建设和“两区”开发的倡议书。

改革开放20多年来，我省民营经济得到了长足的发展，去年全省民营经济创造的GDP为2120亿元，占全省GDP的一半以上，民营企业有了相当规模和实力。在全省农村工作会议上，省委、省政府制定实施了我省新农村建设“千村试点、万村治理”工程。省委、省政府最近又召开了加快晋西北、太行山革命老区开发动员大会，明确了开发重点和目标任务，振奋“两区”干部群众锐意进取、奋发图强的精神，举全省之力支持“两区”努力实现跨越式发展，为我省建设社会主义新农村和全面建设小康社会奠定坚实的基础。各级工商联要积极行动起来，要引导教育民营企业家认识到，民营经济的发展，民营企业的成功，得益于党和国家的改革开放政策，得益于各方面的大力支持，其中特别是得益于来自农业和农村的巨大支持、来自农民工的巨大贡献。现在，党和国家从统筹城乡发展、协调工农关系、不断扩大内需、促进国民经济持续发展，构建社会主义和谐社会的长远利益出发，提出了建设社会主义新农村的伟大历史任务，并号召和动员社会各方面力量都要积极参与。作为改革开放的最大受益者之一的非公经济人士，一定要积极响应党和国家的号召，投身其中，主动参与，为新农村建设做出自己应有的贡献。这是民营企业义不容辞的社会责任，是非公有制经济人士神圣光荣的历史任务。同时，也要看到，参与新农村建设和“两区”开发建设，不仅是社会责任，也是发展机遇，新农村建设和“两区”开发将是民营企业进一步发展壮大、提高的过程。各级工商联要组织民营企业学习贯彻党和政府的方针政策，引导他们自觉承担新农村建设和“两区”开发的社会责任，支持他们抓住机遇，在参与建设中发展自己，在发展自己中支持新农村和“两区”建设。针对我省民营企业的产业特点，我们要把扶贫和光彩事业作为切入点，动员民营企业以工业反哺农业为着力点，产业扶农，企业带村，建立农村的造血机能。要注重发现和总结典型经验，宣传表彰在新农村和“两区”建设中涌现出的先进典型，推广成功模式，推动民营企业参与新农村建设在我省的扎实深入开展。在中央统战部、全国工商联的支持下，省工商联与省委统战部、省光彩会共同支持长治市申办“光彩事业太行行”大型扶贫活动，推动光彩事业和民营企业家参与扶贫、再就业工作的开展。

（四）巩固和扩大先进性教育成果，不断转变工作作风，努力完成全年重点工作任务

今年已经过半，省工商联在2月份召开了会长扩大会议，对全年重点工作已经进行了部署，总的工作思路和任务除前面讲的三点外，还要强调几方面的具体工作安排：

一是继续认真贯彻国务院“非公36条”精神，努力推动我省发展非公有制经济方针政策的落实。“非公36条”颁布一年来，对改善非公经济发展的政策和法律环境起到了历史性的促进作用，国家有关部门陆续出台了配套政策，我省有关部门也相继出台了贯彻落实的措施。2006年是“非公36条”贯彻落实明显见效之年，全省各级工商联要在继续广泛宣传和调研的基础上，积极与政府有关部门配合，建立发挥助手作用的工作机制。要推动有关部门清理废除与之不相适应的地方性法规，向党委政府提出与“非公36条”和本省、本市（县、区）相关文件精神相符合的完整的具有可操作性的实施意见，推动各级尽快出台相应的政策性文件。省工商联将在如何发挥助手作用问题上进行调研和推进落实，推动省人大尽快废除《山西省个体经营户和私营企业管理条例》并制订出台与党和国家及省里现行政策相一致的新法规，还要推动省里完善发展非公经济的协调工作机制并在其中发挥积极作用。

二是汇聚有关力量，加强调查研究，着力增强参政议政能力建设。当前，新形势、新任务对工商联参政议政工作提出了新的更高的要求。各级工商联一定要增强参政议政意识，提高建言献策水平。为了有效改变目前系统内调研能力弱的现状，提高我们的参政议政水平，各级工商联要整合优势资源，建立一支专兼职相结合的调查研究、参政议政骨干队伍，建立起与政府部门、企业、研究机构的合作联系机制，确定重点研究课题，深入调查研究，关注热点、抓住重点、突破难点，提高针对性、时效性和可行性。省工商联今年牵头与有关部门联合成立“山西省民（私）营经济研究会”，成立省工商联“参政议政委员会”；在调研重点上，一是我省非公企业“十一五”发展目标和重点项目；二是工商联助手作用如何发挥；三是工商联自身建设的全面推进；四是民营企业在发展中的政策、环境和资金等问题。

三是围绕进一步加强和改进思想政治工

作，总结交流我省非公经济代表人士思想政治工作的新经验。全省工商联要围绕贯彻党中央关于非公经济代表人士思想政治工作的一系列方针政策，总结非公经济代表人士思想政治工作新经验、新规律。省工商联拟在第三季度与省委统战部联合召开全省非公有制经济代表人士思想政治工作经验交流会，进而促进非公经济人士思想政治工作的深入开展。

四是强化经济服务工作，努力增强服务能力，提高服务水平。按照特色突出、注重实效的原则，全省各级工商联要围绕政府“十一五”规划，提出当地民营经济发展的“十一五”规划，为进入全省“三个方阵”的非公企业搞好项目推荐、跟踪服务，并收集整理一批优势项目组成第四方阵，争取列入各级政府扶持行列。要加强和外省市工商联的联系，同时要在扩大与海外华商社团、外国工商社团等商会组织的联系与合作方面有所突破。

五是以加强全省各级工商联班子建设为重点，加强自身建设，加大会员发展力度，进一步健全工商联组织网络。今年省工商联继续协调督促，争取地方党委、政府的理解和支持，在市县工商联换届中配齐配强市、县级工商联领导班子，使班子建设得到进一步加强，为2007年省工商联换届工作做好准备。各级工商联要继续把会员发展列入工作的重要议事日程，省工商联继续给各市工商联下达企业会员发展指标，并将完成情况作为年度责任目标考核的重要内容。要把建立同业公会（行业商会）、乡镇（街道）分会作为组织发展工作的重点，采取有效措施，积极推进。

六是以先进性教育成果促进各级工商联机关建设。全省各级工商联机关建设近年来不断得到加强，面对新时期出现的新情况、新问题给各级工商联工作提出的新任务、新要求，我们还需要继续下大力推进机关自身建设。省工商联今年将以巩固保持共产党员先进性教育活动取得的成果为契机，在工作中认真执行会长议事规则等各项工作制度，促进机关工作的制度化、程序化和规范化。同时要以创建学习型组织为出发点，加强对机关干部的学习和培训，提高机关干部的政治素质和业务能力，狠抓机关内部管理，转变机关工作作风，办实事，重实效，增强创新意识、服务意识和效率意识。

各位执委、同志们，我省的经济社会发展和改革开放进入了一个新的历史阶段，我省的民营经济发展也进入了一个新的历史时期，我们希望全体执委、全省各级工商联干部，一定要振奋精神，担负起历史的责任，绝不辜负省委、省政府对我们的期望，同心协力，与时俱进，开拓创新，努力推进工商联事业全面发展，为我省全面建设小康社会做出更多、更大的贡献。

在山西省工商联九届五次常委会议上的工作报告

边鸣涛

（2007年3月23日）

各位常委、列席会议的同志们：

这次会议的主要任务是传达学习全国工商联九届五次执委会议和全省统战会议精神，总结2006年工作，研究部署2007年工作和换届有关筹备工作。下面，我就有关会议精神和工作情况分三部分向大家报告。

一、全联九届五次执委会和全省统战工作会议的主要精神

2006年12月10日至12日，全国工商联九届五次执委会议在福州市召开。会议的主要议程有四项，一是学习贯彻中共十六届六中全会和中央经济工作会议精神，进一步贯彻落实《中共中央关于巩固和壮大新世纪新阶段统一战线的意见》；二是审议了全国政协副主席、全国工商联主席黄孟复代表常委会作的《努力做好工商联工作，充分发挥助手作用，推动民营企业为构建和谐社会做更大贡献》的工作报告；三是审议决定中华全国工商业联合会第十次会员代表大会筹备工作的有关事项；四是审议决定有关人事事项。

会上，全国工商联副主席张龙之作了《关于召开全国工商联第十次会员代表大会及筹备工作意见的报告》，中央统战部副部长、全国工商联第一副主席胡德平作了闭幕讲话。胡德平同志不再担任全国工商联党组书记，全哲洙同志担任全国工商联党组书记。会议增补全哲洙同志为全国工商联九届执行委员、副主席。我省省委统战部副部长、省工商联党组书记马天荣同志替补为全国工商联九届执委、常委，岳纪安同志不再担任全国工商联九届执委、常委。

黄孟复主席的工作报告，从五个方面总结了2006年的工作。他在报告中特别指出，民营企业要适应时代的要求，为构建社会主义和谐社会做出更大贡献。具体要承担八个方面的责任：一是推进发展的责任，二是争取公平的责任，三是推动自由创造的责任，四是发展和谐劳动关系的责任，五是与自然和谐相处的责任，六是遵守法律法规的责任，七是遵守道德诚信的责任，八是参与公益慈善事业的责任。

对2007年的工作，黄主席重点从充分发挥工商联在非公有制经济人士参与政治和社会事务中的主渠道作用，充分发挥工商联在非公有制经济人士思想政治工作中的重要作用，充分发挥工商联在政府管理非公有制经济方面的助手作用，加强工商联自身建设，做好换届准备工作等方面作了部署。

胡德平同志结合学习贯彻中共十六届六中全会精神，结合落实黄孟复同志报告提出的工作要求，讲了三点意见：一是贯彻中央六中全会精神，民营企业要积极承担构建和谐社会责任。二是贯彻中央15号文件精神，做好工商联“三个充分发挥作用”。三是贯彻中办14号文件精神，做好工商联2007年换届工作。

全省统战工作会议于2月9、10日在太原召开。会上，省委书记张宝顺做了重要讲话，省委常委、统战部部长李政文同志作工作报告。宝顺书记主要强调了三个问题：一是要从战略和全局高度充分认识统战工作的重要地位和作用；二是要充分发挥统一战线的优势和作用，为加快科学发展，建设和谐山西做出新的贡献；三是切实加强和改善党的领导，健全统战工作的体制机制。政文部长在报告中回顾总结了六年来全省统战工作取得的可喜成绩，全面分析了新世纪新阶段统战工作面临的新形势、

新任务，提出了今年和今后一个时期全省统战工作的指导思想和主要任务，详细部署了统一战线实施凝聚力工程的“九大活动”。其中，涉及工商联的工作主要有五项：一是围绕落实省九次党代会提出的经济社会奋斗目标，在民主党派、工商联和无党派人士中开展“献良策、比贡献”活动，提高建言献策、参政议政的水平；二是以领导班子建设、制度建设和作风建设等为重点，在各民主党派、各人民团体和宗教团体中开展“强素质、树形象”活动；三是围绕我省扩大对外开放战略，密切与港澳和海外经济界的联系，开展“晋港（澳）企业家金桥行动”；四是围绕培养优秀中国特色社会主义事业建设者，在非公有制经济代表人士中开展“新晋商、新形象”活动；五是引导新阶层人士开展“光彩事业两区行”活动。政文部长还就民主党派和工商联换届工作提出了具体要求。

全国和全省几个重要会议的有关文件已发给大家，请大家认真学习。

二、2006年工作情况

2006年，是我省全面实施“十一五”规划的开局之年，是深化改革、扩大开放取得丰硕成果的一年。一年来，在省委、省政府的正确领导下，在全国工商联和省委统战部的指导下，省工商联认真贯彻落实科学发展观和省九次党代会精神，围绕“十一五”规划和我会年度工作安排，按照创新、改革、服务的基本思路，紧跟全省解放思想，扩大开放的新形势，加强学习，务实创新，开拓进取，突出服务主线，狠抓机关建设，致力于促进非公有制经济人士健康成长和非公有制经济健康发展，开创了各项工作新局面。

（一）紧紧抓住民营经济发展主线，突出社会主义新农村建设重点，提高调查研究参政议政能力

开展广泛的调查研究，不断提高参政议政能力，科学准确地把握全局，保证参政“参”到点子上，议政“议”到关键处。充分发挥好“桥梁、纽带和助手”作用，为党委、政府提供民营经济的决策依据，是新形势下工商联履行好职能的重要手段。为此，省工商联紧紧抓住事关民营经济发展大局的战略问题，继续以推动“国务院36条意见”的贯彻落实为主题，以工商联和民营企业参与社会主义新农村建设为重点，整合各方力量，发动和组织会务干部、会员企业家、社会相关单位和社会知名人士充分利用人大、政协渠道，通过提案、建议、发言、社情民意等形式向各级党委政府提供民营企业发展情况，反映民营企业诉求，为政府提供决策依据，为全省构建和谐社会、全面实现小康建言献策。在省政协第四次全体委员会议上省工商联共递交了7份团体提案，两位会领导做了大会发言，引起有关部门的关注。目前，相关部门对所递交的提案全部给予了办复。在省委组织的民主协商会上，省工商联主要领导提出的关于加快全省非公有制经济发展的建议，得到省委、省政府重视和采纳。省委书记张宝顺在九次党代会讲话中指出：“鼓励和支持个体私营等非公有制经济发展，鼓励社会资本以多种形式参与国有企业改组改造，保障各类市场主体平等竞争，激发全民创业的动力，使非公有制经济的比重大幅度增加。”一年来，各级工商联关于民营经济发展的建议、意见被党委政府采纳情况较之以往有了明显的进步，工商联参政议政能力不断提高，有效地促进了全省个体私营等非公有制经济健康发展。一批有实力、有影响的非公企业又好又快地成长壮大。2006年，全省民营经济完成增加值2548亿元，增长20.2%，占到全省地方生产总值的53.6％；从业人员达到560万人；民营经济户数达到69万多户；民营企业上交税金325.8亿元。

去年，省工商联还积极响应党中央提出的建设社会主义新农村建设伟大战略部署，大力抓了民营企业参与社会主义新农村建设调研和引导民营企业参与社会主义新农村建设这一重点工作。先后下发了《关于推荐民营企业参与新农村建设先进典型的通知》、《关于报送参

与社会主义新农村建设材料的通知》，参加省工商联九届三次执委会的非公经济代表人士又向全省民营企业家发出了倡议，会领导两次带队深入到全省80多个乡村和民营企业对工商联和民营企业参与社会主义新农村建设进行了广泛深入的调研，形成了《山西省工商联和民营企业参与社会主义新农村建设情况调查报告》等6个调研报告，并在全联工作会议上进行了交流。通过典型示范、宣传帮助、表彰鼓励等方式方法，大力组织和引导民营企业家积极投身到社会主义新农村建设中，鼓励民营企业紧紧抓住这一机遇，实现企业又好又快发展。现在长治、孝义、昔阳等地民企参与新农村建设已具备了典型示范作用，全省民营经济参与社会主义新农村建设的热潮正在兴起。

（二）加强思想政治工作，不断探索新时期宣传教育培训新形式

新时期宣传教育工作对做好非公经济人士思想政治工作，创造非公有制经济良好的发展环境起着重要的导向性作用，也是工商联扩大社会影响，提高自身形象的重要手段和载体。去年省工商联继续把《当代山西商会》作为对外宣传的重要载体，下大力气抓好编辑发行工作。共出版12期，发行4200余份，为25名企业家进行了封面宣传。并以此为基点，广泛与社会各大媒体联络合作做好宣传工作，共在中央级媒体发稿15篇，省级媒体47篇。同时，充分发挥文化建设委员会的作用，探索新形势下宣传教育的新形式。一是融宣传于活动中。组织了“省城民营企业家元宵联谊会”，省和太原市四大领导班子的主要领导及企业家共300余人参加了联谊会，梁滨副省长代表四大班子讲话；10月份参与举办了“紫林醋业·国际营销大师山西高端论坛”，来自企业的高层管理人员、营销人员300人参加了论坛。几项较大的活动均受到山西电视台、山西日报、新浪网等20多家新闻单位的关注和跟踪报道。二是融培训于考察之中。“赢在形象”培训活动是去年开创的一个新模式。9月份，省工商联民营企业文化建设委员会组织企业家围绕“新晋商走出去，走回来”的主题，赴上海、南京等地进行了为期8天的“赢在形象”培训考察交流活动。通过“个人形象管理”、“领袖风采”等一系列科目的训练和实地的参观考察，使企业家的个人综合素质、团队精神、组织领导能力都有了质的提升，在企业家中产生了良好影响。三是融教育于表彰之中。党的十六大明确提出，“对新的阶层中的优秀分子都要给予表彰”。省工商联认真贯彻落实十六大精神，充分利用表彰奖励这一做好新时期非公有制经济人士思想政治工作的有效手段，大力开展表彰奖励活动。通过对优秀的民营企业和企业家表彰，鼓励他们以自身的典型性和示范性影响带动更多企业家自觉地走爱国、敬业、诚信、守法、贡献的道路。先后共有20名企业家和企业管理者，21家民营企业受到全国表彰。李兆会、陈忠孝、姚俊良被授予“优秀中国特色社会主义建设者”，王建国、贺美璧、原国胜被授予“全国关爱员工优秀民营企业家”；通达集团、潞宝集团、同世达集团被授予“全国优秀就业和社会保障先进民营企业”；沁新、新禹、大同书城被授予“全国民营企业文化建设先进单位”。省工商联也抓住有效时机，联合有关部门对全省优秀非公企业和先进个人进行了表彰。在加强宣传引导表彰的同时，我们利用执委会、常委会、会长会等联谊座谈会等形式，组织非公代表人士深入学习中共十六届六中全会精神，胡锦涛同志关于“八荣八耻”和树立科学发展观，构建社会主义和谐社会的重要论述，引导非公代表人士树立正确的荣辱观、义利观，承担社会责任，努力做合格的社会主义建设者。

（三）加强指导帮助，抓好两支队伍建设，推动各级组织适应新形势新任务发展要求

去年，省工商联根据民营经济发展情况及新阶层人士成长的状况，提出了多种方法、多种途径壮大队伍，优化结构，提高素质，重点发展高科技企业和新阶层人士的要求。分解下达了2006年全省企业会员发展指标，并将发展会员工作列为各市工商联年度责任目标考核内容之一。总结推广了太原市万柏林区工商联发展会员的做法，较好地促进了全省会员队伍发展壮大。截止12月底，新发展会员4605个，会员总数达70210个，基层组织630个。同时继续做好地域和行业性商会的服务工作。指导成立了山西省广东商会，帮助山西省河南商会、山西省代理商联合会、山西省五金商会召开了理事会和庆典大会，组织召开了省直商会座谈会，影响和带动了各地行业商会的发展。目前，全省有行业商会349个，初步形成了与当地经济发展相适应的行业自律组织框架，成为繁荣区域经济，促进社会和谐发展的一支重要力量，并且对工商联开展工作，扩大影响起到了很好作用。

省工商联机关建设也呈现新的面貌，先后召开了会长扩大会议、九届四次常委会议和九届三次执委会议，替补了新的党政领导成员，规范了领导班子和工作班子的工作程序，更为重要的是去年在省编办的具体帮助下，党政领导齐心协力、积极争取，省工商联机关的职能配置、内设机构和人员编制的“三定”方案得以批准，并顺利实施。内设机构由原来的4个处室调整为7个处室，共为21名干部调整了职务，较好地解决了多年来机关存在的结构不顺、职责不明、干部老化等影响机关整体建设的老大难问题。

继续注重对基层工商联的指导帮助。12月初，根据市县反映的新情况、新问题，又及时地召开了全省基层工商联工作座谈会，研究讨论了基层工商联在开展工作中存在的困难和问题，确立了新的工作思路和方向。特别是针对基层反映强烈的公务员登记问题，专门进行了调查，较全面地掌握了情况，并就此问题向省委组织部、省编制委员会写出了报告，向省政协九届五次会议写出了提案建议，引起有关部门的重视。通过一系列务实有效的工作，较好地促进了工商联组织建设和会员队伍整体素质的提高。

（四）围绕党委政府中心工作，充分发挥助手作用，扩大经济服务和对外联络成效

去年是“十一五”规划开局之年，也是省委、省政府大开放、大招商、大引资之年。省工商联积极响应省委、省政府的号召，找准工作切入点，主动把位置摆进去，把工作靠上去，把成绩做上去，赢得政府的认可，取得会员的支持。通过组织和帮助会员企业招商引资、推介项目、展销产品等活动，发挥作用，扩大影响，实现作为的突破，赢得助手地位的保障。

去年初，根据省政府“十一五”规划编制要求，开展了全省民营企业新建新上和技改项目征集工作，共收回涉及12个行业的300多个项目，初步建立了全省民营企业项目数据库。以此为基础参加了省政府主办的上海、香港、长沙等经济合作项目推介活动。会长边鸣涛均作为主要领导组成员参加，省工商联也作为政府经济项目推介活动的重要参与单位，组织山西华杰集团等65家企业组成经贸团参加了这一系列商贸活动。促成了中发（上海）集团、马来西亚中城集团等企业总投资16亿元建设太原中发大厦、马来西亚（山西）工业园区等项目。在第八届环渤海区域经济合作洽谈会和2006年海内外知名企业家齐鲁行暨中国德州第十届投资贸易洽谈会等活动中，工商联组织的40余位企业家经过实地考察和洽谈，又签约10亿元的项目。工商联组织会员参与政府的招商引资所取得成绩，得到省委、省政府的充分肯定，中共山西省委常委、统战部部长李政文在走访省工商联时，对一年来工商联围绕中心、服务大局、当好助手方面做出的努力给予了很高评价。

在抓好商贸经济合作活动的同时，努力完善服务职能，积极推动法律服务经济服务，对企业融资、行业准入等在法律层面存在的问题进行了调查研究，配合政府开展了相关政策的清理整顿工作，在会员企业中开展了配合政府做好清理限制非公有制经济发展的政策障碍和全省非公有制经济发展法制环境调查问卷活动。千方百计为企业进行新上、技改项目的申报、立项等服务活动。帮助山西华丽防辐射服饰有限公司的高支高密含超细不绣钢纤维府绸项目申报，并获批准列入国家级火炬计划；帮助交城县宏基源食用菌有限公司的食用菌国产设施工厂化栽培项目和山西凝辉塑料建材有限公司的年产5000吨PVC塑料异型材、10万平方米塑窗项目列入国家级的星火计划。

（五）开拓光彩扶贫助学就业新领域，引导民营企业为构建和谐社会做贡献

"送走一个，脱贫一户，影响一片"光彩扶贫活动开展几年来成效不断。去年又通过光彩扶贫劳务输出培训基地的定单式培训，先后为山东、天津、东莞10多家企业输送老区农民工600余人。响应劳动和社会保障部、全国总工会、全国工商联号召，与全国100个大中城市同步开展了主题为"发展民营经济，落实扶贫政策，开拓就业天地"的"民营企业招聘周"活动。太原、大同、阳泉、长治共举办招聘洽谈会12场，717户民营企业通过现场招聘、委托招聘等方式参与活动。提供空岗信息47347个，签订就业意向15807人，充分发挥了民营企业在推动就业和再就业工作中的重要作用。

在开展光彩事业活动中，以创新的思路，不断开辟光彩扶贫助学就业新领域。积极协助全国政协和全国扶贫协会山西革命老区光彩扶贫助教活动，组织动员全省22个民营企业家，捐款750万元，支援老区新农村建设，受到全国政协主席贾庆林的亲切接见。参与主办了"光彩事业'太行行'"活动。活动共捐赠现金实物折合人民币1000多万元，签约14个合作项目，总投资121.42亿元，项目涉及农业及农产品深加工、基础设施建设、文化教育、旅游开发、交通物流等。其中，合同9个，协议1个，意向4个。参与发起的"爱传太行，情动天下"的山花工程太行山助学行动，赢得40多位企业家支持，共捐款320余万元，为太行革命老区的长治市、晋城市、晋中市家庭贫困的品学兼优的230名学生提供了资助。

同志们，用时代发展的要求看，还必须清醒地认识到我们的工作与党中央对新时期、新阶段工商联工作的要求和省委、省政府的希望还存在着差距。一是国务院"非公经济36条"颁布实施以来，与政府部门建立工作联系合作机制尚未见到明显效果；二是干部队伍思想作风、综合素质与新形势、新任务的要求不相适应的问题不容忽视，认识问题，分析问题、解决问题的能力仍然浮于表层；三是机关的制度化、规范化、程序化建设，团结、和谐、文明的工作氛围还需进一步加强；四是基层工商联组织建设相对薄弱的现状还需努力改善。

我们一定要正视存在的问题，在2007年的工作中，以更大的改革精神加强和完善自己，采取有效措施，努力改进不足，切实提高工作水平。

总结一年来的工作，我们体会到：找准切入点，把握落脚点，才能实现有为有位；做好调查研究、参政议政工作，主渠道作用才能得以充分体现；把握宣传教育工作的时代特征，思想政治工作的重要作用才能充分发挥；围绕全省工作大局，主动把位置摆进去，把工作的触角伸到党和政府重点工作的层面，把成绩做上去，才能引起党委、政府的重视和重用；抓住重点、突破难点，是加强班子建设和干部队伍建设的关键，培养造就一支作风优良、素质过硬的干部队伍是做好工作的基础，创新是工商联做好各项工作的不竭动力，克服教条化、机关化的习惯，通过开展符合时代发展要求，符合企业生产经营需要的灵活多样、丰富多彩的活动，工商联才能统战性更突出、经济性更活跃、民间性更广泛。

同志们，过去的一年，我会的各项工作开创了新局面，成绩的取得是省委、省政府正确领导和全国工商联、省委统战部指导帮助的结果，是会领导班子团结奋斗努力工作的结果，是各级工商联工作人员勤奋、敬业、奉献和广大会员支持配合的结果。对此，我代表省工商联全体向各位并通过你们向全省各级组织和会员表示衷心的感谢。

三、关于2007年工作的基本思路和主要任务

2007年是我省经济社会发展的关键年，也

是工商联工作要有新的突破之年，科学发展观在全省上下要深入贯彻落实，“十一五”规划全面展开布局，社会主义和谐社会建设重点推进。为迎接党的“十七大”和省工商联“十大”的召开，省工商联要认真学习中共十六届六中全会、全国统战工作会议和省第九次党代会精神，深入贯彻科学发展观，全面落实中央[2006]15号文件对工商联工作的基本要求，围绕服务发展第一要务和省委、省政府中心工作的战略部署，以“大调研、大培训、大招商、大落实”为重点突破口，继续将改革、创新、服务的思路贯穿于各项工作全过程，解放思想，转变作风，扎实工作，努力为建设新基地新山西，促进非公有制经济人士健康成长和非公有制经济健康发展做出新的更大的贡献。

（一）加强学习，提高贯彻落实科学发展观的能力

“加强自身建设”，“提高履行职责和发挥作用的能力”，这是党中央对工商联提出的新的要求和希望。在新的一年中，我们要把加强学习作为提高履行工作职责能力和工作水平的基础，在学习中提高本领、把握规律、创新思路。认真学习和贯彻党的十六届六中全会和省九次党代会、全省经济会议精神，引导和推动民营企业和民营企业家积极承担社会责任，按照省委、省政府的统一部署，不断加强企业的规划发展，为构建社会主义和谐社会，推动经济社会健康发展做出贡献。

深入学习、大力宣传和全面落实中央15号文件精神。中央15号文件对新世纪新阶段统一战线工作提出了政策措施，其中也对工商联工作提出了新的要求。特别是对工商联性质做出了进一步明确规定，提出了工商联要做好三个“充分发挥作用”和加强自身建设的新要求，即：要充分发挥工商联在非公有制经济人士参与政治和社会事务中的主渠道作用，充分发挥工商联在非公有制经济人士思想政治工作中的重要作用，充分发挥工商联在政府管理非公有制经济方面的助手作用。

加强业务知识学习，优化知识结构，提高服务的针对性和有效性。学习要结合思想实际，结合工作实际，结合时代发展要求，克服就学习论学习，学习与实际两张皮的现象。通过学习，使我们每个干部的综合素质都有一个新的提高；通过学习，使每个干部明确做非公人士思想政治工作，是党赋予我们的光荣任务，增强服务意识，自觉杜绝和克服在为会员服务中存在的行政化、机关化的现象，培养干部专心谋事、勇于做事、踏实干事的作风，促进思想作风、工作作风根本转变，努力将工商联提高到一个新的水平。

（二）加强调查研究，参政议政工作，充分发挥工商联在非公有制经济人士参与政治和社会事务中的主渠道作用

工商联作为党和政府联系非公有制经济人士的桥梁和纽带，作为非公有制企业合法权益的重要代表，要充分发挥主渠道作用，就一定要深入调查研究，广泛听取各方面的意见和建议，特别是非公有制经济人士的意见，建立有效的工作机制，提高工商联在政协全会上团体提案和大会发言的质量，为工商联领导人参加民主协商会提供有较高参考价值的情况和建议，从而保证主渠道作用的充分发挥。

建立和完善非公有制经济信息反映渠道和与代表人士经常联系制度。要组成全省非公有制经济信息收集反馈工作网络，建立与非公经济人士人大代表、政协委员和工商联执委们的经常性联系制度。省工商联以《山西民营经济动态》的形式，及时快捷地将信息反映到省四大班子领导和有关部门，积极向党委和政府反映情况和建议，为省委、省政府的决策提供重要参考。在全省县以上非公经济代表人士中进行企业发展和企业家个人情况跟踪调研，建立省、市、县三级非公经济代表人士基本情况数据库。

建立与政府部门、研究机构的社会调研和政策研究合作制度与机制。省工商联积极配合省政府法制办对政府部门起草的涉及非公经济发展的法规进行调研，充分反映非公经济人士的意见和诉求；成立参政议政委员会，邀请政府部门和高校及研究单位领导、专家、学者和企业家参加；省工商联与政府有关部门和社会研究机构建立起经常性合作关系，继续对全省民营经济发展情况进行跟踪调研，进一步充实和完善“山西省非公有制经济发展情况数据库”。有关单位联合成立“山西省民（私）营经济研究会”，邀请专家学者共同参与重点课题调研，推动工商联调研水平提高和调研成果转化。

组织和引导民营企业家和行业商会积极参政议政。从今年起，省工商联向所有担任省人大代表、政协委员的非公经济代表人士征集提案和建议，在各直属商会中聘请信息联络员，以及时有效地收集和反映行业共同利益的意见和建议。

强化调研队伍能力建设。各级工商联应加强对调研工作的组织领导，既要加强学习培训，提高现有调研力量的素质，又要通过人才交流，机关内部整合，领导牵头主持课题等形式，壮大调研队伍，增强整体素质。

（三）加强宣传教育培训工作，充分发挥工商联在非公有制经济人士思想政治工作中的重要作用

做好非公有制经济人士思想政治工作，是党中央赋予工商联的一项重要职能任务。深入、细致地开展思想政治工作，是提高非公有制经济人士整体素质、推进非公有制经济健康发展的重要保证。

加强对内对外宣传工作。向非公有制经济人士广泛宣传党和国家关于非公有制经济发展的方针政策与法律法规，向社会广泛宣传非公有制经济的重要地位和所做贡献。省工商联牵头联合媒体和有关单位，共同举办不同形式的论坛会、报告会，解读国家和省的宏观经济政策、产业发展政策和社会发展政策，各级工商联要加强与当地主流媒体的合作，搞好自办媒体建设，提高办报办刊办网络质量，发挥阵地作用，形成合力，把握正确舆论导向，共同为非公有制经济发展创造良好的舆论环境。省工商联继续发展与《人民政协报》、《中华工商时报》的合作关系，巩固与省内各大媒体的经常性联系。申请建立山西电视台工商联记者站，在《山西日报》开辟“民营企业参与新农村建设”专栏。继续办好会刊《当代山西商会》，促进系统网站建设，办好山西省工商联网站宣传网页，不断增强省工商联宣传载体的社会影响力。

开展好“新晋商，新形象”活动。按照省委统战部的统一部署，做好“新晋商、新形象”活动的宣传，推动民营企业文化建设工作。省工商联继续向全国推荐“关爱员工的优秀民营企业家”等先进典型，并在今年适当时候与有关部门联合对在“新晋商、新形象”活动、“光彩事业‘两区行’”活动、构建和谐劳动关系、参与新农村建设、扶贫和就业工作中涌现的先进典型进行表彰。

加强对非公经济代表人士和工商联干部的培训。各级工商联要抓好执常委、代表人士和商会管理人员的培训工作。省工商联计划在年内举办非公经济代表人士培训班和市县工商联、行业商会会领导培训班。

（四）加强经济服务和对外联络工作，充分发挥工商联在政府管理非公有制经济方面的助手作用

各级工商联要继续学习和宣传国务院“非公经济36条”，积极推动政府有关部门进一步制定相关配套措施，主动参与“非公经济36条”的贯彻执行监督工作，及时反映政策执行中的问题；围绕服务全省非公经济又好又快发展，发挥好桥梁作用；围绕全省大招商、大开放、大发展的工作部署，发挥好助手作用。

组织好第九届环渤海地区民营经济经贸合作洽谈会。要把全省各级工商联都动员起来，组织起来，由省工商联牵头承办好本届洽谈会，要作为全省工商联服务于全省民营经济发展和对外大招商的重大活动下大力气组织好。省工商联将举全会之力协调配合组织好活动，各级工商联要配合省工商联做好民营企业项目的收集和赴外地推介、洽谈、实地考察、签约等项目前期工作，通过扎扎实实、细细致致的工作，使洽谈会真正做到招商实、引进资金实、效果实的“三实”会。

组织引导和推动民营企业参与社会主义新农村建设。省工商联将把组织引导推动民营企业参与新农村建设作为当前和今后一个时期内围绕省委、省政府中心任务的工作重点，分步骤地积极推进。在进一步深入基层和企业调研的基础上，起草并讨论通过下发《山西省工商联关于组织引导和推动民营企业参与社会主义新农村建设的实施意见》，开展“千企进千村”挂钩帮扶活动。

开展对外交流活动，积极推动民营企业“走出去”。加强和扩大对省外乃至海外工商社团的联系与合作，不断开拓我省工商联的对外合作与交往。省工商联将组团参加第九届世界华商大会。组织若干个项目推介组，赴环渤海省市区及长三角、珠三角地区举办招商引咨项目推介会。组团赴先进发达国家和地区学习考察，招商引资。

推动农村劳动力培训转移工作。继续抓好“送走一个，脱贫一户，影响一片”农村剩余劳动力培训、输出和民企招聘周活动。全年各级工商联协助有关部门培训输出农村剩余劳动力1万人以上。

搭建银企合作平台。与有关部门配合，共同建立银企战略合作的长远关系，搭建银企更广泛、更深层的合作平台，省工商联将促成与有关银行签订合作框架协议。

开展“光彩事业‘两区行’”活动。围绕我省“两区”开发的扶贫工程，动员组织民营企业家考察投资“两区”开发项目。

引导会员规范经营行为，开展好法律与维权服务工作。省工商联将重组“山西省工商联维护会员合法权益委员会”，对会员进行遵纪守法、诚信经营引导教育，积极开展法律服务，切实维护民营企业的合法权益，研究和推动建立民营企业风险防范与危机处理机制。

（五）加强自身建设，努力提高工商联履行职责和发挥作用的能力

中央[2006]15号文件对工商联自身建设提出明确要求，当前要着力解决工商联工作能力和水平与党和政府的要求，与民营企业发展需要的差距问题。

加强学习，建立学习型组织，加快提高工商联机关干部队伍素质。各级工商联要把学习贯彻中央[2006]15号文件作为加强自身建设的纲领性文件，深入学习领会，并贯彻到工作中去。通过加强政治、业务学习，开展干部培训交流，建立适应工商联机关特色的奖惩评价体系等措施，激发机关干部学习和工作热情，切实增强机关工作能力，提高机关工作水平。

加强制度建设，规范班子议事决策程序。必须进一步健全机关管理制度，明确工作责任，加强工作协调，严格工作纪律，着力提高执行力和工作效率。省工商联将按照《山西省工商联机关管理制度》、《山西省工商联会长办公会议制度》、《山西省工商联党组工作制度》，严格规范机关工作，不断提高班子议事和决策能力。

加快组织网络发展和会员队伍建设。省工商联继续积极争取授权行业商会立管地位，加快发展行业商会、同业公会的步伐。年内再成立3个省工商联直属商会。按照优化结构、壮大队伍的总体要求，积极发展新会员，年内新增会员5000个以上。

推动信息化建设，改善机关办公条件。年内争取实现省市两级工商联间网上公文交换、电子邮件交换和网上办公，并实现与省委、省政府及各有关部门的网上公文传送。市县两级之间的电子办公信息网建设由市工商联协调，市县共同创造条件，争取早日实现。

加强机关党建工作，争创精神文明单位。省工商联申请成立机关党委，组织好创建精神文明单位的各项工作。

（六）做好换届工作，开好第十次会员代表大会

各级工商联要充分认识这一轮换届的重要意义，按照中央和省关于工商联换届的文件精神，遵照把握好政治交接、优化结构和健全机制的总体要求，切实做好换届准备工作，筹备组织好省工商联第十次会员代表大会。

切实做好换届工作。按照省委的安排，配合省委统战部做好向全联推荐代表、执委人选和省工商联常委人选的考察工作，做好省工商联执委的考察推荐。组织力量认真总结省工商联“九大”以来的工作成绩和历史经验，深入研究省工商联“十大”后面临的形势、任务和要求，起草好省工商联“十大”工作报告。按照隆重、热烈，求实、鼓劲的总要求，筹备并组织好代表大会召开期间的各项工作。

各位常委、同志们，工商联在非公经济发展中肩负着桥梁纽带的主渠道的助手作用，促进非公有制经济人士健康成长和非公有制经济健康发展是我们的重要职责和任务，我们要更加紧密地团结在以胡锦涛同志为总书记的党中央周围，在省委、省政府的正确领导下，在省委统战部的具体指导下，以高度的政治责任感、使命感和求真务实的精神，开拓进取，扎实工作，推动工商联工作再上新台阶，为加快建设国家新型能源和工业基地，全面实现小康社会目标和构建充满活力、富裕文明、和谐稳定、山川秀美的新山西做出应有的贡献。

以人为本 科学发展 构建和谐 全面提升民营企业文化建设水平

——山西省工商联民营企业文化建设委员会工作报告

（2007年1月12日）

各位领导、各位委员、同志们：

现在我代表山西省工商联民营企业文化建设委员会向大家报告工作。

2006年是我国全面实施“十一五”规划取得良好开局之年。一年来，党中央就构建社会主义和谐社会、建设社会主义新农村和建设创新型国家做出一系列重大战略部署，开启了新世纪新阶段我国经济社会发展的新征程。一年来，党和国家有关非公有制经济发展的方针政策，特别是“非公经济36条”精神在我省得到进一步贯彻落实，非公有制经济的法律、政策和市场环境不断改善，非公有制经济取得了更大的发展。

伴随着非公经济的持续健康发展，我省民营企业文化建设一年来呈现出崭新面貌。我们积极响应全国工商联倡导并发起的“以人为本、科学发展”为主题的民营企业文化建设活动，通过搭建平台、典型示范、经验推广、学习互动等工作，把开展民营企业主题文化建设活动作为重要抓手，把“关爱员工，实现双赢”活动作为重要载体，把学习培训和宣传表彰作为重要内容，使以人为本的科学发展观和构建社会主义和谐社会的要求越来越深入到民营企业中，使党对非公有制经济人士的要求，不断转化为民营企业家的自觉行为，民营企业文化建设在三晋大地得到了蓬勃健康的开展。

一、组织开展“关爱员工，实现双赢”活动，推动构建和谐社会的各项要求在民营企业贯彻落实

“关爱员工，实现双赢”活动是2004年全国工商联和全国总工会共同倡议发起的。三年来，我省工商联把“关爱员工，实现双赢”活动作为开展民营企业主题文化建设的重要内容，委员会按照省工商联的部署认真抓好组织落实。2005年和2006年元旦、春节期间，委员会办公室具体组织了省工商联和省总工会领导到太原、朔州、大同、孝义等市县参加民营企业家走访慰问企业困难员工的活动。为及时总结和交流在活动中涌现出来的先进经验，委员会协助省工商联和省总工会共同组织，在全省开展了“关爱员工优秀民营企业家”和“热爱企业优秀员工”的推荐活动。在2005年4月召开的“山西省民营企业‘关爱员工，实现双赢’经验交流大会”上，表彰了40名“关爱员工优秀民营企业家”，40名“热爱企业优秀员工”，36家“组织开展‘关爱员工，实现双赢’活动先进单位”和35名“组织开展‘关爱员工，实现双赢’活动先进个人”。这次活动受到了全国工商联的好评，黄孟复主席在2005年9月28日召开的全国“关爱员工，实现双赢”表彰暨经验交流大会讲话中，对我省的工作进行了表扬。三年来，先后有李安民、孙宏原、杨树茂等9位民营企业家荣获“全国关爱员工优秀民营企业家”称号，9位民营企业员工荣获“全国热爱企业优秀员工”称号，山西信联、山西振东等7家民营企业被评为“全国双爱双评先进企业”。山西新禹集团董事长杨树茂还作为全国受表彰的先进企业家代表，在2005年的全国表彰大会上作了发言。

实践表明，“关爱员工，实现双赢”活动

受到了各级党委政府的重视好评，受到了广大民营企业家和员工的普遍欢迎，适应了当前社会发展的趋势和要求。关爱活动使广大民营企业家更加重视尊重和保障员工的合法权益，同时也调动了民营企业员工为企业多做贡献的积极性，增强了员工的社会主人翁意识，进而在企业与员工、建设者与劳动者、员工与员工之间形成了和谐、平等、共荣、共赢的劳动关系。全省上规模民营企业中没有出现劳动纠纷和上访事件，构建和谐企业的成果为全省社会的和谐做出积极贡献。我们今后将更加努力协助有关部门推动这项活动在我省的深入开展。

二、组织经验交流表彰活动，探索民营企业文化建设与思想政治工作同企业发展战略相适应的有效实现形式

2005年8月7日，委员会承办了省工商联在沁源县组织召开的“山西省非公有制企业文化建设暨思想政治工作经验交流会”。会议总结交流了我省各级工商联及非公有制企业加强企业文化建设和思想政治工作的经验，研究探讨了新时期、新阶段进一步推动非公企业文化建设，创新非公经济领域思想政治工作，适应企业发展战略与企业经营管理的新方法、新途径，听取了沁源县委、县政府和县工商联推动民营企业文化建设的经验介绍，参观了沁新集团和康伟公司，表彰了52个“非公有制企业思想政治工作先进单位”和26个“工商联宣传教育工作先进单位”。全国工商联副主席程路参加会议并作了重要讲话，对此次会议的召开给予高度评价。省政协副主席、省委统战部部长吴锦文，省政协副主席、省工商联会长边鸣涛，省委统战部副部长、省工商联党组书记岳纪安，省委宣传部副部长、省思想政治工作研究会会长田惠爱等领导同志也参加了会议并作重要讲话。这次会议不仅对全省非公企业思想政治工作和文化建设工作起到了重要的推动作用，而且在全国也产生了较大影响。在2006年12月初召开的全国民营企业文化建设工作会议上，全国工商联民营企业文化建设委员会的工作报告对我们这次会议给予了充分的肯定和表扬。受省政研会和省企业文化建设协会的委托，委员会承办了推荐非公企业思想政治工作、企业文化建设工作先进和优秀政研论文的任务。2006年6月26日，组织受表彰的企业和个人参加了省委宣传部、省总工会、省政研会组织的“山西省思想政治工作与构建社会主义和谐社会理论研讨会”，来福集团在会上作了典型发言。我们还协助推荐了五台山五峰宾馆、潞宝集团、沁新集团、新禹煤焦、大同书城等企业为“全国民营企业思想政治工作先进单位”和“全国民营企业文化建设先进单位”；协助推荐“党旗在我心中”活动先进单位和先进个人，推荐民营企业和商会报刊，受到全国工商联的表彰。

通过组织经验交流和表彰活动，一方面使广大民营企业家提高了对民营企业文化建设和思想政治工作重要性的认识，加强了我省民营企业文化建设和思想政治工作，促进了民营企业的健康发展，另一方面也使委员会在全省企业思想政治工作和民营企业文化建设中的重要地位和作用被凸现出来。

三、组织学习考察和教育培训活动，用科学发展观引导民营企业健康发展

为开阔我省民营企业家眼界，学习先进管理理念，推动我省民营企业文化建设工作，2005年5月，委员会在成立之初，首先组织30多位委员，在郎宝山、韩长安两位会领导的带领下，走出去进行培训考察，在浙江省委党校进行了民营企业文化及企业经营管理的培训，参观了浙江民营企业。2006年9月，委员会办公室又组织部分委员和民营企业家在樊秀清、郎宝山两位省工商联领导的带领下，赴上海、南京等地进行了为期8天的山西民营企业家“赢在形象”培训考察活动，并与上海晋商会联合组织了“晋商发展联谊座谈会”，搭建了晋沪两地新晋商联系交往的桥梁。这两次培训考察活动，使民营企业家们通过学习参观，相互交流，领略了外省优秀民营企业的管理理念，开阔了思路，提高了自身形象。

在组织外出学习考察受到企业家欢迎的同时，委员会还积极协助省工商联组织大型培训活动。2005年8月21日，委员会协助省工商联举办了“2005晋商国际论坛暨山西企业发展战略选择与财富管理研讨会”，400余人参加了会议，30多家新闻媒体进行了跟踪报道。会议邀请国务院发展研究中心副主任谢伏瞻以及国务院研究室、高盛集团、美国金融管理学会、山西省政府等方面的资深人士作演讲报告。这次论坛活动受到了企业界、经济界乃至政府部门的一致好评。时任省委副书记、代省长于幼军会见了嘉宾并与大家合影，副省长宋北杉到会作了演讲。

此外，委员会参与主办了“浙商经验与晋商的经营管理创新之路大型报告会”、“如何打造高绩效团队”、“发展山西·2005商界精英山西行高峰论坛”活动。2006年10月28、29日，我们又与山西省商业联合会、中国黄河电视台共同主办了“紫林醋业·国际营销大师山西高端论坛”活动，邀请国际、国内著名营销大师现场传授企业营销实战经验，300多名民营企业的高层管理者和营销人员参加了会议。

通过组织这些学习考察和论坛培训活动，学习发达地区先进经验，聆听领导、专家、学者对宏观经济走势、企业发展战略、企业营销管理等相关课题的专题报告，广开获取信息的渠道，我省民营企业家的经营管理理念受到冲击，加强民营企业文化建设成为广大民营企业走科学发展之路的共识。

四、上下联动，共同为推动民营企业文化建设搭建工作平台

民营企业文化建设委员会是省工商联成立的第一个也是目前唯一的专门工作委员会。委员会成立一年多来，通过组织开展多种形式的活动，为提高民营企业组织化程度又拓展了一条途径。在我们的带动下，太原市、沁源县、孝义市、昔阳县也相继成立了民营企业文化建设委员会，特别是孝义市以市委名义成立的民营企业文化建设推动委员会，不仅在我省而且在全国也是首创，市委副书记兼任主任，办公室设在工商联，委员会的职能不仅仅是推动全市的企业文化建设，更重要的是通过委员会的工作平台，加强市委、市政府对民营企业的组织指导程度，进而发挥了强有力的桥梁助手作用；沁源县民营企业文化建设委员会组织民营企业家赴太原参观了民营企业文化建设示范基地太原来福集团企业文化，并邀请教授杨文星专程赴沁源为全县民营企业家进行企业文化建设培训；昔阳县工商联民营企业文化建设委员会协助县工商联组织民营企业家积极参与新农村建设，2006年8月举行了全县民营企业帮扶建设新农村的启动仪式；长子县、平遥县、太原市迎泽区、万柏林区等县区工商联召开了民营企业文化建设座谈会。2006年元宵节，我们与太原市民营企业文化建设委员会联合承办了“省城民营企业家元宵联谊会”。省市四大班子领导和有关部门领导，省市统战部、工商联领导、省市工商联民营企业文化建设委员会委员、省城和周边地区知名民营企业家、新闻单位和文化艺术界友好人士共300余人参加了联谊会。副省长梁滨代表省四大班子讲了话，给全省民营企业家鼓劲加油。这次活动的参与和支持赞助主体是民营企业家，活动的策划组织调动了民营企业家的参与热情，企业家办会的意识在逐步培养起来，我们也看到了全省民营企业文化建设蓬勃发展的良好局面，文化建设委员会的工作在不断向前推进。

各位委员，回顾委员会成立一年多来的工作，我们要感谢省工商联领导对委员会工作的支持，感谢省委统战部、省委宣传部、省总工会等部门以及各级新闻媒体对我们工作的指导帮助，在此，我代表山西省工商联民营企业文化建设委员会，对出席今天会议的各位领导表示衷心的谢意！我省广大民营企业积极探索中国特色的民营企业文化之路，企业文化建设蔚然成风，民营企业文化繁花似锦。潞宝集团秉承“政府给我一滴水，我还社会一桶油”的发展理念，不断将企业做大做强，投巨资捐献社

会公益事业，积极承担企业的社会责任；来福集团以企业文化为先导，把企业经营理念、员工发展等一系列企业建设思想系统化、图文化、形象化、规范化，使企业发展呈现出勃勃生机；太原双合成公司用共产党人的做人信念及品德，以法治企，以人为本，与时俱进，拼搏创新，全力打造企业文化和团队精神的先进性，使双合成成为中国最具有发展力的百年老字号；沁新集团精心塑造“为国家做贡献，为社会创财富，为股东谋利益，为职工办实事”的企业文化纲领，走出了“依托煤、延伸煤、超越煤”、“资源综合利用”的企业科学发展模式；新禹公司充分发挥党支部、工会的政治核心和依托作用，形成了“德能达先、众志成城”的新禹精神，“诚信合作、实现双赢”的经营理念，“义利兼顾，回报社会”的光彩行为；大同书城通过对多种文化的吸收与改良，逐步形成了自己“以德做人，以人为本；以诚做事，事在人为”的文化体系。读者亲切地称大同书城是“知识的绿地，艺术的殿堂，诗意的栖息地”。参加今天会议的各位委员的企业，都是各市县推荐的企业文化建设示范单位，你们的企业文化建设在当地带了好头，发挥了示范带动作用，在此，我也代表委员会向大家致以敬意！

各位委员、同志们，2006年已经过去，我们迎来了新的一年和新的工作任务。省工商联民营企业文化建设委员会2007年的任务，就是深入学习贯彻党的十六届六中全会、中央2006年15号文件和省九次党代会精神，围绕省工商联工作重点，把指导民营企业抓好企业文化建设当作新世纪、新阶段工作的重要任务，大力倡导“以人为本、科学发展、构建和谐”的核心理念，不断创新工作思路和方法，全面提升我省民营企业文化建设水平。

一、以党的十六届六中全会和15号文件精神为指导，把握民营企业文化建设正确的政治方向

党的十六届六中全会做出了《关于构建社会主义和谐社会若干重大问题的决定》，决议强调要通过和谐社会建设来为社会主义物质文明、政治文明、精神文明建设创造有利的社会条件。2006年中央15号文件对非公经济人士工作和工商联工作提出了新要求。省九次党代会明确今后五年我省经济和社会发展的目标任务，要求全省人民要围绕建设国家新型能源和工业基地，构建充满活力、富裕文明、和谐稳定、山川秀美的新山西做贡献。

企业是构建和谐社会的重要主体，营造企业内部、企业与社会、企业与国家的和谐是我们义不容辞的责任，因此，以人为本，科学发展，构建和谐是民营企业文化建设的核心理念。我们要采用座谈会、培训会、有奖征文等各种形式，利用各种媒体、阵地，认真学习贯彻党中央和省委的这些方针政策，把握企业文化建设的政治方向，用科学发展观统领企业健康发展，迎接党的十七大的胜利召开。

二、以先进理念为核心，推动民营企业文化建设健康发展

企业文化建设和企业思想政治工作是企业健康发展的引路航标，已逐渐被我省民营企业家所认同。企业文化是“一场管理的革命”，企业文化“对内是凝聚力，对外是竞争力”等观点，“科学发展、以人为本、和谐双赢、诚信守法”等理念，已经成为广大民营企业家的共识。我们在今年的工作安排中，将积极配合省工商联总结一批民营企业文化建设和思想政治工作先进经验，开展民营企业家努力争当优秀建设者，努力争当关爱员工的优秀民营企业家，努力创新先进企业文化，努力参与新农村建设的竞赛活动，把这些先进经验在更大范围内进行总结和推广。

三、以促进民营企业为构建和谐社会做贡献为出发点，继续引深“关爱员工，实现双赢”活动

今年我们仍然利用元旦、春节两大节日，发起民营企业家走访慰问企业员工活动，希望在座的企业家积极行动起来，带好头，起好示范作用。委员会将会同山西工人日报、山西工

运、当代山西商会，在“一报两刊”上开展“关爱员工，实现双赢，促进和谐”征文活动，并适时组织召开专题研讨会，配合有关部门组织召开一次大型的宣传表彰活动，总结好全省民营企业“关爱员工，实现双赢”活动在基层和企业开展的先进典型经验。

四、以全国一流高校和培训研究机构为依托，指导全省民营企业文化建设理论研究走向深入

我们在看到我省民营企业文化建设多样性、多元化发展的同时，也要看到民营企业文化建设还需要进行更多的理论研究和普及推广实践。今后，一个时期的企业文化建设理论研究的重点就是以全国一流高校和培训研究机构为依托，通过走出去和请进来等方式，对全体委员和重点民营企业高层管理者进行培训，引导民营企业文化建设走向深入，全面提升我省民营企业文化建设水平。

各位委员，今年党的十七大将要召开，这是我国经济社会发展进入关键阶段召开的一次重要会议，对于我们党团结带领全国各族人民全面建设小康社会、加快推进社会主义现代化具有十分重要的意义。党的十七大代表将会安排“适当数量的新经济组织和新社会组织的党员”。这无疑是对我们民营企业社会地位和作用的又一次充分肯定，同时，也是对我们所从事的企业文化建设工作的鼓舞和鞭策。委员会要在省工商联的领导下，与广大民营企业家和员工一起努力，实践企业文化建设，研究企业思想政治工作，提升企业文化建设水平，携手构建社会主义和谐企业，为构建充满活力、富裕文明、和谐稳定、山川秀美的新山西做出积极贡献，以实际行动向党的“十七大”献礼！

（山西省工商联民营企业文化建设委员会常务副主任、太原来福集团董事长陈福喜代表委员会做工作报告）

重要讲话

省委书记张宝顺讲话摘要

省委书记张宝顺在中国共产党山西省第九次代表大会上的报告中指出：鼓励和支持个体、私营等非公有制经济发展，鼓励社会资本以多种形式参与国有企业改组改造，激发全民创业的动力，使非公有制经济的比重大幅度增加。

省长于幼军讲话摘要

省长于幼军在山西省国民经济和社会发展第十一个五年规划纲要报告中指出：大力发展非公有制经济。全面贯彻落实国家和我省关于发展非公有制经济的政策措施，进一步改善发展环境，放宽市场准入，认真清理、修订、废止一切不利于非公有制经济发展的法规、规章和政策。依法保护私有财产，保障非公有制企业的合法权益。在资金融通、信用担保、管理服务、技术咨询、市场开拓、国际合作等方面对非公有制企业一视同仁，支持发展。“十一五”末，非公有制经济增加值占地区生产总值的比重增加15个百分点。

在山西省工商业联合会第九次会员代表大会上的讲话

全国工商联党组副书记、副主席　瞿怀明

（2002年6月26日）

各位代表，各位同志：

我代表中华全国工商业联合会向山西省工商业联合会第九次会员代表大会致以热烈的祝贺！向各位代表表示亲切的慰问！向一贯关心、支持工商联工作的中共山西省委、省人大、省政府、省政协表示衷心的感谢！

山西省工商联自第八次会员代表大会以来，在中共山西省委的正确指导下，在省委统战部的有力指导下，在有关部门的积极支持下，认真学习贯彻党的十五大、全国统战工作会议和江泽民总书记一系列重要讲话精神，坚持党的基本路线，紧紧围绕经济建设中心，自觉服从和服务于大局，积极履行职能，不断开拓创新。在调查研究、参政议政、建言献策方面，在促进非公有制经济健康发展、非公有制经济人士健康成长方面，在服务经济、服务会员、服务社会等各方面都取得了可喜成绩，为山西省的两个文明建设做出了积极贡献。

新的世纪，新的形势，新的挑战，新的机遇，工商联面临着更加繁重而光荣的历史使命。江泽民总书记在中央党校省部级干部进修班毕业典礼上的重要讲话，对更好地动员全党和全国人民高举邓小平理论伟大旗帜，全面贯彻“三个代表”要求，具有十分重要的指导意义。我们要认真学习，深刻领会，用“三个代表”重要思想统领各项工作。继续深入调查研究，提高参政议政质量。就山西省非公有制经济的健康发展，代表人士的健康成长积极建言献策，为党委和政府的重视和支持提供决策参考。进一步总结经验，健全服务职能，完善服务手段，拓展服务领域。加强与政府有关部门的联系，反映会员的合理要求，维护会员的合法权益，为政府、为会员、为社会提供有效服务。努力创造性地贯彻“两个坚持”、“三个结合”。帮助会员企业适应市场要求，调整产业和产品结构，建立现代化管理机制，推动科技进步与技术创新，提高产品和服务质量，树立名牌和竞争意识。团结和带领更多的非公有制经济人士，引导他们树立新时代民营企业家的形象，当好有中国特色社会主义事业的建设者，为经济发展、社会进步、国力增强、民族振兴贡献力量。

今年是我们党和国家发展史上非常重要的一年。中国共产党将召开第十六次全国代表大会，这是中国进入全面建设小康社会、加快推动社会主义现代化建设事业发展的一次极为重要的会议。全国工商联第九届会员代表大会也将召开。深信山西省工商联在新一届领导集体的带领下，一定能够增强政治责任感和社会使命感，把握态势，抓住机遇，与时俱进，务实创新，使各项工作再上一个新的台阶，为山西的两个文明建设做出新的更大贡献。

祝大会取得圆满成功！

在中国光彩事业“太行行”活动启动仪式上的讲话

全国工商联党组副书记、副主席、中国光彩会副会长 张龙之

（2006年11月28日）

尊敬的各位领导、尊敬的老区人民、各位企业家朋友们：

大家好！

今天，我们来到这片曾经作为八路军总部的武乡县的红色土地上，心情格外激动，我们仿佛又看到当年八路军和老区人民携手并肩，战旗漫卷，金戈铁马，浴血奋战的光辉的历史画卷。半个多世纪过去了，当前，全国上下正在深入贯彻落实党的十六届六中全会精神，为构建社会主义和谐社会，为建设社会主义新农村，为推进社会主义现代化事业进程，全面建设小康社会而努力奋斗。为响应中央号召，这次由全国工商联、中国光彩会、山西省人民政府主办，山西省委统战部、省工商联、省光彩会、长治市人民政府共同承办的“中国光彩事业太行行”活动今天正式启动了。首先，我代表全国工商联和中国光彩会，向光荣的、英雄的太行老区的父老乡亲致以崇高的敬意和衷心的问候！向远道而来参加这次活动的企业家、港澳台侨工商界人士和各界朋友表示热烈欢迎！

“中国光彩事业太行行”活动是2006年中国光彩事业一项重点工作，是光彩事业围绕中心，服务大局，促进革命老区、民族地区、贫困地区发展而开展的一项重要活动。这次活动选择在太行革命老区举办具有特殊的重要意义。太行老区是我国抗日战争和解放战争主要根据地之一。太行老区为抗日战争的胜利，为全国的解放做出了巨大牺牲和重大贡献。英雄的太行儿女谱写了可歌可泣的史诗，同时，也孕育了伟大的太行精神。长期以来，太行精神鼓舞着太行人民艰苦奋斗，自强不息，为改变太行面貌做出了重要贡献。改革开放以来，太行老区发生了巨大的变化。长治，不仅是具有光荣历史的革命老区，而且具有悠久的历史，灿烂的文化，富饶的矿产，丰富的资源，是一块物华天宝、人杰地灵的热土。把这片热土建设成为一个美好、和谐、幸福的家园，是革命先烈的遗愿，也是我们这一代人的历史责任。作为在党的富民政策指引下发展、成长起来的民营企业家，以实际行动响应党和政府的号召，满怀激情地来到这里，积极投身于老区的开发建设之中，决心创造出实实在在的业绩来回报先烈和太行人民。我们主办这次活动，就是和广大民营企业家一起来到这里缅怀革命先烈，学习、感悟太行精神，接受革命传统的洗礼。同时，通过这次活动，进一步激励广大民营企业家创业的决心和信心，为太行老区建设发展做出积极贡献。

中国光彩事业是中国改革开放和时代发展的产物。1994年4月由10位非公经济代表人士发出“让我们投身到扶贫的光彩事业中来”的倡议以来，中国光彩事业在中央统战部和全国工商联的领导和支持下，已经走过了12年不平凡的历程。12年来，在党的领导下，在广大人民和非公经济人士的支持和参与下，在港澳台侨工商界人士的共同努力下，为西部大开发和“老、少、边、穷”地区的经济发展和社会进步做出了积极的贡献。

目前，已有18703名非公有制经济人士投资1069亿元人民币，组织实施了13544个光彩事业项目，已帮助548万贫困人口解决了贫困，培训人员294万人，安排就业300多万人，为社会公益事业无偿捐款130多亿元，受到了各级党委、

政府和社会各界人士的高度评价。同时，中国光彩会也在国际上产生了重要的影响。目前，中国光彩会已经取得联合国非政府组织特别咨商地位和联合国贸发大会特约观察员地位。在过去12年发展中，中国光彩事业逐步形成了“致富思源、富而思进、扶危济困、共同富裕、义利兼顾、德行并重、发展企业、回馈社会”的光彩事业精神。今天到会的民营企业家，都是光彩事业积极的支持者和参与者，有些企业家已经在长治投资了一些项目，今天，还要在这里签约14个项目，总金额达到121.42亿元。其中，合同9个，总投资69.38亿元，拟引进资金50.93亿元；协议1个，总投资3.36亿，拟引进资金3.36亿元；意向4个，总投资48.68亿元，拟引进资金48.56亿元。我衷心地希望，广大的民营企业家把自身的优势和太行老区的发展需求结合起来，本着义利相溶的原则，共同富裕的宗旨，互惠互利，为太行老区扎扎实实地办实事，办好事，真正为太行老区的发展、振兴做出积极的贡献。同时，也相信太行老区一定会为前来投资兴业的企业家给予大力支持，共同创造出一个团结和谐、同心协力、和衷共济求发展的优良环境。

同志们，朋友们，让老区人民过上美满幸福的生活，是构建和谐社会的重要内容。让我们更紧密地团结在以胡锦涛同志为总书记的党中央周围，高举邓小平理论和“三大代表”重要思想伟大旗帜，认真贯彻党的十六届六中全会精神，大力弘扬太行精神，开拓进取，扎实工作，为创造太行老区幸福美好的明天而共同努力奋斗！

动员广大人民群众　追求美好富裕生活

——在山西省民营企业文化建设交流研讨会上的讲话

全国工商联副主席　程　路

（2003年10月14日）

各位同志，各位朋友：

非常高兴来出席这次论坛，这是自8月25日全国工商联在重庆宣布成立民营企业文化建设委员会以来，在省级工商联组织的第一个专门的论坛。它的举行，对于各地广泛开展民营企业文化建设的工作将起到重要的推动作用，并具有很好的借鉴意义。

同时需要指出的是，这次论坛的主题定为“民营企业与社会协调发展”还有一个特殊的意味，大家知道今年年初，山西省发生了李海仓遇害事件，惊动了全国。当时方方面面的议论很多，但总的是负面多，正面少。究竟怎样看待发展中的中国民营企业，怎样看待非公有制经济的地位、作用和前景，一时间社会上产生很多猜疑。特别是一些媒体，不负责任地发表关于海鑫集团的所谓调查和披露，把本来很明白的事情搞得疑云密布。还有的媒体在这些并非客观事实的报道基础上，发表了有失公允的评论，不仅给海鑫集团发展造成很大阻碍，给当地政府带来很大压力，也给山西省民营企业家，乃至全国非公有制经济人士造成了心理上凝重的阴影。

当时，中央统战部和全国工商联党组高度重视这一事态的发展和影响，积极组织包括中央电视台在内有关新闻媒体，按照全面、客观的原则，进行调查采访，用第一手材料向社会说明事情的真相。《中华工商时报》连续发表言论，以党的十六大精神为指针，从多个角度阐述毫不动摇地鼓励、支持和引导非公有制经济发展的必要性和重要性。山西省委统战部和工商联在这一过程中不仅给予了大力的支持，同时也做了大量的工作，取得了很好的效果。最后，我们的成果形成了一本书，叫《有产者启示录》，中央统战部和全国工商联还为此专门召开了座谈会。在这本书里，有的在座同志就可以找到自己的名字。立此存照，当我们实现小康社会的那一天，我们再回味这一段历史，看看本世纪初叶，中国非公有制经济所处的社会环境，看看山西省工商联各位同志和民营企业家们在此间做的非常有意义的工作，而这些工作就是对推动非公有制经济健康发展的可贵贡献，我们将会为此感到骄傲。

也正是由于李海仓被害事件及其所引发的各种议论，在今年年初的“两会”期间，当时的全国工商联党组书记、第一副主席梁金泉同志，他也是民营企业文化建设积极倡导者，就提出“要促进民营企业与社会协调发展”。后来，在筹备全国工商联民营企业文化建设委员会，和拟议开展今年活动的时候，我们就把“民营企业与社会协调发展”作为今年的主题。在重庆全国工商联民营企业文化建设委员会成立大会期间，在前不久庆祝全国工商联成立五十周年的系列活动中，我们都举办了“2003中国民营企业文化论坛”，主题也是“民营企业与社会协调发展”。这一主题受到了媒体的广泛关注，不仅搜狐网直播论坛的精彩演讲，而且当时到场的新闻记者就有100多位。今天，山西省工商联召开同样主题的论坛，我相信一定会起到一个很好的示范作用。同时我希望各地都开展这样的活动，形式可以更加生动活泼，内容可以更加丰富多彩。全国各地都开展起来了，才会动员最广泛的非公有制经济代表人士更加自觉地担负起自己的社会责任，把自身企业的发展与国家的需要结合起来，把个人富裕与全体人民的共同富裕结合起来，把遵循市场法则与发扬社会主义道德结合起来，才能充分发挥各级工商联组织的特殊优势，密切各级党委和政府与非公有制经济代表人士之间的联系，做好政府管理非公有制经济的助手工作，并使各级党委和政府倾听非公有制经济代表人士的心声，让社会全面了解非公有制经济人士的精神面貌，才能在各地加大贯彻落实党的十六大精神的力度，进一步改善非公有制经济发展的政策环境和文化环境，这是一件具有重要现实意义和深远历史意义的工作。

今天的论坛还有一个突出的特点，就是山西省把各县基层工商联组织起来了，而且是在山西省非公有制经济发展非常具有特色的怀仁县召开这样的论坛。雁门关外只有30万人口的高原地区小县怀仁县，已有民营个私企业4758家，吸纳了3万多人就业，纳税占全县的38%。县委书记把县民营企业的贡献概括为四句话，他说，民营经济效益的提高，带动了县域经济效益的提高；民营经济总量的增长，拉动了县域经济总量的增长；民营经济结构的调整；推动了县域经济的调整；民营经济素质的提高，促进了县域经济素质的提高。县委书记高度评价民营经济，表扬了县工商联的工作，我们全国工商联也持同样态度，我们也表扬。这就体现了我们山西省工商联的工作是扎实的，把掀起学习“三个代表”重要思想新高潮的工作，把贯彻落实党的十六大精神深入到基层，这是具有战略眼光的表现。来到这里，我也是感慨万千。下面我从四个方面谈谈自己的思考和想法，和大家进行交流。

一、关于民营企业文化建设的主体和功能问题

什么是企业文化，什么是民营企业文化建设？对这个问题，无论在企业界，还是在理论界都存在不同的理解和认识。在我们组织的交流活动中，大部分企业家认为企业文化是企业物质、精神文明财富的总和，是代表一系列相互依存的价值观念和行为方式的总和，是企业精神力量的体现。

企业文化是作为企业运行力存在的，是作为人们理念和行为的规范力存在的。企业文化既包含企业职工所共有的价值取向和行为等外在表现形式，也包含以书面和非书面形式表现的标准、程序。所以，企业文化也是民营企业改革传统的落后的管理机制，建立现代企业制度的重要内容，是保证民营企业在当今愈演愈烈的全球化的市场竞争中，具有强有力的市场竞争力的关键因素。

企业文化还是团结企业职工，增强企业凝聚力，协调生产关系，促进企业发展的精神动力，是民营企业在逆境中树立信心，克服困难，在顺境中保持清醒和理性的精神基础，是企业永不枯竭的精神动力源泉。

一些企业家在交流中还达成了这样的共识，民营企业文化建设就是以人为本，做人做事相统一，实现适应现阶段经济和社会发展要求的转变。即从自然人到社会人，到文化人的转变；由产品经营，到资本经营，到文化经营的转变；从胆商到情商到智商的转变；从随意管理，到制度管理，到文化管理的转变；从人治，到法治，到自治的转变，等等。民营企业文化建设就是提升企业文化总体水平的过程，其中包括企业理念、奋斗精神、思想观念、道德标准、文化素养、管理能力等综合素质。民营企业文化建设水平的高低也是衡量一个民营企业和企业家整体素质高低的主要指标。

应该说，这些认识对于我们进一步开展促进民营企业文化建设的工作具有很好的借鉴意义，带给我们很多启示。

现在全国上下掀起了学习贯彻“三个代表”重要思想的新高潮，如何在非公有制经济领域实践“三个代表”重要思想，如何把“三个代表”重要思想落实到指导我们民营企业健

康发展的文化理念和经营思想中去，各级工商联组织如何通过企业家喜闻乐见的形式，按照“三个代表”重要思想的要求引导非公有制经济健康发展和非公有制经济人士健康成长，也是促进民营企业文化建设中需要研究和实践的重要内容。

我要强调的是，民营企业文化建设，首先是民营企业家们的发明创造，是他们的自发行为。全国工商联党组及时抓住这一苗头，努力使之由自发的行动转变为自觉的行为。应该说这一工作得到了民营企业家们的广泛认可，得到了各级工商联的认可，也得到社会的广泛认可。为什么企业家们热衷于这项工作？不仅因为民营企业文化建设内涵丰富，而且还因为它是民营企业增强竞争力和凝聚力的一件实实在在的工作，是民营企业练内功的核心，是民营企业的内在需求。

推动民营企业文化建设是促进非公有制经济健康发展的有效途径。促进非公有制经济健康发展不是一句空话，一个人的健康不能是头疼脚不疼，身体哪里有病都是不健康。非公有制经济健康发展也不能是单方面良好，而必须是经济效益与企业文化均衡发展。否则，我们就会有更多的昨天还是十分辉煌，今天却突然崩塌的民营企业。

在促进民营企业文化建设过程中，企业家们就提出了这样一个问题：究竟谁是民营企业文化建设主体？大家经过讨论，有了这样的认识：民营企业的主体是员工，民营企业文化建设的主体也是民营企业的全体员工。他们一方面是企业的员工，是下级，是执行者，是劳动者；另一方面，他们也是社会人，在我们社会主义国家中，他们作为公民在法律上，在人格上，在社会上被赋予同等的权利、义务和地位，他们具有独立的思想，独立的自由发言的权力，独立的自由信仰的权力。他们的人生价值也应该得到最大限度的体现。一个民营企业的理念和行为准则，只有被员工广泛接受，才能形成一种企业文化。

但是，在民营企业文化建设中，不容否认和不容忽视的是，企业家具有独特的影响和作用。民营企业家往往是民营企业文化建设的设计者和规划者，是实践企业文化的示范者和带头人，同时还是民营企业文化的倡导者和宣传员。民营企业家是通过自己企业的文化建设把企业家的理念与员工的思想统一起来，并变为企业行为的准则。这不仅需要大量的沟通工作，更需要走群众路线，需要形成共识，形成制度，共同来约束。所以，民营企业文化建设更是企业家们关注的问题。在筹建全国工商联民营企业文化建设委员会的时候，我们坚持以民营企业家为主，不仅请他们来作委员，还请他们来主持委员会的工作，并通过他们，把各地民营企业文化建设的工作带动起来，把民营企业员工文化建设带动起来。这就要求我们邀请的企业家不仅自己的企业做得好，自己企业的文化建设做得好，是行业或地区经济发展的排头兵，有号召力；而且还要热心推动民营企业文化建设工作，热心工商联的工作。只有这样才能把工作真正做好，并取得实效。

民营企业文化建设的主体是民营企业，工商联做什么？是什么地位？发挥什么作用？促进民营企业文化建设工作主要是靠工商联，一方面要充分发挥担任各级工商联会长、副会长、常委、执委的企业家的作用，另一方面工商联机关，特别是宣传教育部门的任务十分关键和繁重，要为这些企业家们做好引导、帮助和服务工作，为这些企业家创造发挥作用的空间，“工商联搭台，企业家唱戏”。同时，工商联还要做好引导和参谋工作，把“三个代表”重要思想，把党的方针政策，把国家的大局和需要，传达给企业家们，保证民营企业文化建设沿着正确的发展方向前进。

我们的企业家们和工商联的干部一定要认识到：中国民营企业家肩负着发展经济和促进社会进步的双重使命，他们任务和责任是非常重大的。所以，促进民营企业文化建设既有很多有意义的工作可做，又是很重的责任，是工商联完成自身职责的一个重要的切入点，是实践中国共产党代表的先进文化前进方向的落脚点，是开展鼓励、支持、引导非公有制经济健康发展和非公有制经济代表人士工作健康成长的切入点，也是新时期做好非公有制经济代表人士思想政治工作的一条有效途径。

全国工商联党组非常重视做好非公有制经济代表人士的思想政治工作，我到工商联工作以后，就参加了四次由全国工商联党组组织的宣传教育工作会议。在召开这些专题性质的研讨会中，我们发现，过去对非公有制经济代表人士开展思想政治工作的方式，不过是激励方式、活动方式、服务方式三种，对于企业家来说都是来自外部，是被动接受的方式。促进民营企业文化建设，则是发挥工商联作为党和政府联系非公有制经济人士的桥梁和纽带作用，发挥政府管理非公有制经济助手的作用上的一个新的尝试，而且也是为非公有制经济代表人士之间搭起一座相互往来的桥梁；同时把工商联工作与非公有制企业发展的内在需要紧密结合起来，并通过企业文化这个企业家、企业职工和工商联工作人员都能接触到，都能参与的工作作为一个结合点，把贯彻党的路线、方针和政策，把对非公有制经济代表人士的要求变为企业和企业家自己的行为，把思想政治工作落在实处，是做好非公有制经济代表人士思想政治工作，建设一支拥护党、拥护社会主义的非公有制代表人士队伍的一种新的尝试。

用先进的文化促进先进生产力的发展，促进先进生产关系的形成，更有效地深入进行爱国主义、社会主义和艰苦创业精神的教育，更有效地引导非公有制经济人士坚定地走共同富裕的光彩之路，更有效地动员广大民营企业家参与社会主义精神文明创建活动；同时在非公有制经济领域培养一大批有理想、有道德、有文化、有纪律的公民，培养一支坚决拥护党的领导、与党团结合作的积极分子队伍，培养更多优秀的中国特色社会主义事业建设者，为全面建设小康社会，为促进面向现代化、面向世界、面向未来的民族的科学的大众的有中国特色社会主义文化发展做出贡献。

各级工商联要把民营企业文化建设作为加强自身建设，提高整体素质的过程；要通过推动民营企业文化建设，提高各级工商联工作的水平和能力，保持一种积极进取、实事求是的精神状态。只有让我们的干部更贴近民营企业发展实际去做工作，才能在完成党交给工商联的历史任务中真正发挥作用。

二、关于民营企业与社会协调发展问题

党的十六大提出了全面建设小康社会的宏伟蓝图，重申了在社会变革中出现的新的社会阶层，“都是中国特色社会主义事业的建设者”，“对为祖国富强贡献力量的社会各阶层人们都要团结，对他们的创业精神都要鼓励，对他们的合法权益都要保护，对他们中的优秀分子都要表彰。”提出了“必须尊重劳动、尊重知识、尊重人才、尊重创造”。十六大报告第一次在党的纲领性文件中倡导全社会创造财富、积累财富，并发出了响亮的、鼓舞人心的号召：“要形成与社会主义初级阶段基本经济制度相适应的思想观念和创业机制，营造鼓励人们干事业、支持人们干成事业的社会氛围，放手让一切劳动、知识、技术、管理和资本的活力竞相迸发，让一切创造社会财富的源泉充分涌流，以造福于人民。”今年，全国工商联民营企业文化建设提出“民营企业与社会协调发展”的主题，就是认识到，推动民营企业文化建设工作是促进民营企业与社会协调发展的一个平台，一方面，企业文化是民营企业对其与社会关系的理念的综合反映，是协调社会关系的原则和手段。譬如：是惟利是图，还是互惠互利，义利兼顾？这种反映直接影响着企业在社会中的形象，从而影响着其市场的拓展。另一方面，一些地区对发展非公有制经济还存在着这样或那样的问题，“让一切创造社会财富的源泉充分涌流”的文化环境和社会环境还有待进一步完善，非公有制经济发展的社会文化环境与党的十六大提出的目标还有很大距离，需要我们在此方面下大力气，去与社会沟通，创造一个良好的舆论环境。特别是一些欠

发达的地区，首先要解决思想观念问题。我很高兴，在山西，就有闻喜县、怀仁县等这样的基层党委、政府，以“三个代表”重要思想为指针，以高度的政治责任感和思想觉悟，以长远的战略眼光，顶住压力，发展非公有制经济，也就是动员广大人民群众，追求美好富裕的生活。山西省工商联和山西各基层工商联在这方面也做了大量卓有成效的工作。

我知道，也是这些地区，要发展非公有制经济也有很多来自各方面的压力，譬如民营企业家的原罪问题，他们有没有罪？该不该清算？譬如贫富差距问题，危言耸听者已经把这一问题上升到危及社会稳定的高度。譬如民营企业家参政议政问题，是多了还是少了？有的人提出要警惕基层政府的富豪情结，担心我们的党组织，我们的人大、政府会被富豪们所左右。这些议论使得我们的一些政府官员在发展非公有制经济时变得犹疑起来，鼓励、支持和引导非公有制经济发展的立场就不那么坚定，措施就不那么得力，左顾右盼，总怕和企业家们联系多了，发生什么故事，影响了自己的前程。党的十六大提出的“营造鼓励人们干事业、支持人们干成事业的社会氛围，放手让一切劳动、知识、技术、管理和资本的活力竞相迸发，让一切创造社会财富的源泉充分涌流，以造福于人民”，就这样被打了一个大大的折扣。要解决这些问题，首先是提高认识。

如何看待非公有制经济人士这一阶层？我认为，应该有一个基本认识，这就是要充分认识到他们中的绝大多数是好的。这不是简单的套话，而是从调查中得来的。我也欢迎新闻界的朋友能多采访一些我们的民营企业家，看他们绝大多数的钱财是从哪里来的？又用到哪里去了？他们现在最普遍的想法是什么？最关心的问题是什么？我希望山西省工商联多组织一些新闻媒体，对我们省的民营企业家进行一些调查采访。特别是象今天举办这个论坛的时候，把采访工作深入到基层中去。全国工商联在组织新闻媒体采访海鑫集团的时候，就要求一方面要客观，一方面要全面，要向农民们了解情况和看法，向企业职工了解情况和看法，正是从闻喜县最基本的群众嘴里，我们看到海鑫集团发展对改善人民生活、推动社会进步的意义。我相信通过调查，同样也会得出这样的结论，我们的民营企业家是在党的富民政策和所有制理论指引下，通过辛勤劳动致富的，是从工人、农民、知识分子、退伍军人或干部成长而来的，是爱国、敬业、诚信、守法的，他们无愧为中国特色社会主义事业的建设者。

我用四句话概括我对非公有制经济发展中存在问题的看法。第一，是毛主席倡导的，要用辨证唯物主义和历史唯物主义的观点看待发展中的问题。过去我们是计划经济，所有经济资源都掌握在政府手中，非公有制经济这个体制外的东西要发展，也要利用这一资源，就不可避免地产生各种各样的矛盾和问题。最极端的是安徽农民为分田到户立下生死状。第二，是小平同志在十一届三中全会上提出的，解放思想，实事求是，团结一致向前看。过去出现的问题，是有着深刻的社会背景，要以实事求是和团结一致向前看的态度对待过去问题的处理和解决，关键是要发展。开过车的同志都知道，光看反光镜，是看不到前程的。第三，要本着江泽民同志提出的“三个代表”的重要思想去看待和解决目前存在的问题，重点是引导非公有制经济人士把“自身企业的发展与国家的发展结合起来，把个人富裕与全体人民共同富裕结合起来”，把遵循市场法则与发扬社会主义道德结合起来；第四，是按照党的十六大提出的要保护发达地区、优势产业和通过辛勤劳动与合法经营先富起来人们的发展活力，鼓励他们积极创造社会财富，一切妨碍发展的思想观念都要坚决冲破，一切束缚发展的做法和规定都要坚决改变，一切影响发展的体制弊端都要坚决革除！在我了解的许多非公有制经济人士中，他们对党的十六大里的一段话，感到特别温暖、鼓舞和振奋。“对为祖国富强贡献力量的社会各阶层人们都要团结，对他们的创业精神都要鼓励，对他们的合法权益都要保护，对他们中的优秀分子都要表彰，努力形成全体人民各尽其能、各得其所而又和谐相处的局面。”促进非公有制经济发展与社会协调发展不仅是党和人民的要求，也符合非公有制经济自身的利益；是非公有制经济的需要，也是我们全面建设小康社会的需要。

改善社会文化环境，对非公有制经济发展具有非常重要的意义。近的例子有闻喜、介休，人们对在晋南这个盐碱地上，能出现海鑫集团这样一个特大型的钢铁企业；在介休，能出现安泰这样全国闻名的企业感到很惊讶，于是有这样或那样的议论并不奇怪。其实，只要到这两个地方走走，和那里的干部群众交流一下，我想就会懂得，因为那里的党委、政府和人民群众为非公有制经济发展开辟了一个绿洲。所以，长出这样的参天大树是顺理成章的事情。

我还想举一个浙江省民营企业与社会协调发展的例子。为什么在温州，没有失业问题的困扰？没有贫富差距问题的困扰？在全国，今年有50%的大学毕业生难以分配出现困难，而在浙江，几乎不存在这些问题。在全国的所有城市，乃至海外，你都可以发现温州人的足迹。因为在那里，有这样一个文化氛围，就是在那里人们的观念中，没有工种上的高低贵贱之分，人们可以亦工、亦农、亦商，做工人挣钱，我就做工；做农民挣钱，我就务农；做生意挣钱，我就经商，凭自己双手创造的美好富裕的生活都是光荣的。这是一种社会文化。在浙江，有这样一个永嘉学派，它主张“事功之学”，就是注重实践，注重接触实际，注重实业精神。今年7月17日，浙江省工商局公布了2002年度浙江省百强非公（民营）企业名单，这次公布的民营企业百强，以制造业占主导，绝大多数企业以化工、机械、纺织等为主业，只有17家涉及到建筑和容易产生“问题富豪”的房产行业。但在17家企业中很少有纯粹的房地产企业，并且这些民营企业做房地产都非常的严谨与小心，发展得比较健康。2003年上半年，浙江省500万元以上的制造业企业总投资为619.4亿元，其中民间资本占据三分之二以上。这充分说明浙江民营企业都以制造业为主，而且以传统意义上的制造业居多。传统的制造业要求企业实打实地起家，脚踏实地地发展壮大。并且在资本要求上不高，启动资金不大，发展过程中资金流动周期快，所需资本量要求不大，企业收效快。民营企业家无需冒较大的风险去玩空手道，搞非法集资或玩拆东墙补西墙的非法借贷把戏。浙江民营企业是靠双手一点一滴把财富攒起来的。浙江企业家赚的是辛苦钱，他们每一分钱都赚得不容易，并且他们不管赚到多少钱，都会不断想办法继续创业。浙江人是从很小的商品开始做，做小商品，做鞋子，做钮扣，做五金，做袜子，钱是一厘厘地赚，人家不愿干的，浙江人干，并且从小做到大，坚持不懈，踏踏实实。

不少学者破解浙商的致富“密码”是：没有靠山，没有银行贷款，全靠白手起家，再加上一些优秀品质，比如节俭、勤劳、精于算计，等等。而且浙江的民营企业家也一向很低调，不事张扬。如在2002年进入百强的民营企业中，谁也没想到绍兴所占席位最多，竟然有35家。绍兴师爷真可谓闷声不响发大财。绍兴民营企业浙江玻璃2001年12月在香港成功募集资金5亿港币，成为第一家发行H股的内地民营企业。目前，绍兴已不声不响地成为浙江省和全国拥有民营上市公司最多的地区之一。浙江民营企业这种低调，少了一份浮躁，当然有利于浙江老板沉下去踏踏实实的做实业，而不是虚张声势、吹牛皮、骗贷款。

在浙江本地，尤其是在温州，商会是知名度最高、最有面子的民间组织，包括服装商会、家具商会、五金商会、合成革商会在内，仅温州现在就有130多个商会和行业协会。同时，像蒲公英一样，飞往全国乃至海外各地经商办厂的300多万浙商也在全国各个省份以及大中城市，建立了无数个商会。这些民间团体如今成了他们在异乡合作创业与当地群众沟通联络的新“家”。目前欧盟、美国、阿根廷等地也建立了浙江（温州）商会。可以说浙江商会遍布于海内外。这些民间组织正以积极的姿态活跃于经济舞台上，同时在整个浙江经济、政治与社会发展中扮演着重要的角色。尤其是在行业自律方面发挥着日益重要的作用。这次为庆祝全国工商联成立五十周年而举办的文化论坛上，我们就请到了温州烟具行业协会会长、大虎打火机有限公司的老板介绍和欧盟打反倾销官司的过程，让企业家们大开眼界。浙江商会承担行业自律、维权、组展、服务、协调、管理等六大方面的任务。商会组织的出现与壮大，使得浙江民营企业的发展在商会的监督与自律下，走上了有序而健康的发展轨道。

而浙江省各级政府为改善非公有制经济发展环境的努力无疑是不可或缺的。浙江地方政府支持民营企业的发展由“松绑放权”到“政策套餐”，使得民营企业从依靠政策优惠转向依靠规范竞争和信用支撑求发展。浙江地方政府不断建立健全公平、公开、公正的信用体系，引导企业诚信经营。由于浙江各级政府支持力度较大，在发展环境、贷款、技术、出口等多种渠道上给予支持；同时积极对民营企业的生产经营等进行规范与监督。虽然浙江民营企业也曾经乱过一段时间，但是在浙江各级政府的帮助与监督下，他们觉悟得早、整治得早，这使得浙江的民营企业在生产经营过程中间非常规范，非常注重诚信问题。这是民营老板最密集的浙江很少出现问题富豪的重要原因。

他山之石，可以攻玉。我讲这些就是希望给我们山西的企业家，给我们山西各级工商联，给山西各级政府带来一些启发。要看到文化在协调民营企业与社会方面所能发挥的重要作用，看到民营企业要健康发展必须符合国家发展大局，区域经济社会发展大局需要这一要求，看到非公有制经济发展有赖于一个良好的社会文化氛围的形成。山西是晋商的发源地，历史上曾产生过极大的影响。发展市场经济的大好机遇，为山西的企业家和工商界人士提供了大显身手，再展风采的机会。全国工商联要求各地开展民营企业文化建设主题活动的同时，要特别重视与政府部门的合作，强调工商联要充分发挥党和政府联系非公有制经济的桥梁和纽带作用，政府管理非公有制经济的助手作用；要特别重视宣传工作，强调与新闻舆论部门的合作，都是为了创造非公有制经济发展的良好社会环境。

非公有制经济是以民为本的经济，我们在座的大多数民营企业家是从工人、农民成长发展起来的，很大部分是苦出身，为过上幸福美好的日子，艰苦奋斗，取得了今天的成果。这说明走向富裕的路，其实有很多条。只要解除思想上束缚，铲除社会文化方面的障碍，也就是一切妨碍发展的思想观念都坚决冲破，一切束缚发展的做法和规定都坚决改变，一切影响发展的体制弊端都坚决革除，就会让更多的人找到适合自己的走向富裕、幸福生活的那一条路。只有动员更多的人民群众起来，自己动手，丰衣足食，发展经济，形成让一切创造社会财富的源泉充分涌流的局面，全面建设小康社会的宏伟蓝图才能实现。

三、关于民营企业对中西部农村经济发展作用与影响

山西省是一个能源大省，也是农业大省。解决农民问题、农村问题、农业问题是我们面临的第一重要课题。胡锦涛总书记最近强调，要大力推进农业和农村经济结构的战略性调整，继续深化农村各项改革，加大对农村基础设施建设的投入，拓展农村富余劳动力转移的渠道，坚持不懈地抓好农村扶贫开发工作，加快农村各项社会事业发展，不断推动增加农民收入目标的实现。

解决好富裕农民的问题，是一个大事，也是一个难点。

首先，必须调动广大人民群众创业致富的积极性，创造一个让农民创造社会财富的源泉充分涌流出来的社会环境，这是一个应该遵循的最基本的原则。只有人民群众自己动手起来实现小康社会的宏伟蓝图才能实现。所以，大力发展民营经济不仅是现阶段加快实现农民富裕的现实选择，也是符合国家的发展大局和长

远利益。要充分激发人民群众的创业潜能，既要对农民讲自己动手、丰衣足食的道理，鼓励、支持和引导他们依靠自己的双手，靠勤奋劳动走向富裕生活，同时也要努力提高生产性、服务性收入在农民总收入中的比重，还要鼓励提高农民资产性、经营性收入。人民群众中蕴涵着无穷的智慧，走向富裕生活的路子有很多条，只要你给他创造出一个走美好富裕道路光荣的社会文化氛围，人民群众中的无穷智慧就会转化成巨大的物质财富和精神财富。

其次，要坚持走新型工业化道路，加快产业结构优化升级，加快培育大企业集团，加快发展中小企业，加快小城镇建设，实现民营经济与环境、与社会的协调。要跳出农业调整农业，跳出农村发展农村。中国有多少可耕地面积？2001年全国可耕种的耕地面积为19.14亿亩，还有林地34.38亿亩、园地1.60亿亩等。按照中国农民的传统理想，30亩地一头牛，老婆孩子热炕头。需要多少人耕种？中国又有多少农民？这个差值是很令人警醒的。《瞭望》杂志的文章估计，我国“失地农民群体”将从目前的3500万人剧增至2030年1亿人，其中将有5000万以上的农民处于既失地又失业的状态。农业部的一项分析认为，在多种因素下，今后五年将是农村劳动力供给的高峰期。每年将新增劳动力857万人，考虑到回流因素，新增外出打工农民的数量不会少于600万人。这个问题全部拿到城市里去，是难以解决的，甚至会激化社会矛盾。山西运城、介休和怀仁的经验值得借鉴，在闻喜县东镇的两个村，海鑫集团吸纳了那里的全部富裕劳动力，在海鑫集团就业上班的超过一万人。而发展起来的第三产业，配套产业都给那里的农民带来实实在在的利益，而闻喜县的经济实力也从国定贫困县成为山西很具有竞争实力的县。民营经济发展了，必然广开就业门路，对于落实好促进就业和再就业的各项政策措施就有了基本条件，对于不断完善与经济发展水平相适应的收入分配机制和社会保障体系，就有了现实的基础。这是一个很生动的例子。所以，加快欠发达地区民营经济的发展，特别是根据自己的实际情况，发展实业，不仅惠泽当地百姓，也是为国分忧。

提高农民素质是实现农民富裕生活的一个重要条件。走新型工业化道路，也为我们提高农民素质提供了一个非常有效的途径。我了解到，海鑫集团的职工队伍发展非常迅速，而它的干部和管理人员，乃至技术人员大多是从农民中成长起来的。而闻喜，甚至运城许多为海鑫配套发展起来的中小企业也有很多是农民办起来的。而海鑫的创始人，又是从安泰集团李安民董事长那里学来的本领，是李安民鼓励李海仓走出办实业的道路。鼓励非公有制经济发展，发展新型工业，可以为农村培养大批的熟练工人、管理人员、技术人员和企业家，这样的有知识、有专业，懂经营、会管理的农民越多，我们的农村发展就越有希望。

再者，要大力推动农业产业化。我们既要通过小额贷款这样的举措，鼓励发展一家一户的农户经济，更要大力培育农业龙头企业，要用现代产业文化意识取代旧的小农经济思想。大力提倡发展“公司+农户”，“公司+基地+农户”。通过公司，把市场和科技引入到农民的家门口。农业生产经营组织的创新，对于实现农业生产社会化、市场化具有重要作用，农业生产社会化、市场化，本身就是一种生产力。一方面通过种植产品和养殖产品的改良换代和品种更新，提高农民的农作物和养殖物的经济附加价值；另一方面，深化农副产品加工，提高深加工产品的附加价值。同时，通过公司，实现与市场的直接接轨。在此方面，我们同样有很多的案例可以借鉴。我看到，特别是那些土生土长的农民办起来的公司，他们勤奋地、最大限度地吸收同行业的先进经验，积极寻找市场，成为当地农民致富的带头人。而且对自己的家乡有亲情，有责任感，我们特别要鼓励和支持这样对美好富裕生活勇于追求的人们。从我国国情出发，积极发展农民新型合作经济组织，有效地推动农民进入市场。这就是我们要创造的社会文化环境。

四、关于如何进一步做好民营企业文

化建设促进工作的问题

我们开展促进民营企业文化建设的工作，就是要根据民营企业的这些实际需求，努力贴近民营经济发展，贴近民营企业经营实际，贴近民营企业家。民营企业文化建设工作是从民营企业中来的，我们开展促进这一工作的重点还是要回到民营企业中去。从群众中来，再到群众中去，这就是我们的工作路线。

从总体上来说，促进民营企业文化建设的工作是围绕工商联按照“三个代表”重要思想，引导非公有制经济健康发展，引导非公有制经济人士健康成长这一根本任务而展开的。也就是说，我们的目标和宗旨是从我国正处在社会主义初级阶段这一实际情况出发，从非公有制经济人士群体要成为中国共产党所依靠的坚实的群众基础这一要求出发，用先进的企业文化锻造一支拥护党的领导，拥护社会主义的积极分子队伍，使他们中更多的人成为优秀的中国特色社会主义事业的建设者。要在党的十六大制定的方针、政策指引下，按照“三个代表”重要思想的要求，根据生产力，特别是先进生产力发展的规律和要求，沿着符合国家发展大局的方向，促进非公有制经济健康发展，用先进的企业文化构筑民营企业发展之魂。

从这一目标来说，我们的工作是繁重的，所以，就要求我们不能急于求成，不能急功近利，要按照事物的发展规律办事。在工作中，首先要引导我们的企业家按照国家大局的需要，把握好企业的发展方向，要使我们的企业家努力成为一个成功的、稳健的、值得信赖的企业家，真正发挥企业的职能，这样才能为社会创造更多的财富和更多的就业机会，为国家和地方经济发展做更多的贡献，为国家和社会多分担一部分困难。当好企业家是民营企业家的第一要务。要引导民营企业家自觉地按照“爱国、敬业、诚信、守法”的要求去做，这是党和国家对非公有制经济人士群体的基本要求。要自觉地依法纳税，善待员工，为员工进行社会保险和医疗保险，保障员工的合法权益，做一个遵纪守法、诚实劳动的生意人；做一个热心光彩事业，报效祖国，奉献社会，富有责任心，为员工信赖的企业带头人；做一个具有高尚情操，播撒文明之花，具有良好社会形象的，为人所尊敬的社会贤达。在这一基础上，鼓励民营企业家在建立符合社会主义市场经济秩序和思想道德体系方面做出贡献，带动非公有制经济人士群体共同进步，在促进共同富裕方面和两个文明建设中起示范带头作用，在维护社会稳定方面起积极作用。

我们计划每年围绕一个主题开展活动，我们就是要通过这样一个又一个有一定影响的活动，让社会更广泛、更真实、更深入地了解非公有制经济人士这一阶层的本来面貌，为非公有制经济健康发展，为“让一切创造社会财富的源泉充分涌流”创造一个和谐的文化环境和社会环境。

我们引导民营企业家广泛地开展企业文化建设的同时，更要积极创造条件和良好的环境，其重点是加强宣传工作。要把促进民营企业文化建设与宣传教育工作紧密结合起来，这是一种新的工作模式，需要我们去探索，在实践中摸索和总结。我们要有一些小型的、内部的、专题的研讨会和座谈会，研究民营企业家们共同面临的问题，同时我们也要开展一些在社会上有影响的大型活动，树立新时期非公有制经济人士群体的形象。

我还希望我们的企业家能够通过民营企业文化建设委员会这个企业家自己的组织，多进行交流和沟通。在竞争日趋激烈的市场中，每一位企业家身上的压力都是巨大的，他们所遇到的新情况和新问题是繁多的，而他们有时就象是在暗夜中孤独的长跑者，面对着暂时的困难，往往需要一援手的支持；面对着诱惑，往往需要一声警醒的忠告；面对困惑，往往需要一句话的提示；面对选择，往往需要一个明智的建议。我希望所有参与到我们民营企业文化建设工作中的企业家们，能够交流真实思想，研究实际问题，追求实在效果，使我们每个人都能从中受益良多。

今年，全国工商联推动民营企业文化建设

的工作，还将继续以“民营企业与社会协调发展”为主题，做更深入的工作。如2001年5月，江泽民同志在亚太经合组织人力资源能力建设高峰会议上，提出了“构建终身教育体系，创建学习型社会”的主张；党的十六大又把“形成全民学习、终身学习的学习型社会，促进人的全面发展”确定为全面建设小康社会的重要奋斗目标。我们考虑把民营企业发展、文化建设与城市特色建设结合起来，与建设学习型城市、学习型企业结合起来，努力建设学习型企业，研究民营企业文化如何与区域（主要是城市）文化协调发展；又如我们考虑和有关单位合作，请民营企业到高校去举办创业讲座或论坛，引导更多的高校毕业生走上自我创业的道路，也可以到民营企业中去，发挥自己的聪明才智，这样不仅有利于非公有制经济健康发展，而且也有利于缓解社会的就业压力。还有，我们想明年更加关注民营企业中人的因素，提出“以人为本”的主题，如搞好民营企业“关心员工，实现双赢”的讨论活动，做好企业内部报刊的经验交流工作，这样把“民营企业与社会发展”的话题引向深入，使之更具体，更实在。在这方面，山西省工商联可否考虑把特别容易出安全问题的采掘业的民营企业组织起来，在保护工人等方面多做一些工作。总之，民营企业文化建设工作大有可为，大有前途。

我们希望各地工商联要认真组织学习落实“三个代表”重要思想，学习党中央关于加强思想政治工作的一系列文件，认真组织学习中共中央十六大精神，积极落实全国工商联《关于开展“2003年度民营企业文化建设主题活动”的通知》精神，将推动民营企业文化建设工作作为一项重要内容，纳入自己的工作议事日程。在各地开展2003年度民营企业文化建设主题活动中，争取当地党委和政府主管宣传部门的领导和支持，动员各主流新闻媒体和影响大的报刊，对这次活动进行充分报道，为落实中共十六大精神和非公有制经济健康发展，创造良好的舆论环境。要认真做好调查研究，组织一批在企业文化方面有成就、有特点、有经验的民营企业，进行总结和归纳，树立典型，用典型引路。特别是让非公有制经济代表人士自己研究，自己推动，自己总结，互相启发，自我教育，发扬光大好的思想、好的做法、好的形象。特别要发现一批符合党的路线、方针、政策，具有示范意义的典型。

促进民营企业文化建设是一项重要而崭新的课题，请各地工商联在总结民营企业文化典型经验过程中，及时向全国工商联宣传教育部通报情况，提出建议，推荐案例，加强交流和合作。

思想政治工作要走上科学化轨道

——在山西省非公有制企业文化建设暨思想政治工作经验交流会上的讲话

全国工商联副主席 程 路

（2005年8月6日）

尊敬的吴锦文部长、边鸣涛会长，
尊敬的田惠爱副部长、岳纪安书记，
尊敬的长治市马联社书记，沁源县委县政府王玉圣、张圣同志，
各位企业家、各位同志：

大家好。

很高兴又一次和大家见面。自从昨天下午抵达太原，到现在已经见过好多位老朋友，也结识了不少新朋友。

山西我是常来的，每次踏上这片瑰丽多姿的土地，都会有不同的感受。这次特别感受到沁源是一块英雄的土地。1942年，威武不屈的8万沁源人民，全部空室清野，撤往太行山区，给日本鬼子留下一座空城。随后，全县人民以同仇敌忾的豪迈气概，发动了中国抗日战争史上著名的“沁源县二年半围困战”，最终赶走了日本侵略者，树立了敌后抗战的光辉典范。值此抗战胜利60周年之际，请允许我今天在这里向伟大的沁源人民致以崇高的敬意！

2003年10月份我来过一次山西，在怀仁县参加全省民营企业文化建设交流研讨会，这是全国工商联民营企业文化建设委员会成立之后，省市工商联中率先响应的举动。山西省工商联各级组织、各位领导、各位代表人士反应之灵敏，行动之迅捷，令我印象深刻。还有一次是去年参加的晋商商会国际研讨会。今天参加的这次经验交流会，是继去年全国民营企业思想政治工作会议之后，省市工商联进行贯彻落实的行动之一。从会议的组织、内容和重点上看，大家对工商联的中心任务，是有着深刻领悟和切身体会的，实践中也是抓到不少典型，摸索出不少经验的。

刚才吴部长、边会长和田副部长都作了很重要的讲话，阐释了这次表彰活动的目的意义，对今后民营企业思想政治工作和企业文化建设的方向提出了明确要求。我感到这三个讲话非常好，有很强的针对性和指导意义。山西省工商联开展这样的教育引导活动，是贯彻落实党的十六大、十六届三中全会、四中全会精神和国务院3号文件的积极举措，是坚持以科学发展观为指导，真抓实干，促进和谐社会建设的具体行动。对广大民营企业来说，这次表彰活动具有鲜明的示范引导作用，它是高高飘扬在民营经济领域的一面旗帜。

当前，在工商联系统和民营经济领域中，就中央赋予的做非公有制经济代表人士思想政治工作的使命而言，14年来，我们在各级党委政府的领导、统战部门的具体指导和各级组织的共同努力下，已经取得了显著的工作成绩，一支坚决拥护党的领导、坚持走社会主义道路的积极分子队伍已经形成。这支队伍是爱党、爱国、爱社会主义、爱员工的。他们坚决拥护党的改革开放政策，始终和党中央保持高度一致，经受住了历次重大政治考验，没有引发全局性重大问题，同时引领广大民营企业实现了持续健康和快速发展。他们无愧于中国特色社会主义事业建设者的光荣称号。

同时，我们也要看到，目前的民营企业思想政治工作领域也积累了不少问题，与时代要求、党的期望和非公经济的迅猛发展是不相适应的。我个人认为，当前的突出的问题，有这样三个方面。

一是认识不充分。这个问题主要存在于干部们的头脑中。开展民营企业思想政治工作本身就是个难题，特别是今天人们的价值观都已经发生了变化，许多人觉得不要再提这件事了，工商联能够把服务工作，特别是经济、维权服务做好就行啦。我们本来有“团结、帮助、引导、教育”八字方针，现在不少人连“教育”这两个字都不敢讲了，他们觉得，人家都是“建设者”了，还怎么“教育”呀？

民营企业中也有忽视、轻视思想政治工作的问题。我就听一个企业家说过：“我才不想搞什么党工团呢，那玩意儿有什么用。”

二是发展不平衡。规模大、靠近城市、企业家个人素质高的企业，党工团组织就健全一些，思想政治工作和企业文化的成效就显著一些；中小规模的、偏远地区的，老板的主要精力就是抓销售抓效益了。

工商联组织也是这样，主要领导重视的，工作开展得就好一些，局面就活跃一些。反之，活动开展不起来，党的方针政策也下不来，就是组织机构也保证不了（据我的了解，就是在省一级组织中，至少有10家没有独立的宣传教育部门。当然了，我很理解各地编制、经费、干部职数紧张，机构设置要从当地实际出发，但是后勤行政人员过多，人浮于事，也确实是业务部门“缺血”的重要原因）。

三是工作不深入。在企业家这个层面，我们的联系面、视野还比较窄，长期停留在一些熟悉的人物上，开拓、发现、挖掘的力度不够；在企业这个层面，党工团组织建设的情况、经费保障的情况、活动开展的成效，以及老板与员工的交流沟通，思想政治工作与企业经营管理的关系处理，员工反映思想待遇问题的渠道方法，相关企业的经验教训等等，我们都了解得不够（这里有一个属地管理问题，一些事情工商联不便插手，但我们不能因此而轻言放弃，要尝试一些创新和突破）；在工商联这个层面，抓的力度也不够，主要是停留在学习传达党的方针政策层面，近年我们主办、参与的社会活动不少，论坛、展会、表彰等活动不少，但是坚持下来形成品牌的不多，给人的感觉是工商联抓思想政治工作思路不清，工作不主动，更谈不上预见性。

有时我想，如果有一天，中央或者省里突然问工商联：当前民营企业家和员工的思想状况如何？企业家的政治诉求有什么变化？他们如何评价党的当前政策？他们对当前的重大政治、经济、社会问题有什么看法？他们发展中的隐患是什么？下一步的目标在哪里?我们能够给出一个清晰准确的回答吗？

所以，我认为，对工商联所承担的思想政治工作，一方面要看到我们已经取得了很大很突出的成绩；另一方面也要看到，我们从总体上说，还处在一个分散自发、亟待总结提升、亟待突破的阶段。不过，从全社会角度讲，也是“同此凉热”。思想政治工作同样处在一个困难时期。

在战争年代和社会主义建设初期，思想政治工作确实是党的优势，是团结群众、克服困难的有力武器，但后来是我们自己把这个东西给搞坏了。“以阶级斗争为纲”把它削弱了，“用思想政治工作统帅一切”把它夸大了，再加上“文革”期间概念化、僵化、空话、假话、套话盛行，强制性的人人过关，人民群众也不再真心对待它了。

改革开放以后，我们主要讲解放思想、实事求是、市场经济，经济社会结构和人们的世界观、价值观以至思想道德都发生了深刻变化，一些优良传统渐渐被忽视、被抛弃了。现在，甚至有人不愿意再提起、不愿意再听到这样的词汇，更不愿意再进行探索、改造。他们认为好不容易把这些“枷锁”抛掉了，为什么还要把它拣回来呢？

现在，不论是在工商联系统、民营经济领域，还是在全社会，我们都遇到了同样的难题，这就是我们的经济已经进入历史上最好的发展时期，思想道德状况却渐渐滑入我党历史上最薄弱的时期！思想政治工作，我们也用一句套话来说吧“讲起来重要，干起来次要，忙起来不要”！

因此，这样的社会思想状况和工作现实，给我们提出了一个异常严肃的问题：做非公经济人士的思想政治工作，还是不是工商联的中心任务？换句话说就是，工商联还要不要继续做好非公经济人士的思想政治工作？

回答当然是肯定的。

首先，从工商联的使命看，这是继续加强党对非公经济领导的需要，符合党和政府对发展非公经济的根本要求。

做好非公经济代表人士思想政治工作，逐步培养起一支坚决拥护党的领导的积极分子队伍，这是1991年中央15号文件赋予工商联的神圣使命，是中央交给工商联的中心任务，是工商联组织存在的基石。虽然14年过去了，客观形势发生了重大变化，但是这份文件的基本精神没有过时，它对中国经济社会发展的分析判断依然闪耀着真理的光芒，是长期指导工商联工作的纲领。

人的思想认识这块阵地，如果我们不能自觉地用党的方针政策和政治思想去占领，就必然会被各种非马克思主义的思想去占领。因此，党必须通过工商联这样一个组织传播先进的思想、先进的观念。如果让非公经济人士这样一个新生的社会群体放任自流，久而久之，就会失去党在这个领域中的凝聚力和号召力，失去党的领导地位。

其次，从民营经济发展角度看，这是增强企业凝聚力、锻造企业核心竞争力的需要，符合国家可持续发展的要求。

据国家工商总局统计，到2004年底，全国私营企业达365.07万户，个体工商户2350.5万户，注册资本总额52993.86亿元，缴纳的税收超过3700亿元，非公经济对全国税收的贡献已占总量的1/3以上。

统计数据显示，2004年全国在个体私营企业就业的人数已达9604.36万人，比2003年增加668.68万人，增长7.48%；2004年，全国510万下岗失业人员中，有51.64%在个私经济领域实现再就业，其中有89.8万人持再就业优惠证申办了个体工商户；2004年全国280万高校毕业生中，有48%进入个体私营企业。

如果加上三资企业的从业人员，那么目前在民营企业直接就业的人员已经超过1亿人。如果再考虑到它后面的千千万万个家庭，这将是一个异常庞大的社会群体。

毫无疑问，民营经济今后还将是吸纳就业的主渠道。面对激烈的国际国内竞争，如何引导民营企业家处理好与社会、与员工的关系，对社会稳定以及全体人民的共同进步、共同富裕，其作用是不言而喻的。

因此，时刻把员工的生存和发展放在心上，这是民营企业家的第一社会责任，也是最大的政治责任。一方面，我们鼓励和支持创建学习型企业，倡导关爱文化，最大限度地保证企业和员工的生存权、发展权，促进民营企业与员工共同发展。另一方面，我们呼吁和期待广大员工加强学习，不断提高素质和技能，增强为企业服务的本领，创造个人发展和成功的机会，创造自己美好富裕的生活。只有员工的综合素质提高了，民营企业的整体素质才能提高，创新能力和核心竞争力才能增强；只有企业发展了，才能为员工谋取更多的利益。

半个世纪来，民营经济得到了迅猛的发展，积累了相当的财富，但目前也遇到了前所未有的挑战。特别是随着WTO过渡期的结束，从国内到国际，市场竞争越来越激烈，对企业提高核心竞争力的要求越来越高。什么是核心竞争力，根本一条，就是企业的学习能力和创新能力，是人才的创造力，是企业对员工的吸引力和凝聚力。

所以，我们一定要教育企业家们，一定要让他们清醒地认识到，如果不重视关爱员工，不把他们的安危冷暖放在心上，不关心他们的利益和前途，我们就会在社会良知面前失去起码的信任和支持，就会走向孤立。这种孤立，不仅是在社会上和政治上的孤立，也必然影响企业正常的发展轨道。

党和政府对发展民营企业的思路越来越明确，搭建的平台越来越广阔，法律和政策环境越来越宽松。今年国务院出台的36条，也为我们做好民营企业思想政治工作提出了新的要求。

第三，从统一战线角度看，这是引导非公经济人士健康成长、巩固和扩大爱国统一战线的需要。

非公经济人士的综合素质，特别是思想政治素质还有待提高，同时代要求以及他们对社会所承担的责任相比，还有较大差距，还需要我们做大量艰苦细致的工作。通过工商联这一桥梁和纽带，可以及时了解和掌握整个非公经济群体的思想反映和思想动态，团结其中的绝大多数，建设社会主义劳动者、社会主义建设者、拥护社会主义的爱国者的广泛联盟，共同为全面建设小康社会和祖国统一贡献力量。

第四，从当前的社会发展阶段看，这是构建社会主义和谐社会的需要，符合中央构建和谐社会的执政思路和政治理想。

当前形势的一个最重要的特点是发展机遇期与矛盾凸显期并存。经过20多年的改革开放，我们基本解决了温饱问题，人民群众生活基本达到了小康水平，我们正面临着前所未有的发展环境和条件。但同时，贫富差距、地区差距、城乡差距等各种深层次的矛盾不断显现出来，各种思想和观点的冲突越来越突出。经济的繁荣，社会的多样化，及其所必然带来的各种思潮的对撞，使得我们发展的环境和情况也变得更为复杂，新情况新问题层出不穷。

特别是我国正处于人均GDP从1000美元到3000美元跨越的关键阶段。许多国家的发展进程表明，这既是一个有着巨大发展潜力和动力的重要机遇期，又是一个充满各种困难和挑战的高风险期。如果思想认识不清醒，政策把握失当，很容易引起社会不稳甚至动荡和倒退。一些发展中国家就是在这一时期出现严重的经济、政治问题和社会动荡的，至今仍不能平稳发展。现实中的许多问题，尤其是转型期的巨大震荡，人们心理上的冲击和不平衡，不是通过GDP的简单增长就能够解决的。

第五，一些企业经营走入误区的惨痛教训，也要求思想政治工作靠前再靠前，符合实现两个健康发展的需要。

我们强调思想政治工作的重要性，并不是为思想政治工作而思想政治工作。加强这项工作，目的还是为经济建设服务。胡锦涛同志曾经指出："思想政治工作必须结合经济工作和其他实际工作一道去做，把解决思想问题同解决实际问题紧密结合起来。"这一论断为我们指明了工作的方向。

去年宏观调控中，不少民营企业受到冲击或者中箭落马，比如江苏铁本、新疆德隆、四川托普、上海复兴，等等。去年年底又出了创维事件，最近又冒出了格林柯尔系和科龙事件。近年里不少大型民营企业出现问题，令人扼腕叹惜，表面上看都是经营管理决策方面的事情，根子上是企业的观念问题，是他们的投资观、决策观、发展观落后于时代的变化，落后于党和政府的要求。这些惨痛教训要求我们的工作深入再深入，靠前再靠前，努力以有效的思想政治工作保证民营经济的健康发展和民营企业家的健康成长。

第六，从国际局势看，这是我们有效应对西化分化的有效手段，符合我们实现和平发展的需要。

国际形势和周边情况也面临着诸多的严峻挑战。国际敌对势力为达到其遏制中国、搞乱中国、分裂中国的政治图谋，加紧利用民主、人权、民族、宗教和香港、台湾、西藏等问题对我国进行西化、分化，给我国的民族团结、社会稳定、祖国统一和国家安全带来了严重的危害。苏东国家的崩溃，中亚吉尔吉斯坦、乌克兰、乌兹别克斯坦的"颜色革命"，虽然有美国插手的因素，但是内部不稳定，经济不发展，确实是主因，否则怎么会一冲就垮呢?

综合当前国际国内形势的要求，我们可以清楚地看到，民营企业思想政治工作，不是要不要做的问题，而是如何做好的问题；不是要不要放弃的问题，而是如何加强的问题!

思想政治工作作为党的优良传统，历来是解决人民群众思想认识问题的利器，是统一战线工作的一项法宝。无论在什么情况下，我们都不能放弃这一法宝，不能忽视它的功能作用。越是在社会变革、人心浮躁的时期，越能显示出思想政治工作的强大威力和无限魅力。江泽民同志曾强调指出："宣传思想工作和精神文明建设，事关建设有中国特色社会主义事业的大局；越是深化改革、扩大开放，越是发展社会主义市场经济，越要重视和加强这方面工作。"

事实上，近年来各地民营企业和工商联在企业文化方面的自觉行动，已经在客观上回答了这个问题（昨天参观的来福集团、双合成，企业文化建设成效显著，有声有色的来福诗社更是出乎我的预料）。企业的内在需求和自觉行动，加上各地工商联组织的有效工作，推动全国的民营企业文化建设蔚然成风。实践表明，企业文化建设就是企业内部的思想政治工作，加强企业文化建设就是做好企业员工的思想政治工作。这是工商联组织在新世纪开拓出一个全新的工作领域，思想政治工作通过这样一个有效的抓手、有效的载体推进到了企业内部，深入到了职工的心中，这是工商联工作与时俱进的体现。

全国工商联党组对如何加强民营企业思想政治工作是高度重视的。先后召开过多次专门会议，成立了企业文化建设委员会这样的机构，策划开展了企业文化论坛、表彰、企业家进高校等各种活动。最近，全国工商联党组在进行机关三定工作中，做出了一项重要调整，就是将宣传教育部扩编，新增了一个处、一个副部长职数和4个编制，新增的就是以做好思想政治工作为主要职能的企业文化处。此举体现了党组对这项工作的重视和支持。

今年还有一个大的举动，就是计划下半年在四川召开的"全国非公有制企业思想政治工作经验交流会"。这次会议是全国工商联首次与中宣部中国职工思想政治工作研究会联合召开的工作会议。各省市宣传部门的领导同志都将与会，和各地工商联的书记会长一起探讨交流这项工作。明年，我们将争取和中宣部搞一次联合表彰。

各位企业家，各位同志，大家处在思想政治工作的第一线，对这项工作的重要性和艰巨性都有着深切的感受，我们肩上的担子是沉重的，也是不可推卸的。

胡锦涛同志曾在全国宣传思想工作会议上指出："思想政治工作说到底是做人的工作，必须坚持以人为本。既要坚持教育人、引导人、鼓舞人、鞭策人，又要做到尊重人、理解人、关心人、帮助人。"这一重要论述，进一步深化了我们对思想政治工作规律、作用的认识，指导着我们做好这项工作。

以人为本，是科学发展观的精髓，是21世纪企业管理的重点，当然也是思想政治工作的重点。现在强调这一点，就是因为我们长期以来忽视了人的需求，灌输多于引导，强制多于自觉。所以，思想政治工作以人为本，就是要研究思想政治工作的规律，研究人的变化，符合人的本质，体现人的特点，满足人的需求，使我们的工作更具有及时性、针对性、准确性、有效性，更加制度化、规范化，实际上，以人为本给我们提出了一个思想政治工作如何实现科学化的问题。

行为科学的研究表明，人的需要是有层次的，从衣、食、住、行、健康这一类的基本生理需要，延伸到荣誉、信念、理想和成就这样的高级需要；心理学研究启示我们，人的需要，对人的思想和行为起决定的作用，是产生和影响行为的动力；今年外国专家的一项研究表明，一般的计时工资，只能激发员工20%到30%的潜能，他们的大部分潜能还处于"沉睡"状态。因此，我们必须从时代和社会发展的要求出发，通过研究、调节和满足人的需求，调动高级需求在员工的行为中的地位和作用，激发人的创造力。新世纪新阶段的民营企业思想政治工作，也要走出分散自发的局面，走上科学化的轨道，否则，我们将愧对时代的要求和党的期望。

"问渠哪得清如许，为有源头活水来"。各位同志，思想政治工作，说到底就是一个凝聚人心、凝聚力量的工作。今天我们所共同从事的建设中国特色社会主义，是一项光荣豪迈的伟大事业。伟大的事业需要最广泛的联盟，伟大的事业需要调动一切积极因素，需要实现中华民族最广泛的大团结、大联合。加强民营企业思想政治工作的最终目的，就是坚持正确的政治方向，创建适应社会主义市场经济要求的价值观念、伦理道德和企业文化，同时建立起一支坚决拥护党的领导、切实履行企业社会责任的积极分子队伍，引领广大民营企业家和1亿员工携手共富，与社会、与自然统筹协调发展，为全面建设小康社会、构建社会主义和谐社会做出更大的贡献。

我们肩上的担子无比艰巨，我们的使命无尚光荣，我愿意和大家一起去迎接挑战！

中共山西省委致山西省工商业联合会第九次会员代表大会的贺词

中共山西省委常委、秘书长　申联彬

（2002年6月26日）

各位代表、同志们：

山西省工商业联合会第九次代表大会今天隆重开幕了。这是我省广大非公有制经济人士政治、经济和社会文化生活中的一件大事。我代表中共山西省委，向大会表示热烈的祝贺!

全国工商联对山西的工作非常关心、重视和支持，今天，全国工商联副主席瞿怀明等领导同志又亲临大会，进行指导。对此，我们表示衷心的感谢!

我省工商业联合会第八次代表大会是1997年召开的，到现在已经有五年时间了。这五年，是工商联工作认真贯彻党的方针政策，团结、联系和引导非公有制经济人士，共同加快山西经济发展的五年；是广大非公有制经济人士在党的领导下，艰苦创业、依法经营、服务大局、奉献社会，取得了显著业绩，做出了重大贡献的五年；也是全省各级工商联组织网络不断健全、队伍不断壮大、工作更加扎实、作用更加突出的五年。五年来，我们在建设有中国特色社会主义理论和“三个代表”重要思想的指导下，在各级工商联、广大非公有制经济人士和各个方面的共同努力下，全省非公有制经济实现了长足发展。去年，非公有制经济在全省GDP中所占的比重达到28%，个体私营经济纳税额达到26.4亿元，比1997年增长一倍，形成了“三分天下有其一”的格局。同时，非公有制经济在加快结构调整、拓宽就业渠道、捐助社会公益事业发展等方面，也发挥了不可替代的作用，已经成为推动山西经济和社会持续、健康发展的重要力量。借此机会，我代表省委，向与会的各位代表、向广大非公有制经济人士、向全省各级工商联的同志们，表示衷心的感谢和亲切的问候!

党的十五大明确指出，公有制为主体、多种所有制共同发展，是社会主义初级阶段的一项基本经济制度。九届全国人大二次会议通过的《中华人民共和国宪法修正案》，用国家大法的形式，确立了这一基本的经济制度，确认了个体、私营等非公有制经济是社会主义市场经济的重要组成部分。在纪念中国共产党建党八十周年大会上，江泽民总书记代表党中央，把个体工商户、私营企业主等新的社会阶层，同工人、农民、知识分子、干部和解放军指战员并称为有中国特色社会主义事业的建设者，进一步明确了广大非公有制经济人士的政治、经济和社会地位；在最近的“5·31”重要讲话中，江总书记又进一步明确指出，实行公有制为主体、多种所有制共同发展的基本经济制度“是我们党对建设社会主义的长期实践的总结，必须坚定不移地加以坚持。”所有这一切都充分说明，党和国家对非公有制经济发展是给予肯定、关怀、支持和鼓励的；也充分说明，非公有制经济发展是大有希望、大有前途的。特别是当前，我们要迎接党的十六大胜利召开，要推进经济结构的调整，要应对加入WTO的挑战，要实现“十五”计划的奋斗目标，不仅需要各级党委、政府的真抓实干，需要广大人民群众的奋力拼搏，而且也需要包括非公有制经济人士在内的各界人士的共同努力，需要包括工商联在内的各民主党派的通力合作，需要形成全省上下、万众一心、群策群力、开拓创新的政治局面，集中全省人民的智慧和力量，不断加快山西的发展。为此，省委向大家提出以下三条希望：

第一，希望这次大会，要开成一个承前启后、继往开来、团结奋进的大会。我们这次大会，将要审议和通过省工商联第八届执委会的工作报告，还要选举产生新一届执委会及其领导机构。这两件事情，都是关系工商联事业发展的大事。所以，各位代表一定要发扬主人翁的精神，充分行使自己的民主权利，认真负责，坚持原则，把报告审议好，把班子选举好，使工商联工作的指导思想更加明确、工商联事业的发展思路更加完善、工商联的领导班子更加坚强有力，为今后五年工商联工作的进一步开展奠定良好的思想基础和组织保证。

第二，希望工商联的工作要在过去的基础上有新的作为、新的成就。工商联是中国共产党领导下的、具有统战性、经济性、民间性的人民团体和民间商会，是党和政府联系非公有制经济人士的桥梁和纽带。在实现非公有制经济的跨越式发展中，肩负着重要的责任和使命。这就要求新的一届省工商联，要组织带领全省各级工商联，奋发进取，大胆开拓，在过去的基础上，把今后的工作做得更好。特别是在调研解决非公有制经济发展的深层次问题方面，在引导非公有制企业开展机制创新和科技创新、提高市场竞争力方面，在加强对非公有制经济人士的思想政治工作方面，以及在搞好自身建设、提高工作质量、完善服务功能、增强吸引力和凝聚力等方面，要拿出更加清晰的思路，拿出更加扎实的作风，拿出更加有力的举措，拿出更加优异的成绩，不断开创我省工商联工作的新局面。

第三，希望广大非公有制经济人士，要再鼓干劲、再创佳绩、再做新的贡献。当前，中央的指示精神、国家的方针政策、加入WTO的机遇，特别是我省加快发展的形势和任务，都对非公有制经济发展提出了新的要求，更为广大非公有制经济人士提供了大显身手、大展鸿图的舞台。希望大家要继续保持和发扬敢想、敢闯、敢干的精神，保持和发扬自强、自立、自信的精神，保持和发扬奋发、奋进、奋斗的精神，在全省新的一轮经济起飞中，发挥优势，抢抓机遇，大胆开拓，积极进取，创造更加辉煌业绩，为全省的改革、发展、稳定做出更加突出的贡献。与会的非公有制经济人士代表，是非公有制经济发展的排头兵，也是广大非公有制经济人士的代言人，一方面要认真履行自己的职责，反映真实情况，大胆建言献策，沟通广大非公有制经济人士与党委、政府的联系。另一方面，更要率先垂范、带头创业，充分发挥工商联代表在个体私营经济中的示范、影响和带动作用，进一步推动我省非公有制经济发展。

省委相信，我们有邓小平理论和“三个代表”重要思想的正确引导，有全国工商联的大力支持和全省各级工商联的努力工作，有广大非公有制经济人士的拼搏奋斗，有全省各个方面和广大人民群众的共同努力，我省非公有制经济一定能够发展得更快、更大、更强，“十五”计划提出的各项奋斗目标一定能够如期实现，山西的明天一定会更加富裕、更加文明、更加美好!

最后，预祝大会圆满成功！

树立科学发展观　推动民营经济健康快速发展

——在山西省工商联九届三次执委会议上的讲话

山西省人民政府副省长 梁 滨

各位执委、同志们：

今天，在此召开省工商联九届三次执委会议，总结过去，部署工作，表彰先进，共谋发展，非常及时也非常重要。边鸣涛副主席做了很好的报告，这对于我们统一思想，明确目标，确定重点，更好地促进全省经济协调、健康发展和非公有制经济人士健康成长，必将产生积极的推动作用。借此机会，我谨代表省委、省人民政府对会议的召开表示热烈的祝贺！下面，我介绍一些情况，供同志们参考：

一、肯定成绩，总结经验，充分把握机遇，认清发展形势

“十五”期间，全省上下在省委、省政府的正确领导下，坚持以科学发展观统领全局，紧紧围绕建设新型能源和工业基地目标，大力推进产业结构战略性调整，努力转变经济增长方式，全省经济进入一个相对高速发展时期，继续保持良好的发展势头，圆满完成了各项主要预期目标。

2005年，全省地区生产总值完成4121亿元，比上年增长12.5%；财政总收入757.9亿元，增长40%，其中一般预算收入368.2亿元，增长40.8%；粮食产量达到97.8亿千克；社会消费品零售总额达到1400亿元，增长14%；居民消费价格总水平上涨幅度控制在2.5%以内。在经济结构调整、基础设施建设、环境污染治理、扩大改革开放、城乡居民增收等方面都取得了显著成绩，全省整体经济实力明显提升，人民群众生活显著改善，应该说“十五”期间是我省经济发展、社会进步最快、最好的时期。

2006年上半年，全省GDP完成2127亿元，增长12%，低于去年同期，但高于全国平均水平；财政总收入达到492.7亿元，增长18.4%；一般预算收入244.5亿元，增长21.9%；一般情况下，下半年的经济增长速度要略高于上半年，照此推断，估计我省全年财政收入可突破1000亿元，一般预算收入可突破500亿元。夏粮产量达到25.6亿公斤，虽然部分地区受灾，但整体增长24.3%；固定资产投入673.1亿元，增长28.3%；城镇人均收入5253.2元，增长13.3%；农民人均收入1205.6元，增长9.1%。

“十五”期间，我省民营经济也进入了一个加速发展的时期，民营经济对全省经济的贡献率不断增长。2005年全省民营经济完成增加值2120亿元，增长38.8%，占到全省GDP的一半以上，上缴税金252.8亿元，占到全省财政收入的33%；全省个体、私营等非公企业户数达到64万户，从业人员达到533万人。这些成就的取得，一方面来自于各级党委、政府对发展民营经济的重视和支持，另一方面来自于广大民营企业家的奋力拼搏，勇于创新。还有一个重要的方面，就是来自于各级工商联的精心组织，热情服务。

近年来，工商联充分发挥自身优势，围绕省委、省政府的中心工作，团结带领广大非公有制经济人士，认真履行参政议政、民主监督等职能，为非公有制经济发展建言献策；加强和改进思想政治工作，开展“关爱员工，实现双赢”活动和“致富思源，富而思进”教育，培养壮大优秀建设者队伍，努力促进非公有制经济代表人士健康成长；重视基层工作，加强组织发展，促进工商联组织建设不断上新台

阶；拓展商会功能，提升服务水平，积极组织开展各种经济联络和服务活动，协助非公企业引进资金、技术和人才。总体来看，各级工商联坚持用科学发展观引导非公有制经济健康发展，为实现全省社会经济发展的历史性跨越做出了积极贡献。

2006年是“十一五”的开局之年。上半年，省政府主要进行了布局、开局工作，时间过半，战略布局的工作已经完成。目前，省政府主要做了六件事：

第一件事是产业布局。年初，省政府提出“八大产业”、“三大方阵”、“两区开发”，共涉及项目资金额度为10000亿元，消费收入可达到12000亿元。

第二件事是在科学发展山西方面。①围绕煤炭产业，省政府主要实施三大战役：打黑关小、资源整合、实施大企业大集团化战略，全面提升山西省煤炭加工水平；②绿化造林。省政府实施造林绿化六大工程，用10年时间在全省实施通道绿化、交通沿线荒山绿化、村镇绿化、厂矿区绿化、环城绿化、城市绿化等六大造林绿化工程，改善生态环境，建设绿色山西，今年，省政府增加财政3.5亿元用于全省城镇绿化；③实施蓝天碧水工程，加快环境污染治理步伐；④采煤沉陷区综合治理和棚户区改造工程。这些，都是涉及山西更好、更科学、更以人为本发展的基础工程和民心工程。

第三件事是在有利于山西的政策机制方面，省政府争取到了山西作为全国煤炭可持续发展的试点省份；争取到在中部崛起战略中，总体上晋西北、太行山革命老区享受西部开发的优惠政策；重点工业区享受东北老工业基地改造的政策待遇。

第四件事是改革开放、招商引资，深化国有企业改革。于省长做了一个月的调研，对涉及全局性、机制性、体制的改革都进行了调研，财政、金融、税收、招商引资、涉外市场等的改革都在进行。今年3月28日，省政府召开了全省对外开放工作会议，在全社会营造全面开放、造福三晋百姓的良好氛围。6月21日至22日，省政府在上海举办了经济合作项目推介会，省主要领导率有关厅局、11个市的市长和企业代表前往推介项目、洽谈合作，签订了经济合作项目222个，项目总投资1570亿元，其中引进资金907亿元。省工商联也组团参加了这项活动，取得了很大实效。7月24日，我省还将去香港举办招商洽谈会，希望工商联继续组织民营企业家积极参加，争取在招商会上取得更大的成果，努力突破2000亿元。

第五件事是在系列布局的基础上，转变政府机关作风，优化政务环境，提高政府公信力和执行力。为优化发展环境，省政府召开了全省政府系统干部大会，并于7月初出台了《山西省人民政府关于改进机关作风、优化政务环境、全面提高政府公信力和执行力的决定》和《山西省行政机关及其工作人员行政过错责任追究暂行办法》。从7月开始，全省政府系统将用两个月的时间，分学习动员、查找问题和建章立制、整改提高、督促检查和总结验收四个阶段集中开展机关行政效能建设活动。同时，省政府成立行政效能建设领导组，全面指导监督全省行政效能建设工作。9月份将进入正式督促检查阶段，努力为全省经济发展创造良好的软环境。

第六件事是对涉及到山西整体的布局进行调研活动，作出重大决策。年初，省政府确立了两区开发调研、国有企业改革调研、水资源调研等20多项调研课题，随着时间的推移，现已经完成4项调研。经过逐步调研，将这些调研课题逐项变成决策和政策。

今年，省政府进行的六个方面的布局、开局工作，到目前进展顺利，为后半年以至整个“十一五”期间的经济工作奠定了基础，也为整个非公经济的健康发展创造了良好的机遇。

二、牢固树立科学发展观，继续推动民营经济快速健康发展

科学发展观是加快推进社会主义现代化必须长期坚持的重要指导思想，也是加快民营经济发展的根本指针。我们发展民营经济一定要

以科学发展观为统领，树立大局意识，坚持把调整优化经济结构、转变经济增长方式作为发展民营经济的突出主线，为构建国家新型能源和工业基地。建设和谐新山西做出应有贡献。

民营企业要积极适应国家宏观调控政策，顺应全省资源节约型和环境友好型的发展要求，着力解决好在发展中存在的产业产品结构单一、经营管理方式粗放、环境污染和高耗能等问题。加快产业产品结构调整步伐，杜绝低水平重复建设，坚决淘汰落后产能，大力发展循环经济和清洁生产。不断增强企业的自主创新能力，开发高技术含量、高附加值的产品，有效延伸产业链。

根据我省新确定的现代煤化工业、装备制造业、材料工业和旅游产业等四大新支柱产业发展要求，积极推进传统产业升级换代，提升素质。煤焦产业继续向下游延伸，开发乙炔、乙烯、丙烯、粗苯加工、煤焦油深加工等项目；钢铁行业向型材、异形钢、精密铸造、机加工发展；材料业重点抓好现有的磁材、陶瓷、耐火材料、金属镁，积极开发金属钛、纳米材料、钕铁硼材料和高岭土材料等新型材料。

要大力发展解决农民增收问题的农副产品加工业和解决劳动力就业问题的劳动密集型产业，鼓励非公企业进入餐饮服务、批发零售、文化娱乐、物流配送、旅游业等第三产业。要大力发展生物制药、精细化工等高新技术产业，使全省非公经济产业结构更趋合理，产业素质进一步提升。

我省“十一五”期间，要组织实施大企业、大集团战略，着力培育做大做强一批规模较大、技术先进、管理规范、核心竞争力强的大企业集团。从现在起，重点抓好三大方阵，到2010年销售收入达300～500亿元以上的企业要达到6～8户，销售收入达100亿元以上的企业要达到20～25户，销售收入达50亿元左右的企业达到30～40户。同时，还要组织预备进入方阵的企业组成第四方阵，同时建设与三大企业方阵并驾齐驱的农业产业化企业方阵。对进入方阵的民营企业，我们要重点关注，从营造发展环境、整合配给资源、提供发展条件、解决实际困难等方面多指导、多支持、多服务，引导、推动、帮助这批企业发展壮大。

各级工商联要协助政府规范市场，引导教育非公企业杜绝假冒伪劣、偷税漏税等违反国家政策法规、扰乱市场公平竞争环境的行为出现，促使帮助企业树立良好的企业形象和品牌形象，走依法经营、诚信经营的发展道路，积极参与大企业、大集团的培育发展战略，打造非公经济的联合舰队。

三、加快实施对外开放战略，促进全省经济协调快速发展

扩大开放是借助外力、增强活力的途径，也是应对竞争、迎接挑战的有效举措。改革开放以来，我省对外开放的规模和层次都处于较低水平，利用外资不多、外贸规模不大，对外开放对产业结构调整的带动作用不明显，出口产品结构不合理、附加效益低，项目引进能力弱、落实不到位。

“十一五”期间，我省将在扩大对外开放上实现新突破，通过对外开放，大规模引进资金、技术、人才、管理、理念，引进战略投资者参与我省国有企业改制、改组、改造，引进国外先进技术设备，大力推行清洁生产。

在实施大开放的格局中，民营企业要进一步解放思想，扩大开放，把眼光放远，把眼界放宽，充分利用国际国内两种资源、两个市场，大踏步地走出去、请进来。要舍得拿出最好的项目招商引资，以资源换技术，以产权换资金，以市场换项目，以别人发财换自身发展。既要注重引进资金和项目，又要注重引进人才、技术和管理经验。各级工商联要积极鼓励和支持有条件的民营企业抓住机遇“走出去”，积极向省外、国外投资建厂、合作开发资源，促进民营企业在更大范围、更广领域、更高层次上开展国内、国际经济合作交流，不断提高企业竞争力。

然而需要提醒大家的是，目前，山西在大

开放中积极引进外资的同时，本土的内资却在逐渐外流。在此，我希望山西本土企业家在积极引进外资时，充分利用山西对外开放的良好势头，借助山西的产业，激活内资，把资金、项目引进山西的同时也要留住自己的资金，将资金用于山西本省经济建设，努力摆脱煤老板“购房团”、“购车团”等不良影响，树立良好的新晋商形象，为山西经济建设服务。

四、工商联和民营企业要积极参与社会主义新农村建设，在促进农业发展、农村繁荣和农民富裕中有所作为

党的十六届五中全会明确提出了建设社会主义新农村的重大历史任务，这是党中央从我国全面建设小康社会和现代化建设全局进行的战略部署，是全面落实科学发展观，解决“三农”问题的集中体现。当前，我省各行各业、各部门都在积极贯彻中央关于新农村建设的战略部署，纷纷提出贯彻落实的政策意见。我省在“十一五”规划中，从“抓紧研究建立工业反哺农业、城市带动农村的长效机制，千方百计增加农民收入，努力提高农业综合生产能力和农民生活质量，积极深化农村改革，大力推进区域经济协调发展，着力搞好城市规划、建设和管理，继续完善城乡基础设施”等方面提出了扎实推进社会主义新农村建设，促进城乡协调发展的一系列举措。

本着开好局、起好步的工作思路，上半年我们着重抓了调研督查、编制规划、试点示范三项基础工作，并提出了“四乘二加一”的起步模式，即农村街巷硬化、房屋四旁绿化、村庄环境净化、街道路灯亮化的“四化”和改水、改厨、改圈、改厕的“四改”，以及根据村庄实际制定相应的人居环境治理综合规划。力求通过从农民最关心的问题入手，抓一些见效快、示范性强、受益面宽，让群众能看得见、摸得着的项目，有效调动农民参与社会主义新农村建设的积极性，为新农村建设营造一个良好的开局。从全省来看，新农村建设正在全面布局，逐步展开。

我省60%的民营企业是从农村发展起来的，和农村有着千丝万缕的联系，民营企业在发展中有着农业和农村的巨大支持及农民工的巨大贡献。作为改革开放最大受益群体之一的非公有制经济人士，一定要按照“爱国、敬业、诚信、守法、贡献”的要求，积极响应党和国家的号召，主动参与农村建设，为新农村建设做出自己应有的贡献。

为国家积累更多财力，向农村发展注入更多资金。希望广大民营企业家在积极发展的同时不要忘记农村，不要忘记农民，要大力兴办农副产品加工企业，推广“公司+基地+农户”的模式，实现农业产业化和现代化，带动农民增收。要投资农村社会和公益事业，提升农村文化、教育、卫生和基础设施水平。如果农村教育上不去、农民素质上不去，建设社会主义新农村只是一句口号。各级工商联要响应中央的号召，充分发挥工商联的特点和优势，采取多种形式，开辟多种渠道，组织、引导和支持民营企业积极参与社会主义新农村建设，力争在下半年将工作做出成效。

五、切实转变政府职能，为民营经济加速发展创造良好环境

于幼军省长在今年的政府工作报告中指出，要大力发展非公有制经济，全面贯彻落实国家和我省关于发展非公有制经济的政策措施，进一步改善发展环境，放宽市场准入，认真清理、修订、废止一切不利于非公有制经济发展的法规、规章和政策。依法保护私有财产，保障非公有制企业的合法权益。在资金融通、信用担保、管理服务、技术咨询、市场开拓、国际合作等方面对非公有制企业一视同仁，支持发展。

“十一五”末，非公有制经济增加值占地区生产总值的比重增加15个百分点。这既是对全省非公有制经济在我省经济社会发展中所做贡献的肯定，也是对非公有制经济今后发展所提出的希望和要求。

对此，我们要全面认识，深刻理解，各级

各部门要按照国务院出台的《关于鼓励支持和引导个体私营等非公有制经济发展的若干意见》和省委、省政府出台的《关于进一步加快非公有制经济发展》的决定，尽快制定相关实施配套意见。

要按照省政府出台的《关于改进机关作风，优化政务环境，全面提高政府公信力和执行力的决定》，严格实行首办负责制、限时办结制、服务承诺制等制度，完善政务公开制度，深化行政许可（审批）制度改革，建立重大投资项目跟踪服务制度、规范性文件前置审查制度，并完善行政责任体制和责任追究制，强化“人人都是软环境，事事都是软环境”的理念，真正改变工作作风，提高公信力和执行力，在全社会营造“诚实守信”和“亲商、尊商、富商、安商”的良好氛围。

要充分地发挥工商联在政府管理非公有制企业方面的助手作用，积极帮助投资者解决实际困难和问题，提供完善周到的服务；要广泛地吸取工商联在发展非公经济方面的意见和建议，充分发挥各类行业协会和商会组织的积极作用；要支持工商联参与政府部门相关管理工作，互通信息、互相配合；要支持工商联利用会员网络优势和民间渠道优势，开展招商引资，协调有关项目的申报、落实等服务经济的有效活动，共同促进全省非公经济健康发展。

各位执委、同志们、企业家朋友们，我省的改革开放和现代化建设已经迈上新的征程，民营经济处于新的发展起点，希望大家再接再厉，努力拼搏，共同做好新时期工商联工作，开创工商联工作的新局面，为促进民营经济发展，为推动全省经济建设和社会各项事业的发展与进步，为构建充满活力、富裕文明、和谐稳定、山川秀美的新山西做出更大的贡献。

树立起新晋商良好的新形象

——在山西省工商联九届五次常委会议上的讲话

中共山西省委常委、省委统战部部长 李政文

（2007年3月23日）

今天，省工商联召开九届五次常委会议，学习贯彻全联九届五次常委会和全省统战工作会议精神，总结2006年的工作，部署2007年的任务，安排换届有关事宜，因而是一次非常重要的会议。工商联作为统战性、经济性、民间性的人民团体，是党和政府联系非公有制经济人士的桥梁，是政府管理非公有制经济的助手。进入新世纪新阶段，促进非公有制经济的健康发展，促进非公有制经济人士的健康成长，是统一战线一项重要的战略任务，需要各级统战部和工商联，不断研究新情况、解决新问题、提出新对策、取得新成效。下面，我讲几点意见：

一、充分认识非公有制经济的重要地位，进一步在创优环境、支持帮助非公有制经济健康发展上下功夫

改革开放二十多年，非公有制经济从无到有、从小到大、从弱到强。特别是近年来，非公有制经济始终保持着较快的发展速度和良好的经济效益，在经济社会发展中发挥了重要作用，做出了突出贡献。到去年年底，全国非公企业总数接近500万家，从业人员约6400万，创造的增加值占全国GDP的65%左右；纳税额近4000亿元，比上年增长近30%，占到全国税收总额的10%；对社会公益事业贡献不断增大，到2006年6月，全国光彩事业累计到位投资资金1247亿元，安置就业479万人，帮助脱贫769.8万人，捐赠财物170亿元。从我省看，2004~2006年连续三年全省非公有制经济创造的增加值都占到全省GDP的50%以上，非公有制企业的出口额占全省出口总量的50%以上，非公有制经济已经占到了山西经济总量的一半以上。非公有制经济纳税额连续3年占全省财政总收入的比例超过30%，2006年有25家非公有制企业纳税超过亿元，3亿元以上的有4户，分别是海鑫、阳光、中宇和安泰集团，其中海鑫集团连续三年在全国非公有制企业纳税中排名第一，非公有制经济已经成为财政增收的重要来源。非公有制企业安排的新增就业人数占70%以上，成为就业的主渠道。同时，在全省企业“三大方阵”77家企业中占到37家，其中在第一方阵的1家，就是安泰集团，在第二方阵的8家，在第三方阵的28家，成为全省经济结构调整的一支生力军。具体到我们的市和县区，非公有制经济的比例可能更高一些，地位和作用越发显得突出。

非公有制经济的发展壮大，是广大非公有制经济人士抓住改革开放机遇努力拼搏的结果，但从根本上来说，是党和国家提供了一个允许发展、支持发展、鼓励发展、促进发展的良好环境。从十一届三中全会以来的历史来看，我们党对非公有制经济的发展及时进行了分析研究和认真总结。从十三大的“有益的补充”，到十五大的“重要组成部分”，再到十六大的“必须毫不动摇地”发展，充分反映了我们党的与时俱进和理论创新，为非公有制经济的发展打下了理论和政策基础。从作为国家意志的法律角度来看，《宪法》明确了非公有制经济是社会主义市场经济的重要组成部分；全国人大十届五次会议通过的《物权法》，对平等保护国家、集体和私人的财产进一步给予规范，使保障所有市场主体的平等法律地位和

发展权利有了法律依据。从各级政府出台的具体措施来看，国务院颁布的“非公经济36条”，为进一步消除影响非公有制经济发展的体制性障碍，实现公平竞争提供了政策依据；省委、省政府《关于进一步加快非公有制经济发展的决定》，进一步为全省非公有制经济发展搭建了有利的平台。正是由于党和国家的高度重视和大力支持，为非公有制经济的发展创造了越来越好的政策和社会环境。

纵向地看，我省非公有制经济发展取得了较快的进展。但是横向比较，我省非公有制经济在全国的位置特别是与发达地区相比还比较落后，与沿海省市和周边省份相比也有明显的差距。究其原因，有思想不够解放的问题，也有经济体制、产业结构及硬环境和软环境制约的问题，在落实国务院三十六条，放宽市场准入、加大财税支持、改善融资环境、改善政府监管方式等方面，在一些地方还有很大差距。实现省九次党代会和省十届五次人代会《政府工作报告》提出的宏伟目标，对非公有制经济的继续发展和壮大提出了希望和要求。因此，各级党委、政府要认真贯彻落实党和国家的方针政策，提高服务意识，转变工作作风，在改善创优发展环境上下功夫、做文章。凡是允许非公有制企业进入的行业，我们都要和对待国有企业一样，对他们一视同仁，提供便利条件，简化办事手续，提高办事效率，提升服务水平，积极为非公有制经济的健康发展创造更加优良的环境，以充分发挥非公有制经济的重要作用，为我省经济又好又快发展做出应有的贡献。

二、积极应对面临的机遇和挑战，进一步在落实科学发展观、促进非公有制经济又好又快发展上下功夫

当前，非公有制经济的发展既面临着难得的机遇，也存在着严峻的挑战。所谓难得的机遇，党的十六大提出“两个毫不动摇”，即要毫不动摇地巩固和发展公有制经济，毫不动摇地鼓励、支持和引导非公有制经济发展。2005年国务院颁发了《关于鼓励支持和引导个体私营等非公有制经济发展的若干意见》(简称非公经济36条)。在全国人大十届五次会议上，对发展和支持非公有制经济提出了新的要求，温家宝总理在《政府工作报告》中专门强调，要认真落实中央制定的各项政策措施，并让非公经济参与金融服务、社会事业等领域，政策进一步放开；新通过的《企业所得税法》使各种所有制企业税赋平等，而且企业负担相对减轻；随着我省“八大支柱产业”、“三个企业方阵”战略的实施，为非公有制企业提供了新的机遇。所谓严峻的挑战，在WTO保护期满后，与国际大公司相比实力偏弱的非公有制企业将要面对完全的国际市场竞争，企业经营的风险和竞争压力加大了；我省的非公有制企业，主要集中在煤炭、钢铁、建材等传统产业上，一部分是以资源作为资本起家的，日益严格的节能降耗要求和环境保护政策，对以能源、原材料、重化工为主业的我省非公有制经济，在产品升级和结构调整方面提出了更高的要求；随着市场经济的逐步成熟和法制的不断健全，非公有制企业的管理水平和内在素质方面的不足日益显现出来，成为国际化竞争的主要对象，成为制约发展的瓶颈。我们的非公有制经济必须面对这一严峻的挑战。

于幼军省长在今年《政府工作报告》中指出，今年是优化产业结构、促进产业大发展的项目攻坚年和建设年，将进一步调整优化经济结构，推进传统支柱产业的改造升级，大力培育新兴支柱产业，推进技术创新和科技进步，不断提升全省经济的整体素质和发展后劲。面对新的机遇和挑战，全省非公有制企业要围绕如何在转变增长方式，调整产业结构，推进八大支柱产业，提升产品质量、产业等级，围绕如何在新型建材业、装备制造业、煤化工业、旅游产业等方面发挥非公有制经济独有的优势，制定好企业投资发展战略，抓好项目和产品，增强企业的市场竞争力，努力把企业做好做强做大，为全省经济社会又好又快发展发挥好非公有制经济应有的作用。

三、以争做合格的社会主义事业建设者为目标，进一步在塑造非公有制经济人士良好形象上下功夫

随着非公有制经济的发展，人民群众对非公有制经济人士在公益事业、社会责任方面将寄予更高的期望，对非公有制经济人士的社会形象提出了新的要求，等等。应该肯定，广大非公有制经济人士致富不忘国家，在自身企业健康发展的同时，积极投身光彩事业和社会公益事业，为全面建设小康社会和构建社会主义和谐社会做出了特殊的贡献。到2006年底，全省非公有制企业家在贫困地区实施的光彩事业重点项目有1032个，投入资金193.6亿元，培训技术骨干15.73万人，安排农村剩余劳动力15.33万人，使49万农村贫困人口脱贫致富，还安置国企下岗职工再就业35万人。非公有制企业家为社会公益事业和慈善事业累计捐款捐物达到16.94亿元，其中，500万元以上的有近10户，4000万元以上的有2户，分别是海鑫集团和安泰集团。在全省兴建光彩小学540所、打深井340眼、架桥 52座、修建等级公路2100余公里。所有这些都赢得了广大人民群众的广泛赞誉，受到了党和政府的充分肯定。

但是也要看到，我们非公有制经济人士中由于结构构成比较复杂，也确实存在着一些不足。现在社会上一些人对山西非公有制企业主特别是“煤老板”的种种议论固然有片面之处，但也并非完全捕风捉影。极个别企业主经营不守法、不守信，不注重自身素质的提高；有些靠能源、资源作为资本短时间内暴富起来的企业主，不是把资金投入到扩大再生产，把企业做实做强做大中，而是把钱花在超前消费、极度消费、畸形消费上，买豪华住宅，坐高级轿车，讲排场、绰阔，等等。社会和当地群众是有强烈反映的，也引发了一些社会矛盾。这些虽是极个别现象，但影响了山西非公有制企业家的整体形象。这更加要求我们广大非公有制经济人士，在企业不断发展的同时，不断提高自身素质，努力树立良好的社会形象，做优秀的中国特色社会主义事业的建设者。一个企业家怎样才算是合格的社会主义事业建设者？至少要看以下几个方面：一看企业规模和经济总量，二看社会贡献，三看安排就业及员工合法权益的维护和保障，四看在光彩事业和公益事业上做出的奉献，五看产业结构调整和企业发展的前景，六看当地资源对企业的影响。

为此，一是要加强学习，学习党的方针政策，提高思想政治素质，坚定不移地走中国特色社会主义道路。学习企业经营管理业务和国内外先进经验，提高适应和驾驭市场经济的能力，提高经营素质和企业管理水平。学习法律法规，强化法制意识，知法守法，依法经营，坚守诚信，珍惜信誉。二是要以人为本，建设和谐企业。要关爱企业员工，尊重员工的民主权利，保证员工的合法权益，在企业效益提高的同时，增加员工的工资和福利待遇，不断改善员工的生产生活条件，依法给员工缴纳各种保险，构筑和谐的劳动关系。三是要不断强化社会责任感，积极参与扶贫事业、光彩事业、慈善事业活动，通过捐款捐物等多种形式积极回馈社会，为困难群众、弱势群体提供援助，特别是要在安置贫困地区农村剩余劳动力和城镇下岗职工就业上，积极主动为党和政府分忧，为社会稳定出力。总之，广大非公有制经济人士要努力践行“爱国、敬业、诚信、守法、贡献”的优秀建设者精神，树立社会主义荣辱观和社会主义核心价值观，养成良好和健康的生活情趣，形成与社会主义市场经济相适应、与中华民族传统道德相融合的，特别是与晋商优秀文化理念相传承的企业家道德规范、行为规范，树立起新世纪新晋商良好的新形象。

从今年开始，省委统战部围绕工作职能，争取人心，凝聚力量，开展九大活动，其中与工商联相关联的有五项活动，与省工商联联合在非公有制经济人士中开展两项大的活动，一是“光彩事业两区行”活动。革命老区和贫困

地区在革命战争年代为人民政权的建立和巩固付出了巨大的牺牲，现在经济发展了，各方面条件好起来了，党和政府没有忘记他们，出台了各种措施加快革命老区和贫困地区的经济发展。非公有制经济人士作为先富起来的一部分，要主动为党和政府分忧，积极投身“两区”开发的59个县的发展中，通过投资项目开展产业对接，为老区和贫困地区的发展提供更大的支持。二是“新晋商、新形象”活动。我们要以上面的“六看”为基本要求，建立综合评价体系和评价标准，优中选优一批优秀的非公有制企业和企业家，利用媒体，大张旗鼓地把他们宣传出去，让全社会都知道山西的非公有制企业家，不仅是保持劳动人民本色的创业者，也是积极承担社会责任的奉献者，是新世纪新阶段节俭勤奋、明理诚信、精于管理、勇于开拓、与时俱进的新晋商。

通过开展这些活动，树立正面典型，加强教育引导，消除负面影响，其目的是要进一步凝聚力量、提升形象，在全省乃至全国和更大范围内创造非公经济人士更好的人际环境，在全省全国逐步树立起我们山西非公有制经济人士的良好形象。有了这样一种局面和这样一种环境，在座的各位和发展起来的非公经济人士都是受益者，否则都是不同程度的受害者。希望全省广大非公经济代表人士积极响应，热情参与，有所作为。我们有充分的理由相信，新一代晋商，能够从小到大、从弱到强，克服难以想象的困难，发展和壮大起来。只要我们广大非公有制经济人士团结一致，顾全大局，守法诚信，进一步处理好与地方党委、政府及有关部门的关系，处理好与企业所在地人民群众的关系，处理好与合作者的关系，处理好家庭与社会的人际关系，这种不良的负面影响一定能够得到改变，新一代晋商一定能够昂首阔步、扬眉吐气， 占领市场经济的制高点，更好地发展，更好地回报社会。省委统战部和省工商联愿意为新一代晋商的健康成长牵线搭桥。

四、以搞好换届为契机，进一步在加强工商联队伍自身建设上下功夫

加强工商联队伍的自身建设，是工商联更好地发挥作用的重要保证。当前加强工商联自身建设，主要是要在新老交替的基础上搞好政治交接，真正把领导班子建设成为接受共产党领导，适应新形势、新任务要求，具有较高政治理论水平、参政议政能力，能经受住各种考验的团结的领导集体。近年来，省工商联在省委、省政府的正确领导下，班子建设、队伍建设和作风建设都取得了明显成效，提出了好的思路，组织了不少有影响的活动，宣传推出了一批好的典型，积极为广大会员服务，创造了良好的发展环境，为全省经济社会发展做出了较大贡献。

按照中央和省委的统一部署，我省各民主党派省委和省工商联将于今年上半年完成换届。这次换届，是我省多党合作和统一战线的一件大事，事关各党派、团体的新老交替和政治交接，事关统一战线的可持续发展，事关工商联的发展和壮大，事关全省发展大局。通过这次换届，要进一步优化工商联领导班子结构，要进一步增强工商联工作的凝聚力。要以换届为契机，切实加强自身建设，为省工商联更好地履行职能、发挥作用打好组织基础。

在换届过程中，要特别注意以下几个方面：一要着重提高领导班子的政治素质和履行职能的水平。要通过换届深化领导班子对工商联地位、性质和历史使命的认识，确保工商联的优良传统、优势和特点得到继承和发扬，始终沿着正确的政治方向健康发展。二要着力优化领导班子结构，在班子内部形成较为合理的知识结构、年龄梯次和专兼职比例，保持领导班子成员能力、特长、个性的互补性，提高领导班子的凝聚力和战斗力。三要形成正确的用人导向。要把综合评价作为工商联选拔领导班子中非公有制经济代表人士的重要手段和主要依据之一，克服选拔安排过程中的随意性和主观性，切实把政治素质高、社会贡献大、群众影响好的优秀非公有制经济代表人士选拔进领导班子中。四要做好思想政治工作，确保换届和谐、和谐换届。领导班子成员要增强政治意识、大局意识和责任意识，摆正个人利益和集体利益、个人需要和工作需要的关系，正确对待“名、权、位”和“进、退、留”，确保换届工作平稳有序。五要严格按规定程序办事。去年以来，中央和省委关于换届工作的大政方针和主要原则、具体要求和注意事项都作出了明确规定。在换届中要严格按照政策规定办事，强化纪律意识、程序意识，确保工作方案严密，工作程序严格，工作纪律严肃，工作作风严谨，杜绝各种不正之风，努力营造风清气正的环境。六要通过换届，换出活力，换出人气，换出凝聚力，使我们的会员、代表、执委、常委、会长和全省工商联的同志更加热爱工商联、支持工商联、发展和壮大工商联。

同志们，新世纪新阶段社会主义市场经济体制的不断完善，统一战线不断巩固和扩大，为工商联工作提供了新的机遇和更大的空间。希望大家团结一致，振奋精神，开拓创新，积极进取，以扎实的工作和优异的成绩，迎接党的十七大的胜利召开！

在山西省工商业联合会第九次会员代表大会开幕式上的讲话

山西省政协副主席、省委统战部部长 吴锦文

（2002年6月26日）

各位代表、同志们：

山西省工商业联合会第九次会员代表大会今天隆重召开。我谨代表中共山西省委统战部向大会的召开表示衷心的祝贺，向出席这次会议的代表和全省工商联会员表示诚挚的问候，向亲临这次大会指导的全国工商联副主席瞿怀明一行表示热烈的欢迎！

山西省工商联第八次会员代表大会以来，我省各级工商联在全国工商联的关心和支持下，在省委、省人大、省政府、省政协的领导下，坚持以邓小平理论和党的基本路线为指导，认真贯彻中央有关统战方针政策和工商联章程，紧紧围绕我省改革开放和经济建设这个中心，充分发挥工商联统战性、经济性、民间性的优势，深入开展调查研究，认真履行参政议政职能；积极开展非公有制经济人士的思想政治工作，培养壮大非公有制经济积极分子队伍；充分行使工作职能，热心帮助会员解决具体困难；不断加强自身建设，努力提高工作水平，团结和动员广大非公有制经济人士为我省改革和发展做出了突出贡献，充分发挥了党和政府联系非公有制经济人士的桥梁纽带作用和政府管理非公有制经济的助手作用。可以说，省工商联五年来的工作是卓有成效的，在此我代表中共山西省委统战部表示衷心地感谢！

借此机会，我就新世纪初的工商联工作讲几点意见。

一、提高思想认识，努力发挥好工商联的特点和优势

非公有制经济人士是我国改革开放以来产生和发展起来的一个新的社会群体，是在党的富民政策指引下，通过诚实劳动、合法经营先富起来的一部分人，是党的改革开放政策的实践者和受益者。随着非公有制经济的不断发展，这一群体还会不断壮大，党必须加强对这个特殊群体的领导，只有更好地团结、帮助、引导、教育，才能把这部分人团结在党的周围，为实现党的总目标、总任务而奋斗。对此，工商联肩负着义不容辞的重任。

中央[1991]15号文件明确指出：工商联是党领导下的以统战性为主，兼有经济性、民间性的人民团体，是党和政府联系非公有制经济的一个桥梁。《中共中央关于加强统一战线工作的决定》进一步明确了工商联的地位作用，指出："工商联是党领导下具有统战性、经济性、民间性的人民团体和民间商会，是党和政府联系非公有制经济人士的桥梁，是政府管理非公有制经济的助手。"中央15号文件和中央《决定》是指导新时期工商联工作的纲领性文件，为工商联工作指明了方向。从事统战工作的同志和在工商联工作的同志都要认真学习、深刻领会，充分认识工商联工作的重要性，正确理解和把握工商联统战性与经济性、民间性的关系，完成好党交给我们的光荣任务。

工商联是由各类工商业者，主要是非公有制经济代表人士参加的统一战线组织，具有政治协商、民主监督、参政议政、团结教育、协调关系等基本功能。统战性是工商联最基本、

最重要的属性，是工商联的政治优势。党中央把“团结、帮助、引导、教育”非公有制经济代表人士的工作交给工商联，为工商联的统战性赋予了新的内容。只有坚持统战性，工商联才能发挥正确的桥梁作用。同时，由于工商联会员绝大多数是非公有制经济人士，是拥有经济实体的企业会员，主要在经济领域活动，体现商会的职能，因而经济性成为工商联的一个重要特点。工商联的民间性是由其人民团体的性质决定的，它是一个群众性组织，不同于政府行政职能部门，它的作用的发挥，主要是通过协调服务、组织沟通、信息咨询等形式和渠道来实现的，可以起到政府部门不可替代的作用。工商联的统战性、经济性、民间性是密切相关、缺一不可的。统战性要寓于经济性、民间性的活动之中，经济性、民间性要体现统战性。各级工商联都要正确认识和把握好这三性的关系。

二、坚持“八字”方针，做好非公有制经济代表人士的思想政治工作

工商联是做非公有制经济代表人士思想政治工作的人民团体，其根本任务就是按照党中央明确规定的“团结、帮助、引导、教育”的“八字”方针，开展思想政治工作，引导广大非公有制经济人士爱国、敬业、守法，培养一支拥护党的领导、坚持走社会主义道路的积极分子队伍。各级工商联一定要全面准确地理解和坚持“八字”方针，发挥工商联的职能作用，把非公有制经济代表人士的思想政治工作做得扎扎实实。在当前的形势下，“团结”，就是要按照“三个有利于”的标准，放宽视野，面向整个非公有制经济人士群体，把广大非公有制经济人士最大限度地团结在党的周围。“帮助”，就是要着眼于非公有制经济的健康发展，帮助非公有制经济人士反映意见和建议，解决生产经营中的实际问题，维护他们的合法权益，帮助他们提高自身素质，逐步建立现代企业制度，增强企业的生存和发展能力。“引导”，就是要着眼于非公有制经济人士的健康成长，进一步深化“致富思源，富而思进”的教育和光彩事业、信誉宣言等活动，支持非公有制经济人士继续参与光彩事业，参与国有企业改革和再就业工程，参与西部大开发，引导他们走共同富裕的道路。“教育”，就是要按照“爱国、敬业、守法”的要求，加强对非公有制经济人士的爱国主义、社会主义教育和法律法规、职业道德教育，树立社会主义义利观，形成符合社会主义市场经济要求的经营理念、价值观念和道德规范。“八字”方针是工商联开展工作的核心，工商联工作应该在“八字”方针的基础上发挥好自身的职能作用。

三、坚持与时俱进，再创工商联工作新的辉煌

省委、省人大、省政府、省政协十分重视和支持工商联工作，对新世纪的工商联工作寄予厚望。省委每逢重大事项和重要人事安排，都与各民主党派、工商联进行民主协商，省政府专门安排工商联汇报和研究我省非公有制经济发展状况，参加政府执法检查和许多重要的商贸活动。这次省工商联换届，省委更加重视，田成平书记多次过问，刘振华省长十分关心，刘泽民副书记具体指导。今天，省委常委、秘书长申联彬同志代表省委到会致词祝贺，省人大、省政府、省政协的领导同志亲临大会指导并且讲话，这些都充分表达了四大班子对省工商联第九次代表大会的良好祝愿和殷切希望。我相信，各位代表一定能够不辜负各位领导的期望，不辜负全体会员的期望，以饱满的精神、负责的态度开好这次会议，选举产生一个好的领导班子，为开创我省工商联工作新局面奠定坚实的组织基础。

今年是我们党和国家历史上具有重要意义的一年，我们党要召开第十六次代表大会，这是全党和全国人民政治生活中的一件大事。同时，今年也是我国加入世贸组织后的第一年，加入世贸组织是我国改革开放进程中的一件大事，它将对我国政治、经济和社会生活各个方

面产生深刻的影响。这些都对我省非公有制经济发展、对工商联工作提出了新的要求。江总书记在“5.31”讲话中强调：“公有制为主体、多种所有制经济共同发展，是我国社会主义初级阶段的一项基本经济制度，必须坚定不移地加以坚持，在实践中不断地完善。”我们一定要认真学习江总书记“5.31”讲话精神，坚定不移地坚持党的基本路线，大力发展非公有制经济，同时认真研究加入世贸后对工商联工作带来的新情况、新问题，抓住机遇，乘势而上，与时俱进，开拓创新，发挥工商联的优势和作用，促进我省非公有制经济的健康发展。

为了更好地履行职能，省工商联要以这次换届为契机，进一步加强自身建设，特别是加强工商联党组的建设，在政治上、思想上、行动上和党中央保持高度一致。要以“三个代表”为指导，建立健全各项规章制度，改进工作作风，不断提高机关工作人员的自身素质和工商联工作的水平。

各位代表、同志们，山西省工商联1952年正式成立，到今年已走过了50年的辉煌历程。在过去的岁月中，老一代工商联领导人与党风雨同舟、荣辱与共，在全省政治、经济、社会生活等方面发挥了积极的作用，为工商联的建设和发展付出了毕生的心血，他们为工商联创造的业绩和可贵的奉献精神永远激励后来的广大会员。在此，我代表省委统战部向多年来从事工商联工作的老同志致以崇高的敬意和衷心的感谢！同时，我也相信，这次大会将产生的新一届工商联领导班子一定能够在全国工商联的关心指导下，在省委、省政府的重视支持下，继承和发扬工商联的优良传统和作风，团结拼搏，奋发进取，以务实的工作态度和崭新的精神风貌，再创我省工商联工作新的辉煌，以优异的成绩迎接党的十六大召开！

在山西省工商联九届二次执委会议上的讲话

山西省政协副主席、省委统战部部长 吴锦文

（2004年7月21日）

同志们：

山西省工商业联合会九届二次执委会今天在这里隆重召开，我谨代表中共山西省委和省委统战部向会议的召开表示热烈祝贺。

山西省工商联2002年换届以来，在省委、省政府的领导下，紧紧围绕我省经济建设这个中心，全面履行工商联职能，在参政议政、建言献策、开展思想政治工作、培养优秀建设者队伍、组织推动光彩事业、为经济建设和广大会员服务、加强与海外商会联系、搞好自身建设等方面都取得了可喜成绩，促进了非公有制经济的健康发展，为我省全面建设小康社会做出了积极贡献。借此机会，向省工商联及全省各级工商联组织和5万多名会员致以崇高的敬意!

党的十六大充分肯定了非公有制经济及非公有制经济人士在建设中国特色社会主义事业中的积极作用，指出包括私营企业主在内的新的社会阶层都是中国特色社会主义事业的建设者，强调对为祖国富强贡献力量的社会各阶层的人们都要团结，对他们的创业精神都要鼓励，对他们的合法权益都要保护，对他们中的优秀分子都要表彰。全国人大十届二次会议通过的《中华人民共和国宪法修正案》，用国家宪法的形式确立了非公有制经济在我国国民经济中的重要地位。全国政协十届二次会议通过的《政协章程修正案》也新增加了支持和引导非公有制经济发展的内容，而且把中国特色社会主义事业建设者列入统一战线的范围。十六大精神、宪法和政协章程修正案，极大地鼓舞和激发了广大非公有制经济人士致力于社会主义现代化建设事业的巨大创业热情。最近几年，我省的非公有制经济也有了长足的发展，跨入了持续、快速、健康发展的轨道，呈现出发展势头明显加快、优势产业全面升级、经济结构更加合理、龙头企业突飞猛进的显著特点。2003年，全省民营企业完成增加值1205亿元，比上年增长29.6%，占到全省GDP的49.3%。非公有制经济已成为我省社会主义市场经济的重要组成部分和富有活力的新的经济增长点，非公有制经济代表人士不愧为中国特色社会主义事业的建设者。新的世纪，为推动我省经济在激烈竞争中加快发展，我们要团结凝聚全省各方面力量，包括工商联和广大非公有制经济人士，齐心协力完成这个重要的历史使命。最近，省委、省政府出台了《关于进一步加快非公有制经济发展的决定》，充分表明了省委、省政府贯彻落实十六大精神，树立科学的发展观，积极鼓励、支持和引导非公有制经济发展的信心和决心。因此，如何贯彻落实好省委、省政府的指示精神，充分发挥工商联的重要作用，研究新情况，总结新经验，把握新规律，探索新方法，进一步开创工商联工作的新局面，是摆在我们面前的一个重大课题。这里，我讲三点意见：

一、充分认识工商联的地位、作用，增强做好工商联工作的责任感

工商联是党领导的统一战线的人民团体和商会组织，从建国初期成立以来，在各个历史时期都发挥了重要作用。新世纪新阶段，随着社会主义市场经济的不断完善，非公有制经济地位的提高，工商联在全面建设小康社会的伟大实践中也将发挥不可替代的重要作用。作为以统战性为主，兼有经济性、民间性的人民团

体的工商联组织，它肩负着鼓励和支持非公有制经济健康发展、帮助和引导非公有制经济人士健康成长的重要任务。各级党委、政府和有关部门要认真学习贯彻十六大精神，以“三个代表”重要思想为指导，从有利于加强党对非公有制经济的领导、有利于巩固和扩大爱国统一战线、有利于调动一切积极因素，早日实现我省小康社会建设目标的高度，重视和支持工商联工作，更好地发挥工商联的作用。广大工商联干部，特别是领导干部一定要认真地学习和实践“三个代表”重要思想，增强责任感和事业心，振奋精神，扎实工作，努力开创全省工商联工作的新局面。

二、围绕经济和社会发展大局，充分发挥工商联职能

近年来，在贯彻落实中央15号文件，不断推进工商联工作全面开展的进程中，认真贯彻工商联工作的方针政策和工作职能，取得了较好成绩，也积累了一些经验。在新世纪新阶段，我们要坚持统战性，突出经济性，加强民间性，并将统战性融汇渗透到经济性、民间性中，进一步强化工商联职能，使它在我省经济和社会发展中找到应有的位置，发挥更大的作用。

要重视和发挥好工商联的政治优势，认真履行政治协商、民主监督、参政议政的职能。统战性是工商联的政治优势，这种优势表现在工商联具有政治协商、民主监督、参政议政基本职能上。这些年来，省委、省政府在涉及政治、经济社会发展等重大问题上都主动征求各民主党派、工商联的意见，采纳合理化建议。并进一步加大了在非公有制经济代表人士中的政治安排力度，组织非公有制经济代表人士在人大、政协中履行职能，发挥作用。各级党委都要从讲政治的高度，重视发挥工商联参政议政的作用，各级政府有关部门要与工商联建立和完善工作联系制度，认真听取意见和建议。工商联要围绕国家和全省重大经济政策、法规的制定和完善，特别是非公有制经济发展问题，深入调查研究，努力提高参政议政水平。

要强化工商联的服务职能，完善各种服务体系。工商联的经济性在于它的“助手”作用和商会功能，直接为经济建设服务。同时，工商联作为广大非公有制经济人士组成的民间团体，理应代表和维护非公有制经济人士的合法权益。随着市场经济的不断完善和非公有制经济的快速发展，工商联的商会职能将越来越显得重要。各级党委、政府及有关部门要重视和支持工商联发挥好这些职能，帮助工商联逐步建立起有商会特色、便于发挥商会优势的服务体系。工商联要在政府职能转变和市场经济体制不断健全的过程中，在促进共同发展、规范市场经营、维护经济秩序、协调关系、调解纠纷等方面发挥积极作用，为非公有制企业解决当前生产经营中市场准入、融资、征地等问题。

要认真做好思想政治工作，努力培养优秀中国特色社会主义事业建设者。加强思想政治工作是党赋予工商联的一项重要任务，各级工商联组织要根据非公有制经济人士特点，针对性地、扎实有效地开展思想政治工作。要建立思想政治工作网络和机制，结合企业生产经营、企业管理、精神文明建设等工作，构筑诚信教育、企业文化、光彩事业、评比表彰等平台，把思想工作贯穿于参政议政、谈心交友和各项服务之中，增加新的载体，形成大的合力。要教育和引导广大非公有制经济人士把自己企业的发展与国家的发展结合起来，做到爱国、敬业、诚信、守法；教育和引导他们把个人富裕与全体人民的共同富裕结合起来，致富思源，富而思进，奉献祖国，回报社会；教育和引导他们把遵循市场法则与发挥社会主义道德结合起来，以人为本、义利兼顾、互惠互利，实现双赢。

要加强工商联基层组织和行业组织建设，为规范市场秩序多做贡献。基层组织和行业商会是工商联最基本、最广泛的组织形式。目前，全省许多乡镇建立了工商联分会，在一些地区和行业建立了同业公会或行业协会。这些

组织在支持企业发展、维护市场秩序和会员合法权益等方面做了许多有益的工作。工商联要按照市场化的原则加强基层组织建设，建立各级工作网络，按照“纵向到底、横向到边”的要求，尽快建立健全乡镇（街道）商会和以非公有制经济为主体的相关行业协会组织，积极发展企业会员，引导会员积极参与各项活动，充分发挥工商联组织优势和行业协会的专业优势，全面提升工商联的工作水平，协助政府规范和建立正常的市场经济秩序。

三、切实加强党对工商联工作的领导，积极帮助工商联加强自身建设

工商联工作是新世纪新阶段党的统一战线工作的重要组成部分，加强工商联工作是建设中国特色社会主义事业的必然要求。

要把工商联工作纳入到重要议事日程，切实加强领导。各级党委、政府要明确一位领导同志分管和联系工商联工作，定期听取他们的工作汇报，帮助解决工作中遇到的困难和问题，选配好工商联领导班子。党委和政府要按照中央关于工商联“是政府管理非公有制经济的助手”的要求，赋予工商联相应的工作职能，充分发挥其商会作用。各级党委、政府要根据新时期工商联职能和任务的变化，积极为工商联开展工作、履行职能创造必要的条件，在工商联机关机构、编制、经费和交通、通讯等方面给予一定的照顾，以确保工商联工作的正常开展。

要加强对工商联党组的领导和对工商联工作的指导。作为党委职能部门的党委统战部要认真贯彻党委的指示精神，切实履行好对工商联党组的领导和对工商联工作的指导，这既是统战部受同级党委委托应尽的责任，也是工商联不可缺少的依托。工商联党组要自觉接受党委统战部的领导，统战部要充分发挥工商联党组的领导核心作用。统战部要建立与工商联党组的联系制度，充分发挥工商联的积极作用。

要加强工商联的自身建设。做好新世纪新阶段工商联工作，加强工商联自身建设是关键一环。首先，要加强领导班子建设。要把熟悉统战工作和经济工作的专门人才充实到工商联各级领导班子中来，努力把各级工商联领导班子建设成为有开拓创新意识、求真务实精神、民主团结作风的坚强领导集体。其次，要加强干部队伍建设。组织干部认真学习贯彻“三个代表”重要思想，认真学习政治理论和专业知识，按照统战干部的要求，做到人缘好、形象好、人格好，不断增强政治意识、大局意识，不断提高思想素质和业务水平，以适应社会主义市场经济对工商联干部的基本要求。第三，要加强机关建设。全省各级工商联组织要进一步加强机关建设，建立适应新世纪新阶段工商联工作的工作机制，健全各项规章制度，改进工作作风，牢固树立全心全意为广大会员服务的思想，提高工作质量，完善服务功能，增强吸引力和凝聚力。

同志们，我们相信，有“三个代表”重要思想的指引，有省委、省政府的正确领导，有广大非公有制经济人士的团结拼搏，我省工商联一定会抓住机遇，开拓创新，团结拼搏，再创辉煌，使新时期工商联各项工作再上一个新台阶，为我省的改革开放和现代化建设不断做出新的贡献。

最后，祝山西省工商联九届二次执委会取得圆满成功！

在山西省非公有制企业文化建设暨思想政治工作经验交流会上的讲话

山西省政协副主席、省委统战部部长 吴锦文

（2005年8月6日）

同志们：

今天，在这里召开全省非公有制企业文化建设暨思想政治工作经验交流会，非常及时，很有必要。借此机会，我代表中共山西省委统战部，向全国工商联程路副主席莅临大会指导表示热烈的欢迎，对会议的召开表示衷心的祝贺。

近些年来，我省非公有制企业文化建设和企业的思想政治工作在中央统战部、全国工商联的指导下，在省委、省政府的高度重视下，在全省各级统战部、工商联组织的努力实践下，在全省广大非公有制企业家的积极参与下，取得了显著成绩，积累了丰富的经验，值得认真总结、交流推广。

非公有制企业文化建设和思想政治工作是新时期经济领域统一战线的一项新任务。我省各级统战部、工商联紧紧抓住新时期新阶段非公有制经济领域出现的新情况、新问题，把加强非公有制企业文化建设和企业的思想政治工作作为重要抓手，全方位、多角度地开展工作，通过学习宣传与引导教育相结合，文化建设与思想政治工作相结合，调查研究与表彰激励相结合，在推动非公有制企业文化建设，加强企业思想政治引导等方面做了大量工作。省委统战部和省工商联先后在全省非公有制经济人士中开展了争做优秀中国特色社会主义事业建设者活动，组织了有关评选工作，以省委、省政府的名义表彰了26名非公有制企业家；举办了各种培训班、论坛和学习考察活动，对全省广大非公有制经济人士进行了形式多样的培训；召开了全省民营企业文化建设经验交流会和全省非公有制企业“关爱员工，实现双赢”表彰大会，成立了全省民营企业文化建设委员会；广泛开展光彩事业活动，引导广大非公有制企业家到我省贫困地区投资办厂、兴办教育，为实现共同富裕奉献爱心。这一系列活动扩大了统战部、工商联开展全省非公有制企业文化建设和思想政治工作社会影响，有力地促进了我省非公有制经济健康发展和非公有制经济人士的健康成长。

几年来，通过开展非公有制企业文化建设和思想政治工作，我省广大非公有制企业家的综合素质不断得到提高，企业领导班子的战斗力、凝聚力不断得到增强；党、团、工会组织相继建立，作用进一步得到发挥，“三个文明”建设结出累累硕果；企业经营管理进一步加强，员工精神风貌良好，企业的核心竞争力不断提高；企业家关爱员工，员工爱厂敬业，同谋发展，实现双赢，企业呈现勃勃生机，实现了企业文化建设和思想政治工作与企业的发展战略的和谐统一，企业的发展与员工的发展和谐统一。

随着改革开放的不断深入，非公有制经济的快速发展和企业家群体的不断壮大，引起了各级党委、政府的高度重视，按照十六大的精神，坚持“两个毫不动摇”的同时，加强对非公有制经济和企业家的支持引导，做好非公有制企业文化建设和企业思想政治工作摆到了各级党委、政府的重要位置。各级工商联围绕党的中心工作，加大了非公有制企业文化建设和企业思想政治工作力度，社会许多部门和团体也积极加入到了这个行列中来，营造了氛围，

形成了合力，开创了我省非公有制企业文化建设和企业思想政治工作的新局面。

下面，我就加强非公有制企业文化建设和企业思想政治工作讲几点意见：

一、充分认识加强非公有制企业文化建设和企业思想政治工作的重要性和必要性

当前，世界多极化和经济全球化的趋势在不断发展，科技进步日新月异，综合国力的竞争日趋激烈，文化与经济和政治相互交融，文化的交流与传播日趋频繁，各种思想文化相互渗透、相互融合，人的思想空前活跃。随着改革的不断深化，非公有制经济实现了量的扩张、质的飞跃。在宏观经济调控的形势下，非公有制企业既面临着良好的发展机遇，又面对着国内外各类企业的激烈竞争，迫切需要提高企业的管理水平和提升企业的核心竞争力；迫切需要加强思想政治引导，提高员工的思想政治素质，调动企业的一切积极因素，保证企业高效运转，推动生产力的发展。对企业家而言，存在着继续全面提高自身素质，加快企业提升转型步伐，推进企业健康发展的严峻挑战。无论是企业发展的内在需要，还是企业家健康成长的迫切要求，都需要我们加强非公有制企业文化建设和思想政治工作。这项工作是推动企业持续发展的精神支柱、动力源泉，是企业可持续发展的关键所在；是加强党的执政能力建设，大力发展社会主义先进文化，构建社会主义和谐社会的重要组成部分；是发挥党的政治优势，建设高素质员工队伍，促进企业家全面发展的必然选择；是企业提高管理水平，增强凝聚力，打造核心竞争力的战略举措。因此，我们要充分认识非公有制企业文化建设和思想政治工作的重要意义，增强做好这项工作的紧迫性和自觉性。

在生产实践中，我省非公有制企业形成了反映时代要求、各具特色的企业文化，积累了企业思想政治工作的丰富经验。在培育企业精神、提升经营理念、推动制度创新、塑造企业形象、提高员工素质等方面进行了广泛探索，取得了丰硕的成果。丰富多采的企业文化和思想政治工作经验，不仅为企业的生存发展提供了精神动力，也为形成与社会主义市场经济相适应的道德观念提供了新的源泉。像沁源沁新集团、山西潞宝集团、太原来福集团等企业的经验，为我们提供了借鉴，开拓了思路，树立了榜样。但实事求是地讲，我省非公有制企业文化建设和思想政治工作的发展很不平衡，许多企业对这项工作重要性的认识不足，企业文化建设和思想政治工作的指导思想不够明确，片面地追求表面形式，忽视了企业精神内涵的提炼和相关制度的完善。企业文化建设与思想政治工作同企业的发展战略和经营管理存在严重脱节的现象，缺乏长抓不懈的机制。因此，全面加强非公有制企业文化建设和思想政治工作非常重要，也十分必要。

二、全面加强非公有制企业文化建设和思想政治工作

从现代意识的角度看，企业文化是企业全方位管理的一种科学文化过程，也是把企业的管理思想与管理实践相结合，升华为一种全新的方法和观念的过程。思想政治工作则是研究企业员工思想和行为的活动规律，对员工进行思想政治教育的理论和实践相统一的过程。几年的工作实践，我们感到，开展非公有制企业文化建设和思想政治工作相对国有企业而言既有共性，也有个性，需要我们找准定位，认真研究，区别对待。

一是要坚持正确的政治方向。坚持正确的方向，把握正确的导向，是我们加强非公有制企业文化建设和思想政治工作的根本原则。非公有制企业是改革开放的产物，在其成长发展的过程中，我们党不但要在发展政策、经营服务上予以支持帮助，还要在路线方针、政治方向上把好导向，通过贯彻党的路线、方针、政策，保证企业的发展方向，通过加强企业党团、工会组织建设，发挥保障监督作用，通过加强文化建设和思想政治工作，提高经营者和

广大员工的素质，使他们成为“四有”新人。要通过我们的工作，使企业家和广大员工认识到，正是因为在改革开放中，我们党坚持了邓小平理论和党的社会主义初级阶段基本路线，坚持了中国共产党的领导和社会主义制度，坚持了正确的政治方向，才保证了改革开放和社会主义现代化建设的顺利进行，才使得各项事业的发展包括非公有制经济的健康发展有了良好的政治社会环境。

非公有制企业文化建设和思想政治工作必须坚持邓小平理论和“三个代表”重要思想，坚持党的路线、方针、政策，牢固树立以人为本，全面、协调、可持续的发展观，在弘扬中华民族优秀传统文化和继承党的思想政治工作、优良传统的基础上，积极吸收借鉴国内外现代管理制度和企业思想政治工作的优秀成果，以爱国、敬业、诚信、守法、贡献为追求，以促进企业发展为宗旨，以诚信经营为基石，以人本管理为核心，以学习创新为动力，努力探索符合社会主义先进文化方向的、富有时代特征的、具有丰富管理内涵的企业文化和思想政治工作新途径。

二是把加强对企业家的教育放在首位。企业文化和思想政治工作讲求“以人为本”，重在提高企业员工的整体素质。但就非公有制企业来说，首要的或者核心就是提高企业家的综合素质，也就是要提高企业家的理想、信念和道德水准。在非公有制企业中，企业主是法人。企业的成功往往取决于企业家的成功，企业家的品格、意志、理念对企业文化建设起着非常积极甚至是决定性的作用，所以企业家对企业文化和思想政治工作的主要构筑有着特殊重要的意义。但企业家个人的文化（品格、理念、信念、价值观等）不同于企业文化，不能替代思想政治工作，企业体现的是群体认同感和组织意志，企业家的权威决定了其个人文化对企业文化和思想政治工作的巨大影响，而企业文化和思想政治工作的构筑及发展过程更是一个企业家和企业组织的相互互动过程，这个过程既有企业家本人对自身的不断超越，更有企业组织对个人的超越。因此，非公有制企业文化建设和思想政治工作既是中国先进文化的具体实践，也是培养广大非公有制经济人士成为中国特色社会主义事业合格建设者的具体实践。企业家是企业的脊梁，企业的兴衰与企业家息息相关。社会主义市场经济能否顺利发展，很大程度上取决于能否生长出一批优秀的企业家，而这又取决于企业家队伍是否具有较高的整体素质和较强的创新精神。“强企先强人，强人先强魂”，企业家作为培养先进生产力和先进文化的核心和纽带，理应成为我们重点培养的对象和关注的焦点。我们要把加强非公有制企业文化建设和思想政治工作作为培养中国特色社会主义事业合格建设者的一项重要工作来完成。要按照党的“团结、帮助、引导、教育”的八字方针，引导广大非公有制经济人士爱国、敬业、诚信、守法、贡献。要着重加强企业家的思想教育、法制教育和职业教育，不断提高其守法经营、照章纳税、遵守职业道德和维护员工利益的自觉性。使他们认识到，改革开放的政策是他们的致富之本，依靠员工办企业是他们的致富之根，诚信经营是他们的致富之魂，自觉地“把自身企业的发展与国家的发展结合起来，把个人富裕与全体人民的共同富裕结合起来，把遵循市场法则与发扬社会主义道德结合起来”，培养一支拥护党的领导，走社会主义道路，肩负发展经济和促进社会进步双重历史使命的优秀企业家队伍。

在推动非公有制企业文化建设和思想政治工作互相促进的过程中，必须发挥好企业党组织的重要作用，通过党组织自身卓有成效的工作来赢得企业家和广大员工的真心拥护、信赖和支持；通过开展党员先进性教育，增强党组织的影响力、感召力；通过动之以情，晓之以理，示之以范，恤之以利，约之以纪的工作方法，在企业家和广大员工中形成真理的力量、情感的力量、人格的力量、物质的力量、法纪的力量。

三是工商联要发挥积极作用。改革开放27年来，我国的非公有制经济人士已经成为一个庞大的群体，从1992年的不到20万，发展到2004年的367万。他们有自己的群体利益和政治需求，呈现出人数持续快速增长、结构发生实质性变化、财富总量日趋庞大等特点。他们的思想向积极方面转变，爱党爱国、敬业守法已成为主流，他们参与政治和社会的意识更加强烈，相对独立的意识不断涌现。对待这样一个阶层，从党的事业长远发展来看，工商联一方面要支持、鼓励其成长壮大，维护好他们的合法权益，调动他们的创业热情；另一方面又要加强思想政治引导，增进他们与社会主义社会的一致性和相融性，协调好他们与其它社会阶层的利益关系，驾驭好这个阶层意识的发展方向，确保其健康发展。

党赋予了工商联加强非公有制经济人士思想政治工作的重任。在新时期新阶段，尽管我们的工作对象发生了深刻变化，但这项工作仍是工商联工作的一项重要任务。推动非公有制企业文化建设和思想政治工作，为工商联和非公有制企业家搭起了一座互相往来的桥梁，找到了在非公有制企业家及广大员工中宣传贯彻党的路线、方针、政策的结合点。工商联要站在更高的层次，开拓更宽的视野，在加强非公有制企业文化建设和思想政治工作方面出思想，出方法，出对策。要深刻理解企业文化建设和思想政治工作的关系，充分认识到相互间的积极促进作用，企业思想政治工作决定着企业文化的发展方向，给企业文化带来新的政治优势；企业文化建设则开辟了企业思想政治工作的新领域，为企业思想政治工作提供了新载体。

工商联在做好企业文化建设和思想政治工作的过程中，要发挥好党和政府联系非公有制经济的桥梁、政府管理非公有制经济助手的作用。做好这项工作既是非公有制企业发展的客观需要，又是工商联履行职能取得成效的反映。这项工作的好坏，可以作为检验工商联工作的重要尺度。工商联要积极发挥职能作用，针对非公有制企业文化建设和思想政治工作的难点，找准工作的切入点和着力点，探索工作的抓手和载体，不断总结、完善、创新、推广好的经验，发挥好组织网络的辐射力和渗透力，形成做好企业文化建设和思想政治工作的有效机制。

三、要为构筑和谐社会贡献力量

加强非公有制企业文化建设和思想政治工作的最终目的就是要推进非公有制经济的健康发展和促进非公有制经济人士的健康成长，为全面实现小康目标，构建社会主义和谐社会贡献力量。

在社会主义市场经济的利益多元化社会中，利益群体间的矛盾也是不可避免的，利益冲突也是客观存在的。勿须讳言，非公有制经济人士尽管为国家现代化建设做出有目共睹的突出贡献，但是，他们作为一个群体，公众的评价往往不高，且颇多微词。这其中，有世俗偏见的一面尚待扭转；另一方面，企业家自身也确有值得反思之处。在现实社会当中，非公有制企业与社会之间、企业与企业之间、企业家与员工之间都存在着一定的矛盾，非公有制企业家群体与其他社会群体间也存在着一些不和谐的因素，最突出的表现在财富的差距上，不公平导致了不和谐。尽管在社会主义社会中社会成员之间，不同利益群体间的利益从根本上是一致的，产生的矛盾是非对抗性的，但我们还是应该关注这些问题，及时化解不和谐因素，既要注意保护先富群体的发展活力，又要格外关心落后地区和特困群体的实际困难。企业家的天性是创造财富，而财富的积累是与企业家的社会责任紧密联系在一起的，只有让财富与社会责任充分结合起来，才能使社会更加稳定、更加文明、更加和谐、更加进步。

去年年底，中央统战部等五部委表彰了100名非公有制企业家，授予他们优秀中国特色社会主义事业建设者称号。这次表彰大会提出了“优秀建设者精神”。中共中央政治局常委、全国政协主席贾庆林同志将之概括为“爱国、敬业、诚信、守法、贡献”。全国政协副主席、中共中央统战部部长刘延东同志对其内涵作了阐述：一是奋发图强、振兴中华的爱国情怀；二是百折不挠、锐意进取的敬业精神；三是言行一致、明礼守信的诚信态度；四是诚实劳动、依法经营的守法品格；五是致富思源、服务社会的贡献意识。在中央表彰之前，省委、省政府也表彰了我省一批非公有制企业家，省委主要领导在接见企业家的时候，向他们提出了明确的要求：一是希望企业家既要发扬山西晋商的优良传统，又要学习新的现代企业知识，走新型的工业化道路，坚持可持续发展，坚持不断创新，把企业做大做强；二是做一个对国家、对人民有意义的人，做品德高尚的人，要致富思源，富而思进，不断进取，不断开拓，绝不能腐化堕落，违法乱纪，为国家、为人民做出更大的贡献，把自己塑造成名副其实的优秀的中国特色社会主义事业建设者。“优秀建设者精神”的提出，对广大非公有制企业家的成长进步提出了新的标准和更高的要求，希望企业家能按优秀建设者的标准严格要求自己，积极努力去实践，以崭新的风貌，接受党和人民的考验。

值得肯定的是，在党和政府的引导教育下，我省广大非公有制企业家在成长的历程中不断调整自己的发展坐标，选择新的努力方向，努力把握好企业发展与国家经济发展的关系，树立正确的大局观；努力处理好企业发展与社会进步的关系，注重发展的可持续性；努力解决好先富与后富的矛盾，为实现共同富裕做出贡献；努力调整好企业经济效益与社会效益的关系，主动承担更多的社会责任。他们倡导了光彩事业，参与了国企改革，积极安排下岗职工，主动减少污染，减少资源破坏，尊重员工的主人翁地位，维护员工的合法权益，这是他们致富以后自觉奉献社会的一种积极实践，为构筑和谐社会、实现共同富裕的理想奠定了坚实的基础。

同志们，党的十六届四中全会把加强非公有制经济思想政治工作纳入到全面建设小康社会，纳入到积极构筑和谐社会的总体工作中去，为我们做好非公有制企业文化建设和思想政治工作提供了理论依据。我们要贯彻好十六届四中全会精神，把加强非公有制企业文化建设和思想政治工作提升到战略的高度来认识，发挥好统一战线的自身优势和作用，扎扎实实地做好工作，不断拓宽非公有制企业文化建设和思想政治工作的新思路、探索新载体、总结新经验，推动我省非公有制企业文化建设和思想政治工作再上新的台阶。

在山西省民营企业文化建设交流研讨会上的讲话

山西省政协副主席、省工商联会长 边鸣涛

（2003年10月14日）

各位嘉宾、各位朋友、同志们：

国庆佳节刚过，我们全省的民营企业代表，全国工商联、中国民（私）营经济研究会的领导，省、朔州市、怀仁县的领导同志，省、市、县工商联的负责同志，大家聚集在雁门关外新兴的富裕县，全省经济十强县之一的怀仁县，共同交流研讨民营企业文化建设，并把交流研讨会的主题确定为“民营企业与社会协调发展”，这是非常有意义的活动，会议不仅要听取怀仁县的先进典型介绍，交流全省民营企业文化建设的先进经验，还要参观怀仁县的民营企业和市政建设，特别是我们还请来了全国工商联程路副主席、中国民（私）营经济研究会秘书长邵纬生同志为大家作专题报告，请省委、省政府和省委统战部领导作重要讲话，使我们这次会议具有丰富的内容，必将对推动我省民营企业的健康发展产生深远的意义。为此，我代表山西省工商联、山西省总商会，对各位领导和嘉宾们的光临再一次表示热烈的欢迎和衷心的感谢！

改革开放20多年来，我们省的民营经济得到了很大发展，在全省国民经济中的地位和作用日趋显现。据我们的调查了解，2002年，民营经济已占到全省GDP的46.5%，以海鑫、安泰、华宇、金业、潞宝、阳光焦化、中阳钢厂、太原江南、连顺能源、皇威实业、嘉明陶瓷等为代表的一批在全省经济结构调整中逐步做大做强的民营企业正在崛起。目前，全省年营业收入超过亿元的民营企业已经达到50余家，年纳税超过千万元的有近40家，其中年纳税超亿元的今年有望达到5家以上。民营经济已经成为我省经济发展最具活力的增长极。

民营企业在创造物质财富的同时，在社会精神文化建设中，同样发挥着积极的作用。许多民营企业在发展中，积极探索适应市场经济并与当今社会协调发展的经营理念，他们从自发、不自觉、到自觉，创造出在形式上和内涵上都比较丰富的企业文化，为企业的健康发展提供了强有力的思想保证、精神动力和智力支持，使企业沿着当代中国先进文化的前进方向健康发展。他们积极实践“三个代表”的重要思想，努力做到把自身企业的发展与国家的发展结合起来，把个人富裕与全体人民的共同富裕结合起来，把遵循市场法则与发扬社会主义道德结合起来。全省涌现出不少企业文化建设方面的先进典型，这次会议我们还要对各市地推荐的34家“企业文化建设先进单位”进行表彰。他们是成功者，也是企业文化建设的践行者和受益者。他们企业的产品和服务，他们企业的经济效益和社会效益都赢得了社会的广泛认可，是我省民营企业中的佼佼者，引领着全省民营企业文化的方向，成为促进经济发展，保持社会稳定，促进社会进步的重要力量。

企业文化是企业的灵魂，企业文化已成为决定企业成败兴衰的关键因素，是构成企业核心竞争力的重要基础。在企业文化的形成和发展过程中，企业文化逐步用企业的体制、制度、作风、习惯、传统表现出来，并在这一过程中同时形成企业的核心竞争力。企业的核心竞争力是别人学不到、拿不走、学不会、带不走、模仿不了的独有能力。企业文化的重要方面有三点：一是活力。企业文化是多元的，企业员工来自五湖四海，企业家要胸怀博大，兼收并蓄，允许各种差异文化存在，在此基础上，将各种文化在互相理解的基础上，形成自己的特色和竞争优势；二是正义。这是指企业内部的资源共享，是平等、公正，机会均等的，要有越超企业利润最大化的目标，使每一个企业的成员都有实现自我的均等机会，学习、发展，信息的获得，参与管理等。使每一个职工都感到和谐和关爱，找到发展和施展自我能力的可能；三是过程。企业文化是一个目标的实现过程，是逐步建立的，不是一蹴而就的，是不断地完善、发展，不断学习，不断实践，不断改善、前进的过程。促进民营企业文化建设沿着先进文化的方向前进，对于在民营企业内部形成符合先进生产力发展要求的生产关系至关重要。因此，用“三个代表”重要思想推动民营企业文化建设，是鼓励和引导非公有制健康发展的重要手段，对于民营企业坚持正确发展方向，培养爱国、敬业、诚信、守法的企业经营管理者队伍和造就有理想、有道德、有文化、有纪律的员工队伍具有重要意义。工商联组织举办这样的交流研讨活动，就是为了搭建一个政府与民营企业对话的平台，充分发挥党和政府联系非公有制经济人士的桥梁和纽带作用，发挥政府管理非公有制经济的助手作用。我们把这次会议的主题定为“民营企业与社会协调发展”，是根据全国工商联的部署而安排的。9月29日，全国工商联在庆祝自己50华诞的纪念活动中，举办了“中国民营企业文化论坛”，全国工商联领导和全国著名民营企业家、政府官员、专家学者，共同研讨“民营企业与社会协调发展”这一主题。因为我们看到，民营企业要健康发展，就必须符合国家发展大局、区域经济和社会发展大局的要求，我们在引导非公有制经济健康发展过程中，深感社会文化环境对民营企业健康发展的影响，非公有制经济发展有赖于一个良好的社会文化氛围的形成。我们旨在通过这次交流研讨，促进更多的民营企业重视和加强企业文化建设，建立符合自己企业同时也符合整个社会发展大方向的企业文化。就是要不断沟通民营企业与政府和社会融通协调，在全省社会进一步营造“形成与社会主义初级阶段基本经济制度相适应的思想观念和创业机制，营造鼓励人们干事业、支持人们干成事业的社会氛围，放手让一切劳动、知识、技术、管理和资本的活力竞相迸发，让一切创造社会财富的源泉充分涌流”的社会文化环境和舆论氛围。使山西的民营企业快速健康发展，使山西的民营企业家茁壮健康成长，在三晋大地上涌现出更多的名牌企业和名优产品，在晋商故里成长起更多的优秀民营企业家。祝交流研讨圆满成功！

在山西省民营企业“关爱员工，实现双赢”经验交流会上的讲话

山西省政协副主席、省工商联会长 边鸣涛

（2005年4月25日）

同志们、朋友们：

今天，山西省工商业联合会、山西省总工会联合召开全省民营企业“关爱员工、实现双赢”经验交流大会，对40名关爱员工的优秀民营企业家、40名热爱企业的优秀员工、36家组织开展“关爱员工、实现双赢”活动的先进单位和35名先进个人进行了隆重表彰。这是我们贯彻“三个代表”重要思想和十六大精神，树立科学发展观，构建社会主义和谐社会的具体行动，必将对全省民营企业广泛深入地开展“关爱员工，实现双赢”活动，进一步推动民营企业社会主义精神文明建设和企业文化建设产生积极而深远的影响。在此，我代表活动领导组向受表彰的民营企业家、员工以及先进工商联、总工会组织和个人表示热烈的祝贺！

改革开放以来，我省民营经济得到了快速健康发展，在促进社会生产力，推动国民经济发展，创造社会财富，繁荣市场，增加劳动就业等方面发挥了积极作用，成为我省新的经济增长点和吸纳劳动就业的主渠道。到2004年底，全省民营企业总户数达61万户，从业人员487.8万人。2004年完成增加值1527.5亿元，占全省GDP的50.21%，占据了全省经济的半壁江山；上交税金173.6亿元，占到全省税收总额的38.4%。其中，全省私营企业发展到55829户，从业人员95.38万人，注册资金864.53亿元，产值204.89亿元，销售收入157.12亿元，社会消费品零售总额214.32亿元。个体工商户发展到43.93万户，从业人员85.44万人，注册资金121.6亿元，产值27.12亿元，营业额166.17亿元，社会消费品零售总额174.37亿元，个体私营经济纳税74.6亿元，占全省税收总额的16.5%。民营经济在为推动经济发展做出突出贡献的同时，还为社会公益事业和扶贫救灾做出了重大贡献，仅在2003年抗击“非典”中就捐款捐物5000多万元。

为进一步促进民营经济健康发展和民营企业家健康成长，切实保障民营企业员工的合法权益，着力创造和谐稳定的社会环境，去年初，我省各级工商联和总工会积极响应全国工商联、全国总工会倡导的在民营企业中开展“关爱员工、实现双赢”活动，在转发了全国工商联和全国总工会通知的基础上，对这项活动进行了周密的安排部署，成立了由省工商联、省总工会领导和机关相关处（部）组成的活动领导组，指导这项活动在我省广泛而活跃地开展起来。多数市和一些县区也成立了活动领导组，按照全国和省的安排组织开展了这项活动。省工商联和总工会加强联系与合作，共同选拔考察向全国推荐了山西皇威集团董事长秦诗禄、山西联盛能源有限公司董事长邢利斌、山西金业集团总经理张新跃3位“关爱员工的优秀民营企业家”和他们企业的3位“热爱企业的优秀员工”，在去年“五一”前在北京受到全国工商联和全国总工会的隆重表彰。2004年7月，参加省工商联九届二次执委会议的全体民营企业家向全省民营经济界的同仁发出了“关爱员工、实现双赢”的倡议书。为了推动“关爱员工、实现双赢”活动扎实有效地深入开展，去年12月，省工商联又下发了《关于组织民营企业家在元旦、春节期间走访慰问员工的通知》，省市县工商联组织民营企业家以

不同形式在元旦、春节期间走访慰问民营企业生活困难职工，因公伤残的职工，生产第一线的职工和热爱企业、为企业发展做出突出贡献的职工，不少工商联和总工会领导参加了这些慰问活动。在活动过程中，工商联和总工会注意发现典型，总结先进经验，在全省开展了“关爱员工的优秀民营企业家”和“热爱企业的优秀员工”的创建和推荐活动，共同推动民营企业建立工会组织，规范工会活动，健全各种社会保障制度和平等协商机制。工商联和总工会共同促进民营企业工会组织建设是一个创举，同时也是一个良好的开端，作为党领导下的专门联系民营企业家的商会性质的工商联，和代表职工利益的工会组织共同联手构建民营企业内部和谐的劳动关系，是非常符合构建社会主义和谐社会要求的，今后我们还要不断探索合作的新领域。

这次“关爱员工、实现双赢”活动，同时也得到了我省民营企业家和企业员工的热烈响应，民营企业家们坚持以人为本，全面、协调、可持续的科学发展观，注重员工的全面发展，关心员工政治、经济、民主权利，积极担负起关爱员工的社会责任，不断完善工会组织和工会工作，建立了稳定的员工队伍，努力把企业建成“学习型组织”，使自己成为优秀的中国特色社会主义事业建设者。民营企业通过开展以关心企业发展，实现企业与员工互利双赢为主题内容的活动，调动了员工为企业多做贡献的积极性，增强了员工的社会主人翁意识，进而在企业与员工、老板与员工、员工与员工之间形成了一种和谐的劳动关系。我们今天表彰的关爱员工的优秀民营企业家和热爱企业的优秀员工就是这些民营企业家和民营企业员工的典型代表。组织这次隆重的表彰活动，就是要大张旗鼓地宣传民营企业家和民营企业员工，树立他们的新形象、新风貌，营造良好的社会舆论氛围；就是让更多的民营企业家和民营企业员工学习这些先进典型，从而使我省更多的民营企业把这项活动深入开展起来。在这次表彰会上，我们把这些企业家和员工的典型事迹汇编成册，还要在电视、广播、报纸、杂志、网站等新闻媒体进行广泛宣传，大造舆论，从另一个侧面向全社会展示民营企业、民营企业家和民营企业员工的新形象。

发展民营经济是建设中国特色社会主义事业的需要。虽然民营企业与国有企业的性质、特点有所不同，但从根本上说，民营企业的利益与国家的利益、社会的利益、企业员工的利益是一致的。民营企业家与民营企业员工尽管分工有别，责任不一，但都是为中国特色社会主义事业做贡献，都是中国特色社会主义事业的建设者，二者可以相得益彰，实现双赢。凝聚人心，努力营造符合时代精神、和谐的企业人际氛围，是新时期民营企业可持续发展的客观要求，是企业家尊重知识、尊重劳动、尊重人才的具体体现，是社会进步与文明的标志。关爱员工，切实保障员工的一切合法权益，着力为员工创造良好的工作、学习、生活环境，有利于稳定企业员工队伍，特别是企业员工中的骨干队伍，有利于激发企业员工的工作积极性和创造性，有利于增强企业的凝聚力和活力。反之，企业一旦失去了人才，失去了员工队伍这支企业赖以存在和发展的基本力量，就等同失去了生命力。我们讲实现双赢，是因为企业员工的自身利益与企业的生存和发展息息相关，只有企业发展了，企业员工的权益才有保障，工作才能相对稳定。否则，企业员工若不能甘愿为企业做奉献，自觉维护企业的正当权益，员工的自身利益也会受到损害。

目前，我国正面临着经济和社会全面发展的重要机遇期，《国务院关于鼓励支持和引导个体私营等非公有制经济发展的若干意见》的颁布，既为民营经济的快速发展开辟了广阔的空间，也为广大民营企业员工施展才华提供了保障。《若干意见》明确地提出了维护民营企业合法权益和保障从业人员的合法权益这两个重要问题，要求推进社会保障制度建设，建立健全工会组织，这对于构建和谐社会具有重要意义。同时，《若干意见》也把工商联的作用写进国务院文件中，提出“要充分发挥各级工商联在政府管理非公有制企业方面的助手作用”。工商联的工作领域将更加宽阔，工作内容将更加现实。在此，我们真诚地希望广大民营企业要坚持科学发展，正确认识和应对国家宏观调控政策，把握好企业自身的发展与国家和社会发展间的关系，把自身企业的发展科学地融入国家和社会的发展整体中来，按照“爱国、敬业、诚信、守法、贡献”和符合国家产业政策、科学发展观的要求发展企业，做到依法经营、诚信纳税、自觉维护市场秩序。要坚持可持续发展，重新审视企业发展战略和投资观，处理好当前与长远的关系，走出重经验轻市场、重权力轻法律、重所得轻责任、重扩张轻积累的畸形发展思路，要按照科学发展观的要求，选择走科技含量高、经济效益好、资源消耗低、环境污染少的新型工业化道路，尽快走上可持续发展之路。要树立社会主义共同价值观，把握好企业与社会的关系。要更多地向公平倾斜，关注贫困地区，关注弱势群体，做到义利兼顾。

同时，我们也希望广大民营企业家要坚持以人为本，重视员工的全面发展，要严格按照《劳动法》的有关规定，坚持依法与员工签订劳动合同，并严格履约；要关心员工的发展前途，要积极创建“学习型”组织，加强和改进职业培训工作，鼓励和支持员工学习科学文化和现代科技知识，开展技术革新、劳动竞赛和提合理化建议活动，用人才活力激发企业健康发展。广大民营企业员工要进一步增强民营企业员工也是工人阶级的一部分的意识，增强社会主人翁、企业主人翁的意识，增强民营企业员工也是为社会做贡献，同样是高尚的光荣的意识。要爱岗敬业，认真学习文化和法律知识，学习科学技术，不断提高工作技能，自觉为所在企业献计献策，依法保护自身的合法权益，求得自身和企业共同发展。

各级工商联组织要与各级总工会密切合作，大力宣传在民营企业中开展“关爱员工、实现双赢”活动的重要意义，积极引导更多的民营企业及企业家和企业员工加入到这一活动的行列。要推动民营企业组建党、团、工会组织，充分发挥这些组织在企业中的作用，建立企业协调劳动关系的有效机制，完善员工的各项保障制度。要推动全省“以人为本，科学发展”的民营企业文化建设主题活动的深入开展，使民营企业走上更为健康、更为持久的发展之路。

全面建设惠及十几亿人口更高水平的小康社会是一项亘古未有的伟大事业，伟大的事业需要伟大的团结，需要汇集包括民营企业家和企业员工在内的方方面面人的智慧和力量去为之奋斗。胡锦涛同志提出的建立社会主义和谐社会的战略目标也需要包括民营企业家和企业员工在内的各界人士为之实现。让我们紧密团结在以胡锦涛同志为总书记的党中央周围，高举邓小平理论和“三个代表”重要思想的伟大旗帜，在中共山西省委的正确领导下，携手为实现我们共同的理想和目标而不懈努力。

在山西省工商业联合会第九次会员代表大会闭幕会上的讲话

中共山西省委统战部常务副部长、省工商联党组书记 邓永武

（2002年6月27日）

各位代表、同志们：

山西省工商业联合会第九次会员代表大会，在全体与会同志的共同努力下，圆满完成了预定的各项议程，今天就要闭幕了。在这里，请允许我代表山西省工商联新一届领导集体和全体会议代表，对中共山西省委、省人大、省政府、省政协对本次会议的关怀和鼓励，对全国工商联、省委统战部、省各民主党派和人民团体的支持和帮助，对全体工作人员、新闻单位的辛勤劳动，表示衷心的感谢！向为工商联事业多年来付出心血，作出重大贡献的老同志和不再担任工商联领导职务的同志们致以崇高的敬意！

这次代表大会，是进入新世纪我省工商联召开的一次具有重要历史意义的盛会，会议以邓小平理论和江泽民总书记“三个代表”重要思想为指导，认真回顾总结了五年来省工商联八届执委会的工作，听取并审议通过了边鸣涛同志代表八届执委会所作的工作报告，选举产生了山西省工商联新一届领导机构，还对2001年全省工商联工作先进组织、先进个人进行了表彰。这次会议，也是工商联工作抓住机遇，迎接挑战，继往开来，与时俱进，为全省经济和社会发展做出更大贡献的誓师动员大会。在新一届执委会组成中，非公经济代表人士占71.1%，常委会组成中占63%，会长班子中占65%，分别比上届增加6.1、13、26个百分点。这样安排是中央和省委的决策，这充分说明，党中央和省委对坚持以公有制为主体，多种所有制经济共同发展这一基本经济制度的坚定性，对非公经济人士的鼓励和信任。这个领导集体给我省工商联组织增添了新的生机和活力，为推进新世纪山西省工商联工作实现突破性发展奠定了坚实的基础。新一届领导集体任重道远，山西实施赶超战略目标，民营经济实现跨跃式发展，工商联领导机构中的非公经济代表人士成为责无旁贷的排头兵；努力实现全省非公有制经济快速健康发展和非公经济人士健康成长，工商联领导机构中的非公经济代表人士必须率先垂范；把跨入新世纪的山西省总商会建设成一流的民间商会，工商联领导机构中的非公经济代表人士必须积极献计出力。我相信，新一届执委会一定能够团结一致，不负众望，在八届执委会工作的基础上，与时俱进，不断创新，努力开创我省工商联工作的新局面，为兴晋富民做出更大的贡献。

同志们，当前，全省和全国人民正在以江泽民同志为核心的党中央领导下，高举邓小平建设有中国特色社会主义理论和江泽民同志“三个代表”重要思想的伟大旗帜，与时俱进，努力开创建设有中国特色社会主义事业的新局面。在我国加入世贸组织，改革开放和现代化建设进入新的发展阶段中，非公经济面临着前所未有的发展环境，机遇和挑战并存。江泽民总书记今年5月31日，在中央党校省部级干部进修班毕业典礼上的讲话中强调，要“进一步深化对公有制为主体、多种所有制经济共同发展这一基本经济制度含义的认识，在实践中不断完善这一制度”。面对新的形势和今后的任务，我就工商联和非公经济代表人士如何实践“三个代表”重要思想，以及工商联工作如何做到与时俱进，不断创新再谈两点意见。

一、在工商联和非公经济领域中，努力实践“三个代表”重要思想，认真贯彻“三个结合”要求，推动全省非公有制经济健康发展和非公经济人士健康成长

党的十五大以来，我省个体、私营等非公有制经济出现了强劲的发展势头。到2001年底，全省个体工商户发展到33.8万户，从业人员63.5万人，注册资本51亿元，产值38.8亿元，营业收入128.7亿元，社会消费品零售额96.4亿元；私营企业发展到2.8万户，从业人员43.8万人，注册资本238.3亿元，产值63亿元，社会消费品零售总额100亿元。登记为个体、私营的企业2001年共纳税26.4亿元，占当年全省财政总收入的11.5%。2001年非公经济创造的国内生产总值占全省GDP的28%左右，比五年前的14%增加14个百分点，发展的速度是不慢的。但与全国乃至周边省区进行横向比较，我省的非公经济发展还相对落后，原因虽然是多方面的，但主要是我省非公经济发展的环境不够宽松和非公企业自身的差距。在发展环境问题上，省里正在采取措施，加大整治力度，我们工商联和广大非公经济人士也不断呼吁，积极争取，政府优化环境的问题随着加入WTO，政府职能转变，会大见成效。企业自身的问题，要靠非公经济人士的努力，还需要工商联等社会各方面的鼓励支持，共同用“三个代表”重要思想推动非公经济企业的发展。

1. 坚持发展是硬道理，努力实践先进生产力的发展要求，把自身企业的发展与国家的发展结合起来。江泽民总书记在“5·31”重要讲话中强调：“公有制为主体，多种所有制经济共同发展，是我国社会主义初级阶段的一项基本经济制度。通过实行这个基本经济制度，逐步消除由于所有制结构不合理对生产力发展造成的羁绊，大大解放和发展了生产力。实行这样的基本经济制度，是我们党对建设社会主义的长期实践的总结，必须坚定不移地加以坚持”。社会主义的根本任务是发展社会生产力，在社会主义初级阶段，尤其要把集中力量发展社会生产力摆在首要地位。小平同志告诫我们，发展是硬道理，解决中国所有问题的关键在于依靠自己的发展。改革开放的实践证明，公有制为主体，多种所有制经济共同发展的基本经济制度，极大地解决和发展了我国社会的生产力，非公有制经济已经成为促进我国生产力发展的活跃因素，坚持发展非公有制经济，必然大大解放和发展我国社会的生产力。在工商联和非公经济领域中，实践先进生产力的发展要求，就必须做到“两个必须坚持”，把握好非公企业的发展方向，正确处理以公有制为主体，多种所有制经济共同发展的关系，这是做好工商联工作，鼓励和引导非公有制经济健康发展必须牢牢把握的政治方向；发展社会主义市场经济，既要努力增强公有制经济的实力，又要充分发挥非公有制经济的积极作用。只讲前者不讲后者，就脱离我国正处于社会主义初级阶段的实际，只讲后者不讲前者，忽视社会主义公有制经济的主体作用，同样也脱离我国现阶段的实际。要认识到，国家的繁荣富裕和社会主义现代建设事业，为非公有制经济的发展提供了良好的社会环境和更有利的制度保证。非公有制经济的发展要与国家经济发展大局、经济结构调整布局和产业政策相结合；要树立对国家、对社会负责的观念，根据国家和人民的需要确定企业的发展方向，在企业发展中，不断推进体制创新、制度创新和科技创新。在产权制度上，要从不成熟的产权制度向成熟的产权制度过渡；在融资渠道上，要从主要依靠自身积累求发展，转到多元融资发展上来；在企业管理上，要从传统的家族式管理转到科学的现代化管理上来；在增长方式上，要从粗放型经营转到集约化经营的轨道上来；在企业组织上，要从小而散向公司化、股份合作制、集团化方向发展；在企业发展上，要从短期行为转到可持续发展和注重保护环境、生态上来；在经营行为上，要从低层次、不规范，向高素质、依法经营转变；在经营理念上，要不断适应加入WTO、经济全球化和高

科技迅速发展的现实，积极发展优势产业。

2.加强社会主义精神文明建设，努力实践先进文化前进方向的要求，把遵循市场法则与发扬社会主义道德结合起来。坚持和巩固马克思列宁主义、毛泽东思想、邓小平理论在意识形态领域的指导地位，用“三个代表”要求统领社会主义文化建设是社会主义精神文明建设的核心。江泽民同志在“5.31”讲话中指出，“我们必须在发展社会主义经济、政治的同时，加强社会主义精神文明建设，大力发展面向现代化、面向世界、面向未来的、民族的科学的大众的社会主义文化，不断丰富人们的精神世界，不断增强人们的精神力量”。在工商联和非公经济领域中，实践先进文化前进方向的要求，就是要认识到，民营企业文化建设已经成为有中国特色社会主义文化的重要组成部分。推进民营企业文化建设，就是要引导非公经济人士树立守法意识和道德意识，遵守市场法则和国家法令，遵守社会主义公共道德和职业道德，倡导“爱国守法、明礼诚信、团结友善、勤俭自强、敬业奉献”的基本道德规范，认清自己所担负的历史责任和社会责任，在创建有中国特色的社会主义和社会主义市场经济体制方面，在创办新型企业和探索树立新型的社会成员关系方面，在促进社会生产力发展，增强综合国力和实现共同富裕方面，在发扬中华民族优良传统和建立适应社会主义市场经济发展的文化、思想和道德体系等方面做出应有的贡献。当前，特别要加强信用建设，“诚信”对非公经济人士来说，更是一种宝贵资源。因此，要深入开展响应《信誉宣言》活动，积极行动起来，从自身做起，做到守信用一诺千金，讲信誉童叟无欺，重信义扶危济困。求质量、树品牌、重服务、守法制、讲道德、比贡献。

3.发扬社会主义义利观，努力实践为最广大人民谋利益的要求，把个人富裕与全体人民的共同富裕结合起来。江泽民同志在庆祝中国共产党成立80周年大会上的讲话中指出：“随着经济的发展，广大人民群众的生活水平不断提高，个人的财产也逐渐增加。在这种情况下，不能简单地把有没有财产、有多少财产当作判断人们政治上先进与落后的标准，而主要应该看他们的思想政治状况和现实表现，看他们的财产是怎么得来的以及对财产怎么支配和使用的，看他们以自己的劳动对建设有中国特色社会主义事业所作的贡献”。在工商联和非公经济领域中，努力实践为最广大人民谋利益的要求，就是要执行“三看标准”，教育和引导非公经济人士做有中国特色社会主义事业的合格建设者。“三看标准”是非公经济人士评判自己政治上先进与落后的标尺，要依照“三看标准”来衡量和规范自己，一要看自己是否坚决拥护中国共产党的领导，坚定不移地走建设有中国特色社会主义道路，在大是大非面前，旗帜鲜明，立场坚定。二要看自己的财产是不是诚实劳动、合法经营所得，一定要遵照爱国、敬业、诚信、守法的要求自觉约束自己，规范自己。同时要正确支配和使用自己的财富，一定要牢记邓小平同志“发展经济要走共同富裕的道路”的教诲，按照江泽民同志为“光彩事业”题词所要求的“发扬中华民族的传统美德，促进共同富裕”。义利兼顾，德行并重，致富不忘国家，回报人民，致富思源，富而思进，扶危济困，奉献社会。做一个具有良好社会形象，受人尊敬的社会贤达；三要看通过自己的诚实劳动，对建设有中国特色社会主义事业做出了哪些贡献，一定要奋力发展企业，照章纳税，最大限度地吸纳和安置就业，成为促进经济和社会发展的骨干力量。

二、在跨入新世纪，开创工商联工作新局面的工作中，牢固树立与时俱进，不断创新的思想观念，努力把全省工商联工作提高到一个新水平

进入新世纪以来，全省大部分市、县工商联组织已完成了换届工作，选出了新的领导班子，开始了新一届工商联的工作。一批党内外优秀同志和优秀非公经济代表人士走上了各级工商联的领导岗位，工商联的工作对大家是个

新岗位、新环境、新课题，因此，希望大家着重在以下3个方面推进工作的开展：

1.明确职责，进一步增强责任感和使命感。工商联作为党领导的统一战线性质的人民团体和民间商会，具有统战性、经济性和民间性。统战性是指工商联是由各类工商业者，主要是非公有制经济代表人士参加的统一战线组织，具有政治协商、民主监督、参政议政、团结教育、协调关系等基本功能。这是工商联最基本、最重要的属性，是工商联的政治优势。1991年中央15号文件把团结、帮助、引导、教育广大非公有制经济代表人士的工作交给工商联后，为工商联的统战性赋予了新的内容。只有坚持统战性，工商联才能坚持正确的政治方向，充分发挥党和政府联系非公有制经济的桥梁纽带作用。经济性是由工商联会员的特点决定的，现在我们的会员大多数是非公有制经济人士，是拥有经济实体的企业会员，主要在经济领域活动。因此，工商联要与经济工作相联系，要代表和维护会员的合法权益，要为会员在法律范围内的经济活动服务，体现商会的职能。民间性是由工商联的人民团体的性质决定的，我们是一个群众性组织，与政府职能部门不同。我们作用的发挥主要是通过协调服务、组织沟通、信息咨询等形式和渠道来实现的，可以起到政府部门不可替代的作用。工商联的“三性”是密切相关、缺一不可的，否则，就失去了工商联特有的优势和作用。统战性要寓于经济性、民间性的活动之中，经济性、民间性要体现统战性。《中共中央关于加强统一战线工作的决定》(中发[2000]19号)要求，切实发挥工商联的作用，要进一步贯彻落实15号文件精神，制定配套措施，完善工商联的民间商会职能，建立健全服务机制，依法维护非公有制经济人士的合法权益，做好非公有制经济代表人士的思想政治工作。中央文件的这些精神表明，新时期工商联的主要职能是做好非公经济代表人士的思想政治工作，工商联在引导非公有制经济代表人士队伍健康成长、培养“合格建设者”、鼓励推动非公有制经济健康发展方面负有中央赋予的明确职责。

2.与时俱进，进一步转变思想作风和工作作风。与时俱进是我们党解放思想，实事求是思想路线的继承和发展，因此，江泽民总书记强调，贯彻好“三个代表”要求，关键在坚持与时俱进，必须使全党始终保持与时俱进的精神状态。转变思想作风主要是更新观念，转变工作作风主要是要多办实事。工商联不是政府部门、党政机关，而是人民团体、民间商会，工商联履行职能面临着各方面的竞争和挑战，在挑战面前要树立竞争意识，我们要改变机关化作风，加强学习，提高素质，提升工作水平，深入基层和会员企业调查研究，保持同工作对象的紧密联系，通过热情和高效的服务，帮助他们解决困难和问题，把各项工作提高到一个新的水平，在竞争中不断增强吸引力和凝聚力。

3.不断创新，进一步增强工商联的生机和活力。创新，就是要与时俱进，就是因为当前我们的同志还存在着一些与新形势新任务不相适应的观念和做法，需要不断加以改进；就是要看到我们的工作中，还存在一些与党和政府的要求有差距的地方，需要迎头赶上；还要意识到我们的工作中还存在一些不能满足会员合理要求的地方，需要不断提高。因此，要树立奋发有为的精神，大胆采用符合工商联自身特点的工作机制、管理机制，实现自己的工作目标，使各级工商联组织进一步充满生机和活力，不断实现工作的新突破。

同志们，新世纪工商联工作任重而道远，工商联事业未来的发展，路在我们的脚下。让我们紧密团结在以江泽民总书记为核心的党中央周围，高举邓小平理论伟大旗帜，努力实践“三个代表”重要思想，抓住机遇，迎接挑战，继往开来，与时俱进，以各项工作的优异成绩，迎接党的十六大和全国工商联“九大”的胜利召开！

现在我宣布，山西省工商业联合会第九次会员代表大会胜利闭幕！

在山西省民营企业文化建设交流研讨会上的总结讲话

中共山西省工商联党组书记 邓永武

（2003年10月14日）

同志们：

由省工商联组织的这次全省民营企业文化建设交流研讨会，经过昨天上午的经验交流，昨天下午的参观和今天上午的研讨，会议的主要活动就结束了。昨天上午会议开幕时，全国工商联副主席程路同志站在全国的高度，以党的十六大精神和“三个代表”重要思想为指导，以大量生动的案例和深刻的理论思考，从四个方面系统地论述了什么是企业文化建设？为什么要在民营企业搞文化建设？怎样建设民营企业文化？并且讲了工商联在民营企业文化建设中的地位和作用。程路副主席的讲话对我们各级工商联如何抓好民营企业文化建设的工作和民营企业家如何搞好本企业文化建设具有很强的指导意义。省政协副主席、省委统战部部长吴锦文同志、省长助理纪友伟同志分别从省委和省政府的角度对民营企业文化建设以及省工商联的工作发表了重要意见，并且提出了具体要求。省政协副主席、省工商联会长边鸣涛同志在开幕致辞中阐述了举办这次会议的背景、宗旨、目的和意义，强调了工商联抓民营企业文化建设是责无旁贷的，要一如既往地抓下去，不断抓出新成效。今天上午，省委统战部副部长、省侨联党组书记岳纪安同志从创新非公有制经济人士思想政治工作，引导和推动民营企业建设社会主义精神文明为主线的特色文化的角度，向全省民营企业家提出了希望和要求，既有理论深度，又有政策高度，具有重要的指导作用。中国民（私）营经济研究会秘书长邵纬生同志站在专家学者的角度，从七个方面对党的十六大关于非公有制经济的理论创新作了精彩的、全面的、深刻的辅导报告，使我们对党的十六大关非于非公经济的新思想、新观点、新论断有了新的认识和理解，对我们不折不扣地贯彻十六大精神具有重要的推动作用，这些领导同志的讲话和专家的辅导报告，为我们开好这次会议提供了强有力的理论依据和政策指导，保证了这次会议的正确方向，对他们的讲话精神，我们要认真学习领会，认真贯彻落实。

会议印发交流的典型材料和表彰的先进单位，是我省民营企业文化建设中涌现出的先进典型，特别是昨天通过听取怀仁县委、县工商联和连顺、嘉明、蒙牛雁门乳业等企业的先进典型经验介绍和现场参观，使这次会议不仅有理论上的研讨，而且有现场的学习。怀仁县“优化民营经济环境，建设特色富裕强县”的经验很值得学习和宣传推广，在晋北这样一个经济发展的软硬环境条件都较差的地区，怀仁县能够脱颖而出，县委、县政府为民营经济发展创造的优良环境，培育出连顺、嘉明、跃胜和蒙牛雁门乳业这4家产业各具优势、文化各具特色的亿元企业，影响和带动了众多的民营企业注重文化引路，自觉做到与社会相协调，形成了怀仁县民营企业和社会协调发展的大好局面，怀仁县成为朔州市名列前茅的经济强县，全省的十强县之一。今天上午的研讨发言，把我们这次会议再次推向了高潮，民营企业和专家学者围绕民营企业如何与社会协调发展进行的讨论，使大家进一步认识了民营经济的重要地位和民营企业的社会责任，以及企业、政府和社会在协调民营企业健康发展中各自所负的责任。我相信，这次会议的成果必将对推动我省民营经济的快速健康发展和非公有制经济代表人士的健康成长产生重大的影响。因此，我们说这次全省民营企业文化建设交流研讨会开得非常圆满成功！为此，我代表山西省工商联，再一次对光临会议的各级、各方面的领导和怀仁县的机关干部以及所有参会人员表示衷心的感谢！对朔州市和怀仁县为会议提供的先进经验和优质服务再一次表示衷心的感谢！

这次会议我们形成了以下三方面的共识：

一、从理论上进一步认识了民营企业文化的内涵

“文化”一词是从《易经》贲卦象辞中的“人文化成”一语中简化而来的。文化是一个多义词，其含义大致可分为三种：一是大文化，就是人类在改造客观世界和主观世界过程中所形成的全部能力和全部财富的总和，即物质文明、政治文明和精神文明的总和；二是中文化，它是指人类的精神生活，相当于历史唯物主义的社会意识范畴，主要指精神文明；三是小文化，是指文学、艺术之类的文化。我们正常讲的文化是中文化，即相对于经济、政治而言的。企业文化既有中文化的含义，又有大文化的含义。说它是中文化，因为它无疑是中国特色社会主义文化的组成部分；但企业又是一个经济组织，其内部有党、团、工会等政治组织，有些企业还有民主党派组织，他们还要进行政治活动，所以企业文化又有大文化的含义。根据多数人的认可，我们说，企业文化是企业物质文明、政治文明和精神文明的总和，是该企业一系列相互依存的价值观念和行为方式的总和，是企业精神力量的体现，是企业的灵魂。不能简单理解为唱歌、跳舞、打球等文体活动；企业家是企业文化建设的主导者，企业文化建设的主体是员工；要着眼于国家建设发展的大局，确定好企业的发展战略；要充分发挥企业党、团、工会组织的作用，形成企业文化建设的中坚力量；要通过文化创新、科技创新，提升企业核心竞争力；要倡导“以人为本”，善待员工，不断提高员工的综合素质，包括科学文化素质和思想道德素质，增强企业发展的内部动力。要遵循市场法则和职业道德，诚信守法，以德治企，打造企业品牌；要增强与社会协调发展的意识，发展企业回馈社会，增强社会责任感，等等。

二、从实践上进一步明确了民营企业文化建设的方向

民营企业文化既是中国传统文化的继承、发展和创新，又是中国特色社会主义文化的一部分，它应是面向现代化、面向世界、面向未来的民族的、科学的、大众的企业文化。因此，它的理论基础和指导思想必须是马列主义、毛泽东思想、邓小平理论和“三个代表”重要思想，它必须贯彻党关于非公有制经济的路线、方针和政策。要按照“三个结合”的要求，自觉做到企业与社会协调发展；要做到“致富思源，富而思进”，积极为经济和社会发展做贡献；要发挥中华民族传统美德，为实现共同富裕做贡献。积极参与光彩事业和公益事业活动，树立民营企业良好的社会形象；要在企业建立党、团、工会等群众组织，发挥这些组织在企业文化建设中的中坚作用；要在企业中形成尊重劳动、尊重知识、尊重人才、尊重创造，鼓励员工干事业，支持员工干成事业的氛围，使企业人才脱颖而出；要做到爱国、敬业、诚信、守法，在企业倡导社会主义精神文明，等等。

三、从发展上进一步提出了民营企业文化建设的推动力量

一是依靠组织推动。工商联是中国工商界组成的人民团体和民间商会，是党联系非公有制经济人士的桥梁和纽带，是政府管理非公有制经济的助手，组织和推动民营企业加强文化建设责无旁贷；二是利用舆论推动。利用系统内报刊和企业自办的报刊，深入研讨建设先进的企业文化，推动民营企业文化建设由自发进入自觉；三是依靠典型带动。我们这次各市地推荐受表彰的34家企业，就是全省民营企业文化建设方面的先行者和先进典型，我们把他们的事迹编印成册发给大家，就是要广泛宣传这

些单位的先进经验；四是分类指导互动。今后，我们各级工商联要根据民营企业所处的发展阶段以及对建设企业文化的不同需求，运用组织参观学习、帮助建章立制、发放宣传材料以及企业家、员工现身说法等手段，推动企业文化建设。全国工商联已经成立了“民营企业文化建设委员会”，8月份在重庆召开了成立大会，我省海鑫钢铁集团董事长兼总经理李兆会、潞宝焦化集团董事长兼总经理韩长安两位企业家被推选为理事。今后我们还要为全国工商联推荐在企业文化建设上有建树的企业家参加全国民营企业文化建设委员会，不断学习和引进全国的先进经验，推动我省民营企业文化建设的深入开展。省工商联也将在适当时间组织成立“山西省民营企业文化建设委员会”，希望各级工商联和全省民营企业家支持和参与这一活动。

同志们，开展民营企业文化建设这项工作，我们才刚刚起步，认识和实践都处于初级阶段，因此，通过这次会议，希望能够把我省民营企业文化建设引向深入，用企业文化建设的成果促进企业健康发展，为实现党的十六大提出的全面建设小康社会的宏伟目标做出我们应有的贡献！

在山西省非公有制企业文化建设暨思想政治工作经验交流会上的总结讲话

中共山西省委统战部副部长、省工商联党组书记 岳纪安

（2005年8月7日）

同志们：

全省非公有制企业文化建设暨思想政治工作经验交流会，圆满完成了各项议程，今天就要结束了。在这次会议上，全国工商联副主席程路从全国的高度，就新时期新阶段工商联推动非公有制企业文化建设，做好思想政治工作发表了重要讲话。省政协副主席、省委统战部部长吴锦文从构建和谐社会的高度，对非公有制企业文化建设和思想政治工作，对工商联工作发表了重要意见，提出了具体要求。省政协副主席、省工商联会长边鸣涛，全面介绍了我省上半年经济运行情况，对全省工商联深入贯彻《国务院关于鼓励支持和引导个体私营等非公有制经济发展的若干意见》作了安排部署。这些领导同志的讲话，为我们进一步做好工商联工作，推进非公有制企业文化建设和思想政治工作提出了重要的指导意见和具体要求，我们要认真学习领会，积极贯彻落实。

这次会议，通过现场参观和大会交流，全面展示了近几年来我省在加强非公有制企业文化建设和思想政治工作方面的新成绩、新变化，总结交流了好的经验和作法。会议对全省非公有制企业思想政治工作中涌现出的先进典型进行了表彰，通过这次会议，总结推广经验，树立先进典型，提高了认识，明确了思路，为进一步推动我省非公有制经济的快速健康发展，关心和引导非公有制经济代表人士健康成长奠定了基础。

这次会议开在沁源县，也为了给大家提供一个参观学习的好机会。沁源是具有光荣传统的革命老区。近年来，在县委县政府领导下，通过结构调整，大力发展非公有制经济，培育出了沁新集团等一批上规模的民营企业，有力地带动了县域经济的发展，连续三年成为全国经济提速百强县。与此同时，他们注重经济、社会和环境的协调发展，使沁源由全国重点产煤县成为生态示范县和文化先进县。特别是县委县政府狠抓企业文化建设和企业党建工作的经验，非常值得学习和推广。

下面，我就进一步推动非公有制企业文化建设，加强思想政治工作，切实发挥工商联的职能作用，讲几点意见。

一、关于非公有制经济领域思想政治工作面临的形势和任务

近年来，全省各级工商联组织适应形势和任务的要求，积极开拓工作新领域，努力探索新形势下做好非公有制经济领域思想政治工作的新途径，取得了显著的成效。

搞好宣传教育引导，把握思想政治工作的正确方向。全省各级工商联组织，通过组织学习、知识竞赛、征文比赛等有效方式，在全省非公经济界掀起了学习贯彻“三个代表”重要思想，学习十六大、十六届三中、四中全会精神的热潮。通过召开座谈研讨会、经验交流会，举办各类论坛、培训考察等多种形式，把学习宣传和培训教育作为开展思想政治工作的基本方法和手段，提高了广大非公经济人士的理论修养和专业素质。“通过创办报纸、刊物、网站以及与当地主流媒体合作，建立宣传阵地，开展宣传教育和思想政治工作，扩大了社会影响。省联的网站和《当代山西商会》以及民营企业的《海鑫报》、《华宇》、《今日

中联》，对于宣传党的方针政策、传播管理理论、交流工作经验、推进企业文化建设，树立企业品牌形象都发挥了积极作用。

推动主题文化活动，引导民营企业文化建设健康发展。我们把推动民营企业文化建设作为工商联开展非公有制经济领域思想政治工作的有力“抓手”，通过组织开展主题文化活动，为推动全省民营企业文化建设的深入开展搭建平台。2003年我会在全省发起了“民营企业与社会协调发展”、“以人为本”和“科学发展”等文化建设主题活动，2004年开展了“关爱员工、实现双赢”和“创建学习型企业”、“知识型员工”的系列活动，使民营企业文化建设活动在我省广泛而活跃，推动民营企业文化建设的工作已经成为各级工商联的品牌之一。与此同时，我省广大非公经济人士积极探索走中国特色的民营企业文化建设之路，落实以人为本的科学发展观，民营企业家重视尊重和保障员工的合法权益、员工为企业多做贡献已形成共识和自觉行动。

注重做好代表人士思想政治工作，促进企业文化建设健康发展。在推动非公有制企业文化建设中，各级工商联注重从做好代表人士思想政治工作入手，贯彻“八字方针”，在搞好引导教育的同时，重视建立荣誉载体，加大宣传表彰力度，开展光彩事业和公益事业，协助统战部搞好政治安排，成为工商联思想政治工作的新亮点。近几年，我们向全国、省推荐和表彰了一大批优秀建设者、光彩事业奖章获得者及先进企业和优秀企业家。省及各地工商联也都自行或配合有关部门开展了许多各具特色的表彰活动，仅2004年就有113位非公经济人士荣获国家级和省、市级劳动模范称号，106位受到省委、省政府表彰，其中26位获得“山西省非公有制经济人士优秀社会主义事业建设者”称号。目前全省非公有制经济人士在县以上人大、政协和工商联中担任职务的已有8000多人。

从我们这次会议交流的情况来看，我省非公有制企业文化建设又有新的发展，呈现出新的特色。如，潞宝集团用“政府给我一碗水，我还社会一桶油”的理念引领企业健康快速发展；中阳钢厂倡导“开拓求实，拼搏求新，敢超一流，当好龙头”的中钢精神；来福集团以企业文化为先导，把经营理念、员工发展等一系列企业建设思想系统化、形象化、规范化；沁新集团精心塑造“为国家做贡献，为公司创财富，为股东谋利益，为职工办实事”的企业文化纲领等等。这些都是建设民营企业文化的成功范例，也是我们做好非公有制经济领域思想政治工作的宝贵财富。

我们的工作虽然取得了一定成效，有了一个好的基础，但是，我们面临的形势还比较严峻和复杂，今后的任务更加艰巨而繁重。面对经济全球化的趋势和高新技术革命的浪潮，面对我国加入世界贸易组织的形势和国内市场形势由卖方市场向买方市场的转变，民营企业面临的国内国际市场竞争将日趋激烈。另一方面，随着改革开放的深入，非公有制企业不仅在“量”上高速增长，而且在“质”上实现了更新换代，许多民营企业开始由新生代接班，许多非公有制经济代表人士都发出新一轮创业呼声。这些新形势新情况，使非公有制企业的思想政治工作呈现出一些变化。一是非公有制企业发展进入了新的阶段，企业规模、员工的数量素质都出现了新的变化，思想政治工作面临新的机遇与挑战。二是非公有制企业主对非公有制企业思想政治工作的认识水平和理解程度出现了新的变化，思想政治工作的空间和环境有了新的改善。三是思想政治工作在非公有制企业生产经营中的作用出现了新的变化，思想政治工作在企业中的服务、渗透、促进、保证作用日益凸显。四是非公有制企业思想政治工作的方式方法出现了新的变化，既继承和发扬优良传统，又突破传统工作格局的影响，注重针对性、实效性、吸引力和感染力。五是随着广播、电视、网络等现代传媒多样化，传统的思想政治工作手段和方法已难以满足人们的需要，思想政治工作手段现代化、形式多样化已成为必然趋势。六是非公有制企业的思想政治工作需要探索的问题出现了新的变化，对非公有制企业党建工作和思想政治工作基本上已形成了共识，现在不是要不要在企业抓党建、抓思想的问题，而是如何在更高起点上、更深层次上进一步搞好。这些新的形势、新的情况、新的变化，对做好非公有制领域思想政治工作既是机遇，也是挑战；既对做好非公有制经济领域思想政治工作赋予了新的使命，也提出了新的更高的要求。需要我们认真分析、深入研究、积极应对。

二、充分认识加强非公有制经济领域思想政治工作的重要意义

做好非公有制企业的思想政治工作，是党交给工商联的政治任务，是时代赋予工商联的光荣使命，我们要坚持以“三个代表”重要思想为指导，与时俱进，积极探索，大胆创新，做好工作。

（一）要从构建和谐社会的高度，充分认识做好非公有制经济领域思想政治工作的重要性

党的十六大和十六届四中全会提出的构建社会主义和谐社会的战略任务，需要最广泛、最充分地调动一切积极因素共同奋斗来实现。既要充分发挥包括知识分子在内的工人阶级、广大农民的根本力量，又要充分发挥包括非公有制经济人士在内新的社会阶层的积极力量。党的十六大报告明确指出：“对为祖国富强贡献力量的社会各阶层人们都要团结，对他们的创业精神都要鼓励，对他们的合法权益都要保护，对他们中的优秀分子都要表彰，努力形成全体人民各尽其能、各得其所而又和谐相处的局面”。工商联组织只有加强思想政治工作，引导广大非公经济人士坚持社会主义方向，努力实践“三个结合”，把他们培养成为拥护党的领导，走社会主义道路的中国特色社会主义事业的建设者，使他们成为构建社会主义和谐社会的积极力量；只有通过思想政治工作，协调非公有制企业的各种关系，维护广大职工合法权益，化解各类人民内部矛盾，营造和谐的人际关系，增强社会的稳定性，推动非公有制企业以科学发展观为指导健康发展。

（二）要从促进两个“健康”即非公有制企业健康发展和非公经济人士健康成长的高度，加强和改进非公有制经济领域思想政治工作

团结、教育广大非公有制经济人士按照“合格的社会主义事业建设者”健康成长，帮助、引导非公有制企业在科学发展观引导下健康发展，是新时期新阶段非公有制经济领域思想政治工作的主要内涵和根本任务。健康发展，要求我们以科学发展观为指导，以有力实效的思想政治工作围绕和服务于非公有制经济的发展；健康成长，要求我们以人为本，不断加强和改进思想政治工作，引导帮助广大非公经济人士树立对国家、社会负责的大局观念，树立为国家繁荣、民族振兴努力奋斗的责任感，引导教育广大非公有制经济人士“致富思源，富而思进”、“爱国、敬业、诚信、守法、贡献”。思想政治工作只有渗透到非公有制企业经济活动之中，促进只有根植于团结、帮助、教育、引导中，才能使思想政治工作切实得到加强和改进，才能真正具有活力和效力。

（三）要从适应新形势新情况的需要，积极主动地做好非公有制经济领域思想政治工作

当前，非公有制经济发展面临的新情况、新问题，对加强非公有制经济领域思想政治工作提出了新任务，新要求。中央实施的宏观经济调控正在取得成效，将逐步从阶段性、局部性走向全局性、长期性。受宏观经济调控的影响和冲击，有相当一部分非公有制企业受到影响，企业家产生一些思想情绪和疑虑，不能全面准确地理解国家的决策，没有积极应对和及时调整，一度陷于被动和困境。这就需要我们积极有效地开展思想政治工作，把思想工作贯穿于服务之中，帮助非公经济人士正确理解中央的宏观经济调控政策，客观认识和分析企业运行中出现的矛盾和问题，为他们排难解忧，引导他们正确适应当前国家经济政策，积极调整发展思路，保证企业健康发展。

总之，在全面建设小康社会新的历史阶段，在构建社会主义和谐社会的伟大进程中，在建设我省新型能源和工业基地具体工作中，工商联组织开展非公有制经济领域思想政治工作，地位更重要，内涵更丰富，任务更艰巨，意义更重大，需要我们深入研究、积极探索非公有制经济领域思想政治工作的有效实现方式。

三、进一步加强和改进非公企业文化建设和思想政治工作的几点要求

工商联作为党和政府联系非公有制经济的桥梁，管理非公有制经济助手，在加强民营企业文化建设和思想政治工作中，要以“三个代表”重要思想为指导，坚持“八字”方针，按照“两个坚持”和“三个结合”的要求，在“深入”、“突破”、“创新”上下功夫，促进民营企业快速健康发展等方面积极主动地发挥指导和帮助作用。

（一）要以企业文化建设为“抓手”，切实增强非公有制经济领域思想政治工作的针对性、实效性

如何加强非公有制企业思想政治工作，确保思想政治工作这条生命线在非公有制经济领域内强劲搏动，是工商联组织在新的历史条件下需要继续研究解决的一个重大课题，也是我国社会主义市场经济不断完善和发展必然要求。在社会主义市场经济条件下，企业行为并非纯经济行为，经济的发展从来离不开文化的参与和支撑。思想政治工作具有较强的人文精神，同企业文化建设有着必然的联系和相互作用关系。从目的来看，思想政治工作与企业文化任务相同，都是为了调动员工的积极性，为促进企业发展服务。从内容来看，企业文化建设的核心是培育企业精神，树立企业形象，激励员工奋发向上；思想政治工作则是对员工进党的路线方针政策和政治思想教育。因此，推动非公有制企业文化建设完全可以成为思想政治工作的重要载体和有效途径。我们要以建设企业文化为有力抓手，努力使思想政治工作与企业经营管理相互结合，使其更富有人文精神，更具有文化内涵。

（二）要以促进非公有制经济健康发展为根本，切实加强和改进非公有制经济领域思想政治工作

随着非公有制经济的快速发展，非公有制经济领域的思想政治工作面临着新的挑战。对此，我们要深入研究非公有制经济组织思想政治工作的新特点、新规律，探索做好非公有制经济组织思想政治工作的新思路、新方法。一是要把加强非公有制企业党的组织建设作为加强和改进非公有制企业思想政治工作的关键点。要按照“非公有制经济组织发展到哪里，党的工作就延伸到哪里”的原则，使党的思想政治工作进入到各行各业的非公有制经济组织，保证企业文化建设的正确方向。二是要将思想政治工作渗透到企业生产经营全过程作为加强和改进非公有制企业思想政治工作的结合点。要确立“围绕经济抓思想、抓好思想促经济”的工作理念，把思想政治工作寓于企业经营管理和企业文化建设之中，促使企业主认识和感受到思想政治工作对促进企业发展的重要作用，主动支持工作。三是要把创建企业精神文明和企业文化建设作为加强和改进非公有制企业思想政治工作的切入点。我们在这方面已经作了积极的探索和实践，有了深刻的认识和体会，收到了显著的成效，今后还要继续坚持和不断深入。四是要把促进人的全面发展作为加强和改进非公有制企业思想政治工作的落脚点。通过各种形式的教育和培训，提高员工的思想道德水平和科学文化素质。五是坚持把改革创新作为加强和改进非公有制企业思想政治工作的着力点。改革创新是企业发展的活力和动力，思想政治工作就是要着力于推动企业的改革创新，开展活动、发挥作用。总之，非公有制企业思想政治工作只有紧紧围绕促进企业健康发展提供思想保证、精神动力和智力支持，才能真正体现它的价值，焕发它的活力，才能切实得以改进和加强。

（三）要以提高非公有制企业家思想政治

素质为主要内容，切实提高非公有制企业思想政治工作的影响力

企业文化内容丰富，系统复杂。建设非公有制企业文化需要有关方面共同去做。从根本上讲，企业主是构建非公有制企业文化的设计者和实践者，员工是参与者和受益者。因此，在推动企业文化建设过程中，企业家的思想行为、价值观念和人格力量对企业文化的发展有着重要的影响。各级工商联组织推动企业文化建设，就要按照“团结、帮助、引导、教育”的方针，从做好企业主的思想政治工作入手，着眼于提高他们的思想认识，着眼于提高他们的主动性和积极性，着眼于提高他们的政治思想水平和科学文化素质。广大非公有制企业家，要努力学习，不断用先进的思想和科学知识武装自己；要自觉地把企业的健康发展和自己的健康成长，同党和国家的希望和要求联系起来，不断激发自身的事业感、责任感；要自觉遵守国家政策和法律法规，努力做到爱国、敬业、诚信、守法、贡献；要关爱员工，牢固树立以人为本的思想，坚持全心全意依靠职工办企业的方针，用宏伟的事业凝聚人，用科学的机制激励人，用高尚的人格影响人。

（四）要以开展主题文化活动为载体，积极创新非公有制经济领域思想政治工作的有效途径

组织开展主题文化建设活动，是工商联实现思想政治工作职能的依托和有效形式。工商联要做好非公有制经济代表人士的思想政治工作，要当好党和政府联系非公有制经济的桥梁，政府管理非公有制经济的助手，推进企业文化建设是一个有效的结合点。各级工商联组织要在继续推动主题文化活动的基础上，突出“构建和谐社会”的主题内容，着力把握企业文化建设和思想政治工作的规律和主动权。各级工商联要把宣传贯彻《国务院关于鼓励、支持和引导个体私营等非公有制经济发展的若干意见》作为重要任务，深入学习，重抓落实，特别要抓住文件强调发挥工商联政府管理非公有制经济的助手作用的契机，向党委和政府反映情况，建立与政府及有关部门联系和沟通的工作机制，促进工商联桥梁助手职能的逐步落实到位，以此夯实做非公经济思想政治工作的基础。

企业文化建设是决定企业成功兴衰的关键问题。建设什么样的企业文化，对于企业的生存和发展有着直接而深刻的影响。事实已经证明：成功的企业文化建设能增强企业的凝聚力、战斗力；能增强员工的认同感、归属感；能保证企业经营管理措施的推行和战略目标的实现。当代中国的民营企业家要高举起时代先进文化的旗帜，更加自觉地接受党的领导，自觉接受国家的政治导向、政策导向和文化导向，与党和政府同心同德，与人民群众休戚与共，为民族经济的振兴和人民生活的富裕，做出新的更大的贡献。我们坚信，当今的中国民营企业谁拥有优秀的企业文化，谁就将拥有美好的明天。

同志们，我们这次会议就要圆满结束了。最后，我代表山西省工商联，对光临这次会议的各级领导再次表示衷心的感谢！对长治市和沁源县为会议提供的支持和优质服务表示诚挚的谢意！

在山西省工商联九届三次常委（扩大）会议上的总结讲话

中共山西省委统战部副部长　省工商联党组书记　岳纪安

（2005年8月22日）

同志们：

这次常委会在大家的共同努力下，完成了全部议程，会议开得很圆满，很成功。这次会议省委、省政府非常重视，昨天下午省委副书记、代省长于幼军，副省长宋北杉同志亲切接见了全体参会人员，使大家深受鼓舞。省委统战部部长吴锦文就当前工商联如何贯彻“非公经济36条”，发挥职能作用，为构建和谐社会贡献力量为我们提出了具体要求和希望。边鸣涛会长总结回顾了省工商联一年来的主要工作，就阶下段的工作进行了安排部署，使我们进一步明确了工作思路。省长助理刘俊谦同志给大家介绍了我省非公有制经济发展情况并提出了希望和要求。运城市、孝义市工商联介绍了在学习贯彻国务院关于非公经济36条中推进各项工作的经验，大家听了很受启发。这次会议还增补了常委、表彰了先进。下面，我就如何贯彻落实胡锦涛总书记视察山西时重要讲话精神和省委、省政府、省委统战部领导重要指示以及贯彻好这次会议的主要精神讲几点意见。

一、以胡锦涛总书记讲话精神为指导，贯彻落实好《若干意见》，推动非公有制经济健康发展

胡锦涛同志在视察我省讲话中提出的贯彻落实科学发展观和构建社会主义和谐社会，以及张宝顺书记、于幼军代省长的讲话，对我省非公经济发展和工商联工作都具有重要的现实意义。正确引导非公经济人士贯彻落实科学发展观的要求，走可持续发展道路，为我省经济结构调整和新型能源和工业基地建设做出更大贡献，是我们工商联促进非公有制经济健康发展的工作目标和任务。做好非公经济代表人士的思想政治工作，教育和引导非公经济代表人士为构建社会主义和谐社会积极贡献，是工商联促进非公经济代表人士健康成长的目标归宿。因此，我们要把握好工商联工作的职能任务，用胡总书记和省领导的讲话精神，指导我们完成好“两大任务”。当前，要以推动贯彻落实《若干意见》为突破口，推进“两大任务”的更好完成。

国务院关于非公经济发展的36条是新世纪新阶段党和政府大力发展非公有制经济的纲领性文件，是工商联充分履行职能，努力推动“两个健康”的极好时机，坚定地、全面地贯彻落实好这个文件精神，是工商联组织当前十分重要的任务。省委、省政府对贯彻《若干意见》非常重视，继去年出台了《关于进一步加快非公有制经济发展的决定》，今年6月，又出台了《关于加快发展县域经济的若干意见》，从政策层面，为我省非公有制经济发展奠定了更好的基础。今年2月24日，国务院颁布了《关于鼓励支持和引导个体私营等非公有制经济发展的若干意见》，这是新中国成立50多年来第一部关于非公有制经济发展的重要文件，意义重大，影响深远，我国的非公有制经济又迎来了新的春天。

为了贯彻落实好国务院《若干意见》精神，前不久，国家发改委牵头，中央统战部、全国工商联及国家有关部门参与，就《若干意见》的实施细则进行了认真研究分解，将由涉及非公有制经济的各个单位具体落实细则的制定出台。我省各级工商联组织要深刻理解其重大意义，提高认识，当好党委和政府的参谋助手，推进《若干意见》精神在当地的贯彻落实，并切实取得实效。

在推动贯彻落实《若干意见》过程中，要做好调查研究，深入企业，深入到企业家中去，了解当前非公企业在发展中存在什么体制障碍和

思想观念上的问题，还有哪些政策束缚；了解非公有制经济在宏观经济调控中需要解决的一些影响发展的重大问题；了解非公有制企业的发展趋势，了解企业在市场竞争中特别是走向国际市场后需要解决的主要问题。为参与政府制定有关实施意见掌握第一手资料，提供有价值、有份量的参考意见，也为我省的非公有制经济能够抓住中部崛起的战略机遇，围绕新型能源和工业基地、全面建设小康社会目标，加快经济战略性调整，加快非公有制企业走循环经济的可持续发展道路，延长产业链，提升产业层次服务。

要做好学习宣传和解读工作，非公有制企业特别是企业家也要深入学习国务院《若干意见》，了解国家大政方针政策，研究企业发展的方向，提高企业的核心竞争力，加快企业提升转型的步伐。

二、巩固、扩大开展先进性教育成果，全面加强工商联组织自身建设

今年上半年，按照中央和省委的统一安排部署，省工商联机关参加了保持共产党员先进性教育活动。在这次教育活动中，我们坚持以邓小平理论、“三个代表”重要思想和科学发展观为指导，以保持共产党员先进性为主题，以加强领导班子建设为重点，开展了一系列的思想教育活动。这一次先进性教育活动，对工商联领导班子成员和每一位共产党员在思想上都有很大的触动，对提高党员素质，改进机关作风，加强自身建设，都有很大的促进。针对各级工商联组织、企业家和机关同志反映的问题，工商联党组和驻会领导进行了认真地分析研究，制定了整改措施，完善了机关各项制度，进一步规范了机关工作程序，决心以实际行动取信于广大党员和非公有制经济人士，以制度建设推动思想建设、作风建设和组织建设，全面准确地把握工商联的工作职能，更好地肩负起开创新时期、新阶段我省工商联工作新局面的历史使命。

保持共产党员先进性，提高党的执政能力，巩固党的执政地位，是新时期新阶段党建工作的永恒课题，是一项长期的根本任务。新时期新阶段工商联工作既面临着机遇，又面临着挑战，实事求是讲，尽管过去我们的工作取得了一定成绩，但工作中的缺点和不足还不少，与大家的期望还有一定的距离，因此，省联要带头加强领导班子建设，加强机关建设，转变思想观念，创新工作方法，进而全面推进全省工商联组织的思想、组织、制度、作风建设。市级工商联要进一步加强对所属县区工商联自身建设的协调和帮助，要把加强县级工商联组织建设作为重点，做到领导到位、工作到位、条件到位。要从扩大党的阶级基础和群众基础，巩固党的执政地位的高度，深刻认识加强工商联自身组织建设，做好非公经济领域思想政治工作的重要性、紧迫性。而当前全省工商联组织的工作，与非公有制经济发展的形势，与党和政府的要求还有较大的差距，工商联的职能作用与非公有制经济发展的客观要求还存在的较为严重的脱节现象，工商联的自身建设还难以胜任市场经济发展的需要。因此，各级工商联组织要认真总结先进性教育活动积累的新经验，找出规律性的东西，更好地运用到各项工作中去。结合全国工商联的“三定”方案，争取完善机关内设机构，合理配备干部队伍，加强自身建设，培养和提高干部队伍素质，建立和完善制度，规范工作程序，转变工作作风，提高创新意识，增强做好工商联工作的事业心和责任感。希望各级工商联组织要以先进性教育为动力，充分认识构建社会主义和谐社会、全面建设小康社会对工商联工作提出的新使命；充分认识社会主义市场经济体制的完善和发展给工商联工作带来的新挑战；充分认识党和政府高度重视非公有制经济人士健康成长的方针政策对工商联工作提出的新要求，进一步提高党组加强自身建设的自觉性，注意通过制度建设推进思想建设、作风建设和组织建设。

要确保工商联党组在各项工作中的政治核心和领导核心作用，每一位党组成员要以对党的事业高度负责的精神，议大事、顾大局、讲团结、思进取，形成坚强有力的领导核心。要认真贯彻民主集中制的原则，按照“集体领导、民主集中、个别酝酿、会议决定”的原则，健全党组工作制度和议事规则，发扬民主，集思广益，各

负其责，形成合力，增强党组在工商联机关和广大会员中的凝聚力和战斗力，党组在工商联工作中要出新思路，寻找新方法，研究新东西，把工商联工作提高到一个新水平。

三、充分发挥助手作用，开创工商联工作新局面

中央15号文件明确了工商联是党和政府联系非公有制经济人士的桥梁，政府管理非公有制经济的助手。国务院出台的《若干意见》也明确指出，“要充分发挥各级工商联在政府管理非公有制企业方面的助手作用。”随着非公有制经济的快速发展，工商联今后将会发挥越来越大的积极作用，党中央国务院明确工商联的助手作用，对于我们在新形势下找准自己的位置，开创工商联工作新局面具有重要的意义。

工商联是统一战线的人民团体，具有参政议政、建言献策的政治优势和广泛联系非公有制企业的组织优势。当好桥梁助手具有不可比拟的优势，是我们开展工作的着力点、着眼点。

首先，要紧密围绕省委、省政府的中心工作，围绕我省建设新型能源和工业基地，围绕经济结构调整，找准角度，服务大局，发挥好自己的独特作用。积极主动地向党和政府反映非公有制经济发展的实际情况和存在问题。倾听企业家的意见，反映他们的呼声，为非公有制经济发展和非公有制经济人士的健康成长提出建设性意见和建议。

第二，加强对非公有制经济代表人士的思想教育和引导。要通过大力宣传党和国家鼓励、支持和引导非公有制经济发展的方针政策，宣传非公有制经济在市场经济中的重要地位和作用，为非公有制经济健康发展创造良好的发展环境。要引导民营企业家规范经营管理行为，完善企业制度，增强法制观念，树立诚信意识。按照党中央的八字方针，引导教育企业家爱国、敬业、诚信、守法、贡献，拥护党的领导，走社会主义道路。鼓励他们热心社会公益事业，积极参与光彩事业，关爱员工，关爱社会，勇于承担社会责任，为构建和谐社会贡献力量。

第三，积极为非公有制企业提供各项服务。根据企业家的不同需求，发挥好工商联的职能作用，向他们提供培训、信息、法律、融资等各项服务。帮助企业改善经济管理，提高员工素质，完善管理制度，提高产品质量，特别是在当前激烈的市场竞争中，强化和完善商会职能，更好地发挥商会的独特作用。

第四，要认真研究市场经济条件下，工商联工作的规律。国务院的《若干意见》颁布后，政府有关部门正在研究制定行业协会、商会的有关政策规定。在不远的将来，商会的作用将更加突出，地位将更加重要。做为工商联组织，应该及早研究对策。根据市场经济的发展和新形势的要求，我们应该重点发展经济类协会、商会组织，把有影响的经济类协会、商会组织的负责人吸收到商会中来，使工商联的统战性、经济性、民间性得到进一步拓展和发挥，努力开创新时期工商联工作的新局面。

第五，加强工商联常委会工作班子建设。我们要依靠企业家办会，非公经济代表人士是工商联组织的主体，工商联组织建设离不开企业家的支持、帮助与配合。建设好工商联给企业家们提供一个可供信赖的“娘家”，对非公企业的发展会起到很好的促进作用。这种关系是相辅相成的。因此，希望担任执、常委和副会长、会长的企业家们，要把工商联工作当成自己的份内工作，拿出一部分精力参加工商联的工作，特别是要在当前各种协会纷纷建立的情况下，认准主渠道，找准自己的方位和归宿，大家共同维护工商联组织的团结，增强凝聚力，扩大吸引力，提高战斗力，不辜负党和政府对我们的信任和支持。

同志们，这次会议的圆满召开，得到了省委、省政府和统战部领导的具体指导及有关部门的大力支持，得到了酒店工作人员热情周到的服务。在此，我代表省工商联和全体与会人员向他们表示衷心的感谢！

现在我宣布，省工商联九届三次常委（扩大）会议闭幕。

在山西省民营企业文化建设工作会议上的讲话

中共山西省委统战部副部长、省工商联党组书记 马天荣

（2007年1月12日）

同志们：

这次全省民营企业文化建设工作会议，是我们深入贯彻落实党的十六届六中全会和第20次全国统战工作会议精神的一次实际行动，也是工商联充分发挥非公有制经济人士思想政治工作重要作用的具体举措。

近些年来，我省民营企业文化建设在全国工商联、省委统战部、省政研会等部门的指导下，经过全省各级工商联组织的努力引导，广大民营企业创造了许多适应时代要求、反映企业特色、遵循文化发展规律、符合企业发展战略的先进企业文化，通过企业文化建设，提高了企业管理水平，增强了企业凝聚力，提升了企业竞争力，促进了企业发展，推动了我省经济发展和文化繁荣。下面，我就加强民营企业文化建设工作讲几点意见：

一、增强对民营企业文化建设必要性和重要性的认识

当今世界多极化和经济全球化的趋势在不断发展，科技进步日新月异，综合国力的竞争日趋激烈，文化与经济和政治相互交融，文化的交流与传播日趋频繁，各种思想文化相互渗透、相互融合，人的思想空前活跃。去年10月，党的十六届六中全会做出了构建社会主义和谐社会的重大决定，全会特别强调，要“建设和谐文化，完善社会管理，增强社会活动，走共同富裕道路，推动社会建设与经济建设、政治建设、文化建设协调发展”。多年来的实践也证明，加强民营企业文化建设工作非常重要，也十分必要。

在民营企业中广泛开展企业文化建设，符合构建社会主义和谐社会的政治方向。在我国社会发展深刻变革的历史进程中，能否建设一个全体人民各尽所能、各得其所而又和谐相处的社会，不仅是对我们党的执政能力的重大考验，也是对全体社会成员的重大考验。民营企业作为一个社会成员，作为广大员工的利益和命运共同体，在促进和谐社会建设的过程中可以发挥积极的作用。现在，广大民营企业结合自身特点所开展的企业文化建设活动，一方面把中华民族优秀传统文化、时代精神和现代管理理念相结合，创造出丰富多彩、生动活泼、各具特色的企业文化，丰富了社会主义文化的内涵；另一方面把企业的发展与员工的发展、社会的进步结合起来，积极创建社会主义和谐企业，有助于共建一个繁荣、安定、祥和的社会。

在民营企业中持久地进行企业文化建设，符合民营企业健康发展的根本需要。企业文化是一种先进的现代企业经营理念和管理方式，反映企业的精神风貌，决定着企业内在凝聚力和企业核心竞争力。通过建设优秀企业文化，可以铸造企业品牌，提高企业管理水平，树立企业良好形象，可以在社会主义劳动者和社会主义建设者之间建立和谐共荣的劳动关系，使企业沿着正常的轨道健康发展。民营企业家作为社会主义建设者，不仅承担着创造财富的责任，同时承担着一定的社会责任。只有坚定地树立起以人为本、回报社会、奉献爱心的企业精神，才能在保护环境、节约资源等方面承担责任，克服利己的急功近利的生产经营方式，注重产品质量安全和生产经营安全，才能在守法、诚信等方面走在前面，为营造正常有序的

市场环境，建设健全法治社会不懈努力，从而实现企业的可持续发展目标。

推动民营企业积极参与企业文化建设，符合新时期工商联做好思想政治工作的要求。做好非公有制经济人士思想政治工作是党中央赋予新时期工商联的重要政治任务和历史使命。实践表明，推动民营企业文化建设是工商联做好非公有制经济人士思想政治工作的创新方式和重要抓手，是引导非公有制经济人士健康成长、非公有制经济健康发展和构建和谐社会的重要形式。现在，各级工商联组织已经普遍地把做好非公有制经济人士思想政治工作的着力点，放到了推动民营企业文化建设工作上，加大了指导、推动和创新的力度，并取得了可喜的成绩。全国工商联和一些省级工商联都成立了民营企业文化建设委员会，以委员会为依托，开展了生动活泼，丰富多彩的民营企业文化建设活动，延伸了工商联工作的臂膀，拓展了工商联做思想政治工作的途径。实践证明，这种工商联牵头组织，以广大民营企业家为主体的专门委员会组织，更能得到企业家的热心支持和响应，企业家办会的热情更高，工作效果也很好。省工商联今后还要成立若干个类似的专门委员会，搭建更多的工作平台，更好地促进工作全面发展。

去年我参加全联执委会，黄孟复主席、胡德平副部长发表了重要讲话，都提到了这个内容。胡德平副部长讲得很深。构建社会主义企业文化是构建社会主义和谐社会非常重要的一个内容。企业文化首先是正确把握一个政治方向。人本管理、关爱员工都是企业文化的内涵。中央15号文件对统战工作包括工商联工作提出非常重要的要求，提出了指导思想、工作任务。在发展新型企业劳资关系方面，工商联要和工会等组织密切配合，在维护企业和企业家合法权益的同时，也要维护好职工的具体权益。这就给工商联在过去“三性”的基础上，加大了工作任务量，提出了更高要求。工商联作为一个组织，在处理劳资关系中，我们就应理直气壮地参与其中。人本管理、爱国、敬业、诚信、守法都应是企业文化建设中重要的内容。

二、全面加强民营企业文化建设，创建符合时代特征的企业文化

企业文化是企业全方位管理的一种科学文化过程，也是把企业的管理理论与管理实践相结合，升华为一种全新的方法和观念的过程，创建企业文化必须结合企业的实践，围绕提高经济效益，凝聚企业人心，着眼于建设社会主义和谐社会的大局，体现企业文化的时代性、针对性和有效性。

一是要坚持正确的政治方向。坚持正确的方向，把握正确的导向，是我们加强民营企业文化建设的根本原则。民营企业文化建设必须坚持邓小平理论、“三个代表”重要思想和科学发展观的要求，坚持党的路线、方针、政策，牢固树立以人为本，弘扬中华民族传统文化，以“爱国、敬业、诚信、守法、贡献”的优秀建设者精神为追求，以促进企业发展为宗旨，以诚信经营为基石，以人本管理为核心，以学习创造为动力，把企业壮大与国家发展、个人成长与社会进步、自身需求与人民需要结合起来，在发展社会主义市场经济的大潮中努力探索符合社会主义先进文化方向的、富有时代特征的、具有丰富内涵的企业文化。

二是要建立社会主义核心价值体系。党的十六届六中全会提出了要建设社会主义核心价值体系，形成全民族奋发向上的精神力量和团结和睦的精神纽带。民营企业核心价值观是社会主义价值体系中的重要方面，一个企业只有把企业的核心价值观与整个社会的价值体系融为一体，坚持“人的价值高于物的价值，共同价值高于个人价值，社会价值高于利润价值，用户价值高于生产价值”的价值取向，才会立于不败之地。广大民营企业家要认真领会党的十六届六中全会提出的“坚持以社会主义核心价值体系引领社会思潮，尊重差异、多样，最大限度地形成社会思想共识”的精神，自觉地树立社会主义核心价值观，倡导爱国、敬业、

诚信、守法、贡献，做一名经济人和社会人合一的规范人。

三是要构建企业和谐文化。建设和谐文化，是构建社会主义和谐社会的重要任务。企业和谐文化是整个社会和谐文化的组成部分。民营企业家要高度重视企业和谐文化建设，突出以人为本理念，在企业内部管理上倡导“和”的文化，将公平与效率统一起来，使内部关系和睦，上下左右和谐相处；要关爱员工，尊重员工，自觉维护员工合法权益和利益，协调处理好企业所有者、管理者和劳动者三方面的利益分配关系，与劳动者和谐相处；要注重增强政策法规意识，增强守法经营意识和职业道德意识，诚信经营，承担社会责任，回报社会，回报人民，与社会和谐相处；要注重保护生态环境、节约能源资源、保证生产安全，与自然和谐相处；要提高道德修养、健康生活，与身心和谐相处。在当前和今后一段相当长的时间里，民营企业家要把为构建和谐社会积极做贡献作为行动指南。要积极参与新农村建设，为逐步消除贫困，实现共同富裕，全面建设小康努力做贡献。要以社区为阵地，参与共建精神文明活动，为构建和谐文明社区努力做贡献。

三、贯彻中央15号文件精神，各级工商联要充分发挥作用，推动民营企业文化建设向更高水平迈进

去年，中共中央颁发的《关于巩固和壮大新世纪新阶段统一战线的意见》对工商联的定位和职能作了进一步规定，既保留了工商联已有的统战性、经济性、民间性“三性”特点，又突出了工商联的地位和作用，对工商联工作提出了新的要求，是指导今后一个时期统一战线工作的纲领性文件。中央15号文件中明确指出，要充分发挥工商联在非公有制经济人士参与政治和社会事务中的主渠道作用，就有关问题听取非公有制经济人士的意见和建议；充分发挥工商联在非公有制经济人士思想政治工作中的重要作用，引导非公有制经济人士健康成长；充分发挥工商联在政府管理非公有制经济方面的助手作用，健全和完善工商联民间商会职能。“三个充分发挥作用”说明中央对工商联工作的高度重视和殷切期望。

有主渠道就是说还有其他渠道。据不完全统计，现在协会很多，有一两千个。有的民营企业家也反映一人兼数职。究竟谁在引导非公经济参与政治和社会事务中起主渠道作用，是工商联，其他是支渠道。主渠道作用弱，支渠道声音就强。工商联不单是一个民间组织、社团组织，首先是一个担负着党委交给做统战工作，具有人民团体性质，和工、青、妇一个规格做特殊统战工作的人民团体是公务员队伍的性质，是党委管理、领导的团体部门，是省委组织部调派干部的部门。

其次是民间商会组织。这就决定了我们担负起主渠道作用的责任，理直气壮地向党委政府争取我们应得的地位，理直气壮地开展工作，以卓有成效的工作赢得党委政府的信任、支持和重视。有关问题听取非公经济人士的意见和建议，这是我们的主渠道，所有我们联系的非公经济人士，包括新社会阶层人士，经过我们这个主渠道来听取他们意见和建议，然后反馈给党委政府，发挥我们参政议政的职能，其他社团没有这个职能。

希望各级工商联组织首先要认真学习领会中央15号文件精神，自觉地承担起党赋予工商联的重大政治责任。工商联的最重要的任务是做“人”的工作，做好非公有制经济人士思想政治工作，是我们的根本职责，关系着巩固党的群众基础，扩大党的群众基础。只有有了坚实的思想基础，最大限度地把他们团结在党的周围，充分发挥作用，才能不断为实现中华民族的伟大复兴凝聚新的力量。只有从思想政治工作入手，引导非公有制经济人士健康成长和非公有制经济健康发展，才能产生真正的实效。因此，各级工商联组织要把学习领会中央15号文件精神，摆上重要议事日程，周密组织，精心部署，做到认识到位，领导到位，措施到位；要把做好民营企业思想政治工作作为

头等大事，防止出现重经济轻思想、重服务轻引导、重帮助轻教育的局面，必须做到两手抓，两手都要硬。民营企业文化是民营企业思想政治工作非常重要的一个内容。工商联首先是统战性，统战性现在就是做人的工作。现在统战性不像过去那样做民族资产阶级工作，而是最广泛地团结新的社会阶层人士，最大限度调动方方面面的积极性，跟着党走，团结在党的周围，沿着中国特色社会主义道路前进，为新农村建设、小康社会、和谐社会建设做出非公经济人士、新社会阶层人士、民营企业家的贡献。其次才是经济性和民间性。经济性和民间性为做人的工作服务，为团结人服务。民间商会社团组织拓宽工作领域，赋予更多的手段做人的工作。所以要认真学习15号文件，在工商联章程的基础上更明确工商联组织的性质、地位、作用以及担负的职能。只有明确了所担负的职能，才能进一步把握住工作的政治方向，统一思想认识，才能理顺工作思路，才能提出工作重点，卓有成效地担负起党和政府交给的重任。

其次，要坚持“充分尊重，广泛联系、加强团结、热情帮助、积极引导”的20字工作方针和“以社团为纽带，以社区为依托，以网络为媒介，以活动为抓手”的“四句话”工作方法，把做好新阶层人士思想政治工作作为主要工作任务来抓。中央15号文件明确指出，新阶层人士是中国特色社会主义事业的建设者。这一清晰的定位体现了社会对新阶层人士所做出的贡献的肯定。作为代表非公有制经济和非公有制经济人士为主体的工商联，要正确认识和分析我们所服务的对象，尽力为非公有制经济人士营造宽容、和谐的良好社会环境，充分尊重他们的人格和劳动。要广泛联系非公有制经济人士，贴近民营经济发展的实际，研究随时出现的新情况、新问题，使思想政治工作适应现阶段经济、政治、文化的实际情况和要求。要加强对非公有制经济人士的团结，培育他们积极参与经济社会事务的热情，发挥非公有制经济人士在政治、经济、文化和社会各个领域的作用。要热情帮助非公有制经济人士提高思想政治素质和专业素质，进一步提高企业经营者科学办企水平，加快企业发展；帮助企业解决生产经营中的具体困难，加强与有关部门的协调、联系，实实在在维护企业的合法权益。要积极引导非公有制经济人士以科学发展观指导生产、经营、决策，树立大局观，把握好企业发展与整个国民经济社会发展的关系，正确处理好个人利益与社会整体利益、眼前利益与长远利益的关系；要引导非公有制经济人士参与光彩事业，热心公益事业，积极扶贫济困，树立社会责任和共富意识；引导民营企业积极投身社会主义新农村建设，在新农村建设中寻找、捕捉新的发展机遇。

第三，要搭建民营企业文化建设的平台，推动全省民营企业文化建设再上新台阶。各级工商联组织要深入研究非公有制经济面临的新形势、新情况，深入研究工商联工作面临的新任务，深入研究民营企业文化建设的难点，找准推动民营企业文化建设的切入点和着力点，探索工作的抓手和载体，不断总结、完善、创造、推广好的典型经验，发挥好组织网络的辐射力和渗透力，形成做好企业文化建设的有效机制。要积极倡导民营企业树立科学发展观，引导民营企业塑造诚信文化、创新文化、团队文化、人本文化、品牌文化。要通过推动民营企业文化建设，努力在非公有制经济领域建设社会主义核心价值体系，树立社会主义荣辱观，要办好、利用好我们系统内自己的报刊、网站和其他宣传载体，还要借助丰富多彩的企业报刊，坚持正确导向，营造积极健康的思想舆论氛围。要与各级总工会友好合作，密切配合，广泛深入开展“关爱员工，实现双赢”活动、和谐企业建设活动，形成促进和谐的局面，从而促进非公有制经济人士的健康成长和非公有制经济的健康发展。在建立新型劳动关系的过程中，工商联既要维护非公有制经济人士的合法权益，又要与工会等人民团体密切配合，维护职工的具体利益。这是中央15号文件明确要求的。

同志们，企业文化和思想政治工作在工商联工作整体布局中占有非常重要的位置。我们的工作对于保持经济又好又快发展和维护社会稳定有着重要意义。

希望各级工商联能够集思广益、明确任务、抓好工作重点，把民营企业文化建设和思想政治工作引向深入。希望民营企业文化建设委员会再接再厉，在各位主任和全体委员的共同努力下，多出成绩，不断进步，为提高全省民营企业文化建设整体水平做出新贡献。希望民营企业家要站在促进企业长远发展的战略高度，重视企业文化建设，对企业文化建设进行系统思考，以社会主义核心价值观主导企业文化建设。要身体力行，率先垂范，带领企业员工通过企业文化建设不断提高企业核心竞争力，促进企业持续、快速、健康发展。

在山西省工商联九届五次常委会议上的讲话

中共山西省委统战部副部长、省工商联党组书记 马天荣

（2007年3月23日）

各位常委、同志们：

在全体与会同志的共同努力下，省工商联九届五次常委会议圆满完成了各项议程。这次会议虽然时间很短，但安排紧凑、主题明确，是省工商联第十次会员代表大会前召开的一次非常重要的会议。省政协副主席、省工商联会长边鸣涛同志代表常委会所作的工作报告，传达学习了全联九届五次执委会议和全省统战工作会议精神，总结了去年的工作，部署了今年的任务；省委常委、省委统战部部长李政文同志站在统一战线全局的高度，对非公有制经济人士和工商联工作提出了新的要求。希望大家认真学习领会，进一步统一思想，提高认识，明确任务，理清思路，按照会议的部署，抓好工作的贯彻落实。下面，我强调几点意见：

一、深入学习领会党和国家对非公有制经济发展的各项方针政策，进一步增强发展的自信心和承担社会责任的自觉性

党的十六大以来，党和国家包括我省出台了一系列促进非公有制经济发展的方针政策。十六大提出必须坚持“两个毫不动摇”的方针，十六届三中全会明确要求放宽市场准入，法律法规未禁止的领域，非公有制经济均可进入。2004年，国务院出台了《关于鼓励支持和引导个体、私营等非公有制经济发展的若干意见》，系统地提出了鼓励和支持非公有制经济发展的政策措施。2004年5月，省委、省政府出台了《关于进一步加快非公有制经济发展的决定》，提出了我省促进非公有制经济发展的具体措施。《中共中央关于巩固和壮大新世纪、新阶段统一战线的意见》（中发[2006]15号文件）在党的十六大基础上，进一步明确和肯定了非公有制经济人士作为中国特色社会主义事业的建设者，是完善社会主义市场经济和推动经济社会发展的重要力量。在这些方针政策的推动下，党的十六大以来，特别是近年来我省的民营经济得到了较快发展，无论是完成的增加值、提供的税收，还是民营经济占GDP的比重、税收占财政收入的比重，都得到了较大幅度的增长，民营经济在发展生产、解决就业、提供税收、扩大出口等方面做出了突出的贡献，成为推动我省经济社会发展的一支重要力量。与此同时，广大非公经济人士在发展壮大自身企业的同时，致富思源，富而思进，积极参与新农村建设、光彩事业和社会公益慈善事业，并做出了特殊贡献。

面对新的形势和任务，全省广大民营企业家要深入学习领会党和国家对非公有制经济发展的各项方针政策，认真贯彻党的十六届六中全会和省第九次党代会精神，把思想和行动统一到中央精神和省委、省政府的要求上来，进一步抓住机遇，开拓创新，把企业做好做大做强，在更高层次、更大范围、更广领域参与竞争，为推动我省经济又好又快发展做出贡献。致富不忘本，饮水当思源。作为党的改革开放的受益者，全省民营企业家同时要积极响应党和政府的号召，适应时代要求，主动承担起社会责任，在构建和谐山西的进程中发挥积极作用。要高度重视企业文化建设，坚持以人为本的发展理念，建立和谐的企业劳动关系；要以参与新农村建设为重点，积极参与光彩事业和社会公益活动，为我省“两区”开发建设做贡献；要树立科学发展观，积极调整产业结构，促进企业健康、和谐发展。

二、准确把握新时期工商联的性质定位，进一步明确职责和理清思路

随着非公有制经济的发展，党和国家对工商联工作提出了新的更高的要求。国务院《关于鼓励支持和引导个体私营等非公有制经济发展的若干意见》，赋予了工商联作为政府管理非公有制经济助手的职能。中央15号文件在认真总结改革开放以来工商联工作实践经验的基础上，对工商联的定位和职能作了进一步明确，指出，“工商联是党领导的以非公有制企业和非公有制经济代表人士为主体的具有统战性、经济性、民间性的人民团体和商会组织，是党和政府联系非公有制经济人士的桥梁、纽带，是政府管理非公有制经济的助手。”完整准确地理解新时期工商联的性质，对于把握工商联的发展方向，深刻认识工商联的地位，充分履行工商联职能，正确发挥工商联作用，具有重要意义。

准确把握工商联的性质定位，首先我们要在思想上正确认识并在工作中充分体现工商联的“三性”特征，即统战性、经济性、民间性三者之间相互依存、相互促进，是一个有机的统一体，体现了工商联既不等同于民主党派，又区别于其他人民团体的显著特征。统战性是其最基本、最主要的属性，决定工商联的政治方向；经济性是由工商联会员特点决定的，体现工商联要与经济工作相联系，发挥商会职能；民间性是由其人民团体性质决定的，体现与政府部门不同，可以起到政府部门不可替代的作用。工商联的“三性”是密切相关的，缺一不可的。统战性贯穿并促进经济性和民间性，而经济性和民间性体现并巩固统战性。如果丢掉了统战性这一政治优势，工商联就失去了自身存在的根据；如果忽视了经济性和民间性，工商联就缺少了开展工作的有效载体和基本途径。工商联是中国共产党领导的统一战线组织，党组受同级党委统战部领导，业务工作受同级党委统战部指导。各级工商联组织要在全面理解工商联“三性”基础上，自觉把工商联工作纳入党的统一战线工作全局来认识和把握，进一步明确职责，理清思路，以促进非公有制经济代表人士健康成长和非公有制经济健康发展为出发点和落脚点，紧紧围绕“健康”二字下功夫，做文章，努力开创工商联工作新局面。

三、充分发挥“三个作用”，进一步增强工商联组织的活力和凝聚力

胡锦涛总书记在全国第二十次统战工作会议上特别强调了工商联要充分发挥在非公有制经济人士参与政治和社会事务中的主渠道作用，在非公有制经济人士思想政治工作中的重要作用，在政府管理非公有制经济方面的助手作用。这既对工商联组织寄予厚望，又对今后的工作提出新的更高要求。前不久召开的全省统战工作会议，进一步为我省统一战线工作指明了方向，特别是围绕实施“凝聚力工程”开展的九大活动，为各级工商联组织和民营企业家提供了广阔的施展空间和实践舞台，其中涉及工商联和民营经济的就有五项，即“献良策、比贡献”活动、“强素质、树形象”活动、“晋港澳金桥”活动、“光彩事业两区行”活动、“新晋商、新形象”活动等。全省各级工商联组织一定要认真学习贯彻全国、全省统战工作会议精神，充分认识新时期工商联工作的重要性，坚持以科学发展观为统领，紧紧围绕党和政府的中心工作，找准切入点，发挥作用，增强活力和凝聚力。

1.在履行参政议政职能，发挥主渠道作用上下功夫。要紧紧围绕党委、政府的中心工作，从促进民营经济健康发展出发，大兴调查研究之风，积极向党委、政府建真言，献良策。要努力为民营企业家拓宽参政议政渠道，通过各种行之有效的方式，使广大非公经济人士的意见和诉求得到充分反映，营造民营经济发展的良好环境。要加强非公有制经济和非公有制经济人士重要信息的收集、整理和分析，掌握详细的第一手资料，为开展工作提供依据。要加强与非公有制经济人士，特别是工商

联执委以上非公有制经济人士的联系，及时掌握他们企业的发展情况、遇到的困难和问题、参与光彩事业和社会公益事业等情况，积极向党委和政府反映情况和建议，为党委、政府在发展非公经济方面提供决策参考。要加强对调研工作的组织和领导，配备高素质的人员从事调研工作，强化现有调研人员的学习培训，提高其素质，同时还要与有关部门建立合作关系，共同组织开展重点课题调研活动，推动工商联调研水平的提高。省工商联今年要整合力量，花大气力办好《民营经济动态》，畅通信息与会员企业、非公经济人士之间的渠道，积极履行参政议政职能。希望各位常委、副会长以及广大会员企业和非公经济人士、各级工商联组织按要求及时报送有关信息，确保这一工作取得实效。

2. 要在加强引导教育，改进思想政治工作上下功夫。要全面贯彻“团结、帮助、引导、教育”的八字方针，围绕开展“新晋商、新形象”活动，积极探索开展非公有制经济人士思想政治工作的有效途径和方式，创新活动载体，将思想政治工作寓于具体的活动之中。在开展思想政治工作的过程中，既要鼓励支持企业发展，帮助企业做好做大做强；又要加强对非公有制经济人士的帮助引导，为企业发展提供内动力。要采取请进来，走出去的方式加大对非公有制经济人士的培训力度，及时向非公经济人士宣传党和国家有关方针政策，提高企业家的政治素质和对现行政策的理解水平，引导非公经济人士树立科学发展观。要在非公有制经济人士中大力开展“爱岗、敬业、诚信、守法、贡献”和社会主义荣辱观教育活动，积极引导非公有制经济人士致富思源、富而思进，履行社会责任。要积极引导和鼓励非公有制经济人士参与社会主义新农村建设、和谐社区建设、光彩事业、扶贫就业和各类社会公益活动，争做优秀中国特色社会主义建设者。要引导民营企业加强企业文化建设，重视党、团、工会工作，开展“关爱员工，实现双赢”活动，构建和谐的企业劳动关系。要积极引导和支持民营企业进行管理创新、制度创新和技术创新，引入现代企业制度，不断提高自主创新能力和核心竞争力。

在对非公有制经济人士进行思想教育的同时，要利用报刊、电视、广播等媒体宣传民营企业在新农村建设、光彩事业、扶贫就业、社会公益等方面做出的重要贡献，宣传优秀中国特色社会主义建设者的先进事迹，推动社会各方面重视支持民营经济发展。要加大对非公有制经济人士的表彰力度，激励他们干事创业的热情。

3. 在增强服务功能，拓展助手作用上下功夫。工商联作为党和政府联系非公有制经济人士的桥梁和纽带，不仅要围绕党和政府的中心开展工作，更重要的是要融入中心发挥作用。工商联组织要不断丰富和创新为发展服务的形式，用推进GDP增长、税收财政增收、就业岗位增多、促进社会和谐等实实在在的业绩赢得党政领导和社会各界的认可。要加强与政府有关部门的联系、沟通和合作，主动向他们介绍工商联的职能和作用，反映非公经济发展中的困难和问题，努力拓展经济服务的领域。要积极探索与政府有关职能部门建立联席会议制度的方法，促进民营企业与政府部门加强沟通联系，促进国家方针政策在民营企业中的贯彻落实。要围绕党委、政府的中心工作，在建立非公经济项目库的基础上，组织各种类型的经贸洽谈、招商引资、科技服务等活动，为经济建设做贡献。要响应省委、省政府加快“两区”开发建设的决定，组织民营企业家深入开展光彩事业“两区行”活动，为老区脱贫致富做贡献。要加强普法宣传工作，配合政府有关部门做好执法监督检查，引导民营企业家遵守法律法规，增强诚信意识，规范企业行为。要发挥行业商会的自律作用，规范行业市场秩序，推动行业繁荣发展。要探索建立有效的维权服务机构，积极开展法律服务，推动民营企业建立风险防范和危机处理机制。工商联作为工商界人士，特别是会员的联合体，吸引会员、凝聚会员的关键在于为会员做好服务，为此，要实实在在地帮助民营企业解决生产经营、科技研发、市场营销、发展环境等方面遇到的实际困难和问题，真正为企业可持续性发展排忧解难，增强工商联的吸引力和凝聚力。当前，工商联要在帮助民营企业解决融资难问题方面做出有益探索，要积极发挥组织、协调、引导作用，协助成立民营企业贷款担保公司，搭建银企交流合作平台，同时还要引导民营企业加强内部管理，增强诚信意识，以此提高信用等级。要积极推动民营企业“走出去”，组织民营企业家参加各类经济活动，帮助其引进更多的项目、资金、技术和人才。

四、加强工商联自身建设，进一步提高履行职责和发挥作用的能力

新的形势、新的任务对工商联工作提出了新的更高的要求。加强工商联自身建设，是工商联更好地发挥作用的重要保证。全省各级工商联组织要切实加强自身建设，为更好地履行职责和发挥作用提供保证。在这方面，省联要率先垂范，做出表率。

一要大力加强工商联班子建设。领导班子建设是工商联自身建设的关键，加强工商联班子建设，要充分发挥工商联党组在工商联工作中的领导核心作用。党组要牢牢把好方向、建好班子、带好队伍、抓大事、议全局，积极支持会员代表大会、执委会、常委会和会长办公会议按照工商联章程履职尽责，发挥作用。要结合工商联组织的特点，妥善处理好工商联与统战部、党组与会领导班子、党内与党外人士的合作共事关系。要加强工商联常委会班子建设。常委会作为工商联的工作班子，在工商联工作中发挥着重要作用。要切实重视常委会建设，按照工商联章程履行常委会的职责，选好工商联常委，调动常委参与会务工作的积极性，特别是要调动企业家常委的积极性。要积极探索非公有制经济人士参与会务工作的有效形式，充分发挥企业家作用，提高工商联班子的整体战斗力。各级工商联的主要负责同志要善于议全局，抓大事；努于把工商联领导班子建成具有凝聚力、号召力、战斗力的领导集体。

二是加强工商联基层组织和会员队伍建设。近年来，各级工商联的组织建设得到了进一步加强，为工商联发挥作用提供了重要保证，但也应当看到当前基层工商联工作还比较薄弱，远不能适应形势和任务的要求，要切实加强对基层工商联工作的指导，积极为其发挥作用创造条件。作为党领导的人民团体和公务员机关组织，基层工商联要理直气壮地向党委政府反映改善办公条件、发挥自身作用的意见和建议。同时，要通过我们卓有成效的工作，赢得党委、政府对工商联工作的重视和支持。明确以“有为”争“有位”，以“有位”促“有为”。要采取切实有效的措施，加快行业商会建设步伐，发挥行业商会作用。要主动走出去发展会员，壮大会员队伍，改善会员结构，扩大会员的行业覆盖面，力争把本地区、同行业居领先地位，特别是符合国家产业发展政策和省委、省政府经济结构调整要求的有规模、有实力、有贡献的企业都能吸收发展到工商联会员队伍中来。

三是要着力加强工商联机关建设。要加强工商联干部的学习培训，努力提高工商联干部的思想素质、政策理论水平和为非公有制经济服务的本领，增强敏锐性、鉴别力，树立正确的世界观、人生观和价值观。要从加快全省科学发展的大局出发，进一步增强危机意识和竞争意识，增强责任感和使命感，下大决心，花大力气，改进作风，增强服务观念和开拓创新的意识，提高联谊交友能力和协调处理复杂问题的能力，培养“团结、勤奋、务实、创新”的作风，努力营造一种人人干事业，个个求上进的良好工作氛围。要狠抓各项工作任务的落实，内强素质、外树形象，进一步增强工商联吸引力和凝聚力。要建立有效的工作机制和制度保障，促进工作的制度化、规范化、程序化，提高工商联履行职责的能力。

五、贯彻晋办发[2006]17号文件精

神，做好工商联换届工作

根据《中国工商业联合会章程》和晋办发[2006]17号文件精神，省工商联将于今年上半年完成换届工作，市工商联要在3月底完成换届工作。做好这次换届工作关系到工商联组织的可持续性发展和作用发挥，关系到新时期、新阶段爱国统一战线的巩固和壮大，对于新时期工商联充分发挥“三个作用”，开创工作新局面具有十分重要的意义。全省各级工商联组织要统一思想，提高认识，充分认识这次换届工作的重要性，以高度的政治责任感和历史使命感完成新老交替和政治交接这一历史任务，把工商联老一辈领导人在长期实践中形成的优良传统和高尚风范一代一代传下去，并不断发扬光大。工商联党组要认真贯彻换届工作的各项政策，发挥领导核心作用。

要认真吃透换届文件精神，准确把握换届有关政策，推动换届工作顺利进行。在这次换届中，要选配热心统战、工商联工作，有较高综合素质，参政议政能力强，合作共事意识好，懂经济、擅管理的领导干部到工商联工作。选择非公有制经济人士到工商联领导班子任职，除考虑企业规模、纳税多少外，还要考虑其社会形象、所承担的社会责任、参与光彩事业、社会公益事业的情况及其企业的产业结构情况。要着重优化包括知识结构、年龄梯次、专兼职比例、行业覆盖、地域分布等在内的领导班子结构，增强领导班子和领导机构的整体功能，焕发工商联组织的生机和活力。

要严格程序，严肃纪律，确保换届工作风清气正。坚持民主集中制原则，坚持群众路线，坚持选拔标准，严格工作程序，严肃组织人事纪律，防止和纠正用人上的不正之风，确保换届工作平稳有序进行。

要认真细致做好思想政治工作。换届工作中要强化思想政治工作，引导工商联班子成员增强政治意识、大局意识、责任意识。正确处理好个人利益与集体利益、个人要求与工作需要的关系，正确对待进退去留。对退下来的同志要安排好他们生活，帮助解决实际困难；对届满后未安排的非公有制经济人士，仍要加强与他们联系，继续发挥他们的作用，保护他们的积极性。要注重做好新当选领导班子成员中非公有制经济代表人士的思想工作，使他们不断增强责任感和使命感，履行好职责，发挥好作用。

要精心组织，周密安排，保证换届工作按时完成。2007年工商联换届工作时间紧，任务重，要求高，各市一定要加强领导，精心组织，确保在4月底前完成换届任务。同时要按照本次会议通过的《山西省工商业联合会第十次会员代表大会代表的条件、结构、名额和产生办法》和《山西省工商业联合会第十届执委会规模、结构及执委人选选拔条件、名额和推荐、考察、审批程序》的要求，按时按条件做好省工商联第十次会员代表大会代表和十届执委候选人的推荐工作，确保推荐人选的质量。

各位常委、同志们，工商联工作和民营经济发展正处于难得的历史机遇期，尽管我们面前还有不少困难，但前途光明，可以大有作为。全省各级工商联组织和广大非公有制经济人士要深入学习全国、全省统战工作会议精神，大力实施“凝聚力工程”，进一步增强信心，振奋精神，尽职尽责，加倍努力，为开创工商联工作新局面，为促进非公有制经济人士健康成长和非公有制经济健康发展做出新的更大的贡献。

重要发文

关于继续推进再就业工作的通知

晋联发[2000]第6号

各、地市县（区）工商联（办事处）：

在山西省工商联2月24日召开的八届四次执委会上，会长马长有代表常委会所作的工作报告中指明了参与国有企业改革和再就业工作，仍是全省工商联2000年工作的重点之一，并强调要结合我省经济结构调整，做好非公有制企业建立健全社会保障等方面的工作。1999年我省各级工商联在参与再就业方面，除继续配合劳动部门开展下岗职工再就业培训和招聘活动外，重点开展的宣传贯彻国务院《社会保险费征缴暂行条例》也取得了一定的成绩，重要的作用，受到了党委和政府的重视。根据山西省人民政府再就业领导组会议通报，预计今年全省地方国有企业下岗职工将达到34万人，比上年末增加39%，我省今年再就业的任务仍十分艰巨。我省各级工商联做为党和政府联系非公有制经济的桥梁和纽带，在协助党和政府推进再就业工作方面已经发挥了重要作用。当前，非公有制经济企业仍是安置下岗职工再就业的重要渠道，为此，根据省联八届四次执委会的精神，各级工商联要认真总结参与再就业工作方面的经验，为继续推进再就业工作做出新的成绩。

一、加大国务院《社会保险暂行条例》的宣传贯彻力度，帮助非公企业规范用工制度，通过深入贯彻“条例”，使非公企业的管理上档次、上水平。

二、发挥再就业领导组成员的作用，1993年根据省政府领导的批示，各级工商联均有一名领导进入同级再就业领导组，这是省委、省政府对工商联工作的重视。各级工商联再就业领导组的成员，一定要积极主动地工作，积极主动参与同级领导组的工作研究，实施各项计划部。

三、深入开展调查研究，继续因地制宜地协助劳动部门和非公有制经济企业举办下岗职工再就业的培训和招聘活动。

四、根据省政府晋发[1998]40号文件规定，今年将继省委、省政府名义对在下岗职工再就业工作中做出显著和重大贡献的100名“再就业明星”和100名“再就业的功臣”进行表彰。对养老保险制度改革做出突出贡献的先进单位和先进个人各100名进行表彰。各级工商联要积极配合参与典型的推荐，把推荐典型的过程，变成调查研究、服务企业和推进再就业工程的过程。

五、配合有关部门联合检查落实国家六部委文件的精神，3月份在省政府的领导下，由省政府再就业工作领导组办公室牵头，省劳动、财政、城建、银行、工商、国税、地税、工会、工商联等有关部门将组成联合检查组，对山西省落实下岗职工再就业优惠政策等情况在全省范围内进行检查。各地市也将相应地开展此项工作，检查内容着重包括晋发[1998]30号、40号文件，晋政发[1997]90号文件，晋办发[1998]48号文件提出的促进下岗职工再就业优惠政策，以及中行、国家税务总局、国家工商行政管理局等部门和我省工商、税务、城建等部门制定的有关政策落实情况。这项检查十分重要，对于鼓励非公有制代表人士参与再就业和维护权益，帮助非公有制企业发展有着十分重要的意义，各级商联都要把检查的过程化为宣传和帮助落实政策的过程。

六、加强联系汇报制度，推进再就业工程，是各级工商联服务社会、服务经济、协助党和政府实现战略目标的重要任务，要列入重要议程，作为年度目标考核的主要内容，不断将活动情况及典型汇报省联，在新世纪来临之际抓出新成效，为开创工商联新时期的工作做出新贡献。

山西省工商联合会

二000年三月八日

关于在全省市县工商联开展“学理论、提建议”活动的通知

晋联发[2001]第17号

各市（地）、县（区）工商联（办事处）：

为了适应新形势对工商联的要求，更好地担当起党和政府赋予工商联的历史使命，不断探索开展非公有制经济人士思想政治工作、培养积极分子队伍的新思路、新方法、新渠道，促进我省非公有制经济健康发展，今年2月以来，省工商联机关开展了“学理论、提建议”活动，收到了一定成效。经省工商联党政联席办公会议决定，在全省市（地）、县（区）工商联机关展开“学理论、提建议”活动。现通知如下：

一、指导思想

这项“学理论、提建议”活动的指导思想是：以邓小平理论为指导，深刻领会和认真贯彻江泽民同志“三个代表”的思想，紧紧围绕落实党的十五届五中全会和全国统战会议精神，坚持解放思想、实事求是，联系实际，自我教育，从而增强工商联干部学习理论的自觉性和主动性，提高干部素质，加强干部队伍的建设，把工商联工作提高到一个新的水平，为实现“十五”计划、兴晋富民作出应有的贡献。

二、目的要求

“学理论、提建议”是在工商联机关开展的一次紧密联系实际的学习活动。通过这次活动，广泛调动工商联各级组织和全体干部的积极性，提高认识，统一思想，认清形势，明确任务，加强团结，坚定信心，振奋精神，迎接挑战，在新世纪和“十五计划”起步之年，开拓工商联工作新开端。

为了切实搞好这次“学理论、提建议”活动，提出以下要求：

（一）各级工商联领导要高度重视，切实做出安排，亲自抓，带头学，并认真参加研讨，耐心听取群众意见和建议。

（二）要发动群众，集思广益，在广大工商联干部中倡导主动努力、积极争取、勇于实践、敢于创新和求实、务实的风尚。

（三）要把“学理论、提建议”活动与当地“三个代表”思想的学习教育活动结合起来，把学习活动和日常工作结合起来，做到学习工作两不误。

（四）要通过这次活动，理清思路，对今年工作做出认真的安排布置，切实转变机关作风，提高工作效率，切切实实为当地非公有经济的发展办实事、见实效。

三、方法步骤

这次“学理论、提建议”活动，大致要用六周时间，分三个阶段进行。

第一阶段是学习文件阶段，时间为两周。这一阶段以学习文件为主，方法以自学为主，着重领会文件精神，武装头脑。也可适当集中进行交流。（学习篇目附后）

第二阶段是讨论研究阶段，时间大致两周。这一阶段以研讨为主。要在学习文件的基础上，至少组织2～3次座谈讨论，有准备地进行发言，互相启发，加深对文件的理解和认识。（讨论题目可参考省联安排意见）

第三阶段是提建议阶段，时间大致2周。这一阶段主要是在学习研讨的基础上，结合当地非公经济发展和工商联工作情况，总结经验，提出改进工作的建议，进而理清今后工作的思

路，制订好今年的工作计划。

“学理论、提建议”活动是我省工商联系统首次组织的统一的学习教育活动，将对新世纪全省工商联工作开好局、起好步，奠定坚实的思想基础，具有重要的指导意义。这项活动将作为今年目标责任考核评比的重要内容。各市（地）县（区）工商联都必须高度重视，务求取得良好效果。各地可根据当地工作情况作出具体安排，总的要求应在4～5月份完成，最迟不得超过6月份。各地“学理论、提建议”活动的具体安排及每阶段进展情况，请及时书面报告省工商联办公室。

山西省工商业联合会
二〇〇一年三月十二日

附：

山西省工商联“学理论、提建议”活动学习篇目

（一）

1. 搞建设要利用外资和发挥原工商业者的作用（《邓小平文选》第二卷156页）

2. 各民主党派和工商联是为社会主义服务的政治力量（《邓小平文选》第二卷203页）

3. 中共中央批转中央统战部《关于工商联若干问题的请示》的通知（中共中央1991年15号文件）

4. 中共中央、国务院致全国工商联第八次会员代表大会的贺词

5. 《中国工商业联合会章程》

6. 王兆国同志与全国工商联党组负责同志谈话要点

7. 刘泽民同志在省工商联八届五次执委会议上的讲话

（二）

1. 江泽民同志视察南方时有关非公有制经济发展问题的重要讲话精神

2. 江泽民同志在全国统战工作会议上的讲话

3. 李瑞环同志在全国统战工作会议上的讲话

4. 王兆国同志在全国统战工作会议上的讲话

5. 刘泽民同志在省委、省政府表彰“优秀民营企业”大会上的讲话

（三）

1. 朱镕基同志《关于制定国民经济和社会发展第十个五年计划建议的说明》（摘要）

2. 田成平同志在省委七届十次全体会议上的讲话（摘要）

3. 刘振华同志《关于制定国民经济和社会发展第十个五年计划建议的说明》（摘要）

4. 经叔平主席在全国工商联八届四次执委会议上的开幕词

5. 全国工商联2001年工作要点

关于推荐工商联诚信纳税会员企业的通知

晋联联发〔2002〕第32号

各市（地）国税局、地税局、工商联：

国家税务总局和全国工商联决定，在今年第四季度召开的工商联第九次全国代表大会期间，对“中华全国工商业联合会诚信纳税会员企业”联合进行表彰（见附件1），根据上级要求，省里已经成立了表彰领导组和办公室（名单附后），为了做好推荐工作，现将有关事宜通知如下：

1.推荐范围：各市（地）工商联会员企业，省工商联直属会员企业。

2.推荐条件：按照全联发[2002]03号文件规定的表彰条件，推荐上报。

3.推荐名额：太原、晋中、临汾、运城、大同推荐五名，其余地市推荐三名。

4.推荐程序：各市（地）国税局、地税局和工商联提出名单，共同研究，拟定推荐名单，并在推荐表上分别加盖市（地）工商联、税务部门的公章和主要负责人签字认可，分别报省税务部门、工商联，省表彰领导组根据上级文件要求和各市（地）推荐的情况，研究确定上报国家税务总局和全国工商联的推荐人选考察名单。进而由联合领导组议定我省推荐人选。

5.推荐时限：9月3日前将推荐表和相关材料报省国税局、地税局和工商联，逾期视为自动放弃。

6.各市（地）工商联要有一名领导负责这项工作，指定专人负责组织落实，和当地税务部门取得联系，成立相应组织机构，密切配合，联合进行推荐。并要把组织机构名单、电话等报省表彰办公室，联系人：李雪梅，电话：0351－3045471转3204。另外，以这次各地市推荐人选为基础，省里明年适当时候也要进行表彰。

山西省工商业联合会
山西省国家税务局
山西省地方税务局
二〇〇二年八月二十二日

关于评选工商联会员企业质量工作先进单位的通知

晋联发[2002]第34号

各市、地工商联，质量技术监督局：

在各级党委和政府的领导与关怀下，近几年各地工商联会员企业加强管理，狠抓质量，涌现出一大批爱国、敬业、诚信、守法、重质量、守信誉的先进会员企业和先进经营者。为了引导和推动非公有制经济持续健康快速发展，促进会员企业的质量工作再上新台阶，全国工商联和国家质量监督检验检疫总局决定今年第四季度在全国工商联第九次会员代表大会期间，对工商联会员企业质量工作先进单位进行表彰。我省也要举办此项活动。为此，经省工商联和省质量技术监督局研究决定，联合成立评选工商联会员企业质量工作先进单位领导组。组长由省政协副主席、省工商联会长边鸣涛担任，副组长由省工商联副会长张慎德、省质量技术监督局总工程师盛佃清担任，成员有省工商联调研员刘中东、省质量技术监督局质量处副处长冯德秀。办公室设在省工商联宣传调研处。

表彰条件：

1. 企业无违法违规生产、经营行为，近三年内未发生质量、安全事故，没有经查证属实的重大质量投诉。

2. 企业管理制度健全，企业质量管理体系符合GB/T19000－ISO9000《质量管理和质量保证标准》。

3. 企业积极进行质量法、标准化法、计量法、出入境商品检验法等法律法规和知识普及教育，并取得良好效果。

4. 企业产品严格按标准组织生产，并积极采用国际标准和国外先进标准。

5. 企业具有完善的计量检测体系和计量保证能力。

6. 企业生产的产品列入生产许可证、强制性认证及计量器具制造许可证管理范围的，必须取证。

7. 企业产品质量(工程质量、服务质量)近三年内在省级以上质量监督抽查和出口商品检验中无不合格经历；出口产品未遭到国外索赔，没有因产品、工程、服务的质量问题被投诉并败诉，近三年内没有因产品、工程、服务的质量信誉问题与客户发生重大纠纷。

8. 企业的主导产品为省级名牌产品者优先。

希望你们接到此通知后，迅速开展工作。于9月5日前将符合条件的工商联质量工作先进会员企业的事迹、相关证明材料和表彰推荐表报省工商联宣传调研处。

山西省工商业联合会
山西省质量技术监督局
二〇〇二年八月二十三日

关于推荐工商联就业先进会员企业的通知

晋联发[2002]第35号

各市（地）劳动和社会保障局、工商联：

国家劳动和社会保障部与全国工商联决定，在今年第四季度召开的工商联第九次全国代表大会期间，对“中华全国工商业联合会就业先进会员企业”联合进行了表彰，根据上级要求，省工商联、省劳动和社会保障厅联合成立了推荐工作领导组和设立了办公室，为了做好推荐工作，现将有关事宜通知如下：

1．推荐范围：各市（地）工商联会员企业，省工商联直属会员企业。

2．推荐条件：按照全联发[2002]01号文件规定的表彰条件，推荐上报，名额不限。

3．推荐程序：各市（地）劳动和社会保障局和工商联提出名单，共同研究，拟定推荐名单，并在推荐表上分别加盖市（地）工商联、劳动部门的公章和主要负责人签字认可，分别报省劳动和社会保障厅、省工商联，省联合推荐工作领导组根据上级文件要求和各市（地）推荐的情况，研究确定上报国家劳动和社会保障部及全国工商联的推荐人选考察名单。进而由联合领导组议定我省推荐人选。

4．推荐时间：市地需在9月1日之前将联合推荐材料和推荐表分别报送省劳动保障厅和省工商联，逾期视为自动放弃。

5．各市（地）工商联要有一名领导负责这项工作，和当地劳动部门密切配合，指定专人负责组织落实。要以这次推荐活动为契机，宣传党的富民政策和劳动法规，为发展社会主义社会生产力做出贡献。并较准确的掌握有关资料。

山西省工商业联合会
山西省劳动和社会保障厅
二〇〇二年八月二十二日

关于加大发展会员力度 改善会员结构的意见

晋联发[2003]第41号

市（地）工商联（办事处）：

会员是工商联工作的组织基础，加快会员发展步伐，建设一支规模较大、质量较高的会员队伍，是工商联的一项基础性工作，也是发挥桥梁、助手作用的必备条件。近年来，我省各级工商联按照“稳步发展、调整结构、提高质量”的原则，加大了会员的发展工作，会员的数量、质量有了明显的提高。今年，全联召开的九届二次常委会上，根据党的十六大和全联九大精神，制定了工商联今后五年工作构想，明确了当前和今后五年工商联工作重心和奋斗目标，对会员的发展工作也提出了新的要求。为使我省工商联工作有一个新的突破，跟上时代步伐，以适应新形势、新任务的要求，现就加大发展会员力度，改善、优化会员结构，提出以下几点意见：

一、要围绕“积极引导、稳妥发展；坚持标准、确保质量；突出重点、优化结构；加强服务、动态管理”的方针，加大会员发展力度。发展会员的重点是非公有制企业。同时，也要重视在熟悉经济法律的专家学者、与民营经济发展关系密切的其他专业人士中发展个人会员，还要把十六大报告中提出的新的社会阶层作为新的工作对象，把其中的代表人士吸收到工商联中来。

二、按照当地经济社会发展的实际状况，处理好数量与质量的关系，既要积极发展，又要防止单纯追求数量。大力发展企业会员，要把企业社会形象好、资产规模大，在本地区、本行业有一定影响，有社会责任感、遵章守纪、诚信纳税的非公有制企业、民营企业吸收进来。

三、在工作中，工商联同志要态度积极，主动热情，要走出去，宣传动员，与企业家广交朋友，扩大联系面。

四、通过举办形式多样的活动，如培训班、报告会、考察学习、经验交流等，与会员建立联系，了解他们的所需、所急、所求，努力为其排忧解难，增强凝聚力和吸引力。

五、各级工商联要高度重视，切实将会员发展工作列入重要议事日程，认真分析经济形势和会员状况，制定会员发展计划。在大力发展的同时，注重改善会员结构，壮大积极分子队伍，培养更多的“合格建设者”，使工商联工作出现新的生机与活力，为促进非公有制经济人士的健康成长和非公有制经济的健康发展做出新的成绩。

山西省工商业联合会

二〇〇三年十月二十七日

关于在全省民营企业中开展“重质量 讲信誉 自觉维护市场秩序”活动的通知

晋联发[2004] 12号

各市、县（市、区）工商联及省直属会员：

近年来，根据省委、省政府调整产业结构的战略部署，经过全省广大企业的共同努力，山西老品牌和特色产品的质量总体水平稳定提高，企业诚信体系逐步建立。但是我省中小企业的产品质量总体水平还比较低，尤其是最近发生的清徐县个别小醋厂假冒老陈醋的问题以及平遥县一些牛肉加工点生产劣质肉的问题，造成了恶劣影响，极大地损害了山西“老陈醋”和“平遥牛肉”两大品牌的社会形象。这两起事件的发生，暴露出我省中小企业在产品质量和信誉方面存在的差距和问题，引起社会各界的广泛关注。

目前，我省民营企业在产品质量方面主要存在以下问题：一是低档次、低附加值的产品多，高档次、高附加值的产品少；传统产品多，高新技术产品少，具有较强竞争力的名牌产品更少；除部分大企业外，相当一些企业技术力量薄弱，产品创新力不强。二是小型、个体企业的质量管理基础薄弱，部分产品质量问题比较突出，特别是一些与人民群众生活密切相关，关系人体健康和人身财产安全的产品质量需要进一步提高。三是制售假冒伪劣产品的违法犯罪行为尚未得到有效遏制，严重扰乱了正常的市场经济秩序。

在加入WTO后经济全球化的新形势下，工商联作为党和政府联系非公有制经济人士的人民团体和民间商会，针对我省产品质量和信誉方面存在的问题，要积极引导民营企业开展重质量、讲信誉活动，促进民营企业不断创立和完善良好的市场形象，塑造优质品牌，抵制假冒伪劣商品，自觉融入全省实施品牌战略和打造“信用山西”的市场环境中，共同促进市场经济正常秩序的建立。为此，省工商联决定在全省民营企业中开展“重质量、讲信誉，自觉维护市场秩序”的活动，希望各级工商联和会员企业做到：

一、大力宣传质量法规，引导民营企业强化“重质量、讲信誉”的观念

各级工商联组织和会员企业要针对这两起事件中反映出的问题，采取座谈会、报告会等多种形式，大力宣传《产品质量法》、《标准化法》、《计量法》等法律法规，把开展“重质量、讲信誉，自觉维护市场秩序”的活动作为全面提升我省民营企业产品竞争力，促进民营经济健康发展的一个切入点，在所属会员中广泛开展重质量、讲信誉活动。要及时了解和掌握活动开展的情况，及时反馈信息，总结推广典型经验。要通过活动的开展，使民营企业家真正认识到产品质量和信誉是企业生存和发展的重要基石，是增强企业市场竞争力的客观要求。

二、深入了解民营企业生产和管理情况，开展民营企业产品质量调研活动

各级工商联要深入调查了解本地区民营企业的生产和管理情况，及时将调研中发现的先进典型和存在的问题向政府报告，引起有关部门的关注，为规范市场经济秩序献计献策。要与民营企业家共同研究制定促进企业执行产品质量法规，自觉维护市场秩序的有效方法和途径。要按照我省经济结构战略性调整，走新型工业化道路，推进产业结构优化升级的要求，引导企业自律自重，配合政府的质量监管活动，不断提高质量管理水平。

三、有重点地推出一批质量高、信誉好的企业，实施名牌战略，做大做强拳头产品，促进整个民营企业的健康发展

民营企业要把产品质量放在企业生死存亡的高度来认识，要从提高企业质量信誉等级入手，以诚实守信为本，加强企业自身建设；以不断提高产品质量为基础，牢固树立以质取胜的观念；要制定切实可行的质量发展目标，采用先进标准，加强计量管理，建立企业质量管理档案，优化产品结构，完善售后服务体系，规范市场经营，不断提升企业的知名度和消费者满意度。要大力实施名牌战略，积极采用国际标准和国内外先进技术，形成一批高质量、高档次的名优拳头产品，争创名牌，以品牌带动产业。工商联要与政府有关部门合作，加大扶优扶强力度，采取多种形式，扩大实施名牌战略的社会影响和示范推动作用。

四、发挥桥梁助手作用，协助政府相关部门开展打假系列活动，维护和规范市场秩序

各级工商联组织要主动争取当地党委和政府的支持，加强同政府质量技术监督、工商行政管理等部门的联系，参与市场经济秩序整治活动，对发现有严重质量问题、不符合市场准入条件、质量信用低下的产品，要及时反馈到有关部门，动员和组织会员积极参与到打击制售假冒伪劣商品的活动中来，形成打假合力，提高打假工作的整体效能。会员企业要配合政府做好自检自查工作，积极开展“质量兴企”活动，严格执行《质量法》、《标准化法》、《计量法》，积极开展产品质量认证，规范生产经营，通过加强企业的质量和标准化、计量检测体系建设，强化企业产品质量保证和创新能力。要遵循诚实守信的原则，遵纪守法，为整顿和规范市场秩序做出积极贡献。

五、加快基层组织建设步伐，积极推动行业商会建设，逐步走上行业自律有序发展轨道

在开展重质量、讲信誉活动中要充分发挥行业协会（商会）等中介组织的作用。各级工商联组织要适应市场经济发展的需要，把组建行业商会、同业公会提到会务工作的重要议事日程，加快建立行业商会步伐。要有力争精神，主动争取党委和政府部门的支持和帮助，在现有条件下先发展起来，逐步规范，逐步完善。要在民营经济所占比重大的行业和关系国计民生的行业组织成立行业商会、同业公会，通过民间商会把民营企业组织起来实行自律管理，推动民营经济健康发展。

山西省工商业联合会

二OO四年二月二十四日

关于转发全国工商联、全国总工会《关于开展“关爱员工，实现双赢”活动的通知》的通知

晋联发[2004] 13号

各市、县（市、区）工商联、总工会：

现将中华全国工商业联合会、中华全国总工会《关于开展“关爱员工，实现双赢”活动的通知》全联（通）字[2004]3号文件转发你们，希望各级工商联和工会组织密切配合，共同将“关爱员工，实现双赢”活动在全省民营企业中广泛深入地开展起来。为了使这项活动能够深入持久、扎实有效地开展起来并坚持下去，再提出以下几点建议和要求：

一、各级工商联和工会要借这次活动的契机，加强联系与合作，发挥各自优势，将民营企业工会建设向前推进一步，进而推动“以人为本”的民营企业文化建设，努力实现职工群众的政治、经济、民主权利，调动和发挥员工的积极性和创造性，取得企业和职工利益“互利、双赢、共谋企业发展”的效果，促进民营经济健康发展。各地要通过共同组织企业家、员工、有关部门参加的座谈会以及开展《工会法》、《劳动法》讲座，举办主题论坛等多种形式，引深此项活动。

二、全省工商联会员企业要认真贯彻《劳动法》和《工会法》，关心员工，爱护员工，尊重员工的民主权利，依法积极组建工会并支持工会组织开展活动。要把此项活动与创建“学习型企业”工作结合起来，在员工中大力倡导爱岗敬业精神，加强对员工的职业技能培训，不断提高员工素质，稳定员工队伍，促进企业的创新能力和核心竞争力的增强，实现企业发展与员工个人发展双赢的局面。

三、要通过宣传表彰工作，调动民营企业经营管理者参与此项活动的积极性。“关爱员工，实现双赢”活动要深入持久地开展下去，省及各地都要经常组织开展专项宣传表彰活动。今年第四季度，各市要在总结活动开展情况的同时，向省推荐一批“关爱员工的民营企业家”，省工商联、省总工会在适当时机进行表彰，推荐的条件和名额另行通知。

四、为加强对活动的组织领导，各级要成立联合工作组，并经常研究和协商活动开展事宜，举办联合表彰活动。省“关爱员工，实现双赢”活动领导组成员及办公室设置是：

领导组组长：

省政协副主席、省工商联会长　边鸣涛

副组长：

省工商联党组书记　邓永武

省总工会常务副主席　徐改清

省总工会副主席　冀中时

省工商联副会长　张慎德

成员：

省工商联宣传调研处处长　郎宝山

省总工会经济技术部部长　张子光

省总工会民主管理部部长　李太生

省工商联经济联络处处长　李乃富

省工商联组织人事处副处长　武晓武

省工商联和省总工会负责此项工作的部门分别是省工商联宣传调研处、省总工会民主管理部。活动工作组办公室设在省工商联宣传调研处，联系电话：0351-8381208，传真：0351-3043687，联系人：闫晓红。省总工会民主管理部办公室电话：0351-8380546，联系人：王利刚。

山西省工商业联合会

山西省总工会

二○○四年二月二十八日

关于认真组织纪念邓小平同志诞辰100周年宣传教育活动的通知

晋联发[2004] 29号

各市、县（市、区）工商联（办事处），省直属会员企业：

今年8月22日，是邓小平同志诞辰100周年纪念日。在邓小平同志诞辰100周年之际，隆重举行纪念活动，对于高举邓小平理论伟大旗帜，全面贯彻“三个代表”重要思想和党的十六大精神，不断推进中国特色社会主义伟大事业具有重大的意义。根据中共中央《关于邓小平同志诞辰100周年纪念活动的通知》（中发[2004]4号）和中共山西省委《关于纪念邓小平同志诞辰100周年宣传教育活动的安排意见》（晋发[2004]16号）精神，现对全省工商联系统纪念邓小平同志诞辰100周年宣传教育活动提出如下安排意见：

一、缅怀邓小平同志的丰功伟绩，引导教育广大民营企业家坚持走中国特色社会主义道路，做合格建设者

邓小平同志是伟大的马克思主义者、无产阶级革命家、政治家、军事家、外交家，中国共产党、中国人民解放军、中华人民共和国的主要领导人之一，中国社会主义改革开放和现代化建设的总设计师。邓小平同志为中华民族的独立和解放，为中国社会主义制度的建立、巩固和发展，特别是为开辟中国特色社会主义道路建立了不朽功勋。各级工商联要以党的十六大精神为指导，坚持邓小平理论和“三个代表”重要思想，通过组织民营企业家撰写纪念文章、召开座谈会、举办图片展览、文艺演出等宣传教育活动，使民营企业家更加深入地了解邓小平理论的丰富内容和邓小平同志的丰功伟绩，坚定走中国特色社会主义道路的信念，为推进全省改革开放和现代化建设，全面建设小康社会，实现中华民族的伟大复兴而努力奋斗。

二、组织优秀民营企业家在山西日报、地方报刊等媒体发表系列纪念文章

各级工商联都要组织有代表性的非公经济人士，结合自身和企业的成长历程，歌颂小平同志的丰功伟绩，抒发对党对社会主义祖国的热爱之情，表达进一步为社会主义现代化建设做贡献的决心和打算。

三、为纪念党的生日和邓小平同志诞辰100周年，省工商联于6月30日举办山西入围全国500强民营企业管理论坛

四、省工商联于8月22日举行纪念邓小平同志诞辰100周年座谈会

五、各级工商联要组织机关人员和会员企业及时收听、收看中央和省大型纪念活动报道，参与当地党委、政府及有关部门组织的各种纪念活动

各级工商联要充分认识开展纪念邓小平同志诞辰100周年纪念活动的重要意义，周密筹划，精心组织，认真抓落实。

山西省工商业联合会

二〇〇四年六月十一日

关于学习贯彻《国务院关于鼓励支持和引导个体私营等非公有制经济发展的若干意见》的通知

晋联发[2005] 8号

各市、县（区）工商联、直属会员企业：

2月24日，国务院颁布了《国务院关于鼓励支持和引导个体私营等非公有制经济发展的若干意见》（以下简称《若干意见》），这是以邓小平理论和"三个代表"重要思想为指导，全面贯彻科学发展观，按照党的十六大、十六届三中、四中全会精神和宪法修正案要求制订的全面促进非公有制经济发展的重要的政策性文件。

《若干意见》明确提出了今后一个时期鼓励、支持和引导非公有制经济发展的总体要求，并针对非公有制经济发展中的突出问题，提出了放宽非公有制经济市场准入、加大对非公有制经济的财税金融支持、完善对非公有制经济的社会服务、维护非公有制企业和职工的合法权益、引导非公有制企业提高自身素质、改进政府对非公有制企业的监管、加强对发展非公有制经济的指导和政策协调等七个方面的主要政策措施和要求。《若干意见》的颁发，对非公有制经济乃至国民经济发展都将产生重要的积极影响，必将对我国非公有制经济的发展产生巨大的促进作用，推动非公有制经济跨入历史发展的新阶段。同时，《若干意见》还明确提出要充分发挥各级工商联在政府管理非公有制企业方面的助手作用，这既是任务，又是契机，也必将推动工商联组织的工作迈上一个新的台阶。因此，学习宣传好《若干意见》，协助政府贯彻好《若干意见》，是当前各级工商联工作的一件大事，是工商联推动非公有制经济发展的一项重要内容。

现就学习宣传和协助政府贯彻《若干意见》提出如下要求：

一、认真学习和广泛宣传《若干意见》，深刻领会文件精神

各级工商联要积极行动起来，认真制定学习《若干意见》的具体措施和方案，通过各种渠道，组织工商联干部和广大非公有制经济人士认真学习贯彻《若干意见》精神，充分认识《若干意见》在促进我省非公有制经济持续健康发展方面所具有的重要现实意义和深远历史意义。要加强与新闻媒体的合作，充分利用电台、报纸等新闻媒体做好《若干意见》的宣传工作，使全社会进一步形成鼓励支持非公有制经济健康发展的氛围。要采取培训、报告、讲座等形式，邀请有关专家，对《若干意见》的总体要求和有关进一步放宽非公有制经济市场准入、加大对非公有制经济的财税金融支持、完善对非公有制经济的社会服务等重要政策以及对维护非公有制企业和职工的合法权益、引导非公有制企业提高自身素质、改进政府对非公有制企业的监管、加强对发展非公有制经济的指导和政策协调等方面的要求进行解读，使工商联干部和非公经济人士全面、准确、深刻领会这个重要文件精神，领会工商联组织作为政府管理非公有制企业应发挥的助手作用。

二、主动与政府部门加强联系，协助政府部门贯彻落实《若干意见》，积极发挥政府管理非公有制经济的助手作用

各级工商联要积极主动与政府部门加强联系，与政府部门建立必要的工作协调机制，积极向政府部门汇报和反映情况，在政府部门的领导下，贯彻落实好《若干意见》规定的各项政策措施。要结合当地非公有制经济发展的实际情况，向政府提出贯彻落实《若干意见》的具体建议，积极参与当地政府出台配套措施的调研、起草工作，争取政府赋予工商联一定的职能。对当地政府已出台的有关鼓励支持引导非公有制经济发展的政策措施，如有与《若干意见》不相符的内容要及时反映，积极建言，提出修改意见，当好政府管理非公有制经济的助手。

三、深入调查研究，反映非公有制经济人士的意见，做好政府联系非公有制经济代表人士的桥梁和纽带

各级工商联要深入基层开展调查研究，及时了解掌握非公有制经济人士和非公有制企业对《若干意见》的学习情况，了解非公有制经济发展中存在的困难和问题，以及他们对进一步促进非公有制经济发展的意见建议，并汇总意见和信息向有关部门以及省工商联反馈。要注意总结经验，发现典型，使非公有制经济人士学习贯彻《若干意见》与落实科学发展观相结合，与具体经济活动相结合，与工作实际相结合，使学习宣传活动真正起到推动非公有制经济快速健康发展的作用。

四、全面推进工商联各项工作，努力开创工作新局面

各级工商联要充分认识当前非公有制经济发展对工商联工作要求的紧迫性，认识工商联在促进非公有制经济健康发展和促进非公有制经济人士健康成长方面所肩负的责任，以科学发展观统领工商联的工作。努力提高工商联对非公有制企业服务的能力，加强对非公有制企业的服务工作。要积极引导非公有制企业提高自身素质，引导非公有制经济人士做到“爱国、敬业、诚信、守法、贡献”，成为优秀的中国特色社会主义事业建设者。要维护非公有制经济人士和非公有制企业职工的合法权益，在构建社会主义和谐社会的实践中创造工商联工作新业绩，开创工商联工作新局面。

山西省工商业联合会

二〇〇五年三月二日

关于大力发展企业会员进一步规范会员管理工作的通知

晋联发[2005] 35号

各市工商联：

加快发展企业会员，调整会员结构是全国工商联五年工作规划提出的重要工作任务。根据全联要求，2004年省联下发《关于进一步调整会员结构，加快企业会员发展的通知》，就全省会员发展工作做了安排。文件下发后，各市工商联高度重视，结合工作实际，积极探索，主动工作，制定具体措施，加大了会员发展力度，会员的发展速度明显加快，会员结构也有了一定改善。2004年全省新发展会员8542个，会员总数达到了61048个，一批规模大、实力强、发展势头好的企业加入到工商联中来，壮大了会员队伍，增强了工商联实力。在肯定成绩的同时，也应当看到我省各级工商联在会员发展方面还存在不少问题，从各市完成省联去年下达的会员发展指标看，全省仅太原市、晋中市完成目标任务，多数市新发展的会员中，个人会员所占比重偏大，尽管会员总量增幅较大，但企业会员发展缓慢，2004年全省企业会员只完成2316个，占目标任务的57.9%，会员结构有待进一步优化。

会员的发展和管理是工商联重要的基础工作，各市工商联要把大力发展企业会员，优化会员结构，规范会员管理工作切实列入重要议事日程，增强紧迫感和责任感，采取有效措施，进一步加快企业会员发展速度，优化会员结构，规范会员管理，提升会员整体素质，为工商联工作再上新台阶夯实基础。现就做好会员发展和管理工作的有关事宜通知如下：

1. 要抓住非公经济快速发展的大好机遇，加快会员发展，重点是发展企业会员，即以非公有制企业为主体，大力发展包括私营企业、民营科技企业、港澳台侨投资企业及以非公有制经济为主的股份制企业和社会中介服务机构等企业会员，力争使全省工商联企业会员每年增加20%。

2. 为了将加大企业会员发展的任务落到实处，省联今年继续给各市下达企业会员发展指标，并作为年度考核的重要内容。具体任务分解如下：

太原 400　大同 300　长治 300　晋城 150
阳泉 150　朔州 150　晋中 350　临汾 350
运城 400　忻州 200　吕梁 250

3. 各级工商联要加强会员管理工作，对所属会员要重新核准登记，并对有效会员换发全联统一印制的新会员证；对不热心工商联工作，不参加活动，长期失去联系及两年以上不缴纳会费的会员，视为自动退会。要建立健全会员档案，有条件的工商联尽快建立完善会员数据库（会员数据库软件自全国工商联网下载区下载），并定期进行数据资料更新工作，实现动态管理。

山西省工商业联合会
二〇〇五年八月十五日

关于征集民营企业“十一五”规划项目的通知

晋联发[2005]40号

各市、县工商联，省直属企业会员：

根据我省“十一·五”规划编制进程要求，省政府拟于2006年初召开一次规模盛大的招商引资及项目推介会。为了配合省政府有关部门完成我省“十一·五”规划编制任务，经省工商联会长办公会议和九届三次常委会议研究决定：编制我省民营经济“十一·五”发展规划。（1）面向全省征集民营企业新建新上和技术改造项目；（2）广泛征求非公有制经济代表人士对我省民营企业发展改革和环境改善方面的意见和建议，以便为我省“十一·五”发展规划的编制和招商引资提供重要的依据。

民营经济已经成为我省国民经济的重要组成部分，通过征集编制一大批新上和技改项目，对于坚持落实科学发展观，促进我省产业结构调整，加大招商引资力度，改善生态环境，贯彻落实《国务院关于鼓励支持和引导个体私营等非公有制经济发展的若干意见》，扩大民营经济的市场发展领域，推动我省国民经济走可持续发展的道路有着十分重要的意义。

请各级工商联组织在时间紧、任务重的情况下，要提高认识，高度重视，主要领导要负总责，亲自抓，组织专人负责，采取有力措施，深入企业，认真抓落实。除所属企业会员外，其它未入会的民营企业，特别是当地较大的民营企业都要纳入征集范围。对所征集的项目要进行认真筛选，重点说明项目的产品、技术、市场和资金等情况，经逐级上报筛选确定后，再根据要求分别做立项报告、可行性报告等相关文件。

各市、县工商联都要编制本辖区的民营经济发展规划，要主动配合当地政府部门进行项目的征集报送，同时工商联系统自身也要逐级汇总上报。各市工商联要于10月20日前将所辖县（市、区）项目编制和征求意见表汇总上报省联经济联络处，省直企业会员由本企业直接报送。

山西省工商业联合会
二〇〇五年九月十九日

关于推进我省贯彻落实《国务院关于鼓励支持和引导个体私营等非公有制经济发展的若干意见》的建议报告

晋联发[2005]42号

省委、省政府：

今年2月，国务院正式颁布了《国务院关于鼓励支持和引导个体私营等非公有制经济发展的若干意见》，这是新中国成立以来第一部以促进非公有制经济发展为主题的中央政府文件，也是第一次以国家政策的形式，把非公有制经济与公有制经济放在一个平等的发展平台上。国务院《若干意见》涉及放宽非公有制经济市场准入、加大对非公有制经济的财税金融支持、完善对非公有制经济的社会服务、维护非公有制企业和职工的合法权益、引导非公有制企业提高自身素质、改进政府对非公有制企业的监管、加强对发展非公有制经济的指导和政策协调等七个方面的36项具体内容，形成了一个系统完整的政策框架，充分体现了党的十五大、十六大和宪法修正案精神，体现了市场化原则，体现了法制化精神，对坚持社会主义基本制度，完善社会主义市场经济体制，落实科学发展观，构建社会主义和谐社会具有重要意义。

国务院《若干意见》明确提出"要充分发挥各级工商联在政府管理非公有制企业方面的助手作用"。这是国务院首次以中央政府文件的形式明确要求各级政府重视发挥工商联在经济工作中的助手作用。

为了抓住国务院在加强宏观调控之时，出台促进非公有制经济发展《若干意见》这一重大机遇，进一步改善非公经济发展环境，加快发展民营经济，更好地推进我省经济结构调整工作。为此，我们建议：

一、尽快建立促进非公有制经济发展的协调工作机制

建议由省委、省政府主要领导挂帅，由省发展和改革委员会牵头，尽快成立促进非公有制经济发展工作领导组，并同时建立由各有关部门组成的联席会议制度，吸收工商联参加，共同研究解决非公有制经济发展中所遇到的各种问题，共同营造一视同仁、平等竞争的市场环境，法治环境，政策环境和舆论环境，使我省非公经济得以快速健康发展。

二、抓紧制订相应实施细则和配套措施

抓紧制订与国务院《若干意见》相配套的实施细则，是贯彻落实《若干意见》的关键。建议省委、省政府根据《若干意见》要求：（1）尽快组织所有相关部门积极研究制订进一步促进我省非公有制经济发展的相应的政策措施，以及实施细则和具体办法。（2）抓紧清理各种过时的或与《若干意见》相违背的地方性法规，对以往出台的政策措施凡是符合《若干意见》的应进行重申和具体化。（3）尽快修订完善个体、私营等非公有制经济在主体、产权、交易、税收、融资、投资、劳动、就业和社会保障等方面的法律法规，真正为非公有制经济发展创造一个公平的发展平台。

三、重视发挥各级工商联在政府管理非公有制企业方面的助手作用

1991年中央15号文件除明确了工商联的性质外，还特别指出工商联是政府管理非公有制经济的助手，这次国务院《若干意见》又明确要求：“要充分发挥各级工商联在政府管理非公有制企业方面的助手作用”。最近，上海、河北、吉林等省市相继出台了贯彻国务院《若干意见》的实施意见或决定，湖北省还下发了关于进一步加强工商联工作的意见。因此，建议省委、省政府更进一步重视发挥工商联在发展非公有制经济中的作用，不仅要把工商联作为一个具有统战性的群众团体来看待，更要把工商联作为一个具有管理服务于非公经济的职能社团机构来对待；赋予工商联协助政府管理非公经济的具体职能，吸收工商联领导参加或列席政府研究与非公有制经济有关的工作会议；赋予工商联作为各种以非公有制经济为主体组成的各类社会团体以及与之密切相关的社会团体的业务主管单位的职能。

山西省工商业联合会

二〇〇五年九月二十九日

关于深入开展“关爱员工，实现双赢”系列活动的通知

晋联发[2006] 1号

各市、县（区）工商联、省直属会员企业：

为贯彻落实“以人为本”的科学发展观，广泛深入开展“关爱员工，实现双赢”活动，引导民营企业家承担起构建社会主义和谐社会的责任，推动民营企业构筑“和谐企业”，促进经济、社会和人的全面发展，在春节即将到来之际，希望各级工商联主动与有关部门联系，共同组织民营企业家开展“关爱员工、实现双赢”系列活动，做好春节期间民营企业家走访慰问职工和向贫困地区人民“送温暖、献爱心”活动。

一、引深活动的内容

在走访慰问活动中，民营企业家不仅要大力表彰、奖励为企业做出突出成绩的优秀员工，更要重点走访慰问生活困难的职工、因公伤残的职工、生产第一线的职工；不仅要把企业的温暖和关怀送到职工手中，切实解决职工实际生活中的困难，还要送精神力量，鼓励和支持广大职工为企业健康发展献计献策，倾听群众的意愿和呼声；不仅要按时足额发放职工工资，还要建立健全职工的各种社会保障制度；不仅要慰问本企业的员工，而且要带头向贫困地区和弱势群体送温暖、献爱心。

二、延伸参与活动的人员

在活动中不仅引导民营企业家关心企业员工的成长和发展，还要引导企业的中高层管理人员关爱员工，注重发挥员工的主动性和创造性，了解每位员工的思想状况，关注每位员工的生活情况，自上而下共同营造和谐的劳动关系。

三、扩大组织活动的部门

在组织走访慰问活动时，不仅要继续联合总工会，还要联系其他相关部门，尽可能地邀请当地党政领导参加，做好组织宣传工作，扩大民营企业在社会的影响，树立民营企业家关心员工，与员工共同发展的新形象。

四、加大表彰先进的力度

各地要及时总结在开展活动中涌现出来的先进典型，适时组织召开经验交流会，表彰“关爱员工的优秀民营企业家”、“关爱员工的优秀企业管理者”、“热爱企业的优秀员工”，充分调动民营企业各方面的积极性、创造性，发挥民营企业家尊重和保障员工合法权益，员工爱岗敬业，共同促进企业和职工健康发展等方面取得突出成绩的先进典型示范作用，努力营造全社会关心支持民营企业的良好氛围，为构建和谐企业、和谐社会做出贡献。

山西省工商业联合会

二〇〇六年一月四日

关于推荐民营企业参与新农村建设先进典型的通知

晋联发[2006] 14号

各市工商联：

为积极响应党的十六届五中全会关于“建设社会主义新农村”的战略部署，全国工商联将下发《关于组织引导支持民营企业参与社会主义新农村建设的意见》，并会同中国光彩事业促进会以及新闻媒体，开展“民营企业参与新农村建设”专项宣传工作。为充分发挥民营企业在新农村建设中的积极作用，引导更多民营企业投身新农村建设，省工商联将和有关单位组织召开“民营企业参与新农村建设”论坛和座谈会议，宣传我省民营企业参与新农村建设先进典型。

请各市工商联积极组织提供以下材料：

一、典型经验

以企业或村（乡、镇）为单位，以事实描述为主要形式，介绍在增加农民收入、搞活和发展农村经济、改善农民生活和环境、提高农民素质、支持农村教育事业、吸纳农民工就业等某一方面取得突出成绩的民营企业的先进经验。

二、人物事迹

积极参与新农村建设，在搞活农村经济、增加农民收入、提高农民素质等方面做出突出成绩的优秀民营企业家事迹。

三、调研报告

内容包括各地民营企业参与新农村建设的主要做法、模式、成效、社会影响（特别是当地农民的反应）问题、意见和建议等。

四、各级工商联领导和民营企业家有关民营企业参与新农村建设的言论和体会文章

这项活动为各地工商联推动民营企业参与新农村建设，落实国务院关于发展非公有制经济36条意见，树立民营企业良好形象，扩大积极影响，展示工商联工作提供了一个难得的平台，也为各地工商联研究民营企业如何参与新农村建设提供了交流和借鉴的机会。请各市工商联重视这项活动，团结和动员基层工商联共同参与这一工作，于6月底前推荐先进企业5～8家，先进人物10人。各类文章均要求实事求是，语言生动，先进企业典型材料字数要在3000字以上，先进人物典型材料字数在3000字以内。

单　位：省工商联宣传调研处
联系人：闫晓红
电　话：0351-8381208
E-mail：yxh0827@126.com

山西省工商业联合会
二〇〇六年五月十七日

重点提案

关于对先进非公有制企业和优秀非公经济代表人士进行评选表彰的建议

山西省政协九届一次会议（2003年）A类第013号

中国共产党第十六次全国代表大会强调，要毫不动摇地巩固和发展公有制经济，毫不动摇地鼓励、支持和引导非公有制经济发展，坚持公有制为主体，促进非公有制经济发展，统一于社会主义现代化建设的进程中。强调在社会变革中出现的民营科技企业的创业人员和技术人员、受聘于外资企业的管理技术人员、个体户、私营企业主、中介组织的从业人员、自由职业人员等社会阶层，都是中国特色社会主义事业的建设者。强调对为祖国富强贡献力量的社会各阶层人们都要团结，对他们的创业精神都要鼓励，对他们的合法权益都要保护，对他们中的优秀分子都要表彰，努力形成全体人民各尽其能，各得其所而又和谐相处的局面。

进入新世纪以来，我省非公经济在全省经济和产业结构调整中率先垂范，发展速度加快，目前全省非公经济占GDP和工商税收的比重已超过30%，出现了年纳税超亿元和30余个超千万元的非公经济企业，涌现了不少质量先进单位和安排就业先进单位。在非公经济健康快速发展的同时，涌现了一批“爱国、敬业、诚信、守法”的优秀非公经济代表人士，他们积极响应江泽民同志“三个结合”的要求，把自身企业的发展与国家的发展结合起来，把个人富裕与全体人民的共同富裕结合起来，把遵循市场法则与发扬社会主义道德结合起来。致富思源，富而思进，扶危济困，共同富裕，义利兼顾，德行并重，发展企业，回馈社会。

为了贯彻落实十六大精神，给鼓励、支持和引导全省非公有制经济健康快速发展再鼓劲，在全省上下确实形成为民营企业家正名的舆论氛围，形成大力发展非公有制经济的共识，根据省委办公厅[2001]117号对省政协八届四次会议第026号提案的复函中关于“拟每三年以省委、省政府名义表彰一次优秀民营企业”的精神，我们建议在今年第四季度以省委、省政府的名义，隆重表彰企业发展好、规模大，在纳税、就业、质量、诚信、社会公益事业等方面贡献突出，成绩显著的先进非公有制企业和爱国、敬业、诚信、守法，贡献突出，政治合格，代表性强的优秀非公经济代表人士。评选表彰工作建议由省领导牵头，省委、省政府办公厅和省委统战部、省工商联等有关部门组成领导组，制定评选表彰条件并向社会公布，认真、细致地由下至上逐级推荐、考核，初选后在社会公示，对上下公认的先进企业和优秀个人进行表彰。

建议有关部门合作建立非公经济统计分析系统

山西省政协九届一次会议（2003年）A类第017号

改革开放以来，我省非公有制经济有了长足的发展，已经成为全省国民经济的重要力量和最具活力的经济增长点。党的十五大和宪法修正案将非公有制经济确立为社会主义市场经济的重要组成部分，党的十六大强调在毫不动摇地巩固和发展公有制经济的同时，要毫不动摇地鼓励、支持和引导非公有制经济发展，坚持公有制为主体，促进非公有制经济发展，统一于社会主义现代化建设的进程中。我省“十五计划”纲要中，也明确提出了在经济结构战略性调整中要大力发展非公有制经济。在非公有制经济地位越来越重要，发展速度不断加快的情况下，对非公经济发展情况的统计分析，还停留在分散、不完整的部门统计基础上，由于没有完整的统计资料，使政府宏观决策缺少科学准确的依据。为此，我们建议由省、市（地）统计局牵头，经贸委（局）、工商局、税务局、乡镇局、工商联等部门配合，合作建立非公有制经济统计分析系统，有关部门按各自职能范围提供相应资料，不仅把规模以上企业，而且应该将包括个体工商户在内的所有非公经济企业（含自然人控股的企业）列入统计范围。统计局负责对各部门的统计和调查资料进行定期分析测算，工商联可承担抽样调查并参与综合分析研究工作。各有关部门协同配合建立非公经济综合统计分析系统，使非公经济发展情况有比较详细、客观、准确的数据，为各级党委、政府及有关经济管理部门决策提供参考依据。

关于研究全省经济结构调整的有关计划和制定政策、法规应当吸收工商联参加的建议

山西省政协九届一次会议（2003年）意见001号

由于历史的原因，我省在经济结构和产业结构上一直存在着国有经济比重大，产业结构不合理，区域经济发展不平衡的状况。加大经济结构和产业结构调整力度，是省委、省政府为实现我省经济提前翻两番目标长期坚持的一项重要战略，省委、省政府提出并实施“1311”调产工程后，全省经济正在步入良性发展轨道。现阶段，在经济结构调整和企业调产方面，国有、非公有经济都面临许多新的问题，都急待以与时俱进的思维方式和政策环境给予支持。过去，省委、省政府在研究经济结构调整有关民营经济发展问题时，有时也吸收工商联参与，但充分调动非公有制经济界人士的作用仍有很大空间，作为以非公经济人士为主体的工商联组织，是党和政府联系非公有制经济的桥梁和助手，理应在经济结构调整中为党和政府建言献策。为此，建议省委、省政府在研究经济结构调整和企业调产的有关计划和制定相关政策、法规和检查落实中能吸收省工商联参加。

深入贯彻十六届三中全会精神支持民营企业积极参与国企改革

山西省政协九届二次会议（2004年）A类第062号

党的十六届三中全会明确指出：大力发展国有资本、集体资本和非公有制资本等参股的混合所有制经济，实现投资主体多元化，使股份制成为公有制的主要实现形式。放宽市场准入，允许非公有资本进入法律法规未禁入的基础设施、公用事业及其他行业和领域。这一系列的创新和突破不仅为深化国有企业改革明确了方向，同时也为民营企业大规模地参与国企

改革创造了广阔的发展空间。

近几年来，在国有经济“有进有退”，“有所为有所不为”的改革进程中，我省民营企业充分发挥其灵活的经营机制和完全的市场机制优势，通过兼并、收购、承包、租赁、托管以及股权投资等形式，参与国企改组改造，盘活国有资产，安置企业职工，促进资源优化配置，取得了良好的经济效益和社会效益。但据我们调查，目前民营企业在参与国有企业改革过程中存在着不少障碍和困难。一是思想认识不到位，一些部门和国企内部分干部群众囿于“姓公姓社”的思想局限，对民营企业参与国有企业改革心存疑虑，或出于局部乃至个人利益，多方阻拦企业改革，缺乏支持的诚意。二是有关法律、法规和政策不完善、不配套，市场化、规范化的运作机制不健全，在资产评估、市场竞价、人员安置、债务处理等方面缺乏操作性强的政策措施，也缺乏保证产权交易公平、公正的监督体系，民营企业不能以一个平等的市场主体的身份参与产权交易，享受不到市场准入、减免利息、冲销呆帐、土地使用的优惠政策。三是有些地方政府存在甩包袱心态，把亏损严重或破产的国企拿出来重组，在民企兼并时给予很多承诺，当兼并实现后承诺却不能履行。一些职能部门得知民企兼并国企后，对过去多年置之不理的企业，现在却不停地收费，根本不给刚刚“大出血”的民企以休养生息的机会，某些银行部门不仅不给急需后续资金的民企以贷款帮助，还要求民企先偿还原国企的债务。四是民营企业自身对参与国企改革认识不清，准备不足，有的不具备并购、整合的能力，却盲目进入，结果陷入困境，甚至危及原企业的生存。

目前，我省5559户非金融类国有企业中，改组成公司制企业的只有512户，改革的任务还相当繁重。为了贯彻党的十六大和十六届三中全会精神，推进国有企业改革步伐，我们建议：

1. 进一步解放思想，转变观念。积极支持民营企业参与国企的改组、改造，把国有资产管理体制改革与支持民营经济发展有机结合起来，加快国有经济在一般竞争领域中退出的步伐，为民营企业的发展腾出更大的空间，使国企改革和民营企业发展互相促进。

2. 完善和落实民营企业参与国企改革的各项政策。尽快建立产权交易市场体系，通过市场机制作用，公开、公平、公正地确定市场价格，为企业提供市场信息导向。要明确在民企全部承担债务的情况下，可享受企业内部职工买断的同等优惠，对资不抵债或资债相当的企业，实施“零兼并”，以鼓励一次性买断产权。对民企安置原企业职工的可享受安置下岗职工的有关优惠政策。要以建立中小企业担保公司为基础，对银行评定为信用等级的民企收购国企，或以其它形式进行产权交易的，优先给予贷款支持。创立风险投资基金，为民企参与国企改制后的直接、间接融资拓宽渠道。允许民企兼并国企后依法取得的土地使用权可作抵押贷款，妥善解决债权、债务的处理，土地使用权转让、土地用途变更等问题。

3. 政府要加强对民营企业参与国企改革的领导和协调，帮助解决民营企业在参与国有企业的改组、改造过程中出现的具体矛盾和实际困难，防止政出多门，互相争权或扯皮，坚决制止“三乱”现象，在市场准入、信息共享、技术支持、人才开发和融资上为民企发展搞好服务。

4. 充分发挥工商联在引导民营企业参与国有企业改革中的作用。工商联作为政府管理民营经济的助手和民营企业的“娘家”，在实施民企参与国企改革的具体工作中，政府部门要吸收工商联参加，以帮助政府和国企与民企之间加强协调和联系，共同研究出台具有可操作性的政策和措施，争取在国企改革过程中有所作为，为民营企业参与国企改组、改造创造良好的环境。

关于创我省劳务输出品牌积极引导农村富余劳动力有序转移的建议

山西省政协九届二次会议（2004年）A类第056号

“积极引导农业富余劳动力有序转移”是中央经济工作会议提出的解决农村问题的思路之一，是解决农村贫困人口尽早脱贫致富的有效渠道。如何引导我省贫困地区富余劳动力进行有序转移、使他们尽早脱贫致富是我们当前的重要任务。为进一步更好地开展扶贫劳务输出活动，我们提出如下建议：

一、高度重视劳务输出对贫困地区经济发展的带动作用，把劳务输出列入政府工作日程，确定一位省长分管，并成立省级劳务输出协调领导组，动员社会各方面一起出力，形成全省劳务输出的系统网络

二、把劳务输出工作纳入扶贫范畴，为劳务输出工作提供经费保证

建议省政府将劳务输出纳入扶贫项目，设立山西省农村劳动力开发转移专项基金，从扶贫款中划出一部分，直接用于补贴农业富余劳动力转移的岗前培训和劳务输出工作；省发改委将劳务输出项目列入全省国民经济发展计划，每年列出一定专项资金，由省财政厅将此项目列入年度支出计划，每年划拨一定数额资金用于劳务输出工作；积极争取国家就业项目专项补助资金的支持和社会各界的捐赠，以解决劳务输出中资金缺乏的问题。

三、制定农民工培训和输出的激励政策，积极引导和扶持农民工培训事业，在统一指导下，利用各种社会资源动员社会各方力量，建立培训基地

以现有教育培训机构为主渠道，发挥多种教育培训资源的作用。按照市场化、社会化的原则，充分发挥我省现有各大、中专院校、技工学校、农广校、成教、职教和各培训实体的作用，在自愿的基础上，分别加入集团化培训序列，承担农村劳动力开发就业转移培训任务。凡加入集团化培训序列的单位，在其达到一定的办学条件和规模时，可确定为“山西省劳动就业定点培训基地”，可充分利用我省各级劳动保障工作网络招生，劳动保障部门的职业介绍机构将其作为劳动力人才资源的蓄水池，优先向其提供劳动力市场职业需求信息和用人信息，优先推荐其毕（结）业学生就业。

四、重视农民工维权工作，以保障我省外出打工者的合法权益

近年来拖欠农民工工资、超时工作、危险岗位不进行劳动保护等现象时有发生，这也是导致我省外出打工人数较少的原因之一。为鼓励农村富余劳动力早日进入市场，建议省政府重视农民工的维权工作，成立一个农民工维权救助体系，形成以省为中心，市及劳务输出重点县为分支机构，省政府驻外办事处为延伸机构的农民工权益保护救助网络，协调有关方面有效地帮助农民工这一弱势群体。

五、建立贫困地区农村剩余劳动人口和农民工外出务工档案管理制度

以各劳务输出公司为依托，采取市场化运作方式，建立档案管理制度，随时掌握农村剩余劳动人口，加大对用工市场调查，以动态形式对外出务工人员进行分级管理，以便提供及时有效的服务。并不断总结经验，对务工先进典型和组织活动有成效的单位进行表彰。

建议省委制定加强工商联工作的文件

山西省政协九届二次会议（2004年）C类第058号

党的十六大明确提出“毫不动摇地鼓励、支持和引导非公有制经济发展”，党的十六届三中全会进一步指出“个体、私营等非公有制经济是我国社会生产力发展的重要力量”。省委八届五次全会通过的《中共山西省委贯彻落实<中共中央关于完善社会主义市场经济体制若干问题的决定>的实施意见》，其中一项重要内容就是要在发展非公有制经济上取得突破。各级工商联作为党和政府联系管理非公有制经济的桥梁、纽带、助手，根据中央有关文件精神，坚持“团结、帮助、引导、教育”方针，联系培养了一大批拥护共产党领导、走中国特色社会主义道路的代表人士，有力地促进了非公有制经济的健康发展和非公有制经济人士的健康成长。但是，目前我省仍有一些市县党委、政府不重视工商联工作，致使工商联职能不能发挥到位，人员编制不足（甚至有相当多的市县违背中央文件规定，将工商联改为事业编制），经费十分短缺，严重影响了工商联的作用发挥，很难完成党在新时期赋予工商联的各项使命。

中共中央、国务院2002年11月23日致全国工商联第九次会员代表大会贺词中指出：“进入新世纪以来，中共中央就工商联工作作出了一系列重要指示，明确提出在发展社会主义市场经济的进程中，要积极发挥工商联的职能作用。各级党委和政府要加强对工商联的领导，明确工商联的工作地位，赋予工商联一定的商会管理和服务职能，更多地关心、支持和鼓励工商联积极开展工作，帮助解决工作中遇到的困难，进一步发挥工商联的优势和作用。”根据中央文件精神，广东、河南、海南、内蒙、吉林、深圳等省市（区）分别出台了加强工商联工作的意见，赋予工商联一定的具体职能，对于更好地发挥工商联作用，促进非公有制经济健康发展和非公有制经济人士健康成长产生了很好的效果。

基于上述情况，建议省委借鉴兄弟省市作法，尽快研究出台新形势下加强我省工商联工作的文件，要求各级党委、政府站在完善社会主义市场经济体制、巩固和发展爱国统一战线的高度，充分认识新时期工商联的地位与作用，加强对工商联工作的领导，进一步完善并赋予工商联新的职能任务，切实改善工商联的办公条件。并对加强工商联自身建设、健全组织网络、优化队伍结构、做好各项服务工作等提出明确和具体的要求，使工商联真正发挥桥梁、纽带和助手作用。

关于落实工商联行政机构、行政编制问题的建议

山西省政协九届三次会议（2005年）第087号

目前，我省一些市县工商联对在2001年机构改革中将工商联由行政机构定为事业单位、行政编制变为事业编制，纷纷呼吁，要求省有关部门责成这些市县贯彻落实中央关于工商联机关在机构和人员编制性质上应和民主党派一样对待的政策精神，将各级工商联机关定为行政机构，实行行政编制。据我们了解，我省各地在这次机构改革中有61个市县将工商联由行政单位定为事业单位、行政编制变为事业编制，还有一些县（区）工商联性质至今未定。

这是不符合中央和我省机构改革政策的，其后果极大地影响了全省工商联系统干部的思想稳定和工作积极性，这种大范围改变工商联编制性质的做法在全国也是独一无二的。

工商联是党领导的具有统一战线性质的人民团体，与各民主党派一样，是我国爱国统一战线的重要组成部分和一支重要力量。对于工商联的机构性质和人员编制问题，中央历来是十分明确的，即与各民主党派同等对待，各级工商联机构为行政机构，工作人员也一律为行政编制。中央在1981年、1985年、1987年分别分配给我省工商联系统40个、32个、119个行政编制，明确指出，工商联与民主党派的“此项编制属专项编制，不得占用或扣减”。中央机构编制委员会办公室在《关于地方机构改革实施中若干问题的意见》(中编办发[1995]3号)中特别指出：“工商联机关的机构改革，原则上参照民主党派机关进行”，即为行政机构。在2000年开始进行的机构改革中，关于工商联机关的机构改革问题中办发[2000]30号文件规定“全国工商联另行确定”。晋编办字[2001]169号文件明确也规定在这次市县机构改革中，“各地工商联维持现状”。

党的十六大提出要毫不动摇地巩固和发展公有制经济，毫不动摇地鼓励、支持和引导非公有制经济发展，坚持公有制为主体，促进非公有制经济发展，统一于社会主义现代化建设进程中。工商联作为党和政府联系非公有制经济人士的桥梁、管理非公经济的助手，承担的任务将越来越重要，从工作上、机构上、人员编制上都只能加强，不能削弱。党中央对工商联的工作十分重视，2002年11月，中央政治局委员王兆国在全国工商联第九次会员代表大会上代表中共中央、国务院致词中强调：“在发展社会主义市场经济的进程中要积极发挥工商联的职能作用。各级党委和政府要加强对工商联的领导，明确工商联的地位，赋予工商联一定的商会管理和服务职能，更多地关心、支持和鼓励工商联积极开展工作，帮助解决工作中遇到的困难，进一步发挥工商联的优势和作用。”近年来，我们就工商联机关在机构设置和人员编制方面的问题多次与省编办协商，特别是在2001年市、县机构改革中，省工商联将各地发生的问题及时向省编办反映，并于2003年作为专题提案在省政协大会上提出来，省编办的答复“如机构改革中未按此文件（晋编办字[2001]169号）执行，我们将责成有关市（地）予以纠正。”时至今日，省编办的要求在大多数市县没有得到落实，工商联机构和人员编制性质仍得不到解决。为此建议：

省编办应尽快以正式文件形式下发各市，明确与各民主党派一样，工商联机构为行政单位性质、人员使用行政编制，使这一问题尽快得到落实。要求未按此落实的市县尽快纠正，以更好地贯彻落实党的方针政策，调动工商联系统广大干部职工的工作积极性，使工商联为进一步促进我省非公有制经济健康发展和非公经济代表人士健康成长，为我省全面建设小康社会做出更加积极的贡献。

关于进一步完善对非公有制经济人士表彰工作的建议

山西省政协九届三次会议（2005年）第089号

改革开放25年来，我省民营经济得到了长足的发展，据我会调查了解，目前全省民营经济单位已有50多万个，从业人员450多万人。2004年全省民营经济创造的增加值1527亿元，占全省GDP的50.58%，全省民营企业营业收入超千万元的有1500多个，超亿元的企业达到200多个，其中超10亿元的达到10个。民营经济已经成为促进全省经济社会发展的重要力量，占到了全省GDP的1/2，占农村经济总量的4/5，提供了1/2的农民人均纯收入，吸纳了1/3农村劳动力，上交了1/3强的财政收入。

伴随着民营经济的快速发展，非公有制经济人士队伍逐渐发展壮大，据我们测算，目前全省民营科技企业的创业人员和技术人员，受聘于外资企业的管理技术人员、个体户、私营企业主、中介组织的从业人员、自由职业人员等社会阶层和自然人控股的混合所有制企业中的资产控股人和高层经营管理人员等非公经济人士，总数应在100万人左右。这样一支规模庞大的社会阶层，党的十六大报告指出，他们“都是中国特色社会主义事业的建设者”。“对他们的创业精神都要鼓励，对他们的合法权益都要保护，对他们中的优秀分子都要表彰，努力形成全体人民各尽其能，各得其所而又和谐相处的局面。”

根据党的十六大、十六届三中、四中全会精神和我省非公经济人士队伍现状，我们建议，省委、省政府和市、县、区各级党委、政府及有关部门，要在鼓励、支持和引导非公有制经济发展中，从提高党构建社会主义和谐社会的能力，营造鼓励人们干事业、干成事业的社会氛围出发，注重对社会各阶层的非公经济人士进行表彰和奖励。同时建议：

1.表彰要进一步规范。表彰非公有制经济人士要与加强对他们的思想政治工作结合起来，注重发挥职能部门的作用，由统战部和工商联牵头组织。有关部门表彰时，要征求工商联的意见，以免出现多头联系，各自为政，表彰活动泛滥的现象。

2.表彰要注重广泛的代表性。按照十六大报告指出的社会各阶层非公经济人士都要照顾到，转变以往多年只表彰大户的做法，选择不同阶层、不同行业、不同类型的优秀代表人士进行表彰奖励，使他们代表并影响所联系的那个群体的群众，更好地调动他们为构建社会主义和谐社会努力做贡献的积极性。

3.评选表彰要进行公示。对拟受表彰的推荐人选要在省或市、县、区范围进行公示，一是接受社会的监督，二是可以更广泛地宣传他们，三是能够纠正评比表彰工作中的不正之风。

4.要避免脱离基层组织搞推荐。对非公经济人士的表彰要经过所在地县（市、区）级有关部门的推荐，防止脱离基层组织的联系和管理，造成材料失实。

建议省人大尽快废止《山西省个体经营户和私营企业管理条例》并制订实施《山西省促进个体、私营等非公有制经济发展条例》

山西省政协九届三次会议（2005年）第090号

现行的《山西省个体经营户和私营企业管理条例》是1994年11月26日省八届人大常委会第12次会议通过的。《条例》颁布实施10年来，对规范我省个体私营经济的监管发挥了积极作用。但在这10年中，党和国家对个体私营等非公有制经济的方针政策有了很大的变化，省委在这10年中也出台了几个关于鼓励支持个体、私营等非公有制经济发展的政策性文件，而《条例》对个体经营户和私营企业在注册登记、经营范围等方面还有诸多限制性的规定，对贯彻落实十六大、十六届三中全会和省委文件精神，特别是与依法行政存在着矛盾，因此，《条例》已经不适用于当前中央和省委对发展个体、私营等非公有制经济的方针政策，建议省人大尽快讨论废止。同时建议制订出台新的鼓励支持和引导非公经济发展的法规性文件《山西省促进个体私营等非公有制经济发展条例》。

1997年9月召开的党的十五大确定了公有制为主体、多种所有制共同发展的基本经济制度，指出：非公有制经济是我国社会主义市场经济的重要组成部分。对个体、私营等非公有制经济要继续鼓励、引导，使之健康发展。2002年11月召开的党的十六大进一步强调，必须毫不动摇地鼓励、支持和引导非公有制经济发展，个体、私营等各种形式的非公有制经济是社会主义市场经济的重要组成部分。2003年10月党的十六届三中全会通过的《中共中央关于完善社会主义市场经济体制若干问题的决定》提出，大力发展和积极引导非公有制经济，“清理和修订限制非公有制经济发展的法律法规和政策，消除体制性障碍。放宽市场准入，允许非公有资本进入法律法规未禁入的基础设施，公用事业及其他行业和领域。非公有制企业在投融资、税收、土地使用和对外贸易等方面，与其他企业享受同等待遇。”根据党的十五大、十六大和十六届三中全会精神，全国人大对《宪法》及时进行了相应的修改，将党中央的这些方针政策写入《宪法》。为贯彻落实党的十六大和十六届三中全会精神，2003年11月省委出台了《中共山西省委贯彻落实<中共中央关于完善社会主义市场经济体制若干问题的决定>的实施意见》，2004年5月，省委、省政府又出台了《中共山西省委、山西省人民政府关于进一步加快非公有制经济发展的决定》，省委《意见》指出“大力发展和积极引导非公有制经济。坚持‘不禁止、则自由’的原则。放宽市场准入，使非公有制企业享有平等的投资机会，鼓励非公有资本进入基础设施、城乡公用事业及其他行业和领域。取消审批限制，消除政策性歧视，认真清理和修订限制非公有制经济发展的法规、规章和政策，使非公有制企业享有平等的政府行政服务，拥有平等的市场环境，在投融资、税收、土地使用、对外贸易等方面和注册、经营、增项、转业等环节与其他企业享受同等待遇。”省委、省政府的《决定》要求，要放宽投资领域，“坚持‘不禁止，则自由’的原则，凡法律、行政法规无明令禁止的领域，均允许非公有制经济进入。”认真清理地方性法规，“尽快废除或修订在项目立项、进出口、投融资、税收、用地、人才引进、职称评定、办理证照、收费等方面对非公有制企业的不公平待遇规定。”

为此，我们建议，在决定废止旧《条例》的同时，省人大应根据党的十六大、十六届三中、四中全会和省委的《意见》、《决定》精神，尽快研究制订出台《山西省促进个体、私营等非公有制经济发展条例》，为促进全省民营经济健康发展提供法律保证。

关于请省政府参照
广东、浙江、湖南等省市做法授权工商联
作为同业公会（商会）业务主管单位的建议

山西省政协九届三次会议（2005年）第091号

早在1952年，政务院公布施行的《工商业联合会组织通则》，就明确同业公会是工商联领导下的专业组织。1957年，中共中央批准同意并发出的《关于继续发挥工商业联合会的作用的意见》中说：“同业公会是工商联的专业组织，是工商联的组成部分，它应继续保留并发挥作用。”进入新的历史时期，在“文革”中瘫痪的同业公会，开始恢复和重新建立。

1988年11月27日，中共中央致全国工商联“六大”的贺词中说：“随着农村改革的深入和城市经济体制改革的展开，工商联积极开展试点，吸收多种所有制企业为自己的会员，在一些城市的某些行业新建了同业公会，发展了同海外工商社团的联系和合作。对于工商联适应改革开放需要所进行的各项开拓性工作和取得的成绩，我们表示由衷地高兴，并给予积极支持。”1991年7月，中共中央批转的《关于工商联若干问题的请示》中指出，“近几年来，有的地方工商联成立同业公会，协助政府做了有益的工作，特别是在第三产业（饮食、服务、修理等行业）成立的同业公会起到了积极作用”。

随着社会主义市场经济体制的逐步完善和政府职能的转变，同业公会（商会）的发展已成为必然趋势。近年来，我省各级工商联积极进行同业公会（商会）组建工作，牵头组建了不少同业公会，涉及的行业有五金交电、交通运输、美容美发、餐饮、医药、纺织、建材、煤焦、商贸流通、农副产品加工等。这些同业公会（商会）在开展行业交流、协调市场、自我规范、维护秩序、沟通企业与政府的联系、促进非公经济健康发展等方面都起到了积极作用。但是工商联组建同业公会注册登记困难大，很多的没有取得法人资质，一定程度上影响了同业公会（商会）的进一步发展和作用的发挥。

目前，广东、内蒙、湖南、安徽、浙江、河南等一些省市区，根据自己的实际情况和工作需要，省委、省政府都以不同形式明确规定工商联是同业公会业务主管部门之一，极大促进了同业公会的发展和作用的发挥，也为地方经济发展作出了贡献。如中共广东省委在贯彻《中共中央关于加强统一战线工作的决定》的意见中就明确指出“工商联负责管理乡镇商会、行业商会、同业公会，加强与有关非公经济的行业协会的联系，共同做好非公有制经济人士的思想政治工作”。因此，建议我省应从实际出发，参照广东、内蒙、浙江、湖南、安徽等省市区的做法，授权各级工商联作为自身牵头组建的同业公会和行业商会、异地商会等商会组织的业务主管，以推动行业组织的进一步发展，为我省社会主义市场经济体制的进一步发展和完善做出更大贡献。

关于对涉及民营企业家的社团进行规范管理的建议

山西省政协九届四次会议（2006年）第001号

随着改革开放发展社会主义市场经济的不断推进，山西省的民营经济也和全国一样得到了快速发展，到2005年6月底，全省各种类型的民营经济单位已达到60多万个，创造的GDP在全省国内生产总值中占据了半壁江山。据我们调查，目前全省民营经济单位的业主和主要持股人、高层管理人员有将近100万人，这是个不小的群体。随之而来的是，针对这个群体的各种社团组织不断出现。据我们了解，现在全省除工商联这个主渠道群团外。还有6个针对民营企业家的全省性社团组织，他们中一些大户的当家人在多个这类社团中担任领导职务，会费要交、赞助要给，会议要参加，这给他们增添了许多负担和麻烦，有些民营企业家要在省市县三级的这些社团中担任职务，每年光会费就在6万元以上，须参会10次以上。

对于这个群体的工作，党中央有一系列明确的要求，1991年中央15号文件、2000年中央19号文件，以及去年2月国务院颁发的《国务院关于鼓励支持个体私营等非公有制经济发展的若干意见》中都有明确规定。根据中央和国务院文件精神制定的《中国工商业联合会章程》中明确规定：工商业联合会是非公有制经济人士为主体的社会团体以及与工商业联合会工作相关的社会团体的业务主管单位。由此可以明确，针对民营企业家的工作，中央规定由工商联来做，这是从引导教育他们健康成长的战略高度考虑的。非公经济人士群体不是一般的社会阶层，他闹特殊身份以及党和政府对他们的特殊要求，不应该允许各种部门随意成立针对他们的协会组织。

建立规范的中国特色社会主义市场经济体制，转变政府职能，发挥非政府组织的作用，把政府不该管、管不好、管不了的事交给中介组织去做，这对促进市场经济发展是非常有利的。但我们认为，党政领导同志和有关部门应该多支持涉及经济发展的经济类商会、协会，而不应该支持纷纷成立涉及民营企业家的政治类社团组织；应该支持主渠道社团工作，而不应该支持建立削弱主渠道作用发挥的社团组织。为此建议：

1.根据《中国工商业联合会章程》规定，将工商联作为非公有制经济人士为主体的社会团体以及与工商业联合会工作相关的社会团体的业务主管单位，协助省民政厅对直接涉及民营企业家的政治类社团进行管理。

2.有关部门应严格对涉及民营企业家的社会团体的审批程序，凡成立这类的社团应先征求同级统战部和工商联的意见，能不设立的尽量不予批准设立。

3.对已经成立的要在今后年检时征求统战部和工商联的意见，并责成他们加入工商联，作为工商联的团体会员开展工作。

4.希望各级党委、政府和有关部门能够重视发挥工商联的作用，把工商联作为对非公经济人士工作的主渠道，将有关任务交给工商联去完成。

关于解决中小企业融资难问题的建议

山西省政协九届四次会议（2006年）第003号

中小企业是国民经济的重要力量，在促进经济发展、安排就业、扩大出口等方面发挥着重要作用。据统计，我省中小企业目前已经占到全部企业数量的99%，吸纳了全社会70%的就业人员，创造了59%的国内生产总值。毋庸置疑，中小企业是国民经济活力的重要源泉。但与中小企业对经济增长的贡献形成强大反差的是，创造全国近六成GDP的中小企业，目前仅占主要金融机构贷款额的16%。按照银监会的统计数据，截至今年6月底，贷款余额亿元以上的大客户在全国17家最大银行中，数量比重不足0.5%，而贷款余额比重却超过50%。当前银行贷款不断向大客户集中，中小企业贷款占银行贷款额的比例不断下降，中小企业融资渠道变得更为狭窄，融资困难长期困扰着中小企业的发展。由于融资需求难以得到满足，中小企业不同程度地出现了资金短缺问题，使企业出现了规模扩张受阻、设备陈旧难以更新、技术开发投入不足等情况。中小企业面临的融资困境，既有企业自身的原因，也有银行体制和社会环境等多方面的原因。据我们了解，银行方面随着国有商业银行股份制改革步伐的加快和利率市场化改革的进一步深入，商业银行进一步强化了信贷管理，上收信贷审批权限。同时，由于发放小额贷款运营成本高，商业银行普遍轻视对中小企业的信贷投放。企业方面部分项目和中小企业自身存在的不足，也影响了商业银行的贷款发放。从项目方面看，有些项目投资者的资本金不能按期到位，还有部分企业取得贷款后，改变了贷款用途，商业银行被迫停止了贷款再投入。

为中小企业融通资金血脉，需要多管齐下来解决中小企业融资难问题。这是一项事关经济发展全局的大事，需要政府、企业、银行及社会各方面协调配合，采取积极措施，共同化解。为此，我们建议：

一、银行要改善金融服务，积极进行金融创新

进一步完善和细化支持中小企业的信贷管理制度，建立适应中小企业特点的信用评估、授信以及贷款审批制度，设立中小企业信贷机构，适当降低贷款门槛，下放贷款的审批权限。在防范风险的前提下，积极实施业务创新，引入买方贷款、融资租赁业务、保理业务、定额透支等信贷模式。逐步探索和扩大担保范围，可以根据中小企业的特点，开展无形资产(如专利)抵押贷款、应收帐款抵押贷款和存货抵押贷款等信贷业务。要发挥职能优势，完善服务功能，改善金融服务，促进中小企业提高经营效益，共同抵御市场风险。积极开展与风险投资基金的合作，实现优势互补，支持中小企业顺利融资。

二、政府部门要大力推进中小企业信用建设，与相关金融机构合作，对优质企业进行授权

政府应在信息供给、改进服务、创造环境等方面为中小企业发展提供支持，大力宣传信用观念，重塑社会信用秩序，优化社会信用环境。建立中小企业的信用体制和服务体系，向企业提供技术开发、人才培训、信息咨询等方面的服务，提高中小企业的综合素质。建立中小企业信用信息平台，公开不良信用记录，逐步实现中小企业信用监督的社会化。加强法制建设，严厉打击逃废银行债务的行为，为创造良好的信用环境提供法律保障。

三、建议农信社适度下放贷款审批权限

我省中小企业多分布于市县领域，目前的贷款权批权限高度集中，势必增加银行、企业贷款成本，同时也增加了企业的时间成本，降低了效率，不利于银行放贷和企业贷款。适度下放小额贷款的审批权限，不失为一种双赢战略。

关于加强对发展非公有制经济的指导和政策协调工作的建议

山西省政协九届四次会议（2006年）第004号

2005年2月，国务院颁布了《国务院关于鼓励支持和引导个体私营等非公有制经济发展的若干意见》（简称“非公36条”），文件出台了七个方面的36条重要政策，这是新中国第一部关于非公有制经济发展的全面、系统的政策性文件。文件充分反映了党的十五大、十六大、十六届三中、四中全会精神和宪法修正案精神，充分反映了我国社会主义初级阶段基本经济制度的内在要求，充分反映了发展中国特色社会主义的必然趋势。“非公36条”出台以来，国务院已经有30多个部门分别制定了配套措施，有10多个部门先后出台了配套的实施办法，有32个省（市、区）制定了配套实施意见。相关法律法规的修改和完善正在进行，

《证券法》等法律已经修改，《公司法》等法律正在修改，物权法等法律正在制定。我省在学习贯彻这个文件过程中，也于2005年10月份下发了《山西省人民政府关于促进全省个体私营等非公有制经济快速健康发展的实施意见》（简称“非公新27条”），在非公经济的市场准入和市场监管、登记年检等涉及工商行政管理方面作出了27条更加放宽和便捷的措施，这个具体行动说明省政府和有关部门重视了文件精神的贯彻落实，必将对我省非公资本进入更宽领域和范围，加强和改进对非公企业的监管和工商登记注册的服务起到推动作用。

随着“非公36条”学习贯彻的不断深入和国家有关配套政策的相继出台，我们相信，我省相应的政策措施会及时发布。因此，作为党和政府联系非公经济人士的桥梁和政府管理非公有制经济助手的工商联组织，我们有责任和义务协助省委和省政府推动国务院“非公36条”在我省的贯彻落实，就重大问题进行调研，提出意见和建议。经过我会对国家机关和各省市区及我省各级对学习贯彻“非公36条”情况的调研，为促进我省更好地贯彻落实“非公36条”精神和省委“十一五”规划建议提出的“大力发展非公有制经济”的要求，在加强对发展非公有制经济的指导和政策协调方面，我们向省政府建议：

一、尽快成立发展非公经济工作协调领导组

这是落实“非公36条”关于“建立促进非公有制经济发展的工作协调机制和部门联席会议制度，加强部门之间的配合，形成促进非公有制经济健康发展的合力”要求比较好的操作手段。建议由省委、省政府分管领导牵头，吸收政府经济管理部门及包括省纪检纠风、新闻宣传及工商联在内的有关部门参加，将领导组办公室设在省政府办公厅，由省长助理或副秘书长兼主任，发改委、中小企业局、工商联等有关部门派人参加办公室工作。领导组定期开会研究全省非公经济发展的总体工作和政策调研，协调解决当前非公经济发展中的困难和问题，为省委、省政府宏观决策开展基础性工作。

二、重视发挥非公政府组织在管理非公有制企业方面的助手作用

国务院“非公36条”在加强对发展非公有制经济的指导和政策协调中明确提出“要充分发挥各级工商联在政府管理非公有制企业方面的助手作用”的要求，这是国务院再一次明确工商联在政府管理经济工作中的地位和作用，是对工商联助手职能的具体化。国务院已经吸收全国工商联参加“非公36条”配套措施的制定工作，全国绝大多数省市区都吸收工商联参加“非公36条”的贯彻落实工作，赋予工商联具体的工作任务，湖北省委、省政府还于2005年8月出台了《关于加强工商联工作的意见》，明确授权工商联在政府管理非公经济方面的多项职能，我省太原、运城、孝义等市县也都出台了这方面的意见和措施，而我省出台的“非公新27条”却在这方面出现了缺憾。希望省政府能够进一步重视发挥非政府组织在发挥非公有制经济方面的助手作用，重视省工商联在全省发展非公经济工作中的地位和作用，使工商联做到知情和参与。建议在今后制定出台涉及全省非公经济发展政策时，吸收工商联参加调研和起草工作；省政府研究经济工作的会议吸收省工商联领导列席。

三、授权省工商联作为非公经济占主体的全省性行业商会的业务主管单位

工商联作为行业商会业务主管单位的授权问题，全国已有湖北、湖南、内蒙3个中部省和我省运城、太原两个地级市和孝义等市县在党委政府出台的文件中已得到授权。省工商联至今还不能作为自己组织成立起来的行业商会、同业公会等商会组织的业务主管单位，直接影响了工商联的组织建设和桥梁助手作用的发挥。希望省政府能够参照兄弟省区的做法，明确省工商联可以作为行业商会的业务主管单位。

鼓励支持引导非公企业参与新农村建设的建议

山西省政协九届五次会议（2007年）第170号

在省委、省政府的重视和支持下，全省非公企业和非公经济人士积极响应党中央号召，积极投身社会主义新农村建设，各市县区的非公企业结合当地的地理、自然资源、因地制宜发挥优势，采取工矿企业帮村、农业产业化带村、城中村改造建村、农业资源开发兴村、公益捐赠助村等多种方式，形成“政府主导、农民主体、非公企业和非公人士积极参与”的新农村建设蓬勃局面，对于促进周边农村发展经济，增加农民收入，调整农业产业结构，加快新农村建设步伐起到了龙头带动作用，而且随着全省各地新农村建设以及新型工业化、特色城镇化、农业产业化的不断推进。这些龙头企业在资源节约、环境治理、生态建设、扶贫开发等方面所体现的成效日益明显，对和谐社会建设做出了重要的贡献。各有关部门积极协助配合，为解决非公企业在参与社会主义新农村建设中遇到的各种问题做了大量服务工作，据我会调查了解，从总体上看，非公企业参与新农村建设还面临着一些需要重视和解决的问题。为此，我们建议：

一、把非公有制企业列入新农村建设整体规划布局

新农村建设要坚持以发展农村经济为中心，进一步解放和发展生产力，坚持以人为本，切实让农村得到实惠，要发挥各方面积极性，使新农村建设成为全党全社会的共同行为。各级、各部门在制定规划、出台政策时，要把非公经济发展列入整体工作部署中，把非公企业作为新农村建设的重要力量，农业、土地、水利、交通、文化、卫生、财政、税收等部门加强协调，支持非公企业投资新农村建设的项目，让他们享受对外招商引资的优惠政策，鼓励“内资”注入新农村建设。

二、完善非公企业参与新农村建设的政策法律保障机制

要加快优化非公企业创业环境，加快政策落实力度，使非公企业能够公平享有各级政府出台的招商引资、产业开发、资源配置、基础设施投资等权益，鼓励、引导、支持非公企业参与新农村建设。对非公企业参与新农村建设的项目，各级结构调整支持资金和各项产业发展资金要优先支持，对符合农业产业规划、科技含量高的项目给予重点扶持；对回报社会的公益事业及无偿资助捐赠支出，进行税前列支；金融部门对非公中小企业与乡村合作的符合农业产业导向规划的发展项目给予贷款、利率与时限上的优惠幅度；探索乡村以土地资本形式入股，与非公企业合作，以促进双方共赢、同股同利、风险共担的产业开发机制。

三、大力宣传表彰在新农村建设中涌现出的非公有制经济先进典型

建议由省工商联牵头组织考查推荐一批在新农村建设中涌现出的非公有制经济先进典型，在今年三、四季度以省委和省政府名义给予表彰，以进一步调动非公有制经济人士参与新农村建设的积极性，为建设美好的社会主义新农村做出新贡献。

关于加强全省工商联系统信息化建设的建议

山西省政协九届五次会议（2007年）第168号

信息化是当今世界发展的大趋势，是推动经济社会变革的重要力量。大力推进信息化，是覆盖我国现代化建设全局的战略举措，是贯彻落实科学发展观、全面建设小康社会、构建社会主义和谐社会和建设创新型国家的迫切需要和必然选择。

工商联肩负着协助政府管理非公有制经济的助手任务，所以，加强信息化建设是提高工商联和商会工作效率的重要举措，是为党委、政府反馈全省非公有制经济发展信息，提供决策依据的重要手段，是新形势下更好地履行工商联职能的迫切需求。全国工商联也反复强调要求各级工商联要以全国工商联网站为中心，将全国各地工商联和各级行业商会的网站互联互通起来，并逐步与海外华商商会及其它国际知名商会连接起来，形成一个庞大的网络体系，以便浏览工商联系统的网站，就能了解到中国民营经济发展和商会发展的从宏观到微观的各个方面的情况。

目前，由于受经费、人才等因素的制约，全省工商联的信息化建设还处于较低水平，列于全国37个省市工商联的下游位置，基本上完全依靠传统的信函邮递来完成，更达不到信息统计、分析、培训、咨询等较高要求。

为此，我们建议省政府关注全省工商联的信息化建设，投入一定的人力、物力，指导、帮助工商联的信息化建设，省财政部门给予专项拨款，将省市级工商联的网络互联起来，市与县级的由市财政部门解决。这将使我省各级工商联更好地肩负起党和政府交给的工作任务，为全省民营经济发展和本会6万多会员企业服务，完成好党和政府赋予工商联的职能任务。

关于合理调整企业自备电厂输配电电价的建议

山西省政协九届五次会议（2007年）第173号

近日，临汾、长治等地从事煤焦、冶炼生产的民营企业反映，他们的自备电厂从生产出口处就被安装电表，所有生产出的电量全部低价上网，企业每使用一度电再从电网公司按电网公司的售价高价购买。他们认为，企业投资兴建自备电厂，主要是为节约能源、保护环境、降低企业生产成本，延伸产业链，走循环经济之路。现在电网公司这样做，企业并没有从自备电厂中获益，用电成本没有降低，影响了他们生产经营的积极性。

当前，省委、省政府以科学发展观为指导，采取一系列措施，出台鼓励、支持政策，创造良好的外部条件和环境，扶持、引导民营企业健康发展。广大民营企业积极响应省委、省政府的号召，以科学发展观为统领，调整优化产业结构，延伸产业链条，提升企业规模和档次，走新型工业化道路，走循环经济和节约型经济的道路。但是这种行业垄断的现行做法使企业并没有从中得到投资回报的效益，不利于调动企业走循环经济之路的积极性。为此，我们建议：

企业根据自身需要投资兴建的自备电厂，应在核定保留企业自身使用电量按收购价加适当管理费的前提下，再按国家有关上网电价管理办法收购使用。多余电量按国家政策低价上网，企业自产电量不足时按国家政策价购买。

关于解决我省部分市、县工商联公务员登记中存在问题的建议

山西省政协九届五次会议（2007年）第172号

中发[2006]9号文件和晋发[2006]27号文件都明确规定“各民主党派和工商联的各级机关”列入《公务员法》实施范围。但在全省公务员登记工作中，部分市、县工商联向我们反映，他们无法正常进行公务员登记，经我们进一步摸底了解，全省有4个市、68个县（市、区）工商联无法进行公务员登记。其中，4个市、62个县在2001年进行市、县机构改革时，工商联机关全部使用了事业编制；6个县在当时未对工商联编制性质予以明确。如果这些市、县工商联的公务员登记问题不能依法及时得到妥善解决，将有可能挫伤工商联机关干部的工作积极性，也与中发[2006]15号文件对工商联地位和作用规定精神不相符，影响市、县工商联应有作用的发挥。为此，我们建议，按照中发[2006]9号文件和晋发[2006]27号文件的规定，明确全省各级工商联机关为公务员机关性质，按有关文件要求使用行政编制，对工商联机关现有符合公务员条件的干部进行公务员登记。建议省委组织部、省编办协调有关方面，帮助解决以上问题，以利于各级工商联机关公务员登记工作顺利进行。

关于进一步加强对非公有制经济宣传工作的建议

山西省政协九届五次会议（2007年）第174号

近年来，省委、省政府高度重视、大力支持非公有制经济发展，着力营造非公有制经济快速发展的良好环境，全省非公有制经济发展势头强劲，总量迅速增长，贡献不断增大。我省各级宣传部门、各新闻单位也为促进非公有制经济健康发展做了大量宣传工作，发挥了重要作用，取得了良好效果，但从总体上看，全省宣传国务院“非公36条”的力度不够大，营造“重商、尊商、亲商、爱商”的氛围还不够浓，对非公经济的重大活动、重要信息和先进人物的报道份量还不够，在构建社会主义和谐社会过程中，对非公企业的社会责任还存在误解。

国务院于2005年颁布的《关于支持和引导个体私营等非公有制经济发展的若干意见》（简称“非公36条”）中指出，要大力宣传党和国家鼓励、支持和引导非公有制经济发展的方针政策与法律法规，宣传非公有制经济在社会主义现代化建设中的重要地位和作用，宣传和表彰非公有制经济中涌现出的先进典型，形成有利于非公有制经济发展的良好舆论环境。为此，我们建议：

省有关部门尽快协调研究制定我省《关于进一步加强对非公有制经济宣传工作的意见》，省委宣传部、统战部、工商联共同协调配合，开设专题宣传栏目，并支持面向非公经济的相关媒体建设。

在宣传重点上，要大力宣传和表彰非公经

济中涌现出来的先进典型。建议由省委宣传部牵头，省委统战部和省工商联配合，结合我省开展“优秀建设者”评选表彰活动，对近年来被评选表彰的各级劳动模范、优秀中国特色社会主义事业建设者、光彩之星、纳税大户等非公有制经济代表人士的先进典型进行集中采访、集中报道，扩大社会影响。

在宣传导向上，要紧密联系新时期、新形势、新动向、新特点，多从正面报道，要站在有利发展的角度反复推敲，尽量消除或减少负面影响。

关于建立民营企业风险防范和危机处理机制的建议

山西省政协九届五次会议（2007年）第169号

改革开放以来，在党和国家一系列政策支持下，我省民营经济得到了长足发展，为国民经济建设做出了巨大贡献。2005年，全省民营经济创造的GDP为2120亿元，占全省GDP的52%；民营企业户数64万户，从业人员533万人；缴纳税金252.8亿元，占到财政收入的33%；完成出口交货值192亿元，占全省出口总额的68%。销售收入亿元以上的民营企业达359家，其中销售收入10亿元以上的18家；纳税千万元以上的228家，其中超亿元的14家。数据表明，民营经济为社会进步和经济发展所做出的贡献显而易见。随着我国市场经济竞争的日益激烈，种种风险和危机也伴随而来，威胁着民营企业的生存发展，由于风险防范和危机处理机制的缺失，一个又一个民营企业已经为此付出了沉重的代价。据有关部门统计，民营企业的平均寿命只有2.9年，有些看上去非常辉煌的大企业在遭遇危机后，如同多米诺骨牌一样无情地倒下去了。

分析近年来民营企业的危机现象，主要表现在以下几个方面：现金枯竭、资金链断裂造成的危机；产品质量事故造成的危机；媒体突然发难，有意炒作造成的危机；因快速成长，盲目扩张造成的人才、技术、管理危机；在参与国企改革、改制过程中，因政府诚信等非市场因素造成的危机；在“走出去”发展过程中，因贸易壁垒、反倾销等造成的危机以及政策调控、企业家自身素质、婚姻问题、生命健康等等造成的危机。

究其根源：一是企业内部原因。主要是风险意识、危机意识淡薄，没有把危机问题上升到企业生死攸关的高度，并把危机管理放到企业发展战略的位置去思考、谋划、布局，因而缺少必要的风险防范预警和危机处理机制等制度性安排。二是社会因素加速或直接导致危机的产生。不正当竞争、媒体的恶意炒作、银根收紧、法律法规的不完善、政策文件不配套等。

民营企业已成为我国国民经济的重要组成部分和社会主义建设事业的重要力量，但在如何支持、引导、帮助民营企业健康发展，特别是帮助民营企业如何有效预防风险、化解和处理危机方面，还存在缺失：一是教育培训的缺失。政府还没有把民营企业家纳入党委、政府培训序列。二是管理上的缺失。三是民营企业危机救助社会体系的缺失。

随着民营企业的不断发展壮大和国际化趋势的加快，危机给企业带来的冲击越来越大，不仅影响企业的生存发展，而且可能给社会带来动荡和不安。这种危机单靠企业自身是不行的，必须有社会救助行为的积极参与。

工商联是具有统战性、经济性和民间性的人民团体，是党和政府联系非公有制经济的桥梁纽带，是政府管理非公有制经济的助手，在促进民营经济快速发展，建立民营企业风险防范和危机处理方面有独特优势：①工商联是最大的也是其他组织无法取代的代表和维护非公有制经济合法权益的团体；②工商联会员中绝大多数是民营企业，而且具有代表性的企业多。工商联本身是做非公有制经济代表人士思想工作的，对他们及企业比较熟悉和了解，为其服务有便捷条件；③作为桥梁纽带，便于上传下达；④作为政协的组成单位，还有调查研究、参政议政、教育培训、宣传引导等职能。

建立民营企业风险防范与危机处理机制势在必行，而建立这一机制是一个庞大的系统工程，单靠工商联是难以完成的。因此，建议由省工商联牵头、政府支持、社会各界援手，共同建立符合市场规律的民营企业风险防范与危机处理机制，以提高民营企业风险预警能力，增强抗风险能力，促进民营经济持续、快速、健康发展。

一、建立民营企业风险防范机制

1.由省政府牵头协调，在进一步加强工商、税务、银监、技监等部门企业信息联网互通，提高监控水平的基础上，研究建立有效的风险提示和预警监控指标体系，通过适当途径及时向企业提示风险和发出预警信号。授权工商联协调各部门的信息披露程度，完善发布机制。

2.组织民营企业与职能部门定期举行联席会议，通过联席会议反映心声、协调关系、沟通信息、寻找对策、化解矛盾、解决问题。

3.引导民营企业建立专门的风险控制机制，由专人定期分析、评估企业潜在风险以供决策。

二、建立民营企业危机处理机制

1.建立党委政府领导牵头，有关部门参与的民营企业危机处理工作领导组。依靠党委政府协调各行政执法部门解决问题，并促进各职能部门、社会组织、新闻媒体形成维权合力，增强危机处理力度。

2.依托工商联整合社会资源，建立健全维权服务机构，完善服务程序，有专项资金保证维权工作顺利开展，为民营企业提供维权保障；

3.要求民营企业重视危机处理工作，在民营企业中要确立快速反应应急机制，一旦危机发生要快速建立协调领导组，对事态进行跟踪和评估，设立预案，防止危机扩大，通过危机管理和组织系统，降低危机限度。

建议扶持农业合作经济组织促进农村经济快速发展

山西省政协九届五次会议（2007年）第175号

近几年，我省农村出现了很多由农民自发成立的各类专业合作经济组织，对促进农业生产、发展农村经济、增加农民收入，起了十分重要的作用。但是没有法律保障、缺乏资金技术支持、内部运作和管理不规范等因素也制约了其长足发展。我们建议：政府尽快出台相关政策，扶持农业合作经济组织，促进农村经济快速发展。

今年，省工商联组织了四支调研队伍，对全省11个市的民营企业参与新农村建设工作进行了详细认真的调研。在调研中我们发现：尽管有部分农村正朝着“生产发展、生活宽裕、乡风文明、村容整洁、管理民主”这一总体目标迈进，也成立了部分农村专业合作经济组织，但我省现在还没有关于发展农村专业合作经济经济组织的法律，有关法律也没有专门适用于农村专业合作经济组织的条款。在没有法律保障的情况下，多数农村专业协会和合作经济组织的经营和服务活动享受不到财政、信贷的支持和税收的优惠。各级政府设立的农业产业化专项扶持资金也只向部分龙头企业提供，合作经济组织和专业协会并未真正享有。因此，农村专业合作经济组织在经营活动中存在诸多不便，甚至障碍重重，难以保护农民的合法权益。

调查表明：许多农业合作经济组织和专业协会工作开展不起来的因素不仅在于资金来源的不足，而且税收比例高、贷款难也是其中的因素。因此，农业合作经济组织的发展能够得到省财政的支持很重要，但同时也要从农村金融市场上筹措资金，解决资金来源不足的问题。

建议：省政府尽快制定与农村合作经济组织管理相配套的法律法规，确定其法律地位并规范专业合作经济组织的行为；合作经济组织也要建立规范的章程和制度，要真正与农户签订合同、契约，避免经济纠纷，使合作经济组织的管理走上法制化道路；理顺管理体制，明确落实指导、服务的职能部门，可由各级政府农业行政主管部门牵头设置“农村专业合作经济组织指导办公室”，负责组织建设、落实经费、技术支持、政策调研、发展动态和规划、技术指导和业务培训，探索完善内部管理机制和制度；政府应鼓励农民自发组织农业专业协会等，并加强引导，激发农民的积极性、主动性。

关于动员社会各方面力量全力推进我省劳务输出的建议

山西省政协九届二次会议大会发言（2004年）

“积极引导农业富余劳动力有序转移”是中央经济工作会议提出的解决农村问题的思路之一，也是“十六大”提出走新型工业化道路的重要内容，是解决农村贫困人口尽早脱贫致富的有效渠道。要富裕农民必须减少农民总量，要繁荣农村必须推进城镇化建设进程。改革开放以来我省发展中的民营企业，为农村劳动力转移做出了巨大贡献，但是，由于我省民营企业发展相对滞后，还不能更多地吸收农业富余劳动力，大量农业富余劳动力已成为我省经济发展的最大潜在优势和严峻挑战。从地域上看，我省农业富余劳动力大都集中在贫困地区或经济欠发达地区，就地解决、转移这些劳动力存在很大的困难，从时间上说，我省农业富余劳动力的转移问题已经没有后推的历史余地。不做好这件事，我省向市场经济进一步转变的改革就会出现诸多问题，工业化、现代化就会推迟实现。如何引导我省贫困地区农业富余劳动力进行有序转移，使他们早日走上小康之路，是当前全社会的一项重要任务。

围绕省委、省政府的中心工作，我们本着“讲实效、办实事、解决实际问题”的目的，于2003年7月由省工商联倡议并联合省民政厅、省劳动和社会保障厅、共青团省委、省妇联、省民营经济发展局、省光彩事业促进会，共同发起“送走一个、脱贫一户、影响一片”的贫困地区劳务输出光彩扶贫活动，在人员少、经费缺乏的情况下，采取走出去请进来的办法，向用人单位介绍山西的人力资源情况，垫资二十余万元对输出人员进行培训，对已输出的一千余名务工者进行跟踪管理和服务，帮助输出人员解决务工中遇到的问题。通过有效的活动，影响面不断扩大，目前，活动办公室已与上海、广东、山东、浙江、江苏、福建等省市的劳务市场建立了长期的合作伙伴关系，基本搭建起了劳务信息网络，同时还在我省左权、静乐、河曲、偏关、宁武、吉县、大宁、蒲县、榆社、阳曲、洪洞等县设立了劳动力资源网络。这样一个活动的开展，引起了社会的广泛关注和政府有关部门的重视，活动参与单位由最初的七家迅速扩充到现在的十五家。

劳务输出活动开展半年多来，我们深深感到开展我省农业富余劳动力转移工作，尚有很多难题和困难需要解决。

1. 农业富余劳动力供给量过大。按目前的耕作技术和经济水平，我省需要300万左右的农业劳动力。照此计算，我省农业劳动力的剩余率高达70%以上。除了本地民营企业吸收外，我省尚有农业剩余劳动力450万人左右，约占农村劳动力总量的1/3。让450万之众的庞大群体实现职业转移，所遇到的困难将是很大的。

2.城市就业压力增大。由于经济体制转轨和现代企业制度改革的推进，下岗、待岗人员和新增城市劳动力大量增加，今后几年全省的就业压力将表现得非常突出。从总的供求看，供大于求的状况在近几年内难以解决。

3.民营企业对农业富余劳动力的吸收能力减弱。由于民营企业的发展正由劳动密集型转向资金、技术密集型，逐步由外延式发展转向内涵式发展，逐步转向依靠科技进步发展的形态，因而对简单的纯体力型劳动力的需求日益减少，投资与新增就业岗位之比进一步加大。

4.许多农村劳动力自身素质较低。据调查，我省农业劳动力人口中，受过职业技术教育和培训的仅占农业劳动力总数的5％。劳动力素质较低对其职业转移会产生以下消极影响：①劳动者把本该接受教育和培训的时间用在生产上，人为地增加了劳动力的供给，激化了供需矛盾。②未受过职业技术教育和培训的劳动者，其创新能力、适应能力较差，通常只能从事一些依靠传统经验生产的工作，很难开拓新的就业渠道。③劳动力素质低下必然使由农业部门向非农业部门的转移缺乏稳定性，从而出现转移中的“回流”现象，劳动者素质低已构成阻碍农业劳动力转移的最重要“瓶颈”因素。

在城镇就业压力增大、农业富余劳动力有增无减、民营企业对素质较低的农业劳动力吸收能力减弱的大背景下，如何为我省农业富余劳动力寻找出路，已成为一个迫切问题。目前每增加一个就业岗位，需要直接投资5-10万元。还需要对农民工花大量的教育训练成本，并要付出由于农民工进城所带来的交通、治安、环境污染等成本。从农民自身的角度来看，转移首先不仅仅是直接的费用，还包括流动和寻找工作花费的时间成本，以及脱离原生活环境和社会关系所产生的心理成本。因此，我们首先要考虑的是如何加快民营经济的发展问题，只有大量发展民营企业，农业富余劳力才能转移出来，才能不断提高农村劳动者的素质，最终实现素质、职业、地域真正意义上的转移。其次，要有针对性、有目标地进行大量的劳务输出，使之成为有效而又有序的、市场化的一种就业形态。

我们认为，做好劳务输出是有效解决“三农”问题的现实途径，因此，应该把劳务输出作为一项重要工作来加以推进：

一、政府及相关部门要高度关注劳务输出对贫困地区经济发展的带动作用，把劳务输出列入政府工作日程，并采取企业化、市场化运作方式，大力推动劳务输出工作

实践证明，进城打工的农民，学到了技术，积累了资金，开拓了眼界，更重要的是观念也发生了重大变化，返乡的“打工仔”“打工妹”们正在成为建设当地经济的重要力量。由于我省农村人口受传统观念的影响，外出人员规模很小，没有形成山西劳动力资源品牌。基于此，建议省政府成立一个省级的协调领导组，指导各地有效开展劳务输出工作，把劳务输出工作作为推进我省劳动力充分就业的一条有效途径，利用现有社会资源，建立一个比较完善的信息、培训、输送、跟踪、管理的工作构架和作业模式。

二、设立专项基金，为劳务输出工作提供经费保证

要进行有效劳务输出就必须对输出人员进行必要的培训。目前由于没有专门的资金渠道，培训不能大面积开展，直接导致大量的劳动者与市场不接轨，而企业也因招不到合适的员工，生产经营受到影响。建议设立“山西省农村劳动力开发转移专项基金”，将农民工培训纳入扶贫项目，从扶贫款中划出一部分，直接用于补贴农业富余劳动力转移的岗前培训和劳务输出工作，使劳务输出工作得以顺利开展。同时可否考虑由省发改委将劳务输出项目列入全省国民经济发展计划，每年列出一定专项资金，并由省财政厅将此项目列入年度预算，每年划拨一定数额资金用于劳务输出工作；并积极争取国家就业项目专项补助资金的支持和社会各界的捐助，以解决劳务输出中资金缺乏的问题。

三、加强农民工的岗前培训，鼓励动

员社会力量参与农民工的培训工作

我省各地要把农民工培训作为就业准入制度的重要内容，加强引导，制定和完善政策措施，建立新的培训机制。以市场引导培训，通过培训提高劳动者专业技能，增强市场就业竞争能力；建立和完善政府购买培训成果和培训与就业结合的机制，加快建立政府政策引导及社会各方参与的大培训格局，有针对性地开展多形式、多层次的转业、转岗、职业资格等方面的培训，使城乡劳动者的技能水平适应劳动力市场需求，提高城乡劳动者的整体素质。以现有教育培训机构为主渠道，发挥多种教育培训资源的作用，形成以职业培训技术学校为骨干、多种办学模式并存的教育体系；形成定单培训、定性培养、定向输出以及长、中、短期相结合的多层次培训模式。当前主要是支持农村富余劳动力较集中的地区和贫困地区开展培训，重点支持农民工输出地区开展转移就业前培训。

四、把劳务输出作为一种产业来对待，给予必要的政策推动

随着农村非农产业快速发展，工业化和城镇化进程加快，农业所使用的劳动力数量将不断下降。除了在本地民营企业就业外，大量农民开始流入城市寻找就业机会。国家统计局不久前公布的一项调查显示，在四川、安徽等劳动力输出大省，农民外出务工的总收入已相当于当年全省的财政收入，工资性收入已成为农民增收的主要来源之一。而我省在外打工的人员为70万人左右，劳务输出的收入不足以构成对全省经济增长的影响。建议尽快制定农民工培训和输出的激励政策，各有关部门群策群力，齐抓共管，立足自身职责，发挥各自优势，提供本部门的优惠便利政策，协调合作，共同做好政策指导、督促检查以及各项服务工作，积极扶持农民工培训和输出事业。使相关中介服务机构逐步走向以公司化为主的运作方式，确保我省劳务输出作为一种产业，长期有效地发挥它的作用。

五、成立一个农民工维权机构，以保障我省外出打工者的合法权益

近年来侵犯农民工合法权益的现象时有发生，这也是导致我省外出打工人数较少的原因之一。为鼓励农村富余劳动力早日进入市场，建议省政府构建一个农民工维权救助体系，形成以省为中心，市及劳务输出重点县为分支机构，省政府驻外办事处为延伸机构的民工权益保护救助网络，协调有关方面有效帮助农民工这一弱势群体。

改善涉农投资环境引导民营企业投资农业产业化经营

山西省政协九届二次会议大会发言材料（2004年）

建设现代农业，发展农村经济，增加农民收入，是党的“十六大”提出的全面建设小康社会的重大任务，也是我省经济结构调整的重点工程。积极推进农业产业化经营，提高农民进入市场的组织化程度和农业综合效益，是解决“三农”问题，促进农村经济发展的主要方向。多年来，我省许多民营企业家在省委统战部、省工商联和省光彩事业促进会的组织引导下，在贫困地区投资光彩事业项目，面向农村、面向农民，在探索投资农业产业化经营方式，带动农民致富方面取得了成效，做出了贡献。从我会去年在全省开展的“民营企业投资农业产业化经营情况调查”中了解到，目前全省有1000多家民营企业投资农业产业化经营，在山区投资种植和养殖业，发展庄园经济，发展畜牧产业，发展林果产业；在农业特色市县兴办了一批农副产品加工龙头企业，形成了种养加一条龙生产、贸工农一体化经营的农业产业化新格局，带动了农村经济的发展和农民稳定增收。如山西通泰昌集团在太原市投资兴办的恒康科技乳业有限公司、山西振东实业集团在长治县投资的五和食品有限公司、大同基业公司在阳高县投资兴办的大同市基业畜牧有限责任公司、太原远东水产有限公司在五寨县投资兴办的绿野牧业公司等。随着全省经济和产业结构调整的深入进行，特别是进入新世纪以来，我省有更多的民营企业家积极响应“十六大”号召，面向“三农”寻找投资项目，为实现全面建设小康社会的奋斗目标做出新贡献。

但是，民营企业投资农业产业化经营还存在着诸多影响发展的问题，不仅直接影响着投资者的投资热情，而且使不少已经进入的民营企业举步维艰，靠其他产业经营赚钱补贴涉农产业。这些问题主要表现在：

一、基础条件差

由于自然条件和投入少等因素制约，我省大多数地区农业基础设施差，缺水、少雨，农业生产抵御自然灾害能力弱，投资农牧产业风险大，回报率低。投资兴办加工企业，由于原料产地很少有与办厂相配套的水、电、路三通的工业园区，因此，兴办农副产品深加工企业投入大，手续繁琐，建设周期长，效益相对较差。

二、政策不配套

尽管国家对农业产业化龙头企业有许多优惠政策，但目前各级政府出台的优惠政策大多比较概括，具体规定很少，实际兑现差，使优惠政策落实难。

三、产业化管理不协调

由于部门、地区和局部利益的影响，致使龙头企业做大做强缺少有力的支持与配合，形不成“航母”级的龙头企业。原料短缺使企业生产经常处于无米之炊状态，或由于人为设卡，使龙头企业与农户、养殖户之间的“绿色通道”受阻。特别是乳品加工企业奶源需求量与养殖户发展慢的矛盾日益突出，并且与省入晋的外乳品企业竞争越来越激烈。

四、经营体制落后

主要是市场化程度差，产业化程度不高，企业规模小、产品档次低，资金短缺，融资途径不畅，基地、龙头、市场相脱节，利益联结机制不健全。尤其是我省的特色产品小杂粮和干果至今仍形不成品牌规模。

五、服务体系建设薄弱

农业产业化经营的健康发展，服务体系建设是保障。但目前各地均存在着重产业发展、轻服务体系建设的倾向，农牧业发展中产品、市场、技术、社会化服务不发育，防疫和检验、检疫体系不健全，人才利用还不尽合理。

针对上述存在问题，我们认为必须重视改善涉农投资环境，以更好地引导和动员民营企业投资农业产业化经营，吸引在煤焦铁等资源型产业中发展起来的民营企业，到贫困地区兴建农牧业生产基地和投资办厂，或整合小而散的农副产品加工企业，创办龙头企业，把民营企业的资金、管理和市场营销优势与农村的产业资源优势、劳动力资源优势结合起来，推动我省的农业产业化发展，把龙头企业尽快做大做强。为此建议：

一、改善投资环境

市、县级政府要在确定重点发展产业的同时，规划农业产业化工业园区，投资水、电、路等基础设施建设，形成招商引资入园的基础条件。对投资上规模的项目，让投资者在一定时期内享受免收土地使用费和税收等方面的优惠政策，做到帮一把，扶上马，送一程，筑巢引凤，吸引投资者。还要加强原料基地建设，政府要投入一定资金扶持相关产业的发展，比如：畜牧业的草场建设、防疫体系建设、种植业的水利建设、林果业的经济林建设等。

二、加强服务体系建设

各级政府应加大对农业产业化社会化服务体系建设的投入，省和地级市的农业信息网要升档升级，适应加入WTO后的新形势，加强农产品市场监测预警和国内、国际市场信息的收集发布。要加强防疫、检疫体系建设，合理布点，方便饲养户和加工企业。要改革人才使用机制，出台支持农业产业化发展的智力帮扶政策，建议进一步放开农业科研单位和院校的科技人员与企业的合作方式，建立更紧密的帮扶联系，所得报酬视为合法收入，从而激励科技人员帮扶的积极性。建议涉农部门改革扶贫方式，选派有专业特长的机关工作人员定期带薪离岗到农村指导产业化发展，或到龙头企业挂职帮扶，鼓励机关干部到生产一线发挥才干。要加强以农村经纪人为主的各种中介组织和专业市场建设，通过中介组织和发育的市场将农户和企业更紧密地联系起来，促进产业化发展。各级工商联在推进民营企业参与农业产业化中，要发挥自身优势，加强鼓励、引导和服务，在帮助广大民营企业家调整产业结构，做大做强企业的同时，号召他们积极投资农业产业化经营，并深入企业调查研究，倾听意见和要求，为优化政策环境和舆论环境积极向政府建言献策。

三、理顺协调管理关系

农业产业化的发展需要政府在多方面发挥协调作用，仅靠企业的力量是不能很好地解决影响产业化经营的那些跨地区、跨行业的问题的。因此，要完善政府对产业化经营的协调领导机制，保证政府部门之间的密切合作，各级政府必须加强领导、统一协调，不宜把产业化工作分割在部门之间各自为政。建议把我省的杂粮和干果加工企业进行资源整合，形成拳头品牌。

四、落实优惠政策

目前，国家、省和各市乃至县，都制定出台了不少扶持农业产业化发展的优惠政策，各级政府要督导有关部门真正兑现，尤其在融资、税收、土地使用等方面应享受的优惠要让企业享受到，政府的专项扶持资金要真正投向龙头企业。对民营企业在调产中投向农业产业化的上规模项目，要让他们享受对外招商引资的一切优惠条件。

五、加强宏观调控

针对当前农业产业化发展中的龙头企业不大不强，基地建设专业化、规模化、标准化程度不高，龙头企业与农户的利益联结机制不健全、产业化程度不高，资金使用分散、项目与资金不配套等问题，建议省里加强宏观调控和微观协调，组织专家调研论证我省农牧业强项资源和产品做大做强的措施，动员有实力的民营企业选项发展。把资金向优势企业投入，把原料向优势企业集中，把做强做大的目标向优势企业投放。应按市场化运作的原则，规划整合小而散的加工企业，打造龙头企业的“航母”，创品牌，保名牌，占市场，推动我省农业产业化经营尽快走上更加健康的发展轨道。

加快民营企业走新型工业化步伐
努力实现我省民营经济跨越式发展

山西省政协九届二次会议大会发言材料（2004年）

党的十六大报告指出，我国在21世纪的前二十年经济建设的主要任务之一，就是要基本实现工业化，要坚持以信息化带动工业化，以工业化促进信息化，走出一条科技含量高、经济效益好、资源消耗低、环境污染少、人力资源优势得到充分发挥的新型工业化道路。这是党中央在我国重要战略机遇期，全面建设小康社会、加速推进社会主义现代化建设的重大战略决策，也是总结国内外工业化的经验教训，顺应经济全球化，符合中国国情的现代化工业发展模式。作为社会主义市场经济重要组成部分的民营经济，走一条用信息化、高科技迅速提升传统产业水平的新型工业化道路，是实现其跨越式发展的必由之路。

改革开放20多年来，我省民营经济有了长足发展。特别是经过三年的经济和产业结构调整，民营企业发展势头强劲，在国民经济中的地位不断提升，一批产品档次高、经济效益好的民营企业快速做大做强。截至2003年底，我省个体工商户达41万户，私营企业达4.1万户，民营经济完成增加值1133.5亿元，比上年增长21.9%，占全省GDP的比重达到47.6%。全省资产超过10亿元的民营企业有15家，超亿元的有132家，其中海鑫集团产值超过55亿元，纳税达到4亿元。海鑫、通达、美锦、安泰等13家企业进入全国民营企业500强。在我省“1311”规划项目中，民营企业项目有98个，占首批164个项目的60%。民营企业在全面提升煤、焦、铁优势产业的同时，大踏步向旅游、商贸、房地产、特色农业和高新技术产业进军，全省高新技术企业中的民营经济比重达到60%，亚宝药业、信联集团、老万生物质能、理工天成、榆次昶力、科泰微技术、绿洲纺织、瑞洁生化、丰海纳米等一大批高新技术企业迅速成长起来，连顺公司投资研发的煤基合成油项目也取得新进展。

但是我们应该清醒地看到，民营经济仍然是我省国民经济发展的薄弱环节，与发达省市相比发展仍然滞后，与新型工业化的要求仍然存在很大差距。一是产业结构不合理。我省民营经济一、二、三产业的比重为1.0：72.9：26.1，涉足第一产业不仅数量少，而且规模小，第二产业低度粗放，第三产业投资和发展的势头不旺。其中，第二产业主要集中在以消耗能源为主、环境污染严重、产品附加值低的煤焦铁初级开采和加工行业。虽然近年来像海鑫集团、安泰集团、阳光集团、振兴集团、金业集团等大型民营企业投入大量资金延长煤焦化、焦铁铸、煤电铝产业链，提升产业科技含量和产品附加值，也有不少企业响应省委、省政府调产的号召，在二次创业中向新型工业化方向发展，兴办了一些科技型企业，但大多数企业由于经济效益差、资金短缺、投入力量不足，仍停留在高能耗、高污染、低水平、重复建设的生产状态，走新型工业化道路的步子不快。二是企业组织结构落后。大多数企业仍处于家族化管理模式，没有建立起现代企业制度，企业管理方式陈旧，信息化程度低，生产装备、生产方式、产品技术含量都处于较低水平，科研开发能力不足，少有高素质、高科技的人才引进，融资渠道狭窄，导致企业综合市场竞争能力弱。三是规模小，集团化程度低。尽管近年来我省民营企业发展势头强劲，大企业数目不断增多，但与发达省份相比，仍显得数量少、规模小。在2002年上规模民营企业调查中，浙江省入围年营业收入1.2亿元以上企业556家，占到全国的35 .15%，而我省只有34家；在民营企业500强中浙江省入围的民营企业营收总额为2510.07亿元，占到36%，而我省进入民营企业500强的13家企业营收总额为143.88亿元，只占到2.04%。广东省2003年上半年新登记的私营企业数接近我省全部私营企业数，新增私企的注册资金相当于我省个体户和私营注册资金的总和。由于我省民营企业经营分散，不仅未形成产业集群，就是企业集群也很少、很小，因此，难以形成规模经济，走新型工业化道路的实力明显不足。四是外向度低。我省民营企业引进来和走出去的还很少，目前大多数还盯在省内资源上，在国内国外两种资源的开发利用和国内外两个市场的开拓方面很欠缺。

随着中国入世后国际竞争的日益加剧，以及知识经济对传统产业的巨大冲击，民营企业不仅面对着国有经济、外资经济的双重挑战和激烈竞争，也面对着新型工业化进程所带来的冲击和机遇。尤其是受能源原材料市场好转的影响，煤、焦、铁、普钢等资源性高污染产业进一步快速扩张，“五小”企业的低水平重复建设又有抬头迹象，给经济发展造成了潜在压力。引导民营企业尽快走新型工业化道路，实现民营经济跨越式发展，实施可持续发展战略，已经迫在眉睫、势在必行。为此，我们建议：

一、提高认识，转变观念，积极引导民营企业树立走新型工业化道路的战略思路

民营经济说到底就是民本经济，是千千万万老百姓通过自主创业而从事的事业。在民营经济发展初期，许多企业从事的是盲目性、自主性和投机性经营，随着市场竞争的日趋激烈和大工业协作化生产进程的不断加快，迫切需要把各方面的思想和行动统一到党的十六大精神上来，要大力宣传我省结构调整的总体经济发展战略，宣传走新型工业化道路的重要性，使民营企业改变传统工业化的思维方式，树立生产力跨越式发展的新观念；转变盯住自然资源和资金，靠拼资源、拼投资求发展的传统观念，树立利用信息资源、知识资源，提高产品的技术含量和知识含量，领先科技进步求发展的新观念；转变只重装备而忽视挖掘人的能动作用的传统观念，树立发挥人力资源、以人为本的新观念。各级党委和政府要把发展民营经济作为实现结构调整和赶超战略目标的重要突破口，构建软环境支撑体系，营造全社会发展民营经济的良好氛围，放手让一切劳动、知识、技术、管理和资本的活力竞相迸发，让一切创造财富的源泉充分涌流。

二、优化环境，优惠政策，鼓励民营企业以信息化和高新技术改造传统产业，发展科技型企业，走可持续发展道路

各级政府和部门要及时清理和修订限制民营经济发展的政策规定，制定出台鼓励民营企业走新型工业化道路的可操作性强的优惠政策。要鼓励民营企业运用新技术、新工艺、新装备改造延伸煤焦铁等传统产业，提升企业创新能力，提高传统工业的市场竞争能力和经济效益。要尽快制定重点行业技术规范，明确产业政策界限，限制焦化、冶金、煤炭等重点行业的总量规模，关停和取缔严重浪费资源、污染环境和破坏生态的生产企业，按经济规律来调节产业结构。要鼓励民营企业在洁净能源、生物医药、电子材料、纳米技术、现代中药等领域发展，逐步形成以高新技术为特色、基础雄厚、技术一流、市场占有率高的先进工业体系。对科技型企业，政府要在立项审批、土地使用、融资贷款、市场开拓、对外出口、成果转化等方面，给予全方位的优惠支持。

三、转变职能，改进服务，构筑面向民营企业的社会化服务体系

走市场经济条件下的新型工业化道路，政府不再是资源配置的主体，政府的职能主要是对经济运行进行宏观调控，规范市场秩序，创造公平竞争的环境，提供公共产品，扶持战略性产业，维护企业合法权益等。政府要建设好信息化的基础设施，积极发展信息服务业，制定和实施信息化建设的法律制度，为民营企业创造一个有利于推进信息化发展的环境。要进一步加快行政审批制度改革，更多地下放审批权限，简化审批程序。要支持各种中介机构的发展，为民营经济提供咨询、信息和技术服务，做好民营企业与科研院所、大专院校项目合作的引荐联系工作，积极帮助民营企业引进技术人才和管理人才。

四、抓住机遇，增强实力，迎接新型工业化的机遇和挑战，实现跨越式发展

民营企业要抓住我省走新型工业化道路的战略机遇，把企业自身的发展融入社会经济的发展中。要结合我省经济结构调整、产业转移和升级的趋势，确定本企业在产业链中的经营地位和发展空间。根据我省民营企业的投资能力，要重视开发国内国际两个市场，在第三产业和劳动密集型产业方面求发展。要抓住十六届三中全会后新一轮国企改革的机遇，积极参与兼并、参股、买断国有企业，实现优势扩张。经营领域要从小范围、局部性向全方位、多领域方向拓展；经营方式要从低水平、低档次、低价格向高科技、高质量、高效益方向拓展；经营规模要从小而散向集团化、品牌化拓展。要不断适应市场经济发展要求，开展管理创新和体制创新，适时实现由家族管理向规范的法人管理转变，引进现代企业制度，规范企业发展。要以信息化带动工业化，把信息化逐步应用到企业的产品设计、制造、管理、营销、服务等全过程中，以企业的信息化建设提升战略管理水平。要通过采用股票期权、技术入股、管理入股、职工持股等方式吸引各类高素质人才。要通过加强与国有企业、科研院所、大专院校的各类经济技术合作，走产、学、研结合一体化经营之路，调整产业和产品结构，把企业发展方向逐步转移到高新技术产业和服务业上，真正走出一条科技含量高、经济效益好、资源消耗低、环境污染少、人才资源优势得到充分发挥的新型工业化路子。

贯彻党的十六大精神推进非公有制经济健康发展

山西省政协九届二次会议大会发言材料（2004年）

党的“十六大”明确提出：“必须毫不动摇地鼓励、支持和引导非公有制经济发展。”党的十六届三中全会进一步阐述：“个体私营等非公有制经济是促进我国社会生产力发展的重要力量。清理和修订限制非公有制经济发展的法律法规和政策，清除体制性障碍。放宽市场准入，允许非公有资本进入法律法规未禁入的基础设施、公用事业及其他行业和领域。非公有制企业在投融资、税收、土地使用和对外贸易等方面，与其他企业享受同等待遇。支持非公有制中小企业的发展，鼓励有条件的企业做强做大”；“要依法保护各类产权，健全产权交易规则和监管制度，推动产权有序流转，保障所有市场主体的平等法律地位和发展权利”；“在加强监管和保证资本金充足的前提下，稳步发展各种所有制金融企业”；“努力改善创业和就业环境”，“在经济类型上，注重发展非公有制经济”；“完善按劳分配为主体，多种分配方式并存的分配制度，坚持效率优先，兼顾公平，各种生产要素按贡献参与分配”。党中央的重要指示，为非公有制经济提供了良好的发展环境。

一、正确认识和重视非公有制经济

改革开放以来，我国国民经济的一个重要变化就是非公有制经济的迅速发展。25年来，非公有制经济在党和政府的支持与关怀下，由小到大，从弱渐强，迅速成长为中国社会主义市场经济的重要组成部分。在省委、省政府的领导下，我省的非公有制经济同全国一样，发展态势良好。2002年全省以非公经济为主体的民营经济实现增加值930亿元，占全省GDP总量的46.5%；个体私营经济纳税32.8亿元，占全省财政总收入的11.2%。2003年，全省民营经济实现增加值占GDP比重有了新的提升，占到全省GDP总量的47.6%。在许多地区，非公有制经济已成为区域经济的主体和财政收入的主要来源，在安排就业、活跃市场、方便群众生活、维护社会稳定等方面也发挥着越来越突出的积极作用。

二、现阶段非公有制经济发展的不利因素

尽管非公有制经济在国民经济中已占有一定份额和比重，显示出在社会主义市场经济中的重要性，但由于社会观念和体制惯性等原因，现阶段还存在法制环境缺乏保障，社会歧视普遍存在，政策环境不平等，融资渠道不畅通，市场秩序不规范，服务体系不完善等诸多不利因素。

1.政策环境缺乏公平性和灵活性，行政垄断仍不同程度存在。在以国有经济为代表的基础产业和公用事业等领域，行政性资源配置方式依然占据重要地位，并通过行政性垄断阻隔，制约着市场经济体制在资源配置方面发挥基础作用，提高了整个经济的运行成本。一些地方政府在对国有企业给予政策倾斜的同时，禁止或限制民营企业的进入。这显然是不公平的，违反了市场经济的客观规律，抑制了民间的投资热情，不利于发挥市场配置资源的基础性作用和市场竞争机制的形成，制约了非公有制经济的正常发展。

2.缺乏法制化的财产保护和有关经济活动的规范体系。不平等待遇除表现在立法和执法上，还有人为设置的一些障碍，造成拉关系、走后门、权钱交易、行贿受贿等现象的发生。这些现象不仅败坏了社会风气，更直接加大了非公有制企业的运营成本。更有甚者，非公有

制企业在艰苦创业的同时，还得应付名目繁杂的所谓“合理”收费和“摊派”与“罚款”，使非公有制企业的合法权益受到侵害，给非公有制经济发展带来负面影响。

3. 融资困难。在创业初始阶段，多数非公有制企业可自行解决资金投入与周转问题。但到了“二次创业”阶段，急需大额投资，采用新工艺、新技术、新设备以转变经济增长方式，企业自身所积累的资金远远不能满足“二次创业”的资金需求。多数企业由于规模小、实力弱、历史短，难以从银行解决资金不足问题。主要原因是金融机构对公有制企业和非公有制企业在贷款上实行区别对待，把给非公有制企业的贷款风险提到不必要的高度。另外，也缺乏一个相互了解、相互支持的由非公有制企业自行组合的风险投资体系。

4. 民营企业经营者自身素质存在不少问题。由于经营者在政治觉悟、知识水平、管理能力、法律意识及道德修养等方面有明显差异，致使一些低素质经营者做出违反《税法》、《劳动法》、《知识产权法》、《商标法》等事情；更有甚者热衷于“官商勾结”，以获取不正当资源分配。虽然这些现象发生在少数人身上，但在相当程度上影响了非公有制经济的社会形象，需要引起高度重视。

5.缺乏针对性的非公有制经济发展规划。为非公有制企业服务的社会体系建设滞后，导致非公有制企业在人才、信息、资金等方面遇到重重困难，不利于非公有制经济的发展和作用的发挥。

三、为发展非公有制经济营造良好环境

落实党的“十六大”和十六届三中全会精神，推动非公有制经济再上新台阶，是全省上下当前一项迫切任务，建议现阶段重点研究解决如下问题：

1. 建立地方性的财产保护和经济活动的规范化法制体系。承认非公有制经济人士的合法收入，尊重非公有制经济人士的劳动成果，克制一些地方、部门利用经营城市、美化环境、整顿秩序等名义，侵害非公有制企业和私人财产的事情发生，一旦发生，包括政府部门在内的机构与单位都应按规定履行补偿、赔付责任。政法部门要建立严格的诉讼、判决、执行机制，完善产权保护制度，这是鼓励非公有制经济健康发展的重要基础。

2. 改善环境，消除市场准入歧视。清理调整与“十六大”精神不相符的各项政策、规定，取消在税收、土地使用、进出口业务等方面不利于非公有制企业发展的限制，允许民间资本以独资、合作、合资、参股、特许经营等方式进入更广泛的领域。民间资本进入市场、投资项目要切实降低门槛并简化手续，改善在注册、经营、增项、转业、审验等环节的审批程序，使非公有制企业真正享有同国有企业平等创业、共同发展的权利与机会。各级政府要坚决制止乱摊派、乱收费、乱罚款等不良行为，根除区域分割、行业壁垒、地方保护及随意性等人为因素。制定可操作的鼓励中小企业特别是高新技术型企业发展的地方性政策法规。要给予优惠政策，鼓励非公有制企业参与国有经济的战略性调整和国有企业重组。

3. 畅通融资渠道，完善为非公有制经济服务的金融体系。按照有利于促进金融业公平竞争，有利于提高金融资源的配置效率，有利于保证金融体系安全和稳健运行的原则，在现有金融机构产权重组和经营机制转换上提高运行效率。以支持民营企业为基点，发展区域性、地方性的中小金融机构，也可考虑由民营企业参股组建“投资风险基金”。此外，在非公有制企业信贷方面，要由政府有关部门统一协调，鼓励金融机构以平等的法人关系和契约关系善待非公有制企业，给予非公有制企业与国有企业同等信贷的机会和比较优惠的条件。

4. 提高非公有制企业信誉和经营者素质。非公有制企业要在党和政府的支持与帮助下，做到产权明确，告别“红帽子”式的产权关系；选择适当的企业制度进行规范，实行有透明度的责权利制度；坚持在技术、管理、制度

上的不断创新；努力培育核心产品；建立良好的人力资源、财务、质量和市场管理体系；树立良好的社会形象，重信誉、守合同，创造自己的品牌，杜绝各种违法乱纪现象。

5.建立和完善面向非公有制经济的社会服务体系。由熟悉非公有制经济的中介组织牵头，在政府有关综合部门和职能部门的参与下，组织社会力量，进行非公有制经济发展规划的研究，并适时进行创业辅导、投资咨询、管理诊断、人才开发、经营培训、技术援助、信息共享、市场准入、资金融通、科技教育、企业文化等产前、产中、产后服务，为非公有制经济创造良好的生存环境，促进非公有制经济持续快速健康地发展。

用科学发展观引导民营企业健康发展

山西省政协九届三次会议大会发言材料（2005年）

改革开放以来，我省民营经济得到了长足的发展，尤其是近几年，在省委、省政府调整经济结构战略方针的引导下，民营经济逐渐走上了稳步健康发展的轨道，发展速度加快，质量和效益不断提升，成为我省国民经济的重要组成部分。目前，我省民营经济创造的增加值已经占到全省GDP的一半；安排的就业人数已达460多万人，已成为当前社会就业的主渠道；民营企业还为社会公益事业和扶贫救灾做出了重大贡献，仅在2003年抗击“非典”中就捐款捐物4000多万元。民营经济促进了我省经济和社会的发展，功不可没。但是，我们也应该看到，我省经济发展中的结构性矛盾，在民营企业发展中更显突出，从2003年下半年以来出现的经济运行中的问题，无疑对我省民营企业发展是一次市场适应能力的考验。据我会调查了解，2004年全省大部分民营企业遇到了原材料紧张、运输无保障、电力供应缺口大、资金严重短缺等问题，表现出生产开工不足，建设项目停滞，效率下降，盈利水平没有达到预期目标等情况。运城的海鑫钢铁公司等大型企业已经从国外进口焦煤，阳光焦化集团由于运力不足年产量缩减30万吨，曲沃的宇晋钢铁公司、朔州的富华电冶公司等企业电力缺口一半以上，生产更是开工不足。针对这样的情况，建议各级领导、各有关部门和民营企业，要以党的“十六大”和十六届三中、四中全会精神为指引，用科学发展观的要求，坚持贯彻和落实国家宏观调控方针政策，引导民营企业走上可持续发展道路，促进民营经济健康快速发展。

一、坚持科学发展，民营企业要正确认识和应对国家宏观调控政策，把握好企业自身的发展与国家和社会发展间的关系

当前，我们国家的经济正处于一个发展的关键时期，在经济加速增长的同时，也出现了一些问题，就是局部的行业过热导致能源、原材料短缺，运力紧张，原材料价格上涨等经济运行中的紊乱现象。因此，国家适时地采取了对某些过热行业的宏观调控措施，运用了经济手段、法律手段和必要的行政手段。经过一年来的宏观调控，取得了明显成效。但是，从这次宏观调控的实践来看，经济结构不合理、增长方式粗放，是造成盲目扩张、煤、电、油、运紧张等问题的深层次原因，加快经济结构调整，转变经济增长方式已经刻不容缓。所以，今后一段相当长时期内，宏观调控这只手随时会发挥作用，只不过调控的方向、重点和力度会根据经济运行情况有所变化。我省民营企业当前遇到的困难正是这种发展结构失衡带来的结果，就是政府不调控，市场也要调控的。中央的调控是遵循经济规律的，是符合科学发展观要求的。希望广大民营企业要随时保持对国家政策的学习理解，要总结经验教

训，把自身企业的发展科学地融入国家和社会的发展整体中来，企业的发展要符合国家的产业政策，遵循整体规划，能够满足资源和环境承载的要求，重视市场的全面分析，切不可盲目扩张。但更要看到，国家的每一次大的宏观调控也都为民营企业的发展带来了新的空间、新的领域和新的机会这就是整个国民经济水平的提升和拓展，广大民营企业要沉着应对，冷静分析，切勿错过这一黄金机遇！民营企业在经营中一定要按照“爱国、敬业、诚信、守法”和科学发展观的要求发展企业，做到依法经营，诚信纳税，自觉维护市场秩序。

二、坚持可持续发展，民营企业要重新审视企业发展战略和投资观，处理好当前与长远的关系

我省民营企业发展中的问题人所共知，在超常规发展的同时，一些企业对资源超常规的开采利用，对环境的超常规排放，造成的资源浪费和环境恶化已经到了非叫停不行的时候了。统筹人与自然的和谐发展是科学发展观的重要内容，实现人与自然和谐发展就需要树立可持续发展的新理念。我们民营企业的发展一定要树立整体观念，发展不仅为了自己，更要注重造福人民，不仅要造福于当代人，而且要为造福子孙后代着想，不能以牺牲环境和后代人的幸福为代价，来换取当前的利益和暂时的富裕。

我们看到，在探索循环经济模式，走可持续发展之路方面，已经有安泰集团董事长李安民等一些大型民营企业的领军人士作出了表率，他们前几年就在企业发展中注重调整了产业链型结构，将工业“三废”尽可能变为资源，尽可能榨干吃净，走上了循环经济的发展模式，受到了国家有关部门的肯定和好评。但总体看，目前我省民营企业在这方面存在的问题还很大，应该引起各级政府和每个民营企业的足够重视，再也不能这样走下去了，政府要坚决调控，民营企业家要尽快调整发展思路。希望我省的民营企业要在新一轮经济发展战略中，调整投资观念，走出重经验轻市场、重权力轻法制、重所得轻责任、重扩张轻积累的畸型发展思路，要按照科学发展观的要求，选择走科技含量高、经济效益好、资源消耗低、环境污染少的新型工业化道路，尽快走上可持续发展之路。

三、坚持以人为本，民营企业家要重视员工的全面发展，注重构建企业和谐的劳动关系

以人为本，是科学发展观的本质与核心，既表达了发展的目的，又表达了发展的原则。坚持以人为本，一切从员工的根本利益出发，促进员工的全面发展，对构建民营企业和谐的劳动关系尤为重要。民营企业出现的“留不住人才”“招工难”“引进人才难”，甚至出现员工与老板矛盾激化等问题。一些企业不能平等对待员工，不能切实保证职工的合法权益，员工对企业缺乏认同感和归属感，这是造成问题的重要原因。因此，按照科学发展观的要求，调整企业内部矛盾，构建和谐的劳动关系，是当前民营企业应该引起足够重视的问题。我们要引导民营企业家认识到，在知识经济时代，人才是重要的资本，企业必须坚持以人为本，把关心人、爱护人、尊重人作为管理工作的重点，把不断提高员工思想道德素质和科学文化素质作为一项战略任务，把企业建设成学习型组织，营造一个共创财富、共同发展、共享文明进步的内部环境，促进民营企业与员工结成利益共同体，实现双赢。去年以来，省工商联和省总工会响应全国工商联和全国总工会的号召，共同组织发起了在全省民营企业中开展“关爱员工，实现双赢”和“创建学习型企业”“知识型员工”的活动，得到了广大民营企业家和民营企业广大员工的积极响应。我们希望广大民营企业家要做到切实维护员工的基本权益，保障员工的人身安全和劳动所得，按照法律的规定，建立健全员工的各种社会保障制度；要严格按照《劳动法》的有关规定，坚持依法与员工签订劳动合同，并严格履约；要关心员工的发展前途，加强和改进职业培训工作，鼓励和支持员工学习科学文化和现代科技知识，开展技术革新、劳动竞赛和提合理化建议活动，用人才活力激发企业健康发展；要真正认识到，这一切都是企业文化的重要组成部分，也是企业发展

的根本。

四、坚持义利兼顾，民营企业要树立社会主义共同价值观，把握好企业与社会的关系

党的改革开放政策允许一部分人先富起来，这是一个必要的过程，但不是目的，目的是先富帮后富，最终实现共同富裕。民营企业家只有理解和处理好了这个关系，才能够融入社会主义社会的共同价值观之中。在贯彻“效率优先，兼顾公平”的原则下，民营企业一方面要努力为社会创造财富，另一方面也必须积极承担起维护社会稳定，推动社会进步的责任。当前民营企业家的视觉要更多地向公平倾斜，关注贫困地区，关注弱势群体，做到义利兼顾。要积极响应党和国家的号召，积极开展光彩事业，在自身企业发展的同时，到贫困地区投资办企业，吸纳贫困地区劳动力和下岗职工再就业，带动群众脱贫致富；要热心公益事业，积极主动参与社会慈善事业和公益设施建设，救助贫困群众，捐资助教，捐款救灾，特别是在重大自然灾害或重大疫情面前，如为非典、抗洪一样慷慨相助。我们民营企业要以自己对社会的关爱和贡献赢得全社会更多的理解和支持，共同营造更加宽松的发展环境，做好了这些，就能实现企业与社会共进，效益与环境双赢。

关于进一步改进我省非公有制经济发展外部环境状况的建议

山西省政协九届三次会议大会发言材料（2005年）

2004年，我会针对我省非公有制经济发展的外部环境状况进行了调研。总体上看，我省非公有制经济发展的外部环境比过去有较大改观。一是非公经济发展的政策环境进一步改善。党的“十六大”、十六届三中、四中全会精神日益深入人心，省和市县领导更加重视非公经济发展问题，省和一些市、县近两年都出台了加快非公经济发展的决定或意见，清理和废除了一批有碍非公经济发展的地方政策性文件，政府职能调整和行风建设工作正在抓紧进行。尤其是省委、省政府制定出台了《关于进一步加快非公有制经济发展的决定》，进一步营造了良好的发展环境；二是市场准入的门槛有所降低，非公经济进入的领域正在拓宽；三是一些部门转变职能，改进服务工作受到好评；四是非公企业和非公经济人士的贡献得到社会各界的广泛认可。省委、省政府表彰了26位优秀民营企业家，授予他们“山西省非公有制经济人士优秀中国特色社会主义事业建设者”荣誉称号。但在调查中，我们也了解到，当前我省非公经济发展的外部环境还有不少需要改进的方面，还存在着以下方面的主要问题：

1. 各地、各部门创优环境发展不平衡。有的地方治安环境差、政府有关部门工作人员“吃、拿、卡、要、拖”现象仍然严重，企业家们对大多数“政务大厅”工作质量普遍反映不好，主要问题是各职能部门的领导不能座班，又不授权给值班人员，在那里办不成事，反而多了一道手续，多跑一个部门。

2. 优惠政策落实不到位。一方面是优惠政策落实到位不好，另一方面是各地招商引资时承诺的条件不兑现，民营企业反映说：政府缺乏诚信，特别是政策缺乏连续性，新一任领导不认上一任领导的承诺。

3. 乱收费、乱罚款、乱摊派、乱检查、乱评比的现象仍然严重，而且更加隐蔽。不仅行业乱收费，而且政府也乱收费。政府部门收费不规范，罚款仍然有定指标、下任务的现象，各部门、行业、社会团体杂乱的评比表彰，也都严重干扰着非公企业的正常生产经营活动。

4. 中小企业融资难仍然是制约非公经济发展的主要瓶颈。尽管目前全省已成立的大大小小担保机构有100余家，但多数是小规模、小范围的联保或互保形式，融资能力有限，融资面很窄。

5. 一些地方政府缺乏科学发展观和全局观念，对非公企业发展不能正确引导和监管。盲目投资、低水平重复建设，违反国家产业政策上项目、违法占用土地、超量排污等现象多有发生，致使一些地区的非公经济不能健康发展。

一、造成我省非公经济发展外部环境差的主要原因：

思想观念落后，党政领导和公务人员在计划经济体制下的管理思路和官本位思想依然严重，把重视非公经济发展总是定位在加强管理、增设机构这套计划经济时代的思路上。一些职能部门和公务人员揽权争利现象严重，争利益，管得死、不放权。许多地方和许多部门、许多人陷入上级政府与下级政府争利益、部门之间争利益、不给好处不办事的怪圈；政府服务质量差，执法和办事人员人为设障的现象突出。职能部门行政审批办事效率低，行风不正，服务态度差，工作人员专业知识水平低。一些公安干警、行政执法人员，不是服务于企业，而是故意刁难，超范围处罚，罚款就重不就轻；一些领导缺乏科学的政绩观。急功近利，追求眼前的经济增长指标，大搞形象工程，忽视可持续发展；政府管理经济的机构设置仍然过多。我省管理经济的部门职能交叉或职责不明的问题迄今没有得到合理解决，现在民营企业不是盼管，而是怕管；地方财政不能保证职能部门的经费需要，加上职能部门雇用临时工执法，进一步加剧了“三乱”盛行。

二、改善非公经济发展外部环境的对策建议

1. 加强对非公经济方针政策的学习教育，进一步转变思想观念。各级党校要真正将中央关于非公经济的方针、政策列为党政领导干部学习的重要内容。各职能部门也要加强内部学习教育，提高工作人员对发展非公经济重要意义的认识，从思想和行动上真正改变“官本位”的落后观念，按照“十六大”、十六届三中、四中全会精神，对鼓励支持非公经济发展要有新思路。

2. 摒弃歧视性做法，切实抓好优惠政策的落实到位。以贯彻落实省委、省政府《关于进一步加快非公有制经济发展的决定》为契机，省级领导部门要认真督查各地、各部门落实相关规定，要责成职能部门限期制定各自的实施细则，坚决查处对优惠政策不落实、不兑现的部门和单位。

3. 政府要加快转变职能，提高效率。外部环境的核心是政府职能转变问题，只有大幅度削减政府对非公企业干予的权力，才能解决当前面临的复杂问题，才能给企业创造宽松的外部环境。

4. 严肃查处国家机关工作人员利用职权刁难企业、吃拿卡要的违规违纪行为。鉴于部门作风已经成为制约非公经济健康发展的突出问题，各地应采取得力措施，强化社会舆论监督，坚持行风评议，建立举报奖励机制，新闻单位开辟行风监督热线栏目，各级纪检监察部门要严厉查处违纪人员，减少干扰非公经济发展的人为障碍。

5. 切实解决中小企业融资困难。各级政府要增加对担保机构的资金支持力度，加强对企业的信用评估，想方设法排除障碍，为非公企业及时确认土地、房产等权属，颁发相关证书，方便企业申请抵押贷款。

6. 用科学的发展观正确引导非公企业发展。各级政府要及时向民营企业传达国家的产业政策和经济发展战略，加强宏观调控与监管，力戒盲目投资、低水平重复建设和环境违法事件发生。

7. 要用科学的政绩观考核各级、各部门主要领导干部。各级领导要带头作表率，坚持纠正职能部门的一些错误做法，对全省普遍反映差的部门领导要给予严肃的处理，使整顿行风工作成为改善经济发展外部环境的突破口。

8.规范和发展社会中介组织。结合政府职能转变，现有的官办行业协会要尽快用市场化机制运作，要鼓励支持社会团体牵头组建信息咨询、专业咨询、评估论证等中介服务机构，并支持工商联牵头在非公经济占主体的行业中组建同业公会和行业商会，并赋予工商联对这些商会的业务主管权；逐步赋予全省性行业协会和商会自主制定行业规范和标准、参与行业规划和资质审查等职能，充分发挥其服务会员、行业自律、行业协调、行业监督的作用，使行业商会在非公经济发展中发挥重要促进作用。

弘扬晋商文化 重振晋商雄风

山西省政协九届三次会议大会发言材料（2005年）

改革开放20多年来，在党和国家政策指引下，我省民营经济得到了长足发展。但是，与沿海经济发达地区相比，山西民营经济明显落后，与明清时期的晋商相比，新一代晋商在中国经济发展大潮中落伍了。民营企业如何在我省新型能源和工业基地建设的过程中抓住机遇，怎样弘扬晋商精神，重振晋商雄风，实现新的飞跃，是广大民营企业家面对的现实问题。

一、挖掘晋商优秀文化内涵，弘扬晋商优秀品质

明清时期，山西商人称雄国内商界五个多世纪，执全国商业、金融业之牛耳，以雄财善贾、诚信俭朴闻名海内外，曾有世界经济史学者把山西商人与意大利商人相提并论，给予极高的评价。晋商的兴起，除与当时政治经济制度、生产力发展水平、山西所处的地理位置有着极大的关系外，更主要原因是山西商人创出了独特的晋商优秀文化。其精华主要有：敢为天下先的开拓进取精神。“凡是有麻雀的地方就有山西人”。山西商人翻越千山万水，踏遍浩瀚沙漠，行边野不毛之地，不畏艰险，万里行贾，勤俭经商，尤其在明清鼎盛时期，其商业网络已遍布国内大江南北，长城内外，并延伸到整个北亚地区，经营商品上至绸缎，下到葱蒜。正是由于勇于开拓的精神，带来了明清商贸的繁荣，带动了不少城市的发展，实现了“分号制”“联号制”的组织形式，创立了山西票号，汇通天下，利达九州，成为中国银行之鼻祖。晋商崇祀关羽，尊其为财神，他们以关公的义气教育同行，祈求关公保护财产安全和经营昌盛。他们诚集优质货，诚待天下客，以优质的“货真”和物有所值的“价实”服务于社会，周而复始地参与商业资本的良性周转和循环。在银行资本运营中更是“无信不立”，谨守“信用”二字，从而使山西票号从无到有，从小到大，东渡扶桑，西被东欧，南涉诸岛，“名誉著于全球”。在中国封建社会里，晋商靠自己的成功冲淡了留在人们思想中的“轻商淡利”观念，“学而优则仕”转变为“学而优则商”，把成为成功的商人做为自己的理想，形成了“以商致财，用财守本”的立业思想。晋商把人才视为根本，选能任贤，委以重任，不分门户，不问私情，量才录用，依靠培养人才和建立优秀商业人才队伍，成就了长达500年的晋商辉煌历史，创出了晋商独特的人才观念。

我省不少优秀民营企业家在创造物质财富的同时，挖掘晋商传统文化内涵，弘扬晋商优

秀品质，把晋商传统文化与现代企业文化相融合，形成了独具特色的新晋商企业文化。这些企业文化具有新鲜的活力，在将各种文化互相融合的基础上，形成自己的特色和竞争优势；这些文化充满正义，企业内部资源的平等、公平使每个企业成员都有实现自我的均等机会，让每个员工参与到企业的管理运营中，对员工进行不间断的培训，使每个员工都感到和谐和关爱，都能找到发展和施展自我能力的机遇；这些文化体现着实现过程，不断学习，不断实践，不断改善，对企业思想积累、沉淀、扬弃、创新、升华，形成自觉的、清醒的、系统的、开放的、发展的、创新的创造过程；这些文化创出独特，以富有个性的企业文化形成了内涵丰富的现代理念下的人本文化、新晋商文化、家族企业文化、民营科技企业文化，增加了企业的核心竞争力，在诚信、创新与务实精神中成长。

二、传承晋商文化，重振晋商雄风

顺应时代潮流崛起的新一代晋商虽然创出了业绩，但与在财力上和经营技术上领先商界的明清晋商相比，存在着明显的不足。思想观念落后，重商意识差，很少有昔日晋商独身闯天下的创业精神，相当一部分小富即安，小进则满。多数依赖自然资源，从事以消耗能源为主，产品附加值低的煤焦铁初级开采和加工行业，向高科技领域和其他产业发展的步伐缓慢，“走出去”的企业家很少，对国内国外两种资源的开发利用和两个市场的开拓欠缺。企业经营分散，难以形成产业集群和团体势力。部分人缺乏晋商诚信经营理念，社会信用度低，有的为了企业眼前小利，砸了老品牌的牌子，砸了行业的饭碗。

面临着经济全球化形势，我省民营经济发展的政策和环境日益改善，新晋商要抓住转型机遇，重振晋商雄风，必须传承晋商敢闯天下、敢为人先、敢于创新的优秀品质，克服今日的不足。要加强学习，更新观念，向老晋商和当代省外、世界的优秀企业家学习，学人之强，看人之长，吸收别人的先进文化，特别要学习科学发展观，用现代的科学技术武装自己，使产业和产品结构合理化，真正有更高的科技含量。从依靠自然资源的发展，逐步转型到依靠资本而发展经济，更提升到依靠科学技术、依靠头脑、依靠知识发展经济。要立足国内、国外两个市场，敢于开拓，设法“走出去”，进入和占领新的市场，提升产品的市场竞争能力。要实现组织、管理、体制和机制的创新，由家族治理向规范的法人治理转变，从根本上提高企业的发展力和竞争力。要恪守“诚信”的晋商精神，以诚信树形象，以诚信造声誉，以诚信拓商机，以诚信求发展，要把信用建设作为企业核心竞争力的重要组成部分加以重视，保护和利用这一资源，使企业发展有一个坚实基础。要牢固树立以人为本的观念，把促进人才健康成长和充分发挥人才作用放在重要位置。鼓励人人都作贡献，人人都能成才。通过“关爱员工，实现双赢”活动，切实维护员工的合法权益，建立健全民营企业员工的各种社会保障制度。加强职业教育，提高素质技能，为员工创造一个公正、平等、充满爱心的良好环境，使每个员工都能够感到和谐和关爱，激发他们的自主创新精神和工作的积极性，增强企业的凝聚力。

三、重视弘扬晋商文化，营造重商立业氛围

晋商的作用引起了世界各国的关注和研究，作为山西人更要研究晋商文化，深刻领略晋商精神实质，把他们的经商之道古为今用，借鉴指导今天的民营经济发展，真正形成重商立业之风，形成支持民营经济发展之风。2004年在省委宣传部、省委统战部的大力支持下，省工商联牵头与媒体共同举办了“2004晋商国际论坛”，邀请著名经济学家、外省知名民营企业家和我省民营企业家同台论道，破解晋商兴衰成因，探讨全球化时代新晋商发展之路。在论坛会上，经济学家、企业家对晋商精神给予很高评价，同时也对新一代晋商秉承重商立业的人生观，义利并重的价值观和艰苦奋

斗的晋商精神，崛起的一批以煤焦铁为主体、走循环经济之路的民营企业大户给予了肯定。这次论坛活动成功地使晋商文化从书斋里走出来，与现实相结合，受到了社会各界的盛赞。省工商联将继续在社会各界的大力支持下，与有关部门、民营企业家合作，把晋商国际论坛办成品牌，引导更多的民营企业家参与晋商文化的研究，从中汲取经验教训，更好地把晋商精神与企业的具体实践相结合，创造具有活力、正义、独特的企业文化，培养出新一代晋商群体，重振晋商雄风，谱写晋商复兴的新篇章。

加大对国务院“非公36条”的贯彻力度
鼓励支持引导非公经济快速健康发展

山西省政协九届四次会议大会发言材料（2006年）

2005年2月，国务院颁发了《国务院关于鼓励支持和引导个体私营等非公有制经济发展的若干意见》（简称“非公36条”），这是新中国第一部关于非公有制经济发展全面、系统的政策性文件。文件充分反映了党的“十五大”、“十六大”、十六届三中、四中全会和宪法修正案的精神，充分反映了我国社会主义初级阶段基本经济制度的内在要求，充分反映了发展中国特色社会主义的必然趋势。文件出台了七个方面的36条重要政策，这就是：放宽市场准入，加大财税金融支持，完善社会服务，维护企业和职工的合法权益，引导企业提高自身素质，改进政府监管，加强发展指导和政策协调。文件在非公经济的市场准入方面有了根本性突破，在国务院文件中，第一次正式提出贯彻平等准入、公平待遇原则；第一次明确了进入垄断行业，并可进入自然垄断行业；第一次明确提出可平等取得矿产资源的探矿权、采矿权和商业性勘查开发；第一次明确了允许进入国防科技工业领域。“非公36条”出台以来，国务院已经有30多个部门分别制定了配套措施，有10多个部门先后出台了配套的实施办法，有32个省（市、区）制定了配套实施意见。相关法律法规的修改和完善正在进行，《证券法》等法律已经修改，《公司法》等法律正在修改，《物权法》等法律正在制定。但这个文件在我省的贯彻落实与其他省相比，还显比较落后，这与我省“十一五”规划建议要求大力发展非公有制经济是不相适应的。为此，我们建议，各级党委和政府应该加大贯彻落实“非公36条”的工作力度，实实在在鼓励支持非公经济加快发展。建议：

1.转变观念，鼓励发展。现在，从宏观来看，制约非公经济发展的政策性障碍已经破除，党中央和国务院政策的制定，部门和地方配套措施的相继出台，预示着我国推进非公有制经济发展的政策体系框架已经基本建立并将逐步完善。我省非公经济发展应该有新的起点，要牢固确立发展是硬道理的观念，摒弃姓“社”姓“资”等不正确观念，鼓励加快发展非公经济，鼓励创办非公企业，鼓励非公企业做大做强，建议在国家宏观产业政策指导下，放宽限制，鼓励有条件的非公企业自主发展。

2.落实政策，大力发展。全省上下要认真贯彻落实党的“十五大”、“十六大”、十六届三中、四中、五中全会和国务院“非公36条”精神，贯彻落实省委、省政府《关于进一步加快非公有制经济发展的决定》，形成全省大力发展非公经济的良好政策、法律环境和社会舆论氛围，在“十一五”时期使我省非公有制经济发展不足的状况得到明显好转，建议省委、省政府能尽快组成联合督导组，吸收包括省工商联在内的有关部门参加，到11个地级市和重点县督察对中央和省有关文件的贯彻落实情况。

3. 减负放行，支持发展。要规范对非公企业的监管，排除干扰企业发展的各种摊派、评比、乱检查、乱罚款、乱成立社团组织等行为，支持非公企业集中精力谋发展。目前，我省直接面向民营企业家的社团仅省级的就有7个，大中型非公企业的当家人都得参加这些组织。据我们的抽样调查，一部分企业家一年要交6万元以上的会费，参加会议在10次以上。希望有关部门要严格对直接涉及民营企业家的社团进行管理，各级纠风办应把此类行为列为纠风内容。

4. 一视同仁，放手发展。非公企业最期望的是能够获得公平待遇，一视同仁。当前不公平主要表现在准入门槛高和信息不对称、资源垄断，政府部门和垄断行业设置过高的门槛将非公企业拒之门外，获取信息途径窄是非公企业与国有、集体企业不平等的又一表现，对矿产资源、公用事业的垄断，资金使用的倾斜使非公企业在获取资源的优势上与国有、集体企业不在一个平台上。要消除操作层面上的不能一视同仁，给予非公企业与国有、集体、外资企业一样的待遇，这也是“非公36条”的重要精神，只有一视同仁，才有市场公正，才能放开手脚促发展。

5. 搞好服务，促进发展。在政府转变职能搞好服务的同时，要充分发挥工商联等机构和行业中介组织的助手作用，为非公企业发展搞好全方位的服务。“非公36条”明确提出“要发挥工商联在政府管理非公有制企业方面的助手作用”。希望各级党委和政府充分重视工商联这个桥梁和纽带，让工商联的助手职能在调研、协商，引导教育和服务等方面充分体现。同时希望省政府能参照湖北、湖南、内蒙等省区的做法，授权工商联作为行业商会业务主管单位的职权，使工商联的商会职能不断得到落实。

6. 树立形象，健康发展。树立非公企业和非公经济人士新形象，对我省非公经济快速健康发展至关重要。非公企业要树立和落实科学发展观，转变发展观念，转变发展模式，提高发展质量，提高企业的可持续发展能力和自主创新能力，在“十一五”时期树立起山西非公企业全新的形象。非公经济人士要做合格建设者，树立新形象。党的“十六大”把非公经济人士明确为中国特色社会主义事业的建设者，这是理论认识上的突破，思想上的大解放，从根本上改变了人们对非公经济人士的一些模糊认识，广大非公经济人士要倍加珍惜，努力营造建设者的新形象。一是要有大局意识。非公经济人士要做到企业的发展服从或符合国家发展大局，在当前宏观调控时期，特别是“十一五”时期，要着力转变企业增长方式，把企业的发展与人和自然环境、社会的和谐作为首要的责任和目标。二是要树立共同富裕观念。非公经济人士要注重在创造财富的同时，超越财富，追求更大的社会共同理想和共同价值观，把个人富裕与全体人民的共同富裕结合起来，正确处理效率与公平的关系，先富带后富，努力为实现公平正义、诚信友爱做贡献。三是要让员工分享发展成果。要在生活上体贴员工、精神上关心员工、感情上靠近员工，在企业增收的同时，要给员工增加工资，改善劳动条件，让员工享受到企业发展的成果。四是要做社会贤达。广大非公经济人士要在办好企业为国家多纳税、多做贡献的同时，还要秉承中华民族传统美德，扶危济困，慷慨解囊，热心社会公益事业，做新时代的社会贤达。

树立非公经济人士新形象
造就一支中国特色社会主义事业优秀建设者队伍

山西省政协九届四次会议大会发言材料（2006年）

2006年是“十一五”的开局之年,是在新时期、新阶段、新任务形势下实施转变经济增长方式，提高经济增长质量的第一年。省委“十一五”规划建议为全省人民描绘了全面建设山西小康社会的宏伟蓝图和长远的战略目标，艰巨的任务摆在我们面前。在非公有制经济占全省经济比重越来越大的发展格局中，要求我们必须造就一支素质高、形象好，高举邓小平理论和“三个代表”重要思想伟大旗帜，坚决拥护以胡锦涛同志为总书记的党中央，坚定不移跟党走的非公经济代表人士优秀建设者队伍，为建设和谐社会凝聚力量，以推动我省经济以新的方式，更快、更好、更有效益地发展。

一、树立非公经济人士中国特色社会主义事业建设者的新形象

党的“十六大”报告指出：“在社会变革中出现的民营科技企业的创业人员和技术人员、受聘于外资企业的管理技术人员、个体户、私营企业主、中介组织的从业人员、自由职业人员等社会阶层，都是中国特色社会主义事业的建设者。对为祖国富强贡献力量的社会各阶层人们都要团结，对他们的创业精神都要鼓励，对他们的合法权益都要保护，对他们中的优秀分子都要表彰，努力形成全体人民各尽其能、各得其所而又和谐相处的局面。”目前，非公有制经济在全国已经占到GDP的60%以上，我省也达到40%以上，据全国工商联的研究课题显示，全国非公经济人士队伍已经超过5000万人，我省这支队伍也有近百万人。这个庞大的新阶层是改革开放发展社会主义市场经济的产物，是发展经济、建设和谐社会的重要力量。改革开放以来，非公经济人士队伍从产生到发展壮大，经过了从量变到质变的升华过程，这支队伍的年龄结构、知识结构、政治身份和价值取向、政治态度在不断进步。从他们的现实表现看，越来越多的非公经济人士注重自身企业的发展与国家和社会的发展相协调。他们拥护党的现行政策，抓住机遇，奋力发展企业，把企业经营利润的绝大多数投入了再发展；非公经济人士承担社会责任的意识不断增强，在企业发展中注重了与人、与环境和资源的协调；他们注重贯彻落实国家的法律法规和党委政府的要求，在企业中建立党组织和工会，与员工签订劳动合同，提高员工工资，改善劳动条件，关心员工的发展，履行关爱员工的责任和义务，一批“关爱员工的优秀民营企业家”受到全国和省工商联、总工会的表彰和宣传；越来越多的非公经济人士注重了把个人富裕与全体人民的共同富裕结合起来，把遵循市场法则与发扬社会主义道德结合起来，为实现公平正义、诚信友爱做贡献。他们在办好企业为国家多交税、多吸纳就业的同时，还积极开展“光彩事业”活动，在贫困地区投资办厂，兴办公益事业，捐款捐物扶危济困，支持教育，兴学育人。据统计显示，我省近十年来非公经济人士累计为光彩事业项目投资112.9亿元，特别是在1998年抗洪救灾和2003年抗击“非典”中，我省非公经济人士分别捐款捐物2000多万元和4000多万元，成为全国捐赠的先进省份。2006年1~9月份，我省民营企业完成增加值1350亿元，占全省GDP的52%，纳税175.2亿元，同比增长23.2%。对非公经济人士在经济和

社会发展、纳税和就业、关爱员工、捐助贫困等方面做出的突出贡献，国家有关部门和省委、省政府按照“十六大”报告精神不断给予表彰和奖励。2005年中央统战部、全国工商联等五部委联合表彰了100位中国特色社会主义事业建设者。2004年，省委、省政府授予我省26位非公经济人士“山西省非公有制经济人士优秀中国特色社会主义事业建设者”称号。

由于历史的原因，这支队伍起点相对较低，组成成份较复杂，素质差异性大，对党和国家方针政策的理解有较大的差别，甚至在这个群体中也出现了个别的不良行为，在社会上产生了一些不好的影响。如小煤矿的私挖乱采浪费资源，安全隐患严重；被取缔关闭的小企业违法生产屡禁不止；制售假冒伪劣产品，不讲诚信和商业道德的侵害消费者权益的案件频发等等；甚至出现了“山西煤老板购房团”“山西煤老板团购豪华轿车”等异常现象。这些问题的出现，我们认为是山西非公经济人士中的支流，而不是主流，这些现象多出现在一些非正规经营者甚至个别非法开矿者身上，而不是山西民营企业家队伍的主流表现，更不是在山西全省担任各级人大代表、政协委员和工商联执委的8000多位非公经济代表人士队伍的总体形象。但这又是不可忽视的现象和问题，须在各方面关注和努力下，逐步消除这些不良现象，更好树立起我省非公经济人士做合格社会主义建设者的良好形象。

二、用科学发展观统领非公经济发展工作，树立山西非公企业的新形象

树立非公经济人士新的形象，首先要从树立非公企业新的形象开始。以去年2月国务院出台的《国务院关于鼓励支持和引导个体私营等非公有制经济发展的若干意见》（简称“非公36条”）为标志，中国的非公有制经济发展进入了新阶段。在我省，大力发展非公有制经济已经成为全省上下的共同愿望，2004年省委、省政府出台了《关于进一步加快非公有制经济发展的决定》，2005年又出台了《关于加快县域经济发展的若干意见》和省政府《关于促进全省个体私营等非公有制经济快速健康发展的实施意见》等一系列鼓励支持非公经济发展的政策措施。我省“十一五”规划建议也强调了要在“十一五”时期大力发展非公有制经济。因此，必须形成全省上下共同鼓励、支持和引导非公有制经济快速健康发展的共识，实实在在鼓励、引导、支持发展非公经济。

非公经济人士要树立和落实科学发展观，转变发展观念，转变发展模式，提高发展质量，提高企业的可持续发展能力和自主创新能力，抓住“十一五”时期我省培育新的主导产业，实施大企业大集团战略给非公企业创造的发展机遇，尽快做大做强一批优势企业，使非公企业的发展由单个的发展进入集群式的发展，进入具有专业化分工协作特点的行业集群和产业集群。中小非公企业也要适时调整企业的规模、产品、技术、市场、资金和资本结构，做出一批精、特、尖的特色企业，在“十一五”时期树立起山西非公企业全新的形象。

三、非公经济人士要做合格建设者，树立新形象

党的“十六大”把非公经济人士明确为中国特色社会主义事业的建设者，这是理论认识上的突破，思想上的大解放，从根本上改变了人们对非公经济人士的一些模糊认识，广大非公经济人士要倍加珍惜，努力营造建设者的新形象。一是要有大局意识。非公经济人士应当树立大局观念，企业的发展必须服从或符合国家发展大局，在当前宏观调控，特别是“十一五”时期，要着力转变企业增长方式，把企业的发展与人和自然环境、社会的和谐作为首要的责任和目标。二是要树立共同富裕观念。非公经济人士是改革开放的最大受益者，作为新生的企业家群体，要注重在创造财富的同时，超越财富，追求更大的社会共同理想和共同价值观，把个人富裕与全体人民的共同富裕结合起来，正确处理效率与公平的关系，先富带后富，努力为实现公平正义、诚信友爱做贡献。三是要让员工分享发展成果。非公经济人士要树立员工同样是国家和企业主人的理念，要在

生活上体贴员工、精神上关心员工、感情上靠近员工，在企业增收的同时，要给员工增加工资，改善劳动条件，让员工享受到企业发展的成果。四是要做社会贤达。广大非公经济人士在办好企业为国家多纳税、多做贡献的同时，还要秉承中华民族传统美德，扶危济困，慷慨解囊，热心社会公益事业，以“财散人聚，人聚钱来”的胸怀正确对待财富，做新时代的社会贤达。

积极组织引导民营企业参与新农村建设

山西省政协九届五次会议大会发言材料（2007年）

建设社会主义新农村是党中央作出的重大战略决策，是解决“三农”问题，全面建设小康社会，加快推进现代化进程的重大历史任务，是全社会的宏伟事业，需要全社会各方面力量广泛参与和支持。非公有制企业作为国民经济的重要组成部分，是推动新农村建设的一支重要力量，积极参与新农村建设，为新农村建设做出应有贡献，既是非公有制企业义不容辞的重大社会责任和光荣历史任务，也是非公有制企业发展的重要机遇和有益选择。

据我会调查了解，党中央作出全面推进社会主义新农村建设决定后，我省一批民营企业以不同形式参与到当地新农村建设工作中来。他们与所在村、邻近村的自然优势有机地结合起来，采取资源工矿企业帮村、农业产业化企业带村、城中村改造建村、农业资源开发兴村、公益捐赠助村、民营企业家担任“村官”，以企促村等多种模式，初步形成了民营企业、非公经济人士参与新农村建设的氛围。但在我会今年对全省民营企业参与新农村建设进行的两次大的专题调研中，我们也了解到，民营企业参与新农村建设需要进一步重视和组织引导。

一是进一步提高对民营企业在新农村建设中地位和作用的认识。新农村建设在坚持政府主导、农民主体的同时，还应该重视调动参与力量的积极性，应该认识到新农村建设与民营企业发展的互利双赢关系，把民营企业这支潜力巨大的参与力量的积极作用发挥出来。我省民营企业经过改革开放20多年的成长，特别是近年来在全省经济结构调整中得到了长足的发展，目前，全省销售收入超亿元的民营企业已有近400家，纳税超千万元的近300家，一批上规模企业快速成长起来，这批企业在开发农村资源、发展农村产业、吸纳农民就业、增加农民收入，乃至投资农村基础设施和社会事业建设都有一定能力和比较优势。因此，省里和各地方、各部门应该进一步重视组织、发动和引导民营企业参与新农村建设，让他们在支持建设新农村中，自身企业也能得到进一步的发展壮大。

二是民营企业参与新农村建设还存在着一些政策性问题。民营企业参与新农村建设涉及到很多政策性问题，需要有关部门在政策层面上给予支持。如企业无偿捐助农村公益事业的税收政策，合作开发项目的税收减免、信贷支持、土地使用，新村工程建设的收费问题等。目前从许多部门和地方有关新农村建设的政策文件来看，大都是将此作为一个抽象的提法或号召来讲，很少有具体措施和办法。

三是民营企业对参与新农村建设的认识还需要进一步引导。一些民营企业对新农村建设的目标任务以及自身在新农村建设中所肩负的社会责任和发展机遇认识不足，把政府主导、农民主体理解为与企业关系不大。他们更愿意把资金更多地投向城市，投向赢利快的产业，围绕新农村建设的资源开发、基础设施建设、做精做强农业产业化的项目相对较少，规模化的农产品深加工项目显得更少，帮助农民增加“造血”功能的投入少，大多还停留在捐资助学、救助贫困、修桥铺路等公益事业的层面上。

四是对民营企业参与新农村建设的宣传不够。当前，各部门对民营企业参与新农村建设的宣传、鼓励、引导工作做得还不够，全社会还没有形成广泛发动、积极引导、大力宣传的良好氛围。在省级主流媒体上对民营企业参与新农村建设的典型事迹，重要意义的宣传报道少，对政府有序引导民营企业投资新农村建设的信息发布少。

建设新农村是一个长期的战略目标，任务十分艰巨，需要广泛动员全社会的力量来参与实施。建议全省上下要进一步解放思想，转变观念，落实政策，改善环境，加强协调，搞好服务，更有效地组织引导民营企业为新农村建设做贡献。在组织引导民营企业参与新农村建设中应把握以下几点：

一、各级党委、政府要加强组织领导，把民营企业作为新农村建设的重要参与力量

党中央、国务院《关于推进社会主义新农村建设的若干意见》中指出，新农村建设必须坚持发挥各方面积极性，使新农村建设成为全党全社会的共同行动。各级、各部门在制定规划、出台政策时，要把民营企业作为新农村建设的重要力量，支持民营企业参与新农村项目建设，加强政策扶持，完善民营企业参与新农村建设的政策法律保障机制。对民营企业参与新农村建设的项目，各级结构调整支持资金和各项产业发展资金要优先支持，对符合农业产业规划、科技含量高的项目给予重点扶持；对回报社会的公益事业及无偿资助捐赠支出，进行税前列支；金融部门对民营企业与乡村合作的符合农业产业导向规划的项目给予贷款利率与时限上的优惠；探索乡村以土地资本形式入股与民营企业合作的开发形式，以促进双方共赢，同股同利，风险共担的产业开发机制。

二、引导教育民营企业家承担社会责任，积极参与新农村建设

要引导教育民营企业家认识到，非公有制经济的发展得益于党和国家的改革开放政策，得益于广大人民的理解、认同和参与，得益于各行各业的大力支持，特别得益于来自农业和农村的巨大支持，来自于农民的巨大贡献。

作为生在农村、长在农村，事业起步发展在农村的民营企业家，更要回报乡梓，到农村发展，开拓农村市场，帮助农民增加收入，改善农村基础设施，这是他们应尽的社会责任。民营企业家要发扬“致富思源，富而思进，扶危济困，共同富裕，义利兼顾，德行并重，发展企业，回馈社会”的光彩事业精神，结合自己的产业特点和实力状况，通过多种途径、多种方式，找准切入点，采取产业带村、项目兴村、村企合作、人户结对、吸纳劳力等方式，与农民和农村结成利益共同体，努力在适宜的领域投资发展，为发展农业、建设农村、富裕农民做出自己应有的贡献。

三、鼓励支持民营企业抓住发展机遇，主动参与新农村建设

新农村建设为民营企业发展提供了新的发展机遇，“两区”开发提出的农村矿产资源精深加工、扶持农业产业化龙头企业、开拓农村商品市场、开发旅游资源、开放农村基础设施建设和社会公益事业投资领域、发展农村中小工业企业等领域都为民营企业展现了投资空间，投资这些项目有天时地利人和的独特优势。民营企业要抓住机遇，在参与新农村建设中发展自己，在发展自己中支持新农村建设。全省上下要牢固树立“发展是硬道理”的思想观念，认真贯彻落实党的十六届三中、四中、五中、六中全会精神和国务院“非公经济36条”精神，贯彻落实省委、省政府《关于进一步加快非公有制经济发展的决定》，毫不动摇地鼓励支持发展非公有制经济。按照“思想上

放心放胆，工作上放手放开，政策上放宽放活”的方针，冲破一切阻碍非公经济发展的思想障碍，革除一切影响非公经济发展的体制弊端，摒弃一切束缚非公经济发展的做法和规定，凝聚部门合力，完善服务体系，拓宽服务领域，使非公经济与国有、集体、外资经济公平公正、平等竞争，鼓励加快发展非公有制经济，鼓励创办非公企业，鼓励非公企业做大做强，给他们在社会主义新农村建设中再展身手的机遇和空间。

四、加大对民营企业的宣传力度，营造良好的舆论氛围

各级宣传部门和新闻媒体要采用多种形式、多渠道、多角度、全方位地宣传党和国家关于鼓励、支持非公有制经济发展的方针政策，宣传民营企业在新农村建设中的先进事迹、典型经验，形成宣传、统战、工商联等部门齐抓共促的舆论宣传引导机制，在山西日报、山西电视台、山西人民广播电台等主流媒体开辟专栏，做到经常“电视有影、电台有声、报纸有文”，以点带面，典型引路，营造非公经济人士踊跃参加社会主义新农村建设，争当优秀社会主义事业建设者的良好舆论氛围。还要加大对新农村建设中贡献突出的优秀民营企业及企业家的表彰力度，建议有关部门联手建立民营企业参与新农村建设的宣传表彰体系，在适当时候举行一次隆重的表彰动员活动，激励更多的民营企业参与新农村建设。

重大活动

非公有制经济代表人士响应《信誉宣言》活动

1999年7月15日，担任全国人大代表、全国政协委员、全国工商联常委的33位非公有制经济代表人士在北京人民大会堂发布《信誉宣言》，倡议全国非公有制经济人士弘扬中华民族守信用、讲信誉、重信义的传统美德，共同维护社会主义市场经济的正常秩序。

为响应《信誉宣言》，2000年2月24日，中共山西省委统战部、山西省工商联组织非公有制经济代表人士进行座谈，参加会议的李安民、李海仓、姚俊良、崔晋宏、梁文海、卫宝麟、王永安、王如恒、王艳梅、王跃胜、吉春河、刘建日、李平、李学功、肖军、范明远、郭根申、侯建军、侯丽萍、袁玉珠、崔裕峰、薛靛民等22位担任省工商联副会长和常委的民营企业家向全省非公有制经济代表人士发出了《响应<信誉宣言>》倡议书，号召全省非公有制经济界人士认真学习、积极响应《信誉宣言》，坚决拥护中国共产党的领导，坚持走社会主义道路，树立新时期民营企业家的价值观、伦理观、信誉观，做到爱国敬业，守法经营，照章纳税，生活俭朴。积极行动起来，从自己做起，做到守信用一诺千金，信守合同；讲信誉童叟无欺，诚实守信；重信义扶危济困，奉献社会。加强企业管理，创建新时期积极向上的企业文化，做到求质量、树品牌、重服务、守法制、比贡献、讲道德。

中共山西省委副书记刘泽民，省人大常委会副主任白陞，省长助理边鸣涛，原省政协副主席秦国栋，省委统战部主持工作的副部长邓永武，省工商联会长马长有和省劳动厅、省工商局等有关厅局负责人出席了会议。刘泽民副书记在会上作了重要讲话，希望全省非公经济人士积极参加“守信用、讲信誉、重信义”活动，共同维护社会主义市场经济的正常秩序。省城各新闻单位对此次活动作了突出报道。

山西省优秀民营企业评选表彰活动

2000年12月28日，中共山西省委、山西省人民政府在太原市并州饭店隆重举行“优秀民营企业”表彰大会。山西海鑫钢铁有限公司等12家企业被省委、省政府授予优秀民营企业；华宇实业有限公司等38家企业被省委统战部、省工商联授予先进民营企业。省委副书记刘泽民、副省长杨志明出席大会并讲了话，省委常委、省委秘书长薛延忠主持了大会。省委统战部部长纪友伟，副部长、省工商联党组书记邓永武，省工商联会长边鸣涛，副会长商庆武、张慎德、郭锐、李建勋出席了会议。

刘泽民副书记在讲话中强调，发展非公有制经济决不是权宜之计，而是确立和完善我国社会主义初级阶段经济制度的战略任务。他希望广大非公有制经济人士进一步明确努力方向，积极参与光彩事业和“信誉宣言”活动，积极参与国有企业改革和安置下岗职工，为深化改革、促进发展、保持稳定做出新的贡献。各级党政部门要充分发挥统战部、工商联的作用，共同推动非公有制经济快速发展，迎接民营经济春天的到来。

会上，海鑫钢铁有限公司董事长李海仓代

表受表彰企业向全省非公有制经济界同仁发出了倡议书，号召全省非公有制经济人士，坚决拥护党的领导，坚持走社会主义道路，爱国、敬业、守法、奉献；抓住机遇，奋发进取，在实现“十五”计划目标中发展壮大企业；响应国家号召，遵守环保要求，走可持续发展之路；致富思源，回报社会，把光彩事业活动深入持久地开展下去；加强企业管理，搞好企业思想文化建设，创建新时期积极向上的企业文化；不断增强自身素质，通过不断学习，提高政治思想觉悟、经营管理能力和科学文化知识，锻炼成长为思想进步、知识丰富、经营管理的现代化企业管理者。

万户民营企业（含个体户）问卷大调查活动

为详细了解全省民营企业、个体户的基本情况，及时准确地向省委、省政府提供决策依据，促进山西民营经济发展，山西省工商联提议，经省政府同意，省政府办公厅研究室、省工商联、省私营企业协会、《发展导报》四家于2000年9月26日开始，在全省范围内开展了以民营经济为主体的“万户民营企业（含个体户）问卷调查”活动。问卷调查主要面对个体、私营、乡镇及股份合作企业，在11个地市、119个县区设立了问卷调查领导组，抽调了389名专门工作人员，历时5个月，发出问卷15000份，收回问卷10000余份。省工商联对于反映的问题及建议进行逐条梳理，向相出部门提出建议，并将调查问卷上的基本情况整理汇编成《山西民营企业名录》一书。

山西省民营企业纪念建党80周年文艺汇演活动

为隆重纪念中国共产党成立80周年，表达广大民营企业家和全体员工“致富思源，富而思进”，坚定不移跟党走的政治信念，推动民营企业社会主义精神文明建设，展示民营企业的文化理念，扩大民营企业的社会影响，争取全社会更大的支持，营造更加有利于民营经济发展的社会环境，山西省工商联于2001年3月27日至7月5日，组织了全省民营企业纪念建党80周年文艺汇演活动。汇演活动从企业分公司、车间、科室的内部汇演到企业之间联欢，县、市组织调演，直到省组织汇演，整个活动发动广泛，企业积极性高，达到的效果好。在7月4日至5日省工商联组织的调演中，11个市、地和省直会员企业的22个单位演出了53个风格迥异的节目，有500多人登台演出，他们怀着对党的深厚感情，纵情讴歌伟大光荣正确的中国共产党，表达了民营企业家和广大员工坚定信心跟党走，昂首走进新时代的豪迈情怀。省工商联表彰了安泰公司等15个优秀组织奖单位，皇威集团公司董事长秦诗禄等10名优秀组织奖个人，美锦集团等5个风格奖单位；从53个调演节目被评选出10个最佳节目，20个优秀节目。省委常务副书记刘泽民、省人大副主任白陞、副省长杨志明、省政协副主席靳承序、宋绍华、张正明、边鸣涛，原省政协副主席路正西，省军区、省武警总队的领导以及省有关厅局领导和各界人士1000多人观看了汇报演出。晚会结束时，省领导为获得此次汇演活动的10个“最佳节目”颁发了奖杯，并与获奖单位的代表和部分演职人员合影留念。

山西省非公有制经济代表人士思想政治工作经验交流暨纪念中发[1991]15号文件颁发十周年大会

2001年7月8日至10日，中共山西省委统战部、山西省工商联在长治市召开了“山西省非公有制经济代表人士思想政治工作经验交流暨纪念中发[1991]15号文件颁布十周年大会”。全国工商联党组书记、第一副主席梁金泉和中央统战部副部长胡德平，省委常务副书记刘泽民，省政协副主席、省工商联会长边鸣涛，省委统战部部长吴锦文，省委统战部副部长、省工商联党组书记邓永武，省工商联副会长张慎德等领导出席会议并作了重要讲话。来自全省11个地市、94个县(区)近200名统战部、工商联负责人和37位民营企业家汇聚一堂，认真学习贯彻江泽民总书记“七一”讲话以及近年来中央关于非公有制经济和非公有制经济人士的重要指示，交流开展思想政治工作的形式、方法、手段和机制，研究探讨如何进一步加强对非公有制经济代表人士的思想政治工作，鼓励引导他们为全省经济腾飞、社会发展和人民生活水平的不断提高做出更大贡献。会议安排了领导讲话、经验介绍、小组讨论、参观企业等系列活动，贯彻中央精神和研究具体工作相结合、经验介绍和书面交流相结合、座谈讨论和实地参观相结合，收到了很好的效果。会后，全体代表还参观了八路军兵工厂旧址黄崖洞，受到深刻的爱国主义和革命传统教育。新华社山西分社、中国改革报、中华工商时报、中国工商杂志、民营经济内参、山西日报、发展导报、山西电视台、山西有线电视台以及长治市各新闻媒体30余名记者对会议进行了全面报道。

山西省首届民营企业交易会

为庆祝山西省工商联成立50周年，经山西省人民政府批准，由山西省工商联主办，省经贸委、省工商局、省科技厅、省公安厅、省交通厅、省劳动和社会保障厅、省外经贸厅、省乡镇局、省国防工办等10个单位协办的“山西省首届民营企业交易会”，于2002年10月11日至14日在太原市中国煤炭博物馆举办。来自全省11个市及省直的15个代表团共360家民营企业在交易会上展出了自己的产品、技术和成果，涉及机械化工、编织服装、轻工工艺、医药保健、通讯器材、农牧产品等20多个行业。全国工商联党组副书记、副主席保育钧，中共山西省委常务副书记刘泽民，省人大副主任梁国英，副省长靳善忠，省政协副主席、省委统战部部长吴锦文等领导同志出席开幕式并剪彩。

交易会历时4天，参观、洽谈的人数达到5万多人次，参展企业累计发放多种宣传资料、简介18万余份，50余个企业与省内外合作伙伴签订合作协议项目126个，意向金额、项目投资、销售金额累计3.7亿元。交易会组委会对为这次民交会作出突出成绩的临汾市工商联等14家单位授予优秀组织奖，对97家企业参展产品授予优质产品奖，对55家企业参展产品授予科技产品奖。

纪念山西省工商联成立50周年座谈会

2002年10月12日下午，山西省工商联在省政协宾馆多功能会议厅举行纪念山西省工商联成立50周年座谈会。全国工商联党组副书记、副主席保育钧，中共山西省委常务副书记刘泽民，副省长靳善忠，省政协副主席、省委统战部部长吴锦文，省政协副主席、省工商联会长边鸣涛以及民主党派和工青妇领导、省工商联领导、执委、老领导、老同志、地市工商联负责人和新老会员代表出席座谈会。与会人士共同回顾了工商联50年走过的光辉历程，畅谈新时期工商联组织的发展大计。

1952年10月12日，在中共山西省委、山西省政府的领导下，在接收、改造旧商会、旧同业公会的基础上成立了山西省工商业联合会。省工商联作为中国共产党领导下的以工商界成员为主的人民团体、政治协商会议的组成界别之一，50年来，积极参加各个时期的政治、经济活动，为山西的社会发展作出了积极贡献。

座谈会上，保育钧代表全国工商联对山西省工商联成立50周年表示祝贺，省领导和有关方面负责人发表了热情洋溢的贺词，新老会员代表发了言。

在庆祝山西省工商联成立50周年之际，省工商联组织了系列庆祝活动，举办了“能源与环境企业经营之道”高层论坛、山西省首届民营企业交易会和“风雨同舟”50年专场文艺晚会。

组织非公经济代表人士积极为抗击“非典”捐款捐物活动

2003年4月，一种毒性大、传染性强的非典型性肺炎肆虐着全国各地。面对突如其来的灾害，我省各级工商联组织和广大非公有制经济人士从实践“三个代表”重要思想的高度，从维护改革发展稳定大局的高度，从保证人民身体健康和生命安全的高度，按照党中央、国务院和省委、省政府的部署，与全省人民团结一心，众志成城，团结互助、和衷共济，投身防治“非典”的特殊战场中。

4月30日，担任省工商联副会长和常委的13名民营企业家，在省委统战部、省工商联、省光彩事业促进会的组织下，向省红十字会捐款人民币135万元和价值10万元的药品。省委副书记、省政协副主席刘泽民，省委常委、常务副省长范堆相，副省长张少琴，省政协副主席、省委统战部部长吴锦文，省政协副主席、省工商联会长边鸣涛，省政协副主席、省农工党主委周然，省光促会会长、省工商联党组书记邓永武，省委统战部副部长、省光促会副会长武锦福、岳纪安，省红十字会常务副会长赵震寰等有关方面领导和山西电视台、山西日报社等新闻媒体参加了捐赠仪式。

5月6日，太原市委统战部、太原市工商联共同组织23位非公有制经济代表人士，在绵绵春雨中齐聚太原市委大楼前，向太原市红十字会捐款298万元，其中金业煤焦化集团董事长张新明捐款108万元，中保集团董事长邢栓林捐款100万元。省委常委、太原市委书记云公民，省政协副主席、省委统战部部长吴锦文，省政协副主席、省工商联会长边鸣涛出席捐款仪式。

山西华宇集团将5月30日至6月5日一周营业额的10%计提出的94.2万元和万件爱心文化衫捐赠活动捐款的6.9万元，共计101.16万元捐款捐向红十字会，用于抗击“非典”。

据调查统计，全省民营企业为抗击“非典”踊跃捐款捐物总额达4200多万元。2004年7月21日，在省工商联九届二次执委会议上，中共山西省委统战部、省工商联、省光彩事业促进会联合表彰了11家非公有制企业为抗击“非典”捐款捐物优秀单位和89家非公有制企业为山西抗击“非典”捐款捐物先进单位。

“送走一个，脱贫一户，影响一片”贫困地区劳务输出光彩扶贫活动

2003年7月，山西省工商联联合省发改委、省劳动厅、省财政厅、省农业厅、省教育厅、省民政厅、省建设厅、省民发局、省总工会、省妇联、省扶贫办、省光促会、团省委等14个单位共同组织了发起“送走一个、脱贫一个、影响一片”贫困地区劳务输出光彩扶贫活动。

2004年3月3日，14个单位联合在革命老区左权县进行了集中劳务输出启动送行仪式。3月30日，在榆次环海工业园启动“山西光彩扶贫劳务输出培训基地”，采取定单式招生，专业培训，集中输送的方式，保证山西劳务质量，扩大山西劳务输出，鼓励更多的农村富余劳动力走出去。随后，团省委、省妇联、省劳动厅分别在原有的青创中心、妇干校、职介中心的基础上，建立培训基地，培训农民工20000人，并成功地向北京、上海、天津、青岛、珠海、昆山、澳门、深圳等地输出近15000名务工人员。

民营企业学习“十六大”精神和“三个代表”重要思想知识竞赛活动

为认真学习贯彻党的“十六大”精神，在全省工商联系统掀起组织民营企业学习中共“十六大”精神和“三个代表”重要思想新高潮，2003年2月9日，省工商联在各市地工商联的配合下，在全省民营企业中开展了学习“十六大”精神和“三个代表”重要思想知识竞赛与征文活动。经过近半年的学习和宣传发动，8月27日至9月10日，分别在运城、长治、太原、大同四个市进行了分组赛，各市地和省直推选的12个代表队参加了比赛。9月23日，省工商联从优胜代表队中选择通达、长信、华宇、贵都、大同永和食府和海鑫公司6个企业代表队，在省城太原进行了“海鑫杯”决赛，山西海鑫钢铁集团代表队捧走冠军杯，山西华宇集团、长信钢铁集集团、大同永和食府、山西通达集团、太原贵都百货代表队分获2至6名。省政协主席刘泽民、副主席吴锦文、边鸣涛、吴博威和省委统战部、省直工委、省政协办公厅及省工商联等有关方面的领导为参赛企业和获得组织奖的市地工商联和获得精神文明奖的代表队颁了奖。

省工商联在全系统组织民营企业学习贯彻“三个代表”重要思想知识竞赛活动，是一项政治性强、涉及面广的学习、宣传、教育活动，是配合党和政府当前头等重大政治任务的一项举措，充分展示了民营企业职工的精神风貌和企业文化，展示了民营企业家建设者风采。

全省民营企业“三百”评选表彰活动

2003年9月22日，山西省工商联、省劳动和社会保障厅、省质量技术监督局、省国税局、省地税局在太原云山饭店联合为在解决就业、提高产品质量、依法纳税等方面做出突出成绩的民营企业先进单位举行隆重的表彰大会。省人大副主任赵劲夫，副省长靳善忠，省政协副主席、省工商联会长边鸣涛及省委统战部和省政府相关厅局的主要领导李顺通、孙桂芳、许月刚、宋德晋、岳纪安、邓永武出席了大会。

此次评选表彰活动历时近半年，由省和各地市工商联牵头经各市地职能部门综合考评，严格审核，省工商联、省劳动和社会保障厅、省质量技术监督局、省国税局、省地税局认真复核研究，选定了就业工作、质量工作、诚信纳税先进单位300名，优秀组织单位55个。这些企业都是全省民营企业的典型代表，是各个行业中的领头羊，有海鑫、安泰、潞宝等在国内外享有一定知名度的大型企业集团，有名列全国民营企业500强的企业，也有新发展起来的企业。表彰活动的主旨是肯定民营企业所做的突出成绩，鼓励和引导民营企业进一步做大做强，推进我省新一轮产业结构调整，实现可持续发展战略。同时通过活动，宣传贯彻党的“十六大”精神和“三个代表”重要思想，宣传贯彻《质量法》、《劳动法》、《税法》，进一步规范企业经营行为，激励更多的民营企业致富思源，富而思进，扶危济困，义利兼顾，德行并重，共同富裕，发展企业，回馈社会。影响和带动更多民营企业争先创优，进一步拓展思想政治工作的途径和手段，促进非公经济人士健康成长和非公有制经济健康发展。

省工商联副会长、中阳钢厂厂长袁玉珠代表受表彰的企业向全省民营经济界发出了倡议，号召全省民营企业依法经营，诚信纳税，认真贯彻执行《劳动法》、《质量法》、《税法》，扩大生产规模，增加就业岗位，增强质量意识，提高产品质量，为山西经济发展做出更大贡献。

组织开展民营企业文化主题活动

2003年10月14日至15日，山西省工商联在怀仁县隆重召开山西省民营企业文化建设交流研讨会。省政协副主席、省委统战部部长吴锦文，省政协副主席、省工商联会长边鸣涛，省长助理纪友伟等省和省委统战部、省工商联领导，朔州市委、市政府、市政协领导，怀仁县四大班子领导出席会议。全国工商联副主席程路莅临大会指导并做重要讲话。中国民（私）营经济研究会秘书长邵纬生作了专题报告。来自全省11个市地、39个县区工商联和34家民营企业文化建设先进单位的代表，怀仁县各局办的领导和工商联乡镇商会负责人共300余人参加了会议，与会同志围绕“民营企业与社会协调发展”的主题，共同研讨了民营企业文化建设问题，交流了开展企业文化建设的经验，表彰了山西海鑫钢铁集团、山西安泰集团等34家民营企业文化建设先进单位。14日下午，会议组织与会代表参观了怀仁县嘉明陶瓷公司、蒙牛雁门乳业公司。

2005年8月7日，山西省工商联在沁源县组织召开了“山西省非公有制企业文化建设暨思想政治工作经验交流会”。会议总结交流了我省各级工商联及非公有制企业加强企业文化建设和思想政治工作的经验，研究探讨了新时期、新阶段进一步推动非公企业文化建设，创新非公经济领域思想政治工作，适应企业发展战略与企业经营管理的新方法、新途径，听取了沁源县委、县政府和县工商联推动民营企业文化建设的经验介绍，参观了沁新集团和康伟公司，表彰了52个“非公有制企业思想政治工作先进单位”和26个“工商联宣传教育工作先进单位”。全国工商联副主席程路参加会议并作了重要讲话，对此次会议的召开给予高度评价。省政协副主席、省委统战部部长吴锦文，省政协副主席、省工商联会长边鸣涛，省委统战部副部长、省工商联党组书记岳纪安，省委宣传部副部长、省思想政治工作研究会会长田惠爱等领导同志也参加了会议并作重要讲话。

这两次会议不仅对全省非公企业思想政治工作和文化建设工作起到了重要的推动作用，而且在全国也产生了较大影响，全国工商联在每年召开的民营企业文化建设工作会议上对山西省的工作都给予了充分肯定和表扬。

组织开展民营企业“关爱员工，实现双赢”活动

2004年全国工商联和全国总工会共同倡议发起了在全国民营企业中开展“关爱员工，实现双赢”活动。为响应这一活动，山西省工商联牵头与省总工会联合成立了活动领导组，由省人大副主任、省总工会主席姚新章担任活动领导组顾问，省政协副主席、省工商联会长边鸣涛担任领导组组长，领导组办公室设在省工商联，郎宝山副会长兼任主任。三年来，我省把“关爱员工，实现双赢”活动作为开展民营企业主题文化建设的重要内容，按照全联、全总的部署认真抓好组织落实。2005年和2006年、2007年元旦、春节期间，领导组办公室具体组织了省工商联和省总工会领导到太原、朔州、大同、孝义等市县参加民营企业家走访慰问企业困难员工的活动。为及时总结和交流在活动中涌现出来的先进经验，省工商联和省总工会共同组织，在全省开展了“关爱员工优秀民营企业家”和“热爱企业优秀员工”的推荐活动，于2005年4月25日召开了“山西省民营企业‘关爱员工，实现双赢’经验交流大会”，表彰了全省40名关爱员工优秀民营企业家，40名热爱企业优秀员工，36家组织开展“关爱员工，实现双赢”活动先进单位和35名组织开展“关爱员工，实现双赢”活动的先进个人。这次活动受到了全国工商联的好评，黄孟复主席在2005年9月28日召开的全国“关爱员工，实现双赢”表彰暨经验交流大会讲话中，对我省的工作进行了表扬。三年来，先后有秦诗禄、张新跃、邢利斌、李安民、孙宏原、杨树茂、王建国、贺美壁、原国胜9位民营企业家荣获“全国关爱员工优秀民营企业家”称号，9位民营企业员工荣获“全国热爱企业优秀员工”称号，山西振东实业、山西信联等7家民营企业被评为“全国双爱双评先进企业”。山西新禹集团董事长杨树茂还作为全国受表彰的先进企业家代表，在2005年的全国表彰大会上作了典型发言。

举办“晋商国际论坛”活动

2004年10月30日至31日，由省工商联牵头联合省委宣传部、省委统战部与北京《当代经理人》杂志社共同主办的“2004晋商国际论坛暨当代经理人山西企业高峰会”，在太原市山西国贸大饭店隆重召开。刘吉、孙晓华、申维辰、薛军、张正明、边鸣涛6位省部级领导出席了论坛，来自省城主办单位和政府有关部门机关干部、科研单位研究人员、大专院校教师学生、各市地民营企业500余人参加了会议。中央、省和太原市乃至外省30多家新闻媒体进行了跟踪宣传报道，搜狐网和山西新闻网、省工商联网站进行了现场直播。论坛活动以“全球化时代的新晋商之路”为主题，以明清时期曾雄踞国内十大商帮之首的晋商为切入点，通过对其兴衰过程的剖析与解密，结合当代新晋商的发展现状，对全球化背景下山西企业的未来走向做出全景式、多方位、深层次的探讨。省委常委、宣传部部长申维辰在大会讲话中评价为“三好”。即：召开的时机好，选择的主题好，运作的机制好。全国工商联孙晓华副主席也称赞省工商联牵头主办这次高规格、大规模的经济论坛活动为服务全省经济建设大局，服务民营企业发展做出了贡献。此次大型论坛活动主题好、层次高、规模大、评价优。各方面都认为这次论坛活动是当年山西省主办的经济论坛中规模最大的一次，通过专家、学者解题论道，使山西民营企业了解了国家宏观经济运行中的方针政策，了解了外省企业家的理念，开拓了发展的思路。

2005年8月21日，省工商联又牵头在太原山西国贸大饭店隆重举办了“2005晋商国际论坛暨山西企业发展战略选择与财富管理研讨会”，400余人参加了会议，30多家新闻媒体进行了跟踪报道。邀请国务院发展研究中心副主任谢伏瞻以及国务院研究室、高盛集团、美国金融管理学会、山西省政府等方面的资深人士作演讲报告。这次论坛活动受到了企业界、经济界乃至政府部门的一致好评。省委副书记、代省长于幼军会见了嘉宾并与大家合影，副省长宋北杉到会作了演讲。经过2次大的论坛活动，晋商国际论坛已成为省工商联大型培训的品牌活动。

非公有制经济人士
优秀中国特色社会主义事业建设者评选表彰活动

2004年12月17日上午，中共山西省委、山西省人民政府在太原隆重召开山西省非公有制经济人士优秀中国特色社会主义事业建设者表彰大会，授予李安民等26名非公有制企业家“山西省非公有制经济人士优秀中国特色社会主义事业建设者”称号。省工商联与省委统战部共同承担了这次表彰的评选推荐组织工作。

26名受表彰的企业家，是全省广大非公有制经济人士的优秀代表。他们展示了新一代晋商的精神风貌，为全省非公有制经济人士树立了榜样。

省委书记田成平在接见受表彰的非公有制企业家时，希望受表彰的企业家和全省广大非公有制经济人士，把发扬晋商开拓进取的精神和瞄准现代化企业目标结合起来，走新型工业化道路，办好各自的企业，按照党中央的要求，致富思源、富而思进，严格要求自己，做一个高尚的人，做一个对社会有益的人，为国家和人民不断地做出更大的贡献。

省委副书记薛延忠希望广大非公有制经济人士，要始终坚持正确的政治方向，坚定走中国特色社会主义道路，坚决拥护党的领导，认真执行党的路线方针政策，切实树立“爱国、敬业、诚信、守法”的良好形象，真正成为社会主义的建设者、改革开放的推动者、社会稳定的维护者。要努力提高企业发展水平，在建设新型能源和工业基地中争做贡献。积极适应形势发展的需要，夯实发展基础，明确发展方向，抓住发展重点，不断提高自身素质和企业发展水平。要积极参与社会公益事业，在促进共同富裕中勇作表率。坚持以兴晋富民为己任，致富思源，富而思进，参与光彩事业，积极扶贫济困，推动社会和谐，促进共同富裕。

会上，李安民代表受表彰的非公有制企业家，向全省广大非公有制经济人士发出了《争做优秀中国特色社会主义事业建设者倡议书》。

成立山西省工商联民营企业文化建设委员会

2005年4月25日，山西省工商联民营企业文化建设委员会在民营企业文化建设示范基地太原来福集团成立。省政协副主席、省工商联会长边鸣涛出席会议，宣布山西省民营企业建设委员会正式成立。边会长在讲话中说，省工商联民营企业文化建设委员会是参照全国工商联和兄弟省市的作法而筹备成立的。工商联成立专门委员会是为延长机关工作的触角，集中各方面力量，拓宽工作领域，为履行职能发挥研究、咨询和参谋作用。主要任务是宣传党和政府有关非公有制经济的方针政策，组织开展企业文化交流，培训企业文化建设管理人员，组织企业文化建设成果评审与成功经验推广。委员会的工作方式是在省联党组和会长会议的领导下进行工作，委员会办公室负责落实委员会制定的工作计划，办理日常工作，组织有关会议和活动。企业文化建设是企业不断发展的精神动力和无形财富，是企业增强核心竞争力的重要组成部分。民营企业通过培育企业精神，塑造企业形象，升华经营理念，推进制度创新，扩大生产规模，提升生产能力，推动企业持续、健康、稳步发展。他希望省工商联民营企业文化建设委员会的全体委员们要努力工作，履行职责，不仅要把各自企业做强做大做好，而且要带动全省民营企业共同做好民营企业文化建设工作，为建设生动活泼、健康向上的企业内部和谐社会、培育企业先进文化而共同努力。同时也希望各级工商联组织要做好民营企业文化建设的组织推动工作，指导优秀民营企业总结典型经验，挖掘企业健康发展中起主导作用的特色文化，企业家个人品质的影响以及深层次的文化内涵，推进民营企业文化建设的开展。

会议由省联党组成员、副会长郎宝山主持。省联党组成员、副会长王建华宣读经省工商联党组和会长联席办公会议研究通过的山西省工商联民营企业文化建设委员会组成名单。委员会主任由郎宝山兼任，副主任有太原华杰集团董事长崔晋宏，山西潞宝集团董事长韩长安，太原来福集团董事长陈福喜，山西沁新煤焦有限公司董事长孙宏原，委员会下设两个办公室。省联机关办公室设在省工商联宣传调研处，企业办公室设在太原来福集团。

大会给53名民营企业文化建设委员会委员

颁发了聘书，并向山西潞宝集团有限公司、太原来福集团、山西沁新煤焦公司授牌，授予他们为第一批“山西省民营企业文化建设示范基地”。全体与会人员还参观了太原来福集团下属的凯宏空调厂，一心堂药业和集团文化墙、职工宿舍、职工活动室、精品服装城等。

组织举办“山西首届国际营销节”

由山西省工商联、省质监局、省工商局、省旅游局、山西广播电视总台、省国防工办联合举办的第三届中国国际营销节·山西首届国际营销节在太原隆重举行。中共山西省委副书记薛延忠，省委常委、常务副省长范堆相亲临开幕式现场，世界著名营销实战大师米尔顿·科特勒，联合国开发计划署中小企业改革国际专家邱明正（台湾），国际SMC潜力训练机构创始人彭明隆（台湾），北大纵横管理咨询公司创始人王璞，北大光华管理学院教授王建国，中国国际营销节秘书长、中国十大营销风云人物陈放以及来自美国、瑞典、希腊、罗马尼亚等国驻华商务参赞远道光临，参加了营销节活动。山西首届国际营销节组委会主席、省政协副主席、省工商联会长边鸣涛致开幕词，“山西十大营销风云人物”、“山西十大杰出营销案例”等奖项揭晓。

本届营销节以“营销山西”为主题，推出“营销创新论坛”、“营销大奖赛”、“企业风采展”等一系列活动。世界顶尖营销大师和著名专家学者精彩绝伦的演讲，以及与企业家面对面的互动交流，使与会者充分领略了营销大师的风采。与会人员情绪饱满，专注聆听，论坛场场爆满，从另一个侧面反映出本届营销节的成功。山西首届国际营销节的成功举办不仅是一个挖掘优秀营销人才、展示优秀企业的机会，更是一个推动山西营销意识的良机。

组织民营企业文化建设学习考察和培训活动

2005年5月30日至6月8日，山西省工商联民营企业文化建设委员会组织30多位委员，在郎宝山、韩长安两位会领导的带领下，走出去进行培训考察，在浙江省委党校进行了民营企业文化及企业经营管理的培训，聆听了浙江党校专家教授的精彩专题讲座，座谈了省工商联民营企业文化建设委员会成立后如何开展工作以及各自企业情况，参观了浙江民营企业正泰集团、浙江大虎打火机有限公司和康奈集团。

2006年9月3日至10日，委员会办公室又组织部分委员和民营企业家在樊秀清、郎宝山两位省工商联会领导的带领下，赴上海、南京等地进行了为期8天的山西民营企业家“赢在形象”培训考察活动，并与上海晋商会联合组织了“晋商发展联谊座谈会”，座谈会围绕“新晋商走出去，走回来”的主题进行了交流，参加座谈的在沪企业界人士介绍了来沪创业发展的体会，并向家乡企业家介绍了上海的创业环境、融资环境、科技人才优势和各自企业与家乡企业的合作方向、合作项目情况。培训考察团在“中国七彩”上海赛文卡乐文化传播有限公司接受了“个人形象管理”的学习培训，在南京市参加了影响力训练集团董事长、著名培训师易发久“领袖风采”课程的2天培训，搭建了晋沪两地新晋商联系交往的桥梁。这两次培训考察活动，使民营企业家们通过学习参观，相互交流，领略了外省优秀民营企业的管理理念，开阔了思路，提高了自身形象。

山西省第一届民营企业“华厦杯”乒乓球比赛

2005年11月23、24日，山西省第一届民营企业“华厦杯”乒乓球比赛在晋城市隆重举行。各市工商联和省直共12个代表团，23个民营企业参加了此次比赛。比赛由省工商联主办，晋城市工商联承办，晋城市华厦房地产公司协办。举办这次比赛旨在充分展示改革开放以来，我省民营企业的良好精神风貌，提高民营企业的知名度，打响企业品牌，营造健康、向上的民营企业文化，为推进我省民营企业的持续、快速、健康发展和构建和谐山西作出重要贡献。

比赛在晋城市阳电广场举行了隆重热烈的开幕仪式，由省工商联副会长李建勋主持，省政协副主席、省工商联会长边鸣涛宣布比赛开幕，晋城市委副书记孟福贵致欢迎词，省工商联副会长王建华致开幕词，比赛承办单位和冠名单位的代表分别作了讲话，开幕式上还举行了精彩的文体表演。经过两天紧张激烈的比赛，太原市钢材商会、晋城市华厦房地产开发有限公司、山西海鑫集团分别获得男子团体前三名，山西海鑫集团、大同市灵宇发展有限责任公司、晋城市华厦房地产开发有限公司分别获得女子团体前三名。山西远鑫集团等10家民营企业分别获得道德风尚奖。

省城民营企业家元宵联谊会

2006年2月9日，由山西省工商联、太原市工商联主办，省工商联民营企业文化建设委员会、太原市工商联民营企业文化建设委员会、太原电视台新闻频道、《当代山西商会》编辑部承办的省城民营企业家元宵联谊会在太原江南餐饮集团“全晋会馆”隆重举行。省委副书记薛延忠，省政协主席刘泽民，省人大副主任薛军，副省长梁滨，省政协副主席、省委统战部部长吴锦文，省政协副主席、省工商联会长边鸣涛，省政协秘书长田喜荣及太原市四大班子领导和省市有关厅局领导，省市工商联领导，省市民营企业文化建设委员会委员，省城和周边地区知名民营企业家，新闻和文化艺术界友好人士，省市委统战部、工商联机关同志共300余人参加了联谊会。副省长梁滨代表省四大班子作了充满热情的讲话，他希望全省广大民营企业家继续发扬爱国、爱省、爱家乡的优良传统，紧紧抓住省委、省政府大力发展非公有制经济的历史机遇，加速发展，在全面建设小康社会的进程中建功立业、大显身手。这次大型联谊会，既是回顾过去一年民营经济取得辉煌成就，党和政府对民营企业家发展的一次慰问活动，也是“十一五”规划开局之年，省领导为民营企业加快发展再动员、再鼓劲的一次动员会。

紫林醋业·国际营销大师山西高端论坛

2006年10月29、30日，山西省工商联民营企业文化建设委员会和省商业联合会、省代理商联合会、中国黄河电视台联合主办，山西龙鹏文化传播有限公司承办，清徐紫林醋业有限公司冠名赞助的“紫林醋业·国际营销大师山西高端论坛”在太原中国黄河电视台演播大厅成功举行。省政协副主席、省工商联会长、论坛组委会名誉主任边鸣涛，省工商联党组成员、副会长樊秀清，省工商联党组成员、副会长、民营企业文化建设委员会主任郎宝山，省工商联党组成员、秘书长牛定元，以及其他主办单位和政府有关部门的领导出席了论坛开幕仪式。来自全省各地企业中高层管理人员、营销人员300余人参加了为期2天的论坛会议。“欧洲营销之父”、巴黎商学院院长多米尼克·夏代尔，中国著名经济学家茅于轼，中国对外经贸大学博导俞利军，联合国友好理事会亚太区总干事、全球生态恢复与发展基金会执行主席富兰克，国际SMC机构创始人、成功管理课程主讲教授彭明隆，成功管理课题高级讲师周思敏等人进行了多方位、高水平、深层次的专题演讲。

省工商联机关实施“三定”工作

2006年，省工商联机关建设呈现新面貌。在省有关部门的支持帮助下，省工商联机关的职能配置、内设机构和人员编制的“三定”方案得以顺利实施。省联内设机构由原来的办公室、组织人事处、宣传调研处、经济联络处4个处室调整为办公室、组织会员部、研究室、法律部、宣传教育部、经济联络部、扶贫与社会服务部7个部室，增加了处级干部职数。机关从6月6日开始动员，经过民主推荐、组织考察、党组研究并报省委统战部审核，共为21名干部调整了职务，至8月底“三定”工作结束。

全省基层工商联工作座谈会

2006年12月1日，山西省工商联根据各市县反映的新情况、新问题，召开了全省基层工商联工作座谈会，研究讨论了基层工商联在开展工作中存在的困难和问题，进一步明确了基层工作思路和方向。省政协副主席、省工商联会长边鸣涛，省委统战部副部长、省工商联党组书记马天荣出席会议并讲话。省工商联党组成员、副会长樊秀清、王建华、郎宝山，省工商联党组成员、秘书长牛定元，机关部室负责人及11个市和33个县（区）工商联会长参加了会议。与会的基层工商联负责同志就市县工商联组织建设、工作条件、开展工作情况以及存在的困难和问题发表了意见和建议。

协助省政府组织招商引资活动

2006年，省工商联积极响应省委、省政府“大开放、大招商、大引资”的号召，作为政府经济项目推介活动的重要参与单位，组织山西华杰集团等65家企业组成经贸团，参加了省政府主办的上海、香港、长沙等经济合作项目推介活动。促成了中发（上海）集团、马来西亚中城集团等企业总投资16亿元建设太原中发大厦、马来西亚（山西）工业园区等项目。在第八届环渤海区域经济合作洽谈会和2006年海内外知名企业家齐鲁行暨中国德州第十届投资贸易洽谈等活动中，工商联组织的40余位企业家经过实地考察和洽谈，签约10亿元的项目。

中国光彩事业“太行行”活动

2006年11月28、29日，由全国工商联、中国光彩事业促进会、山西省人民政府主办，中共山西省委统战部、山西省工商联、山西省光彩事业促进会、长治市人民政府承办的中国光彩事业“太行行”活动在武乡县八路军太行纪念馆隆重启动。全国工商联党组副书记、副主席、中国光彩会副会长张龙之，省委常委、省政府党组副书记薛延忠，全国工商联副主席、光彩49集团董事长金会庆，省政协副主席、省光彩事业促进会会长吴锦文，省政协副主席边鸣涛、韩儒英、周然，省委统战部、省工商联领导和各民主党派负责人、长治市主要领导，以及来自香港、广东、福建、天津、山东、河北、河南、新疆等省、自治区的300余名企业家和部分省、市工商联负责同志参加了启动仪式。在启动仪式上进行了现场捐赠，天津汇森集团、山西常平集团、山西潞宝集团、山西沁新集团等19家非公有制企业和个人为老区捐赠现金及实物折合人民币1000多万元。同时举行了14个合作项目的签约仪式，总投资121.42亿元，拟引资102.85亿元，项目涉及农业及农产品深加工、基础设施建设、文化教育、旅游开发、交通物流等。

山西省民营企业文化建设工作会议

2007年1月12日，山西省工商联在省城太原召开了“山西省民营企业文化建设工作会议”。省政协副主席、省工商联会长边鸣涛，省委统战部副部长、省工商联党组书记马天荣出席会议并作重要讲话。省委宣传部、省委统战部、省总工会、省政研会等有关部室负责同志，11个地级市工商联分管宣教工作的会领导和宣传工作负责人，40多个重点县（市）工商联领导和省工商联民营企业文化建设委员会委员，新闻界记者等140余人参加了会议。省工商联党组成员、副会长兼民营企业文化建设委员会主任郎宝山主持会议，民营企业文化建设委员会常务副主任、太原来福集团董事长陈福喜作委员会工作报告，会议还进行了民营企业文化建设工作经验交流，调整充实了委员会组成人员，参观了民营企业文化建设先进企业，表彰了《当代山西商会》宣传发行先进单位，对全省民营企业优秀内报内刊进行了展评。

这次会议，认真总结了我省民营企业文化建设中的典型经验，交流了推动民营企业构建诚信文化、品牌文化、创新文化、人本文化、团队文化的做法，为我们进一步做好非公有制经济人士思想政治工作和推动民营企业文化建设提供了宝贵经验。参会人员认为参加这次会议收获颇丰，他们将进一步创造适应时代要求、反映企业特色、遵循文化发展规律、符合企业发展战略的先进企业文化，进而促进企业的健康快速发展。省委宣传部、省委统战部和省总工会与会部门负责人也认为工商联召开这样的会议非常有意义，也非常及时，非常成功，表示要加大合作力度，共同做好民营企业文化建设和思想政治工作。

“两会”非公经济人士代表、委员联谊会

2007年1月30日晚，中共山西省委统战部和省工商联共同举办“省两会非公经济人士代表委员联谊会”，共叙统一战线大家庭友谊，共谋和谐发展。省政协主席刘泽民，省委常委、常务副省长薛延忠，省委常委、副省长梁滨，省委常委、省委统战部部长李政文，省人大副主任薛军，省政协副主席吴锦文，省政协副主席、省工商联会长边鸣涛等省领导和有关厅局领导及参加“两会”的非公经济代表人士共200余人应邀参加。边鸣涛主持联谊会，李政文讲话。李政文在讲话中指出，非公经济已成为我省社会主义市场经济的重要组成部分，占据全省经济半壁江山，在安置就业、财政增收、繁荣市场、“两区”开发等方面，发挥着越来越重要的作用。他提出了五点希望：一是希望各级党委、政府和有关部门能够为非公经济发展创造更好的成长环境；二是希望非公经济企业提高提升产业水平，实现好中求快、又好又快发展；三是希望非公经济企业法人、企业家和经营者提高自身素质，提升公众道德形象；四是希望统战部门和工商联教育、引导、管理、培养新一代企业家，再现晋商辉煌；五是希望非公经济企业家不要辜负省委、省政府和社会各界的厚爱，能够致富思源，富而思进，回报社会，回报山西，建设山西。参加联谊会的领导还与民营企业家合影留念。联谊会上，民生银行太原分行、太原来福集团、太原华宇集团、太原江南餐饮集团表演了节目。

“树立新晋商新形象，争做优秀建设者”座谈会

2007年3月23日，山西省工商联召开九届五次常委会议，与会的领导和民营企业家围绕实施省委统战部提出的“凝聚力工程”，就如何树立新世纪、新阶段新晋商的新形象，积极参与新农村建设和为“两区”开发、光彩事业做贡献进行了座谈。省委统战部、省工商联领导对新晋商树立新形象，争做优秀中国特色社会主义事业的建设者提出了要求和希望，在企业文化建设和参与新农村建设中做出了较好成绩的民营企业家，他们结合自己的亲身体会各抒己见。

省委常委、省委统战部部长李政文指出：我省广大非公有制经济人士，要在企业不断发展的同时，不断提高自身素质，努力树立良好

的社会形象，做优秀的中国特色社会主义事业的建设者。一个企业家怎样才算是合格的社会主义事业建设者？至少要看以下几个方面：一看企业规模和经济总量，二看社会贡献，三看安排就业及员工合法权益的维护和保障，四看在光彩事业和公益事业上做出的奉献，五看产业结构调整和企业发展的前景，六看当地资源对企业的影响。为此，希望民营企业家一是要加强学习，学习党的方针政策，提高思想政治素质，坚定不移地走中国特色社会主义道路。学习企业经营管理业务和国内外先进经验，提高适应和驾驭市场经济的能力，提高经营素质和企业管理水平。学习法律法规，强化法制意识，知法守法，依法经营，坚守诚信，珍惜信誉。二是要以人为本，建设和谐企业。要关爱企业员工，尊重员工的民主权利，保证员工的合法权益，在企业效益提高的同时，增加员工的工资和福利待遇，不断改善员工的生产生活条件，依法给员工缴纳各种保险，构筑和谐的劳动关系。三是要不断强化社会责任感，积极参与扶贫事业、光彩事业、慈善事业活动，通过捐款捐物等多种形式积极回馈社会，为困难群众、弱势群体提供援助，特别是要在安置贫困地区农村剩余劳动力和城镇下岗职工就业上，积极主动为党和政府分忧，为社会稳定出力。总之，广大非公有制经济人士要努力践行“爱国、敬业、诚信、守法、贡献”的优秀建设者精神，树立社会主义荣辱观和社会主义核心价值观，养成良好和健康的生活情趣，形成与社会主义市场经济相适应、与中华民族传统道德相融合的，特别是与晋商优秀文化理念相传承的企业家道德规范、行为规范，树立起新世纪新晋商良好的新形象。

省政协副主席、省工商联会长边鸣涛指出：我们古代晋商在长达500年的时间里长盛不衰，取得了历史上的辉煌，主要靠的是诚信、公平、正义。希望当代晋商以史为鉴，古为今用，更好地把古代晋商精神与今天的新形势、新要求，产生的新情况整体结合起来，与实践结合起来，继承优秀传统文化，以“文化当先、实践当先、创新当先”，不断努力开拓企业新的标准，找到一条更加有效、更加便捷、更能和我们新一代晋商实际相结合的健康发展之路。工商联将按照省委统战部的统一部署，做好“新晋商、新形象”活动的宣传，推动民营企业文化建设，引导我省民营企业积极参与新农村建设和光彩事业“两区”行活动，为构建社会主义和谐社会，实现全面建设小康社会的奋斗目标做出更多、更大的贡献！

省委统战部副部长、省工商联党组书记马天荣号召：全省广大民营企业家要深入学习领会党和国家对非公有制经济发展的各项方针政策，认真贯彻党的十六届六中全会和省第九次党代会精神，把思想和行动统一到中央精神和省委、省政府的要求上来，进一步抓住机遇，开拓创新，把企业做好做大做强，在更高层次、更大范围、更广领域参与竞争，为推动我省经济又好又快发展做出贡献。致富不忘本，饮水当思源。作为党的改革开放的受益者，全省民营企业家同时要积极响应党和政府的号召，适应时代要求，主动承担起社会责任，在构建和谐山西的进程中发挥积极作用。要高度重视企业文化建设，坚持以人为本的发展理念，建立和谐的企业劳动关系；要以参与新农村建设为重点，积极参与光彩事业和社会公益活动，为我省“两区”开发建设做贡献；要树立科学发展观，积极调整产业结构，促进企业健康、和谐发展。

省工商联党组成员、副会长兼民营企业文化建设委员会主任郎宝山认为：树立新晋商的新形象，企业文化建设当先行。民营企业文化是企业家个人经营理念和行为准则的反映，公众对企业家的评价往往是从这个企业的产业和产品、企业的诚信程度、企业的社会贡献、企业员工的精神面貌等方面来衡量的。因此，民营企业家要不断提高个人素质，既要有以爱国主义为核心的民族精神，又要有改革创新的时代精神，坚定不移地走“爱国、敬业、诚信、守法、贡献”的建设者之路。我们希望新晋商要在继承和发扬老晋商节俭勤奋、明理诚信、精于管理、勇于开拓精神的基础上，树立起具有艰苦创业、与时俱进、义利兼顾、德行并重的时代优秀企业家风范。要把中华民族传统文化、传统晋商精神与社会主义核心价值观、核心道德观结合起来，努力构建企业内部、企业与社会、企业与国家的和谐，将公平、正义、仁爱、和谐作为企业文化建设的核心，将节俭勤奋、明理诚信作为行为准则，做到义利兼顾、德行并重。

太原来福集团董事长、民营企业文化建设委员会常务副主任陈福喜在发言中说：省委统战部、省工商联组织的“新晋商、新形象”活动不是一次普通的研讨或宣传性的社会活动，而是具有长远战略意义的系统性工程，以此为起点，提高山西省民营企业家整体素质，提高民营企业的经营管理水平，促进山西省经济的发展。这次活动应以传承晋商文化为基础，以新晋商的素质提高与贡献为核心。新晋商要以德修身，做优秀的建设者；以学修行，做优秀的中国人，遵守国家的一切法律，拥护共产党的领导，搞好企业，为社会做出贡献，要谨记“满招损，谦受益，和为贵”，以传统文化、传统精神指导我们的行动，建设新型的顺应时代要求的企业文化。在这次活动中要切实建立一个评价新晋商的标准，体现新晋商精神的特点。投身新农村建设、参与“两区”开发是新晋商展示新形象的一个具体体现，希望更多有实力的民营企业以企带村，帮助贫困农村进行新农村建设，采取一个或多个企业合作帮扶一个农村，或一个企业帮扶多个农村等方式进行有计划的新农村建设。

孝义市榆树坪煤业有限公司董事长、民营企业文化建设委员会委员马力农在发言中说：省委统战部、省工商联开展的“新晋商、新形象”活动具有很强的现实意义，通过开展这项活动，能够在全社会塑造新晋商的良好形象。我本人就是以煤为主发展起来的，我认为企业之所以能发展起来，靠的是党和国家的好政策，各级政府和人民群众的支持与关怀，企业团队的共同努力，企业发展了理应回报于社会，要做到钱让国家花、群众花、支持和关心企业的人花、企业发展花。在企业发展中要做到生产安全，一个人也不要死；经济安全，不要偷税漏税；生活安全，不要奢侈腐化。煤矿生产破坏了人民群众的生活环境，作为企业家首先要解决这些群众的生活问题，给他们创造一个新的生存环境，我们企业已经投巨资解决这些问题。要积极投身于社会主义新农村建设，更好地履行应尽的社会责任，树立更好的社会形象。建议在民营企业参与新农村建设中，要统一整合资源，最好是政府有关单位能参与协调，避免重复建设，尤其是在城中村的改造中，要着眼于市政长远规划，避免因不规范而二次建设。

太原来福集团总监、民营企业文化建设委员会办公室主任杨文星在发言中说：省委统战部、省工商联组织的“新晋商、新形象”活动对民营企业家提出了更高的要求，社会公众对民营企业家有了新的希望，我们要高度重视，抓住“三新”：即新素质，新晋商必须提升自身素质，修齐治平，努力符合时代要求；新形象，新晋商必须规范个人行为，积极参与社会慈善事业和光彩事业，提升自身形象；新贡献，新晋商要遵章守法，合法经营，不断创新，将企业做强做大，为社会做出新贡献。要做到“三新”，必须不断提高企业家以及企业员工的学习能力，这样才能提高自身素质和能力，建议省委统战部和省工商联对全省民营企业家进行系统的培训，重点提升企业家素质；省工商联民营企业文化建设委员会要切实为全省民营企业文化建设服务，创造更好的条件，使企业文化真正转化为最大的生产力，让更多的企业家看到文化的魅力，更好地管理好企业，保持经济又好又快发展。

大同书城有限公司董事长、民营企业文化建设委员会委员张国锋认为：对新晋商提出新要求，我们完全拥护，坚决贯彻执行。在新时期新晋商要树立为国家、为山西经济社会发展做贡献的崇高理想并矢志不移地为理想目标而奋斗；要有忧患意识，敢于面对危机与挑战；

要行胜于言，大胆实践，勇于创新，不空谈，不埋怨；要自强不息，厚德载物；要正确处理企业与国家、企业与群众、企业与环境、老板与员工之间的各种关系，团结带领大家聚精会神地搞建设，一心一意地谋发展。

北京华夏集团副总经理王向东表示：我们要发挥各地晋商会联系各方面的桥梁纽带作用，积极响应省委统战部、省工商联组织的“新晋商、新形象”活动，把晋商会建设成传播晋商文化的基地，沟通晋商信息的平台，为山西经济的发展，为新晋商树立新形象做出应有的贡献。北京华夏集团作为山西驻京企业商会的秘书长单位，愿意为宣传新晋商的新形象牵线搭桥，承担驻京企业的联系和宣传工作。

省工商联机关党委成立

2007年6月28日，山西省工商联召开机关第一次党员代表大会，选举产生了第一届机关党委委员会。省直工委书记刘巩，省委统战部副部长、省工商联党组书记马天荣，省委统战部副部长、机关党委书记薛永辉出席会议并讲话。省工商联党组成员、副会长樊秀清、王建华、郎宝山，党组成员、秘书长牛定元以及省联机关和山西省福建商会、山西省浙江商会、山西省河南商会、山西省广东商会、山西省代理商联合会等直属商会中的56名党员代表参加了会议。

会上，选举产生了省工商联机关党委委员会第一届委员，樊秀清、张重阳、武晓武、冯学亮、闫晓红当选为机关党委委员。在机关党委一届一次委员会议上，选举樊秀清同志担任省工商联机关党委书记，张重阳同志担任机关党委副书记兼纪检书记。武晓武任组织委员，冯学亮任纪检委员，闫晓红任宣传委员。

附：

山西省非公有制经济代表人士响应《信誉宣言》倡议书

全省非公有制经济界同仁们：

1999年7月15日，担任全国人大代表、全国政协委员、全国工商联常委的33位非公有制经济代表人士在北京人民大会堂发布《信誉宣言》，倡仪全国非公有制经济人士弘扬中华民族守信用、讲信誉、重信义的传统美德，共同维护社会主义市场经济的正常秩序。这个宣言表达了我们共同的心愿，我们完全赞同，积极响应。

非公有制经济是靠党的改革开放好政策发展起来的。党的“十五大”明确了非公有制经济是我国社会主义市场经济的重要组成部分，九届全国人大二次会议又把这一精神载入了国家根本大法，这不仅提高了非公有制经济的地位，为非公有制经济开创了前所未有的发展机遇，也进一步激发了我们发展企业，繁荣经济，争做贡献的热情。但是在社会主义市场经济体制建立和完善过程中，特别是在当前激烈的市场竞争中，失信用、无信誉、轻信义的不良风气冲击了正常的社会秩序，妨碍了社会主义市场经济的进程。21世纪是科学技术迅猛发展，国际竞争日趋激烈的时代，构建完善的守信用、讲信誉、重信义的商业道德体系对非公有制经济健康发展具有深远意义，必须从民族腾飞、振兴中华的高度来认识构建这一体系的紧迫性。《信誉宣言》的发布顺民心、合民意、应潮流，表达了大多数经营者和消费者的共同心声，“守信用、讲信誉、重信义”应成为我们共同遵守的行为准则。为此，我们特向全省非公有制经济界同仁发出如下倡议：

一、认真学习、积极响应《信誉宣言》，坚决拥护中国共产党的领导，坚持走社会主义道路，树立新时期民营企业家的价值观、伦理观、信誉观，做到爱国敬业，守法经营，照章纳税，生活俭朴。

二、积极行动起来，从自己做起，做到守信用一诺千金，信守合同；讲信誉童叟无欺，诚实守信；重信义扶危济困，奉献社会。自觉抵制假冒伪劣和欺诈行为，共同营造非公有制经济健康发展的良好市场秩序和社会环境。切实关心企业员工，认真执行国家的工资、福利和社会保险等政策规定。

三、加强企业管理，创建新时期积极向上的企业文化，做到求质量、树品牌、重服务、守法制、比贡献、讲道德。

我们相信，通过大家的共同努力，中华民族的传统美德一定会在全省非公有制经济界发扬光大，为推动两个文明建设做出我们应有的贡献！

二OOO年二月二十四日

倡议人：

李安民　全国政协委员、省工商联副会长、山西安泰集团有限公司董事长
李海仓　省政协常委、省工商联副会长、山西海鑫钢铁有限公司董事长
姚俊良　省政协常委、省工商联副会长、清徐煤气化集团有限公司总经理
崔晋宏　全国政协委员、省工商联副会长、太原华杰集团有限公司董事长
梁文海　省政协常委、省工商联副会长、山西环海集团有限公司董事长
卫宝麟　省政协委员、省工商联常委、山西安业集团有限公司董事长
王永安　省政协委员、省工商联常委、山西众心钢铁有限公司董事长
王如恒　省人大代表、省工商联常委、山西恒源实业有限公司董事长
王艳梅　省政协委员、省工商联执委、太原江南饮食服务有限公司总经理

王跃胜　全国人大代表、省工商联常委、朔州跃胜实业有限公司董事长
吉春河　省政协委员、省工商联常委、晋城吉利有限公司董事长
刘建日　省政协委员、省工商联常委、山西云岗实业总公司总经理
李　平　省政协委员、省工商联执委、太原视乐实业有限公司董事长
李学功　省政协委员、省工商联常委、临汾友谊大厦有限公司董事长
肖　军　省政协委员、省工商联常委、太原亚通有限公司董事长
范明远　省政协委员、省工商联执委、山西昌泰集团有限公司董事长
郭根申　省政协委员、省工商联执委、太原鸿腾食品有限公司董事长
侯建军　省政协委员、省工商联执委、大同永和大酒店总经理
侯丽萍　省政协委员、省工商联执委、山西正中实业集团有限公司董事长
袁玉珠　省人大代表、省工商联常委、中阳钢铁厂厂长
崔裕峰　省政协委员、省工商联常委、晋城裕丰实业有限公司董事长
薛靛民　省政协委员、省工商联执委、山西阳光焦化集团有限公司董事长

山西省优秀民营企业家倡议书

全省非公有制经济界同仁们：

22年前的今天，具有划时代意义的中共十一届三中全会胜利召开，从此书写了中国拨乱反正，改革开放，集中精力进行社会主义现代化建设的不朽篇章。在邓小平同志允许一部分地区、一部分人先富起来，先富帮后富，最终达到共同富裕的思想感召下，农村联产承包责任制吹响了改革开放的号角，非公有制经济从允许存在到鼓励发展，从必要的、有益的补充到社会主义市场经济的重要组成部分，走过了20多年的风雨历程，我们的企业从小到大，由弱变强，无不凝聚着当代中国的马克思主义——邓小平理论的伟大实践。在新世纪曙光即将照来之际，我们迎来了倍受鼓舞的时刻，省委、省政府的隆重表彰，将进一步激励我们抓住机遇，迎接挑战，奋发进取，开创未来的决心和信念。为此，我们向全省非公有制经济界同仁发出如下倡议：

一、坚决拥护党的领导，坚持走社会主义道路，爱国、敬业、守法、奉献。我们是在党的富民政策下成长起来的有中国特色社会主义的建设者，听党的话，跟党走，走社会主义道路是我们必须坚持的正确方向。我们要努力发展企业，守法经营，依法积极纳税，为全省的经济和社会发展多做贡献。

二、抓住机遇，奋发进取，在实现“十五”计划目标中发展壮大企业。要抓住经济结构调整为非公有制经济发展带来广阔空间的历史机遇，在实现我省“十五”计划目标，参与国企改革，参与西部大开发中，发挥生力军作用，把企业做大、做强、做精，以新的精神风貌，迎接加入WTO世界经济一体化的挑战。

三、响应国家号召，遵守环保要求，走可持续发展之路。要在全省产业结构调整和关闭“十五小”中，坚决治理污染，使自身企业变粗放型为集约型，实现可持续发展。要用高新技术改革企业，发展技术含量高，附加值高的产品，不断提高企业的经济效益。

四、致富思源，回报社会，把光彩事业活动深入持久地开展下去。要动真情，献爱心，向贫困地区投资国土绿化、农业开发项目，发展农业产业化经营，在企业得到发展的同时，带动贫困地区群众脱贫致富，为扶贫攻坚贡献力量。要积极参与国企改革，继续吸纳下岗职工，为国分忧，为社会稳定出力。

五、加强企业管理，搞好企业思想、文化建设，创建新时期积极向上的企业文化。要响应党中央的号召，在企业建立党、团、工会组

织，开展社会主义精神文明活动；要主动为职工缴纳社会统筹保险，承担社会责任；要响应《信誉宣言》，实践《信誉宣言》，做守信用、讲信誉、重信义的模范。不断增强自身素质，通过不断的再学习，提高政治思想觉悟、经营管理能力和科学文化知识，锻炼成长为思想进步、知识丰富、经营管理有方的现代企业管理者。

我们相信，通过全省广大非公有制经济人士的共同努力，我省非公有制经济一定会在实现“十五”计划宏伟目标中做出更大的贡献，发挥出生力军的作用，为山西的经济和社会发展再立新功!

倡议人：

李海仓　李安民　李珍富　远勤山

宋本智　史民志　阎吉英　薛靛民

贾廷亮　李增虎

二〇〇〇年十二月二十八日

争做优秀中国特色社会主义事业建设者倡议书

全省非公有制经济界的同仁：

进入新世纪，党的“十六大”发出了全面建设小康社会，开创中国特色社会主义事业新局面的伟大号召。强调要坚持和完善以公有制为主体、多种所有制经济共同发展的基本经济制度，毫不动摇地巩固和发展公有制经济，毫不动摇地鼓励、支持和引导非公有制经济发展。特别令我们欢欣鼓舞的是，“十六大”贯彻“三个代表”重要思想，坚持解放思想，实事求是，与时俱进，明确肯定在社会变革中出现的民营科技企业的创业人员和技术人员、受聘于外资企业的管理技术人员、个体户、私营企业主、中介组织的从业人员、自由职业人员等社会阶层，都是中国特色社会主义事业的建设者。这就为进一步营造鼓励人们干事业、支持人们干成事业的社会氛围，放手让一切劳动、知识、技术、管理和资本的活力竞相进发，让一切创造社会财富的源泉充分涌流创造了条件。我们这些非公有制企业家，作为党的改革开放政策的受益者、实践者，得到了党和国家的大力支持和充分肯定，无不感到信心倍增。

今天，省委、省政府授予我们“优秀中国特色社会主义事业建设者”的称号，更使我们十分激动。党和人民给予我们如此崇高的荣誉，这既是对我们的褒奖，更是对全省非公有制经济人士的鞭策和激励。为此，我们向全省非公有制经济界同仁发出如下倡议：

一、坚决拥护党的领导，坚持走中国特色社会主义道路，爱国、敬业、诚信、守法、奉献。没有党和国家改革开放的好政策，就没有我们的今天。听党的话、跟党走、走中国特色社会主义道路是我们必须坚持的正确选择。我们要不断开拓进取，努力做大做强企业，诚实守信，依法经营，积极纳税，为全面建设小康社会做出更多、更大的贡献。

二、积极响应党的“十六大”和十六届三中、四中全会号召，以科学的发展观为指导，走可持续发展的新型工业化道路。积极响应全省经济结构调整发展战略，调整产业和产品结构，用高新技术改造企业，坚决治理污染，减少能源消耗，生产技术含量高、附加值高、效益好的产品，为社会创造更多的财富。

三、致富思源，富而思进，为国家富强和全体人民的共同富裕做贡献。我们要响应党和政府的号召，努力将自身企业的发展与国家的发展结合起来，把个人富裕与全体人民的共同富裕结合起来，把遵循市场法则与发扬社会主义道德结合起来。要在不断发展自身企业的同时，积极参与国有企业改革，安置下岗职工，为国分忧，促进社会稳定。要积极投身光彩事业，面向农业、农村和农民，到贫困地区投资办厂，带动当地经济发展，帮助农民脱贫致富。要发扬中华民族乐善好施、扶危济困的传统美德，踊跃捐赠社会公益和慈善事业，投资改善教育卫生基础设施和人民群众生产生活条件。

四、不断完善企业管理体制，提高企业核心竞争力，走现代化企业发展道路。要适应社会主义市场经济的发展，加大改革力度，使企业投资结构逐步由单一化向股份化、多元化转变，使企业管理由家族化向现代化转变。

五、弘扬晋商优良传统，构建富有特色的企业文化。要用国家法律和民族优秀传统道德规范企业经营理念，践行《信誉宣言》，守信用、讲信誉、重信义；要关爱员工，维护广大职工利益，为员工缴纳社会统筹保险，勇于承担社会责任；加强企业党、团、工会组织建设，积极开展形式多样、内容丰富的社会主义精神文明活动。

六、切实加强学习，不断提高自身素质。要努力学习党的路线、方针、政策，学习政治、法律、科学文化和经营管理知识，学习国内外企业经营管理的先进经验，努力成为富有开拓创新精神，具有驾驭市场能力，经营管理有方的现代企业家，树立新世纪新阶段非公有制企业家的崭新形象。

我们相信，在“三个代表”重要思想和党的“十六大”精神的指引下，在各级党委、政府和统战部、工商联等部门的团结、帮助、引导、教育下，广大非公有制经济人士通过不断努力，一定会在今后的发展中百尺竿头，更进一步，无愧于中国特色社会主义事业建设者的光荣称号。

倡议人：

王六德　王建国　王艳梅　邢利斌　邢栓林
李安民　李兆会　李珍富　李爱元　李新民
陈忠孝　赵远长　远勤山　钟志孟　郝建秀
姚俊良　袁玉珠　贾廷亮　阎吉英　阎富轩
曹希全　崔裕峰　韩长安　韩树平　潘路标
薛靛民

二OO四年十二月十七日

关爱员工　实现双赢　为构建社会主义和谐社会做贡献倡议书

全省民营企业界同仁们：

我们获得“关爱员工的优秀民营企业家”称号，感到无比光荣。这次隆重的表彰大会既是对民营经济的充分肯定，也是对民营企业家的鼓励和鞭策。我们要不负重望，再接再厉，在新的发展机遇面前，以科学发展观和构建社会主义和谐社会为指导，努力把企业的利益与国家的利益、社会的利益、企业员工的利益结合起来，做到义利兼顾、德行并重，发展企业、回馈社会，切实树立新世纪、新阶段中国特色社会主义事业建设者的新风貌、新形象，为全面建设小康社会和构建社会主义和谐社会担负起应有的责任和义务。为此，我们向全省民营企业家发出如下倡议：

一、坚持科学发展观，努力做到企业与社会的和谐发展。要重新审视企业发展战略和投资观，把握好企业自身的发展与国家和社会发展间的关系，把自身企业的发展科学地融入国家和社会的发展整体中来。按照“爱国、敬业、诚信、守法、贡献”和符合国家产业政策、科学发展观的要求发展企业，做到依法经营、诚信纳税、自觉维护市场秩序。

二、严格执行劳动法规，切实维护员工的合法权益。要按照《劳动法》的有关规定，建立新型的社会主义劳动关系，促进社会和谐稳定；不断改善劳动环境，健全有效的劳动安全保护措施，杜绝重大工伤事故，保障员工的人身健康和安全；建立规范的劳动用工和工资分配制度，尽一切可能和最大努力保证员工工资及时发放；努力创造条件，使尽可能多的员工按规定参加养老、失业、医疗等社会保险，并及时足额缴纳各项社会保险费用。

三、积极创建学习型组织，开展“以人为本，科学发展”的主题文化活动。把学习型组织的管理引入企业，在企业员工中广泛提倡讲学习的风气，创造员工在企业学文化、学技术的条件，鼓励员工争当学习的模范，不断提高员工的综合素质，增强企业的凝聚力，用人才活力激发企业健康发展，努力实现企业和员工的共同进步。

四、依法建立工会组织，充分发挥员工参与企业管理的积极作用。要通过工会组织，建立起企业协调劳动关系的有效机制，依法建立平等协商签订合同制度，建立与企业相适应的民主管理制度。尊重员工的民主权利，鼓励员工参加工会，依法缴纳工会经费，支持工会开展各项活动。

我们相信，通过大家的共同努力，企业家和员工之间的关系将日臻完善，民营企业与社会将更为协调发展，非公有制经济人士必将进一步展现出新的社会形象，一定会为构建社会主义和谐社会，为全面建设小康社会做出更大的贡献。

荣获“关爱员工的优秀民营企业家”称号的全体企业家

二〇〇五年四月二十五日

倡议书

——让我们积极投身社会主义新农村建设的伟大事业

全省民营企业家同仁们：

党的十六届五中全会提出了建设社会主义新农村的重大历史任务。今年，党中央、国务院又发出了《关于推进社会主义新农村建设的若干意见》，绘制了社会主义新农村的宏伟蓝图，吹响了建设社会主义新农村的进军号角。省委、省政府确立了“千村试点，万村治理工程”的新农村建设任务，又召开了加快晋西北、太行山革命老区开发动员大会，要举全省之力支持“两区”努力实现跨越式发展。三晋大地、举国上下掀起了建设社会主义新农村的热潮。

“农业丰则基础强，农民富则国家盛，农村稳则社会安”。建设社会主义新农村，解决“三农”问题，是我国全面建设小康社会，加快推进现代化进程的重大战略决策，是加强农业、繁荣农村、富裕农民的重大举措，是一场广泛深刻和重大的经济与社会变革，需要全社会各行各业、各阶层人士、各方面力量广泛参与。我们民营企业作为新农村建设的一支重要力量，要义不容辞地承担起这一重大社会责任和光荣历史任务，争做排头兵。我们作为率先富裕起来的人群，大多数来自农村，起步于农村，发展于农村，我们有义务回报乡梓；我们是社会主义事业建设者，我们有责任积极投身新农村建设和“两区”开发；我们是经济发展的领头羊，我们有能力支持农业发展；我们在党和政府以及广大农民兄弟的支持下，我们能够帮助农民富裕。为此，我们郑重倡议：全省广大民营企业家要积极响应党和政府的号召，到农村去，回到自己的家乡去，为社会主义新农村建设和我省“两区”开发献出自己的爱心和力量！

一、倡议农业产业化民营企业要充分发挥龙头作用。以“公司+农户”的形式，企业帮村，企业带村，发展特色产业、特色产品、特色服务，让农民兄弟掌握更多技术，开拓更大市场，增加更多收益，积极推进农业产业化和农业现代化。

二、倡议非农业类民营企业要加大反哺农业的力度。在积极发展自身企业的同时，把农村作为主要投资方向，采取产业带村、项目兴村、村企合作等方式，发展农村、带动农业、富裕农民。

三、倡议民营企业家要为新农村建设和“两区”开发献一份爱心，做一份贡献。广泛开展多种形式的“一帮一”“手牵手”活动：帮助农村修路、架桥、通电、引水、办教育、办医疗、办文化等社会事业；开展教育培训，帮助农民学习技术，更新观念，自主创业经营；到贫困地区招工扶贫，帮助农民扩大就业，带出一批创业骨干。

让我们积极行动起来，在农村这片广阔的土地上，发扬光彩事业精神，以优秀中国特色社会主义事业建设者的身姿，投身到社会主义新农村建设和我省“两区”开发的伟大事业中，给农民带来利益，带来文明，带来富裕，让一个“生产发展，生活宽裕，乡风文明，村容整洁，管理民主”的社会主义新农村呈现在我们的面前，从而实现城乡和谐发展的美好目标！

倡议人：参加山西省工商联九届三次执委会议的全体民营企业家

二〇〇六年七月十八日

特别关注

李海仓遇害事件

2003年1月22日上午11时30分左右，被著名经济学家钟朋荣誉为“中国卡耐基”的山西省优秀民营企业家、时任全国工商联副主席、山西省工商联副会长、运城市人大常委会副主任、运城市工商联会长、山西海鑫钢铁集团有限公司董事长的李海仓先生，在闻喜县东镇海鑫公司办公楼其办公室遭歹徒枪杀遇害身亡，时年48岁。

噩耗传来，海内外震惊，社会反响强烈，舆论哗然。一时间各种媒体发布的消息达5000多条，某网站有关“李海仓事件”的跟帖竟达数百页之多。媒体议论除对李海仓的被害表示震惊和惋惜外，相当一部分是对李海仓和他的海鑫集团发展提出了全方位的质疑。这些失实的宣传议论引起了中央领导及有关部门的高度重视。

按照中央统战部和全国工商联领导的批示精神，为全面调查了解李海仓遇害的真实情况和其成长经历、海鑫公司发展历程和对社会所做的贡献、海鑫公司当前企业生产经营状况及当地党委、政府和社会各界的反映，全国工商联和山西省工商联组织了记者采访团，进行了深入细致的调查采访活动。在中央电视台、中华工商时报、人民政协报、中国青年报、中国工商杂志、中国企业家杂志等全国性报刊上发表了系列采访报道。本会会刊《当代山西商会》亦将这些报道和有关领导为此事件发表的回忆文章、悼词，以及各级领导关注此事件的活动照片等资料收集，刊发了“追思李海仓”特刊，本专题选择特刊中一部分内容收录《年鉴》。

（郎宝山）

（本版资料由海鑫公司提供）

各级领导和有关部门关心海鑫公司

2003年2月20日，中共山西省委常务副书记、省政协主席刘泽民（右二）接见海鑫新任董事长李兆会（左一）、总经理李天虎（右二）、书记辛存海（右一）

2003年2月20日上午，省政协副主席、省工商联会长边鸣涛接见海鑫公司新任领导班子

2003年2月20日，中共山西省委常务副书记、省政协主席刘泽民，省委常委、省政法委书记杜玉林（右四），副省长靳善忠（左三），省政协副主席、省工商联会长边鸣涛（左二），与海鑫公司新任领导班子合影。参加接见的有中共运城市委书记黄有泉（右三），闻喜县委书记董鹏翔（右二），闻喜县县长荆青莲（左一）

运城市和闻喜县主要领导参加海鑫公司新组成的高层领导班子会议

运城市委书记黄有泉、市长王守祯等领导冒雨参加海鑫公司1380m^{3}高炉点火

（本版照片由郎宝山和海鑫公司摄影）

沉痛悼念李海仓同志

2003年元月29日，各界人士和驻地群众2000多人参加了李海仓遗体告别仪式，中共中央政治局委员、中华全国总工会主席王兆国等领导送了花圈

中共中央统战部副部长胡德平（前排左四），全国工商联副主席孙晓华（前排右四），原全国工商联副主席严克强（前排左三），省委常委、省政法委书记杜玉林（前排右三），省政协副主席、省委统战部部长吴锦文（前排左二），省政协副主席、省工商联会长边鸣涛（前排右二），省工商联党组书记邓永武（前排左一）等领导参加了追悼会

设在海鑫公司办公楼前的灵堂

公司员工和驻地群众为李海仓送行

驻地群众自发聚集公司大门口参加李海仓遗体告别仪式

（本版照片由海鑫公司提供）

山西省委、省政府主要领导亲切接见李海仓亲属和海鑫集团新班子成员

最近，山西省委书记田成平，省长刘振华，省委常务副书记刘泽民，省委常委、政法委书记杜玉林，副省长靳善忠，省政协副主席、省委统战部部长吴锦文，省政协副主席、省工商联会长边鸣涛等领导分别亲切接见了李海仓同志的亲属和海鑫集团新班子成员。他们对海仓同志的不幸遇害深表震惊，对海仓同志的亲友表达了最深切的问候，并勉励他们一定要化悲痛为力量，把企业做大做强。参加会见的亲属和海鑫集团新班子成员向各位领导汇报了中央政治局委员、全国总工会主席王兆国同志接见他们时所作的重要指示，并对省委领导予以他们的鼓励、支持表示衷心感谢，决心一定要把海鑫这面大旗扛下去，做到“人心不散、精神不乱、旗帜不倒、目标不变”，努力工作，开拓进取，创造更优异的成绩，为山西经济发展做出新的贡献。

2月21日下午4点，省委书记田成平在省委亲切会见了李海仓的亲属及海鑫集团新班子成员

田成平书记指出：海仓的去世，我感觉到很惋惜，我省失去了一位优秀的非公有制经济代表人物，这是我省的一大损失。当前，你们要面对现实，加强团结，稳定职工队伍，稳定人心，把海鑫的事情办好，把企业做大做强，继续当好全省民营经济发展的排头兵；希望新任董事长兆会同志把在国外学到的东西与企业结合起来，抓好企业的管理与生产，为山西的经济发展做出更大的贡献。同时，也希望市、县两级对海鑫集团要一如既往地大力支持，需要省委、省政府支持的，你们就找我们，我们坚决支持。大力发展非公有制经济是省委、省政府的既定方针，也是党的十六大所着重强调的，我们省委、省政府的决心不会改变。

2月21日下午3：20分，刘振华省长、省政府秘书长李政文在省政府省长办公室会见了李海仓的亲属及海鑫集团新班子成员

刘振华省长指出：当时听到海仓不幸被害的消息，十分震惊，对我省失去了这样一位优秀民营企业家深感惋惜，我现在非常怀念这位老朋友。海仓虽然去世了，但你们要面对现实，加强团结，稳定人心，稳定队伍，把企业的事做好、做大、做强。目前，钢铁市场竞争非常激烈，你们要早发展、快发展，继续当好全省民营企业的排头兵，为山西的经济做出更大的贡献。需要政府支持的，你们就来找我，我们会鼎力支持。

省政协主席、省委常务副书记刘泽民，省委常委、省委政法委书记杜玉林，副省长靳善忠，省政协副主席、省委统战部部长吴锦文，省政协副主席、省工商联会长边鸣涛等领导也先后亲切会见李海仓亲属及海鑫集团新班子成员

几位领导同志指出：海仓同志是我省非公有制经济领域旗帜性人物，他领导的海鑫集团是我省最大的非公有制企业。海仓是一个很好的同志，是我们的老朋友，海鑫公司对全省的经济发展做出了很大贡献。海仓的不幸逝世是我们山西的损失、统一战线的损失，对此，我们表示沉痛的悼念。我们几位今天都来了，和大家见一见，不仅仅是对海仓同志的怀念，更主要的是要体现对海鑫集团的支持，对非公有制经济的支持。希望你们化悲痛为力量，把企业做大做强，这是对海仓最好的怀念。特别是

兆会同志，作为新任董事长，承担起这么大的重任，要敢于管理，善于管理，强化管理，在原有的基础上，扎扎实实地把企业搞得更好。你们现在的的外部环境很好，各级党委、政府都在支持你们，希望你们把海鑫精神继续发扬光大，把我省“第一民企”的旗帜越举越高。

（原载《当代山西商会》2003年第2期）

悼念李海仓同志

中央统战部副部长、全国工商联副主席 胡德平

2003年1月29日上午10时，我和中央统战部、全国工商联一行八人参加了李海仓同志遗体告别仪式。就在海仓遇害前一天，他还提出，出资200万元，选择一个贫困乡村，帮助他们共同发展生产；22日为新建的1380立方米高炉点火。未料这一切竟成遗愿。

海仓的遇难已成为震惊全国的重大新闻，相当多的文章和评论是悲痛和惋惜，也有不少议论集中在贫富差距和两极分化的问题上，对此我想谈谈个人的想法。

1978年，全国居民储蓄为人民币210亿元，全国约有9亿人，人均拥有人民币43元。2002年，社会居民储蓄额为8.4万亿元，13亿人口，人均拥有约为6500元，这还不包括居民手持现金和各种有价证券。这充分说明，我国人民的整体生活水平和质量都大大提高了。

有人会发问，这一数字并不能说明我国不存在贫富两极分化的问题，全国80%的居民储蓄为城市人口中的20%的人所占有。我们暂且不论此说的真实程度如何，即使按这种说法，我们也可以寻根追底地算一算究竟。8.4万亿的80%为6.72万亿，我国现有城市人口4亿人，其中20%即为8000万人，两者相除，人均8.4万元。从对以上数字的分析，得不出我国已成为两极分化社会的结论。

但另一方面，也应正视我国存在着相当不小的贫富差距。作为一个社会主义国家，必须重视和解决这个问题，其根本的解决办法还是要发展生产，繁荣经济，“要形成与社会主义初级阶段基本经济制度相适应的思想观念和创业机制，营造鼓励人们干事业、支持人们干成事业的社会氛围，放手让一切劳动、知识、技术、管理和资本的活力竞相迸发，让一切创造社会财富的源泉充分涌流，以造福人民。”海仓正是身体力行上述精神原则的典范人物。

当党的十六大结束，他又荣任全国工商联副主席职务之后，正准备在新的起跑线上奋力拼搏，快马加鞭，为全面建设小康社会贡献力量之时，不幸在办公室中弹喋血，怎不令人痛哉、痛哉!

海鑫公司新建成的1380立方米的高炉(这是目前山西最大的一座高炉)，已于1月24日点火成功，27日铁水出炉。我们多么希望在铁水奔流、钢花四溅之时，能够见到海仓的身影和笑脸。

（原载于《中国工商》2003年第3期）

长忆晋商奇才

——忆当代晋商骄子李海仓

山西省政协副主席、省工商联会长 边鸣涛

2003年1月22日上午，当代晋商骄子李海仓在他的办公室不幸遇害身亡。我是当天下午得到噩耗的，震惊后的悲痛心情随着前往吊唁、慰问家属愈加沉重并持续相当长一段时间。我和海仓真正相识、了解是在2001年我到省政协和省工商联工作以后，海仓是省政协常委、省工商联副会长，由于工作关系，我们接触得多了，特别是在工商联工作中共同探讨的话题和谋划开展商会工作的时间就更多了。由此，我对海仓和他的企业了解的也就深入了，我们建立很好的工作和朋友关系。他的一些想法，对我组织山西商会工作是有很大影响的，因为他和他创办的企业，让我看到山西民营企业家身上蕴藏着重振晋商雄风的巨大潜能。

2001年7月，全省非公有制经济代表人士思想政治工作经验交流会后，我陪同全国工商联党组书记、第一副主席梁金泉同志从长治市到闻喜县，去看海仓的企业。那是我第一次到海鑫公司，在此之前只是从材料上或听别人讲海鑫的情况，但我并未十分在意这个民营钢铁厂。因为我几十年在省冶金、机械、电子行业管理部门作计划和领导工作，熟知钢铁行业情况，在这个高投入、高产出的行业，民营企业不具备优势，充其量是低水平的建设，产品档次和质量也不会高。等到厂区的生产车间一看，使我耳目一新，感慨颇多，一个民营钢铁企业竟有如此大的规模和如此高起点的装备是我始料不及的，生产现场管理的到位也令我赞许，设备维护得也非常好。钢铁行业装备水平是产品质量的保证，难怪海鑫的螺纹钢敢到北京首钢的门口设销售处，还被国家质监局评为免检产品。当我问海仓，你的仓库在什么地方时，他带我们到铁路站台，说这就是。这又让我惊讶，日产3000多吨钢材的偌大钢厂，竟没有成品库存，可见他们经营管理的水平。梁金泉同志也对海鑫的企业发展和海仓的管理水平给予了充分的肯定。这是我真正重视海鑫这个民营企业，真正认识海仓的一个飞跃过程。民营钢铁企业装备和管理不亚于大型国企，有的方面甚至超过大型国有企业，使我开始重新审视全省的民营企业和这批农民出身的企业家。一个农民企业家，从40万元起步，用15年的时间，在家乡建起了一座占地3.6平方公里的现代化钢城，企业总资产和营业收入分别接近50亿元，年创利税近10亿元，总资产增长12500倍、利税增长13000倍，创办的企业成为目前全国最大的民营钢铁企业、山西省规模最大的民营企业，在全国民营企业500强排序中，2001年位于第29位，他本人也被美国《福布斯》杂志“中国大陆富豪排行榜”列为第27位。

李海仓遇害去世后，中央统战部副部长、全国工商联副主席胡德平同志撰文悼念，中共中央政治局委员、全国人大副委员长、中华全国总工会主席王兆国在胡德平同志的悼念文章上做出重要批示，称赞李海仓同志“是非常优秀的企业家”，“是爱国、敬业、诚信、守法的民营企业家的典范”，要求“各有关部门应依法积极支持把企业办好”。全国政协副主席、中央统战部长刘延东同志也作了重要批示，希望“有关部门按兆国同志的批示精神，继续支持其企业，帮助非公有制经济健康发展。”省委书记、省人大主任田成平，省长刘振华，省委副书记、省政协主席刘泽民等领导同志分别接见了海仓的亲属，表明一如既往支持海鑫发展的态度。当今最受重视之一的经济学家钟朋荣在唁电中说：“李海仓先生是‘中国的卡耐基’，是‘世界农民钢铁大王’，是中国企业家的杰出代表。他创造的海鑫模式已成为中国企业发展史上的经典案例。李海仓不仅是一位优秀的企业家，还是一位很有头脑的经济学家。他的逝世，对中国经济界是一大损失。李海仓的业绩和精神将载入中国民营经济发展史册。”

李海仓是在2002年11月召开的全国工商联第九次会员代表大会上高票当选为全国工商联副主席的。在此之前，他已连续担任山西省工商联八届、九届副会长，2001年担任了运城市人大常委会副主任和市工商联会长，他还代表工商界被推选为全国、省、市、县各级政协委员、常委、县政协副主席等职务，是山西乃至中国工商界的代表人物，亦可称为商界领袖。据我所知，从1902年山西第一个现代商会成立以来的100年时间里，山西省内的工商界人物担任国家副部级领导的只有李海仓，民间资本做企业和个人财富达到全国前30位的也只有李海仓，办企业富甲一方，带动上百万贫困群众脱贫致富的带动作用当属海仓，受到经济界广泛重视和研究的民营企业家也只有海仓，因此，我说李海仓是“百年晋商第一人”。

李海仓去世后的这段时间里，我一直在思考着这样的问题：在山西这么个地理位置偏僻、经济发展落后的地方，为什么有海鑫这样的民营企业的迅速崛起？为什么出了在全国受到如此重视和称赞的优秀企业家李海仓？李海仓的哪些优秀品质和精神值得广大民营企业家学习和发扬？

海鑫的崛起，是党的改革开放政策焕发出群众智慧的迸发、社会能量的喷涌。近百年来，中华民族由于受到帝国主义列强的侵略、瓜分和奴役，经济和社会发展远远落后于先人。新中国成立后，人民当家做主，获得了政治上的翻身解放，但经济的活力远没有焕发出来，是改革开放的号角，唤醒了沉积在人民群众中的智慧和力量，是党和国家强国富民方略为民营经济开辟了一条康庄大道。这是海鑫崛起和李海仓成长的时代土壤。因此，海仓不止一次在公开场合表示，海鑫的发展和自己的成长固然凝结着个人的艰辛和付出，但自己的成长、海鑫事业的成功发展，归根结底离不开党的改革开放好政策。为此，他由衷地拥护共产党的领导，热爱社会主义祖国，从不怀疑党的政策，对党的改革开放发展社会主义市场经济的前景持非常乐观的态度，学习和理解得非常深入。他坚信邓小平提出的“发展才是硬道理”，锲而不舍地大步前进，使海鑫的每一步发展都踩在了改革开放政策的至高点上。他率先响应江泽民同志提出的“致富思源，富而思进”和“三个代表”“三个结合”的号召，注重把自身企业的发展与国家的发展结合起来，把个人富裕与全体人民的共同富裕结合起来，把遵循市场法则与发扬社会主义道德结合起来，使海鑫得到健康快速发展，成就了今天的宏伟大业。如果没有这种时代背景，“海鑫模式”就没有生长的土壤，李海仓也就没有成长的环境。

李海仓的成长，是他在党的政策鼓舞下，思想不断升华，不断超越自我，不断进取的过程。他是一个有理想、有抱负、有追求、有魄力的人，创办海鑫有许多成功的建树。李海仓有一个敏锐的头脑，有远大的追求，他虽然出身农民，但河东大地丰厚文化底蕴的熏陶，使他从小爱学习、爱劳动、有抱负。生活的困苦，激励他穷则思变，初中毕业后，17岁就回村参加劳动了，先在地里干农活，后来被选派到村办榨油厂，又被派出去学会了制肥皂技术，回村办了肥皂厂，出任厂长。此后，他又在流通领域闯荡10余年，从1987年办焦化厂开始正式走上办企业的道路。经过20多年经商、办企业的磨炼，加之天赋和勤奋学习，李海仓已经从一个农民脱颖而出成为现代企业家。他的思想品格、他的经营理念中有着驰骋欧亚9000里，称雄商界500年的明清晋商的优良传统。他决心为山西经济发展做出大贡献，希望山西民营企业的发展能够展现昔日晋商的辉煌。海鑫在河东大地的崛起，是他“挑战极限，超越自我”精神结出的硕果。他志存高远。在海仓眼里，做企业就要讲谋事在人，成事也在人，事在人为。他对企业发展的远景目标和每一步规划都充满着希望和信心，总是保持着旺盛的精力，瞄准的都是国内一流乃至世界一流的目标，正是这种拼搏和自信，使海鑫从小作坊发展成为今天的“钢铁王国”。他学以致用。海仓学习很刻苦，且涉猎颇广，他不仅努力学习冶金方面的专业知识，而且钻研哲学、历史、经济学，甚至古董字画也要研究研究。他通过刻苦学习，完成了冶金工程管理学方面的全部学业，获得了武汉钢铁学院的大学毕业文凭，后来还被武汉科技大学聘请为兼职教授。他学以致用的态度和聪明的天赋，让人感觉到他不仅是冶金方面的专家，思维和谈吐更象学者，他对国内乃至世界冶金行业的发展动态，对行业生产情况的了解掌握程度，对市场的分析预测能力，远远超越了一个企业管理者应具有的水平。他很擅长企业管理。海仓吸取国内外一些大型企业的科学管理经验，结合民营企业灵活的机制，成功运用了股份合作、资本运营、成本控制、质量管理、诚信营销和人才战略这些手段，促进企业快速健康发展。与人合作，海仓奉行的是“双赢”和“多赢”，和海仓合作的既有“桃园三结义”时的亲朋好友，又有铁路、冶金等行业的国有、集体企业，他与合作方早期股份的比例是6：4，但他在利润分红上竟以4：6的方式回报合作方。多年来企业每年的利润都是先让利于合作方，他和亲友们的红利则全部投入到企业生产和新项目建设上去。他这种“让利于外，发展于内”的做法，保证了投资方稳定受益，无论是单位和个人，都愿意加深与他的合作。据了解，从创业之初的合作伙伴到后来加盟的股东，没有一个退出海鑫、离开海仓的。对于海鑫公司的治理结构，海仓生前曾谈过他的打算，随着企业的快速发展和公司股本总额的增加，投资各方的股权结构出现了新的变化，第一步借企业上市前的孵化期，明晰股权，以规范的股份公司上市。第二步向公众公司迈进，使海鑫成为现代企业制度下的股份多元化的跨国公司，他的目标是跻身全球冶金行业前10强。他是资本运营的高手。海仓很好地运筹了自己的存量资本，很好地处理了生产资金、建设资金、流动资金、利润税收之间的平衡关系，在用好存量资本的同时，他在企业的预期收益上做成了大文章，把预期收益资本化，用明天的钱，办今天的事。他要把清代徽商巨贾胡雪岩的“八个茶壶七个盖”，并且每个茶壶的温度都保持一样的经营之道，运作到“八个茶壶六个盖”的程度。他一方面把预期收益算准拿稳，保证预期收益的按时足额投入使用，另一方面在筹资和基建管理上挖潜力。1999年他上投资12.8亿元的二期工程时，原计划2年建成的项目，只用了一年半时间就投产了，不仅减少了建设投资，而且提前收益。在海鑫有2000万元资产的时候，他就上了8400万元的固定资产项目；在资产有2亿元的时候，他上了4个亿的项目；在有10亿元资产时，上13亿元的项目；当资产达到20亿元时，他又上了22个亿的建设项目。这看似不可思议的“神话”，但海仓硬是通过存量拿一点、合作引一点、银行贷一点、基建省一点、质保金缓一点等途径解决了建设资金，每个项目都一一运作成功了。海仓高超的资本运营手段不仅保持了企业的超常规发展，而且保证了企业的资产结构良好，海鑫的资产负债率一直控制在40%以内，多数时间控制在30%左右，被国内外业界公认为优秀的企业家、资本运营的高手。他用低成本换取了高效益、大发展。钢铁行业是一个传统产业，而非暴利性行业，要取得较高的利润水平，只有努力降低成本。海仓在成本控制中坚持“四个不干”：一是成本不是全球最低的不干，二是规模不是最佳的不干，三是技术装备水平不是国内乃至世界一流的不干，四是三年收不回投资的不干。步入钢铁行业后，海鑫的项目建设总是以最少的投资、最快的速度，在最短的时间内建成，从决策、立项，到施工、投产，从来没有超过2年。全国冶金行业一般的投入产出比是2至3比1，而海鑫的投入产出比为1：1，而且在高速扩张的同时，整个成本还呈递减的态势。据海仓提供的资料显示，近两年，海鑫公司的终端产品钢材含税成本每吨1615元，钢坯的吨成本仅为1150元至1180元，不仅是国内成本最低的，而且明显低于美国、欧洲、日本、俄罗斯、韩国等发达国家和地区。当然，海仓能够使海鑫公司生产的钢材成为全球成本最低的，除了他追求“理论成本”，加强管理外，还有几个因素是不可忽视的。一是建设了集约型的产业链。海鑫产品的焦铁钢材链型结构全部在企业内部完成，这种延长了的终端产品，大大降低了生产过程中的成本；二是原材料和劳动力资源优势。占海鑫公司原、辅料比重很大的原煤、焦炭和铁合金、活性钙等都是当地物产，国家级贫困县的劳动力资源既丰富又廉价，使其大大减少了成本支出；三是创造了规模优势。钢铁行业随着规模的扩大，成本随之下降的优势非常明显，海仓正是很好地把握了这条规律，当别人都在建几立方、几十立方炉子的时候，他就上马了在当时具有国内先进水平的124m^{3}炼铁高炉，继而又陆续建设了1080m^3、1380m^{3}的大型炼铁高炉和80吨、90吨炼钢转炉，他们不仅早就有了65m/s高速线材生产线，今年又建成了一条130m/s的高速线材生产线。形成了年产260万吨铁、260万吨钢、220万吨材的生产能力，使企业规模逐步接近最佳程度。目前海鑫的总体规模已进入全国钢铁行业前20强之列。四是借助政策优势。海鑫所处的闻喜县是中西部国家级贫困县，国家和地方对这里的乡镇企业新建项目有土地使用和减免税收等一系列优惠政策，这些优惠政策涵养了海鑫的发展，降低了其生产经营成本。李海仓靠科技和装备保证了质量、站稳了市场。为了保证生产出稳定高质量的产品，海鑫以高起点、高投入、一流的技术装备作后盾，主体设备已经达到国内特大型钢铁企业的装备水平，目前国际上钢铁行业追求的五大尖端技术，已经有切分轧制、富氧喷煤、溅渣护炉、铁水预处理四项在他们的生产中应用。在有了装备后循的基础上，海仓非常注重按国际标准进行质量管理，除遵循国际标准规定，海鑫还制定了一套更为严格的内控标准，国际标准规定，炼钢用的生铁含硫量不得超过0.06%，含磷量不得超过0.15%，而他们内控标准规定的生铁含硫量在0.03%以下，含磷量在0.11%以下，所用原料铁矿石80%是从澳大利亚进口的优质矿石，从源头上保证了各项指标合格。海鑫通过了ISO9001:2000质量管理和ISO14001环境管理认证。他们的产品出厂合格率达到了100%，生铁和钢坯取得了国际SGS质量认证，高速线材是“山西省优质产品”和“山西省名牌产品”，螺纹钢是“国家首批质量免检产品”和“山西省标志性名牌产品”、“海鑫”牌高线和棒材被中国质量检验协会授予“全国质量稳定合格产品”，公司获得“全国质量管理先进企业”，并被确定为国家首批免检产品质量十佳企业之一。质量好，门庭若市，海鑫的钢坯和钢材不仅没有积压，近两年每月收到的定货款都在亿元以上。人缘好，李海仓继承和弘扬了晋商有言必信、有约必行的商业信誉，奉行诚信为本，待人处事尤其重信誉。从创业初期的朋友成为合伙人、客户成为合作伙伴，到银行的支持、外资的引进，乃至各级党委、政府和有关部门对海鑫发展的支持，对他的政治安排，大家看重的都是海仓这个既有雄才大略，又非常诚实守信的人。在股份合作上，他让利于人，兑现红利；在销售上，他主动承担中间商的市场风险，给客户最大的利润空间；在贷款上，从来没有欠款、欠息和愈期还贷的记录，成为四大国有商业银行竞争的优质客户；在纳税上，海仓要求企业做到了不偷、不漏、不迟交一天国家税款，被全国工商联和国家税务总局联合授予“诚信纳税先进会员企业”称号。他爱惜人才、重视培养人才。海仓曾为救治公司员工，不惜花10万元购买专用医疗设备；他为聘请专业人才曾三次登门，用诚恳、谦虚的魅力打动识者。他本着“高级人才靠引进、中级人才靠培训、普通人才靠当地”的原则制定了企业发展的人才战略，早在90年代，他就曾花年薪30万元聘请高级管理人员。为培养企业自己的人才，海鑫从1995年开始，每年至少选派50~80名优秀员工到武汉科技大学带薪上学，仅培训费一项，就支出1000多万元。近几年，凡是大学毕业生，不论文理只要愿来，他们全部接收。在海鑫现有9200多名员工中，具有大中专以上学历的有2000多人。

海鑫的健康快速发展，与当地党委和政府主要领导、有关部门创造的良好发展环境是紧密相连的。运城市、闻喜县主要领导和有关部门对海鑫发展的大力支持，是海鑫健康发展并迅速崛起的重要外因。海鑫的新建扩建项目，都征得市、县领导和有关部门参与决策，都实行与政府捆绑式建设，企业只管投资和项目管理，党委和政府主要领导牵头组成建设指挥部，直接解决征地、用水、用电等问题，这就避免了企业与政府部门和驻地群众之间繁琐的手续和纠纷，既保证了工期顺利进行，又节约了大量费用。运城市委书记黄有泉在任的8年来，到海鑫现场办公和调研达100多次。闻喜县的几任书记和县长更是把海鑫的建设作为县域经济发展的第一要务，政策上放宽，环境上排忧解难。市、县主要领导和有关部门不仅全力支持，而且勇于担责任，甚至冒着政策风险为海鑫建设开绿灯。正是有了这种特事特办，急事急办的局部环境的优化，才演绎了企业与社会协调发展的“海鑫发展模式”。

李海仓是一个很有中华民族优秀思想品德的人，他办企业的出发点不是小富即安，他把办企业当做追求的事业来做。他要在自己富裕的同时，帮助周围的人都过上富裕生活，由此赢得了广大群众的衷心拥护和爱戴。他致富思源，富而思进，办企业造福一方群众，受到老百姓的爱戴和尊敬，得到党和政府的褒奖。他两次当选“全国劳动模范”、获得过全国“五一劳动奖章”、“光彩事业奖章”和“中国优秀民营企业家”等称号，连续两年被评为“山西省功勋企业家”，多次荣获“山西省特级劳动模范”。他坚持立足家乡办企业，为兴县富民做出彪炳史册的重大贡献。20世纪90年代初，李海仓已经完成了资本的原始积累，当时内资、外资争着向东南沿海和大中城市汇集，而海仓没有为之所动心。他认为闻喜县的父老乡亲还不富裕，自己有责任为摘掉贫困县的帽子尽心竭力，为此，他坚定不移地立足家乡发展。海仓的这些荣誉当之无愧，有几组数字可看出他的贡献之大：从1987年到2002年，海鑫公司累计纳税6亿多元，已经连续3年占闻喜县财政收入的一半以上，2003年预计达到4亿元左右；海鑫9200多名员工中，绝大多数来自周围农村，其中还安排了800余名国有企业下岗职工。如果以每个职工年均收入10000元计，就使9000多户农民达到小康生活标准；海鑫每年支付购进本县和周边三县的焦炭、原煤、铁矿石、活性钙、铁合金等原材料款和运输费10亿元左右，使四县上百万人口人均增收1000元左右。具体到海鑫公司所在的东镇川口和东峪两个村，受益就更大了。川口村原是个穷村，自从海鑫崛起后，川口村成了全省小康建设示范村，村里18至55岁的男女劳动力都可以在海鑫上班，孩子们上学从小学到高中的学费和村民的农业税、镇统筹、村提留等费用海鑫全部承担起来，村里依托海鑫办起了不少企业，村民们都购买了运输车辆，大多村民盖起了楼房，还有20多家开起旅馆，每家年收入十几万元，全村100多户村民，就有30多辆轿车。受益最大的还有相邻的东峪村，海鑫租用该村1300多亩盐碱地，每年补偿1000元／亩，再加上安排村里的400多人在海鑫公司上班，每人年均收入近万元，还有20多辆车在那搞运输，全村每年从海鑫挣回400多万元。海鑫的快速崛起，极大地改变了闻喜县的面貌，该县由原来的国家级贫困县跃居为运城市经济总量、财政收入前三强县(市)之一，同时进入山西省十四强县的行列，县域经济竞争力前移到全省第八位。他救助贫困，乐善好施，为扶贫助残、修路架桥、兴建校舍、打井灌溉、兴办农村文化娱乐设施等社会公益事业累计捐资5600多万元。他捐资380万元修建了涑阳村海鑫富民路和富民大桥；捐资290万元改造了南同蒲铁路通过东镇的立交桥；捐赠给宁武县焦化成套设备价值1000余万元；为闻喜县城区改造工程捐资1500万元；为周边农村打井20多眼……每年春节前，他都安排公司为川口、东峪、南街、官庄村60岁以上的老人每人送上50元的慰问品。在他遇害的前一天，与运城市工商联的领导班子研究工作时，还提出要选择一个贫困村，由海鑫牵头捐资200万元，帮助贫困村发展生产。就在他遇害的那天上午，还有一位儿子得了尿毒症的老农民来求海仓资助救治，海仓马上让财务室拿1万元交给老人，并告诉他，如果不够过完年再来拿……从这一连串的数字和一桩桩感人的事迹中，我们就不难理解，为什么海仓遇害后当地的震动那么大，人们听到噩耗的第一个反映就是“天塌了！”海仓遇害后，前去吊唁者几千人，安葬那天，万人空巷送海仓的动人场面前所未有。当地人们以春节不贴春联、不放鞭炮寄托哀思。

如何正确对待我们的民营企业家，还需要进一步加强宣传和引导，我们应该引导全社会把思想和认识统一到党的十六大精神上来，要承认他们建设者的身份。因为民营企业家是稀缺的社会资源，特殊的人才，发展经济的带头人，理应受到全社会的爱戴和尊敬。他们是财富的创造者，我们要树立正确的财富观，尊重财富的创造者。民营企业家又是一个特殊的社会群体，我们要正确地看待他们财富的来源，从他们对财富的支配和使用中考察其先进与落后，只有理解了他们，认识了他们，才能善待他们，才能在全社会形成鼓励人们干事业、干成事业的良好社会氛围。

李海仓遇害后，围绕海仓被害事件引起的社会舆论也曾轰动一时，在网络信息广泛普及的今天，各种媒体在短短的20多天中，竟有5000多条议论与此事件有关，关于富人生存、财富品质、“海鑫神话”的真实程度、李海仓的个人品质议论颇多。为了以正确的舆论向世人深入介绍海鑫的发展和李海仓其人其事，中央统战部和全国工商联牵头率记者团来山西，在省委统战部和省工商联的配合下，于2月20日至24日，在省城太原和运城市、闻喜县、海鑫公司进行了为期5天的调查采访，共走访、座谈30余次，120多位与海鑫和海仓生前交往较多的人接受了采访。这中间，有省、市、县政府部门的官员，有海仓的父母兄弟、亲朋好友，有驻地村镇干部和普通群众，有公司管理人员和一线工人。还向省工商银行、人民银行运城市中心支行、中行闻喜县支行等单位和闻喜县的职能部门及海鑫公司索取了企业经营、贷款和纳税方面的资料。通过这次深入细致的调查采访，使我们对海鑫企业的发展历程和现状了解得更详细了，对李海仓的许多鲜为人知的先进事迹了解得更多了，特别是采访了这么多人，从上到下没有说海鑫和海仓不好的，谈起海仓被害，不论是受到采访的同志，还是参加座谈的相关人员，无不惋惜和悲痛。他们共同的看法是：李海仓是个十分难得的人才，非常优秀的企业家，也是一位贡献突出的优秀社会主义事业建设者。海鑫公司是山西民营企业的旗帜，其发展是健康的，企业的业绩是扎实而辉煌的，贡献是巨大而突出的。因此，海鑫公司和李海仓是立得住的先进典型，值得宣扬和褒奖，以正视听。随后，省委统战部和省工商联联合向中央统战部和全国工商联写出了调查报告，并报送省领导和有关部门。省委宣传部领导又召集省主要新闻媒体听取统战部和工商联的情况汇报，做出在省内外媒体加大正面宣传力度的安排部署，随后省委统战部、省工商联派人率《山西日报》、山西电视台等省内主要新闻单位又赴海鑫进行采访。《中华工商时报》、《中国工商》杂志等全国性报刊发表了系列重头文章，向世人详细介绍海鑫公司和李海仓的先进事迹，省内新闻媒体对海鑫公司的生产、建设形势跟踪报道。很快以真实的声音压倒了捕风捉影、道听途说的不实议论，使各方面更加放心放胆地关怀和支持海鑫的发展，海鑫人也能集中精力抓好生产和建设了。这是在海仓事件发生后，工商联作为民营企业的“娘家人”为海鑫做的一件扎实而有效的工作。

李海仓的不幸去世，不仅是中国民营经济界的一大损失，更是山西省特别是工商联和商会工作的一大损失。海仓生前一直热心工商联和商会工作，担任着国家、省、市各级工商联和总商会的领导职务，他是一个有远大理想和抱负的人，企业的不断发展，事业的成功，对社会的贡献，成为他的乐趣。他的直接贡献很大，带动贡献也很大，他鼓舞、带动周围的人投身发展民营企业，不仅在闻喜县和运城市树立了旗帜，而且为山西民营经济发展树立了榜样，是山西民营企业第一杆旗帜，他的英年早逝，无疑是山西经济界的一大损失。海仓有两个抱负：一是要办实业。他认为一个企业中实业是最重要的，党的十六大以后，他的发展欲望更坚定了，他计划到福建、山东、天津再办2到3个企业，把钢铁主业做大做强；二是要参与金融业。晋商创办了票号，开展了外贸，现在山西有不少大企业，但中小企业发展缓慢，除其他因素外，资金瓶颈因素很大。工商联和商会工作就是要真正服务于企业，为他们排忧解难。按照我们商妥的计划，在由海仓牵头成立的"山西晋商投资担保发展公司"注册完成后，再接着搞山西的晋商银行，还要搞一个"晋商国际会展中心"。晋商投资担保发展公司在海仓带头出资的影响下，拟由工商联的骨干会员企业出资5亿元筹办，海仓出事前，已在注册登记了，海仓突然去世后，只得暂缓运作。其他设想的实施也更加困难了，这不只是海仓企业的投资能力，更主要是海仓的影响力和操作能力，少了这么一位既有实力，又有能力的带头人物，对山西工商联和商会工作损失是巨大的，我深感工作中少了一只强有力的臂膀，生活中缺少了一位知音。

海仓走了，但他留给我们的精神永存。撰此文为启来者，励后人。

（此文为纪念李海仓逝世一周年而作，摘要发表于《人民政协报》2004年1月16日，《山西日报》2004年2月5日）

李海仓永远活在我们心中

中共运城市委书记　黄有泉

（2003年1月29日）

李海仓1955年12月7日出生于山西省闻喜县东镇川口村一个农民家庭，非党人士。逝世前担任全国政协第九届委员、全国工商联副主席、山西省工商联副会长、运城市人大常委会副主任、运城市工商联会长、山西海鑫钢铁集团有限公司董事长。

2003年1月22日上午 11时30分左右，李海仓同志正在公司办公室工作时，不幸遇害逝世，年仅48岁。

李海仓的少年时期，正是中国广大农村比较困难的时期。他家人口较多，生活清贫，上中学的时候，他就利用星期天和节假日，积极参加农村集体劳动，努力减轻家里的负担。童年的清贫生活，锻炼和培养了李海仓勤劳、朴实、善良的优秀品德。

1972年，17岁的李海仓从学校毕业回村参加劳动，先后在村办轧油厂、东镇棉站、五四一工地等艰苦岗位工作，党的十一届三中全会之后，他利用在运城学会的制作肥皂技术，与生产队合办了队办肥皂厂，并出任厂长。在5年的办厂过程中，他为村里和乡亲们挣回了农业以外的第一笔收入，也积累了一定的工业生产和经营管理经验。1982年，李海仓开始进入流通业，在东镇办起了川口综合商店，经营烟酒、副食、家电、五金、苗木、化肥、农药、焦炭等，为后来投资办厂积累了宝贵的启动资金。1987年4月，李海仓与几位亲友共同投资创办了闻喜县联合焦化厂，并出任第一任厂长。在以后近5年的时间里，他又先后创办了三铁焦化厂、洛铁焦化厂、运铁洗煤厂、闻喜县三铁联合焦化总厂。到1992年，他一手创办的三铁联合焦化总厂，已经成为山西省内少数几家规模较大的焦化联合企业之一。

1992年9月，在邓小平南巡谈话精神鼓舞下，李海仓同志果断决策，大手笔运作，与国内几家冶金厅局和铁路单位联合创办了山西省海鑫钢铁有限公司，并出任董事长、总经理。海鑫公司1994年3月份建成投产后，企业总资产突破1亿元，销售收入近2亿元，纳税总额突破1000万元大关，企业的发展跨上了新的台阶。

1995年6月，李海仓同志领导海鑫公司开工建设了二期工程。1997年7月，海鑫高线厂建成投产，实现了公司产品由铁到钢再到材的延伸，形成了初具规模的钢铁联合公司。

1999年10月，李海仓同志领导海鑫公司开始建设规模宏大的三期工程。2001年7月，三期工程第一阶段目标提前实现，1080立方米高炉、80吨转炉全面建成投产。到2001年底，海鑫公司的总资产已经达到30亿元，年销售收入29.6亿元，年创利税 4.5亿元，成为全国工业企业500强之一，全国民营企业30强之一，全国最大规模民营钢铁企业，山西省最大规模民营企业。今年3月，三期工程全部完成后，将形成年产260万吨铁、260万吨钢、220万吨钢材的生产能力，企业总资产接近50亿元，从此跨入特大型企业行列。海鑫的发展，为运城市、为山西省乃至全国民营企业的发展树立了榜样和旗帜。党的十六大后，李海仓同志积极响应党的号召，着眼于争先发展、跨越式发展，又为企业下一步的大发展制订了更加宏伟的目标……

就在海鑫集团越做越大、越做越强的时候，就在李海仓同志准备再展宏图，为民营企业的发展、为民族钢铁工业的发展再做更大贡献的时候，丧心病狂的凶手夺去了他年轻而又宝贵的生命。从此，海鑫公司失去了一位优秀的掌舵人，国家和社会失去了一位优秀的企业家，他年迈的父母失去了一个优秀的儿子，他默默奉献着的妻子失去了亲爱的丈夫，他正在成长的儿女失去了一位伟大的父亲，我们大家共同失去了一位忠诚的朋友!

李海仓同志对党、对人民一片忠心，满怀赤诚。他是我们党多年培养起来的一位优秀的非党领导干部，逝世前担任全国政协第九届委员、全国工商联副主席、山西省工商联副会长、运城市人大常委会副主任、运城市工商联会长以及许多民间团体的领导职务，还曾先后担任过闻喜县工商联名誉会长、闻喜县政协副主席、政协山西省第七届委员、政协山西省第八届常委等职务。在担任这些职务期间，李海仓同志始终忠于党的事业，自觉接受党的领导，认真履行自己的职责。他尊重分工，团结同志，认真负责，勤奋工作，积极参政议政，踊跃建言献策，表现出了一位领导干部良好的素质和优秀的品质。

李海仓同志为闻喜县、为运城市的经济社会发展作出了巨大贡献，建立了卓著功勋。他是一个成功的企业家。1987年以来，他领导的企业持续、快速、跳跃式发展，15年时间总资产翻了14番，增长 12500倍，利税增长13000倍。海鑫集团直接吸纳 9200多名社会劳动力就业，间接拉动周边三县100万人口人均增收1000多元。海鑫集团为国家和地方创造了巨大的财政收入，已累计上缴税金6亿多元。2002年上缴闻喜县财政1.3亿元，占到全县财政收入的半壁江山。由于他的卓著功绩和突出贡献，李海仓同志先后被授予“中国优秀民营企业家”、“全国乡镇企业家”等荣誉称号；1999年、2000年连续两年被评为“山西省功勋企业家”；1995年和 2000年两次当选“全国劳动模范”；1998年获全国“五一劳动奖章”；并多次被评为山西省、运城市的“特级劳动模范”。

李海仓同志热爱家乡，热爱社会主义，积极参与社会公益事业和光彩事业，努力回报家乡父老，回报整个社会。多年来，他坚持在家乡兴办企业，努力发展地方经济，带动全县人民脱贫致富奔小康。

他富而思源，不失本色，慷慨捐款捐物累计达5600多万元，用于扶贫助残、修路架桥、兴建学校、打井引水等社会公益事业。李海仓同志先后被推选为中国光彩事业促进会常务理事、山西省光彩事业促进会副会长、运城市光彩事业促进会会长，先后获得“中国光彩事业奖章”、“山西省光彩事业奖章”等多项荣誉，受到了党和国家领导人的高度赞扬。特别令人感动的是，就在李海仓同志遇害的前一天，还与市工商联的负责同志研究扶贫济困工作，主动提出要再捐资200万元，定点扶持一个贫困村。

李海仓同志心胸宽阔，诚信处世，与人为善，宽厚待人。多年来，不论是国家、省、市、县、镇的领导，还是边远地区的贫苦村民，他都一视同仁；不论是有关部门的干部，还是找上门来的小商小贩，他都能诚恳相待，坚守信用；不论是公司的高层领导，还是普通员工，他都亲如兄弟般关心、关怀和帮助。

李海仓同志的一生是光荣的一生、奋斗的一生、奉献的一生，是爱党、爱国、爱家乡的一生。他的精神将永远感动着我们，他的业绩将永远激励着我们。

李海仓同志永远活在我们心中!

（此文为黄有泉同志在李海仓追悼大会上所致悼词，原载于《当代山西商会》2003年第2期）

揭开李海仓财富之谜

——海鑫集团真相彻底调查

《中华工商时报》记者 张志勇 马璐瑶 张华钰

李海仓突然遇害事件虽然已过去一个多月，但就李海仓生前身后的各种问题仍是众说纷纭，并有愈演愈烈之势。

李海仓，山西海鑫钢铁集团有限公司的董事长，位列2002年福布斯中国富豪排行榜，身兼中华全国工商业联合会副主席、全国政协第九届委员、山西省工商联副会长、运城市人大常委会副主任、运城市工商联会长等职务，两次当选“全国劳动模范”，获得过“全国五一劳动奖章”，连续二年被评为“山西省功勋企业家”。

李海仓生前很低调，而这么一个低调的人，在没有任何资源优势的农村，竟由40万元起家，仅用了15年的时间就搞成一个拥有42.8亿元资产的大型钢铁公司，这使他充满了传奇色彩。

也因此，海鑫钢铁集团是如何起家的以及资金来源、资金链、股权结构、企业负债率、纳税总额乃至企业用地、环保、用水、用电等等，成为李海仓身后全社会关注的焦点。

2月13日至24日，本报记者带着社会各界的疑问，先后在北京、太原、运城、闻喜县等地对海鑫钢铁集团进行了全面彻底的调查。

起家

20万元积累加20万元贷款，以联办企业为形式，以焦炭产品为依托，李海仓充分用活免交所得税等地方政策，让海鑫集团迈出了做大的第一步。

李海仓真正进入钢铁行业始于1992年10月。记者从山西省工商银行得到的权威数字来看，当时该公司的注册资本为4.2亿元，而该公司成立之前的资本积累过程成为破解海鑫钢铁集团的关键所在。

多年来，李海仓起家的40万元成为财经记者们关注的热门话题。记者在采访过程当中，就40万元的积累过程采访了当年与李海仓共同创办第一家企业的合伙人。1987年，李海仓、辛存海、侯岚云共同创办了第一个焦化企业。在采访中记者了解到，李海仓当时拿出多年在市场经营活动中积累的20余万元资金，并以李海仓长兄等4人的名义联合向信用社贷款10万元，与当地的一家国有企业闻喜县白水泥厂搞联合办厂，成立联合焦化厂，联合方出资10万元。闻喜县白水泥厂的10万元也是从银行贷来的。这

40万元全部用于固定资产投资。联合焦化厂成立后，又从当地的工商银行贷款10万元作为流动资金，而这10万元是以联合焦化厂的名义共同贷款并还款还息的。联合焦化厂投人生产后，当年实现利税100万元。由于该厂是新建的乡镇企业，得到了当地政府的大力支持，免交了产品税、固定资产投资税等。

当时市场焦炭的成本每吨不超过100元，而该厂销出的焦炭每吨在400元左右。当年实现了年产量1万吨的生产规模。也就是说，焦化厂成立的第一年，除去运输、销售等费用，李海仓就实现了利税100万元的业绩。

1988年，李海仓与三门峡机务段联合办厂。双方各投资70万元，这样使产量由原来的1万吨增加到3万吨。1988年至1989年综合生产能力达8万吨和10万吨，即两个焦化厂的总和。由于当时的焦炭价格不断上涨，市场最高价可卖到每吨600多元，这样李海仓一年就可以实现利税1300万元。建一个新厂，免交3年的所得税，应该说李海仓充分地用活了当时的地方政策。记者从闻喜县税务部门了解到的数据表明：1988年由李海仓所创办的企业，上缴了10万元税金，到1990年，共缴纳税金50万元。

李海仓在尝到了联合办企业的甜头之后，1991年又先后与运城、洛阳铁路分局联合成立了洛铁焦化厂，成为山西省第一个机械化焦炭企业。该厂总投资为900万元，其中李海仓、三门峡、洛阳铁路分局投资比例为4：3：3；与运城车务段联合成立了洗煤厂。1992年初形成的四个焦化厂实现了26万吨的生产能力，在1987年至1991年期间，李海仓既改造了两个老厂，又建了两个新厂。1990年，组成三铁焦化总厂。

记者从海鑫集团公司的财务记录了解到，李海仓的贷款主要始于1992年，从各类报表综合数字来看，其贷款的300余万元主要用于流动资金，其固定资产已经达到1500万元左右。在采访中，记者还了解到，由于李海仓充分地利用了产与销及市场的焦炭价格比，当时经销李海仓焦炭的经销商们，都要事先打人预付款，这样，李海仓的手中掌握着上千万的预付款作为他的流动资金。从当时整个经营业绩来看，与李海仓联合办企业的投资方，都在两年内就拿回了所有的投资和相应的利润，而李海仓把自己所有的利润再一次全部投入到企业里。到1992年底，全厂净利润在2500万到3000万元之间(免交所得税，只交产品税)，也就是说，李海仓在进入钢铁行业之前，所实现的资本积累虽然令外人难以想象，但是却十分符合营运规律。

1992年初，李海仓先后多次到他的用户单位考察，钢铁企业的利润空间更令他“欣喜若狂”。他决定在家乡投资建厂，进入炼铁行业。

1992年李海仓先后与有着多年业务往来的经销商们达成联合创办炼铁企业的合作协议。预投资 8400万元建设两个124立方米的高炉，并于太原并州饭店，与湖南冶金厅、河南冶金厅、上海冶金厅签订了合作协议，三铁焦化总厂、三家冶金厅联合成立了山西海鑫钢铁有限公司。投资比例分别为三铁焦化总厂5400万元，三个冶金厅各1000万元。1993年建厂，1994年4月份投产。

1995年，海鑫钢铁有限公司又分别与洛阳铁路分局、临汾铁路分局、北京铁路分局进入海鑫钢铁有限公司的二期工程建设，共出资3. 1亿元，并在1996年由生铁转到炼钢、轧钢。记者曾于2002年9月采访李海仓时得知，他当时主要考虑的是如何面向市场。他认为，如若只停留在低水平的炼铁企业上，企业可能将处于面临倒闭的状态。由海鑫集团公司总会计师孟景忠所提供给记者的资料来看，当时的企业贷款为6000多万元，负债率为20%，通过各种办法与联营方等所借的款项3.02亿元。仅从1996年15万吨的生铁产量来看，实现利润3000万元，税金1000万元，这就是李海仓40万元“所下的蛋”。

资金链

截至2002年末，海鑫钢铁公司资产总额为40.36亿元，负债总额16.06亿元，资产负债率为39.28%。有关其在银行贷款累计为29.8亿元的说法多有不实。

李海仓的超常规运作企业，不能不说他是一个善于用钱的“玩钱高手”。事实上李海仓素有资本运营魔术师的称号。

从整个海鑫钢铁集团发展过程及其资本积累、资产不断扩充的数字来看，海鑫公司从1987年创办以来，到2003年初，在建项目全部建成投产后，将实现用15年时间，总资产翻14番，增长12500倍，利税增长13000倍的经营业绩。2003年2月21日，记者从山西省工商银行对海鑫钢铁公司的调查报告中得到的数字显示，截至2002年末，海鑫钢铁公司资产总额为40.36亿元，其中流动资产为15.63亿元，固定资产21.77亿元，负债总额16.06亿元，其中流动负债10.27亿元，长期负债5.76亿元，资产负债率为39.28%，流动比率152.2%，速动比率101.2%。公司产销率连续三年达99%，资金回收率为103%。

海鑫钢铁公司为什么在规模高速扩张的同时，还保持着利润的最大化?它的资产质量如何，成为研究海鑫发展的关键所在。从经济学的角度来看，企业在规模高速扩张的同时，很难保持利润最大化，即十分优良的资产质量。但李海仓在运作企业的过程中，有一个超越极限的理论。李海仓生前在接受本报记者采访时，是用我们所说的资本运营来解释他的“超越极限”的。在李海仓看来，我国工商企业大致经历了三个阶段。第一阶段，在计划经济时代，企业由生产产值转化为生产剩余；第二阶段是企业由单一的生产者转化为生产经营者；第三阶段是企业经营的最高层次资本运营，这也就是贯穿李海仓整个经营思路的用钱来赚钱的经营之道。在李海仓看来，资本运营有三种最佳方式，第一种为上市；第二种为资本扩展，如兼并、收购、租赁、承包；第三种把有限的存量资本无限地去发挥它，或者说是以最大限度实现增值目标为目的。

从对海鑫集团的整个资本运作的调查来看，李海仓深受中国传统经营之道的影响。他总挂在嘴边的是胡雪岩的经营之道，即“八个茶壶七个盖”，并且每个茶壶的温度不会降一点。而在李海仓看来，胡雪岩做得不是最好，真正经营好的，应是“八个茶壶六个盖”。这也就是李海仓在海鑫钢铁集团资本运营方式上，在预期收入上所做的大文章。记者在调查中了解到，海鑫所实现的预期收益就是当年及今后两三年的利润和提留，也就是预提留。从海鑫资产形成的过程来看，在有2000万元资产的时候，李海仓想上的是8400万的固定资产项目，连流资需要1.5亿；在资产有2亿的时候，他就敢上4个亿的项目，炼铁、炼钢、轧钢；在有10亿资产的时候，上13个亿的项目；在有20个亿时，就上22亿的项目，这都是固定资产，这就需要在预期收益上做文章。

2002年，海鑫可用资金6亿，该公司在自有资金基础上，加上国际上的融资能力及国内的融资能力，就可做令人难以想像的新项目，即更大的投资，这也就是李海仓所实践的“八个茶壶六个盖”的经营理念。在采访中记者还了解到，海鑫在企业的管理中，非常艺术地处理了产前成本、产中成本及产后成本。产前成本在海鑫集团的所有项目投资建设过程中，全部形成工期的最短化，也就是早一天投入生产早一天见效益；产中成本也就是用最短的时间达产，如有的技改在国有企业当中得用2000万，而海鑫集团用几百万就可以实现；产后成本也就是海鑫始终掌握着客户的大量预付款，这些预付款的实现主要表现在海鑫的产品质量有保证及让利销售等方面上。从海鑫集团的财务报表及资金走向来看，海鑫公司每个月大约都有1亿的预付款趴在帐上。目前，海鑫生铁成本每吨840余元，钢坯制造费用每吨310~340元，轧钢制造费用每吨130元，财务、销售、管理三大费用吨均70元，终端产品钢材含三大费用含税成本每吨1615元，比行业平均水平低300~350元。以国际上最具可比性的钢坯为例，美国成本最高，每吨1970元，欧洲次之，为1710元，日本为1690元，俄罗斯、韩国还要低100多元，而海鑫钢坯的吨成本仅为1150元至1180元。这就可以实现海鑫公司多年来超常规地不断扩大自己的投资建设的目标。同时我们还发现，多年来海鑫的产品成本在市场同类产品中是最低的，这样给海鑫的市场压价空间不断增大。同时，海鑫用别人的钱发展自己，这样既不增加负债，也不增加利息。在对海鑫所有项目的施工过程的实施方案中可以发现，施工单位的质量保证金占整个项目施工款的5%。

海鑫的资产负债率近来成为财经媒体记者关注的焦点。2月18、19日，记者在采访山西省运城市有关方面时获悉，对于海鑫的资产负债率，运城市委书记、市长的统一口径是34.1%。而在近日引起媒体广泛关注的中国人民银行运城中心支行的一份贷款统计报告中，海鑫集团的贷款数额再一次成为焦点中的焦点。2月24日，中国人民银行运城中心支行信贷登记咨询系统显示，海鑫钢铁有限公司计有银行贷款（含贴现）90529.53万元，未结清银行承兑汇票22090万元。

记者在中国人民银行运城中心支行采访中还了解到，有关海鑫集团在银行贷款累计为29.8亿元的说法多有不实。

比如抵质押贷款是贷款方式的一种，不应重复计算。也就是说在贷款余额(93405.45万元，一项中已经包括了抵质押贷款（73541.14万元）。

比如，承兑汇票贴现占用的贷款额度，不能算作企业负债，这是因为企业给银行承兑汇票贴现之后，人行尚未结清。

再比如，企业在开出的承兑汇票里面有50%的保证金已经给银行，实际未结清银行承兑汇票的金额是11045万元，而并非22090万元。

又比如，涉及到银行授信的12548万元，这是各有关银行给海鑫的授信额度，在海鑫没有实际贷款之前，尚不能算做贷款额度。

此外，对外担保97184万元，是海鑫根据有关金融制度，给运城市相关效益好的企业提供的担保，是或有负债，而并非实际负债。

记者在采访中了解到，截至2月24日，海鑫钢铁有限公司从运城市各金融机构的贷款余额是90529.53万元，而从太原几家银行各支行的贷款余额则是49375万元，也就是说，目前海鑫钢铁有限公司贷款余额总额是150949万元。

2月24日，记者从中国农业银行闻喜支行所提供的关于海鑫钢铁集团信贷业务的情况说明中了解到，仅2002年，海鑫钢铁集团就完成销售收入36亿元，实现利润6亿元。

截至目前，在该行共有流动资金贷款1.6304亿元，银行承兑汇票1900万元，贴现贷款2676万元，职工个人住房消费贷款2889万元，所有贷款全部实现无逾期、无催收、无欠息。对该企业的每一笔贷款，全部经由省、市农行专门考察、审批，贷款程序合规，抵押担保可靠，并能按期还本结息，是该行的信用黄金客户。

另从与海鑫公司有信贷业务关系的几家银行获悉，海鑫公司连续四年被山西省工商银行评为优质客户和甲类客户，信用等级一直保持在AA级以上。2002年为AA+级。截至2002年末，该公司在该行本外币融资余额5.06亿元，人民币贷款总额为4.48亿元，占其全部融资额的32%，美元贷款700万元，融资总额占该行公司贷款余额的比重仅有0.62%，海鑫在该行所有的贷款全部办理了合法有效的担保手续，贷款的安全性得到了保障。海鑫公司同时被山西省农业银行连续7年评为AAA级信用等级企业。

纳税

自1987年以来，海鑫公司累计纳税6亿元。2002年上缴国家税收2.2亿元。充分利用好国家税务优惠政策，使海鑫迅速扩张，实现了跳跃式发展。

海鑫钢铁集团公司目前占用土地近6000亩，这些土地大都是从闻喜县东镇的川口村和东峪村等相邻村所租用。这些土地60%都是盐碱地、芦苇地及河套。

记者在2月23日对川口村、东峪村村长们的采访中获悉，这些土地租期为30年，并与海鑫集团公司签署了承租合同，海鑫集团公司以每亩土地每年1000元价格付给农民。应该说在海鑫公司最早承租农民土地时，农民还没有尝到出租土地的甜头，但是由于海鑫集团公司企业规模不断地由小到大，不断地上一个又一个新项目，所使用的土地也由最初的几十亩，发展成为今天这样的规模。在采访中记者还了解到，当地的农民几十年来仍是靠天吃饭，种地一年下来一亩地也就100元的收入。东峪村年仅28岁的村长深有感触地告诉记者，连农民都知道种地不如“种”企业。同时随着海鑫公司效益的不断增长，在支付每亩土地1000元的基础上，村里的农业税、村提留、乡统筹等每人50~60元的费用这些年都是由海鑫集团公司支付的。

在记者的采访中，海鑫集团从1992年至今，几乎年年都在搞项目。所以所使用的土地年年在不断地增加，而李海仓充分地盘活了土地的再生价值。

记者在采访中了解到，运城各级政府及相关职能部门的领导，都一致地认为，海鑫集团这些年来的发展，主要得益于党的富民政策、得益于当地发展经济的各种相关的优惠政策。去年李海仓在接受记者采访时，也多次深有感触地说，海鑫能有今天，靠的就是中共十一届三中全会以来改革开放的政策，靠的就是运城市委、市政府大力发展民营经济的相应措施。

记者在采访中了解到，海鑫公司自1987年以来，累计纳税6亿元，2002年，海鑫集团上缴国家税收2.2亿元。2月20日，记者就海鑫集团在当地所享受的税收政策进行了调查，得到的答案是，投资建一个新厂免交三年所得税，免交一年的产品税。

就当地所制定的三年免交所得税的政策，税务主管部门解释说，根据国家关于减免企业所得税的相关规定，符合国家产业结构调整与升级要求，贫困地区的企业、对福利做出贡献的企业、有利于安置下岗职工等相关条件的，可以减免企业所得税，但一般情况下，免税期不能超过3年。闻喜县地方，税务局对此也作了说明：根据财政部、国家税务总局《关于企业所得税若干优惠政策的通知》（财税字 [1994]001号）文件中第一条第四款的规定精神，为促进闻喜县乡镇企业壮大发展，更好地涵养税源，振兴经济，免征海鑫轧钢公司的企业所得税。海鑫轧钢公司近三年来共实现利润238692030.07元，免缴企业所得税78768369.92元；根据国家税务总局国税发[1994]216号《关于固定资产投资方向调节税若干问题的通知》第一条的规定精神，海鑫公司符合中西部地区免征乡镇企业固定资产投资方向调节税的条件，免征固定资产投资方向调节税 87400632元。

在对山西省主要领导的采访中了解到，闻喜县多年来一直是国家级贫困县，上世纪90年代初，由于海鑫集团的不断发展壮大，带动和影响了全县的经济发展和脱贫致富，海鑫集团所在的东镇已成为该县最先富起来的乡镇，而川口村也被称为河东第一村。海鑫公司的迅速崛起带动了闻喜县及东镇地区的相关产业和行业，使闻喜县在2000年摘掉了全国贫困县的帽子。

今天看来，李海仓在充分地把这些政策用活的同时，还充分利用了海鑫集团在发展过程中企业不断扩大规模所要进行的建设企业的“时间差”。这也就是李海仓一年搞一个企业、一年上几个项目及产品的“翻茶壶盖理论”的又一翻版。海鑫集团充分地利用了国家的税务政策，使企业不断地扩张和跳跃式地发展。记者在运城市及闻喜县税务部门了解到，海鑫集团在税收上是给运城市、闻喜县作了不可磨灭的贡献的。同时，李海仓也把他每年企业所得的绝大部分利润重新投入到企业的生产再循环和发展中。

股权结构

截至2002年初，李海仓等自然人占公司总股本的92.2%。李海仓遇害后，其子李兆会接任董事长职务。海鑫公司还不是严格意义上的股份制企业，仍属家族式企业。同时李海仓也非常注重创业初期他的合作方的权益，使投资方自始至终保持着最初资本框架。

海鑫钢铁集团公司的资本结构成为破解海鑫集团过去、现在与未来发展之谜时所无法回避的问题。应该说海鑫发展的全部过程，主要是靠与三个冶金厅和三个铁路局合资、合作而发展起来的。

从最初的合作形式来看，李海仓所占的投

资比例虽然最大，但是各方差距并不大。正是由于李海仓充分地保证了投资方的利益，使得投资方既受益同时也愿意与李海仓加深合作。

记者在采访中了解到，北京铁路局投资5000万与李海仓合作，不派一人对整个资金使用进行监督，而李海仓都能按合同来执行。李海仓完全靠信誉赢得他在更广泛的资金使用上的最大自主权。记者在对海鑫多年投资合作方的采访中了解到，虽然投资比例是4：6，但是李海仓在利润分红上竟以倒4：6的方式回报投资方。多年以来企业每年的利润都是以先让利于投资方为主。三个冶金厅、三个铁路局与海鑫公司近10年的合作中，海鑫公司在每一年的利润分配上，在扣除投资方的利润之后，主要享受利润分红，也就是李海仓家族即兄弟所享有的利润分红，并将其全部投入到企业的生产发展和项目建设上。

记者在调查中发现，自1994年以来，李海仓家族成员至今没有得到一次分红。这也就形成了至今令一些经济学家和一些财经媒体记者无法破解的海鑫钢铁集团的股权之谜。

记者在深入的调查中发现，从严格的股份制企业的资本结构和产权结构来看，海鑫钢铁集团有限公司还不应属于严格意义上的股份制企业，它仍属于家族式的企业。只是李海仓在接受了现代企业的产权结构理念之后，他要使企业资本有所“分化”。同时李海仓也非常注重与他在创业初期合作方投资的利益，使投资方自始至终保持着最初的资本框架，而李海仓的资本却在不断地扩大。这也就成为李海仓身后的股权之秘。同时还不应回避，海鑫钢铁有限公司是1992年设立的股份制企业。当时我国《公司法》尚未颁布。李海仓参照国家体改委制定的《有限责任公司规范意见》等法规，由该公司董事长李海仓与河南省冶金建材物资供销公司、上海冶金炉料公司、湖南省冶金供销公司作为发起人共同投资组建的，三家公司也就是通常所说的三个冶金厅。此后又吸收了中国铁路对外服务北京公司、洛阳铁路实业开发公司、山西南铁腾飞科工贸总公司，增加投资股本，扩大了该公司的规模。后三家公司也就是常说的三个铁路局。

《公司法》颁布和修订之后，该公司又进一步完善了章程及有关协议。经过10年的磨合，成为目前这样一个相对规范的有限责任公司。

近几年来，随着海鑫钢铁集团的快速发展，公司的股本总额和投资各方的股权结构也相继出现了一些新的变化，形成了今天这样的由董事长李海仓为首的自然人绝对控股、其他六方法人参股的一个股份制企业。

从产权的角度来看，投资者依据在公司的投资行使权利，享受收益分配。公司实收资本中没有国家和地方政府的一分钱投资，全部投资均是投资人一方的投入。据记者所掌握的一份资料显示，截至2002年初，公司实际总投资135368.87万元，其中李海仓等自然人（以三铁焦化总厂名义）为121863.72万元，占总资本的92.2%；中国铁路对外服务北京公司5000万元，占3.69%；洛阳铁路实业开发公司为2560.04万元，占1.89%；上海冶金炉料公司2147.05万元，占1.59%；河南省冶金建材物资供销公司为1753.78万元，占1.3%；山西南铁腾飞科工贸公司为1102万元，占0.81%；湖南省冶金供销公司为942.28万元，占0.7%。至今，这个资本结构没有太大的变化。投资各方依据在公司的投资派出股东、董事和监事，依据在公司投入的资本参与收益分配。客观地说，目前，有的投资方已完全靠海鑫钢铁集团有限公司每年的分红来支撑该公司的运转。

就李海仓等自然人一股独大的现象，记者曾于去年与李海仓探讨过此问题，他解释说，要自始至终地保护最初与企业同生死共患难的投资方的利益。从股权结构来看，随着海鑫集团的不断发展和完善，股权结构也将要有所变化。随着入世后的市场需求，增强企业的整体实力和竞争力更迫在眉睫。为此，海鑫集团曾计划分两步发展，一是尽快完善现有的钢铁产业，二是积极开辟新的投资领域，发展新的主业，从而建立一个更加符合股份制企业的现代钢铁企业。

在采访中记者还了解到，海鑫钢铁集团从2001年10月开始至今，相继投资了22.2亿元，采用当代钢铁行业先进技术和装备改造了一系列的项目，实现了企业技术装备水平的全面提升，产品结构更加合理，产品质量进一步提高，经济效益更加显著。从记者在24日得到的最新项目实施进度获知，目前海鑫集团总投资22.2亿元的项目中已经完成7项，另两项也将在今年的4月底以前全面建成、投产使用。公司将新增加110万吨铁、110万吨钢、120万吨钢材、60万吨焦炭、40万吨水泥的生产能力。届时，海鑫整体上形成年产260万吨铁、260万吨钢、200万—210万吨钢材的生产能力，由此实现总资产增长到50亿元，销售收入增长到50亿元，年利润增长到15亿元的目标。

由此不难发现，关于李海仓身后的资本结构及股权之谜等所谓的迷雾说法更多地是人为的主观判断。

李海仓遇害之后，谁来承接李海仓的全部资产，一时也成为社会关注的焦点。日前，记者在太原市采访新任董事长，即李海仓之子李兆会时获悉，除他们家承接海仓的资产外，其他六方投资者的股权没有发生任何变化。而1996年就掌管海鑫集团生产、经营管理的总经理李天虎，仍作为该公司的总经理。为了确保该公司完全按照股份制企业发展，常务副董事长辛存海将全面辅佐李兆会的工作，同时，为了更好地实现由李海仓等投资方制定的海鑫钢铁集团的发展战略，使该公司能更好地保护投资方的利益，该公司设立了监事会主席和副主席。目前，各投资方及与海鑫集团有相关业务往来、金融往来的单位对海鑫集团的未来发展充满信心。

（原载2003年2月26日《中华工商时报》、《当代山西商会》2003年第2期）

极度关注李海仓事件

《中国工商》记者　李　涛

全国工商联副主席、山西海鑫钢铁有限公司董事长、《中国工商》杂志理事会常务理事李海仓同志元月22日不幸遇害，全社会反响强烈。事发后，全国工商联主席黄孟复，党组书记、第一副主席梁金泉，副主席胡德平等均深感震惊。他们在对遇害者表示哀悼的同时，分别作了指示和批示，并派员赶赴山西，慰问家属，协助山西省有关部门工作，妥善处理善后事宜。我国外交部发言人章启月就此事答外国记者……

作为一本致力于报道中国民营经济成长的刊物，除了对这样一位优秀的民营企业家遇害深感惋惜外，我们更关注深层面的原因：一位中国民营企业家的逝去为什么会引起社会如此的震动?不同背景、不同读者层面的媒体纷纷对此事给予充分的关注，这究竟意味着什么?

关注一：保护民营企业家就是保护社会的发展

记者手记：2003年2月19日，我又踏上了开往山西的列车，当我再次地踏上太原的土地时，恍惚间意识到这次来太原的目的与上一回有些不同，那一次我是为了采访李海仓而来，而现在，海仓先生已经不在了。

李海仓的遇害促使人们重新审视富人的生存环境，作为一个关注民营经济的媒体记者，我不禁想大声疾呼：祈愿全社会都来善待我们的民营企业家。因为保护民营企业家就是保护社会的正常发展。

社会公众所关注的其实不仅仅是李海仓作为一个生命个体的命运，更多的是出于对中国先富阶层生存状态的探询。除此以外，一个民营企业家之死，其中折射出的一个阶层的生存文本，也许更值得追思和反省。

对此，全国工商联主席黄孟复在1月24日接受记者专访时，就强烈呼吁一定要加强对民营企业家财产和生命的保护："民营企业家财产和生命的保护问题，应该引起有关方面的高度重视，在十六大报告中，已经明确指出一切合法的劳动收入和合法的非劳动收入都要保护，要完善保护私人财产的法律制度，包括我们民营企业家的人身安全，我觉得 这方面还要做大量的工作。"

关注二：媒体必须坚持正确的舆论导向

记者手记：太原的天空在我们到来之后飘起了小雪，让人深觉满目萧瑟，阴霾的天空也使人顿感压抑。更让人压抑的是李海仓被害不久，李海仓和海鑫集团便受到了某媒体全方位的质问：从富人的财富来源是黑是白，到财富膨胀过程中的权钱交易黑幕，再到富人是否有起码的社会责任和守法意识……这无疑是对李海仓"财富品质"的一种哗众取宠的质疑。

据统计，关于李海仓事件，各媒体短时期发布的消息已达近万条，比海湾战争的消息还要多，在新浪网的跟贴达数百页。作为新当选的全国工商联副主席，李海仓显然属于官方认可的人物，但是，舆论并不完全这么看，有些人认为李海仓之死是富人噩梦的继续。

在海鑫集团的职工座谈会上，很多职工对网上发布的言论和某些媒体的质问极为不满，甚至是义愤填膺。他们列举了海仓先生生前的许多善举。从国有企业出来的员工程晓荣发自肺腑地说："目睹海鑫公司的发展和变化，我觉得李海仓是一个非常伟大的人，你们可能无法理解，因为这不是简单能用语言表达出来的。"

继李海仓被害后，又相继爆出某福建老板和温州老板被人连捅几刀遇害的消息。富人接连遭难不免让众多的企业家们产生兔死狐悲之感，但更担忧的是，一些人在互联网上竟指责李海仓"死了活该"，理由是"有钱人没有一个好东西"。专家指出：一些网民的指责只能说明中国社会在一定程度上存在着盲目的"仇富心态"。

一些人认为"无商不奸"，其实这是传统意识作怪。在改革开放过程中，一批新的民营企业家起来了，但是可能我们有些宣传还没有跟上，因而部分公众和媒体只看到某些负面的、不正确的影响，一部分公众误读了富人阶层。我们现在的很多民营企业家，不仅企业搞得好，而且对社会的贡献、对社会的责任心也非常强，媒体必须要有正确的舆论导向。

关注三：人人都要树立正确的财富观

记者手记：当我再一次来到海鑫集团所在地东镇的时候，海鑫集团高达20层的办公楼马上就要竣工了。眼前的一切都是那么的熟悉，上次来海鑫采访李海仓先生的一幕幕情景在我眼前闪回。为了探讨海鑫如何发展，李海仓先生特地从北京请来了经济学专家钟朋荣。当时，钟朋荣除了对海鑫发展提出中肯的意见，还风趣地对闻喜县的领导说："我认为你们应该像保护大熊猫一样保护李海仓这样的优秀企业家。"对此，大家只是一笑而过，没想到时隔几个月，玩笑竟成为事实。

熟悉海仓的人都知道，他是在超负荷地透支着自己的身心，夜以继日、南飞北驰。他每天没有凌晨两点前睡过觉，大量的学习、工作占去了休息时间。包括我采访他的那次，他到了午夜时分还是才思敏捷，滔滔不绝……

任何一个社会，对于财富的心态都是非常复杂的，财富创造的追求在给社会发展带来极大推动力的同时，也必然带来许多问题。有人得益于创富时代不断增加的就业机会、高涨的工资奖金以及更多的从业选择，也有人被不断的技术进步与资本的迅速扩张挤压到社会边缘。在这个时候，应该保护财富创造者们在财富扩张之下生存权利的不受侵犯。

由此看出，财富给中国百姓带来的震撼足以摧毁原有的价值体系，巨大的贫富落差给人们带来的是羡慕、向往、嫉妒、不平甚至有些仇视。围绕着富人的讨论大多是“打土豪分田地”式的情绪宣泄。对富人的恐吓、威胁、敲诈、绑架、杀害的事件也屡有发生。李海仓的去世，使“关爱富人”的呼声渐高。其实，如何善待财富的创造者是一个很紧迫的话题。

关注四：个人的命运是否就是企业的命运

记者手记：在太原停留的两天，我走访了很多与海仓有过交往的人，其中包括：山西省工商联会长边鸣涛、副会长张慎德，山西省乡镇企业管理局局长周明定，中国工商银行山西省分行前任行长陈汝银，山西省原工商局局长赵承亮。他们无不对海仓先生大加称颂，共同的看法是：海仓先生既是钢铁冶炼方面的专家，又很擅长企业管理，虽农民出身但思维更像学者，为人心地善良、热心助人、平易近人……

在与张慎德副会长交谈中，他几次眼泪夺眶而出，这位年已六旬的老人，为失去这样一位优秀的企业家而痛心疾首，感慨之情溢于言表。但大家也同样对海鑫集团今后由谁来当家，以及日后的股权分配问题表示出足够的关注。事实上，作为山西省最大的民营企业，海鑫与银行及各个政府职能部门都有着密切的联系，这其中有很多李海仓个人魅力的因素，在他去世之后，这些问题都需妥善解决。

采访时我从海鑫集团管理层得到消息，李海仓的儿子李兆会已被任命为海鑫集团董事长，其他重要管理岗位的人员基本维持原状，这样决定恐怕是出于稳定集团目前状况的考虑。

李兆会，1981年3月8日出生，1997年7月在澳大利亚墨尔本读高中，随即在墨尔本蒙纳士大学主修企业管理和市场营销两个专业。2003年2月，被推选为山西海鑫钢铁集团董事长。

李海仓后的企业怎么办？实际上，这是对于一个私营企业家企业生存状态的关注。由于中国的民营企业家族制居多，人们对于私营企业的治理结构有种种议论，对于私营企业的生存状态有种种担忧。对于第一代私营企业家来说，其个人的命运往往就是企业的命运。李海仓在47岁的年龄猝然而逝，在他身后，他一手创办的钢铁王国将如何承续往日的辉煌，企业命运将面临如何的转折和考验，对与李海仓同时代的民营企业家而言，无疑都是一个特殊的案例。

作为一个民营企业，海鑫的灵魂就是李海仓本人，关注海鑫命运的人们期待着：李兆会能顺利的接班，继承海仓先生的遗志，将海鑫的旗帜扛下去。让人欣慰的是：中国的民营企业已经逐步走向国际化，其治理结构也会趋于国际化；尽管民营企业会遇到这样那样的问题，但是前进的步伐不可阻挡。

关注五：中国民营经济如何适应新的转轨

记者手记：到达闻喜东镇是2月22日，按旧历的风俗是正月，但我没有在东镇感到一丝春节的气氛。听说，春节期间东镇竟没有一户人家放鞭炮；往年热销的年货也没有什么市场，李海仓所在的河尔头村百姓连春联都不愿贴。这一切皆因为李海仓的突然去世。

据说，冯引亮出殡是在李海仓的前一天，偌大的东镇竟没有一个人愿意给他抬棺材，最后还是花高价从外地雇人来的。

闻喜的一位老人哭着说：“我这么大年纪了，让我死也不要让海仓死呀!”

从冯引亮的行为来看，他的赌徒式心理不言而喻。这本来没什么。但是，他是或者曾经是一个民营企业家。这就有些不同寻常，就引申出一个问题：这种赌徒式心理在不过只有20余岁心理年龄的中国民营企业家群体中有多大的普遍性，接下来的问题是，输掉了一切的赌徒会干什么，会有多大的破坏性。换句话说，这种不同程度的赌徒式心理会使中国民营经济遭受多大的拖累?

应该说，经济社会转轨这个大背景正是中国民营经济赖以生存的土壤。然而，经济社会在继续转轨，中国民营经济如何适应这种新的转轨之需?更具体的问题是，在中国民营经济的发展中扮演了英雄的民营企业家们，在中国民营经济的后续发展中还会保有多少英雄的光环?而失去了英雄光环的民营企业家会有多少成为中国民营经济新路上的绊脚石?

李海仓事件的偶然性不应该被夸大出什么样的必然性，但其中所蕴含的启示意味似也不可忽略不计。

由于工作的关系，记者与众多的民营企业家成为朋友。记者发现其实大多数富人都是很低调的。他们能够功成名就，低调的姿态功不可没。他们埋头做事，把虚无的东西弃之如敝屣，所有的时间花在经营产业，经营财富，经营学问，经营人际关系……低调的方式，使他们的投入产出比率远远高出常人，从而成为了财富英雄。而以同样务实的姿态诞生的新兴阶层，更是低调生存方式的成功。

黄孟复主席在谈到李海仓时说："在党的十六大关于毫不动摇地鼓励、支持和引导非公有制经济发展这样一个大好形势下，我们的民营企业家正意气风发，按照十六大的精神，准备大展宏图。李海仓先生准备响应"十六大"的号召，进一步发展生产，把他的企业的所得再全部投入到新的事业中去。他不仅能把企业搞好，同时致富不忘社会。这些年来，李海仓捐助社会公益事业已有5600多万元，他每年上交的税金也超过1个亿，所以应该讲他是对国家、对地方、对社会公益事业都做出了很大的贡献。"

黄主席的一番话又让我们看到了希望：中国民营企业近年来的飞速发展，首先是党的政策好，大部分民营企业家应该说都是幸运儿。看今日之中国，一代民营企业家正走在历史的转折点上，对于财富的价值判断，也不复往日带着鲜明所有制烙印的偏颇。善待财富和财富的创造者已渐成为自上到下的共识。也正因为如此，今天对一个民营企业家命运的关注渗透着更多积极的意义。这是走进创富时代的中国最值得庆幸的改变。

在这篇文章成稿的时候，我还在闻喜县东镇夜以继日的采访着，许多人还有许多话想对我说，在下期的栏目中，我们还会对此事予以关注、报道。我想，把这些东西客观的记录下来，是一个新闻记者的天职。

（原载《中国工商》2003年第3期、《当代山西商会》2003年第2期））

海仓走后话海仓

——陪同全国工商联记者团采访侧记

郎宝山　闫晓红

2003年1月 22日上午11时30分左右，被著名经济学家钟朋荣誉为"中国卡耐基"的全国工商联副主席、山西省工商联副会长、山西海鑫钢铁集团有限公司董事长李海仓不幸遇害身亡。噩耗传来，海内外震惊，社会反响强烈。一时间各种媒体发布的消息达5000多条，某网站有关"李海仓事件"的跟帖竟达数百页之多。媒体议论除对李海仓的被害表示震惊和惋惜外，相当一部分对李海仓和海鑫集团提出了全方位的质疑，这些失实的宣传议论引起了中央领导有关部门的高度重视。

按照中央统战部和全国工商联领导的批示精神，为全面调查了解李海仓同志的成长和事迹、海鑫公司的发展历程和对社会所作的贡献及社会反映，我们陪同全国工商联记者采访团，于2月20日至24日，在省城太原和运城市、闻喜县、海鑫公司进行了为期5天的调查采访。

采访团共走访、座谈30余次，120多位与李海仓生前有过交往的人接受了采访。这中间，有政府的官员，有海仓的父母兄弟、亲朋好友，有驻地村镇干部和邻里乡亲，有公司管理人员和普通职工。并向省工行、人行运城中心支行、中行闻喜支行等单位和县职能部门及海鑫公司索取了企业经营与税收等方面的资料。

谈起李海仓的被害，不论是受到专访的知名人士，还是参加座谈的相关人员，无不惋惜和悲痛，无不言语哽咽乃至泣不成声。他们的共同看法是：李海仓是一位十分难得的人才，非常优秀的企业家，也是一位贡献突出的中国特色社会主义事业建设者。

竞争优质客户 海鑫成为金融机构的重点扶持对象

李海仓在一无矿产资源、二没国家投资的国家级贫困县，由40万元起家，用15年时间发展成为资产和营销收入双50亿元的全国最大的民营钢铁企业，实现总资产增长12500倍、利税增长13000倍，创造了世人惊叹的“海鑫神话”。各个银行的支持是其快速发展的重要因素之一。银行为什么要青睐海鑫公司和李海仓带着这个问题，我们首先采访了原中国工商银行山西省分行行长陈汝银。

1994年5月，全省乡镇企业年会在运城召开，陈行长应邀参加了这次会议。会议期间，省乡镇企业管理局的领导找到他，说李海仓清他去海鑫看看。陈汝银在思想深处不愿接触个体私营老板，况且也不认识李海仓，当时民营企业不是国有银行支持的对象，加上担心社会议论，去不去一时很犹豫。思考再三，心想既然来了运城，又有政府部门领导动员，就去了解一下乡镇企业吧。在去海鑫公司的40分钟路途中，他开始了解海仓和海鑫公司。李海仓对国内外钢铁行业的认知程度和对自己项目的实施方案，打动了这位资深的金融业专家，陈汝银对李海仓的评价是：一个新型的农民，有头脑的农民，敢想敢干的农民，初具冶金专业知识的农民企业家。

来到公司，又给了这位银行行长全新的印象：偌大的四层办公楼装修简朴，楼里没有几个工作人员，接待室只摆了一盘西瓜、一杯茶水，没有一般企业那套迎来送往的客气。再到生产现场一看，更使他吃惊：先进的设备、严格的管理，不亚于省内的大型国有企业。

这次接触给了陈汝银一个启示，民营企业里也有好的企业、好的经营人才。回到省城后，他立即让省乡镇局推荐前10名乡镇企业作为银行扶持的试点。省行业务部门派员考察后，经过严格遴选，最后确定了海鑫公司作为省工行重点扶持对象。

陈行长在回答记者关于网上对金融单位的一些议论时说：银行的经营宗旨是“竞争优质客户”。银行的生存就是靠像李海仓这样项目好、营利能力强、诚实守信的优质客户。我们当时选海鑫主要是他的企业管理水平和项目优势，同时也看好李海仓本人的能力与人品。海鑫公司自成立以来，同工商银行保持着良好的合作关系，连续4年被工行评为优质客户和甲类客户，信用等级一直保持在AA级以上，贷款无逾期、无欠息、无任何不良记录，多年来一直是工商银行重点支持的优秀客户。

在与闻喜县其他银行座谈时，各个银行的负责人都是同样的评价：在与海鑫公司合作过程中，银行和企业实现了“双赢”。在任何银行，海鑫都没有欠款、欠息和逾期还贷的记录，海鑫公司成为运城市和闻喜县惟一一家连续多年被工行和农行评为“AAA”级信用单位的民营企业。

培养代表人士 李海仓成为统战部、工商联联系的重点人物

从1992年起，李海仓开始被各级统战部、工商联推荐担任一些社会职务，先后担任过闻喜县工商联名誉会长、县政协副主席、山西省工商联副会长、省政协八届常委、全国政协委员、运城市人大常委会副主任、市工商联会长，2002年11月又当选为全国工商联副主席。为什么各级统战部和工商联要培养和树立李海仓，把他作为非公有制经济代表人士的典型人

物，作出这么高规格的政治安排我们分别走访了省政协副主席、省工商联会长边鸣涛和省委统战部常务副部长、省工商联党组书记邓永武。

边鸣涛会长由衷地对我们说，李海仓是个非常优秀的企业家，也可以说是百年晋商第一人。他是山西民营经济发展的带头人，企业的发展规模，对社会的贡献，理应得到相应的政治安排和社会政治地位。谈到海仓被害，边会长沉痛地说："海仓被害使我们痛心疾首。这不仅是海鑫公司和闻喜县、运城市的巨大损失，也是山西省乃至中国民营经济界的一大损失，是我们工商联事业的重大损失。"

"李海仓是致富思源、富而思进的典型，是忠实实践江泽民同志提出的'三个结合'的典型，是优秀的中国特色社会主义事业的建设者"。邓永武书记对李海仓的成长过程非常了解，他介绍的情况是：李海仓非常热爱党，热爱社会主义，积极响应党的号召，不断把企业做大做强，为当地脱贫致富建立了不朽功勋。致富后，没有忘记贫困地区的农民和困难企业，慷慨解囊，投身光彩事业，兴办公益事业，扶贫济困的一桩桩、一件件感人事迹成为当地群众广为传颂的佳话。从1990年到2002年，海鑫公司累计捐物捐资5600多万元。就在遇害的前一天，在与市工商联领导研究工作时，李海仓还提出要选择一个贫困村，由海鑫出资200万元，帮助农民发展生产。出事的那天上午一位老农民找到公司，提出儿子得了尿毒症没钱治病，李海仓马上让财务室拿出1万元，并告诉老人，如不够过完年再来拿。

李海仓自觉地"把自身企业的发展与国家的发展结合起来，把个人富裕与全体人民的共同富裕结合起来，把遵循市场法则与发扬社会主义道德结合起来"，守信用、重信誉、讲信义，成为统战部、工商联引导教育其他非公有制经济人士的典范，是山西省民营企业家中旗帜性的人物。

发展闻喜经济 李海仓成为脱贫致富的领头人

李海仓遇害后，发去唁电和前往吊唁送花圈的有2000多人，下葬那天万人空巷送海仓的动人场面前所未有。春节期间，海鑫公司所在的川口村、东峪村的群众，以不放鞭炮、不贴春联表达对海仓的崇敬和悼念之情。为什么当地干部群众对李海仓有如此深厚的感情在我们与闻喜县领导、有关部门和乡村干部的交谈中，得到了答案。

"李海仓改变了闻喜的面貌，他是闻喜人民的楷模和骄傲"。闻喜县政协主席王延平发自肺腑地感叹道。

闻喜县是国家认定的贫困县，1994年以前，县级财政收入仅有2000万元，国家干部、教师的工资发放都很困难，海鑫的迅速崛起彻底改变了这种面貌。从1987年到2002年海鑫累计向国家纳税6亿多元，仅从1993年到2002年就为闻喜县地方财政上交3.86亿元的税金，占到全县财政总收入的 34.7%， 其中2002年上交1.29亿元， 占到 48.8%。闻喜干部算了一笔帐，全县吃财政的人每天有两顿饭钱是海鑫上交的。

在邻里乡亲眼里，是李海仓给他们带来了富裕的生活。海鑫公司每年购进绛县、乡宁县及所在地闻喜县的焦炭、原煤、铁矿石等原材料和支付的运输费用多达十几亿元，按三县总人口100万计算，人均增收1000多元。川口村村长邓全红动情地说，海鑫给我们创造了美好生活，现在村里100多户农民就有30多辆轿车，川口村成了全省小康建设示范村。川口村原是个穷村，自从有了海鑫，18至55岁的男女劳动力均可在企业上班，孩子们从小学到高中的学费和村民的农业税、镇统筹、村提留等费用企业全部承担。海鑫公司带起的服务业富了十里八村，仅川口村就有20多家开旅馆，靠出租给海鑫的客户和承建工程项目的建筑单位，每家一年就是十几万元，村里还依托海鑫办起了附属企业，妇女们成立了缝纫社，为海鑫加工劳动服和手套。东峪村村长白小为向我们介绍海鑫公司租用东峪村1300多亩盐碱地，每年补偿1000元／亩，再加上安排村里的400多人在海鑫上班，每人月工资800多元，还有20多辆车在厂搞运输，全村每年能从海鑫挣400多万元。这位村长深有感触地说："现在村民们都认识到，地里种什么最好？种企业最好！"

发展海鑫事业 李海仓成为企业和员工的顶梁柱

李海仓是海鑫集团的掌舵人，他每天南飞北驰，夜以继日，在自己曾经耕作过的土地上，建起了一座现代化钢城。72岁的老父亲李春元强忍泪水，向我们讲述着他既能干又孝顺的儿子。李海仓从小就能吃苦，16岁时就开始下地干活挣工分，别看他人小个子低，拾粪、过磅、看场子、选种子样样在行，砍玉米杆一上午就砍半亩，打土坯同龄人一天只能打300块，而他一天就打1000块。海仓是老人6个儿子中最能干的，全家人支持他干事业。海仓的去世对年迈的父母打击甚大，但坚强的父亲为了9000多名职工的衣食饭碗，为了企业的生存和发展，事发后强忍悲痛，5次召开家庭会安抚家族成员，帮助公司稳定人心，搞好生产。

在采访过程中，员工们说听到噩耗时的第一感受几乎都是"天塌了"!他们一直把李海仓当作生活和工作的顶梁柱，脑海中抹不去董事长的音容笑貌。1987年焦化厂初建成，作为厂长的李海仓和工人们一样挽起裤腿，拿起铁锹，站在泥水中一锹一锹地往输煤机上送煤，烈日炎炎，煤里水里的李海仓，淌着汗水的脸成了黑泥人，人们看到的是他那不时发出朗朗笑声的一口白亮牙齿。员工们还忘不了，1992年124m^3炼铁高炉投产时，由于风机的质量问题，高炉随时会出现坐炉事故，李海仓7天7夜守在风机房和他们一起查找原因，排除故障。员工们忘不了，当他看到工人穿着破烂的劳动服干活时，立即改变公司每年发一次劳动服的规定，改为三个月发一次。当看到工人赤脚在煤水里干活时，他马上让办公室给工人买雨鞋……

海鑫没有趴下 山西第一民营企业的旗帜不会倒

李海仓身后留下了一个资产庞大的企业，这个企业今后的路怎么走，令每个关心海鑫的人担忧。亲历采访后，我们倍感慰藉。

李海仓不幸遇害后，各级党委和政府更加关注和支持海鑫公司的发展，中央统战部、全国工商联、山西省委、省政府的领导分别作了指示和批示，专门派人赶赴海鑫公司，协助当地党委、政府共同组织破案，稳定人心，安全生产。运城市委书记黄有泉从事发到现在一直亲自组织和过问事件处理和善后工作。闻喜县28位县级领导除留4人主持日常工作外，其余24位全部到海鑫公司协助处理事件，日夜轮流值班，保持稳定，组织生产。在举行遗体告别仪式时，中央统战部副部长胡德平，全国工商联副主席孙晓华，省委常委、省政法委书记杜玉林，省政协副主席、省委统战部部长吴锦文，省政协副主席、省工商联会长边鸣涛等领导亲赴海鑫悼念。

经历不幸后，海鑫公司新的领导班子已于2003年2月18日正式成立，李海仓的儿子李兆会出任董事长，领导班子其他主要成员职务岗位不变。新的领导班子表示，海鑫"人心不散，精神不乱，旗帜不倒，目标不变"，新的领导班子将"精诚团结，稳定人心，内强管理，外固网络"。

1月24日，海仓遇害后的第三天，新建成的1380m^3大型炼铁高炉点火成功，即将竣工投产的年产80万吨棒材、70万吨高线的两大项目正在加紧施工，将按计划于上半年建成投产。2月10日、13日，海鑫公司以自有资金433万美元对到期的两笔进口原料信用证在工行足额付汇。海鑫公司新的领导班子成立后，中共中央政治局委员、中华全国总工会主席王兆国，中共山西省委书记、省人大主任田成平，省长刘振华，省委常务副书记、省政协主席刘泽民等领导分别接见了新任董事长李兆会、总经理李天虎、党委书记辛存海一行，勉励他们要化悲痛为力量，把企业继续做强做大，把山西第一民营企业的大旗扛下去。

工行、农行、建行、中行等金融单位表示一

如既往地与海鑫友好合作，支持海鑫生产经营和基本建设正常进行所需资金。建行闻喜县支行于2月16日将给海鑫公司的5000万元贷款项目报省行审批；中行闻喜县支行于2月24日举行授信仪式，一次性给海鑫公司授信7000万元，并表示去年与海鑫集团签订的5.2亿元授信将于今年年内全部落实。土地、电业、环保等职能部门都表示要加大对海鑫的服务力度，对海鑫的事情特事特办、急事急办。春节刚过，县委书记董鹏翔、县长荆青莲就陪同新任董事长李兆会一行赴北京、太原等地走访了有关部门和客户。在东镇，我们看到了海鑫人坚守岗位，生产正常，基建继续，正在化悲痛为力量，以更加努力的态度，完成着老董事长未竟的事业，共同支撑着海鑫这片蓝天。

海仓走了，但他创办的海鑫公司不会倒。李海仓生前培养的一班管理人才，留下的企业精神和社会资源，使海鑫这杆山西第一民营企业的大旗在经历了狂风暴雨后，岿然不动，迎风飘扬。

（原载《当代山西商会》2003年第2期）

善待民营企业家

郎宝山

2003年1月22日，中华全国工商业联合会副主席、山西海鑫钢铁集团董事长李海仓被歹徒枪杀在办公室内。事件发生后，举国哗然，海内外震惊。在信息网络广泛普及的今天，网上消息、手机短信、大报小报争先发布，海外电视台也发表评论，一时间成为社会热门话题，关于富人生存、财富品质、海鑫神话的真实程度、李海仓的个人品质等议论在短短20多天中竟有5000多条。这些远远超出李海仓遇害事件本身的话题，令高层领导、专家学者、当地干部群众、企业员工和他的家人们没有想到。中央有关部门某位高层领导说有两个没想到：没想到会发生针对优秀民营企业家的这种残害事件，没想到中共十六大召开后网上会对此事件发表这么多奇谈怪论。山西省各级党政领导和有关部门没有想到，在全力帮助海鑫公司稳定人心、组织生产、处理善后的时候，省外会出现那么多道听途说、捕风捉影的闲言碎语。我们的社会学家、经济学家和各界人士没有想到，时至今日社会上对民营企业家还有这么多的不认知，在当今法治社会还有这么多不负责任的记者和报刊，恶意中伤有关部门和受害企业家。当地群众没想到，使他们脱贫致富达小康的功勋企业家被说成是“为富不仁”的同一类。海鑫的员工们更想不到，备受他们崇敬的董事长和他们衣食为靠的民营钢铁巨星，竟被一些人说成是“空壳”。为什么会出现这么多的杂音呢？就因为受害的是民营企业，是民营企业家。如果是一位有着相同荣誉和相同政治地位的国有企业家或者是国家公务人员，受到同样残害时，人们会是何种心态呢？中国改革开放20多年，中共的十五大、十六大和宪法修正案早已明确了非公有制经济和民营企业家们的政治和法律地位，为什么一些人的有色眼镜仍舍不得摘下来？悲哉，均贫富心理、盲目的仇富心理，与党的现行方针格格不入，与推动社会经济发展，赶超世界先进的目标差之千里。因此，笔者大声疾呼，为了中华民族的富强，为了最广大人民群众的根本利益，全社会要善待民营企业家，尊重财富创造者。

民营企业家是稀缺的社会资源，特殊的人才，理应受到全社会的爱戴和尊敬

新中国成立50多年，长期计划经济体制下使我们没有培养出真正的企业家，改革开放给中国经济带来了生机和活力，一批敢想敢干的能人抱着摆脱贫困的愿望，离开土地，放弃让他们祖辈引以为荣的“本分营生”，在党的政策指引下闯出一片新天地。他们中虽然有不少人未能成功，但大浪淘沙后留下来的是金子，李海仓就是其中一员。在商海实践和锤炼中，他成为脱颖而出的现代企业家。他靠自身企业的积累起步，用15年的时间，使公司总资产增长12500倍，利税增长13000倍，成为一个拥有总资产和销售收入达双50亿元，创利税12亿至15亿元的特大型企业的创业者和掌门人，在超常规发展中，企业的资产结构良好，资产负债率一直控制在40%以内，成本控制和营利能力保持在全行业最好水平上，被国内外企业界公认为优秀的民营企业家。像他这样在中国这块大地上土生土长的成功企业家，无疑是三晋大地乃至全国的稀缺资源。由此就不难理解李海仓被害后，大家对他的祭奠和怀念之情了。在企业所在地东镇，虽然春节将至，又恰逢小年，但此时却失去了往昔的喜气，从小年到正月十五，听不到鞭炮的喧闹，公司所在的川口、东峪两村家家户户自发地以不贴春联表达哀思。李海仓安葬那天，前来送行的中央有关部门，省、市、县各级党政领导和各方人士达2000余人，吊唁者送去的花圈有2000多个，万人空巷送海仓的感人场面在当地前所未有。

民营企业家是财富的创造者，善待民营企业家就要树立正确的财富观，尊重财富的创造者

中国改革开放建立社会主义市场经济体制，经济发展、国力大增，这其中非公有制经济的贡献举足轻重，就是在国有经济占有绝对地位的山西，2002年非公经济占GDP的比重也达到30%以上。非公有制经济的发展固然得益于党和国家的改革开放政策，但经济的发展离不开企业家对资本、劳动力、技术、管理等诸生产要素的优化配置和合理组合。李海仓创办的海鑫公司是在一没有矿产资源，二没有国家投入的国定贫困县白手起家，靠党和国家的好政策和自身奋斗干起来的，先不要说他创办的企业从40万元到50亿元的资产增值，单讲为国家和当地上交的税收就达6亿多元，仅1993年至2002年的10年里，为闻喜县地方财政就上交税金3.86亿元，占该县10年财政总收入的34.7%，其中2002年上交1.29亿元，占县财政收入的48.8%。在省城企业界追思李海仓的座谈会上，一位省级老领导说：“李海仓创办的企业2002年上交的各项税收2.2亿元，占山西全省财政总收入的1%，如果山西能有100个李海仓这样的民营企业家，我们山西人民的日子会是什么样子。”

民营企业家是特殊的社会群体，善待民营企业家就要正确看待他们财富的来源、使用和支配

江泽民同志在庆祝中国共产党成立80周年大会上的讲话中指出：“我们应该结合新的实际，深化对社会主义社会劳动和劳动价值理论的研究和认识。随着经济的发展，广大人民群众的生活水平不断提高，个人的财产也逐渐增加。在这种情况下，不能简单地把有没有财产、有多少财产当做判断人们政治上先进与落后的标准，而主要应该看他们的思想政治状况和现实表现，看他们的财产是怎么得来的以及对财产怎么支配和使用，看他们以自己的劳动对建设中国特色社会主义事业所做的贡献。”李海仓作为2002年福布斯中国富豪排行第27位的民营企业家，是当代中国大陆富有者中的佼佼者，但不应因为他是富有者，就可以不负责任、没有根据地去质疑其财富的品质，甚至造谣诽谤，恶意中伤。据对海鑫公司的发展过程和李海仓本人的成长经历调查了解，根据有关部门和企业提供的权威资料考证，海鑫公司超常规发展是得益于党和国家的好政策和李海仓超人的企业家才能，是海鑫人拼搏奋斗的结果。李海仓抓住了党和国家改革开放的每一次政策机遇和市场的每一步盈利机遇，上世纪

80年代末焦炭行业的红火，90年代国家大规模基础设施建设和西部大开发工程的实施所带来的钢铁行业的盈利空间以及海鑫公司产业和产品的合理结构，使企业获得了丰厚的利润；从建联合焦化厂时的新建乡镇企业项目免征一年产品税，到享受国家对中西部地区国家级贫困县免征乡镇企业固定资产投资方向调节税和免征新上项目三年企业所得税等优惠政策的利用，海鑫公司在国家政策优惠范围内使企业发展资金得到了更大的积累；李海仓“8个茶壶6个盖”的高超资本运营能力和科学的市场决策能力使企业发展不断跨越极限的门槛；海鑫员工在李海仓的人格魅力影响下，精诚团结，勤奋拼搏，形成了优秀的企业文化，推动着海鑫公司的发展。因此，李海仓的财富是他的合法劳动所得。那么，他和他的高层管理者们又是怎么使用财富的呢？据公司总会计师孟景忠介绍，在企业占有92.2%的李海仓等自然人股东，从建厂到现在从未分过红，红利全部用于投入公司滚动发展。我们采访几位创业元老股东时，他们表示从未计较过个人财富多少，大家谋的是事业和发展。在个人财富支配方面，除把财富用在发展企业，海鑫公司还先后拿出5600多万元扶贫济困、捐助公益事业。海鑫公司9200多名员工中，有7000多名是当地农村富余劳动力，还有800多名国企下岗职工。员工平均月收入1000元，在企业上班的7000多户农民从海鑫获得的年收入在1万元以上。川口村18岁至55岁的男女劳动力均可在企业上班，孩子上学从小学到高中的学费和村民们的农业税、镇统筹、村提留等费用企业全部承担，企业占用土地每亩每年给村民们补助不少于1000元，比种地收入要多800余元。同时，周边4县为企业供应原料、搞运输、出劳务所产生的带动致富作用明显，仅2002年海鑫公司就为此支付10亿余元。李海仓创办一个企业，带出一方富裕，企业所在的川口村100多户农民就有30多辆轿车，川口村成为全省小康建设示范村，闻喜县也逐渐摘掉了国家级贫困县帽子。

善待民营企业家，就要承认他们是中国特色社会主义事业的建设者

像李海仓这样一位把自身企业的发展与国家的发展结合起来，把遵循市场法则与发扬社会主义道德结合起来，把个人富裕与全体人民的共同富裕结合起来，为国家和社会做出了突出贡献的人，为当地脱贫致富达小康，建立卓著功勋的人，在改革开放发展社会主义市场经济闯在前面的人，我们没有理由不承认他是一位优秀的民营企业家和优秀的建设者，我们不能用狭隘的、非理性的利己主义和嫉妒心理对待他和他的一族。改革开放，建设更高水平的小康社会，需要更多的李海仓式的民营企业家。让我们更多、更深、更全面地去了解李海仓的民营企业家，善待李海仓式的民营企业家就是善待自己，就是从代表最广大人民群众的根本利益出发。

（原载于2003年4月8日《中华工商时报》和《当代山西商会》2003年第2期）

领导专论

民营经济——中西部超常规发展的关键

山西省政协副主席、省工商联会长 边鸣涛

全球性的经济结构战略性调整，以及我国即将加入“WTO”、融入全球经济一体化进程，给我国正在实施的“西部大开发战略”赋予了新的内涵。加快中西部发展，不仅要着眼于缩小东西部差距，实现区域经济的协调发展，更要着眼于世界经济大趋势，与全球经济发展有效接轨。因此，发展中西部不能走渐进式的路子，而应采取超常规的发展模式。东部沿海省份改革开放20年的实践证明，民营经济是带动区域经济持续、快速发展的强大动力，而中西部与东部最大的差距就在于民营经济发展的滞后。所以，加快中西部发展，必须首先突破影响中西部生产力发展的体制性障碍，放手发展民营经济，特别是要扶持发展民营科技企业。只有这样，中西部才能实现跨越式发展，跟上东部沿海乃至全球经济发展的步伐。

一、发展民营经济是中西部超常规发展的必由之路

东部沿海省份率先取得飞速发展，一个重要因素是，在传统的国有制旁边，放手发展起一大块民营经济，使其成为地区经济大发展、国民收入高增长的源泉和重要依靠。而中西部广大地区的经济发展和国民收入，至今仍有80%乃至90%是依托在国有经济的基础之上，民营经济已经成为东西部最突出的差距。

改革开放的实践证明，民营经济与国有经济、集体经济能够互相融合，互相作用，相得益彰，共同发展。从宏观上看，发展民营经济，有利于重构国民经济微观基础，构架社会主义的现代产权制度，增强经济发展的持续动力。对一个地区而言，民营经济通过民间资本这个粘合剂，能够将民间的生产力要素有效地结合在一起，形成新的生产力。正确引导和发展民营经济中蕴藏着的这种原始而又强大的创新动力，必将极大促进中西部地区经济的发展，使中西部经济呈现出旺盛的活力和强大的市场竞争力。纵观发达国家的经济发展史，一方面是城市化的历史，另一方面是企业优胜劣汰、生生灭灭的历史。加快中西部发展，也绕不开加快城市化进程和加速民营经济发展这两大课题，而城市化进程的加快最终也有赖于民营经济的加速发展。

市场竞争是激活地方经济细胞的酵母，而民营机制是一种最能适应市场竞争的运行机制。民营企业从诞生之日起，就与传统计划体制决裂，对企业运行机制进行了重大创新：①完全的市场机制。民营企业的生产和经营完全以市场为导向，生产要素完全靠市场调节，经济行为完全受市场规律制约，企业完全在市场竞争中优胜劣汰。②独立的产权机制。民营企业拥有生产经营的全部权力，完全是自主经营、自负盈亏、自我发展、自我约束，克服了所有者“虚化”的现象。③强烈的动力机制。民营企业的一切生产活动，始终与经营者的切身利益息息相关。在物质利益的驱动下，经营者和所有者都以收益最大化为目标，能够有效积累原始资本，千方百计提高资本周转速度和使用效率，促使资本不断增值。资本关系的核心是追求资本增值。民营机制决定了民营企业在完成原始积累后，外部竞争的压力和内部追求利润的动力，必然促使其不断提高资本增值能力、扩大再生产能力和市场开拓能力。④灵活的经营机制。现代工业和知识经济发展对社会生产组织方式提出了多样化、个性化和分散化的要求，民营企业在瞬息万变的市场竞争中具有较强的应变力，能够积极寻找市场缝隙和冷门，发挥机制灵活、转换能力和创造能力强的优势，在市场经济中牢牢占据一席之地。⑤

全新的用人机制。民营企业在录用人员上具有双向选择权、因事设人、一人多用等特点，劳动者的潜能得到充分发挥。经过市场竞争的摔打滚摸，成功的民营企业都是市场的佼佼者，都有较强的自主意识、风险观念、决策能力、创新能力和管理水平，善抓机遇、善于用人是民营企业的两大成功秘决，尊重知识、尊重人才往往在民营企业中得到更好的印证。民营企业里聚集了越来越多的优秀专业人才和经营管理人员，他们在这块用武之地大显身手，为民营经济发展壮大作出了很大贡献。⑥有效的技术创新机制。民营企业产权明晰，体现了按劳分配与按资金、管理、技术等生产要素分配相结合的原则，易于推进知识的资本化和股份化，有利于激励技术的所有者、资本的所有者、管理者和创业者联手推进技术创新，企业靠不断更新技术和开发新产品抢占市场。

在跨世纪发展的今天，在西部开展过程中，如果没有大批成熟的民营企业，经济运行就会因为缺乏机制灵活的市场主体而乏力，就无法构建与市场经济相适应的所有制结构和财产制度，也难以迎接加入WTO、经济全球一体化趋势带来的挑战和机遇。民营企业的上述六大运行机制优势，必将使其在参与国际、国内竞争中保持强大的生命力，必将在中西部经济发展中发挥重要作用。

二、民营科技企业是带动中西部超常规发展的生力军

当前，世界经济格局呈现出三大特点：一是世界技术革命突飞猛进，科学技术对于整个社会生产和社会生活所产生的影响越发深远；二是世界范围内由技术革命所引发的产业结构调整步伐加快；三是经济全球化趋势增强。在这样的大背景下，实施西部大开发战略，加快中西部发展，就不能仅仅局限在依托资源优势发展传统产业上，而是应立足于世界经济发展的大格局，将发展高新技术产业摆在突出重要的位置。因此，发展中西部，实现资源在东中西三大区域的优化配置，不是将东部在产业结构调整中淘汰下来的落后工业装备转移到中西部，通过部分资源的区域间转移实现中西部经济的发展，而必须在搞好传统产业优化升级的同时，与东部一样，以信息化时代的眼光发展中西部高新技术产业，实现中西部跨越式的、而不能是渐进式的发展。科技创新的主体是企业，民营科技企业是把最具动力的生产力和最具活力的民营机制有机结合的企业群体，是一个通过科技链与产业链联动而推进全社会科技进步的企业群体。中西部地区要通过发展高新技术产业实现跳跃式发展，必须紧紧依靠民营科技企业这一生力军，将机制的活力和技术的动力有机结合，从而使地区经济发展具有动力，充满活力。

民营科技企业是实现民营机制同高科技有效对接的载体。我国经济生活中特别是中西部存在两种现象：一是科研院所的大量科技成果得不到转化，而许多企业却缺乏技术进步；二是银行存款居高不下，而企业却急需资金。这两种情况严重影响着中西部地区经济的健康发展。要解决这些问题，一要鼓励创新，使科技成果具有可转化的潜力；二要鼓励企业，让更多的人去兴办企业，为社会创造就业机会，推进成果的转化；三要进行金融创新，启动民间直接投资。而大力发展民营科技企业则能有效地促进上述三个问题的解决，特别是在当前社会投资需求不足的情况下，更有利于启动民间投资。民营科技企业经济上具有较强的活力，技术创新方面具有较大的动力，技术成果转化方面具有良好的机制。民营科技企业家对市场的变化具有较高的洞察力，易于推进技术创新，易于发展风险投资，实现金融资本同高新技术产业的结合，实现跨越式发展。

民营科技企业是中西部地区实现产业结构升级的助推器。中西部省份大都面临着传统产业多、亟待升级，新兴产业少、亟待发展的问题。民营科技企业能有效地克服传统国有企业在技术进步方面的限制，能充分发挥技术创新主体的作用，不仅在高新技术产业中占有重要位置，而且积极推动着传统产业的改造。经过

多年的发展，民营科技企业的素质结构得到不断优化，一大批企业在技术上实现了从实用技术向高新技术的转变，在产业结构上实现了从咨询服务业为主向高新技术产业为主的转变。目前民营科技企业的经济技术活动覆盖了国民经济的主要行业，多数企业集中在通讯、电子信息、生物工程、新医药、新材料、新能源及环保等领域，初步走出了一条以自主知识产权的科技成果转化为主的发展道路。同时，民营科技企业还通过资产重组、联合经营等方式，积极参与传统产业的技术改造升级，推进中西部地区产业结构的调整、优化和升级。

以民营科技企业为先导的民营经济的发展，是中西部地区国有企业改革的重要依托。民营科技企业正在不断改变着国有企业改革的外部环境，不断创造出国有企业改革的新条件。首先，以民营科技为先导的民营经济的蓬勃发展，是我国经济保持健康、繁荣发展的重要因素之一。民营企业拓展出的更大经济发展空间，吸纳大量劳动力，为国有企业冗员分流提供了就业依托，使国有企业改革能够在一个相对宽松的环境下进行。其次，以民营科技为先导的民营经济能够创造大量的产值和财政收入，为国有企业摆脱高税赋、完善社会保障提供了重要依托。第三，以民营科技为先导的民营经济积极参与资本运营，特别是东部的一大批民营科技企业积极投身到西部大开发中，到中西部投资发展，必将有效地促使我国企业资源配置由低效率向高效率转变，促进存量资源向流动转变，重组创新能力，为国有企业改组改造提供组织依托，带动传统产业的升级，带动新兴产业的发展。

三、政府应营造有利于民营企业快速健康发展的良好环境

在西部大开发战略的实施过程中，政府发挥着重要的推动作用。中西部省份要在努力改善生态环境和基础设施等硬件的同时，全力改善投资软环境，吸引更多省内外民营企业投资创业。

一是强化扶持民营企业发展的政策环境。各级政府应制定和完善鼓励民营经济发展的政策。完善已出台的政策法规，加强其可操作性；修订或废止有碍民营经济发展的政策；按照"三个有利于"的原则，出台新的政策，最大限度地激发民营企业的创新活力，引导民资流向企业，鼓励人才领办企业，鼓励民营企业参与国企改革；加大政策的执行力度，严厉制止“乱收费、乱摊派、乱罚款”等行为。

二是建立公平竞争的市场环境。首先是要取消在一般竞争性领域对民营企业所设置的障碍。目前中西部的一些地区在一些非天然垄断行业仍然保持国有大企业的垄断地位，对民营企业则设置进入障碍。这种作法使民营企业与国有垄断企业处于不公平的地位，抑制了民营企业的发展，结果由于缺乏竞争，导致产品价格水平高，服务质量差，必须加以改变。此外，一些地方政府给予自己的直属企业以过多的政策倾斜，也是违反市场经济原则的，必须严格制止。其次是放宽基础设施等领域的"市场准入"，允许和鼓励民营资本进入。特别是在西部大开发中，一些重点工程和基础设施建设，应允许民营企业公开、公平、公正地参与投标。第三是大力规范市场秩序，严厉打击假冒伪劣、欺行霸市等违法行为，维护民营企业的合法权益。

三是改善民营企业的融资环境。在进行民营企业信贷担保基金试点的基础上，制定建立民营企业信贷担保体系的政策措施；支持各商业银行积极开展面向民营企业的金融服务业务；在条件成熟的情况下，探索建立专门为民营企业服务的银行；研究建立符合中国特色社会主义市场经济要求的风险投资的资金渠道，特别是解决民营科技企业的风险投资问题；研究探索民营企业直接和间接融资的多种有效方式和途径，力争使民营企业贷款难的问题得到解决。

四是改进对民营企业的服务环境。民营企业一方面具有明显的发展优势和社会服务功能，另一方面又有一些先天性的弱点，如资金少、资信等级低、融资能力差，往往没有能力

建立自己独立的支持性部门，如技术开发、信息收集、经济问题研究等，政府和社会组织必须采取有力措施帮助民营企业克服弱点，发挥优势。因此，必须建立健全面向民营企业的多层次、多渠道、多功能、全方位的社会化服务体系，构建民营企业的服务环境。一是有针对性地搜集民营企业所需要的市场信息、技术信息、政策信息和人才信息等，经过必要的分析加工后，为民营企业提供信息咨询服务；二是为企业与科研机构之间、企业与企业之间开展经济协作以及企业的产品出口等牵线搭桥，提供中介服务；三是为帮助民营企业经营者提高素质，提供多种形式的培训服务。政府应积极支持向民营企业提供中介服务的组织，在开办经费上，政府可给予必要的支持，对民营企业的服务做到合理收费，尽量减轻民营企业的负担。

民营经济在过去二十年中，为我国东部沿海省份率先发展发挥了至关重要的作用。在实施西部大开发战略、加快中西部地区发展的过程中，民营经济仍将扮演重要角色，为中西部地区超常规发展起到重要的带动作用。让我们为民营经济的发展共同努力，为东中西三大区域经济的协调发展做出更大的贡献。

（原载于《当代山西商会》2001年第2期，后作为2002年12月9日在昆明“首届中国民营经济发展论坛”上的演讲稿）

坚持中国特色社会主义　致力非公有制经济健康发展

山西省政协副主席、省工商联会长　边鸣涛

创建社会主义市场经济体制，致力于非公有制经济发展是邓小平中国特色社会主义理论的重要组成部分。邓小平作为中国改革开放和社会主义现代化建设的总设计师，十分重视非公有制经济发展。回顾几十年的历史进程，非公有制经济在经历了割资本主义尾巴、允许存在、限制，历尽坎坷曲折，在非议的夹缝中拼搏成长，终于在邓小平中国特色社会主义理论的指引下逐步由社会主义经济有益补充成长为社会主义市场经济的重要组成部分，许许多多的私营企业主已经或正在以自己对社会做出越来越大的贡献，而成为中国特色社会主义事业的建设者。邓小平同志既是非公有制经济发展的领导者，也是直接推动者。历史证明，没有邓小平中国特色社会主义理论，就没有非公有制经济发展壮大的今天。

一、允许并鼓励各种非公有制经济作为社会主义经济的有益补充成分在合法范围内存在和发展，开辟了非公有制经济发展道路

计划经济体制和市场经济体制是两种最基本的配置资源的形式。由于我国几十年来受原苏联模式的影响，对马克思主义某些观点教条化的理解，认为计划经济就是社会主义，市场经济就是资本主义，片面强调“一大二公”的“穷过渡”。所以在改革开放前对在生产经营中由市场因素促成的个体户、小商小贩、小市场被当作资本主义尾巴大加割除和限制。党的十一届三中全会实现了思想上的拨乱反正，邓小平同志支持并领导了真理标准大讨论，重新确立了党的实事求是的思想路线，提出了改革开放的基本方针，对计划与市场以及这两种经济体制的运行绩效做出了符合实际的认识和评价，提出了：“计划和市场都是经济手段，社会主义和市场经济不存在根本矛盾，社会主义的本质是解放生产力，发展生产力，消灭剥削，消除两极分化，最终实现共同富裕”，从根本上改变了人们的计划和市场的传统观念，创建了中国特色社会主义理论，解决了社会主义与市场经济相融性的问题，使发展市场经济和发展社会主义事业成为一个统一体。在建设社会主义市场经济体制的重要环节上，邓小平提出了：“必须坚持以公有制经济为主体，多种经济成分共同发展的方针”，重视非公有制经济发展，通过鼓励支持其发展来推进整个国民经济的发展。1979年1月17日，小平同志亲自接见了胡厥文、周叔弢、胡子昂、荣毅仁、古耕虞五位老工商界代表人士。在同他们交谈中说：“现在经济建设的摊子铺得大了，感到知识不够，资金也不足”。“要发挥原工商业者的作用，有真才实学的人应该使用起来，能干的就当干部”，“要落实对原工商业者的政策，这也包括他们的子孙后辈。总之，钱要用起来，人要用起来”。从而有力地推动了非公经济步入发展的轨道，并在党的第十二次全国代表大会上提出：“在农村和城市，都要鼓励劳动者个体经济在国家规定的范围内和工商行政管理下适当发展，作为公有制经济的必要的有益的补充”。1992年邓小平南巡讲话，坚持解放思想、实事求是的思想路线，进一步提出了“三个有利于”标准，指出：“改革开放迈不开步子，不敢闯，说来说去是怕资本主义的东西多了，走资本主义道路，要害是姓‘资’

还是姓‘社’问题，判断的标准应该主要看是否有利于发展社会主义社会的生产力，是否有利于增强社会主义国家的综合国力，是否有利于提高人民的生活水平。”“三个有利于”标准把人们从姓“资”姓“社”的长期困扰中解放出来。非公有制经济的发展空间更为广阔。以江泽民为核心的第三代领导集团，坚持邓小平理论为指导，在党的“十四大”确立了社会主义市场经济体制的改革目标，在党的“十五大”上将非公有制经济确定为社会主义市场经济的重要组成部分，并上升到社会主义初级阶段的基本经济制度的重要内容。在党的“十六大”上，提出“要毫不动摇地巩固和发展公有制经济，毫不动摇地鼓励、支持和引导非公有制经济发展。”坚定地将非公有制经济的健康快速发展，作为全面建设小康社会的重要一翼。非公有制经济在邓小平理论指引发展的基础上，在以江泽民为核心的第三代领导集体和以胡锦涛同志为总书记的党中央的正确领导下，从无到有，从小到大，如雨后春笋般茁壮成长，成为增加地方财政收入、解决劳动就业、活跃市场、满足人民多样化需要的重要力量。仅以山西省为例，20世纪80年代末，全省个体工商户为22万户，私营企业1000余户，发展到2003年底，个体工商户40多万户，私营企业近4.3万户，全省民营企业完成增加值1205亿元，占全省GDP比重达49.3%，资产达亿元以上企业有148家，纳税超过亿元的有4家，超千万元的有60多家，安排就业人员200多万人。

二、鼓励一部分地区、一部分人通过诚实劳动和合法经营先富起来，借以激励、带动和帮助其它地区、其他人也富裕起来，最终实现共同富裕，指引非公有制经济健康发展

改革开放前，由于单一的公有制和计划经济的“大锅饭”“平均主义”等因素导致经济发展缓慢，物质极度匮乏，普遍贫穷是当时的主要现象。针对这一问题，邓小平同志以一个战略家的胆识和气魄，明确指出，“我们的政治路线就是搞社会主义现代化建设。‘四人帮’提出宁要穷的社会主义，不要富的资本主义，社会主义如果老是穷，它就站不住。”“马克思主义历来认为，社会主义要优于资本主义，它的发展速度应该高于资本主义。”，邓小平从社会主义制度的优越性入手揭示了社会主义的本质，提出了“贫穷不是社会主义，社会主义要消灭贫穷，致富不是罪过”的著名论断。要鼓励一部分地区一部分人通过诚实劳动和合法经营先富起来，借以激励、带动和帮助其它地区其他人也富起来，最终实现共同富裕。这里的“先富”不是目的，是实现共同富裕的手段和途径。从其非公有制经济发展的历程看，“先富”带动“后富”的思想，对解放和发展社会生产力，调动非公人士创业积极性，帮助贫困地区脱贫具有重要的推动作用，也是消除两极分化，消灭剥削，最终达到共同富裕，从社会主义向共产主义发展的必由之路，是非常正确的。从实际效果看，广大先富起来的非公人士在工商联组织帮助引导下，“致富思源，富而思进”，自觉地把自身企业的发展与国家的发展结合起来，把个人的富裕与全体人民的共同富裕结合起来，把遵循市场法则与发扬社会主义道德结合起来。通过参与社会公益事业和光彩事业活动，回报社会，回报党的富民政策，实践“先富”带动后富，最终实现“共富”的思想。如我省以李安民等为代表的一批先富起来的非公人士在贫困地区投资办企业和重大自然灾难面前及区域性的救灾扶贫工作中，都表现出了“先富”者的奉献精神和崇高的社会责任感，为社会作出了积极的贡献。截至2003年底，全省非公有制企业家累计投入光彩事业74亿元，带动脱贫人数20多万人，培训技术骨干4万人次，安排农村富余劳动力6万余人，安置国企下岗职工再就业30万人。有15000多位非公有制企业家捐赠社会公益事业，累计捐款捐物7.2亿元。兴建中小学450所，打深井285眼，架桥35座，修建等级路1500余公里。1998年全省非公人士为抗洪救灾捐款捐物达1200余万元，2003年抗击“非典”中，捐出

4200余万元的款物为全省夺取抗击“非典”斗争的胜利作出了重要贡献。

“先富”起来的非公人士在发展企业奉献社会的同时，政治素质不断提高，听共产党的话，走中国特色社会主义道路的信念不断增强，成为我党带领全国人民全面建设小康社会的一支重要力量。目前，全省担任县级以上人大代表、政协委员的非公经济代表人士达到4445人，其中担任县级以上人大副主任、政协副主席的有18人，担任常委的有628人。全省会员中有65人当选全国和省人大代表，78人担任了全国和省政协委员。非公有制经济人士作为新生的阶层，在政治、经济生活中发挥着越来越重要的作用，为当地经济建设和社会进步作出了重要贡献，在党的十六大上非公人士被定位为中国特色社会主义事业的建设者。

三、在新的历史时期，工商联仍然具有重要的地位和作用，是党和政府联系非公有制经济人士的桥梁和管理非公有制经济的助手

工商联作为中国共产党领导下的以工商界成员为主的人民团体、政治协商会议的组成界别之一，历来都受到党和国家的重视，并积极参加各个时期的政治、经济活动，为社会发展发挥了积极作用。

建国初期，工商联团结全省广大民族工商业者，组织学习国家的政策法令，支援抗美援朝，参加“三反”、“五反”运动，推动工商业者恢复生产。这一时期，工商联协助政府调整工商业、开展城乡物资交流、繁荣经济、取缔投机、劝募公债、协助税收、支援财政、稳定物价、调整公私关系和劳资关系。在社会主义改造时期，组织广大工商业者学习党的总路线，坚持“听毛主席的话，跟共产党走，走社会主义道路”的政治方向，接受社会主义教育，积极参加国家的经济建设，胜利完成了对资本主义工商业的社会主义改造。

文化大革命中，在“左”的思潮冲击下，工商联虽然停止工作，但广大工商联会员仍坚信共产党的领导，坚持走社会主义道路。党的十一届三中全会以后，随着思想上的拨乱反正和经济的逐步复苏，邓小平指出，“各民主党派和工商联，都是我国革命的爱国统一战线的重要组成部分。现在，各民主党派和工商联已经成为各自联系的一部分社会主义劳动者拥护社会主义的爱国者的政治联盟和人民团体，成为进一步为社会主义服务的政治力量。建设和发展社会主义事业，已成为各民主党派、工商联和我们党的共同利益和共同愿望。”邓小平的论述，明确肯定了新时期工商联组织已从过去的阶级联盟性质变成了政治联盟性质，成为中国共产党领导下的政治力量。这一论述为工商联组织的建设和发展奠定了理论基础。1991年，中共中央以中发[1991]15号文件下发了《中共中央批转中央统战部<关于工商联若干问题的请示>的通知》。指出：“工商联作为党领导下的以统战性为主，兼有经济性、民间性的人民团体，要配合党和政府工作，对非公有制经济代表人士进行团结、帮助、引导、教育。通过工作，在他们中逐渐培养起一支坚决拥护党的领导的积极分子队伍。”这是改革开放新时期党中央关于工商联工作的一个非常重要的纲领性文件，明确了工商联的性质、地位、职能和作用，指导和推动各地工商联工作适应新形势，不断迈上新台阶。由此，工商联工作日益受到党委、政府重视，并十分注重发挥工商联的作用。2001年全国政协九届四次会议上，中共中央总书记、国家主席江泽民，看望了出席全国政协九届四次会议的民建、工商联界别委员，并参加联组会。2002年12月26日，中共中央总书记胡锦涛，走访看望了全国工商联机关并作了重要讲话，并于2003年3月全国两会期间专门参加全国政协工商联、民建联组讨论会、听取大家发言，最后发表了重要讲话。各级工商联在邓小平理论指引下，努力当好党和政府联系非公有制经济人士的桥梁、纽带，当好管理非公有制经济的助手，围绕中心，服务大局，坚持“八字”方针，采取多种形式、多种渠道，开展了为非公有制经济服务活动。

目前，全省11个市地和119个县（区）全部建立了工商联组织，会员队伍由1992年的15000个发展到50000余个；会员结构有了新的变化，1992年全省企业会员中，国有企业会员占36%，现在几乎全部为非公有制经济企业和人士，而且高科技、高层次的会员比例逐年增大，从此工商联进入一个新的历史发展时期。新时期、新阶段工商联面临的机遇和挑战同时存在，在新的历史时期，要更加深刻地领会贯彻邓小平理论，把科学的发展观融于“统战性、经济性、民间性”中，形成科学的指导原则和思路。致力于非公有制经济健康发展和非公人士的健康成长。

（原载于《山西统一战线》2004年第5期）

企业文化——振兴企业的原动力

山西省政协副主席、省工商联会长 边鸣涛

上个世纪80年代以来，世界进入了文化制胜的年代，企业文化成为企业竞争的秘密武器，文化资本成为企业不可替代的关键因素。哈佛大学学者认为，企业的成功越来越依托企业文化的建设，对企业文化的投资不但能营造企业发展所需的动力和氛围，还能够减少巨额的管理成本。管理的最高境界就是用文化管理企业。所以，文化对生存在知识经济时代的企业至关重要。近年来，中国企业的实践经验证明了这一点，成功的企业都有着优秀的文化，而失败的企业都有着不良的文化。在竞争日益激烈的文化制胜时代，文化资本将成为企业新的撒手锏，文化力将成为未来企业的第一竞争力。

当前，中国的企业文化建设正步入一个新的发展阶段，许多问题越来越受到人们的关注。对此，我们对企业文化作进一步的研究和探索，以供企业家和关注企业文化建设的同志们参考和深入探讨。

企业文化的内涵

企业文化是20世纪80年代从管理科学丛林时代分化出来的一门新的科学，是由美国学者为主提出来的一种新的管理理论。1981年至1982年，美国连续出版了四本关于企业管理的畅销书《日本企业管理艺术》、《Z理论：美国企业界怎样迎接日本的挑战》、《追求卓越：美国管理最佳公司的经验》和《企业文化：企业生活中的礼仪》，四本书的出版标志着“企业文化”理论的兴起。其目的意在以精神的、物质的、文化的手段，满足员工精神方面（也包括物质方面）的需要，以提高企业的向心力、凝聚力，进而激发员工的积极性和创造精神，提高企业的经济效益。

企业文化是企业发展的结果，企业文化的本质是企业经营管理水平的提升。企业管理大体经历了三个阶段：第一个阶段，为19世纪资本原始积累时期的古典管理阶段。企业视员工为活的工具和机器，增加财富主要靠增加劳动强度和延长劳动时间，员工的价值观念是挣钱吃饭，养家糊口，这个阶段企业经营管理的突出特点为物本管理。第二个阶段，为20世纪40至70年代机器化程度提高、传送带出现后的行为科学管理时期，企业视机器为人的器官的延长，为提高生产率和效能化，企业普遍推行标准化制度，不仅工具、操作过程、工作环境标准化，而且连对工人的每个动作都进行严格规定，计算劳动时间等。这个阶段企业管理的突出特点为以运筹、计算为主体的管理，企业对员工强制性管理不断强化。第三个阶段，为20世纪80年代以后的企业文化管理阶段，其突出特点为智能管理。因为员工不仅靠手，而且更靠脑来进行劳动。企业效益的提高，在很多情况下，得靠人的主动性、积极性，需要解决人的精神上、感情上的问题。企业开始尊重人，关心人，爱护人，明确提出了“以人为本”的管理思想和理论，成为管理史上一次质的飞跃。

关于企业文化的内涵，国内外的学者各有自己的看法，但从整体上看，在对企业文化的理解上，他们都是一致的；企业文化应以人为着眼点，是一种以人为中心的管理方式，强调把企业建成为一种人人都具有共同使命感和责任心的组织。企业文化的核心是一种共有的价值观，是企业职工共同的信仰，是指导企业和企业人的行为哲学，是企业个性化的根本体现，它是企业生存、竞争、发展的灵魂。

企业文化分为广义和狭义两种。广义的企业文化指企业物质文化、行为文化、精神文化以及制度文化的总和；狭义的企业文化是指以企业价值观为核心的企业意识形态。由此可见，企业文化不是游离于企业生产经营之外的单纯性娱乐活动，也不是为企业锦上添花的调味佐料，而是企业发展到一定阶段的必然结果，是企业经营管理水平由低到高的一个重要标志。

企业文化的特性

一是活力。在企业文化建设中企业家的作用非常重要，一个优秀的企业家应具有博大的胸怀，"海纳百川，有容乃大"，"吸引无数人才，与我共创伟业"。一个优秀的企业家应用广阔的胸襟来吸引人才，激励并留住人才，真正地尊重和信任人才，"用人所长，容人所短"，为企业的发展添砖加瓦。

企业文化是多元化的，从企业内部来讲，企业员工来自五湖四海，每个人的生活、社会经历不同，存在着各种不同的文化；从外部讲，国内外的知名企业都有着先进的、优秀的企业文化值得我们去学习、去借鉴。因此，企业家要胸怀博大，兼收并蓄，在此基础上，将各种文化融合，形成自己独特的企业文化。中美上海施贵宝有限公司倡导活力文化，它在实践中形成了一个"大政工"和相应的企业文化建设"党政一体、中外一家、融汇中西、齐抓共建"的工作机制，活力文化在两个机制工作系统的合力下，产生出强大的作用力，影响公司业务和员工队伍的各个层面，使之转化为生产力、凝聚力和竞争力。

二是正义。在企业文化建设中正义是指企业内部的资源共享，企业员工是平等、公正、机会均等的，每个员工都有实现自我的均等机会，包括学习、发展、信息的获得以及参与管理等。作为企业，要牢固树立以人为本的观念，把促进健康成长和充分发挥人才作用放在首要位置，努力营造鼓励人才干事业、支持人才干成事业、帮助人才干好事业的环境。

首先，让每个员工参与到企业的管理、运营与生产中去，改革管理制度，建立新型的企业人际关系；对员工实行双向沟通策略，使员工和企业共同营造沟通环境及相互尊重的文化氛围，从机制和文化上保证对每一个员工同等重视。开放式的参与管理，便于员工直接参与生产经营活动，管理层可根据存在的问题及时处理好员工事务，创造良好的工作环境。

其次，对每个员工进行不间断的培训，让员工接受更广泛、更新颖、更科学、更全面的专业基础知识，领略技术前沿要素，跟上知识更新换代的步伐。培训既包括职业培训，也包括非职业培训，让企业价值观念在培训的过程中不经意地传达给员工，潜移默化地影响员工的行为。摩托罗拉认为，教育培训是公司的责任。摩托罗拉的每一位新员工都必须接受入职教育培训，课程包括摩托罗拉发展史、企业文化、公司人力资源的相关政策、公司规章制度等等。公司每年为每个员工提供各种层次的就职培训，使员工的技术、知识和能力不断提高。因此，摩托罗拉在同业竞争中一直保持领先地位。

最后，要培育创新文化，使每一位员工都成为创新的源泉，为每个员工提供一个发展自我和展示自我的平台。对此，企业要抛弃传统呆板的管理方式，突破原有的思维方式，拉近员工与领导的距离，采用以支持和协助为主的领导方式，对员工的新颖想法，领导要积极支持，对于创新过程中遇到的挫折和失败，领导要采取大度和宽容的态度，使员工在这种宽松的氛围中具有开阔的视野、锐意进取的雄心，使管理方式人性化、多元化、柔性化，以激励他们的主动创新精神。诺基亚公司的经验就是宽容失败，鼓励冒险。诺基亚总裁曾说："如果员工生活在恐惧之中，那他就不会有创造力。"

总之，企业要为员工创造一个公正、平等、充满爱心的良好环境，使每个员工都能够感到和谐和关爱，充分发挥员工的积极性和创造性，增加企业的凝聚力。

三是过程。企业文化是一个目标的实现过

程，是逐步建立的，是不断完善、不断发展、不断学习、不断实践、不断改善、前进的过程，是企业思想积累、沉淀、扬弃、创新、升华的过程，是一个企业的心灵史。

企业在初建或规模小时，主要是解决生存问题，很多问题都不去过多地考虑、处理。但随着企业的不断发展，企业便形成了一种思想，并且变得越来越重要，企业的价值观在这个过程中逐渐形成和完善，并得到企业人的普遍认同和传承。由于每个企业的社会、历史等环境不同，企业便形成了自己独特的企业文化，随着社会、企业的发展，环境的变化，企业文化也在不断改进、完善。

一个优秀的、先进的企业文化是一个自觉的、清醒的、系统的、开放的、发展的、创新的、充满活力的创造过程。

四是独特。企业能否持续发展，取决于企业有无核心竞争力，而核心竞争力根植于良好的企业文化，企业文化是构成企业核心竞争力的重要基础，是构成核心竞争力的深厚土壤。

什么是核心竞争力？核心竞争力是别人所不具备的或者一时具备不了的独特的优势和能力，是企业的价值核心，是贯穿于组织中的DNA。企业文化与企业特定的历史有关，体现着一个企业的综合效能，根植于企业组织结构之中。所以，企业文化作为企业核心竞争力的一个内容，具有不可模仿性。国内外许多知名企业都有自己鲜明的个性企业文化，如美国IBM公司的“服务”文化，日本索尼公司的“开拓者”精神，上海大众交通公司“大众服务，服务大众”等都是富有个性的企业文化实例。

一个人离开一个企业，可以带走它的规章制度、方法措施，但企业文化的核心部分即被企业员工所信奉的企业价值观却不可轻易照搬过去，竞争者最难模仿的是无形的文化。正如中国海尔公司CEO张瑞敏在回答记者时强调：“海尔的核心竞争力就是海尔文化。海尔的什么东西别人都可以复制，惟独海尔文化是别人无法复制的。”因此，企业的核心竞争力往往是别人学不到、拿不走、带不去、模仿不了的。

企业文化是企业的灵魂，企业文化是决定企业兴衰成败的关键因素。加入WTO，面对强大对手，中国企业必须树立积极向上的价值观，形成企业独特的文化竞争力和现代健康的企业思维方式、生活方式，在诚信、创新与务实精神中成长，只有这样，才能在强手如林的竞争中发展壮大。

（原载于《当代山西商会》2005年第5期）

全面贯彻党对非公有制经济的理论方针和政策

——学习《江泽民文选》的心得体会

原山西省工商联副会长 张慎德

《江泽民文选》系统地反映了江泽民同志和党中央第三代领导集体的理论创新、方针政策及重大举措，记载了中国特色社会主义事业的非凡进程和辉煌成就。本文专就学习有关非公有制经济的重要论述，谈几点粗浅体会。

发展非公有制经济是新时期党的一贯态度

中共十三届四中全会上，以江泽民同志为核心的第三代中央领导集体接过了千钧重担。当时，全党、全军和全国人民刚刚平息了惊心动魄的政治风波，社会上各种思潮激烈碰撞，一些人公开质疑改革开放特别是非公有制经济。1989年6月24日江泽民同志在全会讲话中旗帜鲜明地表态："党的十一届三中全会以来的路线和基本政策没有变，必须继续贯彻执行。在这个最基本的问题上，我要十分明确地讲两句话：一句是坚定不移，毫不动摇；一句是全面执行，一以贯之。"1992年10月17日在党的"十四大"报告中重申邓小平同志的南巡讲话："必须进一步解放思想，加快改革开放的步伐，不要被一些姓'社'姓'资'的抽象争论束缚自己的思想和手脚。"1997年9月12日在党的"十五大"报告中进而指出："公有制为主体、多种所有制经济共同发展，是我国社会主义初级阶段的一项基本经济制度"，"非公有制经济是我国社会主义市场经济的重要组成部分。对个体、私营等非公有制经济要继续鼓励、引导，使之健康发展"。2000年12月4日在全国统战工作会议、2001年3月4日在全国政协九届四次会议、2001年7月1日在庆祝建党80周年大会和2002年11月8日在党的"十六大"报告等重要文献中，充分肯定个体户、私营企业主等新阶层的积极贡献，将其定位于"中国特色社会主义事业的建设者"，阐明"不能简单地把有没有财产、有多少财产当作判断人们政治上先进和落后的标准"，"一切合法的劳动收入和合法的非劳动收入，都应该得到保护"，"确立劳动、资本、技术和管理等生产要素按贡献参与分配的原则"……上述决断清楚地表明，以江泽民同志为核心的党中央第三代领导集体发扬第一代、第二代领导集体的优良传统，恪守解放思想、实事求是、与时俱进的正确路线，立足社会主义初级阶段的基本国情和建设中国特色社会主义的崇高使命，逐步完善了包括非公有制经济在内的基本理论、基本方针和基本政策。这些年我国非公有制经济由小到大、从弱变强，固然离不开非公有制经济人士的聪明才智和不懈奋斗，而党中央从理论、方针、政策等方面的鼓励与支持无疑是前提性和根本性的因素。现在发展非公有制经济的环境条件诚然还有这样那样的不尽如意之处，但毋庸置疑比改革开放初期大为改善而且会越来越好，对此应该有统一的认识和充足的信心。

在所有制问题上坚持两点论

我国实行改革开放，所有制是回避不了的一大难关。1991年7月1日江泽民同志在庆祝建党70周年大会上讲道："有中国特色社会主义的经济，必须坚持以生产资料社会主义公有制为主体，允许和鼓励其他经济成分适当发展，既不能脱离生产力发展水平搞单一的公有制，又不能动摇公有制经济的主体地位，不能搞私有化。"1995年9月28日在党的十四届五中全会上阐述："以公有制经济为主体、多种经济成分共同发展，是我们必须长期坚持的方针"，

“只有确保公有制经济的主体地位，才能防止两极分化，实现共同富裕。任何动摇、放弃公有制主体地位的做法，都会脱离社会主义的方向”，“公有制经济在整个经济中应占主体地位是就全国来说，有的地方、有的产业可以有所差别”。1998年12月18日在纪念十一届三中全会召开20周年大会上再次表示：“我们是社会主义国家，必须坚持公有制为主体。同时，必须坚持多种所有制经济共同发展，积极鼓励和引导非公有制经济健康发展。”2001年3月4日在全国政协九届四次会议上进一步强调：“公有制为主体、多种所有制经济共同发展，是我国社会主义初级阶段的一项基本经济制度。这里面包括两个基本含义，一是我国是社会主义国家，必须坚持公有制为主体，因为它是社会主义的经济基础；二是在公有制为主的条件下，必须坚持发展多种所有制经济，因为我国还处在社会主义初级阶段，个体、私营等非公有制经济的发展，有利于充分调动和利用社会资源，有利于增强整个国民经济的活力，它是社会主义市场经济的重要组成部分。这两个方面的要求，必须全面把握，全面贯彻落实。”2002年11月8日在党的“十六大”报告中讲得尤为透彻：“必须毫不动摇地巩固和发展公有制经济”，“必须毫不动摇地鼓励、支持和引导非公有制经济发展”，二者“统一于社会主义现代化建设的进程中，不能把这两者对立起来。各种所有制经济完全可以在市场竞争中发挥各自优势，相互促进，共同发展”。综上所述，以江泽民同志为核心的党中央第三代领导集体对我国的所有制作出了始终如一的英明抉择，由此在总体上保证和推动了公有制经济的更加壮大，保证和推动了非公有制经济的健康发展。同时也要看到，地方、部门、媒体等对中央指示的理解和执行不尽相同，有的人从不同侧面把二者对立和割裂开来，或过分强化某些行业的国有企业垄断地位，给非公有制经济设置不应有的种种门槛，或“宣扬私有化，主张取消公有制的主体地位”。很显然，这两种偏向都违背党中央的决策精神和公平竞争的市场原则，在一定程度上产生了若干负面效应和不良后果。在这一根本原则问题上，所有人都应按照江泽民等中央领导同志的一再告诫：“不能只讲前者而不讲后者，也不能只讲后者而不讲前者，否则都会脱离社会主义初级阶段的实际，都不利于社会生产力的发展”，“正确认识和处理公有制经济同非公有制经济的关系，既是一个重大经济问题，也是关系党和国家前途命运的重大政治问题”。

“三个结合”是非公有制经济人士的社会责任

1996年9月23日在中央扶贫开发工作会议上，江泽民同志提出了一个重要论断：“贫穷不是社会主义。一部分人先富起来，一部分人长期贫困，也不是社会主义。”2001年3月4日在全国政协九届四次会议同民建、工商联界别委员座谈时，因势利导地提倡“三个结合”：把自身企业的发展与国家的发展结合起来，把个人富裕与全体人民共同富裕结合起来，把遵循市场法则与发扬社会主义道德结合起来，既有经济利益追求也有思想道德追求，既重视经济效益也重视社会效益，做到义利兼顾，反对为富不仁。江泽民同志的号召在非公有制经济人士中激起了热烈反响，有力地促进了“光彩事业”、“再就业工程”和“信誉宣言”、“关爱员工”等活动。当然，非公有制经济人士要自觉履行“三个结合”，不是一件容易的事情，现在还远不是所有企业都交出了令人满意的答卷，在职业道德、家庭伦理、对待员工、回报社会等方面凸现出不少缺憾与弊病。为此，一方面社会各界不可低估非公有制经济人士的慈善义举，过急过高地苛求这一新生的阶层；另一方面相关部门亟待加大工作力度，持之以恒地做好思想政治工作，引导尽可能多的非公有制经济人士“发扬中华民族传统美德，促进共同富裕”，以“爱国、敬业、诚信、守法、奉献”的实际行动，赢得全社会的理解与支持，为加快建设和谐社会和小康社会，尽到建设者应有的时代责任。

辩证把握“八字方针”所包含的四项内容

1991年7月6日江泽民同志签发的中央15号文件，制定了对非公有制经济人士“团结、帮助、引导、教育”的工作方针。2000年12月4日江泽民同志在全国统战工作会议上郑重申明：“通过诚实劳动和合法经营先富起来的个体劳动者和私营企业主，不仅是党和政府的政策允许的，也是光荣的。他们为建设有中国特色社会主义事业贡献了力量，应该受到社会的尊重。”接着又特意提醒：“非公有制经济人士中也存在缺点、弱点和某些不法行为。我们应本着团结、帮助、引导、教育的方针，着眼于非公有制经济的健康发展和非公有制经济人士的健康成长”；“要加强非公有制经济组织中党、团和工会组织的建设，凡是条件具备的企业都要建立党、团和工会组织”。2001年3月4日围绕“三个结合”议题，再一次提到“八字方针”，对非公有制经济人士“既要鼓励支持，又要帮助教育，以利促进非公有制经济健康发展”。近年来，各地及有关单位为贯彻“八字方针”做了大量开创性和探索性工作，积累了许多新鲜经验，正在取得良好效果。但正如江泽民同志所提出的，思想政治工作是一项艰苦细致和长期复杂的系统工程，“团结、帮助、引导、教育”将贯穿发展非公有制经济的全过程，而且要根据新的形势不断创新工作方法，“注意因地制宜，因人制宜，因事制宜，因时制宜”，“切忌形式主义、教条主义，切忌简单生硬”，“讲求春风化雨，润物无声，耐心细致，潜移默化”，“防止和纠正思想政治工作与经济工作脱节的‘两张皮’现象”，“既讲道理又办实事，既以理服人又以情感人”。当前，全党、全国正在认真学习党的十六届六中全会文件，深入理解《江泽民文选》关于非公有制经济的重要论述，对贯彻科学发展观，促进非公有制经济健康发展和非公有制经济人士健康成长，构建社会主义和谐社会，绘就现代化的宏伟蓝图，理当产生有益的启迪作用。

（原载于《当代山西商会》2007年第2期）

工商联参与非公有制企业党建工作面临的形势和任务

山西省工商联党组成员、副会长　王建华

继党的十六大突出提出加强党的执政能力建设这一重大课题之后，党的十六届四中全会又做出了《中共中央关于加强党的执政能力建设的决定》。加强党的执政能力建设是党中央为适应治国理政面临的新形势、新任务，应对严峻挑战、完成历史使命而采取的重大战略举措。党的基层组织是党在社会基层组织中的战斗堡垒，是党的全部工作和战斗力的基础，是党的领导和执政的重要基础。在非公有制企业中壮大党的力量和建立党的组织，是党的基层组织建设的重要组成部分，对于加强和改进党的基层组织建设，使党的基层组织真正成为贯彻“三个代表”重要思想的组织者、推动者和实践者；对于保证和促进非公有制经济健康发展，实现全面建设小康社会的奋斗目标；对于不断增强党的阶级基础和扩大党的群众基础，提高党的执政能力，巩固党的执政地位，都具有十分重要的意义。为了切实加强非公有制企业党建工作，全省非公有制企业党建工作联系会议2004年9月正式成立，成员由中共山西省委组织部、省委宣传部、省委统战部、省中小企业局、省工商联等10家单位组成，主要职能是围绕加强非公有制企业党建工作，促进非公有制企业健康发展，沟通信息，交流情况，研究问题，提出意见和建议。2004年11月19日省委还在沁源县召开了全省非公有制企业党建工作座谈会，会议在全面总结我省非公有制企业党建工作经验的基础，进一步提出了加强非公有制企业党建工作的思路和措施。我省各级工商联组织要认真领会会议精神，充分认识加强非公有制企业党建工作的重要意义，积极主动参与非公有制企业党建工作，为促进非公有制经济健康发展和非公经济代表人士的健康成长不断做出新的贡献。

一、全省非公有制企业党建工作现状

非公有制企业党建工作是党的基层组织建设的一个新的重要领域。近年来，各地坚持“成熟时快建，企业新建时同建，企业改制后续建，暂无条件创建”的原则，采取了企业单建、多企联建、村企合建、行业统建、流动跨建及挂靠组建等多种形式，取得了比较好的效果。截至2004年上半年，全省非公有制企业中共建立党组织2200家(这其中有半数是我省各级工商联组织协助党委在会员企业中建立的)，其中党委36家，总支97家，支部2067家，占有3名以上正式党员的单位数的71.1%，占非公有制企业总数8.8%；全省非公有制企业中共有党员40771名，占从业人员的4.3%，个体工商户中有党员31496名，占从业人员3.7%。在取得成绩的同时，也应清醒地看到，非公有制企业党建工作仍然是党的基层组织建设中的一个薄弱环节，还存在许多不足。一是党员人数少，党的力量比较薄弱。全省非公经济组织中共有党员7.3万名，仅占从业人员的4%左右，85%以上的非公有制企业中仅有个别党员或没有党员。二是党组织的覆盖面不大。绝大多数非公有制企业由于条件不具备或工作不到位，至今没有建立党组织。目前，仅有8.8%的非公有制企业建立了党组织。三是党员教育管理工作薄弱。“有企业、无党员，有党员、无组织，有组织、无活动”的“三有三无”现象比较严重。不公开身份的“隐形党员”、不落组织关系的“口袋党员”，不发挥作用的“挂名党员”大有人在。四是党组织发挥作用不明显。或是由于党组织负责人素质不高；或是由于业主不支持，或是由于缺乏实践经验等原因，致使党组织不能切实履行职责，发挥作用。此外，非公有制企业党建工作缺人才、少经费、无场所等问题也还比较突出。这些问题的存在严重影响了非公有制企业党建工作，也影响了非公有制企业的发展质量和水平。

二、全省非公有制企业党建工作的指导思想、目标要求和主要任务

在当前和今后一个时期，我省加强非公有制企业党建工作的指导思想是：坚持以邓小平理论和“三个代表”重要思想为指导，全面贯彻党的“十六大”和十六届四中全会精神，以抓好企业党组织的组建和作用的发挥为重点，不断扩大党的工作覆盖面，增强党的工作影响力，保证党的方针政策和国家法律法规在非公有制企业中的贯彻执行，团结凝聚职工群众，维护各方合法权益，促进非公有制经济健康发展。

加强非公有制企业党建工作的目标要求是：坚持“健全组织，发挥作用”两手抓，力争到2007年底，使绝大多数职工人数在50人以上的企业有党员，使绝大多数职工人数在100人以上的企业有党组织，使有3名以上正式党员的企业都能建立党组织。非公有制企业党建工作基础较好的地方，要突出抓好企业党组织作用的发挥，不断增强党组织的创造力、凝聚力和战斗力。要通过扎实有效的工作，努力使非公有制企业党组织达到“领导班子好、党员队伍好、工作机制好、发展业绩好、群众反映好”的要求。

加强非公有制企业党建工作的主要任务是：围绕使党的基层组织真正成为贯彻“三个代表”重要思想的组织者、推动者、实践者的总体要求，积极开展非公有制企业党组织组建工作，指导和帮助非公有制企业党组织充分发挥作用，切实加强非公有制企业党的工作者队伍建设，依托工会、共青团组织开展党的工作，抓好对非公有制企业为主的教育培训。各级党委要紧紧围绕上述任务，联系实际，抓住重点，整体推进，不断研究新情况，解决新问题，创造新经验，逐步使非公有制企业党的建设工作经常化、制度化、规范化。

三、工商联参与非公有制企业党建工作的建议

1. 要充分认识做好非公有制企业党建工作的意义。工商联是主要做非公经济代表人士思想政治工作的人民团体，在非公有制企业中建立党组织，有利于工商联利用这一载体将加强思想政治工作的任务落到实处。工商联可以指导协助企业党组织对业主进行经常性的思想教育，并结合典型案例，引导业主深刻认识依法经营与企业发展的一致性，正确认识企业发展的长远利益和眼前利益，全局利益和局部利益的关系，尤其要树立科学的发展观，不以污染环境和浪费资源为代价换取企业的一时发展，保持企业发展的可持续性。同时，要积极引导非公经济人士投身光彩事业、公益事业，为社会做贡献。

2. 要积极主动参与非公有制企业党建工作。工商联作为各级党委非公有制企业党建工作联系会议的组成单位，要充分发挥自己联系广泛的优势，积极协助党委在非公有制企业建立党组织；向党委推荐条件成熟、可建立党组织的企业；根据掌握的情况向党组织推荐党组织书记的合适人选，要经常了解企业党组织的工作情况，听取他们的意见和要求，及时向联系会议反映。

3. 积极与组织部门联系，争取工商联党员干部担任非公有制企业党建工作指导员、联系员。向非公有制企业选派党建工作指导员、联系员，是这次非公有制企业党建工作会议做出的重要决定。工商联要主动与组织部门沟通，取得组织部门的支持，争取让工商联机关的党员干部担任非公有制企业党建工作指导员、联系员，这样工商联的干部既可以成为帮助非公有制企业学习贯彻“三个代表”重要思想的宣传员，又可以成为帮助非公有制企业解决难题的协调员，从而不断增强工商联组织的活力。

（原载于《当代山西商会》2005年第1期）

如何推动民企主题文化活动

山西省工商联党组成员、副会长 郎宝山

2003去年以来，全国工商联为了推动民营企业文化建设，先后提出了“民营企业与社会协调发展”和“以人为本”的主题，在前不久召开的全国工商联民营企业文化建设委员会会议上又确定2005年的主题是“科学发展”，就是根据党的“十六大”确定的“以人为本，全面、协调、可持续”的科学发展观引导民营企业健康发展。根据我省这几年的做法和体会，我认为应在以下几方面推动民营企业主题文化活动的开展。

一、各级工商联要努力推动

随着民营企业的不断发展壮大，企业文化建设逐渐引起民营企业家的重视，被企业员工所接受，因而形成了各具特色的民企文化。如何把民营企业这种自发的企业文化建设热情与全国工商联确定的主题活动结合起来，是各级工商联要做的工作。对民企文化主题活动的组织推动，各级工商联要抓好宣传引导、典型示范、经验推广等环节的工作。宣传引导就是利用文件、会议和报刊、简报、网站等媒体，将主题文化活动的内容、意义和方法宣传到民营企业，让他们认识到这种主题文化建设活动对企业健康发展的积极作用，让民营企业家首先认识和接受；典型示范就是工商联重点帮助基础好的企业开展主题文化建设活动，深入企业总结活动开展过程中需要把握的工作重点、有效方式、成功经验，用以指导本地区此项活动的开展；经验推广就是及时将开展主题文化活动的成功做法和典型单位的先进经验通过报刊、简报乃至组织召开现场会等形式向更大的范围宣传推广，从而形成一种民企主题文化建设活动的社会氛围。山西省工商联近两年在积极组织推动民企主题文化活动中就较好地贯彻实施了这种工作思路。党的“十六大”召开不久，全国工商联于2003年8月在重庆召开民营企业文化建设工作会议，宣告“全国工商联民营企业文化建设委员会”成立，同时确定了在全国民营企业中开展“民营企业与社会协调发展”的主题文化建设活动。省工商联积极响应全联的部署，在与朔州市和怀仁县工商联共同考察了怀仁县民营企业文化建设情况后，决定在全省宣传推广该县民营企业与社会协调发展的先进经验，于2003年10月在怀仁县召开了大规模的“山西省民营企业文化建设现场交流研讨会”，还表彰了34家“企业文化建设先进单位”。这次会议起到了很好的推动作用，参会的企业代表和市县工商联同志感到耳目一新，深受启发。随后的一年多来，民营企业文化建设活动在我省广泛而活跃地开展起来，阳泉市、太原市万柏林区等工商联都组织召开了不同规模、不同形式的民企文化建设会议，推动民营企业文化建设的工作已经成为各级工商联的主打工作品牌之一。我省的工作得到了全国工商联的褒奖，在前不久召开的“中国民营企业文化建设工作会议”上，省工商联宣传调研处和怀仁县工商联会长刘学文分别荣获全国工商联民企文化建设主题活动优秀组织奖先进单位和先进个人。

二、民营企业要积极主动

建设先进的企业文化，就是要以正确的理论为指导，“民营企业与社会协调发展”“以人为本”“科学发展”，这些都是根据党的“十六大”精神着眼于经济全球化时代中国特色社会主义市场经济条件下民营企业如何健康发展而提出来的。因此，广大民营企业要积极响应，要遵循“以人为本，全面、协调、可持续”的科学发展观的要求发展企业。以人为本，就是要在关爱员工，善待员工的前提下，注重员工的全面发展，努力创造员工在企业中个人能力的发挥，价值的实现机会；科学发展就是要按照党的十六大和十六届三中全会提出的“五个统筹”要求，实现全面、协调、可持续的发展，做到了以人为本，科学发展，就能比较好地实现民营企业与社会协调发展，就能够得到大多数群众的拥护和认可，就是“三个代表”重要思想的忠实实践者。因此，广大民营企业家要积极响应号召，主动开展这些主题鲜明，影响力强的企业文化建设活动。我省那些做强做大的民营企业都注重了企业文化建设，比较好地实现了注重以人为本和科学发展。这样的企业理所当然地得到了党和政府的支持和褒奖，也必然能得到人民群众的拥护，因此这样的企业就不断快速健康发展。民营企业注重关爱员工，就能实现双赢，科学发展就能实现做强做大的目标。在以人为本的主题下，2004年全国工商联和全国总工会联合开展了民营企业“全国关爱员工，实现双赢”的活动，在今年“五一”前，我省的几家大型民营企业的老板和员工就受到了全国工商联和全国总工会的表彰，山西皇威集团董事长秦诗禄、山西金业集团总经理张新跃、山西联盛能源公司董事长邢利斌被授予“全国关爱员工优秀企业家”，他们的企业同时各有一名员工被授予“全国热爱企业优秀员工”。

三、上下左右要联动互动

在组织推动民营企业文化主题活动过程中，各级工商联组织要上下联动，形成系统内的推动力量，工商联与民营企业、民营企业与民营企业间要互动，形成工商联组织和民营企业一致认同的自觉行动。如果能使主题文化建设工作形成强大的推动力量和自觉行动，这项工作就有了落实的前提和保证。这几年来，我省积极响应全国工商联推动民营企业文化建设的倡导，推动民营企业把建设先进企业文化与党和政府的号召结合起来，走中国特色的民营企业文化之路，呈现了不同地区各具特色的民企文化。如运城市民营企业家思源思进，涌现出了海鑫集团、通达集团、阳光集团、振兴集团等一大批做强做大的先进民营企业；晋中市从煤焦起家的安泰集团、三佳集团等大型焦化企业在发展中注重走循环经济之路，注重调整产业结构，成为注重环保和可持续发展的先进典型；太原市的金业集团、皇威集团等大型民营企业成为以人为本，关爱员工的先进典型。长治的潞宝集团董事长韩长安多年来用“政府给我一碗水，我还社会一桶油”的理念引领企业健康快速发展，成为省政府确定的“1311”调产重点项目60万吨甲醇项目承担单位；皇威公司董事长秦诗禄提出“以慈母般的心怀善待员工，用钢铁般的纪律严格治厂”的管理理念，成为全国表彰的善待员工的优秀企业家。也有不少企业还注重把现代企业管理制度与中国传统文化结合起来，与家族企业的管理升级相结合，创建了适应自身企业经营管理的新晋商文化，如安泰集团、美锦集团等家族型大企业，他们都按现代企业制度解决了企业所有权和经营权的关系，较好地解决了企业传承问题，他们的企业得到了稳定快速发展。前不久由省工商联牵头举办的“2004晋商国际论坛暨当代经理人山西企业高峰会”就是上下左右联动互动的一次尝试，在这次大规模的企业发展论坛活动中，我们实现了整合中央、省、市、县“官、产、学、研”资源，诠释全球化时代新晋商发展之路的目的，在更高层次上为山西民营企业文化建设引路搭桥。

四、推动主题文化建设活动要有好的工作思路

首先，各级工商联领导要认识到位。工商联引领民营企业健康发展，宣传教育是重要的职能手段，宣传教育的载体和作用都能在企业文化建设工作中体现，全国工商联这几年频繁举办民营企业文化建设论坛活动，成立民营企业文化建设委员会，组织开展民营企业文化建设主题活动，黄孟复主席、胡德平书记经常参加这些活动，这都充分说明全联领导对引导和推动民营企业文化建设工作的重视。我省各级工商联主要领导也要向全联领导这样重视组织推动民营企业文化建设，以此开拓思想政治工

作新途径。其次，要形成工作合力，落实工作内容。工商联努力推动，民营企业积极主动，上下左右联动互动是我们在工作实践中总结出的好经验好做法，这是形成合力的有效方法，要继续做好。要使工作得到落实，工商联分管领导和职能部门要注重打造执行力，建立目标责任制，全联抓这项工作的职能部门是宣教部，省工商联是宣传调研处，市是组宣科，县是会长亲自抓，把计划落到实处，把责任明确到人。第三，要注重搭建工作平台。为进一步做好推动民企文化建设工作，省工商联正在筹划成立“山西省工商联民营企业文化建设委员会”，参照全国工商联的做法，委员会以民营企业家为主体，由民营企业家唱主角，工商联搭台企业家唱戏，通过委员会组织开展企业家间的交流，构建民营企业文化交流与合作的平台。最后，要注重组织活动，弘扬主题。各级工商联都要结合各地情况组织不同形式的主题活动，如论坛会、现场观摩活动、组织经验交流会、宣传表彰先进等等，通过活动推动主题文化建设工作的开展。省工商联已经与省总工会安排部署了在“关爱员工，实现双赢”和创建学习型组织中涌现出的“关爱员工的优秀企业家”、“热爱企业的优秀员工”和“创建学习型组织标兵单位”、“知识型职工标兵”的工作推荐，拟在适当时候进行表彰。各市县也应参照开展相应的评选表彰活动。省工商联还计划在明年上半年举办“2005晋商国际论坛”，在下半年组织召开“山西省民营企业文化建设工作会议”，并宣传表彰一批在开展民营企业文化建设主题活动中涌现的优秀组织奖先进单位和先进个人。

（原载于《中华工商时报》2004年12月10日6版、《当代山西商会》2004年第2期）

引导非公有制经济代表人士为构建社会主义和谐社会做贡献

山西省工商联党组成员 副会长 郎宝山

实现社会和谐，建设美好生活，构建社会主义和谐社会，是以胡锦涛同志为总书记的党中央从全面建设小康社会、开创中国特色社会主义事业新局面全局出发提出的重要战略目标，它集中了我们党对执政规律、社会主义建设规律和人类社会发展规律的新认识。党中央对构建社会主义和谐社会提出的重大战略任务，体现了“三个代表”重要思想的要求，体现了科学发展观的要求，体现了党实事求是、与时俱进的作风品质。

构建社会主义和谐社会的主要目的是充分调动一切积极因素，妥善协调经济社会结构变动过程中的利益关系，正确处理各方面的社会矛盾，为发展和改革创造一个长期稳定的社会环境。在非公有制经济成为社会主义市场经济重要组成部分的现阶段，非公有制经济人士和非公有制企业在经济和社会生活中占有举足轻重的位置，构建和谐社会离不开这个领域的工作。做好非公有制经济代表人士的思想政治工作是新时期统战工作的重要任务，统一战线为构建社会主义和谐社会的各项工作献计出力，也必须重视加强这方面的工作。

一、新社会阶层的出现，为统一战线增添了新的内容和新的工作领域

新社会阶层的形成，是我国改革开放发展社会主义市场经济的产物，由于这个群体的特殊性和现实状况，需要加强对他们的思想政治工作，使之健康成长，为构建和谐社会积极贡献力量。

1. 随着非公有制经济的快速发展，一个新的社会阶层逐步形成。改革开放以来，我国的个体、私营等非公有制经济从无到有，从小到大，由弱变强，得到了快速发展，形成了与国有经济和外资经济三足鼎立的新格局。仅就山西省来看，到2004年底，全省非公经济已占全省GDP的42%左右，各类型的民营经济单位达到60多万户。在非公经济就业的人员已达到500多万人，占全省劳动就业的40%左右。非公经济中个体私营业主和投资者及高层管理人员的总数应该有70多万人。这支队伍是个不小的数字，再考虑到他们家庭成员及员工和员工家庭成员在内，影响的是全省社会将近一半的人群。目前，全省在人大、政协和工商联组织中担任职务的非公经济代表人士就有8000多人。因此，这个阶层的思想政治工作举足轻重。

2. 非公经济人士队伍的特殊性和现实状况，需要加强对他们的思想政治工作。我们所称谓的非公经济人士队伍是指由个体大户、私营企业和私人控股的混合所有制企业、私人控股的外商投资企业的主要投资人和持有主要股份的高层管理人员组成的经营管理者队伍。在山西，他们大多参加企业的主要经营管理乃至技术性工作，兼有资产所有者和经营管理者的双重身份，因此，他们当属劳动者一族。但就他们对企业资产的所有权、支配权和雇佣劳动的这种生产力与生产资料的结合方式而言，这些人又与普通的劳动者有比较大的区别。因而他们是个特殊的群体、新的社会阶层。从这支队伍的现状来看，除了规模不断壮大外，他们的年龄结构、知识结构、政治身份和价值取向、政治态度都在不断进步，他们中还有不少是共产党员。从他们的政治表现看，大多数拥护党的现行政策，抓住机遇，奋力发展企业。越来越多的非公经济人士承担更多社会责任的意识增强，在企业发展中注重了与人、与环境和资源的协调，纳税意识增强。他们已经注重

在企业中贯彻落实国家的法律法规和党委政府的要求，建立党组织和工会，与员工签订劳动合同，履行关爱员工的责任和义务。他们还通过参加统战部、工商联组织的“光彩事业”活动，为社会扶贫、救助贫困、支持教育、兴办公益捐款捐物。但是，由于这支队伍成员身份的特殊性、素质的差异性、理解党和国家方针政策的局限性、价值观的不同取向性、政治上不同程度的盲目性，也是容易产生社会矛盾甚至不稳定因素的重点领域。因此，需要加强引导教育，使之沿着健康的道路成长。

3.党中央从加强党的执政能力、扩大党的执政基础的战略高度，明确了对非公经济人士的工作方针。早在1991年，党中央在批转中央统战部《关于工商联若干问题的请示》中指出：“工商联要配合党和政府工作，对非公有制经济代表人士进行团结、帮助、引导、教育。通过工作，在他们中逐渐培养起一支坚决拥护党的领导的积极分子队伍。”从那时起，“团结、帮助、引导、教育”被明确为非公经济代表人士思想政治工作的“八字方针”。非公经济在党的“十五大”被确定为“社会主义市场经济的重要组成部分”后，党的“十六大”报告又明确指出：“在社会变革中出现的民营科技企业的创业人员和技术人员、受聘于外资企业的管理技术人员、个体户、私营企业主、中介组织的从业人员、自由职业人员等社会阶层，都是中国特色社会主义事业的建设者。”这就进一步明确了非公经济人士的社会政治地位，无疑给非公经济人士吃了“定心丸”，建设者的身份让他们既感到自豪，又明白了肩上责任的重大，对统战部和工商联而言，思想政治工作的目标和任务更加明确了。在十六大精神指引下，按照“八字方针”培养合格建设者，不断壮大拥护党的领导，坚持走社会主义道路，“爱国、敬业、诚信、守法、贡献”的非公有制经济代表人士队伍，促进非公经济健康发展和非公经济代表人士健康成长成为做非公有制经济代表人士思想政治工作的“两大任务”和目标归宿。

二、构建社会主义和谐社会，对非公有制经济代表人士思想政治工作提出了新的目标要求

非公有制企业发展的现状和非公有制经济代表人士思想政治工作的实践，对我们在新时期、新阶段承担构建和谐社会的新任务提出新的目标和要求，用科学发展观和构建社会主义和谐社会的要求引导教育非公经济人士把自身企业的发展与国家和全社会的发展结合起来，实现企业与社会相和谐；把遵循市场法则与发扬社会主义道德结合起来，做到义利兼顾；把个人富裕与全体人民的共同富裕结合起来，为实现公平正义积极贡献力量。

1.教育引导非公有制经济人士贯彻落实科学发展观，实现自身企业与国家和社会相协调，促进非公经济健康发展。山西省非公有制经济虽然已经具有相当规模和实力，但从总体上看，仍然存在着明显的缺陷和不足：一是经营规模偏小，产业结构趋同，产品档次较低；二是管理水平低，相当数量还是家族式管理体制；三是技术装备普遍落后，职工文化水平低，专业技术人员比较缺乏；四是在生态环境、安全生产、职工合法权益保护以及依法纳税等方面问题比较突出；五是企业和企业家的健康成长面临许多挑战。大型非公企业竞争力尚未形成，产权结构不合理、融资难、竞争力不足和缺乏高素质人才已经成为进一步发展的瓶颈，企业家个人素质的提高与快速发展的企业规模不相适应，高速扩张造成的企业管理危机案件频发。面对这些问题，需要对非公经济人士进行正确的引导和帮助。要教育和引导他们在企业发展中贯彻落实“以人为本，全面、协调、可持续”的科学发展观，把自身企业的发展与国家的发展结合起来，正确认识和理解国家宏观调控政策，把握好企业自身发展与国家和社会发展的关系，把自身企业科学地融入国家和社会的发展整体中来，实现企业发展与国家发展的和谐。要教育引导他们把遵循市场法则与发扬社会主义道德结合起来，树立正确的价值观，把企业利益与国家的利益、社会的利益、员工的利益统筹好，实现企业与社会的和谐。

2. 引导教育非公有制经济人士，把个人富裕与全体人民的共同富裕结合起来，为实现公平正义、诚信友爱做贡献

在和谐社会建设中，处理人与人的关系必须坚持公平正义的原则，注重社会公平，体现社会关爱。这些年来，由于区域经济发展水平和多种经济成分共同发展中的差异，使不同地区、不同阶层的收入差距拉大，存在着不同阶层社会群体的正当利益没有很好得到满足，尤其是先富起来的非公经济人士这一社会阶层与社会贫困群体之间的差距更显突出，致使社会上一部分人对新的社会阶层产生不正常心理，甚至出现一些“仇富”的恶性案件。因此，协调社会各阶层、社会群体之间的利益关系，调整收入分配关系，走共同富裕的道路，是构建社会主义和谐社会的内在要求。在正确认识和处理效率与公正关系的同时，要教育和引导非公经济人士更多的注重社会公平，以正义之心善待弱势、困难群体，秉承先富帮后富，实现共同富裕的发展理念，致富思源，回报社会。在回报社会方面，要到贫困地区投资办厂，开发资源，吸纳就业，带动脱贫；在公益事业方面，要积极捐助社会公益事业，扶残济困，乐善好施；在自然灾害面前，要自觉捐款捐物，体现出危难之时显身手；在企业内部，要关爱员工，在注重员工全面发展的同时，尤其要随着企业效益的提高，不断增加员工的工资和福利待遇，保障员工的一切合法权益，构建企业内部的和谐关系，这些都是党和国家希望非公经济人士为和谐社会建设能够做到的事。

3. 引导教育非公有制经济人士争当优秀企业家，为构建和谐社会培养合格建设者，促进非公经济代表人士健康成长。非公有制企业能否与社会和谐发展，非公经济人士是关键。“爱国、敬业、诚信、守法、贡献”是党和政府对非公经济人士的总体要求，爱国是前提，拥护共产党的领导，坚持走中国特色社会主义道路是爱国的政治保障，企业家要为国家富强而奋力拼搏办企业，体现爱国之心；敬业是基础，把企业做扎实，做精、做尖，乃至做强、做大、做出品牌，这是企业家的职责所在；诚信是检验企业家品质的试金石，只有做到诚信，才能使企业基业长青；守法是企业家必须恪守的原则，守法经营顺利发展，违法经营葬送企业；贡献是企业家的社会责任，贡献大小体现在纳税、安排就业、以及对社会事业的支持上。以上这些方面做好了，就可以称为优秀企业家，合格的中国特色社会主义事业建设者，非公经济人士的健康成长也就体现在这里，非公企业与社会和谐的基础就有了前提保障。

三、形成思想政治工作合力，促进非公经济代表人士思想政治工作与社会主义和谐社会建设相适应

非公经济代表人士思想政治工作是一项综合工程，如何形成合力是关键，不仅要加强党的领导，而且要形成一种科学合理的有效工作机制，党政群各司其职，协同配合是有效途径。

1. 在各级统战部的组织协调下，加强和改进非公经济代表人士思想政治工作。《中共中央关于加强统一战线工作的决定》（中发[2000]19号），把非公有制经济人士列入统一战线的工作范围。因此，在各级统战部的组织协调下，从构建社会主义和谐社会的战略出发，加强和改进新时期、新阶段非公有制经济代表人士思想政治工作，是非常紧迫而重要的任务，这是现阶段加强党的领导，增强党的执政基础，提高党的执政能力的需要，是统一战线为构建社会主义和谐社会献计出力的具体表现，也是社会主义和谐社会建设对统一战线工作的要求。为此，要深入研究现阶段非公经济发展和非公经济代表人士思想政治工作出现的新情况、新问题，认真总结近年来开展思想政治工作的成功经验和工作中的不足，探讨加强和改进工作的新途径、新方法。例如，从推动非公企业文化建设入手，把企业文化建设做为思想政治工作的载体，进而实现对代表人士的引导教育，把虚的工作做实；再比如，通过加强工商联组织建设，搞好对非公企业的服务，加大维护他们合法权益的工作力度，进而实现

寓引导教育于联络服务之中；又如，进一步规范代表人士政治安排的培养选拔机制和评价考核体系，以及加大正面宣传、加大政治安排、建立荣誉体系等。把做人的工作与做企业的工作结合起来，做到思想政治工作亲情化、社会化，在服务工作中建立和谐友好的关系，在和谐友好关系中促进思想政治工作。

2. 加强工商联工作，使之履行好做非公经济代表人士思想政治工作的职能。《中共中央关于加强统一战线工作的决定》指出："切实发挥工商联的作用"。"要进一步贯彻落实《中共中央批转中央统战部<关于工商联若干问题的请示>的通知》（中发[1991]15号）精神，制定配套措施。完善工商联的民间商会职能，建立健全服务机制，依法维护非公有制经济人士的合法权益，做好非公有制经济代表人士的思想政治工作。进一步理顺工商联与政府有关部门的关系"。今年2月，国务院出台的《国务院关于鼓励支持和引导个体私营等非公有制经济发展的若干意见》中再次明确指出"要充分发挥各级工商联在政府管理非公有制企业方面的助手作用"。这也是第一次把新时期工商联的地位和作用写进国务院文件，使工商联的地位和作用在党中央和国务院的文件中都有明确要求。但目前工商联章程规定的大部分职能还没有得到落实，工作缺少抓手，自身建设薄弱，严重地影响了有效履行做思想政治工作的职能，工商联组织的吸引力和凝聚力普遍不强，这与构建和谐社会对工商联工作的要求很不适应。因此，各级党委和政府应该重视加强工商联工作，落实职能，明确任务，支持工商联机关建设，使工商联应有的作用得到更好发挥。

3. 党政群各司其职是形成非公经济代表人士思想政治工作合力的有效实现方式。非公经济人士思想政治工作是一个综合工作体系，需要党政群方方面面的协同配合。党委重视是前提，一些省已经出台了加强非公经济代表人士思想政治工作和工商联工作的意见，起到了很大的推动作用，我省也应该尽早研究出台这方面的指导性意见。政府落实职能是保证，希望各级政府能够按照国务院文件要求，赋予工商联当助手的具体服务职能，以使思想政治工作有载体、有抓手。工商联组织要积极主动工作，争取党委和政府部门的支持，特别是统战部的支持，以有为的工作，赢得支持和依赖，以有位的条件，为完成促进非公经济健康发展和非公经济代表人士健康成长的"两大任务"，为社会主义和谐社会建设做出更大的贡献。

（此文为郎宝山在山西省"统一战线与构建和谐社会理论研讨会"上所作大会发言，摘载于《人民政协报》2005年9月16日、《中华工商时报》2005年9月2日6版、《山西政协报》2005年8月19日C版、《山西社会主义学院学报》2006年1期、《当代山西商会》2005年第8期）

非公有制经济人士
在政协组织中履行职责情况的调查与思考

山西省工商联党组成员、副会长 郎宝山

新时期人民政协作为我国最有广泛代表性的统一战线组织，在实现社会和谐，建设美好生活，构建社会主义和谐社会中，发挥着重要的作用。

构建社会主义和谐社会就是为了充分调动一切积极因素，妥善协调经济社会结构变动过程中的利益关系，正确处理各方面的社会矛盾，为发展和改革创造一个长期稳定的社会环境。在非公有制经济成为社会主义市场经济重要组成部分的现阶段，非公有制经济人士和非公有制企业在经济和社会生活中占有重要的位置。非公有制经济人士作为新时期统一战线大家庭的新成员，成为政协委员中的一股新生力量，为政协组织的工作增添了新活力。如何使非公有制经济人士在政协中更好地履行职责，是当前需要认真探讨和研究的课题。我们应该在分析研究这个群体的社会属性、他们在社会经济生活中发挥出积极作用的前提下，认真把握党对非公经济人士的方针政策，分析研究他们在政协组织中的现实表现，通过加强对他们的培养教育和履行职责的监督，从而调动非公经济委员参政议政的积极性，更好地发挥他们在政协中的作用。

一、新社会阶层的出现，为统一战线增添了新的内容和新的工作领域

我国非公经济人士这一新社会阶层的形成，是伴随着改革开放发展社会主义市场经济产生和发展起来的，并且成为统一战线大家庭成员。这个群体具有特殊性，这支队伍整体状况和他们的政治取向，需要加强对他们的思想政治工作，使之健康成长，为构建和谐社会积极贡献力量。

1. 随着非公有制经济的快速发展，一个新的社会阶层逐步形成

改革开放以来，我国的个体、私营等非公有制经济从无到有，从小到大，由弱变强，得到了快速发展。仅就山西省来看，到2004年底，全省非公经济已占全省GDP的42%左右，各类型的民营经济单位达到60多万户。在非公经济就业的人员已达到500多万人，占全省劳动就业的40%左右。非公经济中个体私营业主和投资者及高层管理人员的总数应该有70多万人，这支队伍不仅在全省经济发展中占有重要位置，而且在社会政治生活中也发挥着重要作用。目前，非公经济代表人士在全省县以上人大、政协和工商联组织中担任职务的就有8000多人，其中担任人大代表和政协委员的有4445人，省政协18个界别里有76位非公经济人士担任委员，已占到省政协委员的14%。

我们所称谓的非公经济人士队伍是指由个体大户、私营企业和私人控股的混合所有制企业，私人控股的外商投资企业的主要投资人和持有主要股份的高层管理人员组成的经营管理者队伍。在我省，他们大多参加企业的主要经营管理乃至技术性工作，兼有资产所有者和经营管理者的双重身份，因此，他们当属劳动者一族。但就他们对企业资产的所有权、支配权和雇佣劳动的这种生产力与生产资料的结合方式而言，这些人又与普通的劳动者有比较大的区别。因而他们是个特殊的群体、新的社会阶层。从这支队伍的现状来看，除了规模不断壮大外，他们的年龄结构、知识结构、政治身份

和价值取向、政治态度都在不断进步，他们中还有不少是共产党员。从他们的政治表现看，大多数拥护党的现行政策，抓住机遇，奋力发展企业。越来越多的非公经济人士注重了承担更多的社会责任，在企业发展中注重了与人、与环境和资源的协调，纳税意识增强。他们已经注重在企业中贯彻落实国家的法律法规和党委政府的要求，建立党组织和工会，与员工签订劳动合同，履行关爱员工的责任和义务。他们还通过参加统战部、工商联组织的“光彩事业”活动，为社会扶贫、救助贫困、支持教育、兴办公益捐款捐物。但是，由于这支队伍成员身份的特殊性、素质的差异性、理解党和国家方针政策的局限性、价值观的不同取向性、政治上不同程度的盲目性，也是容易产生社会矛盾甚至不稳定因素的重点领域。因此，需要加强引导教育，使之沿着健康的道路成长，在他们中培养选拔积极分子作为代表性人士进行政治安排，引领这个群体按照党和政府的要求健康发展。

2. 党中央从加强党的执政能力、扩大党的执政基础的战略高度，明确了对非公经济人士的工作方针

早在1991年，党中央在批转中央统战部《关于工商联若干问题的请示》中指出：“工商联要配合党和政府工作，对非公有制经济代表人士进行团结、帮助、引导、教育。通过工作，在他们中逐渐培养起一支坚决拥护党的领导的积极分子队伍。”从那时起，“团结、帮助、引导、教育”被明确为非公经济代表人士思想政治工作的“八字方针”。非公经济在党的“十五大”被确定为“社会主义市场经济的重要组成部分”后，党的“十六大”报告又明确指出，非公经济人士是中国特色社会主义事业的建设者，进一步明确了非公经济人士的社会政治地位。2004年12月，中共中央政治局常委、全国政协主席贾庆林在接见受中央统战部等五部委联合表彰的100位“非公有制经济人士优秀中国特色社会主义事业建设者”讲话中强调：非公有制经济人士要按照爱国、敬业、诚信、守法、贡献的要求，争做中国特色社会主义事业优秀建设者。全国政协副主席、中央统战部部长刘延东把这个总体要求阐释为：一是奋发图强、振兴中华的爱国情怀；二是百折不挠、锐意进取的敬业精神；三是言行一致，明礼守信的诚信态度；四是诚实劳动、依法经营的守法品格；五是致富思源、服务社会的贡献意识。在“十六大”精神指引下，按照“八字方针”培养合格建设者，不断壮大拥护党的领导，坚持走社会主义道路，“爱国、敬业、诚信、守法、贡献”的非公有制经济代表人士队伍，促进非公经济健康发展和非公经济代表人士健康成长成为做非公有制经济代表人士思想政治工作的“两大任务”和目标归宿。在要求他们积极贡献的同时，也通过把他们中的优秀分子吸收到人大、政协组织中担任代表、委员，进行了政治安排，进一步深化了对他们的思想政治工作。

3. 构建社会主义和谐社会，对非公有制经济代表人士提出了新的目标和要求

非公有制企业发展的现状和非公有制经济代表人士思想政治工作的实践，对于非公经济代表人士在新时期、新阶段承担构建和谐社会的新任务提出了新的目标和要求，这就是用科学发展观和构建社会主义和谐社会的要求统领企业发展，把自身企业的发展与国家和全社会的发展结合起来，实现企业与社会相和谐；把遵循市场法则与发扬社会主义道德结合起来，做到义利兼顾；把个人富裕与全体人民的共同富裕结合起来，为实现公平正义积极贡献力量。因此，要求非公经济代表人士要努力做到以下几方面：

一是非公有制经济人士要贯彻落实科学发展观，实现自身企业与国家和社会相协调，促进非公经济健康发展。目前，非公有制经济虽然已经具有相当规模和实力，但从总体上看，仍然存在着明显的缺陷和不足：一是经营规模偏小，产业结构趋同，产品档次较低；二是管理水平低，相当数量还是家族式管理体制；三是技术装备普遍落后，职工文化水平低，专业

技术人员比较缺乏；四是在生态环境、安全生产、职工合法权益保护以及依法纳税等方面问题比较突出；五是企业和企业家的健康成长面临许多挑战。大型非公企业竞争力尚未形成，产权结构不合理、融资难、竞争力不足和缺乏高素质人才已经成为进一步发展的瓶颈，企业家个人素质的提高与快速发展的企业规模不相适应，高速扩张造成的企业管理危机案件频发。面对这些问题，非公经济人士在企业发展中要贯彻落实“以人为本、全面、协调、可持续”的科学发展观，正确认识和理解国家宏观调控政策，把握好企业自身发展与国家和社会发展的关系，把自身企业科学地融入国家和社会的发展整体中来，实现企业发展与国家发展的和谐。要把遵循市场法则与发扬社会主义道德结合起来，树立正确的价值观，把企业利益与国家的利益、社会的利益、员工的利益统筹好，实现企业与社会的和谐。

二是非公有制经济人士要把个人富裕与全体人民的共同富裕结合起来，为实现公平正义、诚信友爱做贡献。在和谐社会建设中，处理人与人的关系必须坚持公平正义的原则，注重社会公平，体现社会关爱。在正确认识和处理效率与公正关系的同时，非公经济人士应更多地注重社会公平，以正义之心善待弱势、困难群体，秉承先富帮后富，实现共同富裕的发展理念，致富思源，回报社会。在回报社会方面，要到贫困地区投资办厂，开发资源，吸纳就业，带动脱贫；在公益事业方面，要积极扶残济困，乐善好施；在自然灾害面前，要自觉捐款捐物，体现出危难之时显身手；在企业内部，要关爱员工，在注重员工全面发展的同时，尤其要随着企业效益的提高，不断增加员工的工资和福利待遇，保障员工的一切合法权益，构建企业内部的和谐关系，这些都是党和国家希望非公经济代表人士为和谐社会建设能够做到的事情。

三是非公有制经济代表人士要做优秀企业家，争当合格建设者。非公有制企业能否与社会和谐发展，非公经济人士是关键。"爱国、敬业、诚信、守法、贡献"是党和政府对非公经济人士的总体要求，爱国是前提，拥护共产党的领导，坚持走中国特色社会主义道路是爱国的政治保障，企业家要为国家富强而奋力拼搏办企业，体现爱国之心；敬业是基础，把企业做扎实，做精、做尖，乃至做强、做大、做出品牌，这是企业家的职责所在；诚信是检验企业家品质的试金石，只有做到诚信，才能使企业基业长青；守法是企业家必须恪守的原则，守法经营顺利发展，违法经营葬送企业；贡献是企业家的社会责任，贡献大小体现在纳税、安排就业以及对社会事业的支持上。以上这些方面做好了，就可以称为优秀企业家，合格的中国特色社会主义事业建设者，非公经济人士的健康成长也就体现在这里，非公企业与社会和谐的基础就有了前提保障。

二、山西省非公经济人士在政协中履行职责、发挥作用的现状分析

山西省政协第九届委员会共安排76名非公经济代表人士担任委员，他们分散在经济界、工商联、科技、青联、医卫以及党派等18个界别，其中男65人，女11人，他们中有研究生学历的12人，大学学历的22人，大专学历的31人，中专以下学历的11人；还有7人是中共党员；从年龄上看，他们中45岁以下的有48人，大多为中青年企业家。从他们所在的企业情况看，多为行业中具有代表性的非公企业，是这些企业的董事长或总经理，整体素质较高，具有非公经济领域优秀企业家的代表性。根据我们所了解和掌握的情况，现对全省政协中非公经济人士委员在履行职责、发挥作用以及在政协组织中的表现作出如下分析：

1.非公经济人士担任政协委员，为政协组织增添了新的活力。人民政协是我国最广泛的爱国统一战线组织，我们党历来重视统一战线工作，统一战线在新世纪仍然是我们党的重要法宝，人民政协组织上的广泛代表性和政治上的巨大包容性，充分体现在大团结、大联合的旗帜下，《中共中央关于加强统一战线工作的

决定》（中发[2000]19号）把非公有制经济人士列为统一战线的工作范围，充分体现了统一战线的工作宗旨。安排优秀非公经济代表人士进入各级政协担任委员，既体现了中国共产党领导的爱国统一战线组织“大团结、大统一，囊括一切代表人物”的方针，又有利于党和政府听取这个群体的意见和呼声，发挥他们在国家社会事务中的参谋作用，为政协工作服务经济建设献计出力。因此，非公经济代表人士担任政协委员为政协工作增添了新的活力。就他们在调查研究、参政议政方面的作用发挥来看，担任省政协九届委员的76位非公经济人士在九届一次至三次会议期间，共递交提案145件，大会发言材料21份，还有16件提案作为意见处理，他们中有不少人参政议政热情是比较高的，提案总体质量较好，一些提案和大会发言被重视和采纳，对我省经济和社会发展产生了积极影响。

2. 非公经济委员在履行职责方面还有明显的不足。人民政协既是具有广泛代表性的统一战线组织，又是中国共产党领导的多党合作和政治协商的重要机构。因此，担任政协委员不仅具有代表性，更重要的是要有参政议政的能力和意识，在这方面，一些非公经济委员还存在着不少的差距，主要表现在：一是自身文化素质低，参政议政能力弱。有的非公经济委员在一届任期内只递交过一两件提案，小组讨论时从不发言，不知道该提什么、该说什么，这种“老实”的企业家与政协委员的素质要求有差距；二是参政议政意识差，履行职责的意识不强。有些文化素质很高，也很有思想、有见解的非公经济委员，也不写提案、不发言，认为写了也起不了大作用，说过听听也就算了，况且写了说了还可能得罪某部门或引起某个领导的不满意，所以少说为佳。对担任政协委员应该发挥的作用认识不足；三是不能正确处理企业事务与履行职责的关系，组织观念和纪律性较差。一些非公经济委员不仅不重视调查研究、撰写提案和社情民意，而且不积极参加政协会议，在每年省政协的全会期间，请假最多的是非公经济委员，小组讨论缺席、迟到、早退现象突出的也是他们，表现出组织观念淡薄、纪律性差；四是不积极参加有关部门组织的活动，模范带头作用不明显。在政协组织委员培训、视察、考察活动和统战部、工商联组织的光彩事业、捐款救灾、扶贫济困活动中，有些非公经济委员不能起表率带头作用。在省委统战部、省工商联、省光彩事业促进会表彰的100家“抗击‘非典’捐款捐物先进单位”名单中，省政协76名非公经济委员只有21位榜上有名。

3. 在推荐安排非公经济委员中，不同程度地存在着不规范现象。非公经济人士是个新生的特殊群体，与其他委员相比，他们中许多人政治理论基础和学习理解党和国家现行方针政策的能力较差，往往缺乏政治敏感性和社会责任心，争取担任政协委员在某种程度上荣誉重于责任，显示政治光环的心态强于履行职责。而各级在安排他们进入政协组织时，也存在着一些不规范现象，有的委员在选拔、推荐、安排过程中没有经过正常程序，不在统战部、工商联培养的代表人士队伍之中。有的地方把安排担任政协委员作为对企业家贡献的一种奖励，有些县甚至把对当地财政贡献大的民营企业家安排担任政协名誉副主席。这些做法都是不妥当的，势必造成这些非公经济人士错误地理解担任政协委员的意义，不利于对他们的思想政治工作。担任政协委员的非公经济人士，应该是这个群体中的优秀代表人士，衡量优秀的标准就是看他们是不是拥护中国共产党的领导，坚持走中国特色社会主义道路，按照“爱国、敬业、诚信、守法、贡献”的要求，努力做合格的中国特色社会主义事业建设者。谁来评价考核他们，除了党委统战部外，应该主要由各级工商联来完成这项任务。党中央早在1991年批转中央统战部《关于工商联若干问题的请示》中就明确把做非公经济代表人士思想政治工作的任务交给了工商联，在工商联组织中的非公经济人士，工商联能够按照“团结、帮助、引导、教育”的八字方针，为党和政府培养教育他们，能够及时了解和掌握他们的生产经营情况和思想动向，有的放矢地开展思想政治工作。但从这些年的实际情况看，安排一些非公经济人士进入各级人大和政协，并没有征求工商联的意见，有关部门对他们的思想状况并不掌握，比较典型的是违法犯罪被撤销省政协委员职务的朱玉杰就不是工商联会员。由于在非公经济委员的推荐安排上还存在着不规范现象，就出现了委员素质参差不齐，甚至把不合格的安排进来，进而影响了政协委员队伍的整体素质。

4. 政协组织还缺乏对非公经济委员实施有效的管理和考核机制。非公经济委员虽然分散在各个界别中，但从他们所代表的群体利益看，又具有共性。目前，各级政协还没有把他们列入统一培训教育和加强管理的视野。从省政协情况看，除少数几个非公经济委员占较大比例的界别外，零散分布在其他界别的非公经济人士在那些界别中比较消沉，用他们自己的话说，“缺少共同语言”“没法沟通”。非公经济人士在政协中的委员不少，但还形不成界别群体优势，受职数限制，担任省工商联副会长的非公经济人士也都分散在各界别中，省工商联界别中只有12位，只占非公经济委员总数的15.8%。由于所在界别只是每年开会时见见面，平时疏于联系，对他们的企业生产经营情况知之甚少，特别是对他们的思想状况掌握得更少，因而不能有效地对他们进行培养教育和监管，甚至出现了个别担任省政协委员的民营企业老板从事违法犯罪经营行为而无人知晓的情况。

三、构建非公经济委员推荐安排和履行职责的规范工作机制，促进非公经济代表人士在政协组织中健康成长

安排非公有制经济代表人士担任政协委员乃至政协的领导职务，既是体现人民政协宗旨和参政议政工作的需要，同时更是做好非公经济代表人士思想政治工作的需要。为此，要按照中央有关文件要求，进一步规范对非公经济人士政治安排的工作程序，按照政协章程的要求，进一步加强对非公经济委员履行职责的考评和管理，形成有关部门协同配合的工作机制，从而更好地促进非公经济代表人士健康成长和非公有制经济的健康发展。

1. 进一步明确非公经济人士担任政协委员的选拔推荐工作程序，促进代表人士政治安排工作规范化。安排非公经济代表人士担任政协委员，不同于安排一般的政协委员，这项工作必须与思想政治工作结合起来，要从促进非公经济人士健康成长和非公经济健康发展的两大目标任务出发，走培养、选拔、推荐、安排的规范工作程序。根据党中央有关文件精神，对非公经济代表人士的培养、选拔、推荐的主要工作部门是统战部和工商联，各级党委要依靠统战部和工商联来完成这项任务，要从工商联会员中选拔代表性人士。要防止把没有经过统战部和工商联考察的非公经济人士作为政治安排对象，特别要防止领导同志个人没有经过规范程序推荐吸收民营企业家担任政协委员的现象。

2. 认真总结非公经济人士在政协组织中发挥作用的经验和不足，促进非公经济委员履行职责。一是从加强培训教育入手，提高非公经济委员的参政议政能力。非公经济委员由于忙于企业经营管理，大多不能得到较为系统的理论学习，对党和国家的现行方针政策和法律法规学习理解也不够及时和全面，这就在一定程度上影响他们对贯彻落实科学发展观和构建和谐社会重大战略意义的认识，对当前经济社会生活中的问题就缺少有真知灼见的认识。因此，要把他们集中起来培训，对他们进行基本政治理论、基本法律知识、政协基础理论的学习教育，还要及时通过以会代训的办法向他们传达党和国家重大方针政策，尤其是宏观调控方面的政策措施。建议各级召开有关经济工作方面的会议时应吸收政协中的非公经济委员参加，做到让他们知情达意。二是从加强参会活动纪律入手，增强非公经济委员的组织纪律观念。建议对政协全会和重要培训、视察活动进

行比较严格的考勤，如果在一届任期内这方面成绩很差，今后安排时要作为问题列入考核范围。三是从加强专题调研工作入手，督促非公经济委员撰写提案和社情民意。各级政协应发挥非公经济委员在行业中的优势，就区域经济发展和重要社会问题，组织他们进行专题调研活动，督促他们撰写有情况、有独到见解的意见建议，调动他们参政议政的积极性。四是从加强联系入手，促进非公经济委员在各专委会工作中发挥作用。政协各专门工作委员会应吸收非公经济委员参加工作，把与专委会工作对口的非公企业作为联系点，既可使专委会了解到基层的情况，又能加强与这些委员的联系，丰富工作内容。

3.重视发挥工商联的职能作用，形成促进非公经济委员管理和履行职责工作的合力。工商联是人民政协的组成单位，新时期工商联会员主体是非公经济企业，主要工作对象是非公经济代表人士。《中共中央批转中央统战部<关于工商联若干问题的请示>的通知》（中发[1991]15号）中指出：“现在亟需要有一个党领导的、主要是做非公有制经济代表人士思想政治工作的人民团体，对私营企业主、个体工商户和台湾同胞、港澳同胞、海外侨胞投资者介绍党的方针、政策，进行爱国、敬业、守法的教育，并维护他们的合法权益，反映他们的正确意见。工商联作为党领导下的以统战性为主，兼有经济性、民间性的人民团体，可以配合党和政府承担这方面的任务，成为党和政府联系非公有制经济的一个桥梁。”《中共中央关于加强统一战线工作的决定》（中发[2000]19号）指出：“切实发挥工商联的作用”。“要进一步贯彻落实《中共中央批转中央统战部<关于工商联若干问题的请示>的通知》（中发[1991]15号）精神，制定配套措施。完善工商联的民间商会职能，建立健全服务机制，依法维护非公有制经济人士的合法权益，做好非公有制经济代表人士的思想政治工作。”

党中央赋予了工商联做非公经济代表人士思想政治工作的职能，并明确了工作方针和任务。从那时起，在各级党委统战部的指导下，按照“团结、帮助、引导、教育”八字方针培养“爱国、敬业、诚信、守法、贡献”的非公经济代表人士积极分子队伍成为工商联的主要工作任务。因此，各级党委和统战部、政协及有关部门要重视发挥工商联在培养教育非公经济代表人士方面的主渠道作用，让工商联协助作好非公经济委员的选拔、推荐工作，选拔、推荐政协委员时，要听取工商联的意见，从工商联培养的积极分子中选拔，已经安排担任政协委员而不是工商联会员的非公经济代表人士，也要让他们加入工商联，在工商联组织中接受教育培训，参加工商联的活动，成为在组织中的成员，而不是散兵游勇。只有各方面形成工作合力，才能促进非公经济委员在政协更好地履行职责，并得到健康成长。

[此文在山西省“人民政协理论与实践”有奖征文活动中荣获一等奖，并在研讨会上发言。摘载于《人民政协报》2005年12月12日C3版、《山西政协报》2005年12月23日C版、《当代山西商会》2005年第10期，收录《人民政协理论与实践探索》（山西人民出版社）]

如何看待民营企业的以人为本

山西省工商联党组成员、副会长 郎宝山

以人为本，科学发展，构建和谐社会是新时期、新阶段新一届中央领导集体的执政方略。改革开放以来中国经济突飞猛进，但在经济快速发展的同时，出现了自然环境超承载能力的污染排放，资源的过渡开采和浪费，地区、行业、群体间收入失衡加大等不和谐的问题。为此，党中央提出了“以人为本，全面、协调、可持续”的科学发展观，要求在全面建设小康社会的进程中，要用科学发展观统领经济和社会发展的全局，建设一个民主法治、公平正义、诚信友爱、充满活力、安定有序、人与自然和谐相处的社会。

以人为本，贯彻落实科学发展观，对民营企业尤为重要。胡锦涛同志指出：“坚持以人为本，就是要以实现人的全面发展为目标，从人民群众的根本利益出发谋发展、促发展，不断满足人民群众日益增长的物质文化需要，切实保障人民群众的经济、政治和文化权益，让发展的成果惠及全体人民”。企业是社会的重要细胞，企业内部的和谐直接关系到整个社会的和谐，民营企业是目前我国社会组织中的主体力量，拥有1亿2千多万员工，科学发展观在民营企业贯彻落实举足轻重，为此，要深化民营企业的以人为本。以人为本在民营企业有着深厚的土壤。首先，民营企业培养出了一大批能经营善管理的人才，走出了新中国的优秀企业家队伍。他们不仅为中国市场经济体制的建立和完善担当先锋队，而且勇敢地打进了发达资本主义国家的市场，融入了经济全球化、一体化的大市场中去，率先成为中国市场经济的主体力量；二是民营企业能够重视、重用人才。民营企业市场化的用人机制，为施展才能的员工提供了广阔的天地，人尽其才在这里能够实现；三是民营企业能够更好地调动人的劳动积极性。民营企业先进的管理机制使劳动者之间的差异，公平地体现在报酬上，从而更好地调动了人的劳动积极性和创造性，使人的潜能得到了充分发挥；四是民营企业员工的劳动条件和社会保障在不断改进。随着企业的发展壮大和效益的提高，民营企业在改进生产技术，提高产品质量，扩大企业规模的同时，也在员工劳动条件、工资待遇、社会保障等方面有了较大的进步；五是民营企业的劳资纠纷越来越少。随着国家有关劳动法规的完善和执法力度的加大，民营企业用工逐渐规范，劳资纠纷大多数能够通过正规渠道解决。但是，由于民营企业的成长和发展经历了不规范到逐渐规范的过程，必然存在着企业管理从不规范到规范的嬗变，与国有企业的差距，最突出的就是对待员工的差距。这种差距表现在以下几个方面：一是在一些民营企业员工的地位有失公平；二是一些民营企业对员工关心不够；三是侵犯员工合法权益的事在中小民营企业还时有发生；四是党工团妇等组织在民营企业大多数不健全。实践证明，一些重视以人为本的民营企业，由于企业内部凝聚力强，社会形象就好，企业的竞争力就强，使企业得到了健康发展。与这些好的企业相比，还有相当多的民营企业由于经营理念上的偏差，忽视了以人为本，致使企业内部、企业与社会经常出现不和谐的问题，甚至因为人的问题使企业倒闭，严重影响了企业的健康发展。因此，以人为本对民营企业尤为重要。

以人为本，是民营企业思想政治工作的出发点和落脚点。以人为本的发展理念，在民营企业家中首先应被广泛接受。这就要求各级工商联必须把对非公经济人士的思想政治工作拓展到民营企业当中去，以主题文化建设活动为载体，通过宣传发动、表彰先进、典型示范、有关部门联手促进等形式，把民营企业组织起来，推动以人为本的企业文化建设活动在广大民营企业的深入开展。在健全组织方面，各有关部门要督促指导民营企业按要求建立健全党委（支部）和工会等组织，为做好民营企业思想政治工作提供组织保障。在员工权益保障方面，工会要代表员工在平等协商基础上与企业签订集体劳动合同并参加社会统筹保险，依法保障员工的正当权益。在对民营企业家的引导教育方面，各级党委政府和有关部门，尤其是统战部和工商联，要通过各种行之有效的活动引导教育民营企业家贯彻落实科学发展观，在爱国、敬业的同时，做到诚信、守法经营，为构建和谐社会努力践行科学发展观的要求；要在民营企业中广泛开展“关爱员工，实现双赢”活动，引导教育民营企业家树立公平正义、诚信友爱的品质，在注重效率的同时，要兼顾公平，在企业增收的同时，要注重给员工增加工资，改善劳动和生活条件，在员工伤病或极度贫困时，要伸出关爱和援助之手，把员工也当做亲人；要关心员工的发展，创造条件使员工得到学习培训提高的机会，尊重员工的合理化建议和创造性劳动；要帮助民营企业家树立员工也是企业主人的理念，调动员工的积极性，把他们也当作企业的主人，在感情上靠近员工。民营企业家如果做到了自觉贯彻落实科学发展观，在生活上体贴员工、精神上关心员工、感情上靠近员工，以人为本的理念就树立起来了。在对员工的引导教育方面，民营企业中的党、工、团、妇女等组织，要发挥宣传群众、组织群众、引导教育群众的作用，引导教育员工积极为企业发展做贡献；要引导员工认识到在民营企业工作同样是国家和企业的主人，民营企业家和员工是建设者和劳动者的关系，而不是旧社会那种封建的雇佣关系，老板和员工在政治地位上是平等的，从而使员工树立主人翁思想；要使员工认识到民营企业同样是中国特色社会主义市场经济的重要组成部分，在民营企业做出突出贡献的企业家和员工同样被评为劳模等先进受到党和政府的表彰和奖励，在这里工作同样是光荣的，要积极为企业发展献计出力，从而使员工树立与企业共荣辱思想，热爱企业，以企业为家；还要引导教育员工树立责任意识，随着民营经济在我国经济份额中所占比重将近一半，民营企业发展的好坏，直接关系到国民经济的大局，特别是牵动着就业的全局，民营企业顺利发展则国民经济增速加快，社会稳定，反之则影响很大，因此，民企员工也要增强责任感，与企业共风险。

以人为本的理念，只有在民营企业家、民营企业的党组织和工会、民营企业员工的群体中树立起来，民营企业的思想政治工作就做好了，企业内部和谐了，企业的活力就会进一步迸发出来，这样企业的核心竞争力就一定会增强，思想政治工作的目标就得到了实现。

（原载于《当代山西商会》2005年第11期）

当前市县工商联工作的调查与思考

山西省工商联党组成员、副会长 郎宝山

2004年以来，我到过运城、临汾、长治、晋城、吕梁、大同等市工商联及所属的一些县级工商联指导工作或调研，近期，结合年终工作目标考核，我带领宣传调研处和组织人事处的几位同志，赴太原、阳泉、晋中三市以及太原市迎泽区、万柏林区、尖草坪区、杏花岭区、小店区、阳曲县，阳泉市城区、郊区、盂县、平定县，晋中昔阳县、左权县、榆社县等13个县区工商联进行调研和考核，召开了有当地党委、政府分管领导、统战部领导、工商联会领导班子成员和企业家参加的16个座谈会，听取了这些市县工商联全年工作汇报和对全省工商联工作开展，发挥助手作用的意见和建议，与当地分管领导及统战部领导交换了考核意见，同时走访了民营企业，了解国务院“非公36条”出台后企业发展情况和存在的困难。对当前市县工商联工作的发展了解到如下情况：

一、总体情况

通过对太原、阳泉、晋中三市工商联的调研考核，从总体上看，市县工商联借《国务院关于鼓励支持和引导个体私营等非公有制经济发展的若干意见》学习贯彻的东风，努力发挥好工商联自身优势，积极争取工商联助手职能的落实，全面推进各项工作，为促进非公有制经济健康发展和促进非公有制经济人士健康成长做出了新的贡献。

1. 积极宣传贯彻“非公36条”，非公经济发展环境得到进一步改善。《国务院关于鼓励支持和引导个体私营等非公有制经济发展的若干意见》（简称“非公36条”）正式发布后，市县工商联迅速行动起来，把学习好、宣传好、贯彻好、落实好“非公36条”作为今年工商联工作的一件大事来抓，下发学习贯彻文件，印发宣传资料，召开有党委政府领导、企业家参加的座谈会，组织解读培训会，利用当地主流媒体向社会各界广泛宣传“非公36条”的主要精神，推动党委政府出台有关促进非公经济发展的政策，使当地非公经济发展环境得到进一步改善。太原市工商联邀请中国民（私）营经济研究会会长保育钧在太原电视台《民营之道》节目作专题报告会；阳泉市工商联组织在《阳泉晚报》上分期刊登文件的主要内容；晋中市工商联收集整理民营企业家的意见和建议，向市委递交了书面报告；昔阳县工商联组织会员企业家参加中国民（私）营经济研究会在北京召开的“非公36条”解读报告会。

2. 自身建设得到加强，工作条件进一步改善。与前几年相比，市县工商联从领导班子成员的配备到机关干部的素质，乃至办公条件的改善都上了一个台阶，为开展工作进一步创造了良好的条件，三个市的大部分县区按时完成了换届工作，配齐配强了领导班子。一批具有开拓创新和奉献精神的干部充实到工商联领导岗位，为工商联工作注入了新活力。太原市、阳泉市、盂县工商联的会长担任同级政协副主席，昔阳县工商联会长担任县人大副主任；左权县安排原乡镇局局长转任工商联会长，榆社县安排原工商局副局长任工商联会长；阳泉城区工商联安排原在经委工作过的同志任工商联会长；平定县、尖草坪区由当过乡（镇）长的同志担任工商联会长和党组书记。所到县区工商联编制一般在2—4个人，一批大中专毕业生进入工商联会务干部队伍。平定县工商联编制6人，又从乡镇和有关部门借用2人，设立了办公室、组织宣传、经济联络、法律援助4个工作部门；昔阳县工商联现有干部职工8人，设有办公室、宣传调研、会员管理、民营经济、法律维权、信息服务6个工作部门。大部分县区办公条件得到了改善，有办公用房3—4间，配备了电脑、电话、传真机，一些县区工商联还解决了办公用车。

3. 认真履行和完善职能，工商联工作全面推进。市县工商联利用“非公36条”学习贯彻机遇，认真履行职能，扩大工商联的凝聚力和影响力。太原迎泽区、万柏林区工商联，阳泉平定县、城区工商联，晋中昔阳县、左权县、榆社县工商联在组织建设、会员发展、调查研究、参政议政、宣传教育、思想政治工作、经济服务、协调关系、维护权益、引导会员企业开展光彩事业活动等方面全面推进工作，整体工作情况居于全省先进行列，受到了当地党委和政府的重视，得到了会员企业的认可和拥护，凝聚力和吸引力逐步增强，做到了有为而有位。

4. 创新发展思路，特色工作呈现不少新亮点。这些市县工商联针对本地非公经济发展的实际情况，结合各自的工作条件，注重开拓创新，有重点地开展了不少有影响、有实效、有特色的亮点工作。太原市工商联把参政议政放在首位，为创优非公经济发展环境积极建言献策；与太原电视台新闻频道联合创办了《民营之道》栏目，每周在黄金时段播出一集，已连续报道了40期，宣传党的方针政策，宣传民营企业，在社会上大造声势；与市公安局召开太原市民营企业治安保卫联席会议，促成太原市公安局出台了为民营企业服务的17条措施；邀请土地、规划、环保部门的领导同志和民营企业负责人召开协调会，现场为企业家解疑释惑。阳泉市工商联在2004年对全市非公有制企业基本情况全面调研的基础上，2005年又对规模较大的25家非公有制重点企业基本情况开展调研，为市委、政府制定发展规划提供参考依据；在《阳泉晚报》上开设“百强优秀民企系列展示”专版，大力宣传优秀民营企业的业绩；组织10余次会务干部和企业家赴外省市参加招商引资、项目考察洽谈等活动。晋中市工商联牵头与市委统战部、组织部、宣传部、环保局、总工会等部门联合对100家“党建”、“企业文化”、“环保”和“双爱双评”工作先进会员企业进行隆重表彰；创建了省内首家市级工商联网站“晋商会馆”，为会员提供信息服务；发展新会员523个，超额完成了省工商联下达的会员发展指标；市联3位副会长多次下县区工商联积极帮助协调改善办公条件，指导工作开展；积极响应省工商联组织的各项活动，做到了次次参加。这些市的县区工商联也开展了不少特色工作。太原市迎泽区工商联协调政府有关部门，组织成立了工商联社会事务服务部，从社会保险、服务咨询、档案管理、劳动用工、开业庆典等社会事务方面为会员企业提供服务。太原市万柏林区工商联开展送政策、送服务、送技术的“三送”活动，为会员企业提供亲情服务。太原尖草坪区工商联会长、世乐药业公司董事长李平在公益事业活动中积极带头，今年国有企业江阳化工厂发生爆炸事故后，他率先带头捐现金10万元和5万元药品，从而带动该区民营企业捐赠100多万元。太原杏花岭区在全区12个街道乡镇先后成立了商会，协助区委组织部在基本达到条件的35家非公企业中成立了党组织。阳泉城区工商联在6个街道成立了分会，由街道副书记担任会长，街道又对辖区各社区按管理区域进行分解，每人包一片，形成了区、街道、社区三级工作网络。平定县工商联联合有关部门建立了联席会议制度，每季度召开一次企业家座谈会；推荐97名非公人士担任22个部门的行风监督评议员；在非公企业聘请联络员，及时了解企业发展中的困难和问题；先后成立了法律服务中心、维护个体私营企业合法权益举报中心，为50家企业提供了法律服务。昔阳县工商联注重了解上级组织的工作思路和工作任务，带领企业家走出去，参加全联和省工商联组织的活动；组织了有特色、有影响、有声势的宣传工商联的活动，并在媒体上大力宣传报道，扩大工商联的社会影响；成立了民营企业文化建设委员会，推动民营企业文化建设；完善各项工作制度和工作职责，建立起完整的机关和非公经济人士档案。左权县工商联在组织建设上探索新路子，针对人员编制少的问题，成立了会员管理委员会、宣传调研委员会、经济联络委员会、法律维权委员会，由兼职副会长负责委员会工作，按地域就近分片成立了8个会员活动小组，由兼职副会长担任组长，组织开展活动。榆社县工商联筹备建设了晋商会馆网站榆社分站，为会员企业提供电子网络服务平台。

5. 党政领导和有关部门更加重视工商联自身建设和助手作用的发挥。随着县域经济民营化，各地工商联在促进非公有制经济发展中所起的作用越来越得到党委和政府的认可，工商联工作也不断得到重视。大部分市县政府在制定有关非公有制经济政策和召开有关经济工作会议时都吸收工商联参加，听取工商联的意见和建议，个别县区还吸收工商联领导和民营企业负责人参加政府常务会议。太原市李荣怀市长明确批示市工商联作为与工商业联合会工作相关的社会团体的业务主管单位，在到市工商联调研时，把编办负责同志叫来，协调解决编制问题，当场决定给市工商联增加4个转业干部的行政编制和1个工勤人员的事业编制。小店区政府领导在与考核组座谈时当场答应为区工商联解决办公用车。左权县政协专门成立了工商联工作委员会。各级统战部对工商联工作的支持力度也进一步加大，把加强工商联自身建设作为经济统战工作的基础性工作来抓，太原市尖草坪区、榆社县等市县的统战部长亲自帮助工商联解决了办公用房和车辆，改善了工商联的办公条件。在这次考核中，太原、晋中、阳泉三市的市委领导和市委统战部领导同志对考核组反馈的意见建议非常重视，太原市委副书记郭振中表示，市委统战部和工商联要好好总结一下工商联工作中存在的需要解决的问题，过完春节后向市委常委会议作专题汇报，并就考核组所提出的市工商联党组书记长期缺位和县区工商联组织建设薄弱等问题表示要尽快抓紧解决。晋中市委常委、市委统战部部长郭光明表态，要在2006年帮助市工商联解决办公用车，协调督促解决市县工商联编制少和工作条件差等问题。阳泉市政协副主席、市委统战部部长陈保京表示，要尽快向市委分管领导反馈考核组提出的意见和建议，扩大市县工商联执委规模，加强县区工商联党组建设，帮助解决市县工商联人员编制少的问题。

二、存在问题

从调研考核情况看，三个地级市工商联自身建设情况较好，工作各具特色。县级工商联工作条件较差，工作普遍缺乏活力，县级工商联自身建设的差距，与非公企业的发展和非公经济代表人士的需求不相适应。

1. 人员编制不到位。阳泉、晋中两市工商联机关人员编制分别有5人和6人，是全省地级市人数最少的。三市的县级工商联自身建设发展不平衡，人员编制只有1—2人的县区工商联还占1/3强，由于人员少工作不能全面开展，只能立足于现有力量，能干什么干点什么，工作处于应付状态，也都有工作处于半瘫痪状态的县。

2. 工作条件差直接影响服务水平和服务质量。晋中市11个县（市、区）有7个县没有电脑，寿阳、和顺两县工商联还与统战部合署办公，晋中市工商联还没有配备工作用车。企业家们说：“骑自行车的人为坐汽车的人服务，连电脑都没有的办公条件为拥有现代化网络办公的企业服务，怎么能有水平和质量？”办公条件的巨大反差和缺乏专业素质好、文化水平高的机关干部，使工商联为会员服务的水平和质量达不到企业的认可和要求。

3. 缺乏开展活动的经费。由于多数工商联没有收取会员会费，主要依靠地方财政支付的微薄办公经费维持日常工作，许多应该开展的活动因没有钱而无力开展，办公条件也得不到有效改善。

4. 一些县区驻会领导和机关工作人员缺少好的工作思路和有效的工作方法。近几年各市县工商联换届，新进入工商联领导班子的人比较多，由于对工商联工作规范性文件理解程度的差距，他们反映没抓手，不知道该怎么干，加之县区多数会长不是省工商联执委，不能参加省工商联的工作会议，对省工商联的工作思路和整体部署不了解，有些工作不能与省工商联同步。

5. 开展工作的空间在缩小。随着县域经济民营化，县级政府管理经济的部门和工商联的工作对象都是这些企业，尽管工商联热情为企业提供服务，但无论是从质量上还是手段上都不能和政府部门相比，工商联的吸引力就不可能很强，与企业家联系困难。

6. 部分县区不能按时换届。由于种种原因一部分县区工商联不能按时换届，致使一些县级组织缺少新鲜成份，工作缺乏活力。

7. 执委会规模偏小。阳泉市县区工商联执委会的规模都在20多人，兼职副会长2—3个，积极分子队伍偏小，不能很好地发挥代表人士队伍的作用。

8. 党组不健全。一些市县区工商联党组书记长期缺位，有的未建立党组，有些县区虽然有党组书记但党组作用发挥不够。

9. 对收取会费的认识不到位。这些地方的工商联大多数还没有收取会费，认为工商联为企业服务的水平跟不上，收会费怕企业反映大，所以收取会费的力度小，使市县工商联组织活动缺少经费，活动的质量跟不上，对企业家的吸引力和对社会的影响力相对就小。

三、意见和建议

针对当前市县工商联存在的问题，我们在调研期间与市县分管的党政领导和统战部、工商联领导同志座谈交换意见时希望，一方面请当地党委、政府领导和统战部进一步关心支持工商联工作，重视发挥工商联的桥梁助手作用，解决编制不按规定执行、人员少、党组作用发挥差的问题，帮助改善办公条件，使工商联自身建设水平能适应当前工作需要。

另一方面希望市县工商联要借助“非公36条”学习贯彻的东风，进一步加强自身建设，努力争取改善工作条件，积极探索桥梁助手作用的更好发挥，用良好的精神状态和好的工作思路开创工作新局面。一是要积极主动找党政领导和有关部门争取工作条件。二是以有为的工作成绩获得有位，面对来自各方面的挑战，要注重发挥工商联统战性、经济性、民间性“三性”和工商联组织的全国性网络优势，找准工商联工作的切入点，做好其他部门不具备优势的维权、牵线搭桥、协调关系、热情服务、带领企业家走出去等方面的工作，尤其是做好推动民营企业文化建设，树立新时期民营企业家新形象的思想政治工作。三是加强学习，不断提高知识水平，缩小与民营企业家在思想观念、专业能力等方面的差距，为联系沟通消除障碍。四是要为区域经济发展做好招商引资工作，要充分认识全国工商联是一家这种网络资源的优势，带领企业家走出去与先进发达的地区工商联和民营企业建立联系，把当地的优势资源、优良产品推向省外乃至国外市场。五是加强与省内兄弟县区工商联组织的联系，要组织会务干部和企业家到先进县（市、区）学习考察，建立友好商会，加强相互来往，开展商会和会员企业之间的经济合作和商贸活动。六是要加强组织建设。要重视发展基层组织网络，发挥乡镇、街道分会、行业商会和会员活动小组的作用，把会员活动真正开展起来。要下大力发展会员，壮大队伍，特别是要重视发展企业会员，尽快提高会员占非公企业总数的比例。七是做好宣传教育和思想政治工作。要广泛联系民营企业家，尤其是那些大企业的管理者和具有行业代表性的个体工商大户，注重培养壮大非公经济代表人士队伍，在他们中组织开展“关爱员工，实现双赢”活动，推动他们的企业文化建设，促进和谐企业建设工作。还要大力宣传他们的先进事迹，组织开展表彰活动，树立他们的良好形象，营造良好的社会舆论氛围。八是做好调查研究参政议政工作。要不断提高调查研究能力和参政议政水平，关注非公经济健康发展和非公经济人士健康成长中的重点问题，在深入细致调查研究的基础上，向党委政府提出有情况、有见解、可操作性强的意见和建议。

四、几点思考

思考一：当前工商联自身建设薄弱的主要症结在哪里？

根据这些年我们对全省工商联组织的调查和了解，我认为工商联自身建设薄弱的主要症结在于对工商联组织性质认识上的差距。党委部门认为工商联是做代表人士思想政治工作的群团，在领导班子配备和机关工作人员选调上侧重于统战性，待遇与党派一样就可以了。政府部门认为工商联是群团，归党委口管，不好直接过问工商联的事。认识都没有错，问题在于这种做法没有充分考虑工商联具有的政府管理非公有制企业助手的经济性和民间商会的属性。工商联的统战性不同于民主党派在于：一是属性不同。我们是党领导下的中国工商界组成的人民团体和民间间会，不是政党组织，是在经济领域从事统战工作的群众团体；二是工作对象不同。我们的工作对象主要是拥有经济实体的民营企业家和个体大户的业主，他们是当今社会先进生产力的代表，对促进经济发展影响举足轻重；三是工作的性质不同。我们肩负的是教育引导非公经济代表人士“爱国、敬业、诚信、守法、贡献”，培养壮大积极分子队伍，为党凝聚的是建设者经济的力量；四是工作量不同。我们面向的是全省6万多家民营企业的20多万“老板”和80多万个体业主这支近百万人的非公经济人士队伍，工商联组织从全国到省、市、县乃至乡镇、街道和专业市场，面大线长，工作任务重。这几方面的不同就决定着工商联开展工作需要比党派更多的人力和物力保障。党中央赋予工商联经济性是由我们的工作对象决定的，思想政治工作离不开联络服务，工商联的经济性和民间商会的属性，决定了政府管理经济的助手职能。既然党中央和国务院明确要求要充分发挥各级工商联在政府管理非公有制企业方面的助手作用，各级政府就应该重视使用这个助手，给予一定的服务职能，吸收参加有关非公经济发展的调研、规划及政策法规制订等项工作，列席政府研究经济工作的常务会议，把工商联当作政府工作部门给予人员、经费和办公条件的保障。如果党政领导和有关部门能够排除对工商联组织边缘化的认识，工商联的自身建设就能够上一个大台阶。

思考二：各级工商联应该树立什么样的工作思路？

党和国家对工商联的职能作用有明确的文件，1991年中央15号文件、2000年中央19号文件、2005年国务院3号文件以及经国务院备案的《中国工商业联合会章程》，这些文件是指导我们工作的总方针。但我认为，在总方针的框架下，全国、省、市、县各级工商联的工作重点是不一样的，要分层次、分阶段指导开展工作。市县是工商联开展工作的重点层面，尤其是发展会员、提供服务、协调关系、维护权益、组织活动，都是市县工商联的重点工作，如果这个层面的工作弱，工商联的桥梁助手作用就没有得到很好的发挥，工作目标和任务就没有很好的实现。因此，我们应该重视市县工商联组织建设，尤其要注重市县工商联的自身建设，现阶段，首先要重视把市县工商联领导班子和机关建设好，全面开展工作就有了基础。省工商联应该加强对市县工商联组织建设的督导工作，利用下去考核和调研的机会，与当地分管领导和统战部领导座谈交流，协调解决班子不健全、编制不按规定执行、机关工作人员少、办公条件差等基础工作条件的改善问题，让基层组织感到受鼓舞。工作目标考核，在调整完善过程中，宜采取先实行“达标考核”的办法，推进市县工商联自身建设和逐步达到全面开展工作的水平。实践证明，省、市工商联的指导帮助对改善县级工商联的条件和开展工作是很有效的。因此，省市工商联领导同志要走下去，深入县区指导帮助。

思考三：会长的选配决定着工商联工作的开展。

工商联开展工作难，这是共识。难开展工作的单位选配一把手更显重要，实践证明，工商联会长担任同级人大、政府、政协领导的，这个地方工商联的工作就相对好开展；从政府部门领导岗位上过来的，工作条件改善和服务工作开展就相对较好；从党群部门领导岗位上过来的，参政议政和宣传教育活动就活跃。因此，工商联的会长要选配能进入同级人大、政府、政协担任领导的对象，驻会领导班子成员要配备不同特长的，使结构更合理。如果是民营企业家兼任会长，驻会的党组书记兼常务副会长主持工作模式也很好，孝义、河津、运城盐湖区等先进市县工商联就是这种结构。

思考四：兼任会长的民营企业家应该发挥什么样的作用？

民营企业家担任县级工商联会长在我省已有不少，市级也有，全国也在重庆、浙江、贵州三个省级工商联进行了试点，我们预测工商联会长由企业家担任是今后发展趋势，现在的问题是，企业家担任会长的任职状况差距明显。我认为，企业家担任会长更具有代表性，更能体现工商联组织在国内外经济交往舞台上民间商会的身份，企业家要认识到任职的责任，珍惜这种机遇，要挤出一定时间和精力组织领导会务工作，要为机关改善工作条件出钱出力，要注重自己的形象，在民营企业家中带好头，树立工商联组织良好形象，增强凝聚力。孝义市新禹煤焦有限公司董事长杨树茂，是“全国关爱员工优秀民营企业家”、省十大“扶贫状元”，他已经连续两届兼任市工商联会长，他的企业规模在孝义市排10位以后，市委信任他，企业家们拥护他，就是他的模范作用好。他每月要到机关办两次公，大的活动都参加，近两年，他已经为市工商联机关建设出资10多万元，在他的带动下，该市工商联兼职的企业家副会长每人轮值1个月机关事务，有大的活动由轮值副会长出面组织。我们的企业家兼职会长、副会长如果都能做到孝义市这样，工商联组织的自身建设和工作开展就上了一个层次。

思考五：党组在工商联自身建设中应发挥什么样的作用？

党组在工商联工作中的核心领导地位中央早有明文规定，这没有什么需要讨论的。我认为，党组除了把握工商联工作方向、抓大事外，还应该把工作抓实。全国工商联在先进性教育整改工作中，已经明确党组负责机关建设，工商联机关建设薄弱问题的解决会有很大改观，省工商联也参照制定下发了党组工作规则。省、市工商联党组是否还应该再明确一项具体工作，这就是党组负责基层组织建设，这样就使指导基层组织建设的工作更有力、更扎实。

（原载于《当代山西商会》2006年第1期）

非公有制企业在新农村建设中的机遇

山西省工商联党组成员、副会长　郎宝山

建设社会主义新农村是党的十六届五中全会提出的重大历史任务，今年中央1号文件对推进社会主义新农村建设做出了全面部署，“十一五”规划明确了新农村建设的指导思想、方针政策和目标任务，《中共中央关于构建社会主义和谐社会若干重大问题的决定》把扎实推进社会主义新农村建设，促进城乡协调发展作为和谐社会建设的重要措施。山西省委、省政府认真贯彻中央精神，按照“生产发展、生活宽裕、乡风文明、村容整洁、管理民主”的新农村建设标准，对全省社会主义新农村建设提出了总体要求和阶段性目标。非公有制企业作为社会主义新农村建设的重要力量，在推进新农村建设的进程中，既要担负起社会责任，做出积极贡献，同时也要抓住发展机遇，显身手，展宏图。

一、新农村建设的目标任务为非公有制企业带来了新的投资发展机遇

我省属中部欠发达省份，经济社会发展、城乡建设和人民生活水平不仅与东部沿海地区差距较大，而且在中部地区也位居中下。2005年全省GDP4180亿元，财政总收入758亿元，城镇居民人均可支配收入8914元，农民人均纯收入2891元。全省3355万人口中有2200多万农民，农业自然条件差，土地贫瘠，十年九旱；农民贫困面大，基础设施和社会事业发展滞后，特别是晋西北、太行山革命老区的59个县，人均GDP只有5638元，人均财政收入1001元，农民人均纯收入1998.7元。全省还有54个县是国家和省扶贫开发重点县，尚有317万贫困人口，有1000多万人口饮水困难。新农村建设的任务异常艰巨。但是，山西又是国家确定的新型能源和工业基地，有丰富的金属和非金属矿产资源，其中煤炭储量最大，已探明储量占到全国的三分之一。这些矿产资源又多分布在欠发达的贫困山区，矿产资源的开发潜能巨大。山西的气候和土壤条件又适宜小杂粮、草食畜、干鲜果、中药材等农畜产品的种养，特色农畜产品开发潜力大。还有发育独特的自然地貌形成的名山大川，5000年华夏文明发源地遗留下来的历史文物和昔日晋商辉煌时期留下的地上建筑，以及我党革命战争年代创造的革命遗址，这些构成的根祖文化、佛教文化、晋商文化、红色遗址、自然风光旅游资源，可开发的市场也很大。在蕴藏着这些物质文化资源的同时，农业剩余劳动力也为发展劳动密集型产业创造了优越条件。

我省“十一五”规划围绕全面建设小康社会的总目标，抓住国家促进中部地区崛起的战略机遇，继续深入推进经济结构调整，努力建设国家新型能源和工业基地，通过扎实推进产业结构优化升级，努力转变经济增长方式，在加快用高新技术和先进适用技术改造提升煤炭、焦炭、冶金、电力等四大传统支柱产业的同时，大力培育煤化工业、装备制造业、材料工业和旅游业，使之成为新的四大支柱产业。通过推进社会主义新农村建设，促进城乡协调发展，力争到2010年全省农村全面小康实现程度达到50%，有20%的农村达到新农村标准。为实现新农村建设的目标任务。在政策层面上，省委、省政府先后出台了《关于进一步加快非公有制经济发展的决定》、《关于加快发展县域经济的若干意见》和《关于推进社会主义新农村建设的实施意见》、《关于实施中部地区崛起战略的意见》、《关于加快晋西北、太行山革命老区开发的决定》等一系列有关文件，

促进新农村建设。提出了要以开放的理念，加快我省的社会主义新农村建设，进一步优化投资发展环境，营造“亲商、和商、富商、安商”的良好氛围，欢迎鼓励外商（省外和境外）进入农业产业化、农村工业制造、资源精深加工、食品加工业、物流、商贸、旅游等领域，在这些领域开发一大批招商引资项目。全面开放投资领域，按照“谁投资、谁收益、谁承担风险”的原则，落实企业投资自主权。提出了在县域内设立多种所有制社区金融机构，允许私有资本、外资等参股，大力培育由自然人、企业法人或社团法人发起的小额贷款组织，鼓励社会资本进入农业产业化、农村社会事业和农村基础设施建设领域，采取“一企一村”、“一矿一村”结对子的办法进行以工补农。这些政策和规划对非公企业参与项目投资建设敞开了大门，为非公有制企业带来了又一次大发展的良好机遇。

二、新农村建设的方针政策为非公有制企业创造了更大的产业发展空间

从党和国家的战略部署到山西省委、省政府建设社会主义新农村的目标任务和实施措施中，我们看到，新农村建设为非公企业指明了重要投资方向，创造了更大发展空间。

首先，新农村建设为我省非公有制企业进一步发展壮大提供了广阔的舞台。山西非公企业经过改革开放20多年的成长，特别是近年来在全省经济结构调整中得到了长足的发展，2005年全省民营经济增加值达到2120亿元，占全省GDP的52%；民营企业户数（含个体工商户）64万户，从业人员533万人。其中私营企业户数7.13万户，从业人员82.29万人，注册资金1066.29亿元，户均149.56万元；2005年全省民营经济上交税金252.8亿元，占到全省财政收入的33%；完成出口交货值192亿元，占全省出口总额的68%；城镇以上非国有经济完成固定资产投资总量的54%。非公有制经济作为最具活力的经济增长极度，不仅对我省经济和社会发展起到了积极的促进作用，而且成为吸纳就业、促进县域经济发展和财政增收、农村富裕的主渠道。在非公经济总量发展壮大的同时，我省一批上规模非公企业快速成长起来，传统资源型产业已初步形成了煤电铝型材、煤焦铁钢线材、煤焦铁铸件、煤焦化产品等产业新格局。还涌现出一批较大型的现代商贸流通和农业产业化龙头企业。2005年全省销售收入亿元以上的民营企业达到359家，其中销售收入10亿元以上的18家，纳税千万元以上的228家，其中纳税超亿元的14家。他们在为国家和社会不断增加贡献的同时，自身也积累了资金，创出了市场，创造了品牌，积累了管理经验，炼就了一定的开拓国内外市场的功夫，涌现了一批资金、产品、管理占优势的品牌企业和一批优秀企业管理团队，如海鑫、安泰、华宇、通达等。与此同时，由于山西非公企业资源型占大多数，经过近年来产业政策和环保治理政策的调整，上去了一批大型的，也关闭淘汰了一大批“五小”企业，目前还有大量的不符合产业政策的小煤矿、小焦厂、小高炉要在近2年内关掉，这些企业更多的需要转移投资方向，而向新农村建设进军是当前他们的极好选择。面对新农村建设带来的广阔发展机遇，非公企业要借助政策利好的形势，应该走到前沿去，寻找适合自身企业拓宽发展空间的合作项目，获得新的市场、技术、品牌和资源，这既是企业自身发展的需要，也是响应当前我省经济实现大发展、新跨跃的战略要求和实现全面建设小康目标的实际行动。

其次，新农村建设为我省非公企业发展提供了更为广阔的市场前景。非公企业参与新农村建设不仅是社会责任，同时也是发展机遇，有条件的非公企业都要把参与新农村建设作为一个重要投资经营方向，到农村发展，去开拓农村市场。我省新农村建设和“两区”开发规划提出的农村矿产资源精深加工、扶持农业产业化龙头企业、开拓农村商品市场、开发旅游资源、开放农村基础设施建设和社会公共事业投资领域，发展农村中小工业企业，都为非公企业展现了投资空间，投资这些项目有天时地

利人和的独特优势，各类非公企业，应结合自己的产业特点和实力状况，找准切入点，与农村和农民结成利益共同体，努力在适宜的领域投资发展。

第三，新农村建设必将使我省非公有制企业在整个国民经济中地位和作用进一步提高。当前，新农村建设的当务之急是千方百计增加农民收入，帮助农村发展生产，扩大就业。非公企业在新农村建设过程中的发展壮大，必将不断为农村经济发展增添活力，给农民增收创造新的源泉，更直接、更贴近支持“三农”，对促进城乡协调发展，社会和谐意义重大。随着中央关于坚持“多予少取放活”方针政策的推行，国民收入分配格局将不断调整并向农村倾斜，基础设施建设和投资产业项目的重点逐步转向农村，社会各方面将更加关心、支持和参与新农村建设事业，非公企业投资农村产业开发，以工哺农，吸纳就业，增加农民收入，资助农村社会公益事业的光彩行动能够被更广泛的认知。

三、新农村建设的主要途径和领域使非公有制企业成为重要的参与力量

党中央吹响了建设社会主义新农村的号角，从中央到地方都制定了新农村建设的规划，各级各部门出台了政策措施，采取积极行动组织新农村建设。今年以来，中央统战部发出了《关于认真组织统一战线广大成员为建设社会主义新农村服务的意见》，全国工商联九届八次常委会审议通过了《关于组织、引导和支持民营企业参与社会主义新农村建设的意见》，对民营企业参与新农村建设的重大意义、基本要求、主要途径和领域以及工作机制、组织落实提出了指导性意见。山西省工商联也在九届三次执委会议上，组织担任执委的民营企业家向全省非公有制经济人士发出了《让我们积极投身社会主义新农村建设的伟大事业》的倡议书。要求非公企业参与新农村建设要以产业带动、合作开发、公益捐助和光彩事业等为主要途径，千方百计帮助农民增加收入、发展农村生产，改善农村基础设施，扶助农村社会事业发展。

我省非公经济代表人士积极响应这些号召，以自身实际行动作出了表率。河津市有60多位民营企业家在这次农村党组织和村民委会换届后担任了村党支书或村委主任，占到该市行政村的40%多，实施民营企业家当“村官”，以企促村工程，促进了这些农村的经济和社会事业发展；孝义市村企携手共建新农村走出成功之路，驿马乡与榆树坪煤业公司董事长马力军联手实施煤矿采空区整体搬迁移民工程，促进了该乡新农村建设整体推进；资源型民营企业通过做大做强，吸纳就业，大幅度增加了农民收入，带动了当地农村经济发展。海鑫钢铁集团建在国家级贫困县，吸纳周边农民工6100余人，人均年收入万元以上，使当地农民实现了“离土不离乡，致富在海鑫”，一个大企业富了十里八村。企业为闻喜县财政年贡献4亿元，占该县财政收入的三分之二；农业产业化龙头企业加快了农业结构调整步伐，永济市的粟海集团以“公司+农户、契约+服务”的经营模式，与运城、临汾及周边河南省的一些市县的的3000多农户形成共同体，成为我国中西部地区规模最大的肉鸡饲养、加工、出口一体化的外向型龙头骨干企业；热心光彩事业，为新农村建设捐款捐物，促进了贫困地区农村社会事业建设。山西安泰集团在介休市6个贫困村办企业，使上千户农民年均收入超万元，还在革命老区左权县和临县的29个贫困山村无偿援建万亩板栗、红枣干果林，该公司已累计为农村建设事业捐款3000多万元。山西潞宝集团实施了10年建100所“长安光彩学校”的扶贫工程，目前已累计为光彩事业捐款捐物5000余万元。山西新禹集团董事长杨树茂创办福利企业，扶残助残，安排121名农村残疾人在公司就业，每年人均收入1万余元，创办企业10多年已累计为扶贫助残济困捐资1520多万元，被评为“山西省扶贫状元”。截至2005年7月，山西省民营企业家在贫困地区实施光彩事业重点项目885个，投入资金112.9亿元，培训技术骨干

14.7万人次，安排农村剩余劳动力14万余人，使48万农村贫困人口脱贫致富。这些先进典型的模范行动，影响和带动了全省非公企业积极承担起建设社会主义新农村的社会责任。

非公有制企业作为社会主义新农村建设的重要力量，需要更多的政策支持和引导，各级各部门应在以下几方面做好组织引导工作：

一要贯彻发展是硬道理的方针，把非公有制经济发展列入新农村建设的整体规划布局。党中央、国务院《关于推进社会主义新农村建设的若干意见》中指出，新农村建设要全面贯彻落实科学发展观，统筹城乡经济社会发展，实行工业反哺农业、城市支持农村和"多予少取放活"的方针。必须坚持以发展农村经济为中心，进一步解放和发展农村生产力，坚持以人为本，切实让农民得到实惠，必须坚持发挥各方面积极性，使新农村建设成为全党全社会的共同行动。各级、各部门在制定规划、出台政策时，要把非公经济发展列入整体工作中部署，把非公企业作为新农村建设的重要参与力量，明确享受新农村建设的各项优惠政策，同等享有产业开发、资源配置、基础设施投资权益，鼓励、引导、支持非公企业参与新农村建设。

二要做好调查研究和引导服务工作。当前，组织推动非公企业参与新农村建设在党委政府的统一领导下，各级统战部和工商联要成为重要的组织推动部门。在全国工商联的影响带动下，各省对组织引导非公企业参与新农村建设都进行了宣传发动和典型情况调研活动，一些省还开展了具体的结对帮扶活动。山西省工商联组织引导非公企业参与社会主义新农村建设同样呈现可喜形势。我们一方面认真调查研究，深入组织发动，把组织广大会员和非公企业参与社会主义新农村建设作为工商联的重大政治任务来抓。今年已经组织了2次较大规模的调研活动，目前由省工商联会领导带队的4路调研人马正在全省11个市深入企业和帮扶结对村调研考察，总结一批典型经验，拟于年底前举行一次高规格、大规模的非公企业参与社会主义新农村建设"光彩工程"启动仪式，同时宣传表彰一批已经做出突出贡献的典型。另一方面搞好协调，为非公企业参与新农村建设提供优质服务。各级工商联积极当好党委政府发展非公经济的参谋助手，主动上情下传，下情上报，积极争取把非公企业的发展纳入新农村建设规划中。及时与有关部门沟通协调，帮助非公企业在项目审批、资金筹措、工程建设等方面取得支持。

三要做好宣传表彰和推动工作，营造鼓励支持非公有制企业参与新农村建设的良好舆论氛围。各级工商联要把组织非公经济人士参与新农村建设和培养优秀社会主义事业建设者有机结合起来，引导非公经济代表人士进一步弘扬“致富思源、富而思进、扶危济困、共同富裕、义利兼顾、德行并重、发展企业、回馈社会”的光彩事业精神和“爱国、敬业、诚信、守法、贡献”的优秀建设者精神。有关部门要联手建立非公企业参与新农村建设的表彰体系，每年评选出一批先进单位和先进个人进行隆重表彰奖励。主流媒体对非公企业参与新农村建设要电视有影、电台有声、报纸有文，多渠道、多角度、全方位地广泛宣传非公企业参与社会主义新农村建设的好经验、好做法和先进事迹，以点带面，典型引路，营造非公经济人士踊跃参加社会主义新农村建设，争当优秀社会主义事业建设者的良好舆论氛围，努力扩大非公企业参与新农村建设的社会影响，引导非公企业为新农村建设做出更大的积极贡献。

（此文为“中部六省非公有制经济与中部崛起理论研讨会”发言并收录优秀论文集，载于《山西社会主义学院学报》2007年第1期、《当代山西商会》2006年第10期）

加强工商联机关自身建设
努力提高履行职责和发挥作用的能力

山西省工商联党组成员、秘书长　牛定元

工商联机关是工商联全会的中心枢纽、日常领导机构和工作机构，直接组织联系会员贯彻落实党的非公有制经济政策和统战政策，开展积极商务、会务活动，维护会员的合法权益，为会员提供热情的帮助和服务。因此，加强工商联自身建设，首要加强工商联机关自身建设。

新世纪新阶段，赋予了工商联许多新的光荣而艰巨的历史任务，我们要鼓励、支持和引导非公有制经济人士健康成长和非公有制经济健康发展，发挥工商联在非公有制经济人士参与政治和社会事务活动中的主渠道作用，党和政府在联系非公有制经济人士方面的桥梁助手作用，政府在管理非公有制经济方面的助手作用。同时我们还要充分认识到非公有制经济人士作为新的社会阶层的一部分，是中国特色社会主义的建设者，通过对他们实行团结、帮助、引导、教育的方针，充分调动他们的积极性，引导他们爱国、敬业、诚信、守法、贡献，做好他们的思想政治工作，热情鼓励支持他们自觉承担社会历史责任，回报社会，对于扩大我们党的阶级基础，巩固党的群众基础有着十分重要的意义。所以加强工商联机关自身建设，努力提高工商联履行职责和发挥作用的能力，成为我们当务之急要做好的一项重要工作。

首先，要从抓学习入手。组织机关干部认真学习党的政治理论知识、统战理论政策，了解掌握党的国家有关非公有制经济的一系列方针政策，学习了解当地党委政府宏观经济发展思路和非公有制经济发展的现状，进一步明确工商联在新世纪新阶段的性质地位和作用，找准位置，明确方向，充分发挥自己的作用。

第二，要加强领导班子建设。工商联党组要充分发挥领导核心作用，要加强党内党外领导之间的合作共事，加强驻会专职领导和不驻会兼职领导之间的团结协调，坚持求同存异、体谅包容。领导班子坚强有力，形成一盘棋，统一思想、议大事、抓大事。

第三，要加强机关制度建设。建立健全各项规章制度，使机关日常工作运转制度化、规范化。克服临时动议，或各行其是的做法。不要认为机关人多事少，制度可有可无。必须做好事事有章可循，人人遵章办事，机关整体工作才能协调有序，整齐划一。

第四，各项工作要有计划，要有目标，要有落实的方案措施。特别是对每年要计划完成的重点工作，年初要认真地研究谋划，拿出实施方案，列入全年工作计划，克服干到哪算哪，车到山前必有路的思想。要做到心中有数，思想统一，步调一致。

第五，搞好督促检查，狠抓落实。机关各项工作不仅要有安排，有要求，还要有检查，有落实，讲实效。工作中要克服有头无尾或虎头蛇尾的现象，坚持实事求是，不图形式搞花架子，重在抓检查，抓落实，讲实话，办实事，求实效。

第六，要加强业务知识培训。特别是新任县以上工商联会长、党组书记、副会长、秘书长以及行业商会、异地商会的领导，在注重自学的基础上，要积极参加有关工商联政策理论和专业知识培训，改变知识结构，提高自身素质，尽快由外行变为内行，适应新的工作岗位需要。

第七，加强沟通联络，及时传递反馈信息。工商联工作要经常保持与会员的沟通联系，还要保持本系统及社会有关方面的协调联络，特别是对党委政府主要领导和分管领导的情况反映要及时准确。各级工商联机关都要确定专人做好信息工作，企业会员和行业商会也要确定专人负责信息工作，及时向领导层和上级有关部门反映民营企业的动态，非公有制代表人士的诉求和愿望，有关民营经济发展的政策性的建议和意见，以及工商联开展的大型会务、商务活动信息等。一方面有利于争取领导和有关部门对民营经济发展和工商联工作的重视支持，另一方面有利于加强工商联系统的沟通交流，互相学习，推动和促进各项工作的开展。

第八，要加强机关干部队伍建设，逐步改善办公条件。当前我省各级工商联普遍存在人员偏少，办公条件差、办公活动经费困难等问题，我们要抓住机遇，主动争取尽快扭转被动局面，中共中央中发[2006]9号文件《<中华人民共和国公务员法>实施方案》确定工商联为公务员序列的单位，在诸多人民团体当中，唯把工商联列为公务员单位，这充分体现了工商联统战性、经济性、民间性独特的重要地位，说明了党对工商联工作更加重视和关怀。借此契机，工商联机关要主动协调配合有关部门确定人员编制、工作岗位、工作职责之工作，做好机关人员的公务员登记，主动争取有关部门和领导对工商联人员配备的重视和支持。要调动机关每位同志的工作积极热情，克服自卑消极情绪，关心他们的成长进步，培养勤奋务实、团结创新的团队精神。要积极主动地向领导和财政部门申请必要的经费支持，加强会费的收缴管理，以保证日常办公经费和开展商务会务活动的经费。要逐步改善办公用房，办公设施条件，实行自动化、网络化办公，有条件的市县要配备工作用车。要搞好办公场所的环境卫生，努力把工商联机关办成热情温暖的会员之家，民营企业之家，争创精神文明建设先进单位之家，非公有制经济人士之家。

（原载于《当代山西商会》2007年第1期）

围绕中心 加强服务 全力推动我省经济发展

——访山西省工商联党组成员、副会长郭锐

2004年12月13日，山西省工商联系统经济服务经验交流会在阳泉召开，省工商联副会长郭锐在会上对全省经济服务工作做了总结发言，会后，本刊记者对郭副会长进行了专访。

记者：目前，我省民营经济增加值占到全省GDP的50%以上，真正成为我省国民经济的重要组成部分。省工商联在经济服务方面做了大量的工作，能否把这方面的情况介绍一下？

郭锐：我们本着“核心是创新，关键是改革，本质是服务”的工作思路，从调研入手，从宏观和微观两个层面加大服务工作力度。经济服务工作是工商联的立会之本，是工商联的主要工作手段，是工商联作为党和政府联系非公有制经济的桥梁和纽带主要的载体，是工商联协助政府管理非公有制经济的重要体现。工商联经济服务的重要对象是民营企业，服务的主题就是办实事，为民营企业发展创造条件。首先，我们省、市、县三级工商联就民营企业的发展，展开了一系列的调研。

我们连续6年开展了上规模民营企业调研，1997年在全省民营企业开展了需用人才大调查，受到众多民营企业家的欢迎；2000年又在全省范围内开展了大规模的民营企业问卷调查；还根据民营企业要求，编印了《山西民营企业名录》，向全国29个省、市、自治区征集关于民营企业发展的法律政策、经验，并组织民营企业家赴浙江和发达地区学习取经，还以会讯形式随时发布调产信息，供民营企业经营者决策参考。通过调研活动，工商联经济服务的重点更加明确。

记者：民营企业发展需要大量的资金投入，但普遍存在着民营企业融资难的现象，对此，工商联是如何给予其帮助的？

郭锐：对这个问题，省及有关市县相继成立了担保协会和融资机构，省、市工商联还组织民营企业参加银企洽谈会，参加省及国家举办的投资论坛等活动，太原、临汾、阳泉、运城等市成立的中小企业融资担保机构，已为民营企业担保中短期贷款累计逾20亿元；太原及代理商会均组织发起了互助联合机构，为企业融资达3亿元。这样，既为急需资金的企业开通了融资渠道，也为银行业开设了通向市场的渠道，真正使企业与银行在发展中实现了双赢。

记者：企业运行正常了，又面临另一个难题，这就是开拓市场，市场是企业的舞台，企业是市场的主角，在这方面，工商联为企业搞了哪些服务?

郭锐：为企业制造商机，也是工商联经济服务的重要内容。这几年，省、市联合组织民营企业参加了省政府举办的两会一节，参加了全国性的首届中国民营企业交易会，在甘肃、新疆举办的西洽会、乌洽会，在国内外相继举办的历届世界华商大会，东北老工业基地项目招商会，山西省首届民营企业交易会，各市还与周边省市举办了各种贸易展销和洽谈，省工商联还与太原市共同举办了映山红和太原建城2500年经贸洽谈活动，与省国防工办、中国兵工学会联合举办了军工民企合作交流项目洽谈活动。中西部科研院校与山西民企项目对接，合作意向及合作资金达30亿元人民币。

记者：人才、知识是最大的财富，特别是民营企业起步晚、起点高，对人才和需求尤为迫切，在这方面工商联又是怎么给予他们帮助的？

郭锐： 提高管理者和员工的素质是企业健康发展的重要环节。经济服务的重要内容之一，就是人才培养与素质提升。首先，我们通过举办各种论坛给企业家们充电。近年来省、市、县工商联举办讲座论坛达270余次，内容涉及管理艺术、财智论坛、财经论坛、管理与创新、民营企业发展等，尤其是WTO讲座、中法经济论坛受到了民营企业的欢迎。

再者就是举办各种培训，几年中，省工商联与市县工商联联合和分别举办了《会计法》、《劳动法》、《质量法》、《合同法》、《统计法》的培训，为配合质量法的宣传贯彻，省工商联开展了2242工程，并为参加培训的人员颁发合格证书。

在11个地级市分别举办了几个知识培训班，培训近万人。还配合政府部门开展了下岗职工再就业培训，促进了民营企业的健康发展和民营企业家的健康成长。

在协助政府做好就业和再就业工作方面，我们积极组织不同形式和层次的招聘活动。1999年6月28日的招聘活动，一天之中就为民营企业招聘到有一技之长的急需人才10000余名；不少下岗再就业人员成为新老企业的中层领导和技术骨干；2003年开展的“送走一个、脱贫一户、影响一片”光彩扶贫农村剩余劳动力的培训转移工作，为我省农村剩余劳动力转移工程开拓了新的模式，发挥了积极的作用，受到了省领导的肯定和有关部门的支持并受到中央电视台采访。我们适时地将经过培训的农民工介绍给民营企业，减轻了用工企业的培训负担，起到了一举两得的效果。

记者： 进入新的一年，2005年的经济服务工作有什么新的思路呢？

郭锐： 2005年我会将围绕全联提出的总体工作思路“围绕主题、大胆创新、突出特色、发挥优势”做文章，在适当时候拟召开资本运作论坛，组织代表团参加第八届世界华商大会，组织我省制造企业赴云南东盟会考察，联合有关部门帮助民营企业改造国企，筹办第二届山西民营企业家交易会等等。

（原载于《当代山西商会》2005年第1期 记者：蒙双忠）

大力加强工商联组织建设

——访省工商联党组成员、副会长王建华

2005年10月25日至26日，山西省工商联在灵石县召开组织工作座谈会，会议由王建华副会长主持。边鸣涛会长就加强全省工商联组织建设的重要意义、内涵及途径做了重要讲话。岳纪安书记就着重加强全省各级工商联班子建设，从整体上推进工商联工作做了重要讲话并做会议总结讲话。王建华副会长从分管会员组织工作的角度，分析了全省工商联组织工作现状、存在问题，提出了今后建议和思路。本刊记者就此话题对王建华副会长进行了专访。

记者：王副会长，这几年，我省各级工商联大力加强自身建设，取得了不俗的成绩，请把这方面的现状介绍一下。

王：目前全省11个市、119个县（市、区）全部建立了工商联组织，绝大部分工商联按照中央文件精神和省委关于工商联换届工作意见，配齐了领导班子，一大批年富力强，熟悉经济统战工作，具有开拓创新和奉献精神的干部走上工商联领导岗位，为工商联工作的顺利开展提供了组织保证。同时，全省各级工商联组织在加强机关干部队伍建设，促进工商联工作规范化、程序化、制度化方面取得了明显成效，全省各级工商联干部的思想作风、工作作风有了新提高。一些市县工商联注重了机关干部队伍建设，建立健全了机关各项规章制度，落实了办公场所，增加了工作经费，为工商联组织工作的开展提供了强有力的保障。

记者：听说现在会员发展数量很是可观，行业商会的阵容也是日益昌盛。

王：是的。2004年，全省新发展会员8542个，会员总数达61790个。确实发展很快，这得益于各级工商联把发展会员工作当作一件大事来抓，制定计划，加大力度。2005年我们提出，随着改革开放的力度进一步加大，我省非公有制经济发展速度之快，坚持先发展、后规范的原则，大力发展企业会员，不仅会员队伍迅速扩大，会员结构也明显改善，同时也培养了一大批非公有制经济代表人士，扩大了工商联组织的联系面。

如今行业商会的建设不断加快，领域不断拓宽，其作用也越发突出。目前，由各级工商联牵头组建的同业公会行业商会共288个，涉及的行业涵盖了我省非公有制经济比较集中的行业，其中也不乏在当地有举足轻重作用的支柱产业和重点产业，也有相当一部分是当地传统产业或极具地方特色的产业。在此过程中，涌现出了孝义市工商联、侯马市工商联、尧都区工商联等一大批先进典型，有力带动了全省工作的开展。同时，一些市县工商联组建的行业商会也确实发挥了作用，在社会上产生了良好效果。与此同时，全省各级工商联组织下大力气抓乡镇（街道）分会的建立、规范管理和正常运作，拓宽工商联工作的广度和深度，新建了一批乡镇（街道）分会，一些因撤并乡镇受到影响的乡镇（街道）分会得到了恢复和重建，工商联组织网络进一步健全。

目前，全省累计建立了乡镇（街道）分会563个，占到全省乡镇（街道）总数的40.6%。

记者：代表并维护会员的合法权益是工商联的一项基本职能与任务。这方面工商联有些什么动作?

王：近年来，我省各级工商联高度重视维护会员合法权益工作，探索建立维权工作机制，做出了有益尝试。省市两级工商联普遍建立了维权工作机构，并积极发挥参政议政作用，为民营企业鼓与呼，努力营造促进民营经济发展的良好法制环境。在全省各级工商联的

积极建言和呼吁下，省和各市近几年都根据实际情况出台了加快非公有制经济发展的决定或意见，清理和废除了一批不符合“十六大”精神，涉及所有制歧视的政策法规。省政府下发了《关于严禁向私营企业、个体经济户乱收费、乱罚款和各种摊派的意见》，有力地促进了民营经济的发展。同时，一些县区工商联还成立了民营企业诉讼中心和法律维权服务中心，利用电话咨询和上门服务等形式，受理了一些维权事件，有效保障了民营企业的合法权益。通过这些工作进一步增强了工商联的凝聚力和吸引力，使更多的非公企业加入到工商联组织中来。

记者： 同先进省市相比，我省工商联组织工作还有很多差距，那么都存在哪些问题呢?

王： 主要有这么几个问题，第一，对组织建设的重要性理解不够，抓自身建设不得力。突出表现为：目前全省仍有一些县区工商联没有完成换届工作，一定程度上影响了工作的开展；一些工商联班子不健全，不重视机关干部队伍的建设，工作疲于应付；一些市县工商联至今都没有组建一家行业商会等。

第二，会员发展速度明显滞后于非公经济的发展速度，且会员结构不合理，个人会员比例较高。截至2004年底全省私营企业5.58万户，个体工商户42万个，而我省各级工商联到2004年底共发展企业会员14932个，个人会员42983个，两者分别占全省私营企业、个体工商户数的26.8%、10.2%。从中可以看出会员发展有着很大的空间。另外，从全省来看，各地会员发展也不平衡。非公经济发达的地方，会员发展速度快而且人数多，会员结构比较合理；反之，情况相反。

第三，行业组织建设面临许多困难和问题。主要有：一是对行业组织的作用和重要性认识不够。一些工商联干部对组建行业组织的重大意义缺乏足够认识，相当一部分企业也不懂得利用行业组织争取和保护自身的合法权益发展企业，影响了行业组织工作的全面开展。二是受一业一会、一地一会影响，工商联行业组织注册登记难度大。三是行业组织的深层次问题还有待研究和解决。如职能权利和作用的发挥问题、与政府的关系等问题。

第四，乡镇分会重形式，普遍发挥作用不理想。2001年我省进行了县乡机构改革，撤并乡镇工作，原有的乡镇、街道分会（商会）很多已经名存实亡，已经存在的也有许多方面的不足。主要有：关系松散，活动方式单一，工作内容贫乏，发挥作用不大，发展不平衡等问题。有的乡镇（街道）分会虽然牌子挂起来了，但无人管事，无钱办事，无章理事。

第五，工商联维权工作步履维艰。从总体上看，我省的维权工作还处在起步阶段，在开展工作过程中也存在一些困难和问题，主要有在沟通协商当中，有些职能部门不配合和不支持工作，对投诉问题不予答复甚至不予理睬；一些基层政府部门重处罚轻服务，侵害民营企业合法权益的事情时有发生，工商联维权应接不暇；经费短缺也是造成工商联维权工作困难重重的一个重要原因，一些工商联由于人手少，会务活动多，人力投入常常会顾此失彼，从而影响了维权工作的开展。

记者： 那么，要改变或是说改善这种现状，我们有些什么措施?

王： 首先，要狠抓县级工商联自身建设，工商联发展行业商会，壮大会员队伍，主要依靠县级工商联来完成。县（区）工商联工作的好坏直接决定会员发展和组织建设的成效。因此，省、市工商联都要关心县（区）工商联的建设，加强对县（区）工商联工作的指导，积极帮助他们配强班子，改善办公条件，为其工作开展创造条件，县（区）工商联也要按照学习型组织的要求，从强化制度建设，提高为会员服务的本领着手，努力打造服务型商会、开放型商会，以适应工作的需要。

其次，还要加大会员发展力度，努力壮大会员队伍，然后通过积极引导、加强管理、认真帮扶，促进会员素质的提高。同时还要做好对非公经济人士政治安排的推荐和对非公经济人士的表彰工作，发挥典型带动作用，吸引更多企业加入到工商联组织中来。通过举办形式多样的活动和开展引资、引智、融资等针对性服务和切实代表维护会员企业的合法权益，从此增强工商联的吸引力、凝聚力。积极引导开展企业经营者和员工培训。根据非公有制企业的不同需求，创新培训方式，开展多种形式的培训，依托大专院校、各类培训机构和企业，重点开展法律法规、产业政策、经营管理、职业技能和技术应用等方面培训，引导企业定期对职工进行专业技能培训和安全知识培训。工商联干部要树立勤奋敬业、开拓力争的精神，提高为非公有制经济服务的本领，改善对非公有制企业的服务工作，走出去与企业家广交朋友，反映他们的意见、建议和要求，尽力帮助他们排忧解难。

再次，要充分认识行业组织的重大意义，切实加强行业组织建设，充分发挥行业组织的作用。

1. 要努力探索，采取多种方式积极组建同业公会。我省各级工商联要努力克服困难，以积极的态度组建同业公会，能争取当地政府支持，取得主管资格的，要加大力度快发展；不能取得主管资格的，要争取统战部的支持，可由统战部作为主管，具体工作由工商联联系。也可以先作为工商联的二级商会把工作开展起来。同时，在组建同业公会过程中，要按照坚持企业家办会的宗旨，体现民间色彩，在会长人选上要选用政治上可靠、经济上有实力、勇于奉献的人。办好商会，秘书长是关键人选，秘书长要专职，最好采用招聘方式选人。商会成立起来要切实发挥作用，不能有其名，无其实。商会要在服务上做文章，增强吸引力，办出特色。商会也要按照积极探索以会养会的路子，增强商会的实力。

2. 要细划行业，组建专业化行业组织。组建行业商会，要克服求大求全的倾向，因为行业范围大，企业差异较大，企业利益和需求差异就越大，行业组织的服务就越复杂，越难做，服务效率和质量很难保证。按细划行业来组建行业组织，会员的特点比较接近，在需求、利益等方面的共性很强。这样行业组织就能更专业、更深入地为会员提供高效率、高质量的服务，更能直接而充分地代表会员的利益，这对行业组织的规范化、专业化和市场化很有帮助。同时，按细划行业来组建行业组织，在一定程度上还可避免与官办行业协会直接冲突。各地在组建同业公会（行业商会）的过程中，也要充分考虑各自的经济特色和行业重点，先进行重点突破，然后带动全地区行业组织的发展工作。

3. 工商联要重视对行业组织工作的指导。一是要指导加强行业组织的自身建设，特别是领导班子建设。各级工商联要切实抓好行业组织的自身建设，配强同业公会的领导班子，特别要选好会长和秘书长，要帮助行业组织健全各项工作制度，完善工作机制，为其发挥作用提供保证。二是要加强指导充分发挥行业组织的作用。工商联要履行业务指导的职能，加强对行业组织的指导和帮助，切实规范程序，建立制度，避免直接插手干预具体工作，推动行业组织按照“服务、自律、代表、协调”的要求，主动做好管理和服务工作，代表和维护行业合法权益。三是要主动帮助行业组织解决实际问题。充分利用工商联参政议政的平台，集中反映行业的共性问题，促进行业组织的发展，使行业组织成为企业、政府、市场都满意的组织。

4. 依托行业组织，做好代表人士工作，扩大工商联的会员队伍。行业组织是工商联发挥作用的重要平台，是培养非公有制代表人士有效的阵地。商会的会长、副会长大多是具有经济实力，社会形象好，热心工商联工作的企业家。工商联要按照“团结、帮助、教育、引导”方针，加强对他们的培养教育和政治安排的推荐工作，通过他们带动和影响更多的非公有制企业家进入工商联会员队伍，扩大和巩固工商联的工作基础。

另外，我省各级工商联都要结合新的形势，进一步提高对乡镇、街道分会地位和作用的认识，把组建、调整、规范乡镇、街道分会工作摆上重要议事日程抓出成效，同时要在党政领导、非公经济人士以及社会各界广泛宣传乡镇（街道）分会的作用，争取支持和理解，为乡镇分会建设营造良好的氛围。组建乡镇（街道）分会要因地制宜，循序渐进。在乡镇（街道）分会的组建中要从各地的实际情况出发，不要搞一刀切，也不要凑数字，要把良好的愿望和基层具体情况结合起来，循序渐进，成熟一个建一个。在具体工作中对民营企业比较集中、数量较多，具有一批骨干队伍的乡镇（街道），要抓住时机，积极组建。对于非公经济欠发达、工商联会员少的地方，可暂不组建，成立工商小组开展活动。对于非公经济队伍还不成熟，他们中头面人物没有形成的地方，可由乡镇党政有关领导牵头组建，直接依托乡镇党委政府机关开展工作。同时，各级工商联要高度重视乡镇分会的建设，积极发挥其作用。各级工商联要从选好会长、健全班子、加强培训、形成制度着手，为乡镇分会开展工作打好基础。要积极发挥乡镇、街道分会在参政议政、参与光彩事业等方面的积极作用，使其真正发挥桥梁和助手作用。

最后，要着重通过反映会员的意见，提出建议，促进非公有制经济发展的法制环境进一步优化，从整体上代表和维护会员的合法权益。工商联要通过团体提案反映所代表的非公经济人士对当前形势下进一步改善面临的法制环境意见和建议，促进政府部门加快清理整顿、歧视非公企业的政策、法律和法规，为创造宽松的法制环境发挥作用。二是工商联维权要注重发挥行业商会（协会）的作用。对于影响非公经济发展的市场准入问题、金融支持问题、权益保护问题、信用体系建设问题等，都可以通过加强行业商会建设，以“内行管理行内”、“内行服务行内”的方针有效解决。为此，为进一步营造非公企业发展的良好法制环境，工商联要加强指导，充分发挥行业商会自律性作用，在保障非公有制企业合法权益的同时，引导本行业依法经营，创造平等、公平的法制环境。三是工商联维权要敢“作为”。在一些非公有制企业迷失方向时，工商联要为其指路；在非公有制企业碰到一些法律疑难问题时，工商联要搭建服务平台，为其开展法律咨询服务，特别是非公有制企业遇到执法不公和权益受到侵害时，工商联要主动站出来为企业撑腰，出面与有关部门协调，推动问题合理解决，维护企业的合法权益，使广大非公有制经济人士真正感到工商联是他们的娘家。四是工商联维权工作要做好普法教育。要在开展非公经济领域工作中，向广大非公经济人士、非公企业宣传党和政府方针、政策和法律、法规，一方面使非公有制企业家学法、知法、懂法，增强法律意识，提高法律观念，知道如何用法来维护自身的合法权益不受侵害；另一方面使非公企业不但学法、知法、懂法，更重要的是做到守法，要依法开展各项生产经营活动，善待员工，尊重员工的各项合法权益，为构建良好的法制社会、和谐社会，促进国民经济的增长作贡献。总之，要通过各级工商联的维权工作，进一步增强工商联组织的吸引力和凝聚力，从而吸引更多的非公有制企业加入到各级工商联组织中来。

（原载于《当代山西商会》2005年第11、12期　记者：蒙双忠）

推进民企文化建设健康发展

——访省工商联党组成员、副会长兼民营企业文化建设委员会主任郎宝山

2005年4月25日，省工商联在太原来福集团隆重召开大会，宣告山西省工商联民营企业文化建设委员会正式成立。这是省工商联工作中的又一件大事，标志着省工商联机关工作的创新和发展，标志着省工商联工作方式与时俱进的转变，也必将进一步推进全省民营企业文化建设工作健康有序地开展。就省工商联民营企业文化建设委员会(以下简称委员会)成立的背景、意义、组织架构以及将要开展的工作等问题，记者采访了省工商联党组成员、副会长兼民营企业文化建设委员会主任郎宝山（以下简称郎）。

记者：在保持共产党员先进性教育分析评议阶段，省工商联的工作很忙，请问为何选择在这个时候成立民营企业文化建设委员会?

郎：近年来随着全省经济结构调整战略的顺利推进，我省民营经济取得了长足的发展，不仅仅是量的积累，而且产生了质的飞跃，在民营经济总量不断扩张的同时，质量和效益不断提高，成为全省国民经济的重要组成部分和财政收入的重要来源。2004年我省民营经济创造的增加值占到全省GDP的50.2%，上缴税金占到全省税收的38.4%。在全省民营经济快速发展中，注重企业文化建设，确立企业精神，树立企业良好形象，成为广大民营企业家提高企业综合素质的首选之路。民营企业在经过20世纪80年代“我做得出，你做不出”的产品竞争阶段和20世纪90年代“我做得到，你做不到”的服务竞争阶段后，已发展到“我做得好，你做不好”的文化竞争阶段。在这个过程中，相当一部分民营企业家对企业文化建设的意识逐渐增强，已经认识到企业文化建设对企业发展的至关重要性，企业文化的内容日益丰富，层次不断提升，创建出特色鲜明、异彩纷呈的企业文化景象。如太原的来福集团，长治的潞宝集团、沁新煤焦公司等。但我们也看到，在文化建设中民营企业认识和实践上还存在误区，形式和内容上出现脱节，企业文化建设停留在文体化、口号化、公式化的层面上，共性有余，个性不足，甚至不切实际，抽象空洞。没有很好地理性思考企业文化建设的重要战略位置。特别是许多中小民营企业，由于规模小，需要解决的问题较多，忽略企业文化建设成通病。省工商联成立民营企业文化建设委员会，就是要搭建一个研究、交流民营企业文化建设的平台，通过组织开展各种活动，把科学发展观的要求和工商联做非公经济代表人士思想政治工作的职能任务贯穿其中，用先进的思想统领民营企业文化建设，把党对非公经济人士的要求，转化成企业和企业家的自觉行动，使之在发展过程中坚持以人为本，贯彻落实科学发展观，走全面、协调、可持续发展之路。选在这个时间成立一方面是年初的工作安排，另一方面也是贯彻先进性教育活动促进工作，边整边改的要求。

记者：它是一个什么性质的组织机构?

郎：委员会是直属省工商联机关的一个研究民营企业文化建设，组织开展民营企业文化交流，培训民营企业文化建设管理人员，组织民营企业文化建设成果评审和成功经验推广的研究、咨询、参谋机构，不是省工商联机关的工作机构。委员会是宣传调研工作范围的延伸，通过委员会聚集各方面人才和力量，共同推动我省民营企业文化建设工作广泛深入开展。

记者：它有哪些特点?

郎： 委员会具有专业性和灵活性的特点，同时也会更有吸引力和凝聚力。它能够吸引更多的民营企业加入其中，能够凝聚更多的优秀民营企业家共商企业文化建设之策，从而将推动工商联工作向更广、更宽的领域，在更大的范围组织开展活动，进一步扩大工商联的社会影响和凝聚力。因此，我认为这个委员会成立的意义很大，生命力会很强。

记者： 请您谈谈委员会的组织架构、委员组成情况以及今后如何运作。

郎： 委员会在省工商联党组和会长会议的领导下工作，委员会办公室负责落实工作计划，办理日常工作，组织有关会议和活动。为方便工作，我们参照全国工商联的做法，将委员会办公室分设在机关和企业，机关办公室设在省工商联宣传调研处，主要负责办理日常工作和联络协调；企业办公室设在太原来福集团，主要负责研究策划全省民营企业文化建设推动工作，组织培训、考察、交流、调研等活动和办理会议。

委员会成员的构成基本是由省和市县工商联会领导，有关部门的负责人，担任各级人大代表、政协委员和工商联执委以上职务的非公经济代表人士和有关专家组成，规模在50人左右。主任、副主任原则上选拔对这方面工作有研究，也有精力，热心这项工作的省工商联副会长或担任执、常委的企业家担任。委员实行定期聘任制，每年年会时聘任，可以连任，也可以根据情况调整。委员会企业办公室一般应设在主任或常务副主任企业。本届委员会委员组成就是经过各市工商联推荐、经过省工商联党政联席会议讨论通过后确定的。

记者： 委员会委员的职责是什么？

郎： 委员会主任、副主任主要职责是主持研究策划全省民营企业文化建设的推动工作，研究制定年度工作计划，承担重大活动的组织任务并给予经费上的支持。委员们的主要职责是对民营企业文化建设情况进行调查研究，推动所在地区、所在单位的民营企业文化建设，积极参加委员会组织的活动，努力完成委员会安排的任务，创造先进典型经验，为本地区乃至全省民营企业做出表率，发挥带头作用。省工商联很重视这项工作，我们推动民营企业文化建设工作受到了全国工商联的表彰，但我们成立专门委员会有组织的推动还落在先进省市后边，全国有不少省市已经成立了相关的组织，因此省工商联今年把这项工作列为重点工作之一，这也是我们成立的第一个专门委员会。在委员会成立大会上，省政协副主席、省工商联会长边鸣涛不仅为与会企业家和工商联会务干部作了专题讲座，而且希望委员会的全体委员们要努力工作，履行职责，广泛宣传，积极开展推动精神文明创建活动，充分发挥企业党、团、工会组织在企业发展中的政治核心作用和凝聚融合作用，不仅要把各自企业做强做大做好，而且要带动全省民营企业家共同做好企业文化建设工作，为建设生动活泼、健康向上的企业内部和谐社会，培育企业先进文化而共同努力。同时也希望各级工商联组织要做好民营企业文化建设的组织推动工作，要搞好宣传引导、典型示范、经验推广，形成一种民营企业文化建设活动的社会氛围，要指导优秀民营企业总结典型经验，挖掘企业健康发展中起主导作用的特色文化，企业家个人品质的影响以及深层次的文化内涵，推进民营企业文化建设的开展。

借此机会，通过会刊我也提几点希望，希望全体委员担负起委员的责任，积极参加委员会的工作，努力完成委员会安排的任务；希望各地的会务干部和企业家委员们携起手来，共同把本地区民营企业文化建设搞好，结合本地区情况创造性开展工作；希望担任委员的企业家们首先要把自己企业的文化建设搞好，所在地工商联要支持和帮助他们，并推广宣传他们的先进经验，树立典型，以点带面推动工作。

记者： 委员会成立之初，工作一定千头万绪，请您简单谈一下委员会今后拟开展的活动，以及今年准备完成的工作。

郎： 组织开展活动是委员会推动工作的重

要手段。今后我们将开展民营企业文化示范创建活动、培训考察活动、成果评审推广活动、调查研究活动等一系列形式多样的活动，借助这些活动推动民营企业文化建设工作。

今年委员会将要组织开展以下工作：

1. 制定委员会工作条例和委员工作制度。

2. 组织委员和部分民营企业家外出培训考察。

3. 深入开展对全省民营企业文化建设情况调查摸底。

4. 总结宣传推广全省民营企业文化建设先进典型经验，协办7月份在沁源县召开的全省非公经济思想政治工作交流研讨会。

5. 协办“2005晋商国际论坛”，组织相关的专场论坛活动。

6. 试办委员会培训基地，组织培训民营企业文化建设管理人员。

（原载于《当代山西商会》2005年第5期　记者：蒙双忠）

调研报告

关于山西省非公有制经济发展外部环境状况的调查

根据省政协的安排，为完成中共山西省委赋予的“如何有效解决非公有制经济发展不足的问题”的专题调研工作，由省工商联和省政协委员及有关人士组成了“山西省非公有制经济的外部环境状况”调研组。4月份，调研组在省政协参加了省直有关厅局情况通报会，组织召开了山西代理商联合会、山西五金商会、山西浙江商会、山西福建商会负责人和省工商联直属会员代表参加的座谈会。5月份，调研组又前往临汾、运城、朔州、大同四市调研，分别召开了有当地市政府、市政协领导以及发改委、经贸局、工商局、国税局、地税局、环保局、乡镇局、工商联等有关方面领导参加的政府部门座谈会和民营企业家座谈会，视察了四市的部分非公企业。共有8位地市级领导、60多位有关部门负责人和50多位民营企业家参加了座谈。座谈主要围绕本地区非公经济发展的政策法制和社会舆论环境、市场准入和经营环境、投融资和税费环境、人才和劳动力资源环境、权益保护和治安环境等5个方面进行，大家结合了解和掌握的情况，畅所欲言，既表现出对发展非公有制经济的积极态度，也对一些不尽人意的方面提出了意见和建议。

一、对我省非公有制经济总体情况的评价

1. 总量情况。根据国家统计局《关于统计上划分经济成份的规定》统计分析，2003年我省非公有制经济所创造的增加值，约占全省GDP的42%，上缴的税金约占全省税收总额的30%，吸纳就业人数约占全省城镇从业人员的40%。

2. 发展水平比较。近3年来，我省非公有制经济稳步增长，占全省GDP的比重从2000年的30%增加到2003年的42%，增长12个百分点，已经与周边省区不相上下；上缴的税金保持与其它所有制经济同步增长，其中个体私营经济纳税从2000年的28.73亿元增加到2003年的51.2亿元，3年净增22.5亿元；非公有制经济的就业人数已超过了200万人，成为新增就业岗位的主渠道。但与发达省市比较，我省非公有制经济占GDP的比重明显偏低，个体规模偏小，在2002年全国民营企业500强中，浙江省有173家，我省只有13家；与周边省区比较，我省非公有制经济的总量明显不足。

3. 总体发展形势评价。纵向比较速度加快，质量和效益明显提升，发展环境有较大改善，产业结构调整初见成效；横向比较总量偏小、速度不快、发展的外部环境状况较差，产业结构和发展取向与科学发展观的要求差距较大。

二、当前我省非公有制经济发展的外部环境状况

总体上看，我省非公有制经济发展的外部环境比过去有较大改善，主要表现在以下几个方面：

1. 非公经济发展的政策环境进一步改善。党的“十六大”、十六届三中全会和今年“两会”精神日益深入人心，省和市县领导更加重视非公经济发展问题，通过制定经济发展战略、外出学习考察、加大招商引资力度、创优发展环境等措施积极鼓励非公经济发展；省和一些市地近两年都出台了加快非公经济发展的决定或意见，清理和废除了一批不符合WTO原则和十六届三中全会精神的地方政策性文件，政府职能调整和行风建设工作正在抓紧进行。尤其是最近省委、省政府制定出台了《关于进

一步加快非公有制经济发展的决定》，明确提出要以“三个代表”重要思想和党的“十六大”、十六届三中全会精神为指导，树立和落实科学的发展观，将非公有制经济发展与产业结构调整、县域经济发展和对外开放有机结合、统筹推进，按照“政治平等、法律保障、政策公平、放宽准入、突出重点、大力扶持、放手发展、提高素质”的原则，营造良好的发展环境，努力形成非公有制经济大发展的新局面。

2. 市场准入的门槛有所降低，非公经济进入的领域正在拓宽。全省工商局系统已经降低了注册登记中的资本金到位期限、经营范围、经营许可等方面的门槛。临汾市的城市公用事业已经向非公企业开放，由临汾市五洲集团控股的临汾市集中供热项目去年已开工建设。

3. 一些部门转变职能，改进服务工作受到好评。民营企业对政府和职能部门的一些典型单位、典型做法表示满意。对全省各级工商局登记注册降低门槛，朔州市“政务大厅”优质高效的审批，临汾市地税局整顿行风工作、尧都区信用社与市工商联组织实施的“百户民企进信合”融资工程，运城市国土局网上审批、现场办公，大同市工商联组建同业公会规范行业发展，临汾市工商联的“正和融资担保公司”为中小企业融资担保工作评价好，受欢迎。

4. 非公企业和非公经济人士的贡献得到社会各界的广泛认可。新闻媒体加大了正面宣传力度，各级人大、政协换届时更加注重安排贡献突出的非公经济人士担任人大代表和政协委员，并加大了这一群体进入的比例。省和临汾等市还采取聘请非公经济代表人士为省长、市长特邀联络员的方式，加强了政府领导与非公企业的联系和协调，增加了非公经济人士参政议政、反映意见的渠道。

在调查中，民营企业家和工商联、商会的负责人对当地非公经济发展的外部环境还有不少意见和建议，主要有以下几方面问题：

1. 各地、各部门创优环境发展不平衡。企业家们反映，太原、运城、临汾的发展环境改善较大，对朔州、大同发展环境不满意的方面还比较多，如治安环境差、政府部门工作人员“吃、拿、卡、要、拖”现象严重等。对工商、税务、银行等系统的行风建设工作反映较好，对质量技术监督系统和公安等部门反映较差，主要是执法不规范，甚至恶意干扰个体户和私营企业的生产经营。对各级“政务大厅”工作质量普遍反映不好，主要问题是各职能部门的领导不能座班，又不授权给值班人员，在那里办不成事，反而多了一道手续，多跑一个部门。

2. 优惠政策落实不到位。一方面是国家和省出台的一些鼓励非公企业参与国企改革、吸纳下岗职工再就业以及税收、融资、土地使用等方面的优惠政策落实不到位；另一方面是各地招商引资时承诺的条件不兑现，民营企业反映说：政府缺乏诚信，特别是政策缺乏连续性，新一届政府领导不认上一届政府的承诺。优惠政策缺乏连续性导致一些外来投资项目迟迟不能完工，由此挫伤了投资者的积极性，也影响了外来投资者的信心，拿企业家的话说：“画一万张饼，不如给我们一碗面”。

3. 乱收费、乱罚款、乱摊派、乱检查、乱评比的现象仍然严重，而且更加隐蔽。不仅行业乱收费，而且政府也乱收费。朔城区政府去年让法院从银行强行划走2家非公企业15万元的复员军人安置费。企业反映说：“我们愿意接收人他们就是不给，非要强行收费，不交就让法院强行划拨”。政府部门收费不规范，罚款定指标、下任务，党政部门名目繁多的拉赞助，新闻单位和宣传部门带有摊派性质的宣传费、书报刊费，这些不仅加重了企业的负担，而且没完没了的电话联系或上门面谈，搞得企业家们苦不堪言。这几年，省委、省政府一些部门的信息中心、研究中心、外宣口等单位，经常编辑一些大型画册，打着省委、省政府领导同志担任顾问或总编的名义，向行业主管部门摊派任务，行业主管部门又把任务下达给企业，而且收费每个版都在6000~8000元左右，印刷的画册不仅质量低，而且发行范围窄，宣传效果差，民营企业家反映说：这是省里不能收费的部门创收的好手段。还反映质量技术监督局等执法部门对企业重复交叉检查，超标准收费，超范围罚款，收费和罚款有的还不出具正规手续或出具培训费等事业单位的收据。各部门、行业、社会团体杂乱的评比表彰，也都严重干扰着非公企业的正常生产经营活动。

许多企业家气愤地说："现在是两头热，中间冷，宏观政策定得好，部门管制受不了！""南方的政府领导是企业的朋友，我们这里的领导是向企业索钱的官员！"

4. 中小企业融资难仍然是制约非公经济发展的主要瓶颈。融资难的主要障碍是担保问题，金融机构的信贷对非公企业区别对待，融资门槛过高，手续繁杂，耗时过长。由于缺少流动资金，一些中小型非公企业生产经常处于停产待料、无钱进货状态，科技创业型企业由于缺少创业启动资金，不少好的科技项目不能转化为生产力。尽管目前全省已成立的大大小小担保机构有100余家，但多数是小规模、小范围的联保或互保形式，融资能力有限，融资面很窄。

5. 当前国家宏观调控政策和煤电运紧缺，使一些大型非公企业运行遇到严重困难。国家紧缩贷款和电力供应不足、原材料短缺、运输困难使一些大型非公企业在当前生产经营中受到很大影响，运城的海鑫钢铁公司、临汾的宇晋钢铁公司、朔州的皇威电冶公司等大型非公企业或从国外进口焦煤，或由于电力和原材料短缺、运输困难造成不能正常生产，产营销收入和利税等经济指标不能达到预期目标。

6. 一些地方政府缺乏科学发展观和全局观念，对非公企业发展不能正确引导和监管。盲目投资、低水平重复建设，违反国家产业政策上项目、违法占用土地、超量排污等现象多有发生，致使一些地区的非公经济不能健康发展。为了片面追求GDP和财政收入，有的市县政府近年来招商引资上的大项目仍然是国家明令限制的钢铁项目；受利益趋使，国家早已明令取缔的改良焦、特别是土法炼焦在有的地方又死灰复燃；曲沃县的宇晋钢铁公司由于建设项目的供电、供水、运输等资源配置没有协调好，致使目前生产遇到缺电、缺水、铁路运输无保障等严重困难。

7. 人才短缺制约非公企业健康发展。目前人才往非公经济流动还有不少障碍，除了观念和认识问题外，还存在着事实上的不平等待遇和限制性因素。比如在户口迁移、配偶调动安置、子女就读、职称评聘定问题上，进入非公企业的人员大多不能得到解决。据太原市普国电子城负责人讲，他们企业符合户口迁入条件的员工不少，每年都申报，但至今一个也没得到解决，员工子女就读要交很高的借读费，他们的孩子不能享受九年义务教育的政策。

三、造成我省非公经济发展外部环境差的主要原因

1. 上上下下思想观念落后。党政领导和公务人员计划经济体制下的管理思路和官本位思想依然严重，把重视非公经济发展总是定位在加强领导、加强管理、增设机构这套计划经济时代的思路上。浙江省民营经济发展快的根本原因是"勤奋+不管"，浙江人有很强的勤奋创业精神，现在经商的温州人在世界各个角落都有，因为他们有"白天当老板，晚上睡地板"的艰苦创业、敢打敢闯的精神，而我们山西人已经很少有昔日晋商独身闯天下的创业精神了，相当一部分人信奉的是"小富即安"，因此，小进则满。"温州模式"的产生浙江省委、省政府顶住了来自各方面的压力，他们采取"先放开，后引导；先搞活，后规范；先发展，后提高"的发展思路，他们是少说多做或只做不说，先看看，用实践检验。而我省在放手发展非公经济面前，各级官员总怕走错路丢了官帽子，结果在每一次政策放宽机遇面前都是起步晚，刹车快，扼杀了很多发展机遇。

2. 一些职能部门和公务人员揽权争利现象严重。为争利益，管得死、不放权，"国家权力部门化，部门权力个人化，个人权力商品

化”的现象严重，许多地方和许多部门、许多人陷入“上级政府与下级政府争利益、部门之间争利益、不给好处不办事”的怪圈，有了利益都在争抢，企业有困难谁也不愿管，企业出了事互相推卸责任。朔州市和大同市都有民营企业家反映，由于市政府与城区（郊区）争税源，给非公企业的经营造成了矛盾，双方为修路和供电指标的事互相扯皮，问题长时间得不到解决；两级税务部门为争税扣押企业的取款车等等。

3. 政府服务质量差，执法和办事人员人为设障表现突出。政府职能部门行政审批办事效率低，除行风不正、服务态度差外，工作人员专业知识水平低也是重要原因。一些公安干警、行政执法人员，不是服务企业，而是故意刁难，超范围处罚，罚款就重不就轻。这方面反映突出的是临汾市、大同市和朔州市，企业家反映公安局的经侦队经常干扰企业的正常经营，甚至搞“黑吃黑”的勾当。大同市新荣区质量技术监督局工作人员向企业不合理收费遭拒绝后，刁难企业，恶语伤害民营企业家。

4. 一些领导缺乏科学的政绩观。急功近利，追求眼前的经济增长指标，大搞形象工程，忽视可持续发展是许多地方领导的普遍做法。为突出政绩，使财政收入迅速增长，一些地方主要领导热衷于上大项目，而对小企业不关心、不支持，不重视解决中小企业融资环境差等问题。民营企业家说：“政府引导经常是误导，书记、市长让上的项目结果上错了”一哄而上的结果可能是又一次一哄而下。从省到市县的一些领导不是站在全局立场上，而是为自己分管的部门争权争利，由此助长了部门之间争权夺利、推诿扯皮等不正之风。

5. 政府管理经济的机构设置仍然过多。我省管理经济的部门职能交叉或职责不明的问题迄今没有得到合理解决。现在民营企业不是盼管，而是怕管。民营企业家认为，有的部门不是为促进经济发展而设，主要是为安排照顾一批人而设置，多一个机构就多给企业设置一道门槛、多扒一张皮。许多民营企业家对新设的中小企业局都忧心忡忡，担心又增加了一个“婆婆”。而非公企业真正需要的社会咨询机构、商会等民间组织却得不到有力的支持和发展。

6. 地方财政不能保证职能部门的经费需要，加上职能部门雇用临时工执法，进一步加剧了“三乱”盛行。目前从省到市县都有一些部门需要靠收费或罚款解决经费不足问题。结果带来了多收费、多罚款、多养人，甚至为本部门多谋点福利等问题。

四、改善非公经济发展外部环境的对策建议

1. 加强对非公经济方针政策的学习教育，进一步转变思想观念。要深入学习贯彻“十六大”、十六届三中全会和今年“两会”精神，各级党校要将中央关于非公经济的新方针、新政策列为党政领导干部学习的重要内容。各职能部门也要加强内部培训，提高工作人员对发展非公经济重要意义的认识，从思想和行动上真正改变“官本位”和“小富即安”的落后观念，按照“十六大”、十六届三中全会精神和WTO原则，对鼓励支持非公经济发展要有新思路。

2. 摒弃歧视性做法，切实抓好优惠政策的落实到位。以贯彻落实省委、省政府《关于进一步加快非公有制经济发展的决定》为契机，省市都要认真督查各地、各部门落实相关规定，要责成职能部门限期制定各自的实施细则，坚决查处对优惠政策不落实、不兑现的部门和单位。要按照WTO原则，摒弃对非公企业的不平等、不公正、不公开的一些做法，在市场准入、资源配置、融资、税费乃至法制环境和煤电运安排等方面，给非公企业参与公平竞争的待遇。

3. 政府要加快转变职能，提高效率。外部环境的核心是政府职能转变问题，各地要本着“小政府，大社会”的原则，精减机构、人员（特别是临时工），转变政府职能，减少办事程序，提高办事效率，使“政府创造环境，企

业创造财富”的口号深入各个角落，使各级政府真正做到由管理型向服务型转变，由官本位向企本位转变。只有大幅度削减政府对非公企业干予的权力，才能解决当前面临的复杂问题，才能给企业创造宽松的外部环境。建议推广朔州市政务大厅的经验，杜绝形式主义，市和部门领导轮流值班，并给办事人员充分授权，把好事办好，改变政务审批大厅摆花架子的做法。

4.严肃查处国家机关工作人员利用职权刁难企业、吃拿卡要的违规违纪行为。鉴于部门作风已经成为制约民营经济健康发展的突出问题，各地应采取得力措施，强化社会舆论监督，坚持行风评议，建立举报奖励机制，新闻单位开辟行风监督热线栏目，各级纪检监察部门要严厉查处违纪人员，减少干扰非公经济发展的人为障碍。

5.切实解决中小企业融资困难。各级政府要增加对担保机构的资金支持力度，加强对企业的信用评估，想方设法排除障碍为非公企业及时确认土地、房产等权属，颁发相关证书，方便企业申请抵押贷款。建议省政府鼓励支持非公企业申请试办地方股份制银行。加大支持有条件的非公企业在境内外上市，发行企业债券工作的力度。

6.用科学的发展观正确引导非公企业发展。各级政府要及时向民营企业传达国家的产业政策和经济发展战略，加强宏观调控与监管，力戒盲目投资、低水平重复建设和环境违法事件发生。建议推广河津等地的经验，对不符合国家产业政策和科学发展观的计划目标和发展项目及早作出调整压缩，对类似曲沃宇晋钢铁公司这样的项目，建议及早调整发展规模，避免造成严重后果。

7.要用科学的政绩观考核各级、各部门主要领导干部。应以国家发改委提出的九大指标作为考核地方官员政绩的主要标准。书记、省长们要带头作表率，坚持纠正职能部门的一些错误作法，对全省普遍反映差的部门领导要给予严肃的处理，使整顿行风工作成为改善经济发展外部环境的突破口。

8.规范和发展社会中介组织。结合政府职能转变，现有的官办行业协会要尽快用市场化机制运作，要鼓励支持社会团体牵头组建信息咨询、专业咨询、评估论证等中介服务机构，并支持工商联牵头在非公经济占主体的行业组建同业公会和行业商会，并赋予工商联对这些商会的业务主管权；逐步赋予全省性行业协会和商会自主制定行业规范和标准，参与行业规划和资质审查等职能，充分发挥其服务会员、行业自律、行业协调、行业监督的作用，使行业商会在非公经济发展中发挥重要促进作用。

9.进一步保护和关心民营企业家。民营企业家队伍是非公经济发展的人才支撑，要创新民营企业家的培养机制，重视民营企业家的政治思想工作，关心民营企业家的成长，宽待民营企业家的过失行为，保护民营企业家的创业积极性和人身、财产不受侵害，构建鼓励和支持他们干事业、干成事业的社会舆论氛围和社会法制环境，要参照河北省政法委的做法，给民营企业家以更宽松的生存和发展空间。

10.借鉴兄弟省市好的经验。兄弟省市出台的鼓励支持非公经济发展政策性文件中的一些好经验、好做法值得我省学习推广，如浙江省规定“对于企业不使用政府性资金投资建设的项目，一律不再实行审批制；政府仅对限制类项目从维护社会公共利益角度进行核准；其他项目无论规模大小，均改为登记备案制。”“允许财政资金直接以国有资本参股方式或补偿形式投入以民间投资为主的公用事业等项目”。广东省文件在优化政务环境中指出：“各级政府要按照多服务、少干扰，多帮忙、不添乱，多设路标、不设障碍的要求，积极改进对民营企业的管理与服务。”“设立省民营企业投拆中心，省工商联负责具体运作，各地可相应建立民营企业的投诉机制。”江苏省规定“以民营企业为对象的收费、罚款，均由银行代收，统一上缴财政，严格实行收支两条线”。山东省“鼓励事业单位专业技术人员在国家规定的范围内兼职从事民营经济。”“民营企业录（聘）用的中层以上管理人员及技术骨干，在企业所在城市有合法固定住所的，凭有关证明可以在该城市落户。”并出台了从严治警的九条规定。河北省委批转省政法委《关于政法机关为完善社会主义市场经济体制创造良好环境的决定》（30条），为鼓励支持非公经济发展保驾护航。

课题组组长：

张慎德　山西省工商联党组成员、副会长

顾问：

赵承亮　原省工商局局长、现省私营企业协会会长

章恭惠　原省计委副主任、省政协经环委顾问

成员：

原建民　省政协委员、山西恒一律师事务所主任

秦诗禄　省政协委员、山西皇威实业公司董事长

郎宝山　省工商联宣传调研处处长

闫晓红　省工商联宣传调研处主任科员

李树成　省工商联办公室主任科员

张文伟　省工商联组织人事处副主任科员

报告执笔人：

郎宝山

二OO四年五月

2001至2003年山西省上规模民营企业发展态势分析

2001至2003年，是山西省经济结构调整入轨和初见成效阶段，以发展潜力产品为主攻目标的全省大规模经济结构调整工作，使我省民营经济取得了快速健康发展。在结构调整中涌现出一批有较强的市场竞争力，正在做强做大的龙头企业，从我会连续3年进行的“上规模民营企业调研”所了解和掌握的情况中，我们发现：发展潜力产品，使一批优势企业不断做强做大，企业规模迅速扩张，经济效益显著增长，对财政贡献成倍增加，吸纳就业逐年增多。通过3年经济结构调整，一批民营企业不断开拓新领域，拉长产业链，扩大企业规模，实现了经济总量的扩张和经济效益的同步攀升，步入了良性发展轨道。

一、企业发展势头强劲，经济总量迅速扩张

近几年，我省民营企业紧跟省委、省政府调整经济结构的战略部署，通过承担“1311”调产重点项目，优化产业结构，做大潜力产品。借助近年来能源、原材料市场好转的有利因素，发展势头强劲，市场份额和经济效益稳定扩张。2001年我会调查了年营销收入超过1.2亿元的民营企业38户，其中有16户进入“2001年全国民营企业500强”；2002年我会调查了年营销收入超过1.2亿元的民营企业34户，其中13户进入“2002年全国民营企业500强”；2003年营销收入超过1.2亿元的超过了60户，且主要经济指标增幅显著。2001年38户上规模民营企业营销总额为163.16亿元，户均4.29亿元；2002年34户上规模民营企业营销总额为193.96亿元，户均5.71亿元，同比增长33.1%；2003年60户上规模民营企业营销总额为327.94亿元，户均5.47亿元。2001年营销收入在5亿元以上的有海鑫钢铁集团、通达集团、美锦集团、华宇集团、安泰集团、阳光焦化6户；2002年营销收入在5亿元以上的有海鑫钢铁集团、通达集团、美锦集团、华宇集团、振兴集团、安泰集团、中阳钢厂、通泰昌有限公司、三佳煤化、洪达集团、常平集团等11户，比上年增加5户；2003年营销收入在5亿元以上的有海鑫钢铁集团、通达集团、美锦集团、金业集团、安泰集团、常平集团、华宇集团、三佳煤化、阳光焦化、振兴集团、皇威集团、星原集团、潞宝焦化、洪达集团、亚太集团、东胜焦化、宏达集团等17户，比上年增加6户。海鑫集团营销收入2001年为29.64亿元，到2003年增长到51.2亿元，增长率为72.74%。

二、产业和产品向纵深发展，上规模企业不断增加

从2001年的38户到2003年的60户，我省上规模民营企业所属行业逐年优化，资源依赖型企业比例逐年下降，一些从事房地产、商贸餐饮业、生物制药的企业也入围进来。同时，从事煤、焦、铁等能源开采加工的民营企业也都投入巨资进行大规模的技术改造，改变了过去产品单一、附加值低、技术含量低、产业链条短的状况。海鑫集团三年来不断扩大规模，新建了1080立方米和1380立方米炼铁高炉、80吨和90吨转炉各一座，形成了年产260万吨铁、220万吨钢、200万吨材的生产能力，总资产由2001年的30亿元发展到2003年的53亿元。安泰集团以焦化为龙头，实现企业可持续发展的、把工业“三废”榨干吃尽的安泰生态环保产业链新模式，总资产从2001年的12亿元发展到2003年的25亿元。阳光焦化集团实现了真正意义上的焦化企业，他们利用炼焦回收的煤焦油开发出40多种高附加值的化工产品，形成资源反复再生利用的可持续发展产业链条。华宇集

团在做强做大商业零售的基础上，又在交通运输业和房地产业有了长足的发展。皇威集团依托发电、供热、铁合金生产主业，大踏步向纺织、医药、农业行业迈进。三佳煤化将焦炭产业积累的雄厚资金投向旅游开发，近年来累计投资6亿元，开发绵山旅游风景区，已经成为山西十大旅游景区之一。随着骨干民营企业投资的增加，企业规模急剧膨胀。2001年38户上规模民营企业资产总额190.43亿元，户均5.01亿元；到2003年60户上规模民营企业资产总额达440.98亿元，户均7.35亿元，增长46.7%。2001年资产总额达5亿元以上的企业有9户，2002年达14户，2003年达24户。

三、企业效益显著增长，可持续发展后劲增强

企业规模的扩张，产业链条的延深，潜力产品的做大，使上规模民营企业的持续竞争能力不断提升，经济效益日益显著。2001年38户上规模民营企业税后净利润总额为11.5亿元，户均3027万元；2002年34户上规模民营企业税后净利润总额为11.36亿元，户均3340.74万元，比上年增长10.36%；2003年60户上规模民营企业税后净利润总额为32.56亿元，户均5426万元，比上年增长62.42%。美锦集团税后净利润由2001年的0.72亿元到2003年达3.63亿元，增加了4.04倍。阳光焦化税后净利润由2001年的0.73亿元到2003年达1.78亿元，增加了1.44倍。海鑫集团税后净利润2001年为3.09亿元，到2003年达5.97亿元，增长了93.2%。

四、企业纳税额成倍增加，对财政收入的贡献不断加大

我省上规模民营企业在增收的同时，也大幅度增加了纳税额度。2001年首次出现了2家年纳税超亿元的民营企业，海鑫钢铁集团以1.5458亿元居首，安泰集团也以1.06亿元名列其中。到2002年海鑫钢铁集团纳税2.13亿元，安泰集团纳税1.05亿元。2003年年纳税超亿元的民营企业上升为4家，其中海鑫钢铁集团纳税3.88亿元，金业焦化集团纳税1.41亿元，安泰集团纳税1.04亿元，阳光焦化集团纳税1.01亿元。2001年38户上规模民营企业纳税总额为6.7亿元，户均1762万元；2002年34户上规模民营企业纳税总额为8.9亿元，户均2621万元，比上年增长48.75%；2003年60户上规模民营企业纳税总额为19.5亿元，户均3250万元，比上年增长24%。

五、企业员工队伍稳步发展，吸纳就业逐年增多

2001年38户上规模民营企业员工人数62347人，户均1685人；2002年34户上规模民营企业员工人数87578人，户均2576人，比上年净增25231人和891人，增长率为40.47%和52.88%；2003年60户上规模民营企业中员工人数达113215人，户均1886人，比上年净增25637人，增长率为29.27%。

从2001年至2003年我们对上规模民营企业调研结果看，我省的民营企业不仅在规模总量上有较大增长，而且在经济效益和社会效益方面保持着良好的发展态势，但无论从纵向还是横向看仍存在问题和差距。

一、横向比差距仍然很大

2002年浙江省入围上规模民营企业户数为556家，其中187家进入全国民营企业500强，而我省入围企业只有34家，进入前500强的企业13家，前10强民营企业没有山西1户，前50强只有山西1户，前100强山西也只有2户。2002年我省民企龙头海鑫钢铁集团排第44名，比2001年后移15位；通达集团排第56名，后移9位。2002年浙江省进入全国500强企业的营销总额为2510.07亿元，占全国的36%，而我省进入全国500强企业的营销总额为143.88亿元，仅占全国的2.04%；浙江省进入全国500强民营企业的总资产合计为1873.77，占全国的29%，而我省进入全国500强企业的总资产为204.35亿元，仅占全国的3.17%。这些情况说明，尽管我省民营经济在不断发展，但许多省市的速度远远超过我们，山西与全国平均水平特别是与东部沿海地区的差距进一步拉大。

二、结构性矛盾表现突出

从2003年60户上规模民营企业行业分布来看，43户从事钢铁冶炼和煤焦生产，占到71.7%；有5户从事商贸流通，占8.3%；从事采矿业和从事摩托、汽车零配件等制造的分别有4户，各占6.7%，从事生物医药制造和从事房地产、建筑业的分别有2户，各占3.3%。由此看出，我省民营企业产业结构过于依赖煤炭，高耗能、高耗水、高污染工业占主体，高新技术产业、农副产品加工、轻工业和新兴产业发展不足。

三、地区发展不平衡

从2003年60户上规模民营企业分布地区看，民企大户主要集中在经济相对发达的中南部，其中运城市23户，占38.3%；晋中市11户，占18.3%；太原市9户，占15%；长治市9户，占15%，临汾市4户，占6.7%；而民营经济整体发展相对较弱的晋北只有大同市上报4户，占6.7%。朔州、忻州、阳泉、晋城、吕梁市没有一家上报企业。

2004年随着我省民营经济发展环境的进一步优化，承担"1311"调产重点项目的企业有更多投产达效，做强做大的民营企业会更多涌现，更多的上规模民营企业将榜上有名。

附：2001~2003年山西省上规模民营企业发展态势分布图

2003年山西省上规模民营企业行业分布图

课题组成员：

郎宝山　山西省工商联副会长（课题负责人）

闫晓红　山西省工商联宣传调研处主任科员（报告执笔、2002年调查报告人）

方祥华　山西省工商联经济联络处主任科员（2003年调查报告人）

张居栋　山西省工商联经济联络处主任科员（2001年调查报告人）

二〇〇四年八月

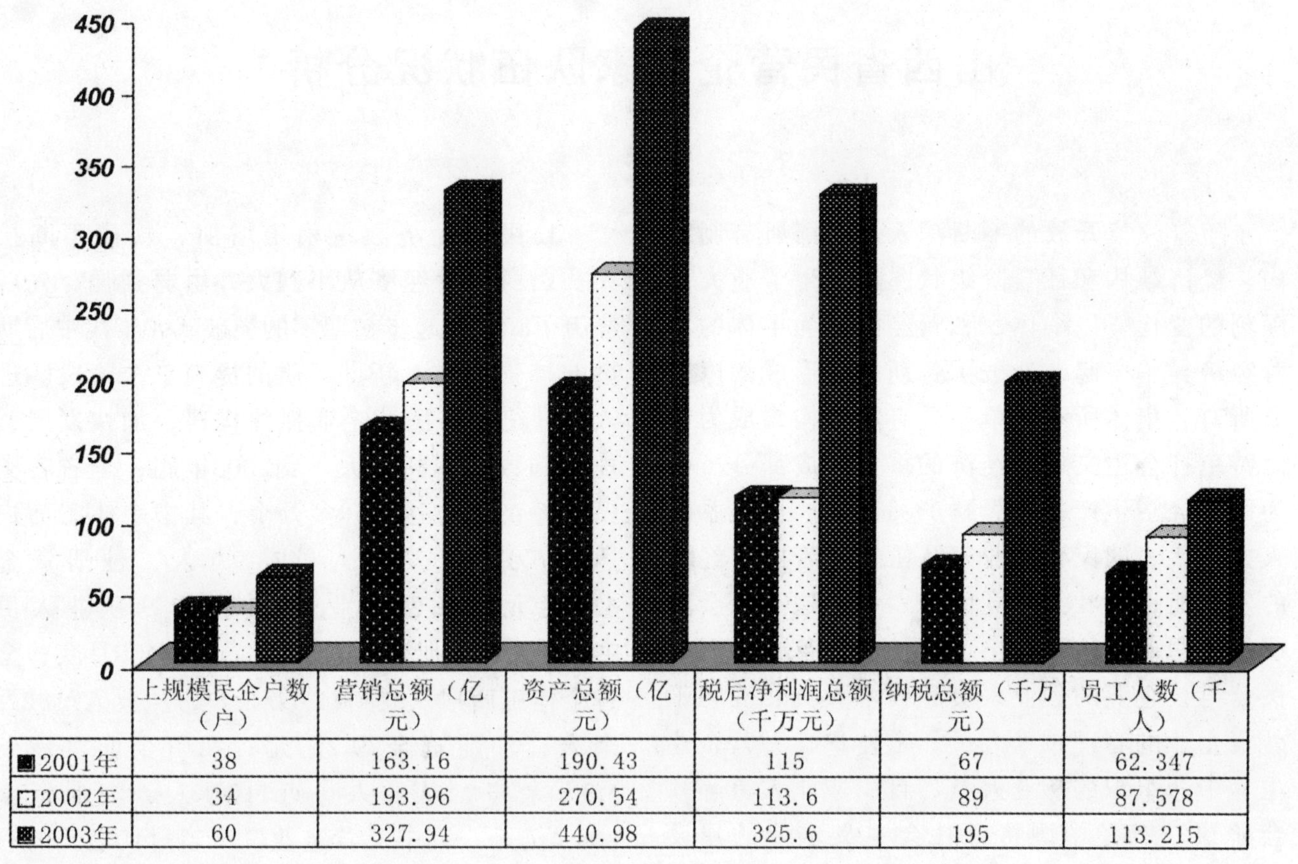

	上规模民企户数（户）	营销总额（亿元）	资产总额（亿元）	税后净利润总额（千万元）	纳税总额（千万元）	员工人数（千人）
2001年	38	163.16	190.43	115	67	62.347
2002年	34	193.96	270.54	113.6	89	87.578
2003年	60	327.94	440.98	325.6	195	113.215

图1　2001~2003年山西省上规模民营企业发展态势分布图

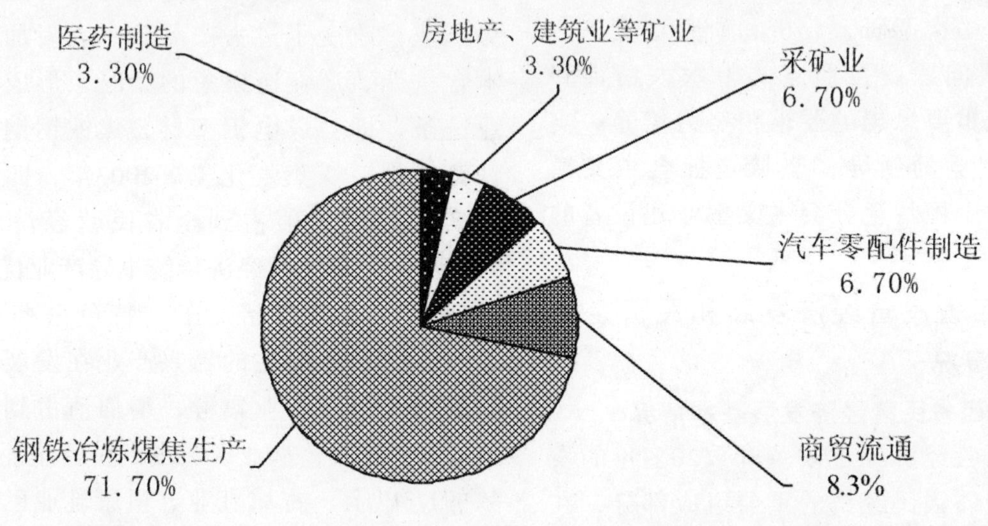

图2　2003年山西省上规模民营企业行业分布图

山西省民营企业家队伍状况分析

随着改革开放的不断深入，我国所有制结构、经济结构和社会阶级状况都发生了重大而深刻的变化。以个体、私营经济等为主体的民营经济异军突起，冲破了长期以来形成的以国家所有、集体所有的单一公有制结构，成为中国特色社会主义市场经济的重要组成部分。作为民营经济生产关系、财产关系和产权关系的人格化代表的民营企业家队伍也随着民营经济的发展而迅速壮大。党的十六大对这一社会阶层给以明确定位，指出“在社会变革中出现的民营科技企业的创业人员和技术人员、受聘于外资企业的管理技术人员、个体户、私营企业主、中介组织的从业人员、自由职业人员等社会阶层，都是中国特色社会主义事业的建设者”。

山西省民营企业家队伍同全国一样，也是伴随着改革开放的逐步深入而从无到有，从小到大，逐步发展起来的，为我省的经济建设和社会进步做出了自己的贡献。近几年来，中共山西省委统战部、省工商联对山西省民营企业家队伍进行了多次调研，分析和研究这支队伍的现状和发展问题，按照党的十六大精神和“三个代表”重要思想的要求，努力培养一支拥护中国共产党的领导，坚持走社会主义道路，做合格的中国特色社会主义事业建设者的民营企业家队伍。

一、山西省民营经济发展和民营企业家队伍基本情况

（一）山西省民营经济发展基本情况

山西省民营经济经过改革开放20多年的发展，已成为全省国民经济的重要组成部分，在拓宽就业，增加财政税收，活跃城乡市场，丰富人民生活，调整产业结构和加快山西经济发展上都创出了功不可没的业绩。

1. 民营经济数量稳定增加，规模不断扩大。山西民营经济从小到大，由弱到强，先后经历了80年代起步初期零的突破，90年代中后期量的扩张和进入新世纪质的提高三个阶段。进入21世纪后，民营企业抓住机遇，加快发展，规模和数量不断扩大。到2003年底，全省各类民营经济单位达到50多万个，其中个体工商户达40.6万户，从业人员75.9万人，注册资金63.6亿元；私营企业达4.29万户，从业人员99.8万人，注册资金642亿元。2004年9月底，全省个体工商户发展到41.6万余户，从业人员82万余人，注册资金79.2亿元；私营企业发展到5.3万余户，从业人员近110万人，注册资金804.4亿元。其中民营企业资产超过10亿元的有10户，超过亿元的132户，有11家民营企业进入全国民营企业500强。

2. 民营经济水平全面提升，产业结构更加优化。民营企业积极参与全省经济结构调整，在规模扩张的同时，许多上规模企业注重投巨资利用先进适用技术改造传统煤、焦、铁等优势产业，改变了过去产品单一、附加值低、技术含量低、产业链条短的状况，形成了四大产业链条，即：煤电铝型材，焦铁钢钢材，煤焦铁铸造件，煤焦气化工。2003年，四大产业链条实现的增加值占到全省民营经济增加值的50%以上。在民营经济传统主导产业优化升级的同时，以农副产品加工、特色医药、高新技术、旅游服务为主的新兴产业在发展中形成了新的增长点和产业集群，增加值占到全省增加值的20%左右，从业人员占到民营企业从业总人数的1/3以上。古城乳业、恒康乳业已成为国内知名品牌。中远威药业、瑞丰药业、振东药业、瑞福莱药业、世乐药业、昂生生物药业、亚宝药业、顺天药业、威奇达药业等民营制药

企业新建、扩建药厂，进行了GMP改造，产值、产量均实现了大幅度的增长。华宇集团、洪达集团等各大商贸集团实现了质和量的扩张。万荣恒磁、汇科数码等竭力打造高新科技企业。传统产业集团化、新兴产业规模化的趋势日益显现。

3. 民营经济对社会经济发展的贡献日益突出。2003年全省民营经济就业人员达450万人，占到全社会就业的30%；完成增加值1205亿元，占全省GDP总值的49.3%；缴纳税金86亿元，占全省财政收入的22.6%；民营经济投资总量在400亿元左右，同比增长107%，占全省基本建设投资的38%左右；实现出口交货值100多亿元，同比增长35%左右，占全省出口交货值的54%；个体私营经济实现社会消费品零售总额208.58亿元，占全省社会消费品零售总额的30%左右。2004年1～9月，全省民营经济完成增加值1095亿元，同比增长21.6%，高出全省GDP增速7.3个百分点，占全省GDP的比重首次突破50%，达到51.27%；上缴税金达94.93亿元，超过去年全年总和；民间固定资产投资额为515.5亿元，同比增长50.2%；完成出口交货值达96.5亿元，已接近去年全年总量。

4. 民营经济发展环境进一步改善。随着社会主义市场经济的进一步完善，山西省各级领导更加重视民营经济的发展，通过出台加快民营经济发展的决定或意见，制定经济发展战略，外出学习考察、加大招商引资力度、创优发展环境等措施积极鼓励民营经济发展。2004年5月省委、省政府出台了《关于进一步加快民营经济发展的决定》，明确提出要以“三个代表”重要思想和党的十六大、十六届三中全会精神为指导，树立和落实科学发展观，将民营经济发展与产业结构调整，县域经济发展和对外开放有机结合、统筹推进，按照“政治平等、法律保障、政策公平、放宽准入、突出重点、大力扶持、放手发展，提高素质”的原则，营造良好的发展环境，努力形成民营经济大发展的新局面，进一步降低门槛，制定了一系列优惠政策，放手放开鼓励发展民营经济，全省掀起了发展民营经济的热潮。

（二）山西省民营企业家队伍的基本情况

1. 民营企业家队伍的范围

关于民营经济的内涵，在我国经济理论界和政府工作部门存在着多种看法。一般我们认为民营经济包括个体经济、私营经济、民间资本控股的混合所有制经济等，民营企业家指的就是上述企业的主要投资者兼经营者，民营企业家队伍，是指由这些企业的企业主和主要经营管理人员组成的经营管理者队伍。

2. 民营企业家的性质与特征

（1）民营企业家的社会属性。民营企业资产全部或大部分属于投资者私人所有，现阶段山西省民营企业的投资控股人基本都是企业的主要经营管理者，这是山西省民营企业家不同于其他企业家的最大区别。民营企业家同时具有所有者和劳动者的双重社会属性，这不仅表现在他们直接参加专业性和技术性较强的劳动，而且主要表现在他们是企业经营管理活动的主要决策者，他们与工人、农民、知识分子等劳动者群体一道，属于社会主义建设者。

（2）民营企业家的本质特征。①资产私有。民营企业的资产一般都是归企业家本人或合伙人所有与支配，即对企业资产享有占有、使用、受益与处置的权力，私人所有的产权关系明晰。②雇佣劳动。就劳动力与生产资料的结合方式而言，在民营企业内部是通过劳动力的买卖而间接实现的。民营企业家以生产资料的占有者与支配者的身份出现，雇工则以劳动力所有者的身份出现。民营企业家是企业的主人，企业主付给雇工以工资，雇工为企业主劳动，企业主与雇工的关系是雇佣劳动关系。③较高收入。由于民营企业家拥有私人资产，并且通过雇佣劳动，获得的收入要比一般的工薪人员和农村劳动者高得多；一般比国有经济、集体经济的企业家高。④积极要求参与政治生活。民营企业家作为一个新的社会群体，他们在经济富有的过程中，特别是企业发展到一定规模时，往往注重寻求政治上的支持与保护。因而他们积极要求参与政治生活，表现出强烈的政治参与意识，希望通过参与政治生活，提高自己的政治地位与社会声望，来保护其经济利益，实现其愿望与要求。

3. 民营企业家队伍的构成。（1）由农村的专业户或城镇的个体劳动者通过自身积累，逐步扩大经营规模，上升为民营企业家。在当时企业规模都比较小，生产者经营方式也比较落后，其中有一些人在市场经济大潮冲击下落伍了，但也有许多人跟上时代发展不断创业，一直站在民营经济发展的潮头。

（2）通过个人对国有中小企业、集体企业的承包租赁，使该企业逐步演化为民营企业，其本人也成为民营企业家。在经济体制改革过程中，对一些经营不力、长期亏损或不适应公有制经营的国有、集体中小型企业，通过拍卖、租赁等形式转给公民个人，使其转化为民营经济，这部分人也就转变为民营企业家。

（3）九十年代初期开始，一些科技人员、机关工作人员和少量离退休人员"下海"，通过银行贷款、民间借贷等形式创办民营企业。这些人也由原来的公职人员身份转化为民营企业家。

（4）随着民营科技企业的快速发展，又有一批高科技人才和海外归来的留学生自主创业，参加到民营企业家队伍中。

二、山西省民营企业家队伍现状

山西省民营企业家队伍经过20多年的发展，现在已初具规模，成为我省社会主义市场经济条件下的企业家队伍的一个重要组成部分，在我省经济建设和社会发展中发挥着重要作用。根据近几年我们对全省部分民营企业家进行的三次调研进行分析，从一定程度上推断我省民营企业家队伍的现状。

（一）山西省民营企业家队伍规模

要准确考察我省民营企业家队伍的规模到底有多大，目前困难较大。我们只能根据对民营经济的界定，按民营企业户数来进行测算。2003年底全省50多个民营经济单位中，有近20万个企业规模比较大，其中私营企业为4.29万户，投资者人数10.6万人；集体企业37 188户，主要投资者和经营者11.2万人（按每户平均3人计算，下同）；联营企业389户，主要投资者和经营者1167人；股份合作企业3494户，主要投资者和经营者10 482人。据此测算，我省民营企业家队伍规模大约在30万人左右。

（二）山西省民营企业家的自然状况

1. 性别特征。从2002、2003、2004三次抽样调查结果看男女性别比各不相同，2002年为8.17:1（女性占10.9%），2003年为4:1（女性占20%），2004年为14:1（女性占7.14%）。由此可以看出，在整个民营企业家队伍中，女性企业家所占比例一直较低。

2. 年龄结构。从民营企业家的年龄结构来看，在历次调查中，年纪最轻的20～30和年纪较大的（60岁以上）所占比例都不大，且呈逐步减少的趋势，而中年人（30～59岁）则是主体，所占比例合计最高达到100%（见表2）。

表2　历次调查的民营企业家年龄结构

单位：%

	2002年	2003年	2004年
20～30岁	3.6	3.8	
30～40岁	34.5	35.2	35.7
40～50岁	50.9	50.5	50.0
50～60岁	9.2	10.5	14.3
60岁以上	1.8		
合计	100.0	100.0	100.0
样本个数		105	28

3. 教育程度构成。历次调查结果显示，民营企业家文化程度基本呈提高趋势（见表3）。没有上过学的人原本不多，并且愈益减少，直至为零；小学和初中程度的企业家也明显减少，高中、中专生、大专以上学历的比例逐年增加，有些企业家不断进行后续学历的学习，提高自己的文化素质。

表3　民营企业家的文化构成

单位：%

年份	没上过学	小学	初中	高中、中专	大专	大学	研究生	合计	样本数
2002			18.2	43.6	23.6	12.7	1.9	100.0	55
2003			10.5	45.7	34.3	6.7	2.8	100.0	105
2004			17.9	17.9	39.3	17.9	7.0	100.0	28

4. 政治身份。从表4反映了最近三年调查中共产党员在民营企业家队伍中所占比例的变化，公有制企业改制为民营企业是党员企业家比例提高的一个重要原因。特别是党的十五大、十六大对非公有制经济和非公有制经济人士政治地位的明确，越来越多的民营企业家向党组织靠拢。

表4　党员企业家比例变化情况

	2002年	2003年	2004年
党员企业家人数（人）	11	33	8
党员企业家比例（%）	20	31.4	28.6
样本个数	55	105	28

5. 时间分配。从2002、2004年对民营企业家平均每天在各项活动中所花时间调查结果看，2002年人均每天从事经营管理6.5小时，用于技术工作1小时，外出联系业务2.2小时，招待应酬客人2.4小时，各种学习占用1.3小时，外出开会1.1小时，其他活动合计3.4小时，休息时间只有6.1小时。2004年调查结果，企业家平均在企业进行日常经济管理工作6.46小时，外出联系生意2.47小时，外出参加各种会议1.23小时，公关、招待1.9小时，各种学习1.3小时，自己或陪同家人娱乐、休闲1.41小时，休息7.11小时，其他活动2.12小时。企业家花在企业经营管理上的时间为10.83小时，工作量远远超过普通人。

6. 关爱员工。从2002、2004年调查结果看，越来越多企业家按照国家有关法规参加社会保障工作，且投入资金逐年增多，企业有了更加完善的关爱员工的福利措施（见表5）。

表5　民营企业家执行国家社保工作情况

	2001年			2003年		
	户数（户）	所占比例(%)	金额(万元)	户数（户）	所占比例(%)	金额(万元)
发放劳保福利	21	38.2	99.5	11	39.29	298.2
办理医疗保险	14	25.5	18.19	10	35.71	146.2
办理养老保险	11	20	27.57	5	17.86	429.3
办理失业保险	4	7.3	2.56	7	25	13.2
样本个数	55			28		

（三）山西民营企业家队伍的资产状况

1.资本规模扩大。民营企业家所经营管理的企业资本不断扩大，从整体看全省民营企业户均注册资金逐年上升，全省总资产超10亿元的有10户，超亿元的有132户。从2002年、2004年抽样调查结果看两年来民营企业不仅在数量上快速增长，其规模的扩大更是迅速。（见表6、7）

表6　2001~2003年全省私营企业注册资金情情况

	2001年	2002年	2003年
注册资金总额(亿元)	238.26	314.94	642.24
比上年增长(%)	14.81	32.18	103.92
户均注册资金(万元)	85.09	92.63	149.36
比上年增长(%)	4.14	8.86	61.24

表7　2002~2004年被调查企业实有资本、净资产变化情况

调查年份	开业时实有资本(万元)	户均（万元）	净资产（万元）	户均（万元）
2002年	7914.5	325.72	113251 (2001年底数据)	2059.11
2004年	45439	1622.8	262819.22 (2003年底数据)	9386.4
样本个数（户）	55		28	

2. 企业效益快速增长。由于企业规模的迅速扩大，其销售额和纳税均呈快速增长态势（见表8、9），特别是我省一些从事煤、焦、铁的企业一方面由于市场需求旺盛，另一方面由于新上项目陆续投产，2002、2003年其经济效益快速增长。

表8 2001~2003年全省私营企业经济效益情况

年份	产值		营销总额		社会消费品零售总额	
	金额(亿元)	比上年增长(%)	金额(亿元)	比上年增长(%)	金额(亿元)	比上年增长(%)
2001年	62.76	12.43	100.37	43.84	73.12	26.31
2002年	61.35	–2.25	73.47	–26.80	65.27	10.74
2003年	68.09	10.99	56.80	–22.69	63.53	–2.67

表9 被调查企业经济状况

年份	销售额		纳税额		各种费用		税后净利润	
	金额(万元)	比上年增长(%)	金额(万元)	比上年增长(%)	金额(万元)	比上年增长(%)	金额(万元)	比上年增长(%)
2001年	103636		3926		377		5203	
2002年	203712	96.62	7709	96.36	768	103.71	6458	24.12
2003年	274906	34.95	11316	46.79	1000	30.21	11729	81.62
样本个数(户)	28							

3. 经营领域拓宽，投资额增长。在2004年被调查的28户企业中多数涉足多个行业，注重企业新产品、新技术、新项目的研发投资，2003年有13户投资新项目和技改的研发工作，累计投资16849.9万元，户均1296.15万元。投资扩大生产经营规模的企业有25户，占被调查户数的71.4%，共计投资230077万元，户均9203.08万元，最多的有20亿元，最少的有50万元。有自己专利技术的有2户，占7.1%，有自主产品的5户，占17.9%；9户企业有产品质量认证，占32.14%。2003年28户私营企业在广告宣传方面投入568.8万元，户均20.31万元，注重广告宣传，树立企业形象的意识逐步提高

4. 管理逐步向现代企业制度迈进。28户私营企业中，独资企业3户，占10.7%；合伙企业3户，占10.7%；有限责任公司22户，占78.57%。成立股东会的有18户，占64.29%；成立董事会的22户，占78.57%；成立监事会的12户，占42.86%；成立党组织的10户，占35.71%；成立工会组织的13户，占46.43%；建立职工代表大会的14户，占50%。企业遇到重大决策时，由企业家自己做出决定的6户，占21.43%，由股东大会作出决定的有5户，占17.86%，由董事会作出决定的有14户，占50%；由企业家和主要管理人员作出决定的有3户，占10.71%。有上市打算的14户，占50%，有1户已进入上市辅导期。打算将企业交子女接班的8户，占28.57%，交给职业经理管理的9户，占

32.14%，没想过企业今后交谁管理的11户，占39.29%。从上述情况可以看出，我省民营企业已逐步按现代企业公司制度运行，多数企业重大经营决策经董事会讨论决定，家族式经营管理模式逐渐弱化。

（四）山西民营企业家队伍思想状况

1. 拥护党的现行政策，抓住机遇，以科学发展观奋力发展企业。党的十五大确立了个体、私营等民营经济是社会主义市场经济的重要组成部分，党的十六大进一步明确了非公经济人士是中国特色社会主义事业建设者的政治地位，鼓舞和激励了广大民营企业家的创业热情，他们积极响应党和国家的号召，紧跟省委、省政府调整经济结构的战略部署，按照科学发展观，纷纷调整产业和产品结构，加大投入，上新项目，走规模化、产业化、可持续发展之路，取得了明显的经济效益和社会效益。如山西安泰集团近年来在“以发展焦化为龙头，以环境保护为中心，以产业链型为基点，以产品深加工为目标”的总体发展战略目标推动下，投巨资建设二区工业园和治理环境污染，形成了完整的、独具特色的安泰环保链型产业结构。山西美锦集团近年来下大力气调整产业结构，延长产业链，形成了以煤炭综合利用为主的能源建材和高新技术公司，除年产300万吨焦炭的规模排在全省民营焦化行业第一外，生产领域还涉及城市供气、建材陶瓷、房地产等，公司资产在近3年内扩大2倍，达到16亿元。在山西省结构调整“1311”规划首批的164个项目中，民营企业有98个，占60%。这些企业的规模迅速扩张和高速高效运行，有力地支撑和带动了全省经济的快速发展。2003年全省个私经济纳税比2002年净增28.4亿元，同比增长56.1%，占财政总收入的比例比上年增长3个百分点。其中海鑫、安泰、阳光、金业是我省2003年纳税超过亿元的4户民营企业。纳税超千万元的有60户。

在企业的经营管理中，民营企业家注重企业与社会协调发展，创造了各具特色的企业文化，提升企业经营理念，开展各种文娱活动，调动了广大员工爱岗敬业的积极性。他们充分发挥企业党组织在广大员工中的政治核心作用和党员先锋模范作用，自觉按照十六大的精神和《工会法》的要求支持党团、工会组织开展工作。截止2004年6月，全省民营企业中建立党组织2200个，其中党委36个，总支97个，支部2067个，占有3名以上正式党员的单位总数71.2%。民营企业中共有党员31496名，占从业人员的4.3%。

2. 群体意识、政治参与意识不断增强。民营企业家随着经济实力的增强和政治地位的提高，群体意识已经出现，参政议政意识不断增强，在社会生活、政治生活中开始发挥独特的影响和作用。他们迫切要求安排进入各级人大、政协乃至工商联组织中担任职务，开始尝试利用政治上、经济上的优势，来影响政策的制定，创造有利于他们活动的社会环境和生存环境。他们通过人大议案、政协提案、会议发言、提出建议、意见等多种形式参政议政，建言献策，他们要求在政治上给予充分肯定，法律上予以积极保护，政策上及时反映他们的呼声，行为上给予关注理解，已形成明显的集团意识和集团利益。在2004年召开的全省人大、政协会议上，有120名民营企业家向大会提交了186份议案、提案，受到了省领导和有关部门的重视和肯定，成为有关部门制定政策的重要参考依据。2004年调查的28位民营企业家中，担任省人大代表的有2位，占7.1%；担任地级市人大代表的3人，占10.8%；担任县级人大代表的有2人，占7.1%。担任地级市政协委员的有10人，占35.7%；担任县级政协委员的有11人，占39.3%，其中担任县政协副主席的有1人，县政协常委6人，地级市政协常委3人。当前，民营企业家社会参与的政治心态主要有：一是获取相应的政治和社会地位，凸显“政治光环”；二是通过参与为企业营造一个较好的外部社会环境，减少企业发展中的各种干扰；三是要求参政议政，渴望进一步介入当代中国社会生活。

3. 奉献社会，主动承担更多的社会责任。遵纪守法，诚实劳动，合法经营是社会主义市场经济条件下对民营企业家的基本要求。目前，山西省大多数民营企业家已从过去只谋自身发展赚钱转为注重自身企业社会形象，在爱国、敬业、诚信、守法上做出了表率，带动了更多的民营企业家的思想转变，促进了民营企业家的健康发展。他们在关注本企业发展的过程中，已逐步把视点放到关注公众增收和社会稳定上来。他们以实际行动支持国企改革，安排国企下岗职工再就业25万人。在1999年省委、省政府表彰的100名“再就业功臣”中，民营企业家就有46名；在1998年的抗洪救灾中，全省有21600多位个体、私营业主慷慨解囊，捐献钱物超过1200万元；在2003年抗击“非典”过程中，山西的民营企业家捐款捐物达4200多万元，占全省捐赠总值的一半。其中，山西古唐文化生态园开发有限公司董事长何俊民捐献300万元药品、山西中远威药业有限公司董事长钟志孟捐献200万元药品、山西亚宝药业集团董事长任武贤捐献160万元药品、山西金业煤焦有限公司董事长张新明、山西华宇集团董事长赵华山、山西中保集团董事长邢栓林都捐款在110万元以上。在开展以扶贫攻坚为主题的光彩事业活动中，截至2003年参与山西省光彩事业的民营企业家和港澳台侨各界人士430人，实施光彩事业重点项目624个，投入资金50多亿元，培训骨干4万多人次，安置农村富余劳力6万余人，使20万农村贫困人口脱贫致富。山西省有18个光彩事业项目被中国光彩会认定为全国光彩事业重点项目，有6位民营企业家荣获中国光彩事业奖章，69位获山西省光彩事业奖章，省光彩事业促进会连续5年获中国光彩会组织奖。在近3年省国税局、地税局表彰的模范纳税户和贡献大户中，民营企业占到40%。

4. 希望政府和有关部门关心企业家队伍建设，不断提高他们的经营管理素质。经过市场经济的锻炼和洗礼，不少民营企业家日益认识到，沿用过去那种家族化用人，家族式管理方式，越来越不能适应经济全球化形势对企业生存发展的要求，一些具备一定规模和实力的企业通过联合和扩张，组建了企业集团，高薪聘请了管理人才和技术人才，采用了先进的技术、设备和管理。但在实践中，由于目前管理型人才市场还很不发达，企业难以找到既有资质又适合本企业的职业管理人员，他们希望政府和有关部门能够培养和建立职业经理人市场，并采取措施加强对民营企业经营管理者的培训。

5. 渴望宏观指导和排忧解难，要求政府职能部门一视同仁，创造公平竞争环境。当前，民营经济的发展还缺乏公平规范的法制环境、政策环境和市场环境。融资不畅、信息渠道不灵、缺乏高素质人才成为民营企业发展的三大难题。特别是去年进行的宏观调控，对山西民营经济带来较大冲击，产业结构单一和粗放型管理模式的弊端突然显现，政府有关部门和金融部门支持力度大幅度下降，全国性的煤、电、油、运紧张，使我省一些大型民营企业运行遇到严重困难。运城的海鑫钢铁公司、临汾的宇晋钢铁公司、朔州的皇威电冶公司等大型民营企业，或从国外进口焦煤，或由于电力和原材料短缺、运输困难造成不能生产。银行对钢铁等行业的停止贷款，停止征用土地，也使能源重化工基地的山西民营企业一些项目建设停滞。安泰集团由于土地征用受阻，大规模建设项目停工半年多。他们强烈要求，一要建立公平的政策环境，使民营企业与国有企业平等竞争；二要加快政府职能的转变，少搞一些检查、验收、赞助和评比，多为民营企业做一些规划、指导、协调和服务工作；三要建立有利于民营经济发展的中介服务机构，将部分政府职能交给市场，通过中介机构为民营企业提供产业和技术信息、引进人才、融通资金；三要减轻负担，公平税赋，减费增税，制止“三乱”，营造公平有序的竞争环境。

6. 寻求政治和法律保护，要求维护和保障合法权益，希望得到社会更多的理解与认可。民营企业是最早走入市场经济的企业，无主管单位，自己投资，自主经营，自担风险，他们的一切生产经营活动都走向了市场，但在市场经济体制还不完善的当今社会，他们的生产经营活动经常受到行政执法部门和一些社会势力的侵扰，为此，强烈呼吁能够一视同仁地得到法律保护，寻找能为他们说话、讨公道的部门。由于受“左”的思想观念的束缚和传统道德文化的影响，仍然有人把发展民营经济与“共同富裕”对立起来，还有不少人把民营企业家的利益追求视为“发不义之财”，把他们的社会公益活动看作是“出风头”。他们希望社会公众对他们所做的贡献和事业有一个公正的理解和认可，不要把他们当“异己”，希望媒体多宣传他们中的优秀分子和模范事迹，客观公正地评价民营企业中出现的问题。特别是李海仓等一批知名的民营企业家出事后，这种愿望更加强烈。

（五）山西民营企业家队伍基本特点

1. 非公有制经济代表人士队伍已经形成。1991年中央15号文件下发以来，经过党和政府的长期培养，山西省已形成一支拥护党的领导、走社会主义道路的民营企业家队伍。目前在山西省民营企业中，担任县市人大代表的有1264人、政协委员3181人，担任全国人大代表3人、全国政协委员2人，担任省人大代表62人、省政协委员76人，担任省工商联副会长13人、常委34人、执委138人。担任各级工商联执常委的有3500人，担任正副会长的562人。有30人担任了省长特邀联络员。近年来全省受到各级党委、政府表彰的民营有制先进企业、纳税大户8000多家，仅2004年有113位企业家荣获省特级劳模和省劳模的荣誉称号，80位企业家获省政府表彰。这部分人文化程度相对较高、年龄结构比较合理、经济实力较强、中共党员占有一定比例。如对担任省人大代表、省政协委员的138名民营企业家分析，他们大专以上文化程度占81%，30岁至55岁的占92%，妇女代表人士占5%。企业资产超过千万元的占55%，超过百万元的占24%。中共党员33名，占23%。在这些代表人士的影响带动下，更多的民营企业家的爱国热情、敬业热情、守法意识明显增强，使山西省民营经济沿着健康的方向发展。

2. 拥护中国共产党的领导，敬业、诚信、守法，走社会主义道路是民营企业家的主流。从主流和整体上看，山西省已形成了一支自觉接受中国共产党的领导，走社会主义道路的民营企业家队伍。在政治思想上，他们拥护党的现行方针政策，关心国家发生的重大事件和重大举措，如对十五大报告、江泽民同志“七一”讲话、十六大报告以及全国人大九届二次会议通过的《宪法修正案》中，对民营经济的定位和对这个群体的定性都表现出强烈的赞成和拥护。对改革开放的前途充满信心，以自己的实际行动争当合格的中国特色社会主义事业建设者。他们爱国、敬业、诚信、守法，艰苦创业，开拓进取，有强烈的进取心和事业心，不断做大做强企业，为国家做出贡献。他们关注社会热点问题，关心政治，关心经济发展的良好环境。他们有知识、有素养，有较高的参政议政能力，热心参加统战部、工商联组织的活动，积极参加光彩事业和社会公益事业，在光彩事业、再就业工程、信誉工程等方面做出了贡献，受到了党和政府以及社会各界的认可和赞誉。他们注重把自身企业的发展与国家的发展结合起来，把个人富裕与全体人民的共同富裕结合起来，把遵循市场法则与发扬社会主义道德结合起来。

3. 诚信为本，守法经营，塑造良好社会形象已成为多数民营企业家的共识。他们在生产经营中，讲信誉、守信用，诚信为本，守法经营，依法纳税，树立了良好的企业形象，做到了爱国、敬业、诚信、守法。特别是资产规模比较大的民营企业，如山西海鑫集团、山西安泰集团、山西阳光集团、山西通泰昌集团，更能够自觉地遵守国家的各项规章制度，其产品经受了市场长期考验，其信誉得到了广大客户的认可。大多数企业家都注重塑造自己的良好社会形象，业大而不张扬，钱多而不奢侈，吃苦耐劳，勤俭敬业，扶危济困，共同富裕。

4. 山西省民营企业家群体呈现不同层次。近年来，随着百万、千万、上亿元资产的民营企业逐年增加，快速发展，民营企业家队伍这一群体已逐渐呈现为强、中、弱三个层次。

（1）强势群体。这一群体的构成主要是指在市场竞争中取得优势地位迅速做大做强的民营企业家，他们的人数并不很多，约占民营企业家阶层的10%。但他们拥有企业80%以上的个人产权，企业资金比较雄厚，经济实力、抗风险能力较强，产品有稳定的销路和比较固定的客户群，企业信誉比较好，是地方经济发展的重要力量和当地财政税收的主要来源，如闻喜县的海鑫钢铁集团的纳税就占到该县财政收入的50%以上。他们一般有着广泛的社会关系，同当地政府、金融机构及有关部门关系较好，很少受当地各类行政部门的干扰。在政治上，他们对参政议政、政治安排有强烈的要求。这一群体无论文化程度高低，都对中国现行的经济体制、政治体制有着比较深刻的认知和研究；十分关注宏观经济政策的出台和政治体制改革的走向；关心国际国内重大事件和当地发生的重要事情；特别关注与本企业发展有关的产业政策信息，以及当地党委政府的人事变动。愿意收看《新闻联播》、《山西新闻》和《对话》栏目，对《对话》栏目中出场的中外企业家的谈吐风度和学识比较赞赏。愿意为当地的经济发展献计出力，愿意为光彩事业、再就业工程、扶贫救灾、抗击“非典”等社会公益事业贡献力量。他们中的大多已担任各级人大代表、政协委员或工商联领导成员、执委常委，是民营企业家的主体。

（2）中势群体。这一群体的构成主要是经营状况比较好，发展中的民营企业家。他们是民营企业家队伍中人数最多的一个群体，约占70%左右。他们是吸收社会劳动力，活跃城乡市场，满足人们多样化需要，保持经济发展和社会稳定的重要力量。这一群体有一定的经济实力和经营能力，在企业发展中取得了一定成绩，但又时刻感到前进中的艰难和市场竞争的压力。在经营上以家族经营为主，他们有强烈的致富动机和发财欲望，有做大做强的要求，但也有一些人存有小富即安，小进则满的思想。在政治上，他们既拥护党的现行政策，又对政府有关部门和少数公务人员的不规范执法心存不满，意见不少；既有参政议政，反映他们意见、困难、要求的愿望，但又常常抱怨“说了也没用，提了也解决不了问题”。他们是“三乱”的主要受害者和侵扰对象，对社会上的腐败现象深感不满，却又相信钱能通神，用钱去打通关节的往往又是他们；民营经济发展中存在的融资难、贷款难、办事难等主要困难和问题大多集中在这个群体，他们强烈要求得到国民待遇，能够一视同仁、公平竞争，但在他们身上又屡屡发生偷税漏税、生产假冒伪劣产品等违反职业道德和国家法律的事件。他们也对政治经济信息比较关心，对相关政策和法律知识有所了解，对与企业有关的经济情况掌握较多，主要精力放在企业的经营管理上。

（3）弱势群体。这一群体的构成主要是举步维艰、经营困难的民营企业家。这一群体大约占到民营企业家队伍的20%，特殊时期比例会有较大的增幅。弱势群体的产生是市场经济优胜劣汰的必然结果。这一群体在经济上一般负有一定的债务或生产经营困难。在思想上，投机心理严重，希望在短期内把损失补回来，极少数人对周围的富裕人群存有仇视心理。在政治上，对政治的关心度明显降低；在行为上，一般存在着短期行为，违法经营，偷税、漏税、逃税，生产假冒伪劣产品等违规违法行为较多，企业内部劳资关系比较紧张。

三、山西省民营企业家队伍建设存在的问题

（一）民营企业家自身存在的问题

1.民营企业家队伍的整体素质相对较低。从我们调查中可以看出山西省民营企业家队伍中大学以上学历的所占比例与全国相比相差较大，文化知识水平从总体上看处于较低水平，且相当一部分人为后续学历。从其身份上看，我省民营企业家大部从其他社会阶层中分化出来的，多数来自于农民和个体工商户。从其年龄看，被调查企业家的平均年龄为44岁，这个年龄段的人多是文革前毕业的学生或工农兵学员，文化知识水平有一定的差距，职称结构也不够高。从政治倾向看，多数为群众，其次是

中共党员，其他党派、无党派人士所占比例比较小。

2. 缺乏科学的发展思路。我省民营企业家在创业初期，都是同时代人中的出类拔萃者，无论在做事的能力上还是在思想政治的前瞻性上，都显得高人一筹。随着企业的不断发展和壮大，需要寻找新的行业和新的利润增长点时，多数民营企业家却只想守住自己的老本，缺乏做大做强的思路。一些企业家盯住煤焦铁等能源型低水平重复建设项目，急功近利，使民营企业成为环境污染的主体；有的盲目多元化，热衷于铺新摊子；有的短期行为严重，制售假冒伪劣商品坑害消费者；有的小富即安，安于现状，缺乏危机和风险意识。由于缺乏良好和系统的发展战略规划，造成民营企业短命和民营企业家匮乏。

3. 管理水平落后。山西省民营企业家在其经营企业过程中，也积累了不少的管理经验，但是由于他们自身学历、知识结构等方面的局限性，在现代企业制度建设方面，还有不少欠缺。从管理上看，绝大多数仍是家族式管理。一是重大决策基本上是由企业家一人说了算；二是企业中的管理人员，特别是主要管理人员基本上是由与企业家有血缘、亲缘关系的人组成，造成防范风险的能力降低。

4. 缺乏诚信观念。诚信为本是晋商经营理念，但在民营企业家队伍中仍有部分人缺乏诚信营销观念，造成了社会信用度低，有的甚至为个别小企业的唯利是图，砸了老品牌的牌子，砸了行业的饭碗。“有毒假酒”案使山西的白酒业蒙受巨大损失。“调了包的平遥牛肉”和“变了味的老陈醋”两条央视曝光，对“平遥牛肉”和山西“老陈醋”的声誉和市场销售影响非常大。

（二）民营企业家外部生存环境还不够宽松

1. 政策环境不平等造成了民营企业家思想上的疑虑。民营企业家作为改革开放后成长起来的社会特殊群体，虽然党的十六大给予充分肯定，但在现实生活中，相当一部分人仍把他们作为“另类”相看，时常有一些不实言论影响民营企业家发展的积极性。国家和省出台的一些鼓励企业参与国企改革、吸纳下岗职工再就业以及税收、融资、土地使用等方面的优惠政策落实到位不好。一些领域虽然允许民营企业涉足，但体制性障碍导致明显的不公平竞争。在国家宏观调控中虽然没有所有制的歧视，但在实际操作中，首当其冲受到影响的是民营企业。由于政策待遇的不平等，挫伤了民营企业家投资和发展的积极性。

2. 执法环境差诱发了民营企业家的畸形发展。在一些地区、政府执法部门中仍存在“有法不依”现象，往往以部门或个人利益出发，对民营企业“吃、卡、拿、要、拖”等，致使民营企业家为拿到某项许可或贷款，采取非正常手段拉拢、贿赂党政官员或金融部门工作人员，由此造成了恶劣的社会形象。

3. 官本位风气扼杀了民营企业家的成长。一些地方政府官员为了片面追求GDP和财政收入，大搞“面子工程”、“政绩工程”，不是用科学发展观来引导民营企业家投资、生产、经营，而是鼓励民营企业盲目投资、低水平重复建设、违反国家产业政策上项目、违法占用土地、超量排污。而企业家们也往往错认为只要自己的目标同政府的目标一致时，才会得到真正的支持，所以盲目随从，不考虑自身企业的发展战略和自有条件，当遇到国家政策严格控制时，受害的往往是企业家本人和企业。企业家不能按照市场经济规则来正常成长。

（三）服务体系滞后

企业家的成长需要多方面的支持和培育。影响我省民营企业家队伍发展的原因还在于产业、行业和产品结构不合理，传统型、粗放型、污染型企业占全省民营企业的绝大多数。许多企业家很想调整现有的结构，往往由于信息不畅通，错失多次良好的发展机遇。同时也由于社会服务体系不健全，企业家所需的人才、法律、项目等服务不到位，缺乏对市场前景的把握，不能很好地适应经济的快速发展。山西省行业商会等中介组织也不发育，一方面是政府办的官办行业协会带有明显的政府部门行政色彩，缺少对中小民营企业服务的意识，另一方面由工商联等民间组织的行业商会又被限制发展，不能获得合法的主体地位，这些中介组织所具有的技术培训、管理咨询、市场信息、人才引进等服务功能不能很好地发挥，对企业家成长的推动作用也难以显现。

四、加强山西省民营企业家队伍建设的建议

（一）关心和保护民营企业家，创优民营企业家队伍建设的发展环境

1. 转变观念，加大宣传力度，营造社会对民营企业家认可的舆论环境。在社会主义初级阶段，民营经济作为社会主义市场经济的重要组成部分，必将得到充分发展。作为民营经济人格化的民营企业家不是在旧中国和资本主义制度条件下产生的，而是在社会主义初级阶段公有制为主体，生产力不发达的国情和党的富民政策条件下产生的。他们大都来自工人、农民、复转军工、知识分子等，经过社会主义和共产主义思想教育，有一定的政治立场和正确的道德观念与价值取向；他们中绝大多数拥护中国共产党领导，坚持走爱国主义、社会主义道路；他们是发展社会生产力的积极分子，振兴地方经济的生力军，是建设有中国特色社会主义的一支不可缺少的重要力量。社会各界要解放思想，更新观念，摒弃对民营企业家的不正确认识，营造更加宽松的思想认识环境。要充分发挥新闻媒体的作用，加大对发展民营经济有关政策、法律、法规的宣传力度，总结民营经济发展的经验，树立有代表性的榜样，大力宣传民营企业家艰苦创业、致富不忘国家、先富带后富、热心公益事业的先进典型事迹，营造鼓励和支持他们干事业、干成事业的社会舆论氛围。

2. 转变政府职能，加大服务意识，创造民营企业家成长的政策环境。随着社会主义市场经济体系的不断完善，政府不再是资源配置主体，政府的职能主要是对经济运行进行宏观调控，规范市场秩序，创造公平竞争的环境，提供公共产品，扶持战略性产业，维护企业合法权益等。政府要转变行政审批命令职能，积极发展信息服务业，制定和实施信息化建设的法律制度，为民营企业家创造一个有利于推进信息化的环境。要进一步加快行政审批制度改革，更多地下放审批权限，简化审批程序。要落实扶持政策，通过实行优惠政策，帮助和引导民营企业家定位、决策，支持民营企业家选择符合经济结构调整方向，科技含量高，市场前景看好的项目，通过项目的实施，把企业做大做强。

3. 发挥民间作用，成立中介组织，建造为民营企业家排忧解难的市场环境。民营企业家在激励的市场竞争中，其承受能力、适应能力和应变能力都比较薄弱，在开展业务时，要同很多部门打交道，往往效益很低，他们急需能建立帮助他们排忧解难的中介组织。因此要加大中介组织的建设，政府要赋予一定的职能，放手让这些中介组织充分运用市场手段，对民营企业家进行“团结、帮助、引导、教育”工作，为他们提供人才、技术、资金等各方面的服务，沟通与政府及各有关单位的联系，协调各种关系，真正起到自我监督，自我服务作用。

（二）支持和鼓励民营企业家，创建民营企业家队伍成长的相应机制

1. 培训机制。对民营企业家的培训要着重于经营、管理等专业知识的培训。在培训制度上，应把行政要求与激励措施结合起来，在行政上，应明确要求，凡资产、产值达到一定程度的，应相应参加某方面的培训；在鼓励措施上，应对经过培训的和没有经过培训的在评选先进、政治安排以及参加某些活动等方面有所区别。在培训组织上，可以发挥现有大专院校和科研院所的作用，与综合经济部门共同组织。在培训形式上，应以短期、在职、专题培训为主，辅之以长期函授以及有可能参加的学历教育。

2. 教育机制。要对民营企业家进行政治教育，主要包括政治理论、统战知识、爱国主

义、精神文明、方针政策、法律法规等方面的内容。在政治教育上，要以“团结、帮助、引导、教育”为基本方针，以“爱国、敬业、诚信、守法”为根本目的。政治教育的组织实施，应由统战部与工商联牵头，依托社会主义学院做为教育基地。政治教育形式包括培训班、报告会、专题讨论会、讲座、座谈会等多种形式。

3.激励机制。对于民营企业家的激励机制，应着重建立于事业刺激的基础上。这种激励机制，应包括：荣誉类，对在某一方面做出贡献的民营企业家授予荣誉称号。社会地位类，对企业有相当规模，在某一社区或某一社会群体中有较高威信，有一定的号召力和凝聚力的民营企业家；经过一定的程序，担任某些社会团体、群众组织的领导职务，以体现其社会地位。政治类，对于民营企业家队伍中的优秀分子，经过组织考察合格，可以推荐到各级人大、政协担任相应的职务。

（三）民营企业家要努力提高自身素质，不断创造企业精神

1.不断追求产品创新的精神。民营企业家不仅要注重创造名牌效应，而且还要善于改进和不断提高产品质量来维护、发展和完善这个品牌，以此获得最大限度的长期收益。

2.不断追求技术创新的精神。技术是企业生存和发展的主动脉。民营企业家要通过引进人才和产、学、研结合，调整产业和产品结构，用先进适用技术改造提升传统产业，把企业发展方向逐步转移到高新技术产品和服务上。

3.不断开拓和创新市场的精神。民营企业家必须根据市场经济发展过程中出现的新特点，设法进入和拥有新的市场，提升产品的市场竞争能力，以此来提高本企业生产经营的效益与收益。

4.不断追求组织和制度创新精神。民营企业家要与时俱进，不断适应市场经济发展要求，结合本企业的实际进行再创新，实现企业组织、制度和机制的新突破，从根本上提高企业的发展力和竞争力。

5.不断追求团队合作与进取精神。民营企业家在生产经营管理中，要充分发挥每位员工的主动性、积极性和创造性，关心员工的经济、政治生活，营造出一种尊重员工、关爱员工，团结向上的企业文化精神，让每位员工都有一种自己也是企业的主人翁的认识，通过员工自我素质的提高，增强企业的创新能力。

（四）各级统战部、工商联要加强民营企业家的思想政治工作

做好民营企业家思想政治工作，是党中央赋予工商联的一项重要任务，加强对民营企业家的培养教育，做好他们的政治安排，也是经济统战工作的核心内容。党的十六大精神和“三个代表”重要思想是全党、全国各项工作的根本指针，也是新世纪做好民营企业家思想政治工作的行动指南。做好民营企业家思想政治工作要与时俱进，要开拓创新，充分发挥好统一战线优势。

1.要通过积极的思想政治工作，加强对民营企业家的政治引导。要加强十六大精神和“三个代表”重要思想的教育，按照党的团结、引导、教育、帮助的工作方针，引导他们爱国、敬业、诚信、守法，使民营企业家正确认识我党大力发展民营经济的决心，更加坚定地团结在党的周围，坚持走社会主义道路，在社会主义市场经济建设中发挥更大的作用。加强对民营经济人士的爱国主义、社会主义教育和法律法规、职业道德教育，树立社会主义义利观，形成符合社会主义市场经济要求的经营理念、价值观念和道德规范。把广大民营企业家培养成一个对国家、对人民有政治责任感；对企业生产经营有创新精神，有诚信品格；对社会有高尚情操，奉献爱心的人。在思想上、政治上、行动上成为合格的、名副其实的中国特色社会主义事业的建设者。

2.要着眼于民营经济的健康发展。帮助民营企业家正确认识宏观调控中所遇到的困难，鼓励民营企业家，难中求生存，困中求发展，帮助解决生产经营中的实际问题，维护他们的合法权益，引导他们学习政策，学习市场经济知识，学习现代企业管理知识，学习法律知识，帮助他们提高自身素质，增强企业的生存和发展能力，逐步建立现代企业制度，在激烈的国际竞争和市场竞争中发展壮大。

3.要着眼于民营企业家的健康成长。深化“致富思源、富而思进”、光彩事业、信誉宣言等活动，支持民营企业家继续参与国有企业改革和再就业工程，参与西部大开发，引导他们走共同富裕的道路，组织动员民营企业家开展“关爱员工，实现双赢”活动，按照科学发展观的要求调整企业内部关系，构建和谐的劳动关系。

4.积极稳妥地扩大民营企业家在人大、政协和工商联的政治安排。要严格政策标准，严明选拔条件，严密审批程序，真正把那些政治上拥护党的领导，同党真诚合作，经济上有一定实力，积极为社会做出贡献，有参政议政能力，爱国、敬业、诚信、守法的民营企业家选到代表人士队伍中，把他们的政治需求引导到社会主义民主法制的轨道上来。

课题负责人：郎宝山　山西省工商来年党组成员、副会长

报告执笔人：张云虎　山西省统战部经济处调研员

闫晓红　山西省工商联宣教处主任科员

二OO四年十月

[引自《2005年山西民营经济发展分析与预测》（2005年1月山西经济出版社出版发行）]

山西省民营企业文化建设状况调查

改革开放二十多年来，山西省民营经济得到了快速健康发展，特别是近年来以个体、私营经济为主体的民营经济不仅有数量的迅速扩张，而且有质量的不断提高。2003年，民营经济已占到全省GDP的49.3%。2004年民营经济创新高，1～9月占全省GDP达到51.27%，上缴税金94.93亿元，超过去年全年总和。在全省经济结构调整中崛起了以海鑫、安泰、阳光、中阳、通达、华宇、潞宝、江南、连顺、嘉明、皇威、振东、联盛等为代表的一批做大做强、做出品牌的优秀民营企业，他们不仅代表着山西省民营企业的主流发展方向，在推进全省产品结构、产业结构、投资结构、所有制结构、就业结构调整中发挥着骨干带头作用，成为GDP、纳税、就业等主要经济指标增长的生力军，同时在社会主义精神文明建设中，也积极探索民营企业与社会协调发展的经营理念，努力创造先进企业文化，使自身企业沿着代表当代中国先进文化的前进方向健康发展。

一、山西省民营企业文化的现状

近年来，我省广大民营企业忠实实践"三个代表"重要思想，以科学发展观为指导，积极参与全省经济结构调整，努力创建健康向上的民营企业文化，引领民营经济快速健康发展。

（一）民营企业文化的形成

伴随着山西省民营经济的发展壮大，民营企业文化建设同样经历了一个从无到有、由浅入深，从不足到完善，从形式简单到内涵丰富的发展历程，呈现出不断创新、发展、提升的特点。

1. 民营经济的发展壮大是民营企业文化形成的基础。民营经济作为改革开放后成长起来的新生事物，从无到有，从小到大，从拾遗补缺，逐渐成长为促进社会生产力发展的重要力量。改革开放20多年来，我省民营经济也从量的积累转化为质的飞跃，经济总量不断扩张，质量和效益不断提高，成为国民经济的重要组成部分和财政收入的重要来源。伴随企业发展，广大民营企业家对企业文化建设的意识随之萌芽，逐渐提高，企业文化的内容日益丰富，层次不断提升，创建出特色鲜明、异彩纷呈的企业文化景象。

2. 用先进文化引领企业发展是民营企业的内在需求。国家经济的蓬勃发展和市场经济体制改革的逐步完善，促使民营企业抓住机遇，迎接挑战，大力推进民营企业文化建设，提高经营管理水平，提升核心竞争力，做强做大。从我省民营经济发展实践看，民营经济在整体上继续保持数量加速扩张的同时，一大批具备条件的民营企业进入了结构全面调整优化升级和提高整体素质的阶段，迫切需要根据新的形势、新的环境和所面临的激烈竞争格局，建设优秀企业文化，内强素质、外塑形象，引领企业健康发展。

3. 加强企业文化建设是民营企业发展过程中的必然选择。随着改革开放的深入，许多民营企业家积极响应党和政府的号召，发出二次创业的呼声。要实现二次创业，提高企业家和企业的素质是关键。而注重企业文化建设，确立企业精神，树立企业良好形象，是提高企业综合素质的必由之路。民营企业在经过了上世纪80年代“我做的出，你做不出”的产品竞争阶段和90年代“我做的到，你做不到”的服务竞争阶段后，已发展到“我做的好，你做不好”的文化竞争阶段。企业竞争到最后，比拼的就是企业内在文化。因此，加强企业文化建设成为民营企业必然选择。

4. 民营企业文化建设蔚然成风。我省广大民营企业积极探索走中国特色的民营企业文化之路，企业文化建设蔚然成风，呈现了各具特色的民企文化。如运城市民营企业家“思源思进”，涌现了海鑫、通达、阳光、振兴等一大批做强做大的先进民营企业；晋中市以煤焦起家的安泰、三佳等大型焦化企业在发展中注重走循环经济之路，注重调整产业结构，成为注重环保和可持续发展的先进典型；太原市的金业、中保等大型民营企业“以人为本，关爱员工，实现双赢”焕发着回报社会的强烈责任感；长治潞宝集团董事长韩长安多年来用优秀企业文化引领企业健康快速发展，成为省政府确定的“1311”调产重点项目60万吨甲醇项目承担单位；皇威集团董事长秦诗禄提出“以慈母般的心怀善待员工，用钢铁般的纪律严格治厂”的管理理念，成为受到全国表彰的善待员工的优秀企业家。安泰集团、美锦集团等不少企业注重把现代企业管理规律与中国传统文化结合起来，与家族企业的管理升级相结合，创建了适应自身企业经营管理的新晋商文化。

（二）民营企业文化的主要功能

我省民营企业文化建设发展势头良好，体现出多方面的积极功能。

1.强烈的凝聚功能。民营企业文化像一根细带把职工和企业的发展目标紧紧联系在一起，使职工产生责任感和荣誉感，产生出奋发进取的集体意识，焕发起员工的能动精神，有效推动企业生产经营发展。山西海鑫集团早在创业之初，就提出了"团结拼搏、大胆开拓、艰苦创业、无私奉献"的海鑫精神，在海鑫从小到大、由弱变强过程中发挥了极其重要作用。经过十几年的实践，形成了“拼搏创新，挑战极限，超越财富，争雄世界”的新精神，产生了无可比拟的强大凝聚力，实现了海鑫大手笔、超常规、跳跃式发展，获得了业界瞩目的高成长，推动海鑫这艘“民营航母”在市场经济大潮中乘风破浪，勇往直前。

2.严格的约束功能。民营企业文化可以使员工按照一定的规则、程序办事，去实现企业的各项目标，使生产经营中员工人际关系得到调节，最大限度激发职工积极性和创造性。蒙牛雁门乳业有限公司本着高标准、高起点、高效率的发展战略与乳业巨头蒙牛集团实现了跨省区联手，建立了一套完善的管理机制。公司全面实行GMP管理制度（优质生产规范），对每个员工都制定了岗位责任制、工作项目、工作标准及考核细则等一系列规章制度，让每一位员工的行为规范，潜能得以发挥。

3.良好的导向功能。通过企业文化潜移默化的熏陶，企业的理想、信念一经被员工接受，员工就会产生一种向心力，把企业作为发挥个人潜能、实现个人抱负的地方，从而积极参与企业活动，为创造企业良好形象而努力。山西来福集团以“人本管理”为方向，注重通过营造“亲和”、“凝聚”的企业文化氛围来达到主动管理，推出了“以感情、事业、待遇、企业文化留人”的战略，来福把“振兴企业，创造品牌，回报社会”作为来福人共同理想和信念，使之升华为奋发进取的企业精神。“让品质写出来福人的尊严”，“大事业的追求，大舞台的胸怀，大舰队的体制，大家庭的感受”，从而引领来福核心能力发展。

4.提高素质的催化功能。民营企业文化使员工把提高自身素质与企业命运兴衰自觉联系起来，主动学习，与企业共命运，为企业发展尽力。山西阳光集团多年来坚持不懈地对员工进行有理想、有道德、有文化、有纪律的职业道德、技术技能培训，采取“走出去，请进来”的办法，先后聘请鞍钢等地专家教授来企业讲授焦选煤专业技术，派出技术骨干到山东、河北等地学习取经。企业内部学习氛围浓厚，从公司到车间到班组，都有各自的培训计划，涉及管理、财务、营销、化工、发电等技术知识。同时，领导和员工业余时间进图书馆、资料室充电，积极参加与太原理工大联合开办的“煤化工专业”培训班学习，有200多员工参加成人自学考试。众人拾柴火焰高，赢来了阳光今日灿烂。

5.开启创新的功能。民营企业文化是推动企业创新的无形力量，能形成鼓励和支持大胆创新的浓厚氛围。连顺能源公司一直把科技创新作为企业文化建设的重中之重，从一家洗煤公司发展到现在集煤炭生产、加工、销售、科研和陶瓷研究、煤基合成油项目开发等跨地区、跨行业的多元化发展的大型企业，企业始终注重用科技创新的精神激励企业决策者和领导层与全体员工众志成城、共谋发展，创造出自己的知名品牌连顺动力洗煤。

6. 协调、沟通和辐射作用。民营企业文化使职工拥有共同价值观念，对很多问题的认识一致，增强他们之间的信任、交流沟通，使企业活动更加协调。同时，可以辐射到企业以外的领域，促进社区、家庭等精神文明建设。许多民企积极创办企业内报内刊，依托文化载体，传达信念，统一思想，诠释文化，凝聚力量。华宇集团的《华宇》月刊以敏锐的目光，质朴的文风，求实求真的宗旨，搭起了沟通上下、联系内外的平台，成为宣传、推动企业文化建设的重要阵地。山西中联创办的《今日中联》以传播、共享、凝聚、超越为宗旨，宣传企业理念，提升团队协作，努力建设企业精神家园，促进企业发展。2004年全省评比中，《海鑫报》、《安泰集团报》、《江南报》等34家民营企业的内报内刊获得了全省民营企业“优秀报刊奖”。

同时，广大民营企业依托载体，丰富职工业余文化生活，促进社区、家庭精神文明建设。常平集团投资百万元组建了百人威风锣鼓队、军乐队、秧歌队，每逢节假日组织员工进行篮球、拔河、乒乓球等比赛及电工、焊工机修等技能大赛，“七一”举办党史知识竞赛、歌咏比赛。寿阳博大公司参与社会文化活动，引导职工追求健康向上、科学文明的生活方式。抓住节日契机，与县电视台联办春节联欢晚会、与山西电视台在方山国家森林公园举办《走进大戏台》，主办“博大杯”挠羊赛、篮球赛，筹划了县长征文化广场上每周六开办群众性自娱自乐的“激情文化广场”等活动，带动了当地群众性业余文化活动的蓬勃发展。

（三）民营企业文化的推动力量

1. 党的“十五大”、“十六大”精神为民企文化建设提供了指导思想。党的“十五大”确立了公有制为主体、多种所有制经济共同发展的基本经济制度。党的“十六大”明确提出，必须毫不动摇地巩固和发展公有制经济，必须毫不动摇地鼓励支持和引导非公有制经济发展，并将两者统一于社会主义现代化建设的进程中。同时确立了“五个统筹”的以人为本，全面、协调、可持续的科学发展观。这为民营企业迅速发展和壮大提供了重要的政策依据，也为民企文化建设提供了正确的指导思想，特别是党的“十六大”精神和宪法修正案深入宣传贯彻落实，推动了民企发展，迎来文化建设百花争艳的春天。

2. 企业文化研究热潮和社会组织的推动。在新一轮企业文化热潮中，不少专家学者开始关注民营企业文化研究，从理论上为民营企业文化建设进行了有益探索。同时全国性专业组织机构的成立推动了各地民营企业文化建设开展。全国工商联在全国各地广泛开展民营企业文化建设交流活动，连续在武汉、成都、温州、长春、西安召开了5个片会，总结了各地民企文化建设方面的成果。2003年8月成立了全国工商联民企文化建设委员会，民营企业家唱主角，民营企业文化有了更加广阔的舞台。

3. 工商联积极推动民营企业主题文化活动。近年来，在山西省工商联推动下，我省各级工商联组织引导民营企业建设先进的企业文化，组织开展了“以人为本”、“民营企业与社会协调发展、科学发展”等为主题的民营企业文化建设活动，并通过开展丰富多彩的活动，引导民营企业加强社会主义精神文明建设。2000年12月，省委、省政府表彰了12家优秀民营企业，省委统战部、省工商联表彰了34家先进民营企业；2001年省工商联在长治召开了全省非公经济人士思想政治工作经验交流会，组织全省民企开展了纪念建党80周年大型文艺汇演活动；2003年在全省组织开展了民营企业学习贯彻“三个代表”重要思想知识竞赛活动，联合有关部门组织开展评选表彰诚信纳税、技术质量先进、安排就业先进单位283家民企，在怀仁县召开了以民营企业与社会协调发展为主题的“山西省民营企业文化建设交流研讨会”，宣传表彰了34家民企文化建设先进单位；2004年2月省工商联与省总工会联合在全省民营企业中开展了“关爱员工，实现双赢”活动和创建学习型企业、知识型员工活动，10月在太原举办了以全球化时代山西民营企业如何健康发展的“2004晋商国际论坛”，传承晋商文化，引导民营企业健康发展。各级工商联组织也结合本地区特点，通过宣传引导带动、组织活动拉动、表彰奖励推动等方法引导广大民企把自身企业的发展与国家的发展结合起来，把个人富裕与全体人民的共同富裕结合起来，把遵循市场经济法则与发扬社会主义道德结合起来，引导民营企业家身体力行“三个代表”重要思想，把思想政治工作与民企创建优秀企业文化结合起来，开展了主题鲜明的民企文化建设活动，在全社会产生了广泛积极的影响。

（四）民营企业文化的社会影响

实践证明，民企文化在弘扬企业精神，提高职工整体素质，树立企业形象，增强企业的凝聚力等方面越来越显示出重要作用，成为企业赖以生存和发展的基石。

1. 企业精神的展示。近年来，山西通达集团全面优化管理结构，大力培训企业人才，建立完善企业文化发展机制，他们“博采众家长、力克自身短”，集团成功跨入多元化发展的“快车道”，“创新、敬业和团队合作精神”上升为通达企业文化的精髓。通达以自强不息的创业精神和“诚实守信”的晋商作风，以超值的优质服务和“取信于民”的经营信条，赢得了社会广大客户群体的广泛信赖。同样，经过长期的不懈探索，中阳钢厂形成了“开拓求实、拼搏创新、赶超一流、当好龙头”这颗吕梁山上明珠的企业风貌；临汾银河仓储超市有限公司与驻临部队建立了军民共建双拥伙伴关系，多次举办具有影响力的双拥文体活动。员工受到了人民军队组织性、纪律性、革命传统和高度敬业精神潜移默化的感染和影响，公司展示给社会的是朝气蓬勃的团队精神和向心力的不断增强。

2. 企业家形象的代言。企业家是企业的人格化，企业是企业家的物化，一个企业有什么样的老板就有什么样的企业文化。李海仓学以致用，不断挑战，高瞻远瞩，超越自我，成就了海鑫的辉煌。李安民的创业经历和不事张扬、纯朴个性，是蕴含安泰文化的丰厚矿藏，引领安泰走上可持续发展之路。“政府给我一碗水，我还社会一桶油”是潞宝集团董事长韩长安奉献社会，实业兴国，在贫困地区兴建百所“长安学校”等光彩行动的真实写照。山西襄汾有色金属公司董事长王建国儒雅的风格融进了企业文化建设之中，他的文化修养和经营哲学的成熟决定了公司搏击商海，脱颖而出。

3. 企业核心竞争力的体现。怀仁嘉明陶瓷有限责任公司用人本理念激活用人机制，提升核心竞争力。公司求贤若渴，多次从省内外陶瓷行业聘请高级技术人员担任主要职务，先后招收了430多名大中专毕业生和300名国有企业下岗的技术工人，各个部门经理、中心主任多数是由引进的外来人才担任，各车间的主任、班组长也是长期在基层一线艰苦岗位爬摸滚打锻炼成长起来，通过民主评议公开竞争产生的。为了激活员工的主人翁意识，公司与每位新进员工一经签定合同便成为公司的股东，享有不同比例分红，形成了“企业发展我发财，企业亏损我受害”的共同利益观，齐心协力打造出“北方瓷都”。

二、山西省民营企业文化的特点

我省民企文化根据企业发展的不同阶段，有不同阶段的文化特点，初始阶段大多数民企主要表现出勇敢、勤劳、朴实的经营观念，跳跃发展阶段主要表现出做大做强，实现企业由小舢板变成驱逐舰、航空母舰的企业精神；规范运作阶段表现出靠管理、人才、企业精神推动，向未来发展的坚定理念。

（一）现代理念下的人本文化

1. 人才是企业的核心竞争力。李海仓生前说过：我没有三头六臂，事情是大家干的，你看我不是冶金专家，钢铁厂是技术密集型企业，我不请专家能行吗？我不是财会专家，我不请财会专家行吗？因此，多年来海鑫采用引进人才和培养人才两条腿走路的方针，坚持“以人为本，人尽其才”的用人方略，对高级管理人员实行重用，委以重任，授以重权，“用人不疑，疑人不用”；对普通干部职工建立起严格有效的监督制约机制，以制度规范行为。在分配制度上，坚持“三个倾斜”，即工资向苦、脏、累、险等生产一线倾斜，向科技人员倾斜，向高级管理人员倾斜，实行“职工按劳取酬，干部论职定薪、按级配股，技术人员论贡献奖励”的办法，拉大工资差距，实行福利货币化，从而在公司建立起“海鑫为我，我为海鑫”的激励奋进机制，极大地调动了全体员工的积极性和创造性。

2. 创建学习型企业，培养知识型员工。江南餐饮集团经过十年的发展，创造了响誉三晋的优秀饮食文化。集团创立江南报、广播站、江南书苑、大型职工文化活动中心等现代化的员工学习环境。“让最有道德的人成为江南的员工，让江南的员工成为最有能力的人”，他们与北京、上海等地的咨询培训公司长期合作，每年派100多人接受管理培训，并邀请北京大学、清华大学、南京金陵旅馆等高校及行业院校的专家学者，为公司员工进行培训。2001年，公司与山西省经济管理干部学院合作，设立江南酒店管理大专班，为员工的成长提供了良好的条件，也为集团低成本扩张提供了长期的人才保障。

3. 关爱员工，实现双赢。山西联盛能源有限公司在发展历程中，本着“环保联盛、绿色联盛”的理念，不断改进员工的工作和生活环境。2003年7月投资1亿多元，在公司所在地柳林县城内开工建设标志性建筑联盛服务区，让员工住进县城的楼房里，使“窑黑子”们感到骄傲和自豪，焕发出更高的工作热情和干劲。2003年又投资3.5亿元，上马了现代化综采设备，大大降低了员工的劳动强度，改善了井下作业环境。他们还关心员工的政治生活，每年的1月、7月成为公司的“法定”职工代表大会月，涉及员工切身利益的重大决策按时提交职代会审议通过，由此换来了员工对企业的更大支持。山西皇威实业有限公司董事长、党委书记秦诗禄用慈母般的胸怀善待员工，他积极参与国企改革，先后兼并了山西朔州热电厂、四川简阳纺织厂等7个大中型国有企业，接收安置了7200多名国企职工，每兼并一个企业，就积极建立完善党、团、工会组织，按时拨划工会经费，定期召开员工大会，拓宽民主管理渠道，保障员工的合法权益，积极组织员工开展劳动竞赛、安全生产讲演比赛等活动，激发了员工爱厂如家的主人翁意识和工作积极性。

（二）新晋商文化

1. 诚信为本商业理念下的新晋商群体。新晋商大多继承了晋商“不事张扬”的传统，不尚空谈，注重实干；不求名分，但求无愧我心。他们汲取老晋商留下的精神财富，恪守诚信为本、以义制利的商业道德，塑造良好的企业形象，夯实企业发展基石。大同书城以“营造书香社会，奠基智慧人生；提高名城品位，铸造行业品牌”为宗旨，奉行“为读者找好书，为好书找读者”，致力于传播知识、服务社会。近年来先后在红旗广场、书城大厅、大同职业技术学院开展数次“打击盗版图书万人签名”活动，同时通过多种渠道展开反盗版宣传，引导读者正确消费。2000年，由于业务员工作疏漏，书城出现了一包质量不过关的图书（约30本），而且部分图书已经售出。工作人员发现后，迅速查清售出图书的去向，把图书收回并给顾客十倍补偿。然后，集中把这一包图书全部销毁，经办业务员被辞退，相关责任人受处罚。正是这种严格的质量管理体系创造了诚信的企业文化，同时也赢得了顾客的信赖，“买好书，到大同书城”已成为社会的共识。粟海集团在产品质量上狠下功夫，引进HACCP操作规范，严格把好质量关。在肉鸡生产中牢记“品味虽贵，必不敢减物力；炮制虽繁，必不敢省人工”的百年古训作为座右铭，身体力行，生产出来的肉鸡产品在市场上大受欢迎。还被美国肯德基上海总部确定为西北、西南肯德基市场上的合格供应商，供货量达

70%以上。粟海牌商标被评为山西省著名商标，被中国食品工业协会评为“全国质量信得过食品”。

2. 依托资源优势发展壮大的新晋商一族。进入80年代以来，依托山西能源优势和廉价的劳动力优势，许多民企在煤炭、焦炭、钢铁等传统优势产业掏到第一桶金，并凭借胆识和机遇完成了资本积累。他们下功夫练好内功，减污降耗，高效安全生产，加大产业改造提升力度，延伸产业链，依靠科技进步实现新的跨越式发展，从而诞生了一批焦炭大王、钢铁大王、锅炉大王，涌现了年营业收入50亿元的海鑫集团，10亿元以上的美锦、中阳、宇晋、常平、振兴、阳光、长信、安泰、金业、三佳等山西民企的“航母”。在2003年度全国工商联上规模会员企业500强中，山西有11家上榜，其中9家核心业务是煤焦铁。依托资源发展起来的民企在做大做强主业同时，还把目光投向其他领域。通泰昌集团高起点、高标准创建恒康乳业，走上了农业产业化经营、带动贫困地区群众共同富裕的光彩之路。三佳煤化开创了我省民企进驻旅游开发业先河，投资6亿元进行绵山旅游业开发，挖掘展示了绵山优秀自然资源和浓郁悠久历史文化资源，打造出山西十大旅游景区之一的优秀品牌。皇威集团依托发电、供热、铁合金生产主业大踏步向纺织、医药、农业行业迈进。

3. 敢于独闯天下的新晋商代表。传统晋商不畏艰辛，开拓创新，敢于冒险，足迹遍布旧中国，涵盖欧亚。新一代晋商中不乏自强不息、开拓进取之人。在北京的晋籍商人有：在阳泉长大，到美国求学获博士学位后回国创业成功的百度总裁李彦宏，被誉为第二代网络英雄，个人财富估值20亿元；北京凯瑞酒店（五星级）总裁行红智（新绛人）；北京西金大厦总裁赵安稳；在北京中关村创办了全国最大的网吧飞宇连锁店的董事长王跃胜（怀仁人）等知名企业家。近年来，总部经济开始启开山西的大门，辐射效应转化为促进山西经济发展的动力，许多企业家把目光投向北京、上海、广州等地，纷纷到外地拼闯天下。总部做为一种独立、坚实而强大的策源地集中研发和销售，两头生产加工基地设在山西或成本较低的其他地区，从而形成合理的价值链分工，为山西民营经济注入了新活力。

（三）家族企业文化

1. 现代管理模式下的家族企业发展。近年来，一些民营企业经过家族化管理初始阶段，开始适应二次创业要求，建立完善现代企业制度，建立了较为科学合理的治理结构，引进职业化的管理队伍，同时建立和完善了人力资本的激励机制和约束机制，在整个企业内部营造了一种良好的尊重人才和充分发挥人才作用的文化氛围。山西安泰集团股份有限公司成功在上海证交所上市，成为山西省第一家由自然人发起的上市公司，企业走上了全面、协调、可持续发展道路。一些规模企业高薪聘请总经理等高层管理人员，许多企业进入了上市前的辅导期。

2. 家族管理模式下的企业成长。同其他地区民营企业一样，山西省的民营企业第一代创业者大多始于上世纪80年代初中期，到现在，年龄、精力、知识结构、对市场的把握，使他们开始考虑接班的问题，而接班人的选定大多在家庭成员之间，“父子型”成为其中最稳定的家族结构。如安泰集团董事长李安民的长子李勇现为总经理，美锦集团董事长姚俊良的儿子姚锦成也成为集团掌门人，长信钢铁集团潘路标取代了淡出的父亲潘兰庭，天龙集团崔小胧执掌了父亲崔云山的大业，最典型的莫过于海鑫继承人李兆会子承父业。李勇、姚锦成、李兆会都是在国外学有成就的新一代知识型接班人。新一代掌门人在家族企业管理上大多能扬长避短，踩着父辈打下的基础，用他们年轻的勇气和更丰富的知识、崭新的理念传承，推动企业更快发展。

3. 家庭模式管理下的家族企业兴衰。我省也有相当一部分民营企业在管理方面还停留在家庭模式上。在企业创办之初，尤其是企业规模较小时，这种模式确实曾发挥过有益的作用，但是随着企业的发展，它就暴露出弊端。传统的手工作坊式的管理思想、决策体系和手段滞后于经济发展，不能适应市场竞争的需求。甚至少数人还存在着决策要靠神灵、撞运气的愚昧思想，家庭模式管理用“亲情”代替“规则”，“情”大于管理制度；选择管理人才的范围局限于家庭中，影响了真正有才能的管理者的选拔；企业内部失去竞争机制，导致人浮于事和懒惰行为，导致了一些企业衰败。

（四）民营科技企业文化

我省民营科技企业发展方兴未艾，引领山西民营经济产业新方向，以太原高新技术开发区一批科技企业和万荣恒磁、应县万发、怀仁嘉明等为代表的民营科技企业形成了生物制药、精细化工、磁性材料、新型建材、机构配件制造等五大科技企业群体，显示了民营科技企业特有的文化景象。目前，全省已有5000多家民营科技企业与国内500多所高等院校、科研院所建立了合作关系，民营科技企业呈现蓄势待发之势。

1. 科技是第一生产力。山西丰海纳米科技有限公司先后与国内外20多家科研院所紧密合作，形成了国际先进的纳米氧化锌及其复合材料的先进技术，他们生产的纳米光催化涂料可以杀死墙壁上的细菌和分解甲醛、氨、苯等有害气体，它的出现将使整个建筑涂料产业重新洗牌。山西精华科工贸公司研发生产的溶剂型凹印、柔印调精油新材料，主要用于印刷高档的烟盒，获国家发明专利。中高档纸香油墨、高档固体油墨、环保型水性油墨等后续产品也受到用户的欢迎，在印刷界享有盛誉。

2. 创新是企业核心竞争力。山西吉天利科技实业有限公司是一家集设计、生产、销售、服务为一体的专业生产阀控式密封铅酸蓄电池系列产品的民营高科技企业，“服务社会，追求卓越，以人为本，崇尚科学”是吉天利人的追求，吉天利通过不断的技术创新提高产品质量。2002年成立山西省第一家民营企业研究所“山西省高能蓄电池科学技术研究所”，通过科技创新，促进质量稳定、持久、提高。目前为止它们是本行业内唯一一家通过ISO9001、ISO14001和ISO18001三位一体管理体系认证的企业。他们与铁道部科协合作开发研制的轻量化型高能动力蓄电池，为火车再次提速奠定了基础，成为国际知名UPS厂商的合作伙伴。

3. 不求最大，但求最好。文水金泰化工企业先后投资6000多万元，对企业进行四次较大规模的技术改造和扩建，成为目前拥有较先进的生产设备和雄厚的技术力量，能生产六大化工系列产品，年综合生产能力4.5万吨，在同行业中占有重要地位的中型化工企业。公司的产品不仅畅销中外，而且硝酸钾造粒和硝酸铵钙造粒还填补了国内的空白，深受中外客户和专家的好评。1999年公司通过了ISO9002质量体系认证，2002年又通过了ISO9001质量管理体系认证复审，拓展了走向国际市场的通道。

三、当前山西省民营企业文化建设存在的主要问题

民营企业文化做为一个新生事物，尚处在初级阶段，文化积淀还不够，还存在许多不尽如人意之处。

（一）民营企业自身的问题

1. 认识和实践上的误区。不少民营企业认识上有偏差，对民营企业文化概念的内涵外延认识模糊，对企业文化的前瞻性、系统性、指导性、决定性等重要作用认识不到位；有的企业将企业文化建设简单等同于思想政治工作和开展员工文体活动；也有的企业认为只有企业发展到一定规模才可论及企业文化；还有的企业认为文化太虚，经济效益才是实的，两者互不相干。

实践中有误区。受各种因素制约，民企文化建设大多还处于较低层次的运作，企业文化建设政治化、形象化、口号化，没有形成高起点大运作的氛围。有的企业请专家、学者构思一些精妙的企业文化词句，用作宣传之用。还有的简单借鉴别人的企业文化，没有提炼自己企业艰辛创业中凝聚的观念、精神、行为习惯来升华文化；有的重制度管理轻价值观引导，

重广告传播轻企业精神塑造。

2.形式和内容上的脱节。在民营企业做文化调研时，发现有些民企的企业文化体系很不完善，仅仅停留在企业的远景规划层面，将企业理念悬挂墙上，到此为止，没有下文，都是企业未来的事情，都是追求的目标，没有现实操作。有的在企业内部搞各种各样的仪式，仅仅重视形象，与企业经营管理实践相脱离，企业文化成了一个空荡荡的花瓶；还有的企业家指望员工遵循企业文化的准则，而自己从没想过去遵循。

3.对企业文化理念上的差距。大部分民企没有把企业文化建设放在重要战略位置考虑，忽略、轻视企业文化建设。特别是许多中小民企规模小，需要解决的问题很多，很多创业者觉得条件不成熟，企业文化建设不是急需解决的问题，因而忽略不重视企业文化建设是很多中小民营企业的通病。而在不少企业中，文化的核心层面基本价值观的形成、传播与扩散处于被动状态，大多在被约束下进行。从而限制管理者和员工对文化的积极传播及对最高理念的追求，使企业文化运行处在"为我"状态，难以形成强力型的核心文化力。从我省情况看，大多属于"家族情感型、制度约束型"，理念引导型和境界追求型很少，难以支撑企业长期快速发展。

4.企业管理模式上的障碍。家族化管理制约企业文化健康发展。处于二次创业的民企在企业发展壮大中，家庭化管理文化制约了现代企业制度的推行，一是创业者自身权利地位削弱后的心理不平衡；二是其他家族成员因权利和利益调整而产生的消极态度。造成大多民企在情感上处于执著传统观念，理智上认同现代理念的两难矛盾之中。同时家族化管理造成企业目标制度上的短视性，从而使企业的战略理念仍停留在短浅目光，追求眼前利润和财富，没有向持续发展理念转变。

5.企业经营管理者素质的影响。创业者文化水平不高，大多没有受过正规的高等教育，个人色彩浓厚，总体素质偏低。由于民营企业家个人的文化素质和思想境界影响着企业文化的建设，这样就不可避免地决定了目前民营企业文化建设中存在着的局限性。企业家文化仍停留在传统阶段，未能自我进行理念、境界方面的根本革命，阻碍了其向更高层次飞跃。小富即安，小进则满，更有甚者，制售假冒伪劣产品，坑蒙拐骗。

（二）社会环境的影响

1.市场体系不完善的影响。目前，各地民营经济发展很不平衡，民营经济与国有经济的优势互补还没有实现，民营经济在一些地区和行业比重仍然偏低，所有制结构调整远没有完全到位。据省统计局的调查了解，非公有制经济投资在将近30个产业领域面临着实际上的"限进"障碍，部门、行业垄断和歧视性的准入政策仍然存在，银行、保险、证券、通信、石化、电力等行业，民间资本一直难以进入。一些领域虽然允许民间资本涉足，但体制性障碍导致明显的不公平竞争。另外，税负不公，抑制了民营企业的投资扩张。私人财产的保护不完善束缚了民间投资者和经营者放开发展和放心发展的手脚，阻碍了民企文化向更高层次飞跃。

2.诚信环境差造成的信誉失衡。市场经济是以"利"为动力和以"钱"为中心的，因此追求主体利益最大化的过程就不可避免地伴随着方法、手段、途径、谋略上的投机性和利己性，导致诚信的缺失和社会的无序。无庸讳言，在政治上、官场上、商场上存在着对诚信精神和诚信原则的背叛和亵渎。而大量的信用缺失现象，因为守信者没有得到应有的收益和鼓励，而失信者非但没有受到应有的惩罚，反而得到不应得的收益，造成了部分民营家变成"丛林动物"，唯利是图，为民企形象抹黑。

3.体制和腐败误导出的权钱交易。现行体制下，权钱交易比较严重，吃拿卡要在一些领域普遍。掌握资源的个别部门腐败官员利用审批权进行寻租行为，特别是煤炭这种国家垄断产品，开采权这两年才逐渐市场化，权利寻租空间非常大。一些职能部门和公务人员揽权争利，“国家权力部门化，部门权力个人化，个人权力商品化”的现象严重，使得一些民营企业家热衷于拉关系、寻靠山、钻空子、走捷径，扭曲了自身性格特点，忽略了法制，也诱发了民营企业中“重权力轻法制”不良风气。

4. 官本位风气制约。目前上上下下官本位思想依然严重，许多官员总怕走错路，丢了官帽子，思想守旧，错过了很多发展机遇。还有一些领导缺乏科学的政绩观，急功近利，追求眼前的经济增长指标，大搞形象工程，忽视可持续发展。为突出政绩，使财政收入迅速增长，一些地方主要领导热衷于上大项目，不进行科学决策，给民营企业带来了损失。

（三）推动力量尚显薄弱

1. 全社会对民营企业的认同感仍然欠缺。现在，社会上对民营企业和民营企业家仍有很多偏见或责难，什么“无奸不商”、“为富不仁”、“暴发户”、“问题富豪”等等。“恐私、仇富”的传统观念还在束缚人们的手脚，以所有制划线的观念还根深蒂固。有的媒体忽视民营经济的积极方面，片面渲染一些消极因素和个别案例。宣扬“原罪论”，在现有贫富分化加剧的情况下，煽动公众的不满情绪，从而为民营企业的正常经营造成障碍，使广大民营企业家畏首畏尾，举步维艰。

2. 各级工商联组织发挥作用不够。各级工商联组织在民企文化建设中作用发挥不够。工商联作为党和政府联系非公有制经济的桥梁和助手，在推动民企文化建设中，方法不够新颖、手段不够灵活、宣传不够到位、组织力度不够、效果不显著。

3. 还没有形成推动民企文化建设的合力。目前，民营企业文化建设还没有引起各级党委、政府和社会的重视和关注，许多部门和组织对此还非常陌生，我省学术界和研究领域没有开展专业性研究探讨，没有形成推动民企文化建设的社会氛围。

四、对加强山西省民营企业文化建设的建议

针对民营企业文化建设中存在的主要问题，对加强山西省民营企业文化建设提出建议如下：

（一）创优民营经济发展环境

1. 全社会要摒弃对民营企业不正确的认识。各级党委和政府要深入学习贯彻“十六大”、十六届三中、四中全会精神，将中央关于非公经济的新方针、新政策列为党政领导干部学习的重要内容，提高对发展非公经济重要意义的认识，从思想和行动上真正改变“官本位”和“小富即安”的落后观念，改变对民营企业不正确认识，创造民营经济发展的良好氛围。

2. 加快完善社会主义市场经济体制的步伐。建立公平竞争的市场环境，要取消在一般竞争性领域对民营企业所设置的障碍，放宽基础设施等领域的“市场准入”，允许和鼓励民营资本进入。特别是在经济建设中，一些重点工程和基础设施建设，应允许民营企业公开、公平、公正地参与投标。同时大力规范市场秩序，严厉打击假冒伪劣、欺行霸市等违法行为，维护民营企业的合法权益。

3. 党政群社会各方面努力构建诚信社会体系。民营企业文化建设中的一个重要组成部分是信用文化建设。信用文化建设是构建、支撑信用的多元要素相互作用的实践过程。信用、信誉是一个企业、一个地方乃至一个国家的精神财富和价值资源，甚至能成为一种特殊的资本。“诚信”对企业和社会来说，更是一种稀缺资源，是社会公众所奉行的道德观、价值观的体现，是企业文化的高层次。因此党政群社会各方面要努力构建诚信社会体系，使信用文化成为民营企业参与激烈市场竞争的核心竞争力。

（二）创造民营企业先进文化氛围

1. 推动主题文化活动的广泛深入开展。如何把民营企业这种自发的企业文化建设热情与全国工商联确定的主题活动结合起来，是各级工商联要做的工作。对民企文化主题活动的组织推动，各级工商联要抓好宣传引导、典型示范、经验推广等环节的工作。宣传引导就是利

用文件、会议和报刊、简报、网站等媒体，将主题文化活动的内容、意义和方法宣传到民营企业，让他们认识到这种主题文化建设活动对企业健康发展的积极作用，让民营企业家首先认识和接受；典型示范就是工商联重点帮助基础好的企业开展主题文化建设活动，深入企业总结活动开展过程中需要把握的工作重点、有效方式、成功经验，用以指导本地区此项活动的开展；经验推广就是及时将开展主题文化活动的成功做法和典型单位的先进经验通过报刊、简报乃至组织召开现场会等形式向更大的范围宣传推广，从而形成一种民企主题文化建设活动的社会氛围。

2. 大张旗鼓地宣传表彰先进典型。要进一步加大对民营企业文化这一新生事物的内涵、功能、重大意义以及建设途径的宣传，在全社会形成大家都来关注企业文化建设的浓厚氛围，使民营企业家像关心企业的生产经营状况一样关心企业文化建设。要以正反两方面的鲜明事例，向广大民营企业家说明，良好的企业文化是任何一个企业实现持续健康发展、做大做强的必备要素，创建独具特色的企业文化，是民营企业大发展、快发展必须解决好的重大课题。各级工商联都要结合各地情况组织不同形式的主题活动，如论坛会、现场观摩活动、组织经验交流会、宣传表彰先进等等，通过活动推动主题文化建设工作的开展。省工商联已经与省总工会安排部署了在“关爱员工，实现双赢”和创建学习型组织、知识型员工活动中涌现出的“关爱员工的优秀企业家”、“热爱企业的优秀员工”和“创建学习型组织标兵单位”、“知识型职工标兵”的推荐工作，拟在适当时候进行表彰。省工商联还计划举办“2005晋商国际论坛”，组织召开“山西省民营企业文化建设工作会议”，并宣传表彰一批在开展民营企业文化建设主题活动中涌现的先进单位和先进个人。

3. 开设民营企业文化论坛阵地。为进一步做好推动民企文化建设工作，省工商联正在筹划成立“山西省工商联民营企业文化建设委员会”，参照全国工商联的做法，委员会以民营企业家为主体，由民营企业家唱主角，工商联搭台企业家唱戏，通过委员会组织开展企业家间的交流，构建民营企业文化交流与合作的平台。

（三）民营企业要掀起建设优秀企业文化的热潮

1. 创建学习型组织。经济全球化，知识经济到来，我国加入WTO，使企业面临市场竞争更为残酷的严峻局面，因此要努力创建学习型组织，实现员工队伍由操作型向知识型、技能型、管理型、学习型的转变。企业要针对员工队伍素质不适应发展之处，启动素质工程，提高员工思想、道德水准、科学文化水平、专业知识技能和现代心理素质。要使广大员工从被动参与转到向往和追求，引导和要求广大员工自我进行“修炼”，树立共同目标，超越自我，突破思维定式，要加大对员工业务知识、团队精神和技能培训力度，培育员工不断更新知识、掌握新技能，立于不败之地。

2. 注重培育企业的创新精神。企业文化不是一成不变的，它需要随着企业的发展和时代的进步而不断完善，企业文化的定位要适应时代发展要求，有长远战略眼光，不断采用新的价值标准去充实和改造自己企业文化内容，建设与市场经济及民企特点相结合的现代企业文化内容。民营企业发展到现阶段，只有在观念创新的基础上，通过技术创新、知识创新、管理创新、引入品牌意识，才能再上新台阶，要在产品的生产经营中提升科技含量，在企业的管理服务中注入精神理念，在企业的文化建设中构建文化网络，在员工的精神生活中弘扬优秀文化传统。

3. 企业家要自觉地进行理念革命，重塑高层次的核心价值观。企业家的价值观是核心价值观，决定着基本价值观的形成和作用的大小，也是实行企业文化建设的龙头，应摆到最重要的位置上。而企业家要树立核心价值观，就应从思想深处形成最高理念，自觉开展理念革命，实现由经营理念到政治理念乃至最高理念的飞跃。企业家要大力培养以下精神：不自满、不自卑、志存高远，勇于挑战强手，争创一流的精神；以人为本，珍惜人才，善待人才，留住人才的创业环境；居安思危，奋发图强，抢抓机遇的敏锐头脑；敢闯敢试，敢冒风险，敢为人先的冲天干劲；以振兴家乡为己任，致富不忘回报国家、回报家乡、回报老区人民的使命感和责任感等。

4.注重培育企业家文化智慧，着力塑造企业家形象。企业家是企业文化的第一设计者、实践者和宣传者，企业家的个人魅力很重要，有时甚至是打开成功之门的一把金钥匙。个人魅力来自人格修养和文化智慧，企业家的预见能力和准确决策水平主要通过后天学习和实践中自我培养、自我塑造。市场在不断变化，不进则退，小进亦退，只有不断学习、精益求精。因此，企业家要接受新知识培训，吸纳新理念、新思维，保持较好的创新精神和能力。要增强法律观念和市场规则意识，把法律法规和道德伦理意识内化为企业行为准则，培养企业家健康的企业伦理观，影响带动全体员工规范自己的行为。

课题负责人：郎宝山　山西省工商联党组成员、副会长

报告执笔人：李剑英　山西省工商联组织人事处主任科员

二OO四年十月

[引自《2005年山西民营经济发展分析与预测》（2005年1月山西经济出版社出版发行）]

关于对我省贯彻落实《国务院关于鼓励支持和引导个体私营等非公有制经济发展的若干意见》情况的调查报告

国务院颁布《国务院关于鼓励支持和引导个体私营等非公有制经济发展的若干意见》后，省工商联立即积极开展了各种形式的学习宣传活动。为了进一步推动我省学习贯彻国务院《若干意见》，促进工商联在政府管理非公有制企业方面助手职能的落实，我会领导带领机关同志分赴晋中、阳泉、长治、运城、临汾、吕梁六市和部分县、区，就《若干意见》在各级工商联组织和民营企业中的贯彻落实情况进行专题调研，了解企业在宏观调控中进行的调整和变化，面临的困难和问题，征求了意见和建议。大家一致认为《若干意见》是国务院支持非公有制经济发展的全面性、纲领性文件，必将对非公有制经济快速健康发展和工商联工作的拓展产生巨大的推动作用，非公有制经济发展迎来了又一个新的春天，广大非公有制企业家和工商联干部深受鼓舞，信心倍增。

从全国来看，2005年3月24日，国务院责成国家发改委牵头召开了贯彻落实《若干意见》重要举措分工方案座谈会，对应国务院《若干意见》中的“36条”提出了37项重要举措项目及分工，每一项都明确有牵头和参与落实的中央、国家机关有关部委，要求各有关部门加强研究，抓紧制定和完善促进非公有制经济发展的具体措施及配套办法，确保政策措施尽快落到实处。会议要求，分工项目中凡属建章立制的，有关部门要抓紧相关制度的建立和完善，以及有关政策、法规的起草；属于改革举措的，要抓紧制定贯彻落实的具体方案，并组织实施；属于提出原则性要求的，要尽快组织专门力量调查研究，在此基础上提出加强和改进相关工作的意见。中央统战部和全国工商联主要参加第19、28、29、34、35、37共计六项的落实工作。全国各省市区党委、政府高度重视贯彻落实工作，一些省已经制定了贯彻落实《若干意见》精神，促进非公有制经济发展的政策性配套文件或实施细则。上海市制定出台了《上海市贯彻<国务院关于鼓励支持和引导个体私营等非公有制经济发展的若干意见>的实施意见》；吉林省委、省政府作出了《关于进一步加强民营经济发展的决定》；河北省出台了《河北省人民政府贯彻<国务院关于鼓励支持和引导个体私营等非公有制经济发展的若干意见>的实施意见》。特别是湖北省委、省政府在8月份下发了《关于进一步加强工商联工作的意见》，明确了工商联为非公有制经济社团的主管单位。目前，天津、福建、黑龙江、安徽、内蒙古、湖南等一些省市、（区）也正在制定有关《实施意见》。

国务院《若干意见》出台后，我省各级党委、政府尤其是各级工商联和广大民营企业家认真学习贯彻落实《若干意见》，全省工商联系统组织民营企业家进行了座谈和学习，对国务院《若干意见》进行了连续解读宣传，但与一些兄弟省市相比，我省宣传工作明显滞后，贯彻落实的具体行动迟缓，宣传面窄，影响小，重要的是政府系统缺少有力度地学习宣传，在相当程度上影响了贯彻的力度。我省早于2004年5月出台了《关于进一步加快非公有制经济发展的决定》，具体内容与国务院《若干意见》的主要精神基本一致，但《决定》出台一年多来，只有省劳动和社会保障厅、省工商局等个别部门有所响应，出台了相关配套文件，其他部门都没有按《决定》要求出台配套实施细则。这次对国务院《若干意见》的宣传学习也不够广泛，在省主流媒体上也少见宣传这方面的内容，不少政府工作人员和民营企业家甚至不知道出台了国务院《若干意见》。我们在调研中了解到，国务院《若干意见》虽然在放宽市场准入、改善金融服务、发展社会中介服务等方面有了实质性的突破，但由于牵涉到部门利益，使政策难于落实。目前，我省非公有制经济发展仍然存在许多困难和问题。

1. 市场准入仍受限制，国民待遇难于平等。大部分企业反映现在“门槛低了，凳子高了”。尽管“非禁即入”，但无形壁垒森严，准入制度含混模糊。有的部门光说欢迎，但一涉及到具体项目，哪些鼓励，哪些限制，就没有详细规定，投资者无从了解市场准入门槛的高低和行业政策风险的大小。垄断集团利用其垂直的垄断地位，对非公资本实施价格、市场等或明或暗的“制裁”手段，使非公企业无法自主公平地展开竞争。

2. 财税金融支持力度不大，企业融资非常困难。金融部门由于自身管理的缺失，造成了企业的套贷等违规贷款现象，就借宏观调控之机对中小企业的贷款“一刀切”。在信贷上对非公企业要求高、门槛高、条件苛刻，不愿给非公企业放贷，致使一些中小型企业得不到国有银行支持，生产常常处于停产待料、无钱进货的状态。

3. 人才缺乏制约非公有制经济健康发展。相当比例的大专院校毕业生、军队转业干部及机关事业单位的富余人员不愿到非公企业工作，国有企业下岗职工在实在找不到较理想的就业岗位时，才勉强到非公企业就业。除观念认识问题外，非公企业人员还存在着事实上的不平等待遇和限制性因素，比如户口迁移、配偶调动安置、子女就读、职称评聘等问题上，大多不能得到合理解决。

4. 政府一些部门服务不到位，缺乏诚信理念。企业家普遍反映目前对非公经济协调机制不完善，服务体系不健全，非公企业在信息服务、产业指导、技术支持方面难以得到有关部门的帮助，对非公有制经济有管理权和收费权的单位不少，但真正为企业服务的单位又很少，企业经营好的时候，相关部门争相涉足；遇到困难时，有关部门就相互推诿、相互扯皮。一些政府部门为了片面追求政绩，鼓励企业盲目投资、低水平重复建设，违反国家产业政策上钢铁、焦化项目。在招商引资时满口优惠条件，一旦签约生效，有了政绩，就不闻不问，不兑现自己的承诺，不履行应尽的责任，对企业项目只是“扶上马”不能“送一程”，投资人由于缺乏后续扶持，往往进退维谷。

5. 乱收费、乱罚款、乱摊派现象更加隐蔽。“三乱”整治了很多年，但因为没有控制到根源上，所以成效有限。明目张胆的“三乱”少了，暗渡陈仓的多了，手段更繁杂，做法更隐蔽。在非公企业新上项目办证问题上，一证办下来，需要涉及省、市、县三级政府十几家职能部门，大小公章要盖几十个，一些部门或责任人借机对企业“吃、拿、卡、要”，如不满足就无故罚款，拖延项目审批时间。一些新闻单位和杂乱的社会团体乃至一些部门的行业协会、中心等对企业进行乱评比、乱表彰、乱拉赞助，有些部门以搞公益活动为借口，向企业摊派、下任务，甚至有些部门找借口向企业非法收取管理费，进行罚款。

6. 涉及民营企业家的社团成立和管理不规范，削弱了工商联主流群团的工作。随着民营经济的快速发展，政府部门、群团乃至一些协会针对民营企业家、民营企业高层管理人员纷纷成立各种各样社团组织。据我们了解，到现在全省除工商联这个主渠道社团外，省中小企业局牵头成立了“山西省民营企业家协会”，还有原省体改委成立的“山西省企业家协会”，省工商局的“山西省民（私）营企业协会”、“山西省个体经济协会”，省政协的“山西省政协企业联合会”等，前不久，省内一家传媒公司又牵头成立了“山西省新晋商联合会”。企业规模较大的民营企业家在多个这类社团中担任领导职务，会费要交、赞助要给、会议要参加，给他们增添了许多负担和麻烦。同时，这些社团组织的成立，妨碍了以非公经济人士为主体，具有统战性、经济性、民间性的工商联作用的发挥，削弱了思想政治工作的主体力量。

报告执笔人：
郎宝山　山西省工商联党组成员、副会长
闫晓红　山西省工商联宣传调研处主任科员

二OO五年九月

（原载于《当代山西商会》2005年第10期）

山西省工商联和民营企业参与社会主义新农村建设的情况调查

党的十六届五中全会明确提出了建设社会主义新农村的重大历史任务，这是党中央从我国全面建设小康社会和现代化建设全局进行的战略部署，是全面落实科学发展观，解决“三农”问题的集中体现。建设社会主义新农村是一场广泛、深刻和重大的经济与社会变革，是全社会的宏伟事业，需要动员社会各行各业、各阶层人士、各方面力量广泛参与。近年来，山西省工商联充分发挥政府管理非公有制企业的助手作用，积极动员组织广大会员和民营企业参与社会主义新农村建设。

一、组织民营企业参与社会主义新农村建设的基本情况

建设社会主义新农村是我国现代化进程中的重大历史任务。当前，我省各行各业、各部门都在积极贯彻中央关于新农村建设的战略部署，结合自身行业特点和地区优势，纷纷提出贯彻落实的政策、意见。山西省在“十一五”规划中，从“抓紧研究建立工业反哺农业、城市带动农村的长效机制，千方百计增加农民收入，努力提高农业综合生产能力和农民生活质量，积极深化农村改革，大力推进区域经济协调发展，着力搞好城市规划、建设和管理，继续完善城乡基础设施”等方面提出了扎实推进社会主义新农村建设，促进城乡协调发展的规划。在全省农业工作会议上，省委、省政府提出了“十一五”期间社会主义新农村建设的具体要求，即“十一五”期间组织实施“千村试点、万村治理工程”。在全省选择1000个有代表性的村，作为新农村建设试点村、示范村、重点村；对10000个村进行人居环境治理，每年治理2000个左右，到2010年使全省三分之一农村的村容村貌得到新的改观。

建设社会主义新农村战略任务的提出，既给工商联赋予了新的历史重任，又给工商联发挥桥梁纽带和助手作用提供了新的历史机遇。我省各级工商联充分发挥自身的特点和优势，采取多种形式，开辟多种渠道，组织、引导和支持民营企业积极参与社会主义新农村建设。

1.开展调查研究，广泛发动民营企业参与社会主义新农村建设。省工商联宣传调研处从年初开始，就确定了“民营企业参与社会主义新农村建设”的调研课题。半年来，在郎宝山副会长带领下，先后深入到吕梁、大同、忻州、朔州、运城、临汾等市县就民营企业如何认识和参与新农村建设，在参与过程中存在哪些问题，需要什么政策支持，展开了调查研究。为广泛动员民营企业投身到新农村建设这一伟大事业中，省联发出了《关于推荐民营企业参与新农村建设先进典型的通知》，号召民营企业发挥在新农村建设中的积极作用，承担起新农村建设的社会光荣责任；要求各级工商联认真总结民营企业在增加农民收入，提高和发展农村经济，改善农民生活和环境，提高农民素质，支持农村教育事业，吸纳农民工就业等方面取得突出成绩的民营企业的先进经验，深入了解各地民营企业参与新农村建设的主要做法、模式、成效、社会影响，特别是当地农民的反应、意见和建议。各级工商联对此项工作给予高度重视，积极开展调查研究，向党委、政府提出意见和建议。

2.加强宣传引导，提高民营企业参与新农村建设的思想认识。党的十六届五中全会和中央农村经济工作会议作出新农村建设的全面部

署后，省工商联在会刊《当代山西商会》上专门登载了相关政策的解读，专家学者的论述，全国工商联的做法，38位担任全国人大代表、政协委员的民营企业家联合发出的倡议，企业家参与新农村建设的典型事迹，利用宣传媒体把广大会员和民营企业家的思想统一到中央关于建设社会主义新农村的重大战略决策上来。省工商联还将在近期召开的省联执委会议上，组织执委向全省民营企业发出积极参与社会主义新农村建设的倡议书，与有关部门联合组织召开“民营企业参与社会主义新农村建设”论坛活动，引导民营企业提高对新农村建设的思想认识，踊跃地参与到这一伟大事业中来。

3. 召开现场会议，推广民营企业参与新农村建设的典型经验。晋中市工商联认真总结民营企业参与新农村建设的先进经验，于5月30日在昔阳县大寨村隆重召开“晋中市民营企业参与社会主义新农村现场会”。会议引起了市委、市政府、县委、县政府的高度重视，晋中市委领导和昔阳县委、县政府领导出席了会议，昔阳县委书记就昔阳县建设社会主义新农村的具体情况作了详细介绍。在参与新农村建设中取得一定成绩的民营企业家介绍了先进经验，参观了昔阳县井沟村。与会企业家联合发出了“积极参与社会主义新农村建设”的倡议书，号召全市广大非公有制经济人士积极参与到社会主义新农村建设中来。通过召开现场会，使民营企业家增加了感性认识，纷纷表示要做参加社会主义新农村建设的排头兵。

4. 外出考察学习，寻找民营企业参与新农村建设的有效途径。为使民营企业家在新农村建设中抓住发展机遇，找到一条参与新农村建设的有效途径，孝义市工商联积极配合市委、市政府组织动员民营企业家到江苏、浙江等农村经济发展快、建设好的典型地区考察学习，借鉴外省的先进经验，探索参与新农村建设的模式，更有效地参与到当地的新农村建设中。

二、山西省民营企业参与新农村建设的主要方式

山西省民营企业作为改革开放的受益者，经过20多年的发展，已成为国民经济发展的重要力量。2005年，全省民营经济完成增加值2120亿元，占到全省地方生产总值的一半以上。其中，作为民营经济主体的乡镇企业，完成增加值1460亿元。民营经济的发展得益于党和国家的改革开放政策，得益于广大人民的理解、认同和参与，得益于各行各业的大力支持，其中，特别得益于来自农业和农村的巨大支持，来自农民工的巨大贡献。滴水之恩当涌泉相报，多年来，我省的民营企业家已为“三农”问题的解决迈出了坚实的步伐，做出了重要贡献。目前，我省民营企业参与新农村建设的主要方式有：

1. 民营企业家当“村官”，以企促村。新农村建设农民是主体，农村基层党支部、村委会是组织者、实施者。民营企业家大多来自农村，他们致富后不忘回馈自己生长的地方，一些企业家以“能人”的身份回到农村担当“能人书记”、“能人村长”，为新农村建设献计出力。河津市有148个行政村，2005年村民委员会换届后，该市有60多个民营企业家担任了村党支部书记或村委主任。山西鑫升焦化有限公司董事长张高升去年被选为河津市樊家庄村村委主任后，先后投资400万元，为村民办了4件实事：投资200万元建了一所学校；全村免费看有线电视；村民用电每度交电费不超过0.3元；9名村干部的工资全部由他来发。左权县以“企官”带“村官”，4位民营企业董事长挂职担任村党支部书记或村委会主任，帮助所在村实施规模种植、养殖、农产品加工等项目16项，总投资1500万元。昔阳县井沟村周银柱、马怀兰夫妇不顾自己身患重症，创办了昔阳县银鑫装饰公司，把时间、精力、多年辛辛苦苦创办企业积累下来的财富用于井沟村的脱贫致富建设中。2005年马怀兰担任村委主任后，从自己企业拿出一部分资金成立“企农经济合作社”，以企业发展反哺农村。

2. 发展资源型企业，带动农村经济建设。山西省作为国家煤炭重化工基地，一部分民营

企业在具有丰富资源的农村投资设厂，带动了所在地的经济发展。山西海鑫集团建在国家级贫困县，为当地百姓脱贫致富做出了极大贡献，安置员工1万余人，上缴税金达4.6亿元，带动相关产业十几亿元，所产生的连带效应富了十里八村，集团所在地川口村也被称为“河东第一村”。山西常平集团所在地是国家级贫困县壶关，董事长陈忠孝联合当地十几个自然村，组建工业园区，形成了相当规模的煤、焦、铁、化工产品产业链，年纳税超亿元。我省也正在实施“以矿带村，以煤补农”的惠民政策，引导高收入的煤炭行业和富裕群体“煤矿主”，为当地农村、农民和农业出资修建道路、桥梁、水利等公共设施，或资助农村教育、帮助农村困难群体。

3. 投资农业项目，发展新兴现代农业企业。近几年来，我省民营企业围绕农业增收、农民增收和农产品竞争力增强的目标，大力发展密集型和农副产品加工企业，在农村工业化和农业产业化上有所作为，出现了一大批公司+农户形式的农业产业化种、养、加工项目，成为当地经济发展的龙头企业，形成了以古城乳业、康喜奶业为代表的乳制品加工企业群体；以忠民集团、强盛集团、青玉油脂为代表的粮油加工企业群体；以大同荣康、沁州黄集团、长治绿是金集团为代表的小杂粮加工企业群体；以陈醋集团及四眼井醋业、绿韵食品、榆次聚泉醋业为代表的系列醋产品生产企业群体；以天龙啤酒、厦普赛尔等企业为代表的果蔬饮品加工企业群体；以粟海集团、介休聚兴集团、长治世龙、灵石獭兔、应县长城园肉乳为代表的畜禽产品加工企业群体等八大群体。

4. 企村相结合，推动城镇型新农村建设。以企业推进农村现代化，引导农民向城镇集聚，加速资本和产业转移，加快城镇型新农村建设，是我省民营企业参与新农村建设的又一种新方式。孝义市留义村地处孝义市区西北，是典型的城中村，担任该村党支部书记的是孝义市云基房地产开发公司董事长宋金锋，在他的带领下，村里办起了面粉加工厂、砖厂、洗煤焦化厂等多个企业，硬化道路，修建小学和村办公楼。宋金锋在2006年开发孝义市首席大型健康易居社区富丽康城时，把留义新村融入富丽康城中，新规划的留义新村集村委综合办公大楼、写字楼、星级宾馆、沿街门市、村民住宅、健康休闲广场、文化活动中心为一体，实现户户住新宅，家家有门市，推进了农村城市化的建设。

5. 热心光彩事业项目，促进贫困地区农村经济发展。山西省广大民营企业家在参与光彩事业实践中，大胆探索、不断开拓光彩事业新领域，创造出形式多样、行之有效的扶贫开发模式，由“投资办厂、开发资源、培训人才”等最初的形式，发展成科技创新扶贫、市场开发扶贫、环保绿化扶贫、医院教育扶贫、人才培训扶贫、再就业工程扶贫、移民安居扶贫等丰富多彩的“光彩扶贫模式”。山西安泰集团在介休市6个贫困村兴办实业，安排了大量农村劳动力，使上千户农民年均收入超万元；1996年在左权县和临县共29个村建成万亩板栗、红枣干果林，投资105万元为平顺县西沟村建起了饮料厂，公司到目前累计为光彩事业投放资金近3000万元。山西潞宝集团在企业初见效益时就投巨资扶贫济困，累计为光彩事业、公益事业等捐款捐物达5000余万元。2005年7月底，民营企业家在贫困地区实施光彩事业重点项目885个，投入资金112.9亿元，培训技术骨干14.69万人次，安排农村富余劳动力14万余人，使48万农村贫困人口脱贫致富，安置国企下岗职工再就业35万人。

三、组织民营企业参与新农村建设的思路

（一）深入调查研究，为民营企业参与新农村建设营造良好的政策环境

民营企业参与新农村建设必然面临许多困难与问题，我省各级工商联要把新农村建设作为调查研究、参政议政的重要内容，认真研究各级政府及有关部门关于新农村建设的政策措施，深入了解民营企业参与新农村建设的情况和存在问题，及时分析民营企业在参与新农村

建设中遇到的诸如相关政策不配套、资金周转困难等各种难题，向党委政府反映意见和建议，推动政府部门改进和完善相关政策措施，努力营造民营企业参与新农村建设的良好政策环境。

（二）加强宣传教育，引导民营企业树立参与新农村建设的责任意识

工商联要从思想上加以正确引导组织民营企业参与新农村建设，通过采取多种形式的教育引导，使民营企业充分认识到中央关于建设社会主义新农村战略部署的重大意义，增强为建设新农村服务的责任感和使命感。要正确引导民营企业从山西经济发展和自身企业发展的实际出发，按照“生产发展、生活宽裕、乡风文明、村容整洁、管理民主”的总体要求，把建设农村与资源节约、环境治理、生态建设结合起来，积极发展循环经济，加快农村生态的修复，加大能源原材料工业对“三农”的反哺力度。要把建设新农村与推进光彩事业紧密结合起来，鼓励、支持、引导民营企业，特别是农业类企业，到农村乡镇投资项目，把自身的投入和农村的资源进行优化整合，推动农业产业化经营，达到共求发展，共谋利益，实现共同富裕的目的。要引导民营企业把公益性捐赠多投入到建设社会主义新农村中去，按照建设社会主义新农村规划要求，帮助修路、通电、架桥、引水、办广播电视、建村部、敬老院、文娱室。要引导民营企业以创业促就业，提供更多就业岗位，到贫困地区招工扶贫，实现农村富余劳动力的转移就业。

（三）树立先进典型，对为新农村做出贡献的民营企业进行隆重表彰

建设社会主义新农村是一项长期而艰巨的任务，是工商联和民营企业义不容辞的历史责任和光荣任务，各级工商联要把组织民营企业家参与新农村建设和培养优秀社会主义事业建设者有机结合起来，引导民营企业家进一步弘扬"致富思源、富而思进、扶危济困、共同富裕、义利兼顾、德行并重、发展企业、回馈社会的光彩精神和“爱国、敬业、诚信、守法、贡献”的优秀建设者精神。要联合有关部门建立民营企业参与新农村建设的表彰体系，每年评选出一批先进单位和先进个人进行隆重表彰奖励，并向上级有关部门积极推荐。要借助各类媒体广泛宣传典型案例和先进人物，总结民营企业参与社会主义新农村建设的成功经验，营造民营企业家踊跃参加社会主义新农村建设，争当优秀社会主义事业建设者的良好舆论氛围，引导民营企业为新农村建设做出积极贡献。

课题负责人：郎宝山　山西省工商联党组成员、副会长

报告执笔人：闫晓红　山西省工商联宣传调研处主任科员

二OO六年六月

（原载于《当代山西商会》2006年第5期）

山西省非公有制经济现状及对策

改革开放28年来，在党的路线、方针、政策指引下，山西省的非公有制经济从无到有，从小到大，由弱变强，得到了长足的发展。非公有制经济作为新的经济增长极，成为安排就业、财政增收、产业优化、完善市场体制和农村小康建设的一支最具活力的生力军，成为全省国民经济的重要组成部分。

一、山西省非公有制经济发展历程

建国50多年来，党和国家对非公有制经济的认识经历了曲折的历史过程，在实践上走过了一条改造、取缔、恢复和发展的波折道路。随着不同时期党和国家对国民经济的方针、政策的变化，非公有制经济经历了被支持、被利用到被限制、被打击，从有到无；又从恢复、发展，从无到有，到被鼓励支持而快速发展的历史演变过程，逐渐成为中国特色社会主义市场经济中充满生机和活力的重要组成部分。

山西省在建国初期的1954年有个体工商户7.5万户，从业人员11.8万人，私营工业企业2327户，从业人员3.59万人。后来，在“左”的思想指导下，我们党和国家脱离生产力的实际情况，在所有制结构上盲目追求公有化程序，搞“一大二公”，对个体私营经济不仅不鼓励，甚至批判、取缔，个体私营经济日益萎缩，到“文化大革命”时，个体私营经济几乎不复存在。在这个大背景下，山西省的个体私营经济同样遭到限制和取缔。据1978年统计资料显示，全省国有经济占国民经济总产值的56%，集体经济占43%，其他经济占不到1%，全省城乡个体工商户只剩下1200户，从业人员1200人，私营企业已不存在。

1978年12月中共十一届三中全会召开后，在以经济建设为中心和改革开放方针政策的指引下，非公有制经济逐步恢复和发展起来。从邓小平到江泽民、胡锦涛，党的历届中央领导集体都从建设中国特色社会主义的客观实际出发，不断总结经验，逐步形成了对非公有制经济的科学认识，制定出台了一系列有利于非公有制经济发展的方针政策。特别是党的“十五大”确立了以公有制为主体、多种所有制经济共同发展的基本经济制度，党的“十六大”报告明确提出必须毫不动摇地巩固和发展公有制经济，必须毫不动摇地鼓励、支持和引导非公有制经济发展，并将两者统一于社会主义现代化建设进程中的战略思想。党的“十五大”、“十六大”精神开创了非公有制经济发展的新纪元。

（一）改革开放以来山西省非公有制经济的发展阶段

1.起步阶段（1979~1988年）。在党的十一届三中全会精神指引下，山西省从1979年开始恢复和发展个体工商经营，到年底统计有个体工商户1978户，从业人员2089人。1982年9月召开的党的“十二大”和同年12月召开的五届全国人大五次会议通过的《中华人民共和国宪法修正案》，确立了个体经济的法律地位和国家对个体经济的相关政策，城镇待业人员、离退休人员和农村大批剩余劳动力，从事个体工商经营，我省城镇个体工商户得到恢复和发展，并出现了一些个体工商大户。到1982年底统计，全省有个体工商户38007户，从业人员55332人。1987年8月5日，国务院发布《城乡个体工商户管理暂行条例》。1988年6月3日，国务院第七次常务会议通过《中华人民共和国私营企业暂行条例》，两个条例的实施使个体私营经济在这个阶段里完成了恢复、起步过程。到1988年底，山西省个体工商户发展到42万户，从业人员84.3万人，注册资金16.7亿元，当年产值19.26亿元，营业额38.58亿元，社会消费品零售额22.69亿元。这时山西省还没有正式登记注册的私营企业。

2. 波动阶段（1989~1992年）。在全国治理经济环境、整顿经济秩序的大背景下，从1988年下半年开始个体经济遇到了资金不足、原料紧张、货源没有保障等困难，特别是受1989年"六四"政治风波的影响，个体经济直线下降。主要发展指标都是负增长。私营企业从1989年下半年开始注册登记，到年底，山西省共登记私营企业2496户，注册资金3.46亿元，从业人员5.58万人，扭转了个体私营经济发展缓慢的局面。1991年5月，山西省委、省政府制定发布了《关于鼓励个体、私营经济发展的若干规定》，全省个体工商户发展逐步回升。1992年，山西省委、省政府贯彻邓小平同志视察南方重要谈话精神，制定了《关于进一步解放思想，加快改革开放，促进经济发展的意见》，文件下发后，各有关部门采取了一系列的实际措施，狠抓《意见》的贯彻落实，全省个体私营经济迅速回升和快速发展。到1992年底统计，个体工商户恢复到1988年的42万多户，各项指标均得到较快增长。私营企业发展到5334户，从业人员10.76万人，注册资金8.4亿元。个体私营经济总产值53.54亿元；营业额60.35亿元，缴纳税金4.36亿元，约占全省工商税收的8%。

3. 快速发展阶段（1993～1997年）。在党的“十四大”关于建立社会主义市场经济体制的精神指导下，1993年3月召开的八届全国人大一次会议通过的《中华人民共和国宪法修正案》，将建立社会主义市场经济体制等内容写进了宪法，坚持以公有制经济为主体，个体经济、私营经济、外资经济为补充，多种经济成分长期共同发展的方针从此确立。这个阶段，山西省把发展个体私营经济与国有企业改革转换经营机制相结合，与促进农村剩余劳动力转移、解决城镇待业人员就业和国有企业分流人员再就业相结合，与培育新的经济增长点、增加财政税收、加快农村脱贫致富步伐相结合，促进了非公有制经济健康发展。到1997年底统计，全省个体工商户总户数达到65.7万户，从业人员115.2万人，注册资金63.61亿元，总产值66.57亿元，年营业额229.32亿元，年社会消费品零售额148.66亿元；私营企业发展到21649户，从业人员37.73万人，注册资金86.05亿元，年产值48.05亿元，年社会消费品零售额31亿元。这个阶段个体工商户和私营企业各项主要指标增幅均很大。个体工商户的主要指标都是历史上最高的年份，总户数、从业人员、注册资金、营业额、社会消费品零售总额的增速都是历史上的最高阶段。

4. 结构调整阶段（1998~2003年）。在党的“十五大”精神鼓舞下，山西省委、省政府制定下发了《关于加速发展非公有制经济的若干意见》，推动个体私营经济的更大发展。1999年12月，中共山西省委七届九次全会确定了大力调整山西经济结构的战略部署。2000年1月，省九届人大三次会议通过的《政府工作报告》提出，结构调整要一年（2000年）起步、两年（2001年）入轨、三年（2002年）初见成效。2001年2月，省九届人大四次会议的政府工作报告中提出：力争今年全省非公有制经济占国民经济的比重提高5%以上，在非公有制经济发展上有较大突破。这个阶段，省委、省政府在治理发展环境上出台了大量的有效措施，省政府责成有关部门清理废除了405个不利于市场经济发展的法规性文件，在山西省经济结构调整“1311”规划确定的省选潜力项目、潜力产品中，优选了非公企业的98个项目，占首批164个项目的60%，给予了政策和资金扶持。从2001年以来，每年选择非公有制经济发展水平高的县市召开全省乡镇企业暨民营经济工作会议。2004年5月，山西省委、省政府出台了《关于进一步加快非公有制经济发展的决定》，先于国务院“非公36条”提出了“不禁止则自由”等优惠政策。在国务院“非公36条”正式发布后，省委、省政府于2005年6月出台了《关于加快发展县域经济的若干意见》，9月26日省政府出台了《关于促进全省个体私营等非公有制经济快速健康发展的实施意见》。之后，省发展和改革委员会、省财政厅等10个部门相继出台了促进个体私营等非公有制经济发展的相关政策措施。全省非公有制经济快速发展，在结构调整中充当主力军，不断得到优化和发展。到2005年底，全省注册登记的私营企业71296户，投资者161022人，雇工661891人，注册资金1066.29亿元，当年产值111.81亿元，社会消费品零售总额204.83亿元；个体工商户发展到428754户，从业人员822605人，注册资金163.23亿元，产值294.39亿元，营业额143.8亿元，社会消费品零售总额126.47亿元；个体私营经济完成增加值1735亿元，占全省GDP的42.1%，纳税100.55亿元。

（二）山西省非公有制经济发展取得的巨大成就

非公有制经济作为最具活力的经济增长极，对我省经济和社会发展起到了积极的促进作用，其成就主要表现在促进了全省社会生产力的发展和经济的增长，促进了县域经济的发展和农村小康建设，促进了我省的改革开放和市场经济体制的建立和完善。

1. 非公有制经济为全省经济社会发展提供了有效保证和持久活力，已经成为山西省国民经济的重要组成部分。

（1）在GDP中的比重加大。2005年山西非公有制经济完成GDP总量1735亿元，在全省GDP中所占比重达到42.1%，比2000年的30.3%，提高11.8个百分点，大大改变了公有制经济一统天下的局面，形成了以公有制经济为主体，多种经济成份共同发展的良好格局。

（2）成为财政收入的主要来源。2005年个私经济上缴税金100.55亿元，同比增长34.79%，占全省财政总收入的13.27%。河津市、孝义市、介休市、清徐县、潞城市等市县非公企业上缴税金已占到当地财政收入的70%至90%。

（3）成为就业的主要渠道。非公经济的迅速发展，形成了巨大劳动力需求，成为新增就业人口就业和下岗职工再就业的主渠道。2005年末，全省个体工商户从业人员达82.26万人，比2000年末增长45.05%；私营企业从业人员达82.29万人，比2000年末增长1.12倍。

（4）改善了投资结构。“十五”时期，非国有经济投资比重达到54%，比“九五”时期提高25个百分点，民间投资所占比重达到51.2%，比“九五”时期提高28.2个百分点。到2005年非国有经济完成固定资产投资近1000亿元，已成为全省固定资产投资的主导力量。

（5）出口额增加较快。全省非公企业紧紧抓住国际市场对能源、原材料、特色农产品等需求增大的有利时机，积极开拓国际市场，加快出口步伐，到2005年完成出口交货值192亿元，同比增长19.6%，占到全省总量的68%。出口的主要产品为焦炭、金属镁、铸件、玻璃器皿、化工产品和农副产品。

2. 非公有制经济数量的加速扩张和质的渐进提升，使以个体私营经济为主体，混合所有制经济快速发展的所有制新格局初步形成。

（1）企业数量和资金总量一直呈现快速增长的态势。从1995年到2005年的10年中，山西省私营企业户数年均增长17.46%，注册资金、从业人员、产值、社会消费品零售总额年均分别增长40.07%、13.12%、11.84%、29.99%。

（2）个体规模持续扩大，市场竞争力不断提高。山西省个体工商户、私营企业的企业规模持续扩大，实力不断增强。2005年，个体工商户注册资金为163.23亿元，户均注册资金3.81万元，比2004年的2.77万元增加1.04万元。私营企业注册资金为1066.29亿元，户均注册资金149.56万元；投资者人数161022人，比2004年增加25570人，增长18.88%。注册资本100~500万元的私营企业9514户，500~1000万元的1830户，1000万元~1亿元的1324户，亿元以上的27户。随着一大批新项目的投产，全省亿元以上非公企业不断涌现。2005年，全省销售收入亿元以上的非公企业达到359家，新增47家；其中销售收入10亿元以上企业达到18家，比上年新增1家；纳税千万元以上的企业228家，比上年新增39家，其中纳税超亿元的企业达到14家，比上年新增4家。规模最大、纳税最多的非公企业是山西海鑫钢铁集团，销售收入达74亿元，税收达4.6亿元。

（3）企业组织形式趋向合理。2005年独资企业户数18400户，所占比重由2004年的26.79%下降到25.81%；合伙企业户数1694户，所占比重由2004的年2.72%下降到2.38%；有限责任公司户数51201户，所占比重由2004年的70.51%上升到71.81%；股份有限公司登记1户，实现了零的突破。一批以介休安泰、沁新煤焦为代表的民营企业建立了完善的法人治理结构，他们以更科学、更规范的方式对企业进行长效管理，不断提升企业的持续竞争力。

（4）非公企业积极参与国有企业改组改造。据调查，目前山西省有2600多家民营企业参与了国企改革的兼并、收购、参股。山西皇威实业公司通过购买、兼并、参股参与了7家国有企业改革，安排国企职工8000多名。华宇集团、通达集团等大型非公企业现有职工中下岗职工占80%。在1998年山西省委、省政府表彰的100名再就业功臣中，有46名是非公经济人士，在受表彰的100名再就业明星中，有92名在民营企业就业。

3.非公有制经济成为最具活力的经济增长极，为推动全省经济社会发展和社会稳定做出了突出贡献。

（1）非公有制经济成为县域经济发展的主体。随着经济体制改革步伐的加快，非公有制经济已经成为山西省大部分地级市和县、市、区经济的主体。在全省经济发展中处于领先地位的太原、吕梁、临汾、长治、朔州等市，非公有制经济发展也是全省最快、总量最大的，成为带动全省非公有制经济发展的第一方阵。

（2）非公有制经济已成为地方财政收入的主要来源。在我省大部分县（市、区）非公有制经济提供的税收占到财政收入的70%以上，海鑫钢铁集团上缴的税收每年占到闻喜县财政收入的三分之二。河津市非公有制经济发展快，已成为全省的首富县市，也是山西省首家进入全国经济百强县市者。

（3）非公有制经济对社会发展和稳定做出了积极的贡献。一是扶贫济困回报社会。全省私营企业家积极参与社会公益事业和光彩事业，实施光彩事业项目885个，投入资金112.9亿元，带动脱贫人数48万人，安排就业14万人；二是安排下岗职工再就业。全省非公企业共安置国企下岗职工35万人，占到全省国企下岗职工的80%左右；三是捐款捐物抢险救灾。全省非公企业和非公经济人士1998年为支援长江流域和东北的抗洪救灾工作，捐款捐物1200多万元，2003年为支持党和政府抗击“非典”工作，捐款捐物4200多万元。

4.非公有制经济为改革开放和经济体制改革发挥了独特作用，成为促进社会主义市场经济体制建立和完善的重要力量。

（1）非公有制经济的发展，为冲破传统的计划经济观念，促进社会主义市场经济体制的建立发挥了助力器的作用。私营企业是市场经济的产物，从它诞生时起就有非常明晰的产权和市场化的经营机制，正因为有了改革开放后全省个体、私营经济的发展，才使山西国有企业一统天下的局面被打破，个体私营经济按照市场方式参与经济活动，逐渐在经济转型期成长壮大，为促进全省市场经济的发展作出了示范。

（2）非公有制经济发展的快慢成为衡量一个地区经济市场化改革程度的关键指标。个体、私营等非公有制经济出现后所形成的市场竞争，使我省的经济资源开始逐渐走向合理配置，民间的创业热情、资金流向、产业导向、产品市场、人才流动等各种生产要素的集聚和市场化发展，促进了社会生产力的进步，自然资源和人才、资金等社会资源得到了进一步的开发利用，生产迅猛发展，市场空前繁荣，社会财富迅速增长，人民生活不断得到改善。1978年全省GDP只有88亿元，其中非公有制经济仅为1.6亿元，占GDP的1.8%；2005年全省GDP增加到4179.5亿元，其中非公有制经济实现增加值1735亿元，占GDP的42.1%。这种繁荣局面的形成，是党和政府实行改革开放，提倡大力发展非公有制经济的结果。

（三）山西省非公有制经济发展的绩效

改革开放以来，山西省非公有制经济从纵向看得到了很大发展，取得了巨大成就，但横向比较就看出了地区间的差距，看出我们与全国和周边省区发展水平的差距，看出山西省非公有制经济的落后状况。

1.各个阶段发展情况比较。综观山西省非公有制经济发展的历史，总的评价是：起步快、波动大、趋势好。山西省在改革开放初期恢复和发展个体经济是很快的，到1988年底，全省个体工商户已经发展到42万户，从业人员84万人，比2003年全省个体工商户总数还多1.4万户、8万人。波动大是指有两次大起大落，从统计资料上看，一次是1989年，全省个体工商户户数下降了47%，从业人员下降了58%。第二次是2000年，受国家宏观调控和经济结构调整政策的影响，由于市场疲软使大量个体经营户歇业或转移外省，在环保执法和“关小”行动中，全省大量被关闭的私营企业损失惨重，无力再创办新的企业，2000年底全省个体工商户由1999年底的573788户减少到299451户，从业人员由102.8万人减少到56.7万人，注册资金由64.02亿元减少到47.33亿元，产值由61.75亿元减少到38.15亿元，分别减少了47.8%、44.8%、26.1%、38.2%；私营企业各项指标增幅也是历史上最低的一年，全年净增9户，从业人员由1999年的42.08万人减少到38.66万人，减少8.1%，其他主要经济指标增幅也较低。面对这种状况，全省各级党委和政府认真贯彻省委、省政府经济结构调整方针，出台一系列鼓励引导非公有制经济调整结构的政策措施，非公企业在发展中注重了走可持续发展道路，使全省非公有制经济进入了新一轮快速增长期。在“十五”期间，全省非公有制经济整体素质、综合实力以及市场竞争力有了较大提高。表10、表11是改革开放以来山西省个体私营经济发展情况调查统计表，图3、图4是这个时期山西省个体私营经济发展情况显示。

2.各地区发展水平比较。

（1）中南部发展快于北部。在全省11个地市中，民营经济发展很不平衡。2005年太原市、吕梁市、临汾市、长治市、朔州市发展速度超过了30%。成为带动全省发展的第一方阵，像忻州、大同等市发展较慢。占到全省县市总数近1/3的国家级贫困县，受历史原因、资源与环境、经济技术基础等各种因素的制约，民营经济发展严重滞后。

（2）民营企业大户集中在中南部。在省工商联进行的“2003年山西省上规模民营企业情况调研报告”中，对我省60家营业收入超过1.2亿元的民营企业经营情况进行了分析，这60家有56家在中南部，其中运城23家、晋中11家、太原9家、长治9家、临汾4家，另4家在大同市。

3.与全国平均水平和先进省区的比较。

（1）总量少。2005年底全国私营企业超过25万户的有江苏、上海、广东、浙江、江苏、山东、北京6省市，而我省只有7.1万户，占全国总数的1.66%；江苏省2005年私营企业为50.7万户，是我省的近7.14倍。

（2）速度慢。以我省个私经济发展最好时期的1998年为例，1998年山西省个体工商户发展主要指标居全国16~20位，落后于周边的内蒙22位，落后于陕西、河南、河北，产值仅仅是浙江的1/25。2000年全国私营企业发展比上年同期增长16.8%，增幅超过20%的有9个省份，其中有青海、宁夏、陕西、新疆4个西部省份，当年净增超过万户的有8个省，与我省相邻的陕西省净增1.8万户，而我省当年净增私营企业9户，同比增长几乎为零。在全国工商联组织的上规模会员企业经营情况调研中，我省进入全国“民营企业500强”的企业2001年有16户、2002年减到13户，2005年只有4户。

（3）规模小。根据2004年全国上规模民营企业调研报告显示，入围营业收入总额2亿元以上的有2119家，我省只有52家，占2.45%；2004年度全国民营企业500强中浙江占了183家，我省只有9家。

（4）水平低。水平低主要表现在我省非公有制经济产业的低度且结构单一，名牌企业、名牌产品少，外向度差。目前我省个体私营经济从事第一产业的户数不到总户数的3%，而且规模普遍较小；第二产业是我省非公有制经济的主体力量，虽然这几年通过结构调整，提升了规模和档次，但多数中小企业仍没有改变产品单一、附加值低、技术含量少、产业链条短的初级型产业状况。民营企业虽然在第三产业中户数最多、从业人员最多，但资金和利润所占份额较小，多为传统型的餐饮服务业和商业，新型服务业和高科技领域民营企业发展很慢，且规模很小，表现出民营企业第三产业的低水平。

（5）效益差。2002年入围全国营业收入总

表10　山西省个体工商户发展情况调查统计表

年份	户　数		从业人员		注册资金		产　值		营业额		消费品零售额	
	户数	比上年增长(%)	人数	比上年增长(%)	金额(亿元)	比上年增长(%)	金额(亿元)	比上年增长(%)	金额(亿元)	比上年增长(%)	金额(亿元)	比上年增长(%)
1979	1978		2089									
1980	7360		9632									
1981	23849		31757									
1982	38007		55332									
1983	108370		158608									
1984	222406	105.23	410302	158.69	5.98				12.13			
1985	303593	36.65	613717	49.58	10.10				25.24		11.59	
1986	314736	3.67	638556	4.05	9.70				31.00		14.14	
1987	381367	21.17	778207	21.87	13.72		11.78		45.70		17.99	
5年平均增长(%)		36.96		48.83								
1988	420128	10.16	842 723	8.29	16.70	21.72	19.26	63.50	38.58	-15.58	22.69	26.13
1989	269307	-35.90	442 457	-47.50	13.51	-19.10	19.64	1.97	26.54	-31.21	22.18	-2.25
1990	290324	7.80	485 203	9.66	16.94	25.39	28.35	44.35	34.31	29.28	28.81	29.90
1991	336577	15.93	564 151	16.27	21.04	24.20	34.71	22.47	45.10	31.45	35.46	23.08
1992	428259	27.24	742 274	31.57	27.98	32.98	43.82	26.25	58.12	28.87	46.54	31.25
5年平均增长(%)		0.48		-3.12		13.77		22.82		10.79		19.67
1993	498968	16.51	882358	18.87	38.00	35.81	61.81	41.05	76.95	32.40	64.07	37.67
1994	577420	15.72	1024902	16.15	45.94	20.89	55.46	-10.27	138.98	80.61	90.52	41.28
1995	629081	8.95	1085255	5.89	53.47	16.39	54.65	-1.46	169.74	22.13	99.77	10.22
1996	675510	7.38	1176565	8.41	63.54	18.83	71.65	31.11	214.57	26.41	126.87	27.16
1997	656902	-2.75	1152045	-2.08	63.61	0.11	66.57	-7.09	229.32	6.87	148.66	17.18
5年平均增长(%)		7.12		6.89		13.75		1.87		31.39		23.42
1998	610400	-7.08	1081400	-6.13	63.20	-0.64	48.15	-27.67	256.01	11.64	172.18	15.82
1999	573788	-6.00	1027972	-4.94	64.02	1.30	61.75	28.25	262.39	2.49	178.86	3.88
2000	299451	-47.8	567 101	-44.83	47.33	-26.07	38.15	-38.22	225.55	-14.04	158.56	-11.35
2001	338058	12.89	635 091	6.70	50.96	7.67	38.75	1.57	128.65	-42.96	96.35	-39.23
2002	349210	3.30	670 674	5.60	56.46	10.79	33.08	-14.63	168.42	30.91	118.09	22.56

（续表）

年份	户数		从业人员		注册资金		产值		营业额		消费品零售额	
	户数	比上年增长（%）	人数	比上年增长（%）	金额（亿元）	比上年增长（%）	金额（亿元）	比上年增长（%）	金额（亿元）	比上年增长（%）	金额（亿元）	比上年增长（%）
2003	406038	16.27	759 210	13.20	63.61	12.66	39.30	18.80	200.26	18.91	145.05	22.83
2004	439267	8.18	854 441	12.54	121.61	91.18	27.12	-30.99	166.17	-17.02	174.37	20.21
2005	428754	-2.39	822 605	-3.73	163.23	34.22	29.44	8.55	143.80	-13.46	126.47	-27.47
8年平均增长%		-4.92		-3.83		14.52		-6.79		-7.91		-4.31
18年平均增长%		2.05		1.74		17.78		6.30		10.78		15.09

注：因1987年以前的统计数据不详，故增长率选近18年统计资料同比值。

表11　1989～2005年山西省私营企业发展情况调查统计表

年份	户数		从业人员		注册资金		产值		消费品零售额	
	户数	比上年增长（%）	人数（万人）	比上年增长（%）	金额（亿元）	比上年增长（%）	金额（亿元）	比上年增长（%）	金额（亿元）	比上年增长（%）
1989	2496		5.58		3.46		3.20		1.02	
1990	2920	16.99	6.59	18.10	4.06	17.34	4.19	30.94	1.55	51.96
1991	3350	14.13	7.46	13.20	4.93	21.43	7.2	71.84	1.67	7.74
1992	5334	59.22	10.76	44.24	8.37	69.78	9.73	35.14	4.73	183.23
4年平均增长（%）		28.81		24.47		34.24		44.87		66.76
1993	8132	52.46	15.14	40.71	16.22	93.79	19.81	103.60	6.84	44.61
1994	13017	60.07	22.23	46.83	32.34	99.38	42.66	115.34	11.07	61.84
1995	16749	28.67	27.13	22.04	51.37	58.84	40.83	-4.29	19.33	74.62
1996	19496	16.40	34.86	28.50	67.33	31.07	47.80	17.07	24.29	25.66
1997	21 649	11.04	37.73	8.23	86.05	27.80	48.05	0.52	31.00	27.62
5年平均增长（%）		27.74		25.64		51.77		24.80		45.91
1998	24675	13.98	41.65	10.39	132.37	53.83	50.89	5.91	48.51	56.48

（续表）

年份	户数		从业人员		注册资金		产值		消费品零售额	
	户数	比上年增长（%）	人数万人	比上年增长（%）	金额（亿元）	比上年增长（%）	金额（亿元（	比上年增长（%）	金额（亿元）	比上年增长（%）
1999	25391	2.90	42.08	1.03	172.10	30.01	52.87	3.89	54.47	12.29
2000	25400	0.035	38.66	-8.13	207.53	20.59	55.82	5.58	57.89	6.28
2001	27999	10.23	43.76	13.19	238.26	14.81	62.76	12.43	73.12	26.31
2002	34013	21.48	52.72	20.48	314.94	32.18	61.35	-2.25	65.28	-10.72
2003	42874	26.05	110.41	109.43	642.24	103.92	68.09	10.99	63.53	-2.68
2004	55829	30.22	95.38	-13.61	864.53	34.61	204.89	200.91	214.32	237.35
2005	71296	27.7	82.29	-13.72	1066.29	23.34	111.81	-45.43	204.83	-4.43
8年平均增长（%）		16.37		10.22		34.72		11.90		22.85
17年平均增长（%）		21.80		17.15		40.09		23.25		36.60

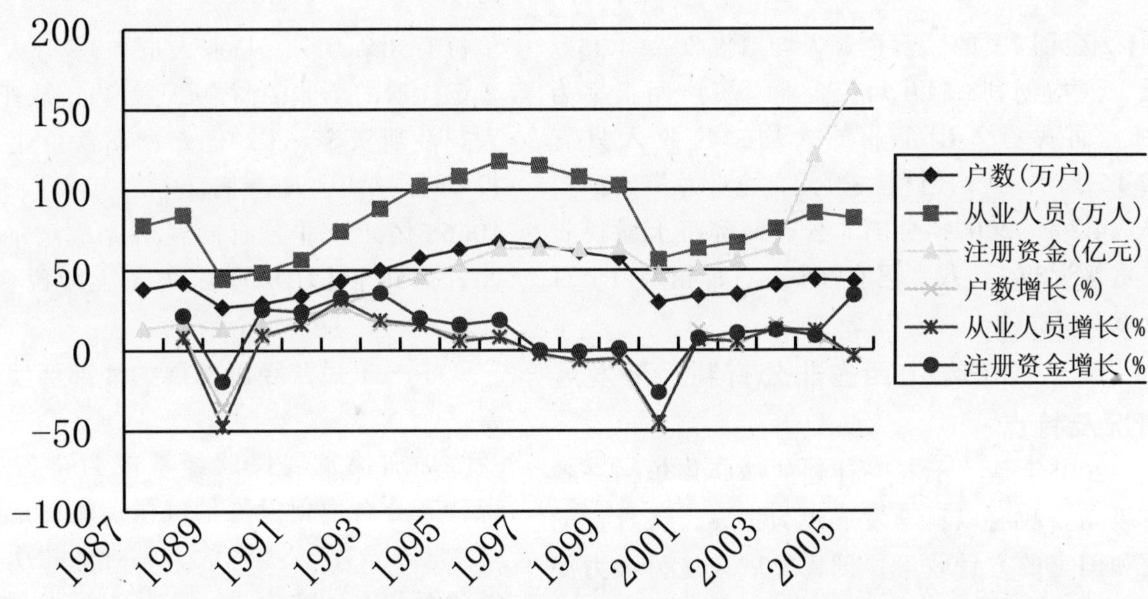

图3 1989~2005年山西省私营企业发展情况调查统计表

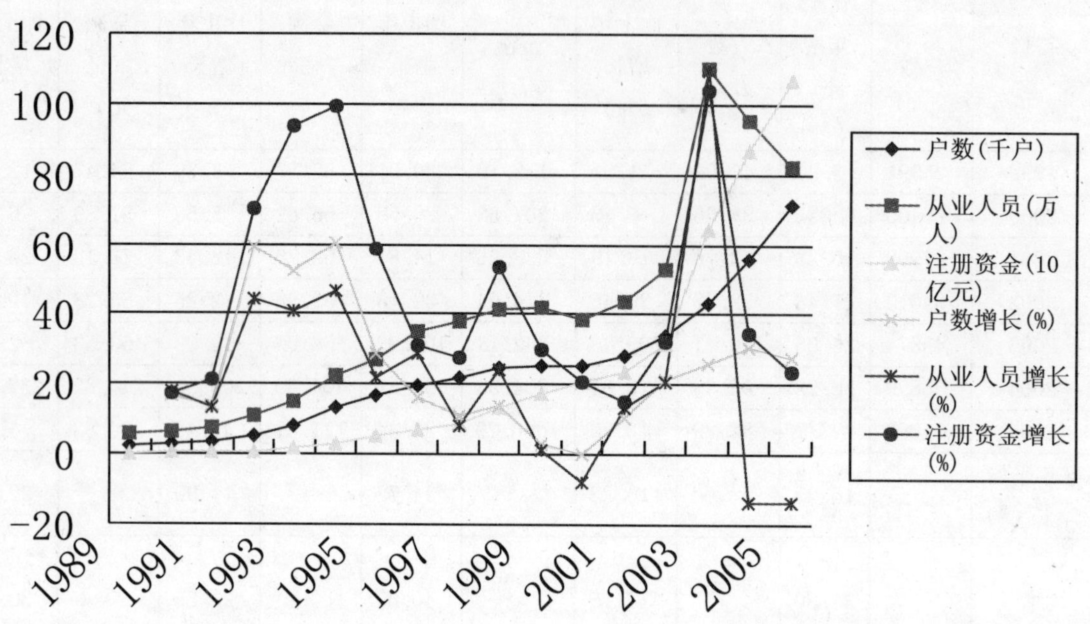

图4　1989~2005年山西省私营企业主要指标发展情况

额1.2亿元以上的民营企业人均销售收入94.35万元，人均创利3.64万元，企业总资产回报率为7%。而我省入围企业的人均销售收入只有22.15万元，人均创利1.3万元，企业总资产回报率为4.2%。2002年全国非公有制经济上缴税收比重接近37%，我省只有26%左右，相差11个百分点。

二、2005年山西省非公有制经济发展情况及特点

2005年是“十五”计划的最后一年，全省各级党委政府以科学发展观为指导，认真贯彻党和国家的方针政策，创优发展环境，大力促进个体、私营非公有制经济快速健康发展。我省非公有制企业适应宏观调控的新形势，努力克服主导产品市场形势不利带来的困难，进一步调整结构，加强内部管理，大力开拓市场，使非公有制经济继续保持了快速、健康、协调发展的良好势头。到2005年底，全省民营经济单位有50余万个，从业人员450多万人。其中，登记注册的个体工商户42.9万户，从业人员82万人，注册资金163.23亿元；私营企业7.1万户，投资者16.1万人，雇工66.2万人，注册资金1066.3亿元。非公有制经济完成增加值1735亿元，占到全省GDP的42.1%，上缴税金100.55亿元。

（一）民营经济发展的外部环境进一步改善

1. 加快发展民营经济成为全省上下的共识，齐心合力促发展的气候逐步形成。在党的“十五大”、“十六大”精神的指引下，山西省各级党委、政府进一步认识到发展非公有制经济的重要性，把加快发展非公有制经济摆上了重要位置，纷纷采取一系列措施，出台鼓励、支持政策，扶持、引导非公经济的健康发展。2004年5月，山西省委、省政府出台了《关于进一步加快非公有制经济发展的决定》，先

于国务院“非公36条”提出“不禁止，则自由”，“积极推进无经营范围的注册登记试点”；“非公有制企业贷款占新增贷款的比重，2004年要达到40%以上，并力争逐年提高”；“省财政从2005年起连续5年每年安排2000万元作为扶持中小企业发展专项资金”等优惠政策。在国务院“非公36条”正式发布后，省委、省政府于2005年6月出台了《关于加快发展县域经济的若干意见》，9月26日省政府出台了《关于促进全省个体私营等非公有制经济快速健康发展的实施意见》。之后，省发展和改革委员会、财政厅、交通厅、劳动和社会保障厅、商务厅、教育厅、国土资源厅、建设厅、扶贫开发领导组、中国人民银行太原中心支行等也相继出台了促进个体私营等非公有制经济发展的相关政策措施，从而逐步构建起促进非公有制经济发展的政策框架体系。

2. 非公企业社会化服务体系建设成效显著。2005年，非公企业六大服务体系即“信用担保体系”“信息网络体系”“人才培训体系”“创业辅导体系”“法律援助体系”“行业协会体系”全面铺开建设。据不完全统计，全省中小企业担保机构发展到230户，累计为4000多家中小企业提供担保贷款约80亿元，受保企业增加销售收入约120亿元。省中小企业局完成了“山西中小企业网”和“山西乡镇企业网”的整合工作，建成“中国中小企业山西网”，省工商联完善了“晋商在线”和“山西省工商联”网站。组织完成了“银河培训工程”和“蓝色证书培训工程”，省和各市的人才交流中心为民营企业组织了多次专场招聘会。编制了创业辅导服务体系建设实施方案，初步建成了一批中小企业创业基地。省工商联成立的会员维权委员会开展了为民营企业维权活动，省中小企业局与30家专业法律服务机构进行合作。一批专业协会陆续成立，目前，全省各级工商联牵头组建的同业公会、行业协会已有252个。

3. 非公企业的贡献得到社会各界的广泛认可。各级党委、政府加大对非公企业的表彰力度，重奖为当地经济做出突出贡献的非公企业家。近年来，全省受到各级党委、政府表彰的先进民营企业、纳税大户8000多家。2004年12月，省委、省政府隆重表彰了为山西省非公有制经济发展做出重大贡献的26位民营企业家，授予他们“山西省非公有制经济人士优秀中国特色社会主义事业建设者”称号。各级人大、政协、工商联在换届时，更加注重安排贡献突出的非公经济人士担任人大代表、政协委员、工商联执常委，加大了这一群体进入的比例。目前，有8000多人担任各级人大代表、政协委员和工商联执常委。新闻媒体加大了正面宣传力度，报道非公企业为经济和社会发展所做的成绩。

（二）非公有制经济呈现了许多新特点和新格局

1. 传统优势产业提升改造，新兴产业快速发展的产业格局初步形成。“十五”期间，全省非公企业积极参与结构调整，大力改造提升传统产业，坚持发展新兴产业，特别是带动农民致富的农副产品加工业、附加值高的高科技以及第三产业。全省关闭了一批小煤矿、小焦化企业，陆续上马投产了一批规模大、档次高、深加工和清洁型的传统产业项目，传统主导产业企业数量进一步减少，但企业规模和档次进一步提高，产量继续保持稳定增长。2005年原煤产量达到1.85亿吨，焦炭产量达到7853万吨，其中机焦产量6893万吨，生铁产量达到3177万吨，成品钢材产量达到803万吨。农副产品加工业、旅游业、第三产业等新兴产业继续快速发展。以第三产业为主的城市非公有制经济完成增加值389亿元，同比增长69.8%。

2. 以上规模企业为骨干，中小企业快速发展的企业新格局初步形成。随着一大批新项目的投产，全省亿元以上非公企业不断涌现。2005年，全省销售收入亿元以上的非公企业达到359家，新增47家；其中销售收入10亿元以上企业达到18家，比上年新增1家；纳税千万元以上的企业228家，比上年新增39家，其中纳税超亿元的企业达到14家，比上年新增4家。规模最大、纳税最多的非公企业是山西海鑫钢铁集团，销售收入达74亿元，纳税达4.6亿元。据省工商局统计资料显示，2005年底，全省私营企业达到71296户，注册资本达1066.29亿元，创造产值111.81亿元，销售总额135.28亿元，社会消费品零售额204.83亿元。个体工商户达428754户，注册资本163.23亿元，创造总产值294.39亿元，销售总额143.8亿元，社会消费品零售额126.47亿元。

3. 以园区经济为依托，特色经济快速发展的县域经济新格局初步形成。从2002年开始，全省各地突出调整非公企业布局，工业园区建设加快，到目前为止，初步形成了一批焦化工业园区、冶炼工业园区、建材工业园区、医药工业园区、化工工业园区、生态工业园区、磁材工业园区等众多特色园区，园区经济聚集效应开始释放，示范辐射作用增强。全省民营企业园区数量达到149个，比上年增加11个，同时涌现出像孝义高阳农副产品加工园等一批专业化园区和临猗果汁加工等一批新的产业集群。

（三）非公企业自身素质进一步得到提高

1. 以资源产品为拳头，名优特新产品快速发展。“十五”期间，山西非公企业以资源产品为拳头，在产品深加工上下功夫，努力延伸加工深度，拉长加工链条，提高产品档次，提高产品附加值，初步形成了煤电铝型材产品链，煤焦铁铸件产品链，煤焦化工产品链，造就了一批市场竞争力强的产品。同时，自主开发研制了一大批具有较高科技含量的新产品。2005年新增全国乡镇企业创名牌重点企业18家；新增通过国际质量、环境系列认证企业153家；新开发填补省内、国内空白新产品、新技术93项。

2. 企业员工队伍稳步发展，内部劳动关系逐步和谐。2005年全省个体工商户从业人数达82.26万人，私营企业从业人数达82.29万人。随着国家对劳动执法监督力度的不断加大，越来越多的非公企业日益认识到建立稳定和谐劳动关系的重要性和必要性，积极响应工商联组织开展倡导的“关爱员工，实现双赢”活动，健全党、团、工会组织，加强企业文化建设，重视维护员工的合法权益，重视员工劳动安全、工资福利和教育培训，实施“一企两制”缴费形式，为职工上缴养老保险，在企业逐步建立了平等和谐的劳动关系。

3. 积极承担社会责任，投身光彩事业和社会公益事业。“十五”期间，非公企业在依法纳税、提供就业、保护环境、资助教育、救灾扶贫等方面积极承担社会责任，发挥了日益重要的作用。到2005年7月底，全省非公有制经济人士在贫困地区实施光彩项目885个，投入资金112.9亿元，培训技术骨干14.69万人次，安排农村富余劳动力14万人，使48万农村贫困人口脱贫致富，安置国企下岗职工再就业35万人。

（四）非公有制经济发展中存在的主要问题

1. 产业结构低度化受制于市场影响。目前，不少地方的产业结构调整仍集中在煤、焦、铁等传统资源上。2002年、2003年煤焦铁等原材料需求旺盛，受市场拉动，价格持续上扬，全省投资的新项目主要集中在煤焦铁钢等能源、原材料方面，新兴产业、农副产品加工业、第三产业、高新技术产业等一直处于投资乏力、增长缓慢状况下。2004年开始，特别是2005年由于焦炭、钢铁、耐火材料等主导产品价格下跌，市场风险性和不确定性增加，企业的经营难度加大，资金紧张，效益减少，焦化行业出现了行业性整体亏损。

2. 市场准入仍受限制，国民待遇难于平等。大部分企业反映现在“门槛低了，凳子高了”。尽管“非禁即入”，但无形壁垒森严，准入制度含混模糊。垄断集团利用其垂直的垄断地位，对非公资本实施价格、市场等或明或暗的“制裁”手段，使非公企业无法自主公平地展开竞争。

3. 财税金融支持力度不大，企业融资非常困难。由于金融部门自身管理的缺失，造成了企业套贷等违规贷款现象，就借宏观调控之机对中小企业的贷款“一刀切”。在信贷上对非公企业要求高、门槛高、条件苛刻，不愿给非公企业放贷，致使一些中小型企业得不到国有银行支持，生产常常处于停产待料、无钱进货的状态。

4.人才缺乏制约非公有制经济健康发展。相当比例的大专院校毕业生、军队转业干部及机关事业单位的富余人员不愿到非公企业工作，国有企业下岗职工在实在找不到较理想的就业岗位时，才勉强到非公企业就业。除观念认识问题外，非公企业人员还存在着事实上的不平等待遇和限制性因素，比如户口迁移、配偶调动安置、子女就读、职称评定等问题上，大多不能得到合理解决。

5.非公企业自身素质有待提高。绝大多数非公企业的整体素质不高，拥有核心技术和知名产品、品牌的企业数量偏少。非公企业整体规模分散，技术水平较低，经营模式传统型、家族化，产业结构趋同，技术人员缺乏和职工文化水平低并存。同时，民营企业在生态保持、诚信经营、安全生产、职工合法权益保护以及依法纳税等方面问题也比较突出。

三、加快山西省非公有制经济发展的建议

“十一五”期间，省委、省政府提出要大力发展非公有制经济，全面贯彻落实国家和省关于发展非公有制经济的政策措施，进一步改善发展环境，放宽市场准入，认真清理、修订、废止一切不利于非公有制经济发展的法规、规章和政策。依法保护私有财产，保障非公有制企业的合法权益。在资金融通、信用担保、管理服务、技术咨询、市场开拓、国际合作等方面对非公有制企业一视同仁，支持发展。“十一五”期末，非公有制经济增加值占地区生产总值的比重增加15个百分点。

为使我省非公有制经济在“十一五”期间在总量上有大发展，在素质上有大提高，在增长方式上有大转变，为我省全面建设小康社会做出新的、更大的贡献。我们建议：

1.转变观念，鼓励发展。要牢固确立发展是硬道理，摒弃姓“社”姓“资”等不正确观念，鼓励加快发展非公有制经济，鼓励创办非公企业，鼓励非公企业做大做强，建议在国家宏观产业政策指导下，放宽限制，鼓励有条件的非公企业自主发展。

2.落实政策，大力发展。全省上下要认真贯彻落实党的“十五大”、“十六大”、十六届三中、四中、五中全会和国务院“非公36条”精神，贯彻落实省委、省政府《关于进一步加快非公有制经济发展的决定》，形成全省大力发展非公有制经济的良好政策、法律环境和社会舆论氛围，在“十一五”时期使我省非公有制经济发展不足的状况得到明显好转。

3.减负放行，支持发展。要规范对非公企业的监管，排除干扰企业发展的各种摊派、评比，乱检查和乱罚款，乱成立社团组织等行为，支持非公企业集中精力谋发展。有关部门要严格对直接涉及非公企业家的社团进行管理，各级纠风办应把此列为纠风内容。

4.一视同仁，放手发展。要改变操作层面上的不能一视同仁的做法，消除准入门槛高和信息不对称、矿产资源垄断、资金使用不公平等现象，给予民营企业与国有、集体、外资企业一样的待遇。

5.搞好服务，促进发展。在政府转变职能搞好服务的同时，要充分发挥工商联等群团和行业中介组织的助手作用，为非公企业发展搞好全方位的服务。要重视发挥工商联在政府管理非公有制企业方面的助手作用，让工商联的助手职能在调研、协商，引导教育和服务等方面充分体现。

6.树立形象，健康发展。广大非公有制经济人士要倍加珍惜，努力营造建设者的新形象。一是要有大局意识。要做到企业的发展服从或符合国家发展大局，在当前宏观调控，特别是“十一五”时期，要着力转变企业增长方式，加强企业的自主创新能力，把企业的发展与人和自然环境、社会的和谐作为首要的责任和目标。二是要树立共同富裕观念。要注重在创造财富的同时，超越财富，追求更大的社会共同理想和共同价值观，把个人富裕与全体人民的共同富裕结合起来，正确处理效率与公平

的关系，先富带后富，努力为实现公平正义、诚信友爱做贡献。要围绕农业增收、农民增收和农产品竞争力增强的目标，积极参与建设社会主义新农村。三是要让员工分享发展成果。要在生活上体贴员工、精神上关心员工、感情上靠近员工，在企业增收的同时，要给员工增加工资，改善劳动条件，让员工享受到企业发展的成果。四是要做社会贤达。要在办好企业为国家多纳税、多做贡献的同时，还要秉承中华民族传统美德，扶危济困，慷慨解囊，热心社会公益事业，做新时代的社会贤达。

报告执笔人：

郎宝山　山西省工商联党组成员、副会长

闫晓红　山西省工商联宣传教育部副部长

二OO六年十月

（本文参加2006年10月在湖北省武汉市召开的“中部六省非公有制经济与中部崛起理论研讨会”，做大会发言论文，并被收录优秀论文集）

光彩的历程　神圣的事业

——山西省光彩事业十年回眸与展望

2006年金秋，中国光彩事业“太行行”的大幕在山西拉开，来自海内外的广大企业家朋友，怀着义利兼顾、奉献老区的基本理念，本着实现共同富裕、构建和谐社会的强烈愿望，云集山西长治太行革命老区，进行招商引资、光彩扶贫、捐赠公益活动。“太行行”活动取得丰硕成果，共签定合作项目14个，总投资规模121亿元，捐赠钱物1000余万元。声势浩大的活动掀起了山西光彩事业新世纪的高潮，放出夺目的光彩。

1994年国家制定了《“八七”扶贫攻坚计划》，明确提出用七年时间，到本世纪末，基本解决我国贫困人口的温饱问题。为积极响应和配合国家《“八七”扶贫攻坚计划》，以刘永好为首的十位全国知名私营企业家联名向全国广大非公有制经济人士发出了“让我们投身到扶贫的光彩事业中来，到国家老、少、边、穷地区培训人才，兴办项目，开发资源，缩小地区差距，为实现共同富裕动一份真情，献一份爱心，做一份贡献”的倡议，得到了广大非公有制经济人士的积极响应。

光彩事业的倡议发出后，引起了中央领导同志的高度重视。胡锦涛总书记强调：“光彩事业倡议很好，希望付诸行动，为实现国家扶贫攻坚目标作出贡献。”江泽民同志为光彩事业题词：“发扬中华民族传统美德，促进共同富裕。”对统一战线中出现的这一顺应时代发展趋势和国家战略部署的新生事物，中央统战部、全国工商联给予了充分肯定，1994年10月成立了中国光彩事业促进会，采取一系列措施，推动光彩事业在全国各地蓬勃发展。

一、山西光彩事业的历程

山西省光彩事业促进会于1996年4月成立。10年来，山西的光彩事业在中国光彩会的关心指导下，在省委、省政府的高度重视和省委统战部、省工商联的大力组织支持下，通过组织发动、项目推动、典型带动等方式，动员广大非公有制经济人士为扶贫攻坚贡献力量，在推进农业产业化、资源开发、国土绿化、国企改革、培训人才、安置就业、教育扶贫、市场建设、扶贫济困等方面做出了巨大贡献，为实现共同富裕献出了一份力量。参与光彩事业的企业家队伍也不断壮大，参与光彩事业项目和参与社会公益事业捐赠的广大非公有制经济人士达8万多人次，山西省光彩会也由最初的150名理事发展到现在的335名。山西省光彩会连续6次荣获中国光彩会组织奖，省政协副主席、原省委统战部部长吴锦文和从事光彩事业组织领导工作的负责同志邓永武、岳纪安、王建华、张云虎荣获组织奖。李安民、梁文海、崔裕峰、李海仓、李珍富、韩长安、郝建秀、陈忠孝等8名企业家荣获中国光彩事业奖章，山西的光彩事业组织工作走在了全国的前列。

（一）组织发动，不断丰富光彩活动

根据山西有54个国家级和省级贫困县、300万贫困人口的实际情况，山西省光彩会围绕省委、政府扶贫攻坚规划，提出了“立足本地、内外结合、组织引导、协调服务”的指导思想，明确了“宣传发动、项目推动、典型带动”的工作思路，确立了以农业产业化为龙头，以开发太行山、吕梁山为重点的光彩事业发展战略，引导和鼓励全省广大非公有制经济人士积极投身光彩事业。在省光彩会的组织推动下，全省各地相继建立了光彩事业工作机构，自上而下构成了网络，形成了以项目的选择、考察、论证、落实为主，辅之以政策协

调、资金支持和服务咨询的工作方式，完善了一整套严密的工作制度和项目管理制度，启动了一批扶贫开发的光彩事业项目，探索了一些行之有效的投资开发形式。

省光彩会对每年的工作都进行周密安排部署，做到年初有安排、年中有督查、年底有检查，重大活动都进行精心组织，精心准备，精心安排，使山西的光彩事业工作年年有成果，年年上台阶，年年迈大步。

（二）项目推动，不断壮大光彩事业

项目是光彩事业的有效载体，是开展光彩事业活动的核心，是脱贫致富的手段。为了更加有效地开展光彩事业工作，省光彩会建立了科学、规范的统计报表制度，及时了解项目实施的进展情况，从狠抓项目入手，认真组织，精心实施。全省每年都有一批光彩事业项目涌现，扎根在太行、吕梁等国家级和省级贫困县。省光彩会制定了山西省光彩事业重点项目标准，对各地现有众多的光彩事业项目进行清理排队，认定了全省光彩事业重点项目1000多个。

为争取中国光彩会的支持。10年来，省光彩会多次向中国光彩事业促进会申报重点项目，有26个项目，通过中国光彩会的认证考核，确认为全国光彩事业重点项目，争取到光彩事业项目贷款额度1.96亿元。这些项目投入大、起点高、效益好，建在我省国家或省级贫困县，具有良好的扶贫效益和社会效益。1999年4月，联合国社会事务部高级顾问达西·胡里奥先生考察了山西的光彩事业重点项目，对山西光彩事业所取得的成绩给予了充分肯定。

（三）典型带动，不断弘扬光彩精神

山西省光彩会始终把宣传、动员、引导、扶持非公有制经济人士投身光彩事业作为工作首要环节，树立典型，加大宣传力度，建立起荣誉激励机制，利用新闻媒体、会刊、召开光彩事业现场会、座谈会、表彰会、举办培训班等多种有效途径宣传光彩事业的重大意义，弘扬先进人物的典型事迹，调动积极性，增强光彩事业在全社会的影响力，努力营造出一种“人人知道光彩事业，人人宣传光彩事业，人人支持光彩事业”的良好社会舆论氛围。

十年来，通过《人民日报》、《光明日报》、《中华工商时报》、《中国统一战线》、《山西日报》、《山西统一战线》等报刊发表宣传光彩事业的材料135篇，通过中央电视台、山西电视台、山西人民广播电台等电视台、电台播出光彩事业先进人物专题片和报道836人次，通过县级以上报刊、电视台、电台等宣传工具报道光彩事业先进人物、先进事迹1800多人次，在社会各界引起了强烈反响。还创办了《山西光彩事业》刊物，对山西开展光彩事业工作重点和动态进行宣传和报道，扩大了知名度。

全省也加大了表彰力度，受到省、市、县表彰奖励的从事光彩事业的非公有制经济人士达1200多人次。运城市光彩会、吕梁地区光彩会等18个单位和个人先后荣获“山西省光彩事业组织奖”，128人先后荣获“山西省光彩事业奖章”和“山西省光彩事业突出贡献奖”。1999年建国50周年大庆，为光彩事业做出突出贡献的梁文海、崔裕峰二位企业家应国务院的邀请进京参加国庆观礼。通过宣传表彰，光彩事业在全省广大非公有制经济人士中已深入人心，成为他们致富思源、奉献社会的自觉行为。

二、山西省光彩事业结出累累硕果

10年来，光彩事业犹如星星之火，燃遍了三晋大地。至2006年底，全省非公有制企业家在贫困地区实施光彩事业重点项目1032个，投入资金193.6亿元，培训技术骨干15.73万人，安排农村剩余劳力15.33万余人，使49万农村贫困人口脱贫致富，安置国企下岗职工再就业35万人。仅2006年一年，全省就新增光彩事业项目147个，投入资金80.5亿元，安排农村剩余劳力就业1.5万余人，为社会公益事业捐款捐物折合人民币1.25亿元。光彩事业既为我省贫困地区群众开创了致富之路，又为企业家低成本扩张，回报社会提供了有效途径。

山西各地党委、政府重视光彩事业，统战部、工商联积极支持光彩会开展工作，光彩事业在山西各地蓬勃开展。运城市一贯重视光彩事业，全省光彩事业经验交流现场会曾在该市召开。全市市县二级先后全部成立了光彩事业促进会，是山西市县光彩会成立最早最全的市。他们通过典型培养、项目带动，从广度和深度上推进了光彩事业的发展。运城闻喜的海鑫集团是山西最大的光彩事业项目，企业在国家级贫困县，从小焦炉、小铁厂起步，逐步发展成为拥有两座1300立方米高炉、两座80万吨转炉、一座大型轧钢厂、一座高速线材厂的现代化钢铁集团。2005年实现工业总产值78亿元，实现利税20亿元，为国家上缴税金5.7亿元，安置当地国企下岗职工和贫困百姓1万人就业，累计为光彩事业捐款捐物达5600余万元。全市非公有制经济人士中有 7 人获省委、省政府授予的“再就业功勋”和“再就业明星”称号，3人获“山西省光彩事业奖章”，1 人获“中国光彩事业奖章”。

长治光彩事业实现了跨越式发展，在山西地级市中，惟有长治光彩会单独设立7名事业编制。全市13个县区，有11个成立了光彩事业促进会，自上而下形成了工作网络。山西潞宝集团董事长韩长安、山西长信钢铁公司董事长潘路标、山西常平集团董事长陈忠孝成为全省参与光彩事业的佼佼者。市光彩会与长治电视台合作，先后拍摄了“光彩之路”、“为国分忧、为民解难”等电视专题片，扩大了光彩事业在长治的影响。2006年长治市被中国光彩会确定为光彩事业重点联系市。晋城市抓大项目，富士康、豪德集团均在该市有大规模的投入。

吕梁市光彩会工作扎实，引资力度大，积极主动联系外地企业家到吕梁老区投资办厂，如：吸引晋中安泰集团到吕梁实施的“红枣工程”、吸引太原通泰昌集团到离石种植万寿菊、吸引山西美锦集团到临县兴办煤矿。几年来，通过光彩事业吸引外地投资4.2亿元。

太原市充分发挥非公有制经济比较发达的整体优势，为国分忧，为民解难，2001年以来，全市非公有制企业共安排国企下岗职工4.5万人，目前全市国企下岗职工大部分都在非公有制企业就业。他们动员企业家到贫困地区投资办厂，带动当地脱贫致富。太原顺天制药有限公司在阳曲县投资3500万元建成宝源药业有限公司，太原六味斋实业有限公司投资1500万元在阳曲县建成天蓬农业发展有限公司，太原阳光实业有限公司投资500万元在娄烦县建立生态农业生产基地，山西杰特曼集团投资3000万元在武乡建成涌泉生态农业开发有限公司，汉波食品有限公司投资5000万元在阳曲县进行红枣核桃加工。

大同市多次组织非公有制企业家到天镇、阳高、广灵、灵丘等贫困县区考察，调动他们投资贫困地区、进行扶贫攻坚的积极性。山西格瓦斯食品有限公司董事长郝京龙在天镇县投资4000万元兴建年产2万吨瓶装天然矿泉水及系列果蔬饮料，企业可安置当地贫困百姓500余人就业。在参与国企改革方面，大同永和实业公司总经理侯建军租赁新荣水泥厂，大同浩海有限公司董事长王生忠承包新荣第二水泥厂，共安置国企职工3000人就业，经济效益良好。山西金龙集团董事长李新民收购烂尾楼工程，建成金龙云冈国际酒店，安置就业1100人。

临汾长期以来坚持开展了“三个一”工程，即每个县（市、区）光彩会每年组织一次光彩捐赠活动，每年扶持一个贫困村，每年支持一个光彩事业重点项目。全市17个县市有14个成立了光彩事业促进会。2005年临汾吉县出现山体滑坡，临汾广大民营企业家主动伸出援助之手，在全市召开的募捐大会上，有32名企业家当场捐赠现金64万元。

朔州光彩事业取得了新成效，仅2005年一年，实施光彩事业项目12个，投入资金3000万元，安置国企下岗职工3200多人，培训各类技术骨干2000多人，企业家建光彩希望小学10个，安置下岗职工648名。

阳泉针对当前大学生毕业就业难的问题，启动了旨在促进大学生就业的“春风工程”，几年来，他们多次举办大学毕业生专场招聘洽谈会，为非公有制企业引进人才，2005年全市29家非公有制企业与580名应届毕业生签订了工作意向。在推动光彩事业方面，阳泉采取了三项措施：一是加大宣传力度，扩大光彩事业的影响；二是把光彩事业作为选拔培养非公有制经济代表人士的重要途径；三是积极为非公有制企业家参与光彩事业提供支持服务。

忻州是山西贫困县连片的地区之一，广大非公有制企业家在捐赠社会公益事业、奉献爱心方面做出了突出贡献，2003年繁峙县28位企业家在全县社会各界捐资助学大会上慷慨解囊，捐款达255万元之巨，其中，山西省人大代表、山西恒源集团董事长王如恒捐款40万元，山西省政协委员、繁峙第三建筑工程公司总经理沙万里捐款40万元。忻州代县非公有制经济人士为兴建滹沱河大桥一次性捐款380万元。在抗击“非典”的斗争中，山西桂龙医药有限公司捐赠药品折款88万元，山西纪元集团董事长曾纪元捐款20万元。

晋中市光彩会以聚人为基础，聚心为重点，聚智为核心，聚力为根本，有效整合光彩资源，调动企业家参与光彩事业的积极性。介休市已形成了光彩事业项目群，安泰集团等10多家大企业成为骨干。全市实施光彩事业项目198个，投入资金10.7亿元，为晋中贫困地区脱贫致富做出了积极贡献。

在一些突发性的事件中，山西的企业家也有积极的表现，展示了良好的精神风貌。

1998年我国长江、松花江流域发生特大水灾，山西光彩会积极组织广大非公有制经济人士进行捐赠，短短10天内，捐款捐物折合人民币1000余万元。其中，山西裕丰集团董事长崔裕峰为湖北荆州、鄂州灾区捐煤炭2列车；山西皇威集团董事长秦诗禄为内蒙古灾区捐赠价值50万元的布匹；山西海鑫集团、山西通达集团为湖北灾区捐赠面粉11卡车。山西企业家的义举受到了中央统战部、国家民政部、中华慈善总会的通报表扬。

在2003年“非典”期间，广大非公有制企业家急政府所急，想人民所想，积极为抗击“非典”捐款捐物，奉献爱心，共捐款捐物折合人民币4200万元，占全省捐赠总额的一半，向人们展示了良好的社会形象。其中，山西古唐文化生态园开发有限公司董事长何俊民捐助价值300万元药品；山西中远威药业有限公司董事长钟志孟捐助价值200万元药品；山西亚宝药业集团董事长任武贤捐助价值160万元药品；山西金业煤焦有限公司董事长张新明、山西华宇集团董事长赵华山、山西中保集团董事长邢栓林各捐助人民币120万元现金。

从总体上看，山西的光彩事业在以下各个领域都取得了新的进展：

（一）农业产业化龙头企业实现了新突破

实施农业产业化项目是光彩事业的主要内容，经过几年来的探索与实践，山西光彩会对农业产业化项目的发展规律认识越来越深透，光彩事业农业产业项目产业结构越来越合理，组织形式越来越完善，市场网络越来越扩大。我省出现一大批像山西粟海集团肉鸡养殖、山西正贸集团黄河甲鱼养殖、武乡农民绿壳蛋鸡示范养殖、山西太谷鸵鸟养殖公司的鸵鸟养殖加工、山西鹿业有限公司鹿产品加工、山西天渊枣业公司红枣种植加工等投资规模大、经济效益好的农业产业化种、养、加项目，成为当地经济发展的龙头企业。山西粟海集团是我国中西部地区最大的肉鸡饲养加工企业，也是我省光彩事业农业产业化龙头企业。该项目总投资1.4亿元，现有繁育公司、饲料公司、基地公司、畜禽食品公司等4个分公司，公司屠宰、孵化、饲料加工均引进国外先进设备和技术，年销售额5.2亿元，年利润6000万元，安置剩余劳力和下岗职工1800人。其范围幅射运城市13个县区和陕西、河南等周边省份，为其提供产品的养鸡专业户1880个，使他们年收入5500万元，年消化当地大秋作物2.4亿公斤，对当地百姓脱贫致富起到了极其重要的作用。

长治商贸发展有限公司在当地农村实施鹅产品加工、饲料生产农业产业化项目，采用公司+农户的形式，免费为农户提供法国种鹅，从幼鹅养殖到治病防疫实施全程跟踪服务，使养殖户可以放心大胆地投入养殖，产生了很高的经济效益。该企业在带动百姓养殖脱贫的同时，转化当地玉米等饲料1500余吨，使百姓真正得到实惠。山西鸣源奶业通过农业产业化形式，带动周边7个乡镇620户农户从事奶牛养殖，使这些农户年收入1500万元，年消化3万余亩玉米秸秆，转化玉米饲料160余万斤。

（二）高科技项目取得了新成果

山西光彩事业发展的另一个新特点就是出现了一批科技含量较高的光彩事业项目。如瑞福莱药业有限公司实施的苦荞黄酮提炼项目，顺天生物工程有限公司进行的沙棘黄酮提炼项目。顺天公司2004年已提炼沙棘黄酮1.5吨，产生了很高的经济效益，该公司又新建了一个现代化制药厂，生产治疗心脑血管疾病的新药，建成投产后，可形成10亿元左右的产值，带动更多的百姓脱贫。山西通泰昌集团在吕梁投资500万元，新建万寿菊种植光彩事业项目，该项目科技含量很高，可以从万寿菊中提炼出各种化妆品和食品的添加剂，种植1亩万寿菊就可使当地农户增加1000元收入。太原旭光投资有限公司在阳曲县高村投资5000万元，建成马铃薯全粉厂，进行马铃薯深加工，产品科技含量高、供不应求，同时，还消耗了当地大量的以前难以销售的马铃薯，解了百姓燃眉之急。

（三）各种扶贫模式拓展了新领域

广大非公有制企业家在参与光彩事业实践中，大胆探索、不断开拓光彩事业新领域，创造出形式多样、行之有效的扶贫开发模式，昔日“培训人才、开办项目、开发资源”的设想，已变成农业开发扶贫、投资办厂扶贫、科技创新扶贫、市场开发扶贫、环保绿化扶贫、民办教育扶贫、人才培训扶贫、再就业工程扶贫、移民安居扶贫、招工扶贫等丰富多彩的“光彩扶贫模式”。

在招工就业扶贫中，山西省工商联、光彩会自2003年以来，每年都与政府有关部门在省城太原组织大规模招聘会，动员数百家非公有制企业进行招聘，安置下岗职工再就业，每次都有近万人被录用。与政府劳动等14个部门实施“送走一个、脱贫一户、救助一片”光彩事业劳务输出工程，通过培训，使贫困地区百姓掌握一定的劳动技能，输送到沿海发达地区就业，先后输送劳力万余人。

在市场建设扶贫中，运城鑫源集团董事长李家林建成20万平方米建材、家居超大型市场，拥有上千个铺面，增加了1.2万个就业机会，为社会提供了充分的就业渠道。山西浙江商会会长胡云姆在太原朝阳街连续修建两座大型鞋城，安置了3000多下岗工人就业，得到了当地政府的充分肯定。2006年5月，山西省光彩会与香港豪德集团商洽，引进资金100亿元，在运城、朔州、晋城、长治建设光彩大市场，项目建成后，可为当地提供十多万个就业岗位。

在教育开发扶贫中，山西联盛集团董事长邢利斌投资5600万元改组柳林四中，使该校成为一所多功能、高规格、全日制的高级中学，在近几年的高考中，考生升学率名列前茅。山西潞宝集团董事长韩长安2002年以来连续出巨资修建光彩小学，至今已修建75所，投资950万元，不但解决了贫困地区百姓子女上学难问题，而且为提升贫困地区教学条件贡献了力量。

在再就业扶贫中，山西皇威集团先后在山西、四川兼并了6个大中型国有企业，本着让“政府放心，职工满意”的方针，安排近万名下岗职工，并为每位职工缴纳了养老保险金。连顺能源（集团）有限公司先后兼并了朔州市怀仁县4座濒临破产倒闭的国有煤矿，使1100名下岗矿工恢复了工作。太原江南饮食集团有限公司安置了1800名国企下岗职工和待业青年。山西华宇集团、美特好集团和山姆士超市安置下岗职工近15000余名，成为山西非公有制企业参与政府再就业工程的佼佼者。

10年来，山西非公有制企业购买、兼并、租赁国有中小企业1178家，先后安置国企下岗职工近30万人，占全省下岗职工总数的70%。2000年省政府表彰的100个再就业先进单位，非公有制企业就占了60多家。

（四）热心公益事业掀起了新高潮

捐赠社会公益事业是光彩事业的一项重要内容，几年来。山西广大非公有制经济人士为社会公益事业累计捐款捐物16.94亿元，在全省兴建光彩中小学540所，打深井340眼，架桥52座，修建等级路2100余公里。

2002年，香港东莞王氏宗亲会王国强先生、王惠琪先生为我省捐款人民币100万元，在运城垣曲、吕梁方山、忻州静乐、大同灵丘四个国家级贫困县修建光彩小学4所。山西海鑫集团已故董事长李海仓2002年出资2000万元用于拓宽东镇至闻喜的大运公路。山西安泰集团董事长李安民为义安镇150名贫困学生资助人民币46万元，为介休“村村通”工程捐款160万元。2005年洪洞霍家庄煤矿矿长史元魁捐款1800万元，修等级公路19.4公里。霍州紫云能源有限公司董事长朱志红为修建乡村公路，捐款150万元。2006年，山西中阳钢厂董事长袁玉珠捐赠1200万元改建县中学，为县医院捐赠医疗设备517万元。

2005年全省开展的非公有制企业家资助优秀贫困学生就学活动中，参与捐助的企业家530人，捐助优秀贫困大学生2435人，捐助金额974万元。孝义市连续四年举办光彩助学活动，2005年资助优秀贫困大学生的人数超过了前三年的总和。

在中国光彩事业“太行行”活动中，山西潞宝集团董事长韩长安、山西常平集团董事长陈忠孝、山西沁新集团董事长孙宏原各捐款200万元人民币用于修建光彩小学和资助优秀贫困大学生。

（五）国土绿化开创了新局面

广大企业家积极参与国土绿化，根据各自的具体情况，合理选择绿化方式，对荒山荒坡、厂区校园进行绿化开发，在搞好植树造林种草的基础上，积极进行林业产品的开发和技术创新，不断向第二、第三产业延伸发展，探索出一条生态建设产业化的发展道路。

山西天渊枣业集团在吕梁临县开发大面积黄河滩涂，种植滩枣5万余亩，同时，帮助当地百姓种植枣树，实行统一管理、统一收购，形成了很好的经济效益，天渊枣业成为我省知名品牌。山西联盛集团在柳林先后投资1540万元，栽种各种树木138万株，使公司13座煤矿所在地全部披上绿装，建成连绵数万亩的生态植物园区。山西古唐生态开发有限公司在晋源区开发荒山22平方公里，绿化面积占70%。长治沁源青龙山庄在该县种植山楂等经济林18万亩。运城绿色林业有限公司在运城中条山治理荒山15万亩。运城鑫源实业有限公司在永济种植速生林10万亩。我省的国土绿化光彩事业项目起点高、规模大，受到了国家林业部门和中国光彩会的肯定。

（六）走向全国展现了新风貌

山西企业家在热心参加本省光彩事业活动的同时，积极响应中国光彩会的号召，并根据本企业的发展战略，走出三晋大地，在全国各地大搞光彩事业，展现了新晋商的新风采。山西环海集团董事长梁文海早在1996年就在贵州修文县中央统战部扶贫基地投资1700万元兴建金属镁厂和特种水泥厂，在兰州投资500万元，在吉林投资450万元创建锅炉分厂，在山西壶关投资5亿元建不锈钢厂。山西海鑫集团董事长李兆会投资80余亿元在广西贫困地区建设大型钢铁联合企业。山西襄汾有色金属公司董事长王建国在贵州投资6000万元建设大型矿山，开发当地锌矿资源。山西通达集团在广东、河南建摩托车制造基地，安置员工3000余人，不断研发新的产品，提升企业形象，大阳摩托、大运摩托成为全国知名品牌。

三、光彩事业成功的启示

通过10年来的积极探索和成功实践，光彩事业显示出旺盛的生命力和良好的发展态势，形成了巨大的社会影响，积累了许多宝贵的经验，给人以深刻的启示与教益。

（一）始终把发扬中华民族传统美德、促进共同富裕、构筑和谐社会作为开展光彩事业的根本宗旨

实现共同富裕是人类的美好理想，也是社会主义本质和优越性的最大体现。由于我国经济社会发展的现状，在社会主义初级阶段，决定了共同富裕不是同步富裕，只能通过一部分人先富起来，通过先富带后富，最终走向共同富裕。光彩事业的开展就是先富起来的非公有制经济人士致富思源、富而思进，积极帮助贫困地区脱贫致富，走共同富裕道路，为构筑和谐社会做贡献的有益实践。这一事业受到了党和政府的高度重视，受到了广大人民群众的普遍欢迎和肯定。实践证明，光彩事业只有坚持把促进共同富裕作为开展这项活动的根本宗旨，才能始终沿着正确的方向不断前进，才能真正体现自身存在的意义和价值。

（二）始终把坚持自觉自愿、互惠互利作为开展光彩事业的基本原则

光彩事业是非公有制企业家发起的一项开发性扶贫工作，它既是一种充满情感的道德行为，也是一种互惠互利的经济行为。开展光彩事业，既要求广大非公有制经济人士有一种先富帮后富，主动承担社会责任的强烈使命感，同时，还必须按照经济规律办事，让企业家根据自己的事业发展和经营目标，自觉自愿参加；既要帮助贫困地区群众发展生产，增加收入，提高生活水平，又能使参与光彩事业的企业家得到合理的收入，在这些事业上有新的发展，这是光彩事业与其他社会扶贫事业的最大区别。只有坚持自觉自愿、互利互惠的基本原则，才能使光彩事业保持旺盛的生命力和创造力。

（三）始终把引导非公有制经济人士做合格中国特色社会主义事业建设者作为开展光彩事业的主要内容

贯彻落实“十六大”精神，引导广大非公有制经济人士积极实践“三个代表”重要思想，争做合格中国特色社会主义事业建设者是非公有制经济人士健康成长的需要，也是光彩事业健康发展的内在要求。光彩事业倡导的德行并举、义利兼顾的社会主义义利观，倡导的讲诚信、守信用的行为准则与建立良好的社会主义市场经济秩序相适应，与社会主义法律规范相适应，与社会主义思想道德体系相适应，与构建社会主义和谐社会相适应。参加光彩事业的企业家，在为国家扶贫攻坚做出积极贡献的同时也为自身素质的提高和发展奠定了重要的基础。因此，在引导广大非公有制经济人士参与光彩事业的同时，也要帮助他们塑造良好的社会形象，实现积极的人生追求。

（四）始终把依靠党和政府的支持作为开展光彩事业的根本保证

光彩事业作为非公有制企业家发起的一项民间社会扶贫开发活动，离不开党和政府的重视和支持。光彩事业倡议发起之初，胡锦涛同志就认为这个倡议很好，希望付诸行动，为国家“八七”扶贫攻坚计划做出贡献。江泽民同志曾亲自为光彩事业题词：“发扬中华传统美德，促进共同富裕。”山西省委、省政府对光彩事业也十分重视，主要领导都出席光彩会的有关重大活动，对光彩事业顺利开展给予了大力支持，全省各级政府对光彩事业项目的开展也提供了许多政策优惠，切实帮助解决光彩事业项目实施过程中存在的困难和问题。实践充分证明，正是由于党和政府的高度重视和支持，光彩事业才得以不断发展壮大，在全省的扶贫攻坚中发挥重要作用。

四、光彩事业辉煌的前程

进入新世纪，国家提出了十年扶贫发展规划，为光彩事业赋予了新的使命，光彩事业前景广阔，任重道远，大有可为。

（一）着眼于社会主义新农村建设、小康社会建设、和谐社会建设，进一步探索光彩事业发展的新思路

社会主义新农村建设、小康社会建设、和谐社会建设是当前党和国家的中心工作，也是光彩事业的出发点和落脚点。加快推进“三项建设”，解决好人民群众最关心的就业、社会保障、扶贫、教育、医疗、环保等问题，是光彩事业的重要使命。山西省光彩会决心以“三个代表”重要思想为指导，从构建和谐社会的高度，坚持科学的发展观，大力弘扬光彩精神，把帮助贫困地区群众脱贫致富，促进共同富裕，构筑和谐社会，促进社会主义新农村建设作为切实提高贫困地区的收入和生活水平，作为工作的出发点和落脚点，走科技含量高、经济效益好、资源消耗低、环境污染少的可持续发展之路，努力推动全省光彩事业再上新的台阶，再创新的辉煌。

(二)着眼于党和政府的工作大局，进一步拓宽光彩事业发展的新领域

光彩事业既要围绕党和政府的中心工作定位，又要为服务工作大局尽职，光彩事业的产生和发展始终与国家的中心工作和总体扶贫攻坚的战略目标联系在一起，光彩事业要始终紧紧围绕省委、省政府经济社会发展规划和我省“两区”开发扶贫攻坚总体目标开展，始终把工作的重心放在百姓脱贫上。要紧紧抓住政府宏观经济调控的有利时机，引导企业家参与国有企业的改组改造，参与“两区”开发，参与雁门关生态农业畜牧区的建设，参与“1311”工程，参与农业产业化项目，参与发展劳动密集型企业，参与劳动力的培训与输出。组织引导广大非公有制企业家为深化农村改革、发展现代农业、增加农民收入、推动县域经济发展多做贡献。在扩大就业与再就业、缓解收入分配不公、提高社会保障水平发挥作用，为构筑充满活力、富裕文明、和谐稳定、山川秀美的新山西贡献力量。

(三)着眼于光彩事业长远发展，进一步加强对光彩事业的领导和支持

要千方百计争取各级党委和政府对光彩事业的重视和支持，把光彩事业纳入到当地经济发展和扶贫攻坚的总体规划中，在政策、经费、编制方面给予保证。在光彩会工作的同志应该热心光彩事业，懂经济、善协调，真心实意地为参与光彩事业活动的企业家服务。要切实转变工作作风，克服官僚主义、形式主义，多做扎实的基础工作，多调查研究，切切实实为项目服务。要进一步扩大光彩事业队伍，非公有制经济人士是光彩事业的主体，能不能吸引更多的非公有制经济人士参与光彩事业，是光彩事业能否继续发展，能否跃上新的台阶的重要前提。

山西非公有制经济人士已达70余万，省工商联会员突破7万大关，而投入光彩事业项目建设的非公有制经济人士仅有1000余人，还有很大的潜力可挖，还有许多工作可做。回顾山西光彩事业十年的光辉历程，使人们深深地感触到：光彩事业不仅促进了贫困地区的经济发展和社会进步，缩小了富裕地区与贫困地区经济社会发展的差距；而且为地区间的经济、贸易、文化的交流与发展，传播先进的科学技术、管理文化知识和新的理念贡献了力量。

光彩照太行，朝霞映三晋，这项事业在山西已经形成了一面旗帜，即发扬传统美德，促进共同富裕；树立了一个信念，即社会主义的义利观；建立了一个组织，即遍布全省的各级光彩事业促进会；形成了一支队伍，即一大批热心报国的非公有制经济人士。实践证明，投身光彩事业，发扬光彩精神，就是广大非公有制经济人士争做中国特色社会主义事业建设者、为构筑和谐社会贡献力量的一条现实之路、成功之路、必由之路。

光彩事业弘扬了中华民族的传统美德，符合社会发展规律和经济发展规律，体现了人们对美好生活的向往和追求，实践着小平同志提出的“实现人类共同富裕”的伟大理想，光彩事业功在当代，利在千秋！

报告执笔人：张云虎　山西省光彩事业促进会副秘书长

二〇〇六年十月

(原载于《当代山西商会》2006年第11期)

山西省非公有制企业思想政治工作基本情况的调查

以公有制为主体，多种所有制经济共同发展，是我国社会主义初级阶段的一项基本经济制度，是一项长期不变的政策。党的十六大报告中指出："必须毫不动摇地鼓励、支持和引导非公有制经济发展。个体、私营等各种形式的非公有制经济是社会主义市场经济的重要组成部分，对充分调动社会各方面的积极性、加快生产力发展具有重要作用"。思想政治工作，是经济工作和其他一切工作的生命线。随着社会主义市场经济的发展，非公有制经济在国民经济中所占的比例越来越大，非公有制企业也成为社会组织中的重要组成部分，加强非公有制企业思想政治工作，建立和完善非公有制企业思想政治工作的机制和体系，引导非公有制经济人士做合格的中国特色社会主义事业建设者，是加强新时期思想政治工作的一个重要方面，也是新时期思想政治工作中一个亟待开拓和发展的崭新领域。

一、山西省开展非公有制企业思想政治工作的基本情况

非公有制企业思想政治工作包括非公有制经济人士和非公有制企业员工两方面的工作。一方面，非公有制经济人士是企业的经营者和管理者，团结、教育广大非公有制经济人士按照"爱国、敬业、诚信、守法、贡献"的优秀建设者精神健康成长，帮助引导非公有制企业在科学发展观指引下健康发展，是新时期、新阶段非公有制企业思想政治工作的主要内容和根本任务。另一方面，引导教育员工树立社会主义劳动者和企业主人翁的意识，围绕企业的生产经营和社会实践，提高员工的思想政治素质，充分调动和发挥员工的主动性和创造性，从思想上引导、规范员工的行为，开展为企业中心任务的顺利完成提供服务和保证的一系列理论宣传教育和实践活动，是新时期、新阶段非公企业思想政治工作的重要基础和有效保证。

非公有制企业思想政治工作是一项系统的社会工程，在山西省基本形成了各级党委组织部、宣传部、统战部从政治高度和社会大局组织领导非公企业思想政治工作，把握非公企业思想政治工作的政治方向，以邓小平理论和党的基本路线特别是社会主义初级阶段的基本政治制度和经济制度统领非公企业的思想政治工作；各级工商联发挥主渠道作用，按照"团结、帮助、引导、教育"八字方针培养"爱国、敬业、诚信、守法、贡献"的非公经济代表人士积极分子队伍，认真做非公有制经济人士思想政治工作，肩负起党中央赋予的这项主要工作任务；工青妇等社会团体积极配合，发挥各自优势，齐抓非公企业思想政治工作的管理机制。

做非公有制企业思想政治工作的主要方法：一是统战部、工商联把做好新阶层人士的工作作为非公企业思想政治工作的切入点，培养壮大优秀建设者队伍，以企业主的先进思想和模范行动引领企业健康发展；二是组织部门把加强非公有制企业党的组织建设作为非公有制企业思想政治工作的关键点。按照"非公有制经济组织发展到哪里，党的工作就延伸到哪里"的原则，使党的思想政治工作进入到各行各业的非公有制经济组织，保证思想政治工作的正确方向；三是宣传部和工商联把创建企业精神文明和企业文化建设作为加强非公有制企业思想政治工作的结合点。把思想政治工作寓于企业经营管理和企业文化建设之中，促进企业主认识和感受到思想政治工作对促进企业发

展的重要作用，主动支持工作。通过企业文化建设，在人与物，思想政治工作与生产经营活动之间，乃至思想政治工作与市场之间架起一座由此及彼的桥梁，以优秀的企业文化影响人、凝聚人；四是工会和工商联等群团组织把促进非公企业人的全面发展作为非公有制企业思想政治工作的落脚点。通过各种形式的教育和培训，提高员工的思想道德和科学文化素质；五是各有关部门坚持把改革创新作为非公有制企业思想政治工作的着力点。改革创新是企业发展的活力和动力，思想政治工作着力于推动企业的改革创新，开展活动，发挥作用。

非公有制企业思想政治工作一般内设机构主要有党组织、团组织、工会组织以及宣传教育部、企业文化策划部、人力资源部等，都配有专职人员负责工作的开展。据不完全统计，目前，全省非公企业共党员40000名，占从业人员的4.3%，个体工商户中有党员30000多名，占从业人员的3.7%。工会会员总数138万人，占从业人员的72.6%。截至2004年6月底，全省非公有制企业中共建立党组织2200个，其中党委36个，总支97个，支部2067个，占有3名以上正式党员单位数71.1%，占非公有制企业总数的8.8%。2004年12月底，工商联会员企业中共建团组织524家。到2005年9月底，建立工会组织16049家，占非公有制企业总数的26.7%。

二、山西省工商联组织开展非公有制企业思想政治工作的主要经验和做法

做非公有制经济代表人士的思想政治工作，是党中央赋予工商联的光荣使命。我省各级工商联组织按照中央文件和工商联章程要求，适应时代变化，不断开拓工作新领域，努力探索新时期、新形势下做好非公有制经济领域思想政治工作的新途径，取得了显著的成效，有力地促进了我省非公有制经济的健康发展和非公有制经济人士的健康成长。

（一）培养壮大优秀建设者队伍，夯实思想政治工作基础

到2006年9月底，全省民营企业户数64.9万户，从业人员539万人，民营经济中个体私营企业主和投资者及高层管理人员等新阶层人士有70余万人。经过党和政府的长期培养，这一新社会阶层中已形成了一支拥护党的领导、走社会主义道路的优秀建设者队伍。据省工商联会员部统计，目前，加入工商联组织的非公企业人士中，担任县市人大代表的1566人、政协委员2453人，担任全国人大代表3人，全国政协委员2人，担任省人大代表65人，省政协委员77人，担任省工商联副会长15人，常委34人，执委138人。担任各级工商联执、常委的有3500人，担任正副会长的562人。近年来，全省受各级党委、政府表彰的非公有制先进企业、纳税大户8000多家，有5位非公企业家荣获“全国非公有制经济人士优秀中国特色社会主义事业建设者”称号，26位企业家荣获“山西省非公有制经济人士优秀中国特色社会主义事业建设者”称号；有8名企业家荣获“中国光彩事业奖章”，128名企业家先后荣获“山西省光彩事业奖章”和“山西省光彩事业突出贡献奖”。2005年12位非公有制企业家荣获全国劳动模范光荣称号。在这些代表人士的影响带动下，更多的非公企业家的爱国敬业热情、守法贡献意识明显增强，使山西非公企业思想政治工作沿着健康的方向发展。

（二）搞好宣传教育引导，把握思想政治工作的正确方向

非公有制企业的健康发展和非公有制经济人士的健康成长，离不开正确的思想指导。近年来，工商联组织通过各种有效方式，把全面宣传贯彻党的基本路线当作首要政治任务和头等大事抓紧抓好，在全省非公经济界掀起了学习贯彻“三个代表”重要思想，“十六大”、十六届三中、四中、五中全会精神和《宪法》修正案的热潮；把学习宣传和培训教育作为开展非公经济代表人士思想政治工作的基本方法和手段，通过下发文件，发放学习辅导材料，召开座谈会、研讨会、经验交流会，举办各类论坛、走出去培训考察等多种形式、多种方法，积极探索适合工商联特点的宣传教育机制，变“应对教育”为“观念教育”，努力拓

宽工商联宣传教育工作渠道，加强非公经济人士的理论修养和素质提高。2004年和2005年省工商联成功地举办了2004、2005晋商发展论坛，论坛规模之大、效果之好受到各方面好评。近十年来，我省共举办各类宣传教育培训班2200余期，培训非公经济人士18万人次，举办各类论坛、高层座谈会和大型学习教育活动180余次。

非公企业内部也非常重视员工的培训教育，不少企业建立了规范的培训机制，有的企业与大专院校联合创办了培训中心。各企业通过各种形式的时事政策教育，引导员工正确认识我国社会主义改革的性质、成就和发展方向，正确认识和处理好国家、集体、个人三者利益的关系，增强主人翁意识和社会责任感；通过诚信教育，引导员工坚持诚信为本，以质取胜和公平竞争原则，自觉遵守商业信用，通过法律教育，引导员工学法、守法，诚实劳动，依法致富；通过业务教育，提高员工的劳动生产技能，引导员工争做“知识型员工”，做合格的劳动者。

（三）加强党组织建设，为非公企业思想政治工作提供有效保证

各级工商联把加强非公有制企业党建工作作为党的基层组织建设的一个新的重要领域，作为加强党的执政能力建设，巩固党的执政基础的一项强基固本工程，积极协助在有条件的企业建立党组织，引导非公企业党组织大力开展党的路线方针政策的宣传教育活动，努力提高非公有制企业贯彻执行党的路线方针政策的自觉性，促进非公有制企业健康快速发展；引导非公企业党组织开展丰富多彩的思想政治教育活动、企业文化学习活动，开展“企业是我家，我为企业做贡献”等主题实践活动，通过一系列活动，用积极的、健康向上的精神和企业文化统一思想、凝聚人心；引导非公有制企业党组织发挥党组织的凝聚力、战斗堡垒、示范带动和先锋模范作用，使非公有制企业管理人员和职工紧密团结，汇聚成企业发展的强大动力。沁源县非公企业中已建立党组织82个，其中党委2个、总支2个、支部78个；挂靠农村支部的48个，共有党组织130个，组建率达到100%；凡50人以上的企业都有党员，覆盖面达到100%。古交市26个具备建立党组织的非公企业有25个建立了党组织。这些党组织为促进非公企业持续健康快速发展提供了坚强的组织保障。

（四）推动主题文化建设活动，创建思想政治工作的有效载体

随着非公企业的不断发展壮大，企业文化建设逐渐引起企业家的重视，被员工所接受，推动民营企业文化建设也成为工商联开展非公有制企业思想政治工作的重要“抓手”和有效载体，成为各级工商联的主打工作品牌之一。2003年8月全国工商联民营企业文化建设委员会成立并召开首次“中国民营企业文化论坛”之后，省工商联积极响应全联的部署，在全省发起了“民营企业与社会协调发展”、“以人为本”和“科学发展”的民营企业文化建设主题活动，于2003年10月在怀仁县召开了以“民营企业与社会协调发展”为主题的“山西省民营企业文化建设现场交流研讨会”，表彰了34家“企业文化建设先进单位”。2005年8月在沁源县召开了以非公有制企业文化建设暨思想政治工作经验交流会，表彰了52家思想政治工作先进企业。2004年按照“以人为本”的活动主题，在全省民营企业中开展了“关爱员工、实现双赢”和“创建学习型企业”、“知识型员工”的系列活动。省工商联于2005年4月成立了民营企业文化建设委员会，以此来推动全省民营企业文化建设的深入开展。

山西省广大非公经济人士积极探索走中国特色的民营企业文化之路，重视建设先进的企业文化，加强企业文化建设已经蔚然成风，各具特色的企业文化异彩纷呈。潞宝集团董事长韩长安多年来用“政府给我一碗水，我还社会一桶油”的理念引领企业健康快速发展。中阳钢厂用团队精神，“追求卓越永不落后”，倡导“开拓求实，拼搏求新，敢超一流，当好龙头”，创立了“神、形、进、理”的中钢精神。来福集团是2004年新组建的一个高起点、多元化的综合经营商贸集团，他们以企业文化为先导，把企业经营理念、员工发展等一系列企业建设思想系统化、图文化、形象化、规范化，使企业发展呈现出勃勃生机。沁新集团精心塑造“为国家做贡献，为公司创财富，为股东谋利益，为职工办实事”的企业文化纲领，按照“依托煤，延伸煤，超越煤”的发展思路，走煤炭资源综合利用、可持续发展道路，通过兼并扩张，构建了煤—洗精煤—焦化—余热发电—棕刚玉冶炼和煤—洗精煤—矸石发电—粉煤灰建材两条主导产业链，形成良性循环的经济格局。

（五）加强服务体系建设，提高非公企业思想政治工作的实效性

1. 建设组织体系。各级工商联一方面加强会领导班子和机关建设，夯实工商联工作的基础，另一方面通过组建乡镇分会、行业商会，健全工作网络，形成有效的活动体系，把思想政治工作的目标和任务落实到会员企业中去。

2. 建设经济服务体系。工商联把思想政治工作与经济服务工作结合起来工作，通过招商引资、展销洽谈、维护权益等寓思想政治工作于联络服务之中，起到了很好的作用。临汾市工商联采取强有力的维权服务、融资服务、项目服务等手段，得到了党委和政府的信任与支持，赢得了广大会员企业的信赖。山西省代理商联合会、山西省福建商会、山西省浙江商会、山西省五金商会等商会通过维权服务，加强与会员们的联系。

3. 建设荣誉体系。加大表彰力度，搞好政治推荐安排，成为工商联思想政治工作的新亮点。近几年，省工商联向全国工商联推荐了优秀建设者、光彩事业奖章获得者及“就业工作先进单位”、“全国就业和保障先进民营企业”、“关爱员工的优秀民营企业家”、“热爱企业的优秀员工”、“全国民营企业思想政治工作先进单位”等先进企业和优秀企业家受表彰。省及各地工商联也都自行或配合有关部门开展了许多各具特色的表彰活动。在大力宣传表彰先进典型的同时，各级工商联还积极协助统战部等部门做好非公经济代表人士政治安排的推荐工作，目前，全省非公有制经济人士在县以上人大、政协和工商联中担任职务的有8000多人。

4. 建设舆论服务体系。省工商联利用《当代山西商会》和工商联网站、《工商联会讯》向非公企业宣传党的方针政策，宣传优秀非公企业和企业家。太原、大同、阳泉、晋中、运城等市工商联都与当地电视台、报社等新闻媒体合作，定期或不定期宣传当地的优秀民营企业，展示民营企业家的风采。11个市地工商联都以不同的形式创办了自己的舆论宣传阵地，及时向会员企业传达党对非公有制经济的方针政策，宣传工商联工作动态，宣传会员企业的经营之道和管理理论。海鑫、安泰、华宇、中联、中钢、沁新等众多非公企业兴办了内报内刊。

三、非公有制企业思想政治工作存在的突出问题及主要原因

（一）认识和观念上存在误区

一些人仍不能正确看待非公有制经济，对非公有制企业思想政治工作的重要作用和地位认识不足，甚至还存在一些错误的或模糊的认识。有人认为非公有制企业就是搞生产经营，思想政治工作可做可不做，存在一种无所谓思想；还有的认为非公企业的业主在企业内说了算，一切都由他们做主，只要把他们的工作做好就行了，没有必要对企业员工进行思想政治教育。

（二）非公有制企业的分散性和不稳定性使思想政治工作缺乏必要条件

非公有制企业行业分散、地域跨度大，不少企业跨行业、跨地区经营，注册地与经营地分离，给思想政治工作造成很大困难。还由于非公企业规模不一，经济成份多样复杂，文化背景、经营方式、企业管理等与国有企业存在较大差异，使他们对思想政治工作的接纳程度偏低，缺乏开展思想政治工作的必要条件，无

法组织灵活多样的思想教育的文化娱乐活动。同时，非公有制企业经营状况受市场波动影响大，变动频繁，因此，很难把他们纳入到稳定规范的管理之中，不少非公企业特别是规模比较小的企业处于游离状态。

（三）一些企业主的价值观念与思想政治工作的观念不兼容

相当一部分业主对企业思想政治工作心态复杂，对思想政治工作有戒心、疑心，存在误解和偏见，认为思想政治工作是企业的额外负担。担心生产经营以外的活动多了，会搞乱了员工的思想，影响企业的生产经营，甚至担心党、团、工会等组织员工与自己唱对台戏。因此，对在企业建立党、团、工会组织，开展思想政治工作态度不积极，产生“排斥”心理。这就使思想政治工作的要求和活动安排，很难进入这些企业的工作程序。即便有的企业开展思想政治工作，但由于不懂做思想政治工作的基本方法，用行政命令代替思想政治工作，也会影响思想政治工作效果。

（四）没有形成非公企业思想政治工作的合力

随着非公经济的快速发展，关心非公经济的部门和单位越来越多，有关社团组织也陆续成立，但彼此之间缺乏沟通和合作，甚至相互扯皮、封闭信息、制造矛盾；不少部门、单位和社团借关心之名，乱评比、乱表彰、乱收费，严重破坏了党和政府的形象，十分不利于非公企业思想政治工作，对非公企业思想政治工作，各部门和有关团体没有找准自己的位置，没有强化主管部门的职责，没有形成较强的合力。

（五）工商联发挥主渠道的职能作用没有被充分重视

中央和国务院文件对工商联的工作方针、主要职能都给予了确定，但一些地方党和政府的领导干部对工商联的地位作用认识不足，对工商联工作重视支持不够，不注意发挥工商联的职能作用和做非公经济人士思想政治工作主渠道的作用。工商联的职能不到位，使做非公有制经济代表人士思想政治工作的难度相当大。在政治安排上存在着培养与推荐脱节的问题，在鼓励表彰上存在着荣誉表彰多、引导教育少的问题。同时，由于工商联自身建设薄弱，致使工商联难以担当目前的工作重任。

四、对全省非公有制企业思想政治工作的总体估价

经过25年发展，非公经济已经实现了从量的积累到质的飞跃的转变，名副其实的担当起了“重要组成部分”。非公有制经济人士也获得了政治上的肯定，成为中国特色社会主义事业建设者。随着我省非公有制经济的快速发展，非公有制经济作为我省经济新的增长点，受到各级党政部门和社会各界的关注和支持。做好非公有制企业思想政治工作日益成为党委政府重视和加强的一个重要方面，成为推动非公有制企业持续快速健康发展的重要力量。一方面党委、工商联和社会团体初步形成非公企业思想政治工作的体系，加大了对非公企业的组织领导、舆论宣传、表彰力度和政治安排，为非公有制经济快速健康发展创造了更加宽松的政策环境。另一方面非公有制经济人士也注重企业的思想政治工作，始终贯彻以人为本，全面、协调、可持续的科学发展观，纷纷成立党、团、工会组织，以邓小平理论、“三个代表”重要思想和科学发展观统领企业的发展方向，以公平正义、诚信友爱的品质，依法保障员工的正当权益，构建企业内部的和谐关系。

1. 随着党的执政能力的进一步加强，社会主义市场经济的日益完善，非公企业思想政治工作越来越受到党委政府和社会各界的关注和重视，非公经济在国民经济中越来越发挥重要作用，势必加强非公企业思想政治工作的开展。

2. 随着非公思想政治工作的加强，各级党委政府和有关部门都在总结开展非公企业思想政治工作的成功经验和做法，探讨进一步做好这项工作的新途径、新思路、新举措，做思想政治工作的形式和方法将不断改进。

3. 随着非公企业多元化的发展和内在需求的不断增加，思想政治工作的内容会更加丰富，更加贴近非公企业主，贴近非公经济代表人士，贴近非公企业员工。

4. 党中央、国务院对工商联职能作用的进一步明确，工商联组织的自身建设不断加强，工作水平不断提高，非公企业的思想政治工作逐步由虚向实发展，产生的效果会更加实际，更加切合企业的发展。

5. 非公企业思想政治工作的管理机制会更加完善，党政群团将形成强大的合力，共同推进非公企业思想政治工作，促进非公经济代表人士健康成长和非公经济健康发展。

报告执笔人：

郎宝山　山西省工商联党组成员、副会长

闫晓红　山西省工商联宣传教育部副部长

二OO六年十一月

（原载于《当代山西商会》2006年第12期）

2006年山西省民营经济发展报告

2006年，是山西省全面实施“十一五”规划的开局之年，是深化改革、扩大开放取得丰硕成果的一年。一年来，全省各级党委、政府认真学习贯彻党的“十六大”和十六届六中全会精神，高度重视、大力支持民营经济发展，着力营造民营经济快速健康发展的良好环境。全省民营企业坚持以科学发展观为指导，紧紧抓住建设社会主义新农村、“两区”开发、对外大开放等机遇，认真执行国家宏观调控政策，深入调整结构，大力开拓市场，狠抓企业管理，继续保持了平稳较快的发展势头，在“十一五”开局之年取得了良好的成绩，总量迅速增长，结构不断优化，贡献进一步增大，为建设“新基地、新山西”和构建社会主义和谐社会发挥了重要作用。

一、2006年山西省民营经济发展基本情况及特点

（一）民营经济发展呈平稳较快增长的态势

1. 总量持续递增，贡献进一步增大。到2006年底，全省民营经济户数（含个体工商户）达到69万户，比上年增长5万户；从业人员560多万人，比上年新增30万人。其中，登记注册的私营企业达到87658户，比上年增长22.95%；从业人员为105.02万人，比上年增长27.62%。登记注册的个体工商户达到451731户，比上年增长45.36%；从业人员89.5万人，比上年增长8.8%。民营经济完成增加值2548亿元，占全省GDP的53.6%，同比增长20.2%。完成税金325.8亿元，占全省财政收入的36.72%，同比增长23.82%。

2. 规模快速扩大，实力进一步增强。到2006年底，全省个体工商户注册资金为202.32亿元，户均注册资金4.48万元，比2005年的3.81万元增加0.67万元。私营企业注册资金为1385.85亿元，户均注册资金158.1万元，比2005年的149.56万元增加8.51万元；投资者人数204916人，比2005年增加43894人，增长27.26%。其中，注册资本100~500万元的私营企业有12936户，500~1000万元的私营企业有2463户，1000万元~1亿元的有1797户，亿元以上的有40户。全省亿元以上的民营企业数量猛增，规模企业群体继续快速膨胀。销售收入亿元以上的民营企业达到453户，比上年增加91户，其中10亿元以上的有35户，比上年增加18户；20亿元以上的12户，比上年增加3户；50亿元以上的有2户，比上年增加1户。纳税5000万元以上的民营企业有61户，比上年增加18户，其中纳税超亿元的企业达到25户，比上年增加11户，营业收入最大和纳税最多的民营企业是山西海鑫钢铁集团有限公司，营业收入为77.97亿元，纳税4.2亿元。

3. 结构调整深化，领域进一步拓宽。传统主导产业领域在关闭了一批小煤矿、小焦化厂等企业后，企业数量有所减少，但企业规模和档次都有了新的提高，主要产品产量继续保持了稳定增长。农副产品加工业、第三产业、旅游业等新兴产业发展迅速，投资增加。2006年底，全省个体工商户中从事第三产业的户数占到91.73%，从业人员占87.75%，注册资金占80.13%，分别比上年增长5.42%、9.51%、29.79%。私营企业中从事第三产业的户数占到70.39%，投资者人数占68.56%，雇工人数占54.86%，注册资金占65.94%，分别比上年增长23.73%、27.93%、41.91%、31.64%。

4. 组织形式优化，素质进一步提高。到

2006年底，全省独资企业户数21365户，所占比重由2005年的25.81%下降到24.37%；合伙企业户数1826户，所占比重由2005年的2.38%下降到2.08%；有限责任公司户数64456户，所占比重由2005年的71.81%上升到73.53%；股份有限公司由2005年的1户增加到11户。规模以上民营企业的自主研发能力不断增强，全省民营企业中科技型企业达到859个，创省级名牌产品187个，山西标志性名牌产品21个，国家名牌产品7个。在规模以上民营企业中，建立科研机构的企业占到企业总数的70%以上。设立股东大会、职代会、董事会、监事会，建立党、团、工会组织的企业越来越多，他们以更科学、更规范的方式对企业进行长效管理，不断提升企业的持续竞争力。

5. 出口总额增加，创汇进一步提升。2006年底，全省民营经济完成出口交货值210.6万元，比上年增长4.08%。非公有制经济完成出口总额22亿美元，占全省出口总额的53%，完成进口总额8.4亿美元，占全省进口总额的33.7%。出口创汇的私营企业达659户，出口创汇折合人民币3000万元。

（二）民营经济成为推动和谐社会建设的重要力量

1. 创造社会财富，推动经济发展。经济发展是社会和谐的最重要基础。2006年全省民营企业不断增加投资，据省统计局和省工商局、省国税局、省地税局、省中小企业局的统计资料显示，非国有投资完成1290亿元，同比增长25.2%，占全省全社会固定资产投资的55.57%，增速快于国有投资。民营经济实现增加值2548亿元，同比增长20.2%，占全省GDP总量的53.6%。民营经济完成税金325.8亿元，同比增长23.82%，占全省财政总收入的36.72%，其中个私经济上交税金109.74亿元，占全省财政总收入的12.37%。规模以上私营企业完成增加值309.4亿元，比上年增长15.3%，占全省GDP总量的6.52%。私营企业实现利润25.8亿元，增长29.6%。民营经济的发展为社会创造了大量财富，大大改变了公有制经济一统天下的局面，形成了以公有制经济为主体，多种经济成份共同发展的良好格局，民营经济成为经济发展的最大动力来源。

2. 提供就业岗位，维护社会稳定。民营经济的快速发展，提供了大量的就业岗位，成为新增就业人口就业和下岗职工再就业的主体。2006年底，民营企业从业人员560多万人，比上年增加30万人，安排的新增就业人数占全社会新增就业人数的70%以上；其中，个体工商户从业人员89.5万人，比上年增加7.2万人；私营企业从业人员105.02万人，比上年增加22.73万人。

3. 尊重爱护员工，劳动关系和谐。随着国家对劳动执法监督力度的不断加大，越来越多的民营企业日益认识到建立稳定和谐劳动关系的重要性和必要性，积极开展“关爱员工，实现双赢”活动，切实维护员工在劳动合同中的工资报酬、身体健康、学习成长、生命安全、人格尊严、参与工会等权利，为员工缴纳“三险”，担负起关爱员工的社会责任。广大员工对自身也是工人阶级的一部分的意识、社会主人翁的意识有了进一步增强，不断提高工作技能和综合素质，视奉献企业为己任。规模以上民营企业没有发生重大劳动用工违法和争议纠纷，企业内部形成了和谐的新型劳动关系，成为和谐社会的重要内容。

4. 企村优势互补，关注“三农”问题。随着我省民营企业的快速成长，一批企业在开发农村资源、发展农村产业、吸纳农民就业、增加农民收入，乃至投资农村基础设施和社会事业建设都有一定能力和比较优势，他们与所在村、邻近村的自然优势有机地结合起来，采取资源工矿企业帮村、农业产业化企业带村、城中村改造建村、农业资源开发兴村、公益捐赠助村、民营企业家任“村官”以企促村等多种模式，参与新农村建设，成为新农村建设的重要力量。

5. 开展光彩事业，促进社会和谐。光彩事业活动在山西开展10年多来，2006年又有新发展，全省已有1000多名非公经济人士踊跃参与，在贫困地区实施光彩事业重点项目1032个，投入资金193.6亿元；为社会公益事业累计捐款捐物16.94亿元，兴建光彩中小学540所，打深井340眼，架桥52座，修建等级路2100余公里；安排国企下岗职工35万人再就业，使49万农村贫困人口脱贫致富，有效地缓解了一些社会矛盾，为社会和谐做出了积极的贡献。

（三）民营经济发展环境进一步改善

1. 围绕创优发展环境，进一步完善了政策法律体系。山西省委、省政府为了贯彻落实国务院“非公经济36条”精神，于2005年6月出台了《关于加快发展县域经济的若干意见》，9月26日省政府出台了《关于促进全省个体私营等非公有制经济快速健康发展的实施意见》。之后，省发展和改革委员会、财政厅、交通厅、劳动和社会保障厅、商务厅、教育厅、国土资源厅、建设厅、扶贫开发领导组、中国人民银行太原中心支行等部门相继出台了促进个体私营等非公有制经济发展的相关政策措施。2006年省委、省政府就改善投资环境、扩大对外开放、加快结构调整开展了大调研活动。4月召开了全省对外开放工作会议，作出了《山西省委、省政府关于进一步扩大对外开放的决定》，省政府出台了《关于改善投资环境、扩大招商引资的实施办法》。7月，省政府召开了全省政府系统干部大会，动员部署开展改进机关作风、优化政务环境、提高政府执行力和公信力的专项整治和全面建设工作。会后，省政府下发了《山西省人民政府关于改进机关作风、优化政务环境、全面提高政府公信力和执行力的决定》和《山西省行政机关及其工作人员行政过错责任追究暂行办法》。两次会议的召开、两个决定的下发，使全省投资环境发生了很大改变，招商引资“门庭”逐渐被打扫干净。11月，省人大第二十七次常委会审议通过了《山西省实施<中小企业促进法>办法》，标志着山西民营经济发展的政策法律体系初步建立健全起来，发展的环境更加宽松有利。

2. 围绕民营企业需求，继续推进六大服务体系建设。各级管理部门把服务体系建设作为工作的重中之重来抓，继续推进“信用担保体系”“信息网络体系”“人才培训体系”“创业辅导体系”“法律援助体系”“行业协会体系”的建设，初步搭建起全省中小企业信用征集和信用评价、信用担保、政银合作三个平台；继“中国中小企业山西网”开通后，太原、临汾、长治、阳泉、晋中等地市分网陆续开通；完成银河工程培训800人，蓝色证书培训70万人；召开“全省中小企业创业服务工作永济现场会”，全省近50个县出台了鼓励支持创业的政策措施和配套资金；省工商联、省中小企业局以及大部分地市和一些重点县组建成立了中小企业法律维权机构，开展了“法律服务三晋行”活动；普遍成立了综合性协会和专业协会，目前，全省各级工商联牵头组建的同业公会、行业协会已有349个。

3. 围绕“十一五”规划，扩大经济服务和招商引资活动。根据省政府“十一五”规划编制要求，开展了全省民营企业新建新上和技改项目征集工作，初步建立了全省民营企业项目数据库。在“八大支柱产业、三大企业方阵”建设中，积极帮助民营企业申报，共有36家企业进入省政府的“三大企业方阵”。在对外开放和招商引资方面，组织民营企业家参加省政府主办的上海、香港、长沙等经济合作项目推介活动，省工商联作为重要参与单位，促成中发（上海）集团、马来西亚中城集团等企业总投资16亿元，建设太原中发大厦、马来西亚（山西）工业园区等项目。在“第八届环渤海区域经济合作洽谈会”和“2006年海内外知名企业界齐鲁行暨中国德州第十届投资贸易洽谈活动”中，省工商联组织40多名企业家经过实地考察和洽谈，又签约10亿元的项目。在省委统战部、省工商联、长治市人民政府承办的中国光彩事业“太行行”活动中，签约项目14个，总投资121.42亿元，引进资金102.85亿元。

4. 围绕树立新形象，继续加大宣传表彰力度。各级党委、政府加大对民营企业的表彰力度，相当一部分市县重奖为当地经济做出突出贡献的民营企业和民营企业家。2006年先后有

20名企业家和企业管理者，21家民营企业受到全国表彰。1家民营企业获“全国五一劳动奖状”，4名非公经济人士获全国“五一劳动奖章”，70名非公经济人士获省级“五一劳动奖章”。3名民营企业家被授予“优秀中国特色社会主义建设者”，3名民营企业家被授予“全国关爱员工优秀民营企业家”。通过对优秀民营企业和企业家的表彰，在社会上形成了良好的宣传氛围，以他们的典型性和示范性影响带动更多企业家走“爱国、敬业、诚信、守法、贡献”的道路，争做优秀中国特色社会主义事业建设者。

二、山西省民营经济“十一五”展望

2006年11月，山西省政府印发了《山西省民营经济“十一五”发展规划》，这是我省历史上第一个民营经济五年发展规划。规划确定了未来5年民营经济发展的思路、目标和重点。发展思路是以科学发展观为统领，以结构调整与建设新型能源和工业基地为主线，以增加城乡居民收入和增加城乡居民就业为主要任务，突出民营经济、县域经济、产业群体三个重点，实现孵化小企业、扶持成长性中小企业和培育骨干企业三大工程，推进信用担保、信息网络、创业辅导、人才培育、法律维权、行业协会六大服务体系建设，促进全省民营经济在总量上有大发展，在增长方式上有大转变，在整体素质上有大提高，为我省全面建设小康社会做出更大的贡献。

发展目标：

—— 保持较快发展速度。全省民营经济增加值平均增长速度保持在20%左右，占全省GDP的比重每年递增3个百分点以上。

—— 优化经济结构。“十一五”期间，我省民营经济要以特色园区和小城镇为依托，以骨干企业为龙头，重点发展劳动密集型企业、农产品加工企业、科技型企业和外向型企业，经过5年的努力，经济结构战略性调整取得显著成效，传统产业优化升级，新兴产业成长壮大，优势产品做大做强，形成具有较高成长素质和较强竞争能力的产业、产品结构。

—— 规范企业发展。全面深化民营企业改制，逐步建立归属清晰、权责明确、保护严格、流转顺畅的现代产权制度。加强企业基础管理，建立和完善规章制度，重点抓好质量管理、财务管理和组织管理，实现企业管理规范化。进一步拓宽投融资渠道，放宽市场准入，实现投资主体多元化，培育一批规范的公司制企业和上市公司。

—— 推进科技进步。引导和鼓励民营企业建立研发机构，形成以高新技术为先导、先进适用技术为主体，一般适用技术和传统技术并存的多层次技术体系。通过科技进步，增加科技含量，转变我省民营经济的发展模式和增长方式。

—— 扩大对外开放。引导企业全方位、多层次、宽领域的对外开放，进一步改变企业经营思路，着力开发适销对路产品，增加产品出口量，最大限度地开发国内外市场，扩大企业的竞争范围，增加企业的生存和发展的空间。要广泛开展国际贸易和经济技术合作，积极利用外资，鼓励外商在符合国家要求的产业领域来晋投资，发展开放型经济。

—— 提高人员素质。“十一五”期间，要通过实施“蓝色证书”培训工程，对民营企业在职人员开展岗前及在岗培训，提高民营企业从业人员的素质及操作技能。要不断增加民营企业专业技术人员和较高学历人员占职工总数的比重，到2010年，全省民营经济中专及技校以上文化程度的职工比例达10%，具有专业技术职称的专业技术人员达到5%，同时使职工中技工的比例显著上升。

—— 增强可持续发展能力。“十一五”期间，要鼓励民营企业积极采用国际先进标准进行生产经营，推行质量和环保体系认证。要使民营企业主要行业的物耗、能耗、环保和安全指标基本达到全国同行业平均水平，大中型民营企业要争取达到国内先进水平。

发展重点：

以政策法规为指导，促进民营经济的大发展；以新农村建设为动力，促进民营经济的整体推进；以两个基地建设为目标，促进民营经济结构调整的新突破；以“三大方阵”为龙头，促进民营企业整体素质的提高；以增强竞争力为核心，促进民营经济对外开放水平的提升。

三、山西民营经济发展中存在的困难和问题

（一）对民营经济地位和作用还存在认识上的问题

山西省作为能源和重化工基地，国有经济在经济发展中仍占有较大比例，这种局面造成相当一部分人对民营经济在发展社会生产力，满足人民多样化的需求，促进国民经济发展所占据的重要地位和所发挥的重要作用认识不深入，不同程度地存在“疑私”“怕私”“防私”的思想，特别是近几年随着能源型的钢铁、焦化行业的快速发展，对环境和资源造成了一定程度的破坏，社会各方面都把这一切归罪于民营企业，一些地方和部门还不敢放心大胆地支持民营经济发展。社会舆论对民营企业正面宣传报道少，负面宣传多，造成了不良影响，更增加了社会对民营经济的误解。

（二）市场准入仍受限制，国民待遇难于平等

虽然国务院“非公经济36条”和我省“关于进一步加快非公有制经济发展的规定”提出“不禁止，则自由”，放宽了非公经济市场准入限制，在投资标准、融资服务、财税政策、土地使用、对外贸易和经济技术合作等方面，消除了国有经济、外资经济和民营经济存在的政策差异。但实际上民营企业与国有企业和外资企业仍不能一视同仁，对外资企业的一些优惠政策，本地民营企业实际享受不到。尽管“非禁即入”，但无形壁垒森严，准入门槛提高，对于资金不足、实力不强的民营企业来说，仍然难以进入。涉及到一些具体项目，投资者无从了解市场准入门槛的高低和行业政策风险的大小，垄断集团利用垂直垄断地位，对民营资本实施价格、市场等或明或暗的“制裁手段”，使民营企业无法自由公平展开竞争。

（三）管理和服务问题多，政府缺乏诚信

民营企业在信息服务、产业指导、技术支持方面得到有关部门的帮助支持还很少，对民营经济有管理权和收费权的单位不少，但真正为企业服务的单位又很少，企业经营好的时候，互相争权夺利，遇到困难和问题时，就相互推诿。经常出现不正常的“吃、拿、卡、要、拖”等不正之风，一些民营企业新上项目审批下来，往往需要省、市、县三级政府十几个职能部门，大小公章需盖几十个，致使民营企业为办理各种手续而费尽心思，增大成本。一些地方领导为了片面追求政绩，追求GDP的增速，鼓励企业盲目投资、低水平重复建设钢铁、焦化项目，国家政策要求取缔时又“一刀切”，造成的损失全部由民营企业自己承担。在招商引资时，满口优惠条件，一旦签约生效，有了政绩，就不闻不问，不能兑现自己的承诺，不履行应尽的责任，使企业缺乏后续支持，进退两难。

（四）融资渠道狭窄，企业发展资金严重不足

融资难仍是山西民营企业发展通不过的最大一道门槛。从银行实行“零风险”贷款以来，“重国有轻民营”的倾向愈来愈严重，在信贷上对民营企业要求高、门槛高、条件苛刻，致使一些中小企业难以得到国有银行支持，生产经常处于停产待料，无钱进货的状态。尽管山西民间拥有丰厚的自有资金，但由于民间融资一是受金融法规的限制，二是缺乏中间担保组织，而且利息又高，容易引发各种纠纷，民营企业无法利用这块资源。一些有经济实力的民营企业想联合组建银行为中小企业解决贷款难问题，但由于进入门槛过高，无从下手。我省成立了不少为企业服务的民营贷款担保机构，但这些机构也由于所有制歧视，得不到专业银行的支持，不能为更多的中小企业提供金融服务。

（五）民营企业自身经营管理水平低，创新能力差

经过20多年的发展，我省民营企业思想观念仍比较落后，封闭保守，“走出去”闯市场不够，创业激情差，不愿冒险，乐于守摊子，小富即安。在发展中没有长远的发展规划，发

展目标不明晰，结构调整步伐慢，仍处于低水平重复建设上，不少企业严重污染环境，浪费资源。小规模的“三高”企业环保不达标，科技创新能力差，无法进行转产。极个别私营企业主经营不守法，不守信，不注重自身素质的提高；有些靠能源、资源作为资本短时间内暴富起来的企业主，不是把资金投入到扩大再生产，把企业做强做大，而是把钱花在超前消费、极度消费、畸形消费上，造成了强烈反映，影响了山西民营企业家的整体形象。

四、加快山西民营经济发展的建议

（一）创优民营经济发展环境，完善政策法律体系

各级党委、政府要牢固树立“发展是硬道理”的思想观念，认真贯彻落实党和国家发展非公有制经济的方针政策，贯彻落实省委、省政府《关于进一步加快非公有制经济发展的决定》，毫不动摇地鼓励支持发展民营经济。按照“思想上放心放胆，工作上放手放开，政策上放宽放活”的方针，冲破一切阻碍民营经济发展的思想障碍，革除一切影响民营经济发展的体制弊端，摒弃一切束缚民营经济发展的做法和规定，排除部门利益、地方利益和垄断利益的干扰，抓紧制定与“非公经济36条”配套的市场准入、政策监管、融资扶持、人才支持、全民创业、技术创新等鼓励政策，进一步健全政策法规体系，创优发展环境。凡是允许民营企业进入的行业，都要和对待国有企业一样，对他们一视同仁，提供便利条件，使民营经济与国有、外资经济公平公正、平等竞争，在全社会营造“诚实守信”和“亲商、尊商、重商、富商、安商”的良好氛围，鼓励加快发展民营经济。

（二）改进政府管理模式，健全社会服务体系

各级政府要切实改进管理和服务，建立健全与社会主义市场经济发展相适应的监督管理服务机制。要按照省政府出台的《关于改进机关作风，优化政务环境，全面提高政府公信力和执行力的决定》，严格实行首办负责制、限时办结制、服务承诺制等制度，完善政务公开制度，深化行政许可（审批）制度，建立重大投资项目跟踪服务制度、规范性文件前置审查制度，并完善行政责任评比制和责任追究制。树立政府公信力和权威性，科学决策，注重政策的延续性和长远规划。要进一步搭建各类服务平台，培育社会中介服务市场，加大对中介服务机构的支持力度，坚持社会化、专业化、市场化的原则，不断完善民营经济的综合服务体系。

（三）推动民营经济结构调整，增强民营企业自主创新能力

要充分发挥市场的引导作用，加大创业扶持力度，鼓励创办小企业，大力发展就业容量大的劳动密集型产业、服务业和各类所有制的中小企业。要引导民营企业树立科学发展观，适应国家宏观调控政策，顺应全省资源节约型和环境友好型的发展要求，解决好在发展中的产业产品结构单一、经营管理方式粗放、环境污染和高能耗问题，加快产业产品结构调整步伐，杜绝低水平重复建设，大力发展新型建材业、装备制造业、煤化工业和旅游产业。要加强以企业为主体、市场为导向、产学研相结合的技术创新体系和公共技术平台建设。引导民营企业向“专、精、特、新”方向发展，不断增强企业的自主创新能力，开发高技术含量、高附加值的产品，增强企业竞争力。加快自主品牌建设，完善知识产权保护措施。

（四）扩大投融资渠道，着力解决融资难问题

要建立政府协调引导、银行重点支持、担保积极合作、企业主动参与、民间调动资金的融资服务新模式。政府要根据财政收入增长情况，加大中小企业发展专项资金的增幅，各部门要逐步提高民营经济在挖潜改造资金、科技三项经费、财源建设资金、第三产业发展引导资金等专项资金中的比例。金融部门要在加强自身贷款风险防范的同时，对项目好、信用好的民营企业要加大扶持力度。要鼓励符合条件的民营企业到境内外上市，扩大直接融资渠

道。建立和完善信用担保的行业准入、风险控制和补偿机制，采取多种形式增强担保机构实力，推动民营企业信用担保体系建设。加快建立适合民营企业特点的信用信息征集与评价体系以及失信惩戒机制，推进民营企业信用制度建设。

（五）提高民营企业家素质，树立新晋商新形象

民营企业家一要加强学习，学习党的方针政策，提高思想政治素质，坚定不移地走中国特色社会主义道路。学习企业经营管理业务和国内外先进经验，提高适应和驾驭市场经济的能力，提高经营素质和企业管理水平。学习法律法规，强化法制意识，知法守法，依法经营，坚守诚信，珍惜信誉。二要以人为本，建设和谐企业。要关爱企业员工，尊重员工的民主权利，保证员工的合法权益，在企业效益提高的同时，增加员工的工资和福利待遇，不断改善员工的生产生活条件，依法给员工缴纳各种保险，构筑和谐的劳动关系。三要不断强化社会责任感，积极参与扶贫事业、光彩事业、慈善事业活动，通过捐款捐物等多种形式积极回馈社会，为困难群众、弱势群体提供援助，要积极参与新农村建设和“两区”开发，特别是要在安置贫困地区农村剩余劳动力和城镇下岗职工就业上，积极主动为党和政府分忧，为社会稳定出力。要教育民营企业家努力践行“爱国、敬业、诚信、守法、贡献”的优秀建设者精神，树立社会主义荣辱观和社会主义核心价值观，养成良好和健康的生活情趣，形成与社会主义市场经济相适应、与中华民族传统道德相融合的，特别是与晋商优秀文化理念相传承的企业家道德规范、行为规范，树立起新世纪新晋商良好的新形象。

课题负责人：郎宝山　山西省工商联党组成员、副会长

报告执笔人：闫晓红　山西省工商联宣传教育副部长

二〇〇七年三月

2006年山西省商会发展报告

近年来，山西省工商联坚持把组织建设作为工作重点，健全组织网络，延伸工作触角，狠抓会员发展，有力促进了各项工作的开展。省工商联于2005年10月召开了全省组织工作座谈会，总结了我省组织工作的经验，研究探讨了新时期新阶段工商联组织工作的新情况、新问题，交流了各地的典型经验，提出了推进工商联组织建设的具体意见和建议。这次会议以来，全省各级工商联组织建设进一步呈健康快速发展态势，为开创工商联工作新局面奠定了扎实的基础。

一、山西省工商联商会组织工作现状

山西省各级工商联根据工商联章程和中央15号文件精神，适应新时期、新任务的要求，解放思想、开拓进取，努力加强自身建设，会员发展速度明显加快，同业公会（行业商会）、乡镇（街道）分会建设不断推进，工商联组织网络进一步健全。

1.组织网络和领导班子健全。目前，山西全省11个市、119个县（市、区）全部建立了工商联组织，还建立行业和基层组织806个，形成了从省到市县（区），乃至乡镇和一些重点行业、大型市场的工商联（商会）组织网络。各级工商联按照章程和中央文件精神，建立了组织机构，配齐了领导班子。领导班子成员的结构不断优化，一批年富力强，熟悉经济统战工作，具有开拓创新和奉献精神的党政干部和具有新晋商、新形象的优秀民营企业家走上工商联领导岗位，为工商联工作的顺利开展提供了组织保证。同时，从1995年开始，我省实施对市县工商联工作进行目标责任考核，对全省各级工商联组织加强机关干部队伍建设，促进工作规范化、制度化、程序化取得了明显成效，全省各级工商联干部的思想作风、工作作风不断提高。市县工商联注重了机关干部队伍建设，建立健全了机关各项规章制度，落实了办公场所，增加了工作经费，为工商联组织工作的开展提供了强有力的保障。

2.建立了一支较为庞大的会员队伍。近年来，全省各级工商联组织按照工商联章程规定的发展会员范围，坚持“积极引导，稳妥发展；坚持标准，确保质量；突出重点，优化结构；加强服务，动态管理”的会员发展方针，把发展会员工作列入重要的议事日程，制定了切实可行的计划和措施，加大了会员发展力度，并坚持数量扩大和质量提高二者相统一，使会员队伍迅速扩大，会员结构明显改善，一批新经济组织和新社会组织中的代表人士加入到了工商联组织中，与此同时也培养了一大批非公有制经济代表人士，扩大了工商联组织的联系面。省工商联2005年、2006年连续下发了《关于大力发展企业会员，进一步规范会员管理工作的通知》，给各市分解下达企业会员发展指标，对会员发展和管理工作提出明确要求，并将指标完成情况作为全省工商联年度责任目标考核的重要内容。2005年全省新发展会员4200个，2006年新发展会员4308个，截止2006年底，全省工商联会员总数70212个，其中，企业会员20298个，占会员总数的28.9%；个人会员49242个，占会员总数的70.1%；团体会员672个，占会员总数的1%。全省非公有制经济人士担任全国人大代表3人，全国政协委员2人，省人大代表51人，省政协委员64人，市、县两级人大代表1336人，市县两级政协委员1792人。

3.行业和基层组织建设不断加强。随着社会主义市场经济体制的逐步完善和政府职能的转变，特别是在我国加入WTO后国内经济结构发生巨大变化的背景下，同业公会（行业商会）的发展已成为必然趋势。加大同业公会（行业商会）的建设力度，是适应国际经济全球化、一体化的形势，是与国家接轨的需要；也是专业分工越来越细，行业竞争越来越激烈情况下企业的共同愿望。全省各级工商联把发展同业公会（行业商会）、乡镇（街道）分会作为组织工作的重点，解放思想，勇于探索，组建行业商会的步伐不断加快，领域不断拓宽，行业商会的作用也得到显现。截止2006年底，我省各级工商联牵头组建的同业公会（行业商会）、异地商会共268个，按地域分，省直6个，运城市55个，临汾市52个，长治市43个，晋中市37个，晋城市20个，大同市15个，忻州市15个，太原市10个，其余3个市15个；按隶属关系分，省级6个，市级48个，县、区和乡、镇级214个。这些商会涉及的行业涵盖了我省非公有制经济比较集中的行业，其中也不乏在当地有着举足轻重作用的支柱产业和重点产业，也有相当一部分是当地传统产业或极具地方特色的产业。我省在组建同业公会（行业商会）的过程中，涌现出了孝义市工商联、侯马市工商联、尧都区工商联、长治市郊区工商联等一大批先进典型，有力带动了全省工作的开展。同时，一些市县工商联组建的行业商会也确实发挥了作用，在行业自律、拓展市场、维护权益、协调关系、自我服务、参政议政、思想教育、回报社会等方面做了大量工作，充分表现了行业商会旺盛的生命力和广阔的发展前景。太原市工商联2005年以来成立了8家市级商会组织，并解决了市工商联作为其业务主管单位的问题。孝义市主动借鉴先进地区的经验，努力为商会发展提供政策支持，市委出台了《关于进一步加强工商联工作的意见》、《关于进一步加强基层工商联（商会）组织建设的实施意见》，明确了市工商联作为社会团体的业务主管单位之一，对商会组织建设提出了要求。2005年以来，长治市郊区工商联先后组建了餐饮服务、物资流通、商品零售批发、汽车销售维修等行业商会，并计划在3年内，完成全区行业商会的组建工作。

全省各级工商联组织下大力气狠抓乡镇（街道）分会的建立、规范管理和正常运作，拓宽了工商联工作的广度和深度，新建了一大批乡镇（街道）分会，一些原来因撤并乡镇受到影响的乡镇（街道）分会也得到了恢复和重建，工商联组织网络进一步健全。目前，全省累计建立了乡镇（街道）分会563个，占到全省乡镇（街道）总数的40.6%。运城市盐湖区工商联创新思想观念、创新活动载体、创新管理体制，坚持统战性、经济性、民间性、市场性、区域性为一体的“五性”原则，22个乡镇办事处都建立了基层商会，会员达到1200余人，在乡镇经济社会发展中发挥了重要作用。

二、山西商会工作存在的问题

在全省各级工商联的努力下，工商联组织工作取得了一定成效，但与新时期、新阶段工商联担负的新任务的要求，还存在相当大的差距，工作中存在的问题主要表现在以下几个方面：

1. 组织建设工作薄弱。突出表现为：各级都存在着对工商联组织建设重视不够的问题；全省仍有一些市县区工商联不能按时正常换届，一定程度上影响了工作的开展；有的工商联班子不健全，不重视机关干部队伍的建设，工作疲于应付；还有的市县工商联至今都没有组建一家行业商会等。

2. 会员发展速度慢，会员结构不合理。截至2006年底，山西省私营企业发展到8.77万户，个体工商户45.17万个，而我省各级工商联到2006年底共发展企业会员20298个，个人会员49242个，两者分别占全省私营企业、个体工商户数的23.1%、10.9%。从中可以看出会员发展与非公经济发展的速度不相适应，与工商联在非公经济人士参与经济和社会事务发挥主渠道作用地位不相符。另外，从会员结构来看，个人会员占会员总数的比例高，企业会员少，与工商联工作对象不相适应。

3. 行业组织建设面临许多困难和问题。主要有：一是对行业组织的作用和重要性认识不够。一些工商联干部对组建行业组织缺乏足够认识，因而开展活动缺少基础环节，影响了行业商会组建工作的全面开展。二是受工商联不能作为社会团体业务主管单位和一业一会、一地一会影响，大多数市县工商联行业组织不能注册登记，只能以自身一级的商会开展活动。三是行业组织的深层次问题还有待研究和解决。如职能权利和作用的发挥问题、与政府部门的关系等问题。

4. 乡镇分会普遍发挥作用不够。2001年我省进行了县乡机构改革，撤并乡镇工作，原有的乡镇、街道分会（商会）很多已经名存实亡，现有的也有许多方面的不足。主要有：关系松散，活动方式单一，工作内容贫乏，发挥作用不大，发展不平衡等问题。有的乡镇（街道）分会虽然牌子挂起来了，但无人管事，无钱办事，无章理事。

三、加强商会工作的建议

1. 狠抓县级工商联自身建设，奠定组织建设和会员发展的基础。工商联发展行业商会，壮大会员队伍，主要依靠县级工商联来完成。县（区）工商联工作的好坏直接决定会员发展和组织建设的成效。因此，抓好县（区）工商联的自身建设，就显得尤为重要。省、市工商联都要关心县（区）工商联的建设，加强对县（区）工商联工作的指导，积极帮助他们配强班子，改善办公条件，为其工作开展创造条件，县（区）工商联也要按照建立学习型组织的要求，从强化制度建设，提高为会员服务的本领着手，努力打造服务型商会、开放型商会，以适应新时期、新阶段工作的需要。

2. 加大会员发展力度，努力壮大会员队伍。当前，非公有制经济发展进入一个新的时期，发展与非公有制经济成员的联系成为各种商会、协会组织，包括政府职能部门主办的翻牌协会工作的重点。我们必须认识到会员是工商联工作的基础，大力发展会员是工商联的一项基础工作，建设一支规模大、素质高的会员队伍，是工商联发挥思想政治工作主渠道和桥梁助手作用的必要条件。为此，一是要积极发展壮大会员队伍。各级工商联要把会员发展列入工作的重要议事日程，增强紧迫感和责任感，敢于创新，大胆尝试，快速发展，先把会员队伍壮大起来，然后通过积极引导、加强管理、认真帮扶，促进会员素质的提高。二是要做好思想政治工作。通过加强对非公经济人士政治安排的推荐和对非公经济人士的表彰工作，发挥典型带动作用，增强工商联的吸引力，吸引更多非公企业加入到工商联组织中来。三是要举办形式多样的活动。加大引资、引智、融资、维权培训等针对性服务活动，以此增强工商联的凝聚力。四是提高机关工作素质。工商联机关干部要树立勤奋敬业，开拓力争的精神，提高为非公有制经济服务的本领，改善对非公有制企业的服务工作，走出去与企业家广交朋友，反映他们的意见、建议和要求，尽力帮助他们排忧解难。

3. 切实加强行业组织建设，充分发挥行业组织的作用。工商联作为党和政府联系非公有制经济人士的桥梁和纽带，政府管理非公有制经济的助手，作为非公有制经济的代表，针对个体、私营经济数量多，分布广的特点，通过形成网络开展工作，是一种行之有效的办法。行业组织是工商联全面履行服务职能，做好非公有制经济人士思想政治工作，促进非公经济健康发展的一个载体，是工商联切实发挥作用的有效途径，为此，各级工商联要高度重视行业组织的建设，推进行业组织的发展。具体要做好以下几项工作：

（1）努力探索行业商会建设的有效途径和方法。各级工商联要努力克服困难，以积极的态度组建同业公会，能争取当地政府支持，取得主管资格的，要加大力度加快发展；不能取得主管资格的，要争取统战部的支持，可由统战部作为主管，具体工作由工商联联系。也可以先作为工商联的二级商会把工作开展起来。商会成立起来要切实发挥作用，不能有其名，无其实。商会要在服务上做文章，增强吸引力，办出特色。要克服求大求全的倾向，因为行业范围大，企业差异较大，企业利益和需求差异就越大，行业组织的服务就越复杂，越难做，服务效率和质量很难保证。按细划行业来组建行业组织，会员的特点比较接近，在需求、利益等方面的共性很强。这样行业组织就能更专业、更深入地为会员提供高效率、高质量的服务，更能直接而充分地代表会员的利益，这对行业组织的规范化、专业化和市场化很有帮助。同时，按细划行业来组建行业组织，在一定程度上还可避免与官办行业协会直接冲突。各地在组建同业公会（行业商会）的过程中，也要充分考虑各自的经济特色和行业重点，先进行重点突破，然后带动全地区行业组织的发展工作。

（2）重视对行业组织工作的指导。一是要指导行业组织加强自身建设。各级工商联要切实抓好行业组织的自身建设，配强同业公会的领导班子，特别要选好会长和秘书长，要按照坚持企业家办会的宗旨，体现民间色彩，在会长人选上要选用政治上可靠、经济上有实力、勇于奉献的人。办好商会，秘书长是关键人选，秘书长要专职，最好采用招聘方式选人。要帮助行业组织健全各项工作制度，完善工作机制，为其发挥作用提供保证。二是要加强工作指导。工商联要履行业务指导的职能，加强对行业组织的指导和帮助，切实规范程序，建立制度。但也要避免直接插手干预具体工作，要推动行业组织按照“服务、自律、代表、协调”的要求，主动做好管理和服务工作，代表和维护行业合法权益。三是要帮助解决实际问题。充分利用工商联参政议政的平台，集中反映行业的共性问题，促进行业组织的发展，使行业组织成为企业、政府、市场都满意的组织。

（3）做好代表人士工作。行业组织是工商联发挥作用的重要平台，是培养非公有制代表人士有效的阵地。商会的会长、副会长大多是具有经济实力、社会形象好，热心工商联工作的企业家。工商联要按照“团结、帮助、教育、引导”方针，加强对他们的培养教育和政治安排的推荐工作，通过他们带动和影响更多的非公有制企业家进入工商联会员队伍，扩大和巩固工商联的工作基础。

4. 要积极稳妥地推动乡镇分会建设。乡镇、街道商会（分会）是工商联的基层组织，是工商联工作的基础，也是工商联凝聚力和战斗力的基础。各级工商联都要结合新的形势，进一步提高对乡镇、街道分会地位和作用的认识，把组建、调整、规范乡镇、街道分会工作摆上重要议事日程抓出成效，同时要在党政领导、非公经济人士以及社会各界广泛宣传乡镇（街道）分会的作用，争取支持和理解，为乡镇分会建设营造良好的氛围。组建乡镇（街道）分会要因地制宜，循序渐进。在乡镇（街道）分会的组建中要从各地的实际情况出发，不要搞一刀切，也不要凑数字，要把良好的愿望和基层具体情况结合起来，循序渐进，成熟一个建一个。在具体工作中对非公有制企业比较集中、数量较多，具有一批骨干企业的乡镇（街道），要抓住时机，积极组建。对于非公有制经济欠发达、工商联会员少的地方，可暂不组建，成立工商小组开展活动。对于非公有制经济队伍还不成熟，他们中头面人物没有形成的地方，可由乡镇党政有关领导牵头组建，直接依托乡镇党委政府机关开展工作。同时，各级工商联要高度重视乡镇分会的建设，积极发挥其作用。各级工商联要从选好会长、健全班子、加强培训、形成制度着手，为乡镇分会开展工作打好基础。要积极发挥乡镇、街道分会在参政议政、参与光彩事业等方面的积极作用，使其真正发挥桥梁和助手作用。

课题负责人：王建华　山西省工商联党组成员、副会长

报告执笔人：张文伟　山西省工商联组织会员部主任科员

二〇〇七年三月

附：调研成果

《法律·法规·理论·实践 民营经济发展的若干问题》

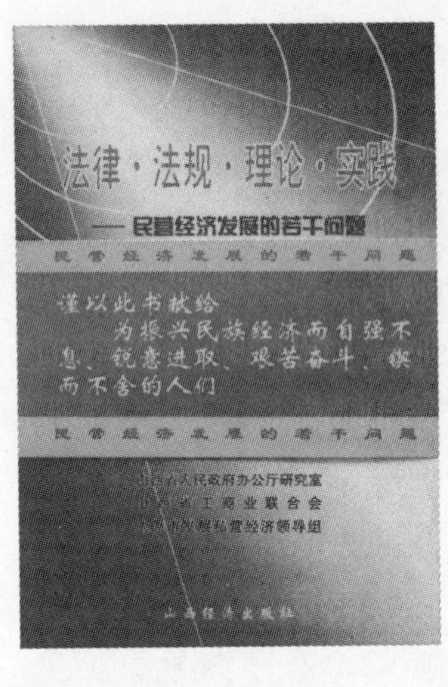

由山西省工商业联合会、省政府办公厅研究室、太原市发展私营经济领导组共同组织编辑的《法律·法规·理论·实践》民营经济发展的若干问题一书，2000年11月15日由山西经济出版社正式出版发行。该书由边鸣涛任主编，郭锐、王洪岐、王蔼林任副主编。

《法律·法规·理论·实践》一书约42万余字，共分三篇，即：法律、法规、政策篇，理论篇和实践篇。法律、法规、政策篇，集中收录了国家、山西以及有关兄弟省市对民营经济而制定颁布的主要法律、法规、政策等文件。理论篇主要收集了部分专家学者的理论文章。实践篇主要收集了奋斗在民营经济第一线的实践者和理论研究工作者的实践探索和总结。法律、法规、政策篇提供民营经济发展的主要依据，理论篇开阔人们的视野，预示民营经济发展的趋势，实践篇提供成功经验。三篇内容相互联系，形成有机结合的整体，是一本集政策性、理论性、实践性都比较强的经济工作资料书。

《非公经济思想政治工作理论与探讨》

为推动山西省非公有制经济代表人士思想政治工作，总结中发[1991]15号文件颁布10年来山西省开展非公有制经济代表人士思想政治工作经验，促进非公有制经济人士健康成长和非公有制经济健康发展，山西省工商联于2000年12月编辑印刷《非公经济思想政治工作理论与探讨》一书，为指导各级工商联组织做好非公有制经济人士思想政治工作提供了政策性资料，可供参考借鉴的成功经验和研究成果。该书由邓永武任主编，张慎德任副主编，郎宝山任执行编辑。

《非公经济思想政治工作理论与探讨》一书18.5万字，共分三部分，即理论篇、探讨篇、实践篇。理论篇收录了开展思想政治和工商联工作的有关中央文件、中央领导同志讲话。探讨篇主要收集了山西省非公有制经济人士思想政治工作，光彩事业活动，参与再就业工作等方面的课题研究成果、领导专论。实践篇主要收集了非公有制经济人士的模范行动，以及来自各级工商联组织、非公有制经济代表人士开展思想政治工作的实践探索和典型经验。三部分内容相辅相成，全面地展示了我省开展非公有制经济人士思想政治工作取得的成果，是一本开展非公有制经济人士思想政治工作的资料书。

《山西省民营企业名录》

为使党和政府详细了解山西省民营企业、个体户的基本情况，向省委、省政府和有关部门提供决策依据，山西省工商联在全省万户民营企业（含个体户）问卷调查的基础上，于2001年9月编辑印刷了《山西省民营企业名录》一书。

《山西省民营企业名录》收录了大中小民营企业2135个，其中私营企业1363个，乡镇企业92个，集体企业195个，股份制企业459个，三次企业26个。这些企业中资产达5亿元以上的8个，亿元以上的30个，1000万元以上的252个，100万元以上的956个，还有889个50万元以上的。这些企业分布在全省11个地市、涉及农业、制造业、冶金、矿产、化工、交通运输、建筑房地产、商业贸易、餐饮旅游、科研技术、医药卫生、社会服务、食品加工等12个行业。全面记录了民营企业的名称、企业性质、行业分类，主要业务及主要产品、企业地址、法人代表姓名、企业总资产、员工总数、自营进出口权、ISO认证等详细情况，是一本沟通社会各界及国内外客商投资者、合作者联系的资料书。

《山西省工商业联合会成立50周年纪念画册》

为隆重纪念山西省工商业联合会成立50周年，山西省工商联于2002年组织编辑印刷了《山西省工商业联合会成立50周年纪念画册》，画册收录了历史的足迹、辉煌新时期、新晋商风采三大部分共150个页码400余幅图片。该书由边鸣涛任主编，张慎德任副主编，郎宝山任执行编辑。画册展现了工商联历史足迹的缩影，走进新时代工作的写真，新晋商跨入新世纪的风采。老一辈工商界人士“听毛主席的话，跟共产党走，走社会主义道路”，新一代工商联会员“听党的话，走社会主义道路，做有中国特色社会主义事业建设者”，坚持爱国、敬业、诚信、守法，开展以扶贫开发和捐助公益事业为主要内容的“光彩事业”活动，发出了“守信用、讲信誉、重信义”的《信誉宣言》，致富思源，富而思进，以“三个代表”重要思想为指针，努力把自身企业的发展与国家的发展结合起来，把个人富裕与全体人民的共同富裕结合起来，把遵循市场法则与发扬社会主义道德结合起来。全省工商联各级组织与广大非公有制经济代表人士在新世纪的征程中，以与时俱进、奋发有为的精神，重振晋商雄风，为兴晋富民大业不断做出新的贡献。

《山西民营经济发展报告》

为将全省各级工商联多年来对民营经济发展的调研成果转化为向政府提供决策的参考依据，创优民营经济发展环境，促进民营经济健康快速发展，山西省工商联于2004年8月编辑印刷了《山西民营经济发展报告》一书，收录了省及部分市工商联调研成果，从中反映出山西民营经济发展现状、存在的问题及发展趋势，并提出了合理化建议。该书由边鸣涛任主编，郎宝山任副主编。

《山西民营经济发展报告》一书约22万字，共分三部分即权威论谈、调查报告、地方决策。“权威论谈”收录了国家及山西省领导人关于对民营经济发展的重要批示和讲话。“调查报告”收录了2000年以来省工商联和部分市工商联对山西民营经济整体状况、外部环境、实施名牌战略、投资农业产业化、走新型工业化道路、企业文化建设以及非公经济人士状况等方面的调研成果和知名企业的管理经验。“地方决策”收录了中共山西省委、山西省人民政府，大同市、临汾市、运城市等市颁发的关于进一步加快非公有制经济发展的文件。三部分内容相互联系、相互贯通，是从事民营经济工作的重要参考资料，也为理论工作者进行民营经济研究的重要参考书。

《建设者风采》

为深入学习贯彻十六大精神和“三个代表”重要思想，贯彻中央统战部关于在统一战线中开展“三增强”、“四热爱”教育活动的要求，大力宣传我省广大非公有制经济人士努力拼搏、艰苦创业的动人事迹，引导推动我省非公有制经济健康发展，2004年，中共山西省委统战部、山西省工商联联合在全省广大非公有制经济人士中开展了“争当优秀中国特色社会主义事业建设者”征文活动，编辑印刷了《建设者风采》一书。省政协副主席、时任省委统战部部长吴锦文为该书作了序。

《建设者风采》一书共收录征文175篇，这些征文体裁多样、内涵丰富、层次分明、主题突出，通过运用精巧的构思、流畅的笔触，真实描写了我省175位非公有制经济人士在自身成长、创业发展、参政议政、诚信经营、结构调整、体制创新、国企改革、光彩事业、企业文化、抗击“非典”等方面的辉煌历程；全面地反映了我省广大非公有制企业家在党的改革开放路线、方针、政策的指引下，顽强拼搏、艰苦创业、锐意进取、勇于奉献的成长经历；多角度、多侧面、多方位地记录了他们自觉接受党的领导，不断实践“三个代表”重要思想，努力争当优秀中国特色社会主义事业建设者的行为轨迹。

《2005年山西民营经济发展分析与预测》

由山西省政协副主席、省工商联会长边鸣涛和省中小企业局局长周明定担任主编，省社会科学院副院长董继斌、省工商联副会长郎宝山、省中小企业局副局长陈晓东担任副主编，省中小企业局、省工商联、省社会科学院联合组织编辑的《2005年山西民营经济发展分析与预测》一书，于2005年1月由山西经济出版社正式出版发行。该书分专论、考察报告、资料、推介企业四个部分。该书把我省改革开放26年来民营经济发展的一些基本情况、基本观点、基础数字、信息和对未来发展的预测呈现给社会各界，为党委政府制定有关发展民营经济的决策提供了重要的参考依据，为社会各界和有关部门了解民营经济提供了翔实的资料。

专论分《山西民营经济发展状况及展望》、《山西民营经济结构现状及优化》、《山西民营企业家队伍状况分析》、《山西民营企业文化建设状况调查》、《山西民营经济发展环境问题调查》、《长治市民营企业党建工作调查》、《关于非公有制经济发展的若干问题》、《名牌战略与民营经济发展》、《民营经济与新型能源和工业基地建设》九个专题，从不同侧面、不同层次对我省民营经济发展进行了较为详细的透析。其中的五个专题报告由省工商联组织撰写。

《2005年山西民营经济发展分析与预测》一书不仅有理论分析文章，还有实践考察报告，通过对浙江温州、台州民营经济的考察与我省民营经济的考察对比，找出我省民营经济落后的原因，激发支持民营经济快速发展的热情。书中还详细介绍了我省民营经济11强县情况、各市民营经济发展以及全省民营经济统计资料，介绍了山西中阳钢铁集团有限公司、山西联盛能源有限公司。这是我省编辑的第一本有关民营经济发展的黄皮书。

直属商会

山西省福建商会

山西省福建商会成立于1999年12月12日，是山西省最早成立的跨省异地民间商会，系山西省工商联直属团体会员。商会的宗旨是：团结、交流、拓展、服务。主要任务是：发挥桥梁纽带作用，密切党和政府与非公有制经济人士的联系，团结驻晋闽籍工商及社会各界有识之士，促进闽晋商贸合作与交流；教育引导会员遵守法律，诚信经营；服务会员企业拓展事业，维护自身合法权益；热心公益，回报社会，为光彩事业做贡献。

改革开放以来，一大批搏击商海的福建籍人士，纷纷来到资源丰富的山西，经商兴业。据不完全统计，截至2006年底，闽籍在晋从事工商活动者逾5万人，兴办大小工商企业3千余户。这些企业涉及制药、建材、冶金、煤炭、建筑、装饰、通讯器材、环保设备、服装鞋帽、土产特产、干鲜水产、汽车、矿产、木材、房地产开发及服务等40余个行业，在晋总投资200多亿元，每年给国家和地方上缴各项税金4亿多元，为山西人才劳务市场提供一万余个就业岗位，一些开发引进的新产品还填补了山西市场的空白，为山西经济的发展做出了一定的贡献。

商会成立至今，已选举产生了三届理事会。现任会长为山西中远威药业有限公司董事长钟志孟。目前有企业会员和个人会员500余名。下有五个专业委员会，即汽配工程机械专委会、服装鞋帽专委会、茶叶专委会、水暖阀门专委会和水产专委会。商会下设办公室、维权部、财务部、组织部等四个办事机构，并设有顾问处作为商会的咨询机构。目前有6名专兼职工作人员，负责办理日常工作。

闽商在山西设立的异地商会还有：太原市工商联福州商会、太原市工商联福鼎商会、长治市福建商会、孝义市福建商会，正在筹建中的还有朔州市福建商会、晋城市福建商会。

商会成立以来，认真贯彻执行党和国家发展非公有制经济的各项方针政策，为会员企业的发展，维护会员合法权益，为促进闽晋经济合作与交流，为光彩事业做出了自己的努力，取得了进展，商会也在工作中不断成长，连续多年被山西省工商联授予“先进组织”，被山西省民政厅授予“全省先进民间组织”。主要工作是：

1.引导、帮助会员拓展业务，为发展会员企业、繁荣山西经济做贡献。商会成立以来，通过提供信息、牵线搭桥、组织考察、帮助立项、协助签约、搞好协调服务、协商融资、政策培训等，闽籍人士在晋新建与改扩建企业数百家，总投资一百多亿元，给国家和地方新增利税超亿元，提供数千个就业岗位，并带动了相关产业的发展。在吕梁、大同、阳泉、长治、晋城、临汾、运城，闽商都有大的手笔，开拓出新的事业。为了促进会员企业更快更好的发展，商会组团参加了世界闽商大会，福建商品交易会和海峡经贸交流会，参加了在厦门召开的总部经济研讨会，参加了各地市举办的春节座谈会等等，组织、承办或参加了厦门市政府在太原举办的“厦门经济·产业发展情况通报会”，厦门市思明区召开的投资环境推介会，泉州市政府召开的劳务合作洽谈会等，向会员企业提供了不少新的信息，搭起了沟通的平台。

2.为会员提供服务，维护会员及乡亲的合法权益。多年来，商会接到要求帮助协调关系、处理纠纷以及协调与执法部门关系的会员投诉共398宗（件），已处理、协调完结的348宗（件），处理结果满意率、基本满意率达到90%以上。商会还成立了太原市南安流动人口计生协会，解决了部分会员和乡亲计生“双查”问题，受到会员的一致好评。福建省工商联为46名会员申报了职称。

3. 加强组织建设，增强商会的凝聚力和向心力。一是在发展会员时重质量、重素质，通过地域、行业协会和市级商会三条主线，组建了服装鞋业、汽配工程机械、水产、茶叶、水暖阀门5个专业委员会。目前会员总数达到500多人。二是抓好培训，提高会员素质。几年来为会员举办了五次普法讲座，宣讲宪法、民法、合同法等，提高会员的法制意识，更好地运用法律保护自身合法权益，用法律规范自身行为。三是表彰先进，树立样板。七年共表彰先进会员354人次，先进工作者36人次，热心公益事业者27人，特别贡献奖单位1个，贡献奖单位和个人9个，大大激发了会员的积极性，增强了商会的凝聚力。

4. 扩大对外宣传，提高商会的知名度，树立闽人在山西的良好形象。2001年4月，开通了山西省福建商会互联网站，将商会的有关内容制成网页，向国际和国内发布。商会每次举办大型活动都邀请省城各大媒体参加，进行报道宣传。七年来，编印了简报17期，会刊7期，宣传栏10期，编印了《闽商在山西》大型画册。商会还和福建电视台合作拍摄了专题片《记山西省福建商会》上、下集，在福建电视台三套节目播出。这些宣传活动为宣传政策、交流商情、报导会务、发布信息、表彰先进、融汇乡情，起到了积极的作用。目前，与商会建立起固定的信息交流的兄弟单位已有100多个。

5.加强商会自身建设，为商会的发展打下坚实的基础。一是加强思想建设。商会主要领导经常在一起交流思想，交换对商会工作的看法，统一认识。发生分歧，及时召开交心通气会，各自作自我批评，消除分歧，增进团结，推动工作。连续三年在中秋节举办座谈会，听取会员的意见，改进商会工作。二是深入调研，提高工作的针对性。2005年，商会领导用15天时间深入到13个会员企业和单位考察，2006年又用10天时间走访了5个专业委员会和6个企业，广泛听取会员的意见和建议，并召开会员代表座谈会，密切了商会和会员之间的联系。三是购置了300多平方米固定的会址。四是加强内部管理，明确了会长、副会长、秘书长、副秘书长及各机构的职责，建立了必要的规章制度，主要有：工作制度、会务制度、财务制度、会长值班制度、财产保管制度等，做到了有章可循、按章办事，使各项工作走上了轨道。五是实行会务公开，重大问题都上常务理事（扩大）会议讨论决定，会后向副会长以上领导通报，商会的重大事项通过简讯及时向会员传达。六是积极开展商会文化建设。商会从2002年起已连续五年在太原汾河景区水域举办龙舟友谊赛，展示了闽人团结一心，敢于拼搏的风采，成为福建商会的一个品牌。并主办了三届省城高校福建学子篮球赛，组队参加了山西省工商联举办的首届民营企业“华厦杯”乒乓球赛，取得了男子团体第5名的好成绩。

努力回报社会，组织会员捐资助学，扶贫济困。七年来向山西省光彩事业促进会和省工商联先后捐赠人民币逾100万元的现金和物资，送给受灾地区和贫困乡村。2002年1月，商会还启动专项资金，用于帮助品学兼优但家庭经济困难的大学生完成学业，2003年到2006年连续四年向山西部分高校的闽籍学生捐款14万元，有140名学生接受了捐助。对个别因病无钱治疗的学生、乡亲，商会开展募捐，给他们及时的帮助。商会的一系列义举在山西引起了强烈的反响，受到省领导和各界人士的高度赞誉，被山西省光彩事业促进会授予“光彩事业组织奖”。

山西省浙江商会

一、驻晋浙籍人士概况

自改革开放以来，约18万敢为人先，敢闯敢干的浙江开拓者，离开山明水秀的家乡，来到满眼黄土地的山西，在这古老而又神奇的尧乡舜土，不畏各种艰难，立志创业。从事的行业涉及电子、化工、机电、煤焦、消防工程器材、水暖器材、石料、陶瓷、服装、鞋帽、餐饮、装潢、大型商场及小商品市场等，给山西带来了人才、技术、资金和信息，传播了市场观念和商品意识，把“自强不息、坚韧不拔、勇于创新、讲求实效”的浙江精神带到了山西，为山西省的经济建设、市场繁荣、劳动就业、财政税收等做出了巨大贡献。

二、山西省浙江商会的成立

山西省浙江商会是从2000年3月开始，由部分在晋浙江籍工商界人士发起筹备，2001年6月16日正式批准成立的民间社团组织，现有会员2000余人。山西省浙江商会接受山西省民政厅监督管理，并由中共山西省委统战部主管，是山西省工商联团体会员。

现任会长胡云，浙江乐清人，山西五龙鞋业有限公司董事长。

商会下设五个部：维权部、财务部、外联部、会员部、宣传部，五部各尽其责，充分发挥各自的优势，把商会工作做的更细致、更规范，充分调动副会长对商会工作的积极性。

三、山西省浙江商会党支部建设

商会历来重视支部的发展，把党支部工作作为进一步加强商会领导班子建设，提高商会凝聚力、战斗力的有效途径。支部按照太原市商务局党组织安排，积极开展了保持共产党员先进性教育活动，践行“三个代表”重要思想，为探索民间社团的党建工作做出了不懈的努力。同时，商会积极发展新党员，为积极要求进步的同志提供入党的机会。

四、山西省浙江商会的宗旨和任务

商会宗旨：以《中国工商业联合会章程》为活动准则，联系会员、互相帮助、互相支持、沟通信息、交流经验、共谋发展、全心全意为全体会员服务。

山西省浙江商会作为党和政府联系非公有制经济人士的桥梁，团结和引导浙籍驻晋各界有识之士，为促进浙晋两省经济、商贸、文化和信息交流，扩大交往，进一步适应改革开放的新形势，推进社会主义市场经济的发展而努力。全力为会员排忧解难、协调关系、调解纠纷，维护会员在社会生活和经营活动中的合法权益。带领会员进一步解放思想、抓住机遇、壮大自我。通过商会组织，使家乡政府和乡亲了解我会会员在晋的工商活动情况及发展成就。

商会任务：（1）团结会员，帮助、引导会员提高自身素质，对会员进行普法宣传，提高法制意识，树立浙籍驻晋人士的整体形象；（2）举办各种有益的联谊活动，增进乡亲间的感情交流，增强本团体的凝聚力；（3）加强本会与晋浙两地党政机关及各商团的联系；（4）维护会员的合法权益，反映成员的意见、要求和建议，在会员与政府之间起桥梁作用；（5）为会员提供市场、技术和贸易信息，推动会员之间，会员与有关商团组织及个人间进行各种形式的投资和贸易合作；（6）按照国家规定和有关政策，组织会员举办和参加各种对内、对外展销会、交易会。在条件许可下，组织会员出省、出国考察访问，帮助会员提高商贸层次，开拓国内外市场；（7）为会员提供必要的证明，协调会员与社会各部门的关系；（8）加强商会的思想建设、组织建设和机关建设，为会员提供法律咨询和法律服务；（9）帮助会员在商贸活动中协调关系，消除冲突，展示浙籍人士的团结互助风貌；（10）承办晋浙两地政府有关部门委托办理的事项。

五、山西省浙江商会近况

山西省浙江商会坚持邓小平理论和“三个代表”重要思想，坚持对广大会员进行“团结、教育、引导、服务”的宗旨，服务的重点是促进非公有制经济快速健康发展，引导民营企业从“家族式”向股份制企业发展，积极参加大中型项目投资建设，把民营企业做强做大，为现代新山西建设和浙晋合作共同发展贡献力量。商会维护会员的合法权益，反映会员的意见、要求和建议，为会员排忧解难、协调关系，调解经济纠纷，干实事做好事。商会发扬自我教育的优良传统，宣传、贯彻党和国家的方针政策，加强思想政治工作，提倡爱国、敬业、诚信、守法、贡献，提高会员素质。开展工商专业业务和普法知识培训，帮助民营企业改进经营管理，引入现代企业管理制度，提高生产技术和产品质量；为会员提供信息、科技、会计、审计、融资、法律、咨询等服务；组织会员企业举办或参加各种展销会、交易会，促进经济技术和贸易合作的共同发展，加强浙晋合作共谋发展。

山西省浙江商会不断加强自身建设，使商会各项工作程序化、规范化、制度化，促进商会持续健康发展。商会自身建设包括组织、制度和思想作风建设，商会的组织原则是民主集中制，会长、副会长分工必须坚持集体领导与分工负责相结合，做到事事有人管，人人有专责。商会的组织机构本着“精简、效能”的原则设置，聘用“少而精”的专职工作人员。建立健全会议制度、财务管理制度和办公室工作制度等必要的制度，促使商会工作有条不紊，纳入制度化、规范化。商会非常注重思想作风建设，坚持邓小平理论和“三个代表”重要思想，坚持解放思想、实事求是、与时俱进的思想路线，搞好班子成员思想作风建设，增强团结，为建设团结文明的商会共同努力。正确开展批评与自我批评，坚持廉洁自律，维护商会声誉，用班子成员的模范行为作表率，带动和影响广大会员，“内聚人心，外塑形象”共同努力提高山西省浙江商会的社会知名度和良好信誉，办成团结、文明、进步的商会。

六、山西省浙江商会的成就

浙籍企业家们入晋20多年来，在当地政府各项优惠政策扶持鼓励下，发扬“敢为天下先”的精神，艰苦创业、勤劳致富，他们“致富思源，富而思进”，不忘回报社会。自商会成立以来，以商会和企业家个人名义为“希望工程”捐资助学，捐助体育设施建设、扶贫助困、救灾等光彩事业累计捐款总额近千万元人民币。山西省浙江商会为了更好地维护会员和浙籍乡亲们的合法权益，反映他们的意见、要求和建议，商会主要负责人积极参与当地省、市政府组织的各种社团活动和有关会议，有的当选为市、区政协委员，代表驻晋全体浙籍工商界人士积极参政议政。经过多年的努力工作，提高了社会知名度，树立了良好的社会形象。

山西省浙江商会是晋浙两省经贸合作的重要平台，必将极大推动两省的经济合作。山西省浙江商会一定不辜负两省党委政府的希望，搞好商会的各项工作，全心全意为企业为会员服务，把浙江商会建成一个管理规范、服务到位、敢于创新的先进社团，为发展两地经济多做贡献，为浙江人民争光，为山西人民创富。

山西省河南商会

山西省河南商会是在晋豫籍工商界人士自愿结成的社团组织，是经山西省工商业联合会审查并经中共山西省委统战部和山西省民政厅批准成立的独立法人组织。商会目前吸纳会员300余家，涉及社会各行各业。

山西省河南商会作为党和政府联系在晋豫籍工商界人士的桥梁和纽带，有规范的《商会章程》，有健全的制度。创会的宗旨是“团结、诚信、服务、发展”。商会办事机构为秘书处，下设组织联络部、维权服务部、经济信息部、宣传培训部，负责开展商会的日常工作。山西省河南商会将团结带领全体会员解放思想，开拓进取，为促进晋豫两地经贸交流做贡献。

商会围绕以下六个方面开展工作：

一、设立专门的法律服务机构提供有效法律服务，维护商会会员合法权益；

二、促进会员之间的感情交流和团结互助，增强凝聚力；

三、将为会员招商引资、洽谈项目、筹建融资提供服务和帮助；

四、加强横向联系，协调关系，扩大会员的发展空间；

五、加强与政府的联系，发挥会员与政府之间的桥梁作用，为会员参政议政提供机会，提供经贸信息，推动各种形式的投资和贸易合作；

六、加强商会的思想和组织建设，确保优质服务。

未来的山西省河南商会将会为会员营造一个可以停靠的港湾，一棵可以乘凉的大树，一座共谋发展的平台！

山西省广东商会

山西省广东商会是依照中华人民共和国国务院颁发的《社会团体登记管理条例》经山西省工商联、省委统战部、省民政厅社团局批准，于2006年11月18日成立的独立的社会团体法人单位。

山西省广东商会以“自愿入会、自选领导、自聘人员、自筹经费、自我管理”为办会原则，以“团结、联络、服务、发展”为宗旨，遵守国家宪法、法律、法规和政策，遵守社会道德风尚；广泛联系和服务于在晋的广东籍工商界人士，并维护其合法权益，自治自律、共谋发展，为在山西创业发展的粤籍工商人士搭建了一个“敦睦乡谊、互助互利、团结发展”的平台，通过这个平台，为广东乡亲的生产经营活动创造和谐宽松的环境，从而使大家能很快融入当地社会顺畅发展，为繁荣晋粤两地经济服务。

目前，在山西创业发展的广东籍工商人士约有5000多人，已加入山西省广东商会的会员有120名，分布在全省各地。主要从事汽车特约经销、汽车美容装饰、各种电器灯饰专营、各种品牌的建筑、卫生陶瓷的生产和销售、品牌服饰生产和销售、建筑石材生产、不锈钢装饰材料、基础和装饰工程建设、珠宝首饰生产和销售，机电设备进口及安装、房地产开发、商务印刷、文化用品、餐饮服务等多种行业。

山西广东商会设有会长办公会、常务理事会、理事会、会员大会，制定了会长、常务副会长、副会长、秘书长、办公室主任、办公室文员岗位责任制度。商会作为社会团体，将起到政府和社会相互沟通联系的桥梁与纽带。

商会成立后，在省委统战部、省工商联、省民政厅社团局的领导下，积极加强商会的组织建设、思想建设、作风建设。全心全意地为会员服务，把商会真正办成广东乡亲之家，为促进广东、山西两省之间的联系和合作、推动两省在信息交流、科技发展、经济合作等方面向前发展，为繁荣两地经济做出应有的努力。同时，还组织会员和会员单位积极举办和参加山西省的各项社会公益活动，使更多的会员和会员单位加入到山西省光彩事业的队伍中来，在2006年中共山西省委统战部、省工商联、省光彩事业促进会、长治市人民政府承办的中国光彩事业“太行行”活动中，该会向组织相关企业和商业精英，召开研讨会，研究举办各类招商展示，引资上项等大型活动，为促进山西经济发展做出自己的贡献。

山西省五金商会

山西省五金商会是由中共山西省委统战部主管，山西省民政厅批准注册的社团法人组织，是省工商联团体会员。商会自2000年12月28日成立以来，在省委统战部、省工商联的大力支持和关怀下，努力开展工作，竭诚为会员服务，并积极参与全国工商联五金商会和各兄弟省市商会组织的商会联谊、业务洽谈、经贸往来，推动和促进了我省五金行业会员企业发展和信息交流，充分体现了商会作为“会员之家”和“信息平台”的桥梁和纽带作用。

商会设有会长办公会、理事会、会员大会，下设秘书处、会员部、商品协调部。现有会员300余名，理事38名。联系商户1000多名，北至大同，南至运城、晋城，西至离石，东至阳泉，网络覆盖山西省及内蒙、陕西部分地区。

商会以“自愿入会、自选领导、自聘人员、自筹经费、自我管理”为办会原则。在工作中，始终把重点放在发展山西五金行业的成长上，旨在服务会员，回报社会。商会倡导理事单位不准经营假冒伪劣，号召会员抵制销售伪劣产品，在经营活动中坚持“诚信”原则，并进行自检和互检。积极组织会员企业参加北京、青岛、上海等地举办的五金商会交易会，每年在我省举办山西五金产品展览会，展示我省优质五金品牌，树立山西形象，扩大社会影响，并通过商品协调部坚持为会员办事，为企业服务，会员享受会员价。积极响应省委统战部、省工商联、省光彩事业促进会的号召，向贫困地区捐款捐物。2001年被山西省工商联授予“先进组织”。

商会将秉承“团结、联络、服务、拓展”的理念，不断加强自身建设，规范市场行为，团结五金行业同仁，为山西五金事业的健康发展尽心竭力。

山西省代理商联合会

山西省代理商联合会是经主管部门山西省委统战部审核同意，经山西省民政厅批准，在充分发扬民主、广泛征求意见的基础上，经过5个月的筹备，于2001年初由八同集团、恒丰实业、远东水产、金龙油脂、昌泰工贸、凯利来商务等我省代理营销行业的龙头企业发起成立的；是省工商联的团体会员；是以民间为特点、以服务为宗旨的全省代理商自己的组织；是代理商的“会员之家”。

山西省代理商联合会作为全国首家代理商行业商会，成立6年来，在省委统战部、省工商联和省民政厅的正确领导下，在社会各界的广泛关注下，在广大会员的共同努力下，先后指导和帮助全国各省市的代理商成立了50余家代理商联合会，被行业内誉为全国代理商组织的摇篮；作为资源平台、信息平台、服务平台、发展平台，通过资源整合，沟通政府，在维权与发展方面、培训方面、融资方面、联合招商方面、商务考察方面等都取得了很大的成绩，得到了众多会员单位的肯定；对规范市场，促进山西经济繁荣发展做出了商会应有的贡献，也得到了政府及社会各界的认可，被山西省民政厅评为“全省先进民间组织”，在800余家省字头的行业商会里，本会是服务意识最强、活动最多、知名度高、影响力大的行业商会之一。

商会设有会长办公会、理事会、会员大会，下设市场工作委员会、融资工作委员会，并特别设有维权委员会。同时商会已与多家律师事务所、税务师事务所、保险公司等单位签定了长期优质、优惠的服务协议。商会将与国内外的同行加强联系，经常进行信息交流和业务研讨，及时了解国内外信息。

商会以“自愿入会、自选领导、自聘人员、自筹经费、自我管理”为办会原则，以“团结、联络、协调、规范、拓展、服务”为工作目标，为会员企业提供经济信息服务，搭建经济平台，发挥桥梁纽带作用为己任，积极地维护会员合法权益，为会员排忧解难，加强行业自律，发挥“内行管行内”的优势，促进整个行业的健康发展。

从服务入手，联合起来，推动代理商与终端卖场的公平合作、互利互惠、健康发展，维护代理商的合法权益，从而增强商会影响力、感召力、凝聚力和吸引力，这是该会工作的重头戏。

从服务入手，联合起来，积极探索解决代理商融资贷款的新路子。中小企业融资难、贷款难是一个普遍性的问题，同时也是制约中小企业发展的瓶颈。代理商都是中小企业，该会在解决代理商的融资方面投入了大量的人力、物力，并成立了“融资工作委员会”，积极与多家银行，多家担保公司合作，为代理商会员企业提供服务。

从服务入手，联合起来，本着费用低、时间短、针对性强、效果显著的原则，与社会上有培训优势和培训资源的单位和机构相结合，开展营销、财务等方面的培训服务。

从服务入手，联合起来，组织会员单位出国商务考察，学习国外先进理念，提高代理商的商贸层次、拓展代理商的经营业绩、保护代理商的合法权益。

从服务入手，联合起来，开展联合招商活动，为会员企业的发展拓宽了思路、创造了环境，提供了资源，同时也扩大了商会的影响、壮大了商会的队伍、增强了商会的力量。

商会的网站和定期出版的刊物，将及时传达政府的各项方针政策，信息以及招商消息。同时还为各会员单位解决一些社会矛盾、纠纷等。

山西省代理商联合会目前有1000余家会员单位，多以全国著名品牌在山西的省级代理商组成，他们的发展越来越得到国家的认可、市场的认可，在国民经济发展中所占份额也越来越大。作为资源平台、信息平台、服务平台、发展平台，他们与社会各界优势互补，资源共享，共同发展。他们正以饱满的热情、以坚定的意志、以集体的智慧、以民主的决策，在自身发展壮大的过程中，将为促进山西经济的发展、为促进山西市场的繁荣做出更大的贡献！

商会大事记

1. 经过五个月的筹备，于2004年10月份召开了二届一次会员代表大会，选举产生了第二届理事会和领导班子。

2. 2006年6月11日至17日，组团到香港、泰国、澳门进行商务考察活动，达到了预期的效果，取得了圆满成功。

3. 2006年9月17日，特邀国内财务界著名专家刘森教授在金港大酒店成功的举办了《帐前消化》大型财务培训。

4. 2006年9月30日，与晋中田森集团、山西仙竹酒业公司在晋中田森会馆联合举办了山西省代理商联合会五周年庆典活动，并取得了圆满成功。

5. 2006年10月17日，会长、秘书长应邀参加了由《食品商》杂志社在西安糖酒会上举办的首届中国白酒渠道新财富论坛。

6. 2006年10月29日，与省工商联、省商业联合会、中国黄河电视台在中国黄河电视台联合主办了紫林醋业·国际营销大师山西高端论坛。

7. 2006年12月23日，在太原天涯实业有限公司会议室召开了一月一次的会长办公会议。

市（地）工商联

太原市工商业联合会

太原市工商业联合会（简称“工商联”，下同）前身是太原商务总会，成立于1907年，1916年改组为太原总商会。1932年改组为太原市商会。1951年4月，太原市工商联正式成立。

建国之初，工商联在贯彻执行党的工商业政策、恢复经济、发展生产、保障供给等方面发挥了重要作用，为太原市的经济发展和社会稳定做出了积极的贡献。“文化大革命”期间，工商联被迫停止活动。改革开放特别是进入新世纪以来，市工商联领导班子紧紧围绕市委、市政府的中心工作，以服务会员为宗旨，结合太原实际，提出了“打基础、聚人心、树形象、促发展，自加压力、争创一流”的奋斗目标，求真务实，勇于进取，建言献策，在参政议政上有了新高度；发挥优势，在桥梁助手作用上有了新进展；扶贫济困，在光彩事业上有了新成绩；商会发展，在组织建设上有了新突破；搭建平台，在与政府有关部门的沟通联系上有了新举措；宣传引导，在非公有制企业文化建设上探索了新途径；协调帮助，在维护会员合法权益上迈出了新步伐；热心服务，在打造会员之家上拓展了新领域；建章立制，在加强自身建设上跃上了新台阶。

截至2006年底，10个县（市、区）全部建立了工商联组织，市工商联发展的行业商会、异地商会达到12个，会员总数达到8442户。1951年至2006年，太原市工商联共召开十一届会员代表大会，选举产生了十一届执行委员会。

领导班子及内设机构（2006年）

会　长：平淑华

党组书记：王贵云

副会长：李海元 郝乃全 冯长洪 王艳梅 赵华山 邢拴林 陈　云 张新跃 姚锦诚

秘书长：刘芝明

机关内设机构：办公室、经济联络处、组织宣传处、调研处

大同市工商业联合会

大同市工商联于1950年7月成立。进入新世纪以来，大同市工商联在工作实践中，遵循：做到一个坚持、加强两支队伍建设、抓好各项活动、实现服务强会的基本原则，有效地促进了各项工作。

坚持党的领导，努力争取市委对工商联的重视和支持。坚持经常及时向市委分管领导汇报工作，提出意见和建议，取得市委的支持，并成为制度坚持下来，为工商联发挥作用，赢得地位、提供了平台。

加强工商联领导班子建设和非公有制经济代表人士队伍建设。提高队伍素质，大同市工商联第十一届执委会共有执委135名，平均年龄为40.2岁，文化程度在大专以上学历的为89名，研究生学历5人。成立了组织、法律、学习、宣传专门委员会。代表人士中担任省政协委员的4人，担任市人大代表的17人，担任市政协委员的73人。指导和帮助市工商联党总支下属的8个

民营企业开展党的工作，2004年8月，在全市非公有制经济党建和全省非公有制经济党建工作座谈会上分别介绍了经验。

做好宣传表彰。2004年编辑出版了大型画册《大同民企风采录》，为60家优秀民营企业进行了宣传；2005年创刊了《大同商讯》。2005年，与市精神文明办公室、大同报社、大同电视台联合评选出大同市首届十大杰出民营企业家、十佳民营企业和十位优秀民营企业家、十户优秀民营企业。

抓好调查研究。就全市个体私营等非公有制经济发展情况、民营企业参与社会主义新农村建设情况等8个课题进行了深入细致的调查研究，撰写60多篇调研论文材料上报市委和省工商联，受到了市委、市政府的重视和采纳。

抓好参政议政。参加市委、市政府召开的民主协商会、座谈会、情况通报会20多次，提出意见和建议80多条，在市政协全会上作大会发言9人次，共向市政协提交提案180多件。

抓好教育培训。2003年在北京国家行政学院举办了MBA核心课程培训班，30多名大同民营企业家参训，累计有近1000多名民营企业家接受了管理和职业培训。

抓好服务。组织民营企业参加了2006山西(上海)经济合作项目推介、云冈旅游节等十余次大型经贸活动，扶持、组建了大同市中鸿投资担保中心，完成贷款担保业务达1.3亿元。天镇县工商联2005年成立了天镇县民营企业信用担保中心。

抓好光彩事业。新投资光彩事业项目75个，投资金额达3.2亿元。2004年11月，市工商联被大同市政府评为“社会捐助工作”先进单位。

领导班子及内设机构（2006年）

会　长：王玉田

党组书记：姚建中

副会长：姚建中　唐世忠　李金焕　田四同
王振山　侯建军　韩雁林　孔志强
李树林　马巍然　王生忠　郑建光
郭润利　张国锋　张志宏

秘书长：杜志敏

内设机构：办公室、宣教科、经济联络科

阳泉市工商业联合会

阳泉市工商联坚持“团结、帮助、引导、教育”的方针，以培养一支合格的中国特色社会主义建设者队伍为目标，以促进全市非公有制经济健康发展和非公有制经济代表人士健康成长为己任，充分发挥职能优势，圆满地完成了第十一次代表大会确定的各项任务。

认真学习贯彻落实党的路线方针政策。分别采取专题报告、集中培训、以会代训、研讨座谈、发放学习资料、知识竞赛等形式，认真组织广大会员认真学习中共十六大和十六届三中、四中、五中、六中全会精神，学习《国务院关于鼓励支持和引导个体私营等非公有制经济发展的若干意见》，开展了树立社会主义荣辱观、“致富思源、富而思进”、“爱国、敬业、诚信，守法、贡献”等教育活动。

结合全市非公有制经济代表人士的实际，开展了以比发展，看谁的企业强；比诚信，看谁的效益高；比交税，看谁的贡献大；比奉献，看谁的善举多“四比四看”为载体的“心系阳泉，奉献阳泉”的主题活动。将发展企业、合法经营、投身光彩和社会公益事业融入其中，为支援桃河工程等项目建设捐款一亿多元。在抗击“非典”期间，捐献款物价值达75.8万元。

引导民营企业加强企业文化建设，涌现出了以山西远鑫实业有限公司、阳泉林里粉末冶金有限公司、盂县西小坪耐火材料有限公司、山西吉天利科技实业有限公司、阳泉森海大厦为代表的一批企业文化建设和“关爱员工、实现双赢”的先进典型。

以调查研究为重要抓手，促进参政议政工作有新进展；撰写了近2万字的调研报告，共提交提案357件，《阳泉市非公有制经济概览》一书受到了市委、市政府主要领导的高度重视和充分肯定。2005、2006年，市工商联又与四家单位联合对全市25家重点民营企业的状况进行了动态调研。

大力宣传非公有制企业。2005年，与阳泉日报社联合开设“百强优秀民企系列展示”专版，在《阳泉日报》上对100多家会员企业进行了宣传。

千方百计为会员提供服务。组织30余名企业经营者赴北京、天津、山东、浙江、上海及省内其它市考察项目，招商引资。与众晨律师事务所联合成立个体和私营企业法律服务中心；郊区工商联联合区司法局、区法院共同成立了民营经济法律顾问中心；城区工商联成立了维权举报中心；平定县工商联会同山西圣平律师事务所合作成立了平定县个体私营经济服务中心，先后为50家企业提供法律服务。另外还举办11次各类人才招聘会。

引导民营企业参与新农村建设。山西远鑫实业有限公司投资3100多万元用于新农村建设；盂县西小坪耐火材料公司投资9000万元参与新农村建设，并两次开展了帮扶贫困大学生的“春风工程”活动，20多名企业家为33名贫困大学生捐款3.3万元。

领导班子及内设机构（2006年）

会　长：朱纯国

党组书记：王保柱

党组副书记：吕志坚

副会长：张跃山　杨典恩　杜建仁　赵明录
赵远长　左　征　乔国强　韩全生
陈朝荣　上官光达　姚发兴

秘书长：刘海明

内设机构：办公室

长治市工商业联合会

长治市工商业联合会九届会员代表大会以来，紧紧围绕市委市政府中心工作，积极落实科学发展观，在宣传教育、参政议政、组织建设、经济联络和自身建设等各方面都取得了长足发展。

乡镇分会组织组建率由85%上升为100%，全市130个乡镇全部建立工商联组织，行业性组织由7个发展到51个，会员总数达到5952个，共有280余名非公有制经济人士被充实到各级工商联机构。

组织引导民营企业参与社会主义新农村建设，投资多、规模大、效果好，其成绩列全省前列，全市共有140余家民营企业总共投入物资、资金达3.8亿元建设新农村。长治市工商联的经验材料以及常平、潞宝、振东、沁新、长信、霍家沟五家企业的先进事迹被“中国光彩事业网”采用。2006年，长治市工商联被中央授予“全国建设小康社会先进单位”称号。

调查研究、参政议政不断有新突破。共撰写调研报告248篇，121篇受到当地政府的重视、采纳和批示。市工商联撰写的《构建物流园区、促进产业升级》的调研报告，被市“十一五”规划纲要采纳，并促成了外商对长治市物流园区的考察投资。

引导会员企业共实施光彩项目183个；捐助公益事业110个，捐资额达1.6亿元，捐建光彩学校50多所；启动了贫困农村光彩行活动，累计投资1.2亿元，为11个村搭建“村村通”水泥路，资助11名大学生上学，解决下岗职工和农村剩余劳动力再就业20万余人。梁文海、陈忠孝、潘路标、李安平、王作平、程海庆6位企业家热心扶贫助教等公益事业，在2006年全国政协常委扶贫助教太行老区考察活动中捐款150万元，受到全国政协主席贾庆林的亲切接见。

领导班子及组织机构（2006年）

会　长：闫建国

党组书记：李晓平

副会长：李文喜 胡振明 方海利 于　川 韩长安 潘路彪 李安平 马林毅 陈忠孝 李建明 陈爱红 于连众 石树平

秘书长：王有成

内设机构：办公室、组织宣传科、经济联络科

晋城市工商业联合会

进入新世纪以来，晋城市工商联充分发挥统一战线人民团体和民间商会的优势和作用，抓住重点，开拓创新。专题调研，行风评议和参政议政等方面的工作都受到市委、市政府的肯定和民营企业的欢迎。在深入调研的基础上，撰写了《关于民营企业发展环境的调研报告》、《关于延缓关闭100M^{3}高炉的建议报告》。市委书记李雁红对报告作了重要批示，促使市纪检委在全市开展了职能部门建服务型机关优化发展环境活动，市工商联以此为契机组织会员企业开展了行风评议工作。组织会员队伍建设有了重大进展，完善了制度，筹建了非公经济人士数据库，对100家企业和100个代表人士进行跟踪，开展了全市非公经济100强评选活动。成立了4个服务中心、3个行业协会。服务工作不断有新的举措，以座谈演讲、版画展览等形式积极宣传推动国务院《关于鼓励支持和引导个体私营等非公有制经济发展的若干意见》。邀请国内外学者、知名企业家联合创办了“企业家沙龙”，为企业家提供了学习交流平台；扩大招商渠道，共引进项目12个，技术人员300多个，资金30多亿元人民币。

光彩扶贫活动成效显著，组织会员企业参与光彩公益事业活动，为抗击非典捐资捐物共计156万元，为修路捐款2600万元，扶贫助学2300万元，光彩事业8000余万元。

领导班子及内设机构（2006年）

会　长：张高峰

党组书记：张高峰

副会长：赵阳生 田春玲 司永胜 马晋昆 郭海林 郭　义 崔裕峰 朱文斌 苏红萍 原向东 霍国安

秘书长：王丽萍

朔州市工商业联合会

朔州市工商业联合会第二次会员代表大会召开2001年以来，坚持核心是创新、关键是改革、本质是服务的工作思路，在参政议政、宣传教育、服务经济、服务会员、组织建设、自身建设等方面做了大量的工作。

调查研究，参政议政。撰写调研报告9份，其中《关于我市民营企业文化建设情况的调查》获2004年度全省工商联重点调研成果优秀奖；《关于加大改革力度，推动非公有制经济快速发展》的报告在2005年《当代山西商会》第十期上全文刊登；开展关爱员工、实现双赢活动和做非公有制经济代表人士的思想政治工

作的经验在省级有关会议上进行了交流。组织有关会员参加政府部门组织的巡视检查活动16次，推荐29名会员担任行风监督员。

组织建设。成立乡镇商会31个，街道分会2个，同业公会和行业协会7个，基层组织总数达到40个；在非公有制企业中成立党组织26个、团组织36个、工会组织113个。2006年底会员总数达到3538个。其中个人会员2623个，团体会员30个，企业会员691个，老会员185个。

民营企业文化建设。2003年10月“山西省民营企业文化建设研讨会暨怀仁现场交流会”在怀仁县召开。2004年11月市工商联和怀仁县工商联应邀参加了全国工商联在天津召开的“中国民营企业文化建设工作会议”，在会上交流了怀仁县工商联典型经验，怀仁县已故会长刘学文同志被评为企业文化建设优秀个人。跃胜实业公司、东海集团和雁门乳业三家会员企业被省工商联企业文化建设委员会定为全省示范基地。

教育培训。组织六县区工商联领导参加了全国工商联举办的解读国务院《关于鼓励支持和引导个体私营等非公有制经济发展的若干意见》学习班。对100多名骨干会员进行了WTO知识培训；聘请清华大学李牧原教授为200多家私营企业的经营管理人员举办了“工业工程与企业综合竞争力”专题讲座。

宣传表彰。2004年创办了《朔州工商》，出版了26期，宣传优秀企业120多家，推荐189名会员受到省级以上表彰，推荐246名会员受市级表彰。组织会员参加了全国工商联和省工商联组织的“三个代表”重要思想征文活动和纪念邓小平同志诞辰100周年征文活动，其中有15篇文章获奖。组队参加了全省“海鑫”杯十六大知识竞赛，获晋北赛区第二名，市工商联获全省优秀组织奖。

服务会员。为22家会员企业进行了新上、技改、续建项目推荐，有8个项目立项。帮助7家会员企业贷款，5家企业得到贷款。引进资金9295万元，项目38个，人才300多人。为会员提供、发布信息2000多条。

光彩事业。发动会员企业投资光彩事业项目195个，投入资金24628万元，累计捐款捐物共计1200余万元，新增就业岗位8000多个。

领导班子及内设机构（2006年）

会　长：苑　安

党组书记：张仁武

副会长：张仁武 张治民 刘守斌 赵丽萍
邢志权 李泰山 丰新兰

秘书长：郭文锦

内设机构：办公室

忻州市工商业联合会

2000年，经国务院批准，忻州撤地建市，改工商联办事处为忻州市工商所。2002年10月18日召开忻州市工商联第一届会员代表大会。139名代表参会选出执委69名，一届一次执委会议选出常委39名、副会长12人、会长1人。忻州市工商联根据“组织恢复晚，工作起步迟，认识低，基础差”的实际，提出一抓组织建设、二抓会员发展、三抓宣传、四抓调研的“四抓”活动。先后在宁武和五台山召开了工商联会长会议，检查督促县（区）工商联组织的建设，使所有县区成立了工商联组织。

调查研究，参政议政。共撰写提案、建议和调研报告260余件，及时向当地党委和政府反映非公有制经济和非公有制经济代表人士的意见和建议，对维护他们的合法权益起了积极作用。先后有一篇报告在市政协大会上交流，二篇调研报告分别被省《发展导报》、《当代山西商会》采用。

组织民营企业家参与光彩公益事业活动，累计投资约4亿元用于助学、修路等。参与社会主义新农村建设推进农业产业化，加快农村结构调整。代县工商联组织开展了“一企帮一村”的民营企业家参与社会主义新农村建设活动，38家民营企业与38个试点村结成帮扶对子，共投入资金3700多万元。省人大代表、代县白峪里矿山冶炼有限公司董事长韩树平投资3000万元兴建了占地80亩旨在弘扬雁门文化的“集萃园”，被树为社会主义新农村建设的典范。

抓好两支队伍建设。通过换届改善和优化了各级领导班子结构，一批年轻、有知识、有能力的干部进入工商联领导班子，工商联工作不断得到各级党委、政府重视，办公条件大为改观，实现了办公自动化。

2006年底，全市有集体会员1068个，团体会员93个，个人会员2186个，合计3347个，有同业公会15个，乡镇分会8个。

领导班子及内设机构（2006年）

会　长：杨增荣

党组书记：赵尚康

副会长：赵尚康 侯岐耀 马桂珍 王如恒
乔培明 李生祥 李喜元 沙万里
高建平 曹建宏 智还伟 韩树平

秘书长：侯岐耀（兼）

晋中市工商业联合会

2002年5月晋中市工商联召开第一次会员代表大会。成立以来，边学边干，开拓进取，围绕中心，服务大局，建平台、抓落实、求实效，各项工作不断取得新成绩。

抓学习。认真组织会员学习和贯彻国务院《关于鼓励、支持和引导个体私营等非公有制经济发展的若干意见》精神，举办非公有制经济人士座谈会，交流学习心得体会，探讨问题和对策。邀请市委书记、市长、市委统战部部长等领导同志出席了市工商联的座谈会。

抓重点。抗击“非典”中，组织和动员会员企业为防治“非典”捐款捐物达224万余元。组织引导民企参与社会主义新农村建设，2006年9月29日在昔阳县举行了非公有制经济人士参与新农村建设启动仪式，市工商联常委、昔阳银鑫装饰公司董事长周银柱、总经理马怀兰夫妇带头，30余位民营企业家响应向全市民营企业发出了《积极参与社会主义新农村建设倡议书》。

抓表彰。先后和市委组织部、市委宣传部、市委统战部、市总工会、市经贸委、市环保局、市国税局、市地税局、市劳动与社会保障局、市质量技术监督局等党政部门联合表彰了在党组织建设、企业文化建设、“双爱双赢”、环境保护、照章纳税、劳动就业、质量技术、参与新农村建设等方面做出示范、领先效应的200余户民营企业和25个优秀民营企业家。

抓调研。向上级有关部门提交调研报告60余篇。其中《关于如何充分发挥工商联的职能作用的思考》被市委统战部评为优秀成果；《如何更好地发挥工商联界别委员在构建社会主义和谐社会中的作用》获市政协一等奖；《关于建设新农村中强化人才支撑的建议》被市政协《政协通讯》刊登；《积极引导私营企业主做合格的建设者》、《实践“三个代表”重要思想，加强非公有制经济领域的统战工作》等四篇论文被省工商联学习十六大精神征文活动评为优秀论文；《关于保护平遥牛肉品牌的思考》在《晋中政务内参》上刊登。

抓服务。创建开通了《晋商会馆》网站，举办了晋中民营经济发展论坛，与农业发展银行晋中分行联系协调，签署了合作协议，向农业发展银行晋中分行推荐35个项目，60%的项目已进入考察阶段。

会员发展稳步上升趋势。2006年底，会员总数已达到5114个。其中企业会员为1950个。

平遥工商联成功开发“中国商会博物馆”。平遥县商会地址位于古城内东大街15号院内，占地861平方米，建筑面积1014平方米。有古式砖木结构房间48.5间，属票号建筑结构，是由旧商会于1885年买得。“文革”期间工商联中止活动时由县社队企业管理局等单位占用，1986年工商联恢复工作时同县政协、县民盟支部共用，1993年落实政策归还工商联。1997年12月，工商联开始了编制《兴办商会博物馆项目可行性研究报告》，2001年工商联与兼职副会长、华兴铸造厂董事长李贵宝签订开发“中国商会博物馆”协议。2002年9月6日正式挂牌营业，并纳入了全县20个旅游景点门票“一卡通”的范围。全国工商联时任主席经叔平为“中国商会博物馆”题写了馆名，全国工商联秘书长程路代表全国工商联经叔平主席向平遥工商联发来了贺信，并派代表到场祝贺。省政协副主席张正明、边鸣涛（省联会长）到场祝贺并讲话。

武汉平遥商会成立。2004年11月22日武汉平遥商会正式成立，2005年3月25日举行了挂牌仪式，在召开的第一次会员代表大会上，选举王承祥为会长，刘兴平等12名同志为副会长，段安柱为秘书长，共23名理事组成商会领导班子，共有会员3000多人。

领导班子及内设机构（2006年）

会　长：

党组书记：姚素萍

副会长：邵中前　杨定旺　乔维恒　范明远　宋德明　陈瑞中　李　明　李杰诚　宋新民　马应伟　王长青　程裕祥　朱希伟

秘书长：邵中前（兼）

内设机构：办公室、经济联络科

临汾市工商业联合会

临汾市工商联于2001年3月23日召开第一届会员代表大会。以“五位一体”的工作体系，推动临汾市民营经济快速发展。

融资服务。1999年率先在全市成立了正和中小企业担保公司，到2006年底，已为符合条件的210家民营企业提供担保贷款达13.9亿元。以尧都区信用联社为平台，联合实施了“千家企业进信合”工程，帮助1026家民营企业与信用社结对子，共为企业解决贷款资金156亿元。促使省开发发展银行与临汾市开展了中小企业贷款合作，并以工商联为依托和平台，建立了长效的融资机制，为30余家民营企业解决贷款资金5亿余元。与财政局以49%：51%的比例，注册1亿元，共同组建成立了临汾市中小企业信用担保公司。

培训教育。采取“走出去、请进来”的方式，举办WTO知识培训班，特邀美国西北理工大学校长谢佐奇博士专程到临汾市举办“国际化人才需求及培养模式”现场报告会；与山西师大联合开展了产、学、研活动，在30家民营企业建立了“山西师大教学实习基地”，并在市工商联建立了“山西师大经济管理学院教学研究基地”，通过双向交流选择，基地为民营企业培养实用型大学生人才达200余人。

民营企业文化建设。先后组织实施了“马年广场企业文化活动”、“羊年春节元宵节社火表演活动”、“金鸡闹平阳大型企业灯展”等。与临汾电视台联合开展了“百家优秀民营企业风采展播”，对100家优秀民营企业进行大力宣传，在《临汾日报》开展工商联“会员风采”专栏，对会员中的先进事迹和典型人物进行宣传报道。

实施“三大工程”。即：“信用工程”、“公益工程”和“认证工程”，引导企业健康发展。开展了“质量信得过企业”、“放心产品”、“信用企业”、“模范纳税户”、“就业工作先进单位”等评选活动，“非典”期间，组织民营企业捐款456万元，组织32名企业家赴古县山体滑坡灾情现场捐款65万元。同时，还实施了“春蕾计划”，要求每年至少建成3座由民营企业出资修建的中小学校。目前，宣为民等三位民营企业家已建成三所学校。

参政议政。与市优化办、物价局等有关部门联合。编印并下发了10000册《行政事业收费项目与标准》。联合市纠风办在民营企业中聘请了41名“特约纠风监督员”，联合在26家民营企业设立了“纠风工作联系点”。建立了“市长联络员”制度，定期下发“市长联络员征求意见卡”，每年组织召开35次政府主要领导出席和职能部门负责人参加的大规模的市长联络员座谈会。

2006年底，会员总数达到了13859人，其中，个人会员11051人，企业会员2808人。

领导班子及内设机构（2006年）

会　长：宣为民

党组书记：赵奇言

副会长：安乐才 郭天龙 郭行杰 黄黑旦
王建国 李学功 张文霞

秘书长：景　明

内设机构：办公室、组织宣传科、经济联络科

运城市工商业联合会

运城市工商业联合会2002年2月召开第一次会员代表大会后，团结新的社会阶层人士一道为全市改革开放和现代化建设做出了应有的贡献。

重点活动。2003年3月份在一届二次执委（扩大）会议上倡议发起“争做优秀建设者”活动，100多名担任市级以上人大代表、政协委员和工商联执委的代表人士签名响应，2005年11月，市委、市政府隆重召开表彰大会，授予31名企业家“运城市非公有制经济人士优秀中国特色社会主义事业建设者”荣誉称号，同时有3人获省委、省政府授予的优秀建设者表彰，有1人获中央有关部门联合授予的优秀建设者表彰。2003年，在防控“非典”期间，动员全市民营企业家捐款52万余元，捐物价值达300余万元，定向赠予5个防控工作重点单位和10个贫困村。全市非公有制经济人士为社会公益事业累计捐赠2.1亿多元，安排就业6000余人。

调查研究。围绕关系本市非公有制经济持续健康发展的热点、焦点、难点、疑点问题，进行深入调查研究。形成专题调研报告数十个，为党委、政府和上级机关提供了决策参考，绝大多数得到重视采纳，转化为相关政策。

经济服务。多次牵头或配合有关部门组织企业参加对口招商洽谈、经贸交流、产品展览交易会，两次邀请民生银行与运城市部分民营企业座谈，并实地考察洽谈，争取贷款数亿元。邀请西南证券公司等专业机构，为有意向的企业提供上市咨询和指导。开展了市县两级中小企业商业担保机构试点工作。2005年，组织会员企业家赴上海、宁波、温州进行了项目

推介活动，在三地政府和工商联的支持、帮助下，与市外200余家企业进行了对接洽谈，促成了一批项目的签约、合作。配合商务部门，组织企业参与“2005中国山西跨国采购洽谈会”和第二届“中国东盟博览会”“厦洽会”、“中博会”等。

教育培训。联合市电视台、运城学院成立非公有制经济研究中心和专业培训机构，采取以市场运作为主的办法，共同主办了《运城民营企业发展论坛》。由企业家会长投资建立了《时代光华》网络教学站，并与北大燕工教育集团联合开设了在职工商管理人员硕士研究生运城教学班，先后培训6000余人次，在研究生班长期学习的企业家和管理人员达100余人。

领导班子及内设机构（2006年）

会　长：薛靛民

党组书记：罗俊林

副会长：罗俊林 王战平 王常伟 朱建军 李兆会 朱苏海 李家林 崔小胧 吉意明 原贵生 张旭婧

秘书长：王常伟（兼）

吕梁市工商业联合会

1998年3月1日，吕梁地区工商联办事处与地委统战部分设办公，2004年根据《关于吕梁市工商业联合会筹备委员会的通知》（吕组通字[2004]44号）文件精神，开始工商联成立有关事宜，目前正在筹备中。

自2000年以来，办事处本着服务立会，完善组织，扩大影响，壮大队伍的基本原则，先后举办了中国吕梁首届红枣博览会，7家生产企业与客商签订了销售协议43份，成交额4505万元。组织会员参加了昆明举办的首届中国民营企业交易会、山西省首届民营企业交易会等，促成山西交城红星化工厂在会上和美国达成意向500多万元，和香港交易2000多吨原料，价值300万元。山西交城天骄红枣业有限公司交易360万元，办事处获省工商联优秀组织奖，11个产品获优质产品奖，4个产品获科技产品奖。

2003年“非典”期间，全区非公有制经济人士为抗击“非典”共捐款342万元，受到省里的表彰。

响应中央关于社会主义新农村建设的伟大部署，在《吕梁日报》开辟专栏“群策群力建设新农村”，宣传报道民营企业新农村建设的典型事迹，引导民营企业参与新农村建设。

2003年4月，吕梁地区工商联和统战部在孝义召开了工商联换届工作现场会，推动部分县市进行换届。2005年，提出该年为组织建设年，督促岚县、兴县、临县等工商联配了会长、党组书记，到12月底，全市13个县（市、区）工商联领导班子基本配齐。并组织吕梁百名企业家和30多名会务干部赴中央党校培训，到温州、义乌进行实地参观考察。

加强了调研工作，借全省万户民营企业大调研之际，对全区民营企业（含个体户）进行了一次摸底大调查，发放900份调查问卷，回收700余份；并创办了《调查研究》，登载23篇论文。其中《吕梁市民营企业发展的实践与思考》、《吕梁市民营经济发展现状的调查》在《当代山西商会》上转载，《我市民营经济跨跃式发展的思考》在《山西经济日报》上转载，《吕梁市民营经济发展现状的调查》被省工商联评为“优秀论文”。

领导班子及内设机构（2006年）

会　长：梁来茂

党组书记：李建春

副会长：李青梅 高爱兰

秘书长：李青梅（兼）

政策法规

中共中央
关于促进非公有制经济发展的重要论述(摘选)

党的十五大

……

非公有制经济是我国社会主义市场经济的重要组成部分。对个体、私营等非公有制经济要继续鼓励、引导,使之健康发展。这对满足人们多样化的需要,增加就业,促进国民经济的发展有重要作用……

(摘自1997年9月江泽民《高举邓小平理论伟大旗帜,把建设有中国特色社会主义事业全面推向21世纪》)

党的十六大

……

二、全面贯彻“三个代表”重要思想

……

(二)贯彻“三个代表”重要思想,必须把发展作为党执政兴国的第一要务,不断开创现代化建设的新局面……

……发展必须坚持以经济建设为中心,立足中国现实,顺应时代潮流,不断开创促进先进生产力和先进文化发展的新途径。发展必须坚持和深化改革。一切妨碍发展的思想观念都要坚决冲破,一切束缚发展的做法和规定都要坚决改变,一切影响发展的体制弊端都要坚决革除……

(三)贯彻“三个代表”重要思想,必须最广泛最充分地调动一切积极因素,不断为中华民族的伟大复兴增添新力量……

……

在社会变革中出现的民营科技企业的创业人员和技术人员、受聘于外资企业的管理技术人员、个体户、私营企业主、中介组织的从业人员、自由职业人员等社会阶层,都是中国特色社会主义事业的建设者。对为祖国富强贡献力量的社会各阶层人们都要团结,对他们的创业精神都要鼓励,对他们的合法权益都要保护,对他们中的优秀分子都要表彰,努力形成全体人民各尽其能、各得其所而又和谐相处的局面。

……

一切合法的劳动收入和合法的非劳动收入,都应该得到保护。……要形成与社会主义初级阶段基本经济制度相适应的思想观念和创业机制,营造鼓励人们干事业、支持人们干成事业的社会氛围,放手让一切劳动、知识、技术、管理和资本的活力竞相迸发,让一切创造社会财富的源泉充分涌流,以造福于人民。

……

四、经济建设和经济体制改革

……

(四)坚持和完善基本经济制度,深化国有资产管理体制改革。根据解放和发展生产力的要求,坚持和完善公有制为主体、多种所有制经济共同发展的基本经济制度。第一,必须毫不动摇地巩固和发展公有制经济。发展壮大国有经济,国有经济控制国民经济命脉,对于发挥社会主义制度的优越性,增强我国的经济实力、国防实力和民族凝聚力,具有关键性作用。集体经济是公有制经济的重要组成部分,对实现共同富裕具有重要作用。第二,必须毫不动摇地鼓励、支持和引导非公有制经济发展。个体、私营等各种形式的非公有制经济是社会主义市场经济的重要组成部分,对充分调动社会各方面的积极性、加快生产力发展具有重要作用。第三,坚持公有制为主体,促进非公有制经济发展,统一于社会主义现代化建设的进程中,不能把这两者对立起来。各种所有制经济完全可以在市场竞争中发挥各自优势,相互促进,共同发展。

……

充分发挥个体、私营等非公有制经济在促进经济增长、扩大就业和活跃市场等方面的重要作用。放宽国内民间资本的市场准入领域，在投融资、税收、土地使用和对外贸易等方面采取措施，实现公平竞争。依法加强监督和管理，促进非公有制经济健康发展。完善保护私人财产的法律制度。

（摘自2002年11月江泽民《全面建设小康社会，开创中国特色社会主义事业新局面》）

党的十六届三中全会

……

二、进一步巩固和发展公有制经济，鼓励、支持和引导非公有制经济发展

……

（5）大力发展和积极引导非公有制经济。个体、私营等非公有制经济是促进我国社会生产力发展的重要力量。清理和修订限制非公有制经济发展的法律法规和政策，消除体制性障碍。放宽市场准入，允许非公有资本进入法律法规未禁入的基础设施、公用事业及其他行业和领域。非公有制企业在投融资、税收、土地使用和对外贸易等方面，与其他企业享受同等待遇。支持非公有制中小企业的发展，鼓励有条件的企业做强做大。非公有制企业要依法经营，照章纳税，保障职工合法权益。改进对非公有制企业的服务和监管。

（6）建立健全现代产权制度。产权是所有制的核心和主要内容，包括物权、债权、股权和知识产权等各类财产权。建立归属清晰、权责明确、保护严格、流转顺畅的现代产权制度，有利于维护公有财产权，巩固公有制经济的主体地位；有利于保护私有财产权，促进非公有制经济发展；有利于各类资本的流动和重组，推动混合所有制经济发展；有利于增强企业和公众创业创新的动力，形成良好的信用基础和市场秩序。这是完善基本经济制度的内在要求，是构建现代企业制度的重要基础。要依法保护各类产权，健全产权交易规则和监管制度，推动产权有序流转，保障所有市场主体的平等法律地位和发展权利。

……

九、推进就业和分配体制改革，完善社会保障体系

（28）深化劳动就业体制改革。把扩大就业放在经济社会发展更加突出的位置，实施积极的就业政策，努力改善创业和就业环境。坚持劳动者自主择业、市场调节就业和政府促进就业的方针。鼓励企业创造更多的就业岗位。改革发展和结构调整都要与扩大就业紧密结合。从扩大就业再就业的要求出发，在产业类型上，注重发展劳动密集型产业；在企业规模上，注重扶持中小企业；在经济类型上，注重发展非公有制经济；在就业方式上，注重采用灵活多样的形式。完善就业服务体系，加强职业教育和技能培训，帮助特殊困难群体就业。规范企业用工行为，保障劳动者合法权益。

（摘自2003年10月《中共中央关于完善社会主义市场经济体制若干问题的决定》）

党的十六届四中全会

……

四、坚持把发展作为党执政兴国的第一要务，不断提高驾驭社会主义市场经济的能力

……

（三）坚持社会主义市场经济的改革方向，始终站在时代前列领导和谋划改革。我国经济体制改革仍处在攻坚阶段，建成完善的社会主义市场经济体制和更具活力、更加开放的经济体系的任务还很艰巨。要尊重群众的首创精神，围绕改革的重点和难点，鼓励大胆探索、勇于实践，坚决破除一切妨碍发展的观念和体制机制弊端。切实解决好关系经济体制改革全局的重大问题。正确处理坚持公有制为主体和促进非公有制经济发展的关系，毫不动摇地巩固和发展公有制经济、发挥国有经济的主导作用，毫不动摇地鼓励、支持和引导个体、私营等非公有制经济发展，使两者在社会主义现代化建设进程中相互促进、共同发展……

五、坚持党的领导、人民当家做主和依法治国的有机统一，不断提高发展社会主义民主

政治的能力

（一）推进社会主义民主的制度化、规范化和程序化，保证人民当家作主……做好党外知识分子、非公有制经济人士和其他社会阶层人士的工作。团结一切可以团结的力量，巩固各党派、各团体、各民族、各阶层及一切热爱中华民族的人们的大团结。

……

（摘自2004年9月《中共中央关于加强党的执政能力建设的决定》）

党的十六届五中全会

……

七、深化体制改革和提高对外开放水平

……

（23）坚持和完善基本经济制度。坚持公有制为主体、多种所有制经济共同发展。加大国有经济布局和结构调整力度，进一步推动国有资本向关系国家安全和国民经济命脉的重要行业和关键领域集中，增强国有经济控制力，发挥主导作用。加快国有大型企业股份制改革，完善公司治理结构。深化垄断行业改革，放宽市场准入，实现投资主体和产权多元化。加快建立国有资本经营预算制度，建立健全金融资产、非经营性资产、自然资源资产等监管体制，防止国有资产流失。继续深化集体企业改革，发展多种形式的集体经济。大力发展个体、私营等非公有制经济，鼓励和支持非公有制经济参与国有企业改革，进入金融服务、公用事业、基础设施等领域。引导个体、私营企业制度创新，加强和改进对非公有制企业的服务和监管。各类企业都要切实维护职工合法权益。

……

（摘自2005年10月《中共中央关于制定国民经济和社会发展第十一个五年规划的建议》）

国务院关于
鼓励支持和引导个体私营等非公有制经济发展的若干意见

国发[2005]3号

各省、自治区、直辖市人民政府，国务院各部委、各直属机构：

公有制为主体、多种所有制经济共同发展是我国社会主义初级阶段的基本经济制度。毫不动摇地巩固和发展公有制经济，毫不动摇地鼓励、支持和引导非公有制经济发展，使两者在社会主义现代化进程中相互促进，共同发展，是必须长期坚持的基本方针，是完善社会主义市场经济体制、建设中国特色社会主义的必然要求。改革开放以来，我国个体、私营等非公有制经济不断发展壮大，已经成为社会主义市场经济的重要组成部分和促进社会生产力发展的重要力量。积极发展个体、私营等非公有制经济，有利于繁荣城乡经济、增加财政收入，有利于扩大社会就业、改善人民生活，有利于优化经济结构、促进经济发展，对全面建设小康社会和加快社会主义现代化进程具有重大的战略意义。

鼓励、支持和引导非公有制经济发展，要以邓小平理论和“三个代表”重要思想为指导，全面落实科学发展观，认真贯彻中央确定的方针政策，进一步解放思想，深化改革，消除影响非公有制经济发展的体制性障碍，确立平等的市场主体地位，实现公平竞争；进一步完善国家法律法规和政策，依法保护非公有制企业和职工的合法权益；进一步加强和改进政府监督管理和服务，为非公有制经济发展创造良好环境；进一步引导非公有制企业依法经营、诚实守信、健全管理，不断提高自身素质，促进非公有制经济持续健康发展。为此，现提出以下意见：

一、放宽非公有制经济市场准入

（一）贯彻平等准入、公平待遇原则。允许非公有资本进入法律法规未禁入的行业和领域。允许外资进入的行业和领域，也允许国内非公有资本进入，并放宽股权比例限制等方面的条件。在投资核准、融资服务、财税政策、土地使用、对外贸易和经济技术合作等方面，对非公有制企业与其他所有制企业一视同仁，实行同等待遇。对需要审批、核准和备案的事项，政府部门必须公开相应的制度、条件和程序。国家有关部门与地方人民政府要尽快完成清理和修订限制非公有制经济市场准入的法规、规章和政策性规定工作。外商投资企业依照有关法律法规的规定执行。

（二）允许非公有资本进入垄断行业和领域。加快垄断行业改革，在电力、电信、铁路、民航、石油等行业和领域，进一步引入市场竞争机制。对其中的自然垄断业务，积极推进投资主体多元化，非公有资本可以参股等方式进入；对其他业务，非公有资本可以独资、合资、合作、项目融资等方式进入。在国家统一规划的前提下，除国家法律法规等另有规定的外，允许具备资质的非公有制企业依法平等取得矿产资源的探矿权、采矿权，鼓励非公有资本进行商业性矿产资源的勘查开发。

（三）允许非公有资本进入公用事业和基础设施领域。加快完善政府特许经营制度，规范招投标行为，支持非公有资本积极参与城镇供水、供气、供热、公共交通、污水垃圾处理等市政公用事业和基础设施的投资、建设与运营。在规范转让行为的前提下，具备条件的公用事业和基础设施项目，可向非公有制企业转让产权或经营权。鼓励非公有制企业参与市政公用企业、事业单位的产权制度和经营方式改革。

（四）允许非公有资本进入社会事业领域。支持、引导和规范非公有资本投资教育、科研、卫生、文化、体育等社会事业的非营利性和营利性领域。在放开市场准入的同时，加强政府和社会监管，维护公众利益。支持非公有制经济参与公有制社会事业单位的改组改制。通过税收等相关政策，鼓励非公有制经济捐资捐赠社会事业。

（五）允许非公有资本进入金融服务业。在加强立法、规范准入、严格监管、有效防范金融风险的前提下，允许非公有资本进入区域性股份制银行和合作性金融机构。符合条件的非公有制企业可以发起设立金融中介服务机构。允许符合条件的非公有制企业参与银行、证券、保险等金融机构的改组改制。

（六）允许非公有资本进入国防科技工业建设领域。坚持军民结合、寓军于民的方针，发挥市场机制的作用，允许非公有制企业按有关规定参与军工科研生产任务的竞争以及军工企业的改组改制。鼓励非公有制企业参与军民两用高技术开发及其产业化。

（七）鼓励非公有制经济参与国有经济结构调整和国有企业重组。大力发展国有资本、集体资本和非公有资本等参股的混合所有制经济。鼓励非公有制企业通过并购和控股、参股等多种形式，参与国有企业和集体企业的改组改制改造。非公有制企业并购国有企业，参与其分离办社会职能和辅业改制，在资产处置、债务处理、职工安置和社会保障等方面，参照执行国有企业改革的相应政策。鼓励非公有制企业并购集体企业，有关部门要抓紧研究制定相应政策。

（八）鼓励、支持非公有制经济参与西部大开发、东北地区等老工业基地振兴和中部地区崛起。西部地区、东北地区等老工业基地和中部地区要采取切实有效的政策措施，大力发展非公有制经济，积极吸引非公有制企业投资建设和参与国有企业重组。东部沿海地区也要继续鼓励、支持非公有制经济发展壮大。

二、加大对非公有制经济的财税金融支持

（九）加大财税支持力度。逐步扩大国家有关促进中小企业发展专项资金规模，省级人民政府及有条件的市、县应在本级财政预算中设立相应的专项资金。加快设立国家中小企业发展基金。研究完善有关税收扶持政策。

（十）加大信贷支持力度。有效发挥贷款利率浮动政策的作用，引导和鼓励各金融机构从非公有制经济特点出发，开展金融产品创新，完善金融服务，切实发挥银行内设中小企业信贷部门的作用，改进信贷考核和奖惩管理方式，提高对非公有制企业的贷款比重。城市商业银行和城市信用社要积极吸引非公有资本入股；农村信用社要积极吸引农民、个体工商户和中小企业入股，增强资本实力。政策性银行要研究改进服务方式，扩大为非公有制企业服务的范围，提供有效的金融产品和服务。鼓励政策性银行依托地方商业银行等中小金融机构和担保机构，开展以非公有制中小企业为主要服务对象的转贷款、担保贷款等业务。

（十一）拓宽直接融资渠道。非公有制企业在资本市场发行上市与国有企业一视同仁。在加快完善中小企业板块和推进制度创新的基础上，分步推进创业板市场，健全证券公司代办股份转让系统的功能，为非公有制企业利用资本市场创造条件。鼓励符合条件的非公有制企业到境外上市。规范和发展产权交易市场，推动各类资本的流动和重组。鼓励非公有制经济以股权融资、项目融资等方式筹集资金。建立健全创业投资机制，支持中小投资公司的发展。允许符合条件的非公有制企业依照国家有关规定发行企业债券。

（十二）鼓励金融服务创新。改进对非公有制企业的资信评估制度，对符合条件的企业发放信用贷款。对符合有关规定的企业，经批准可开展工业产权和非专利技术等无形资产的质押贷款试点。鼓励金融机构开办融资租赁、公司理财和账户托管等业务。改进保险机构服务方式和手段，开展面向非公有制企业的产品和服务创新。支持非公有制企业依照有关规定吸引国际金融组织投资。

（十三）建立健全信用担保体系。支持非公有制经济设立商业性或互助性信用担保机构。鼓励有条件的地区建立中小企业信用担保基金和区域性信用再担保机构。建立和完善信用担保的行业准入、风险控制和补偿机制，加强对信用担保机构的监管。建立健全担保业自律性组织。

三、完善对非公有制经济的社会服务

（十四）大力发展社会中介服务。各级政府要加大对中介服务机构的支持力度，坚持社会化、专业化、市场化原则，不断完善社会服务体系。支持发展创业辅导、筹资融资、市场开拓、技术支持、认证认可、信息服务、管理咨询、人才培训等各类社会中介服务机构。按照市场化原则，规范和发展各类行业协会、商会等自律性组织。整顿中介服务市场秩序，规范中介服务行为，为非公有制经济营造良好的服务环境。

（十五）积极开展创业服务。进一步落实国家就业和再就业政策，加大对自主创业的政策扶持，鼓励下岗失业人员、退役士兵、大学毕业生和归国留学生等各类人员创办小企业，开发新岗位，以创业促就业。各级政府要支持建立创业服务机构，鼓励为初创小企业提供各类创业服务和政策支持。对初创小企业，可按照行业特点降低公司注册资本限额，允许注册资金分期到位，减免登记注册费用。

（十六）支持开展企业经营者和员工培训。根据非公有制经济的不同需求，开展多种形式的培训。整合社会资源，创新培训方式，形成政府引导、社会支持和企业自主相结合的培训机制。依托大专院校、各类培训机构和企业，重点开展法律法规、产业政策、经营管理、职业技能和技术应用等方面的培训，各级

政府应给予适当补贴和资助。企业应定期对职工进行专业技能培训和安全知识培训。

（十七）加强科技创新服务。要加大对非公有制企业科技创新活动的支持，加快建立适合非公有制中小企业特点的信息和共性技术服务平台，推进非公有制企业的信息化建设。大力培育技术市场，促进科技成果转化和技术转让。科技中介服务机构要积极为非公有制企业提供科技咨询、技术推广等专业化服务。引导和支持科研院所、高等院校与非公有制企业开展多种形式的产学研联合。鼓励国有科研机构向非公有制企业开放试验室，充分利用现有科技资源。支持非公有资本创办科技型中小企业和科研开发机构。鼓励有专长的离退休人员为非公有制企业提供技术服务。切实保护单位和个人知识产权。

（十八）支持企业开拓国内外市场。改进政府采购办法，在政府采购中非公有制企业与其他企业享受同等待遇。推动信息网络建设，积极为非公有制企业提供国内外市场信息。鼓励和支持非公有制企业扩大出口和“走出去”，到境外投资兴业，在对外投资、进出口信贷、出口信用保险等方面与其他企业享受同等待遇。鼓励非公有制企业在境外申报知识产权。发挥行业协会、商会等中介组织作用，利用好国家中小企业国际市场开拓资金，支持非公有制企业开拓国际市场。

（十九）推进企业信用制度建设。加快建立适合非公有制中小企业特点的信用征集体系、评级发布制度以及失信惩戒机制，推进建立企业信用档案试点工作，建立和完善非公有制企业信用档案数据库。对资信等级较高的企业，有关登记审核机构应简化年检、备案等手续。要强化企业信用意识，健全企业信用制度，建立企业信用自律机制。

四、维护非公有制企业和职工的合法权益

（二十）完善私有财产保护制度。要严格执行保护合法私有财产的法律法规和行政规章，任何单位和个人不得侵犯非公有制企业的合法财产，不得非法改变非公有制企业财产的权属关系。按照宪法修正案规定，加快清理、修订和完善与保护合法私有财产有关的法律法规和行政规章。

（二十一）维护企业合法权益。非公有制企业依法进行的生产经营活动，任何单位和个人不得干预。依法保护企业主的名誉、人身和财产等各项合法权益。非公有制企业合法权益受到侵害时提出的行政复议等，政府部门必须及时受理，公平对待，限时答复。

（二十二）保障职工合法权益。非公有制企业要尊重和维护职工的各项合法权益，要依照《中华人民共和国劳动法》等法律法规，在平等协商的基础上与职工签订规范的劳动合同，并健全集体合同制度，保证双方权利与义务对等；必须依法按时足额支付职工工资，工资标准不得低于或变相低于当地政府规定的最低工资标准，逐步建立职工工资正常增长机制；必须尊重和保障职工依照国家规定享有的休息休假权利，不得强制或变相强制职工超时工作，加班或延长工时必须依法支付加班工资或给予补休；必须加强劳动保护和职业病防治，按照《中华人民共和国安全生产法》等法律法规要求，切实做好安全生产与作业场所职业危害防治工作，改善劳动条件，加强劳动保护。要保障女职工合法权益和特殊利益，禁止使用童工。

（二十三）推进社会保障制度建设。非公有制企业及其职工要按照国家有关规定，参加养老、失业、医疗、工伤、生育等社会保险，缴纳社会保险费。按照国家规定建立住房公积金制度。有关部门要根据非公有制企业量大面广、用工灵活、员工流动性大等特点，积极探索建立健全职工社会保障制度。

（二十四）建立健全企业工会组织。非公有制企业要保障职工依法参加和组建工会的权利。企业工会组织实行民主管理，依法代表和维护职工合法权益。企业必须为工会正常开展工作创造必要条件，依法拨付工会经费，不得

干预工会事务。

五、引导非公有制企业提高自身素质

（二十五）贯彻执行国家法律法规和政策规定。非公有制企业要贯彻执行国家法律法规，依法经营，照章纳税。服从国家的宏观调控，严格执行有关技术法规，自觉遵守环境保护和安全生产等有关规定，主动调整和优化产业、产品结构，加快技术进步，提高产品质量，降低资源消耗，减少环境污染。国家支持非公有制经济投资高新技术产业、现代服务业和现代农业，鼓励发展就业容量大的加工贸易、社区服务、农产品加工等劳动密集型产业。

（二十六）规范企业经营管理行为。非公有制企业从事生产经营活动，必须依法获得安全生产、环保、卫生、质量、土地使用、资源开采等方面的相应资格和许可。企业要强化生产、营销、质量等管理，完善各项规章制度。建立安全、环保、卫生、劳动保护等责任制度，并保证必要的投入。建立健全会计核算制度，如实编制财务报表。企业必须依法报送统计信息。加快研究改进和完善个体工商户、小企业的会计、税收、统计等管理制度。

（二十七）完善企业组织制度。企业要按照法律法规的规定，建立规范的个人独资企业、合伙企业和公司制企业。公司制企业要按照《中华人民共和国公司法》要求，完善法人治理结构。探索建立有利于个体工商户、小企业发展的组织制度。

（二十八）提高企业经营管理者素质。非公有制企业出资人和经营管理人员要自觉学习国家法律法规和方针政策，学习现代科学技术和经营管理知识，增强法制观念、诚信意识和社会公德，努力提高自身素质。引导非公有制企业积极开展扶贫开发、社会救济和“光彩事业”等社会公益性活动，增强社会责任感。各级政府要重视非公有制经济的人才队伍建设，在人事管理、教育培训、职称评定和政府奖励等方面，与公有制企业实行同等政策。建立职业经理人测评与推荐制度，加快企业经营管理人才职业化、市场化进程。

（二十九）鼓励有条件的企业做强做大。国家支持有条件的非公有制企业通过兼并、收购、联合等方式，进一步壮大实力，发展成为主业突出、市场竞争力强的大公司大集团，有条件的可向跨国公司发展。鼓励非公有制企业实施品牌发展战略，争创名牌产品。支持发展非公有制高新技术企业，鼓励其加大科技创新和新产品开发力度，努力提高自主创新能力，形成自主知识产权。国家关于企业技术改造、科技进步、对外贸易以及其他方面的扶持政策，对非公有制企业同样适用。

（三十）推进专业化协作和产业集群发展。引导和支持企业从事专业化生产和特色经营，向“专、精、特、新”方向发展。鼓励中小企业与大企业开展多种形式的经济技术合作，建立稳定的供应、生产、销售、技术开发等协作关系。通过提高专业化协作水平，培育骨干企业和知名品牌，发展专业化市场，创新市场组织形式，推进公共资源共享，促进以中小企业集聚为特征的产业集群健康发展。

六、改进政府对非公有制企业的监管

（三十一）改进监管方式。各级人民政府要根据非公有制企业生产经营特点，完善相关制度，依法履行监督和管理职能。各有关监管部门要改进监管办法，公开监管制度，规范监管行为，提高监管水平。加强监管队伍建设，提高监管人员素质。及时向社会公布有关监管信息，发挥社会监督作用。

（三十二）加强劳动监察和劳动关系协调。各级劳动保障等部门要高度重视非公有制企业劳动关系问题，加强对非公有制企业执行劳动合同、工资报酬、劳动保护和社会保险等法规、政策的监督检查。建立和完善非公有制企业劳动关系协调机制，健全劳动争议处理制度，及时化解劳动争议，促进劳动关系和谐，维护社会稳定。

（三十三）规范国家行政机关和事业单位收费行为。进一步清理现有行政机关和事业单位收费，除国家法律法规和国务院财政、价格主管部门规定的收费项目外，任何部门和单位无权向非公有制企业强制收取任何费用，无权以任何理由强行要求企业提供各种赞助费或接受有偿服务。要严格执行收费公示制度和收支两条线的管理规定，企业有权拒绝和举报无证收费和不合法收费行为。各级人民政府要加强对各类收费的监督检查，严肃查处乱收费、乱罚款及各种摊派行为。

七、加强对发展非公有制经济的指导和政策协调

（三十四）加强对非公有制经济发展的指导。各级人民政府要根据非公有制经济发展的需要，强化服务意识，改进服务方式，创新服务手段。要将非公有制经济发展纳入国民经济和社会发展规划，加强对非公有制经济发展动态的监测和分析，及时向社会公布有关产业政策、发展规划、投资重点和市场需求等方面的信息。建立促进非公有制经济发展的工作协调机制和部门联席会议制度，加强部门之间配合，形成促进非公有制经济健康发展的合力。要充分发挥各级工商联在政府管理非公有制企业方面的助手作用。统计部门要改进和完善现行统计制度，及时准确反映非公有制经济发展状况。

（三十五）营造良好的舆论氛围。大力宣传党和国家鼓励、支持和引导非公有制经济发展的方针政策与法律法规，宣传非公有制经济在社会主义现代化建设中的重要地位和作用，宣传和表彰非公有制经济中涌现出的先进典型，形成有利于非公有制经济发展的良好社会舆论环境。

（三十六）认真做好贯彻落实工作。各地区、各部门要加强调查研究，抓紧制订和完善促进非公有制经济发展的具体措施及配套办法，认真解决非公有制经济发展中遇到的新问题，确保党和国家的方针政策落到实处，促进非公有制经济健康发展。

中共山西省委 山西省人民政府
关于进一步加快非公有制经济发展的决定

晋发[2004]15号

为深入贯彻党的十六大和十六届三中全会精神，深入推进经济结构调整，加快全面建设小康社会进程，现就进一步加快我省非公有制经济发展作如下决定。

一、提高认识，明确加快非公有制经济发展的指导思想和目标

1.进一步解放思想，转变观念。非公有制经济是社会主义市场经济的重要组成部分，是促进社会生产力发展的重要力量；非公有制经济的经营者和从业人员是中国特色社会主义事业的建设者。宪法确定了非公有制经济的法律地位，保护非公有制经济的合法权益，鼓励、支持和引导非公有制经济的发展。发展非公有制经济，对促进经济增长，扩大社会就业，增加城乡居民收入，推进经济结构调整，增强我省综合实力，具有重大而深远的意义。各级党委、政府要充分认识加快非公有制经济发展的重要性和迫切性，切实增强使命感和紧迫感，解放思想，放胆放手，放开放活，采取大动作、大措施，推动大发展、大提高。

2.解决突出问题，加快发展步伐。当前，我省非有制经济发展的障碍主要表现在认识、资金、人才、环境四个方面。各级党委、政府必须高度重视，切实加以解决。要坚持科学的发展观和正确的政绩观，创新体制，完善政策，用改革的举措和务实的作风，把全社会发展非公有制经济的积极性引导好、保护好、发挥好，促进我省非公有制经济发展迈上一个新台阶。

3.加快发展非公有制经济的指导思想。以“三个代表”重要思想和党的十六大、十六届三中全会精神为指导，树立和落实科学发展观，将非公有制经济发展与产业结构调整、县域经济发展和对外开放有机结合、统筹推进，按照“政治平等、法律保障，政策公平、放宽准入，突出重点、大力扶持，放手发展、提高素质”的原则，营造良好的发展环境，迅速形成非公有制经济大发展的新局面，不断提高非公有制经济在我省国民经济中的比重。

4.全省非公有制经济的发展目标。在发展质量上，依靠科技进步，努力实现非公有制经济由粗放型向集约型的转变，由数量型向效益型的转变。在发展速度上，以2000年全省非公有制经济增加值650亿元为基数，到2020年，实现非公有制经济总量比2000年翻三番。通过非公有制经济的持续、快速、健康发展，逐步缩小我省与东部发达省份的差距，使我省非公有制经济在中西部地区处于先进水平，促进全省国民经济翻两番目标的提前实现。

二、全方位加大支持力度

5.放宽投资领域。坚持“不禁止，则自由”的原则，凡法律、行政法规无明令禁止的领域，均允许非公有制经济进入。

鼓励非公有制企业以独资、参股、控股、合作、联营和特许等方式参与水利、交通、能源、公交、旅游、供水、供气、供热、垃圾处理、污水处理等城乡基础设施和公益事业建设。支持非公有制企业进入教育、文化、卫生、医疗、体育等领域。稳妥推进非公有制企业参股金融保险业，引导非公有制资本参与城乡信用社等中小金融机构的重组改造。

鼓励非公有制企业与国有企业、集体企业

相互参股，发展混合所有制经济。鼓励非公有制企业参与国有企业和集体企业改革。非公有制企业购并国有企业，或者国有企业转制为非公有制企业的，享受国有企业改革的优惠政策。

6.放宽注册登记限制。允许新设立的非公制企业注册资本分步到位，限期补足。注册资本在50万元以下的有限责任公司，允许注册资本2年内分期注入，首期注入资本可放宽到法定注册资本最低限额的10%，但最低不得少于3元。

注册资本在10万元以下的企业，凡有银行进帐单的，不再提供验资报告。注册资本不少于50万元的企业，可以申请进出口经营资格，从事进出口贸易。

积极推进无经营范围的注册登记试点。

7.认真清理地方性法规。按照《行政许可法》的要求，认真清理地方性法规、规章和其他规范性文件，尽快废除或修订在项目立项、进出口、投融资、税收、用地、人才引进、职称评定、办理证照、收费等方面对非公有制企业的不公平待遇规定。国家对国有企业的优惠政策，都适用于非公有制企业。

8.加大金融支持力度。金融机构要改进对非公有制企业的信贷评估、审批和贷款制度，改善金融服务，开发适应非公有制企业发展需要的融资服务项目，在保证贷款质量的同时，努力增加贷款规模。非公有制企业贷款占新增贷款的比重，2004年要达到40%以上，并力争逐年提高。

积极试行非全额担保和非完全抵押贷款，探索推进对非公有制企业的信用贷款。进一步加强对非公有制企业的信用评级工作。对信用等级高的企业给予一定贷款额度，由企业按经营情况循环使用。完善非公有制企业土地、厂房权属及权属转让的管理政策和制度，切实解决影响企业抵押能力的历史遗留问题和政策不配套的问题。引导和规范民间信用发展，积极推广委托贷款。

城市商业银行、城乡信用合作社要简化贷款手续，允许非公有制企业依法用土地使用权、矿业权、有价证券等作抵押获取贷款；非公有制企业依法获取的商标专用权、专利权等无形资产经评估也可作为质押获取贷款。深化农村信用社改革，把信用社逐步办成为农民、农业和农村经济服务的社会性地方金融机构，更好地支持县以下非公有制经济的发展。

9.完善担保体系。大力支持发展多种形式的担保机构。省、市和有条件的县都要建立和完善以政府出资为主、不以营利为目的的中小企业信用担保机构。有条件的地方可建立担保资金，加大对非公有制企业的贷款扶持。鼓励具备条件的非公有制企业成立商业性担保机构，开展担保业务。鼓励企业依法开展多种形式的互助性融资担保。

10.有效调动民间资本。大力支持符合条件的非公有制企业以各种方式上市融资和发行债券，在法律允许的范围内，妥善处理非公有制企业改制上市前的税收、资产权属和股权规范等历史遗留问题。支持非公有制企业参与我省上市公司资产重组和资本运营，努力在费用减免、债务剥离、优质资产注入和富余职工安置方面创造良好条件。

按照《山西省风险投资企业管理暂行办法》的规定，积极引导和支持民间资本进入风险投资领域，努力形成一批社会化筹资、市场化运作、有一定规模的风险投资机构。

对基础设施或社会公用事业项目，积极推进BOT（政府授予企业一定期限的特许经营权，由企业建设—经营—转让）等融资方式，充分调动和利用社会各方面资金。积极支持信托业发展，不断壮大资金信托规模，为社会资金开辟新的投资渠道。

鼓励非公有制企业与国外、省外投资者合资合作。政府有关部门要建立国外贷款项目信息发布制度，支持非公有制企业申请利用国外政府贷款和国际金融机构贷款。

加强投资引导和投资服务。省、市政府有关部门要充分利用公众网信息平台及时向全社会公布投资信息，原则上每个月发布一次新批准的投资项目信息。

11.实行平等的用地待遇。非公有制企业新上或扩建生产性重大项目，由省、市统一安排用地计划指标。

切实保障非公有制企业合法取得的土地权益，不得侵占和任意拆迁、缩减。因国家建设而确需占用其建设用地的，应依法给予合理补偿。投资国家鼓励项目的，可在土地租金、出让金等方面按规定给予优惠。

12.落实各项税费优惠政策。对国家和省的各项税费优惠政策，税务等有关部门要大力宣传，确保落实到位。

新办的高新技术、环保、社会福利等国家鼓励行业的非公有制企业，按国家规定给予税收优惠。非公有制企业固定资产折旧、技术开发、技术转让等费用和扶贫、救济、“希望工程”、“光彩事业”等社会公益事业捐款，按税法规定的标准在税前列支。

13.加大财政支持力度。将非公有制经济发展与产业结构调整结合起来，省级结构调整支持资金和各项产业发展扶持资金用于支持非公有制经济的比例要逐年提高。

非公有制企业申报的符合省行业结构调整政策的项目，同等享受现有的技改资金、科技三项费用资金、农业产业化资金、结构调整贴息入股资金以及财政贴息、财政资助和低息贷款等优惠政策。

根据《中小企业促进法》的要求，省财政从2005年起连续5年每年安排2000万元作为扶持中小企业发展专项资金，主要用于支持中小企业创业辅导和服务、信用担保体系建设、技术创新、人员培训和信息咨询等。各市、县也要安排一定的财政专项资金支持非公有制中小企业的发展。

扶持中小企业发展专项资金，要依法专款专用，不得用于对企业的直接投资，也不得变相补充行政经费。具体管理办法由省财政厅、省中小企业局另行规定。

三、进一步突出扶持重点

14.扶持发展劳动密集型企业。鼓励非公有制企业发展旅游、轻纺、特色手工艺品和商贸餐饮、交通运输、社区服务等劳动密集型企业。对吸纳当地劳动力100人以上且吸纳人数连续3年保持10%以上增长幅度的非公有制企业，由企业所在地的县级人民政府给予一定奖励。对安置吸纳国有企业下岗职工、失业人员的非公有制企业，以及下岗失业人员从事个体经营的，其税费减免、小额贷款担保、社会保险、职业介绍和职业培训补贴等，按照中共中央、国务院《关于进一步做好下岗失业人员再就业工作的通知》（中发[2002]12号）和省委、省政府《贯彻〈中共中央、国务院关于进一步做好下岗失业人员再就业工作的通知〉的实施意见》（晋发[2003]1号）执行。

非公有制企业以承包、租赁、转让等方式开发和经营旅游景区景点以及旅游设施的，经有关部门认定和批准，可享受同级经济技术开发区、旅游度假区、旅游扶贫实验区和生态旅游示范区的扶持政策。规模较大的旅游企业和旅游项目，分别列入省、市旅游发展规划和旅游项目招商引资数据库，实施重点指导。

15.扶持发展民营科技企业。将发展民营科技企业列入国民经济和社会发展规划，积极支持民营科技企业申报科技项目计划、技术改造项目和基本建设项目，申请科研成果鉴定和奖励，申请科技贷款、高新技术产品认定和知识产权保护。民营科技型企业的认定由省中小企业局与省科学技术厅负责组织落实。

鼓励高等院校、科研机构兴办的企业转制为民营科技企业，其转制过渡期内，继续享受国家有关优惠政策；采用股份制形式转化职务科技成果的，可将科技成果入股作价金额20%的股份奖励给成果完成者；转制为企业的科研院所，可从转制基准日的企业净资产中划出15%的股份作为创业股和管理股用于奖励科研和经营管理有功人员。

在国务院批准的高新技术产业开发区内的民营高新技术企业，经有关部门认定和批准，减按15%的税率征收企业所得税。新办的民营高新技术企业自投产年度起免征企业所得税两年。非公有制企业研究开发新技术、新产品、新工艺发生的各项费用，可按规定在企业所得税前据实扣除。对于盈利的非公有制工业企业，若当年发生的研发费用比上年实际发生额增长10%以上（含）的，经省级税务机关批准立项，主管税务机关审核确认，允许再按研发费用实际发生额的50%抵扣当年应纳税所得额。

以高新技术成果投资兴办民营科技企业的，技术成果占企业注册资本的比例可不受限制，由投资各方协商约定。

16.扶持发展资源深加工企业。各级政府都要在调产资金中安排一定比例的资金用于扶持资源型非公有制企业延伸产业链，发展高中档铸造、铝材、镁合金、镁加工等资源深加工制品。省煤炭工业局每年安排的调产资金要有不低于50%的用于支持非公有制企业发展煤炭洗选、型煤、配煤、水煤浆和其他煤炭加工转化项目。

17.扶持发展农产品加工企业。鼓励非公有制企业向农副产品加工业以及为农业生产服务的行业拓展。各级政府的涉农扶持资金要安排一定比例用于扶持农产品加工型非公有制企业的基地建设、科研开发、技术服务、人员培训以及质量标准和信息网络建设。

按照国务院办公厅《印发关于促进农产品加工业发展的意见的通知》（国办发[2002]62号）精神，农产品加工企业研究开发新产品、新技术、新工艺所发生的各项费用，在缴纳所得税前扣除。

18.大力发展外向型企业。充分利用我省的劳动力资源优势和能源原材料优势，加大招商引资力度，改进招商方式，推进委托招商，努力实现外商直接投资的大跨越、大发展。结合我省结构调整的产业政策，以延伸产业和新兴产业为引资重点，不断提高利用外资的质量，力争使外商投资企业成为我省非公有制经济的重要力量和新的增长点。

鼓励非公有制企业拓展发展空间，同国内外大企业开展加工、贸易等合作，建立稳定的销售渠道和网络，扩大参与国内外市场竞争的能力，不断提高企业的外向度。

19.培育一批带动性强的骨干企业。加大扶优扶强力度，支持优势非公有制企业做大做强，力争营业收入10亿元以上非公有制企业的数量有较大幅度的增加。从2004年起，每年根据企业经营资产、营业收入、利税等指标，确定全省百强非公有制企业，并在政府出版物、网站、权威媒体及政府组织的相关活动中广泛宣传。百强非公有制企业的认定条件和扶持措施，由省中小企业局会同有关部门负责制定。对百强非公有制企业，由省政府颁发牌匾，并给予表彰和奖励。对技术含量高、经济运行质量好的非公有制大型企业集团，经省政府批准，可享受国有重点企业集团的同等待遇。对百强非公有制企业和省政府认定的重点企业集团，各级政府要加强运行监测，在电、水、地、煤、运等方面优先安排。

四、努力提高非公有制经济的发展水平

20.引导企业管理创新和制度创新。积极支持符合条件的个体工商户及时规范登记为私营企业，支持具备一定规模和素质条件的个人独资和合伙企业改组为股份公司，支持公司制的非公有制企业健全法人治理结构，改进内部组织结构和管理结构，逐步实现所有权和经营权分离。支持具有一定实力的非公有制企业，向集约化、规模化方向发展。大力引导非公有制企业加强质量诚信体系建设。支持非公有制企业申报原产地域产品保护，广泛推行ISO9000系列质量认证和ISO14000环境认证。

支持非公有制企业开展品牌经营。从2004年起，对获得中国驰名商标、中国名牌产品的企业，由省政府给予100万元的奖励；对获得国家免检产品、省著名商标和省名牌产品的企业，由设区的市政府给予一定奖励。

21.推进企业技术进步和技术创新。鼓励非公有制企业积极申报科技项目计划，申请高新技术产品和高新技术企业的认定。鼓励企业开发自主知识产权。非公有制企业获得发明专利

的，省、市两级知识产权部门给予一定支持；已经产业化的专利技术，经省主管部门确认，可以直接参加省级科技评审。鼓励非公有制企业建立企业技术研发中心，设立博士后科研工作站；被认定为国家级企业技术中心的，省政府给予100万元的奖励；被认定为省级企业技术中心的，由设区的市政府给予一定奖励。

22.推进结构优化和可持续发展。大力推进传统产业新型化和新兴产业规模化。按照节水节能、减污降耗、安全高效的要求，加大传统产业升级改造力度。鼓励和引导非公有制企业投资机电、轻工、医药、建材、特色农业等接替产业以及高新技术产业和现代服务业。用于支持非公有制企业的能源基金部分，要提高对接替产业和新兴产业的支持比重。积极推进非公有制企业的优化布局和集中布局，大力培育产业集群，努力形成区域特色产业。

加强环境污染防治，严把新建企业和新上项目的环境影响评价关，严格控制新增污染源。坚决淘汰污染严重、工艺落后的企业和设施。大力提高非公有制企业的环保意识。鼓励引导非公有制企业开展清洁生产，发展循环经济。

五、创新人才机制

23.鼓励社会优秀人才进入非公有制企业。机关和全额事业单位的在职人员经批准自愿离职到非公有制企业工作的，3年内原单位发给基本工资。3年期满，继续留在非公有制企业的，按规定办理辞职手续，人事档案和组织关系转入公共就业服务机构和人才流动服务机构管理；要求回原单位工作的，由原单位安排工作。

高等院校、科研院所的科技人员和管理人员离岗创办科技企业或从事科技成果转化工作的，保留人事关系5年。

大中专和技校毕业生、留学回国人员、转业退伍军人创办非公有制企业或到非公有制企业工作的，由公共就业服务机构和人才流动服务机构办理劳动、人事代理手续。

24、搞好对非公有制企业的人才服务。有关部门和各级各类人才服务中心，要积极开展面向非公有制企业的人才咨询、落户、档案、职称评审和就业培训等服务。加强对非公有制企业经营管理人员的培训，开展省际、国际交流，不断提高非公有制企业经营管理者的素质。省、市两级要建立非公有制企业职工教育培训基地，加强对非公有制企业职工的教育培训。经认定的非公有制企业职工教育培训基地，同级财政可安排一定的资金资助。

25.给非公有制企业人才以平等待遇。推行人才工作居住证制度，在户籍管理中，出台相应的便民利民措施，促进非公有制企业人才在全省自由流动。

在非公有制企业工作的科技人员和管理人员，可以参加国务院特殊津贴专家、国家有突出贡献的中青年专家、省优秀专家、全国和省劳动模范与先进工作者等有关荣誉称号和其他行政奖励的评选。

符合法定条件的非公有制企业人员，可以参加专业技术职务任职资格、执业资格考试和职业技术鉴定；考试和鉴定合格的，颁发国家统一的专业技术职务任职资格证书和执业资格证书。

六、营造宽松发展环境

26.千方百计改善对非公有制企业的服务。各级政府及各部门要加快转变政府职能，规范政府行为，强化服务意识，推行政务公开，简化办事手续。对非公有制企业投资国家和省产业政策鼓励发展项目的，除国家有特别规定外，一律实行项目登记备案制。加快培育和发展各类民间商会、行业协会和中介机构，并强化其服务功能和自律协调作用。

坚决制止对非公有制企业的乱收费、乱罚款、乱摊派行为。严格执行收费许可证制度、收费项目和收费标准向社会公开。严禁执法部门、执法人员以任何形式向非公有制企业推销产品和实行有偿服务；严禁有关部门及社会团体强行要求非公有制企业参加评比、竞赛、联谊等活动；严禁影响非公有制企业正常生产经营活动的一般性检查和重复检查。

实行非公有制企业对有关行政部门服务质量的评议制度，评议结果在媒体公布，并作为考核评价部门工作的重要依据。对为非公有制经济发展做出贡献的单位和个人要给予表彰。各级纪检、监察部门要设立举报监督电话，对阻碍、刁难非公有制经济发展的单位及其工作人员，要严肃批评和查处。

27.优化法制环境。加强对非公有制企业的产权保护工作，进一步完善促进非公有制经济发展的地方性法规和规章。各级行政部门要严格依法行政，以人为本，以富民为本，提高服务质量。切实保障非公有制企业的合法权益，未经法定程序，任何单位不得对非公有制企业采取查封、扣押、冻结财产和资金等强制措施。国土、房地产、工商、车辆管理等法定登记机关，要依法开展对中小企业信用担保机构的反担保登记，以促进担保业务规范开展。司法机关要提高法律服务水平，依法审理、裁决、调解非公有制企业的各类纠纷。

28.加强组织领导。要把发展非公有制经济作为一项重要战略任务，纳入国民经济和社会发展总体规划，摆上重要议事日程，努力形成党委、政府高度重视，各职能部门齐抓共促的局面。加强与民营企业家的联系，认真听取他们的意见和建议，切实帮助他们解决企业发展中面临的困难和问题。

各级政府都要成立以主要领导为组长的发展非公有制经济领导组。各级中小企业局负责对非公有制经济发展进行规划、指导、监督、协调、服务。有关职能部门要加强协调与协作，形成促进非公有制经济发展的合力。工商联等组织要充分发挥沟通非公有制企业与党和政府的桥梁与纽带作用。

积极探索非公有制企业党建工作的有效途径。积极推进建立非公有制企业党的工作委员会的试点工作，认真开展在非公有制企业中建立党组织和发展党员的工作，努力提高非公有制企业党的建设和精神文明建设水平，促进非公有制经济健康发展。

29.强化引导和监督。各级党委、政府要组织和引导非公有制企业认真学习贯彻党的路线、方针、政策和法律、法规。有关部门要加强非公有制经济统计工作。非公有制企业要严格守法经营，照章纳税，维护职工的合法权益；强化信用意识，自觉抵制假冒伪劣产品，维护消费者权益；依法建立工会组织，建立平等协商的劳动合同制度，按规定缴纳社会保险费；抓紧建立和完善包括养老保险、失业保险、医疗保险、工伤及生育保险等在内的非公有制企业社会保障体系。要强化安全意识和安全措施，落实安全生产责任制。

30.认真抓好落实。省直有关部门要根据本决定，对涉及本部门职能的有关问题，制定实施细则，送省中小企业局备案。各市、县委、政府要结合实际，抓好本决定的落实。省有关部门要加强对本决定落实情况的督促检查。

中共山西省委、山西省人民政府关于加快发展县域经济的若干意见

晋发[2005]18号

发展和壮大县域经济，是党的十六大和十六届三中全会提出的战略任务，是统筹城乡协调发展、构建社会主义和谐社会的必然选择，是解决好"三农"问题，加快工业化、城镇化和现代化的迫切要求。为进一步加快县域经济发展，不断提升全省整体经济实力，实现经济持续快速协调健康发展，现提出如下意见。

一、总体思路、指导原则与发展目标

1. 总体思路。以邓小平理论和"三个代表"重要思想为指导，用科学发展观统领县域经济发展全局，围绕农民增收、企业增效、财政增长、就业增加、后劲增强的要求，以市场为导向，以工业化、城镇化和现代化为目标，以改革开放和制度创新为动力，抓住国家促进中部崛起的战略机遇，围绕建设新型能源和工业基地、全面建设小康社会的目标，加快经济结构战略性调整，注重培育特色经济，大力发展民营经济，促进县域经济持续快速协调健康发展和社会全面进步。

2. 指导原则。一是突出特色的原则。依据各自的区位、自然和资源禀赋，因地制宜，发挥优势，准确定位，重点开发，发展生态农业、新型工业、商贸旅游等。二是市场导向的原则。按照市场需求调整经济结构，充分发挥市场机制在资源配置中的基础性作用，创新制度、机制和体制，创造公平竞争的发展环境。三是改革开放的原则。立足改革创新，着力解决县域经济发展的体制性障碍，简政放权，激活县域经济内在活力。扩大对内对外开放，加大招商引资力度，促进资源和资本在更大范围合理配置和流动。四是城乡统筹的原则。按照以城带乡、以工促农的要求，制定科学合理的县域经济发展规划、县域城镇体系规划，发挥县城和建制镇的辐射带动作用，促进经济社会协调发展，实现城乡共同繁荣。五是可持续发展的原则。坚持计划生育、保护环境、保护资源的基本国策，依据环境承载能力和环境容量，合理确定生态功能区划和产业布局，推行清洁生产，发展循环经济，努力实现人口

资源环境的协调发展。六是分类指导的原则。充分发挥经济强县（市）率先发展的带动作用，重视和推动中等县（市）和欠发达县（市）努力赶超。

3. 发展目标。不断增强县域综合经济实力，提高城乡居民物质文化生活水平，努力构建社会主义和谐社会。到2010年，力争全省有3个以上县（市）进入全国百强县；5个以上县（市）财政总收入超过20亿元；10个以上县（市）达到全面小康标准；农村劳动力转移占到总数的一半以上；城镇居民可支配收入和农民人均纯收入达到全国中等水平。

二、发展重点

4. 坚持把解决"三农"问题作为县域经济发展的基本任务。把农业发展纳入整个国民经济发展中统筹考虑，把农村繁荣纳入全社会进步中统筹规划，把农民增收纳入国民收入分配的总格局中统筹安排，建立城乡一体、相互推动的体制和机制。在保护和提高粮食综合生产能力的前提下，引深农村经济结构的战略性调整，开拓农业增产增效增收的空间。鼓励工商企业从事农业领域的开发，支持发展农业专业大户、农村专业合作经济组织和中介组织，提高农民生产经营的组

织化和市场化程度，加快推进农业产业化，加快农村劳动力转移速度。进一步抓好雁门关生态畜牧经济区建设，大力发展农产品和畜产品加工业。全面落实国家、省扶持重点龙头企业的有关政策，增加对列入“百龙”调产项目龙头企业的资金投入。省有关部门要优先推荐有发展潜力的龙头企业和农产品加工骨干企业上市融资。

5. 坚持把新型工业化作为县域经济发展的基本途径。围绕建设新型能源和工业基地重要发展的七大支柱产业，全面提高县域工业发展水平，加快推进农村工业化进程。针对我省多数县（市）属于资源型经济的特点，进一步推进经济增长方式的转变，注重改造和提升传统产业，积极发展资源深加工型、劳动密集型、农畜产品加工型、科技应用型及与其相配套的工业企业和产业集群。要注重资源节约和利用，在节能、节水、节地、节材的前提下，积极发展新兴产业和接替产业，逐步淘汰现有高消耗、高污染的落后生产工艺和设施。坚持环境优先的原则，加强环境保护和污染治理，支持开发和推广资源回收处理技术、绿色再改造技术和零排放技术，发展循环经济。优化发展环境，搭建产业发展平台，依托园区办工业，创造县域经济新的增长点。积极培育骨干企业，充分发挥骨干企业的带动和支撑作用。认真落实扶持政策，大力发展中小企业。省有关部门安排科技研发资金、技改贴息资金、新产品开发资金等，要重点向县域经济倾斜。

6. 坚持把城镇化作为县域经济发展的基本取向。充分发挥小城镇在工业化、城镇化、现代化进程中的带动作用，重点建设好县城和有发展潜力的建制镇。科学制定城镇规划，准确把握功能定位，发展各具特色的县域小城镇和支柱产业。加强小城镇的管理和环境治理，实现小城镇的清洁、文明、安全、有序。加强小城镇基础设施建设和生态环境建设，增强小城镇对县域经济和社会发展的承载能力。积极引导各类生产要素向小城镇集中，促进非农产业和人口向城镇集聚，推动县域经济持续快速发展。

7. 坚持把特色经济作为县域经济发展的基本方略。各县（市）要充分发挥比较优势，加快形成优势明显、规模较大、特色鲜明的区域特色产业，提高县域经济的市场竞争力。坚持特色产业多元化和优势产业优先发展的原则，每个县（市）都要确立主导产业，尤其是生态、农业、商贸、旅游基础较好的县（市），更要注重发挥自身优势。要集中生产要素，加大投入，尽快做大做强主导产业，延长产业链条，提升产业层次。把主导产业培育、龙头企业建设和县乡财源建设结合起来，提高主导产业的质量和效益。

8. 坚持把民营经济作为县域经济发展的基本力量。认真落实国务院《关于鼓励支持和引导个体私营等非公有制经济发展的若干意见》（国发[2005]3号）和省委、省政府《关于进一步加快非公有制经济发展的决定》（晋发[2004]15号），大力发展民营经济，使其成为县域经济发展的主体力量。允许和支持民营经济进入垄断行业、基础设施、公用事业、社会事业、金融服务业、国防科技工业等领域；支持民营企业采取收购、兼并、控股、租赁等多种形式参与国有、集体企业改制和重组。培养造就高素质企业家队伍，推动民营企业管理创新和提档升级。加强对民营经济发展的服务、监管和指导，依法保护民营企业的合法权益和财产安全，进一步激发广大城乡居民积极创业的热情，形成全民创业、竞相发展的良好局面。

三、加大支持力度，激发县域经济活力

9. 深化户籍制度改革。在全省范围内逐步取消农业户口、非农业户口及其他性质的户口类别，以实际居住地登记户口，统称居民户口。取消“农转非”指标控制，放宽户口迁移政策，促进农民向城镇有序转移。在城市有合法固定住所、稳定职业或稳定收入的，可以在当地办理落户手续，并依法享受当地居民应有的权利。选择有条件的市、县（市）进行户籍制度改革试点，今年先选择一市、其余市各选择一个县（市）进行户籍制度综合改革试点，具体办法由省公安厅制定。

10. 依法合理利用土地。在尊重农民意愿的前提下，允许集体经济组织之间按照“等质等

量，就近方便”的原则进行建设用地流转和置换。全省农用地转用年度计划指标在保证国家和省重点工程项目用地需求的前提下，剩余部分主要用于支持县域经济发展。贫困县中安排专门的移民搬迁用地计划。省级工业园区建设用地纳入总体规划，其项目建设占用耕地在当地难以实现占补平衡的，由当地县（市）政府提请上一级土地行政主管部门进行异地调剂。鼓励企业增加单位土地投资强度，提高土地集约化水平。鼓励县（市）政府加大土地整理力度，在保证耕地面积不减的前提下，可将通过整理新增耕地面积的60%折抵农用地转用计划指标。

11. 实行财政鼓励政策。省财政继续对县级财政实行增收奖励，鼓励县级财政多收多得。同时，对消化赤字、减少财政供养人员的县给予奖励，对农林牧生态县、旅游特色县给予一定的财政补贴和支持。对全省35个国家扶贫开发工作重点县进行“省管县”财政管理体制改革试点。以2004年为基期，2005~2008年间，35个县的增值税、营业税、企业所得税和个人所得税“四税”地方收入每年比上年新增部分的省、市分成全部留县，以增强其财政实力。省、市和有条件的县（市）财政都要安排扶持中小企业发展专项资金，用于中小企业服务体系建设。省政府每年从财政扶贫配套资金中划出1000万元，专项用于贫困县农业产业化项目贷款贴息。

12. 加强金融支持。适度提高县级银行贷款规模，加大对县域经济发展的信贷投入。人民银行要灵活运用再贷款、再贴现、利率等货币政策工具，对支持县域经济和服务“三农”的金融机构给予倾斜，增强其资金实力。各金融机构尤其是国有商业银行要加强资金流向引导，县（市）及其以下金融机构、网点新增存款的绝大部分要用于支持县域经济发展。农业发展银行要在履行好粮棉油收购资金供应职能的基础上，支持产业化龙头企业用于粮棉油生产、流通或加工的流动性资金需求。国家开发银行要充分发挥其资金优势，努力与县（市）政府建立“政银合作”关系，对县（市）进行信用评级，给予相应的授信额度，力争到2007年，开发银行的融资服务覆盖到全省所有县（市），并逐步加大对县域经济的支持力度。继续深化农村信用社改革，使其真正成为支持县域经济发展的一支重要力量。全省要力争组建3个“农村合作银行”，改革组建50个统一法人的县级农村信用合作联社，增强抗风险能力；鼓励农民、民营企业入股农村信用社，用好利率浮动政策，合理确定利率水平，增强融资能力。大力推广小额信用贷款和农产联保贷款，充分发挥农村信用社支持“三农”的主力军作用。加强社会信用体系建设，打击逃废金融债务等失信行为。省、市有关部门要帮助和支持各县（市）建立和发展担保业，尽快完善中小企业担保体系。省、市各类担保机构都要积极为县域中小企业提供融资担保，以缓解其资金短缺的矛盾。

13. 加大招商引资力度。把招商引资作为扩大对外开放的重要手段，营造“亲商、和商、安商、富商”的良好氛围。积极创新招商形式，加强项目的开发和储备，强化服务，优化环境，降低经营成本和社会成本，多渠道引进资金、项目、技术和人才。发挥政府、企业和民间各方面的积极性，推行业主招商、代理招商、中介招商和以商招商。同时，通过扩大产品出口、境外办企业、工程承包、劳务输出等途径，提高县域经济的外向度。

14. 加强基础设施建设。进一步加大农田水利基本建设力度，改善农村生活和生产条件。加快县域电网改造，提高县域电网的稳定性和承载力，满足县域经济发展用电需求。加大县乡公路建设和改造力度，努力提高县乡公路等级，两年内实现乡乡通油路（水泥路），建制村基本通公路。同时，强化县、乡、村公路的管理和养护，提升农村路网的整体服务水平。按照“谁投资、谁所有，谁经营、谁受益”的原则，用市场经济的办法培育多元投资主体。省、市两级政府要对县域基础设施建设予以倾斜。

15. 强化对社会发展的支持。科研院所、高等院校要充分发挥科技创新和人才培养的优势，积极与县（市）建立长期稳定的经济技术协作关系，通过产学研、技工贸结合，提供技术、项目和人才，加快科技成果转化，增强县（市）新技术推广应用和开发能力。动员和鼓励高校毕业生到基层创业。科技、教育、卫生、文化等部门要组织专业人员经常深入基层开展服务，帮助县（市）提高科技、教育、医疗和文化水平。采取省、市与县（市）对口支援的办法，凡新进入省、市两级学校、医院工作的大中专毕业生，在取得执业资格后，应到县（市）或乡镇学校、医院（卫生院）进行基层工作锻炼。加大科技、教育、卫生等投入，建立科技成果转化、推广和智力支撑体系。坚持“科教兴县”战略，抓好“普九”义务教育、职业教育和成人教育，提高劳动者综合素质和就业择业能力。“十一五”期间，省、市、县（市）要制定培训计划，对农村初中以上文化程度自愿参加培训学习者给予适当补贴（培训费），使其初步掌握12种职业技能。

16. 扩大县级调控经济的权限。在国家、省产业政策和行业及地区发展规划指导下落实经济和社会发展建设项目的投资决策权，按审批制、核实制、备案制的规定执行。凡属备案项目，按属地原则实行备案。全省选择25个综合实力强、经济发展较快的县（市）进行扩权试点。凡属省审批或核准的项目，由扩权县（市）直接报省办理，同时抄报所在市。在各类资金上有关部门要对扩权县（市）给予重点倾斜。扩权县（市）在规定的机构编制总数范围内，可根据实际需要，自主调整、设置县级行政机构，不要求上下对口。对全省35个国家扶贫开发重点县，省、市有关部门要在资金、项目和基础设施建设上加大扶持力度，并适当降低其重点项目的县级配套资金比例。允许县（市）整合各类支农资金，提高资金使用效率。

四、切实加强领导

17. 各级党委、政府要加强对县域经济工作的领导。要把发展县域经济纳入各级党委、政府的重要工作日程，纳入各级经济和社会发展“十一五”规划。省政府成立县域经济工作领导组，制定促进县域经济发展的重大政策和措施，指导各县（市，确定符合本地实际的经济发展思路，定期研究解决县域经济发展中遇到的突出问题。领导组办公室设在省中小企业局，具体负责协调、督促及考核评比工作。各市也要成立相应的县域经济工作领导组，加强对县域经济的组织领导。

18. 加强县（市）领导班子建设。按照政治坚定、求真务实、开拓创新、勤政廉洁、团结协调的要求，切实加强县（市）领导班子建设，为县域经济的发展提供坚强的组织保证。注意把那些政治过硬、熟悉基层工作、具有艰苦创业精神、具备较强领导经济工作和构建和谐社会能力的干部，充实到县级领导岗位上，配强县（市领导班子。特别注重选配好县（市）党政领导班子一把手，并保持领导班子的相对稳定。加强对县（市）领导班子和主要领导干部发展县域经济实绩的考察、考核，引导和激励他们推动县域经济发展，不断提升县（市）综合实力和竞争力。加大对领导班子成员的教育培训和实践锻炼力度，不断提高其执政水平和领导县域经济发展的能力。

19. 形成全社会推进县域经济发展的合力。各级各部门要牢固树立服务基层的思想，转变职能，改进作风，为县域经济发展创造良好条件。减少文件和会议，保证县（市）主要领导集中精力抓发展。今后，省、市各部门下发与县域经济发展关系重大的规范性文件，应事先征求县（市）的意见。对省以下垂直管理部门的县级机构的领导干部按照有关规定进行管理，上级主管部门党委（党组）和所在地党委要相互沟通、密切配合，选好配强领导班子。

20. 完善县域经济奖励考核机制。建立我省县域经济综合监测评价体系，从2005年起，对全省县域经济发展情况实行监测考评，由省县域经济工作领导组办公室组织实施，监测考评结果每年排队公布。对发展县域经济成绩突出的县（市），省政府将予以表彰奖励。

山西省人民政府办公厅印发关于促进全省个体私营等非公有制经济快速健康发展的实施意见的通知

晋政办发［2005］73号

市、县人民政府，省人民政府各委、厅，各直属机构：

《关于促进全省个体私营等非公有制经济快速健康发展的实施意见》已经省人民政府同意，现印发给你们，请结合实际，认真贯彻执行。

二OO五年九月二十六日

附：

关于促进全省个体私营等非公有制经济快速健康发展的实施意见

为贯彻国务院《关于鼓励支持和引导个体私营等非公有制经济发展的若干意见》（国发〔2005〕3号）精神，消除影响非公有制经济发展的体制性障碍，确立各类市场主体的平等地位，实现公平竞争，促进全省个体私营等非公有制经济快速健康发展，结合我省实际，现提出如下实施意见：

一、提高认识，为非公有制经济发展创造良好环境。各级各部门要充分认识鼓励、支持和引导个体私营等非公有制经济对促进我省经济发展的重要性和紧迫性，按照建设社会主义和谐社会“公平正义、充满活力”的要求，立足本职工作，增强大局意识、创新意识、服务意识、法制意识及责任意识，为个体私营等非公有制经济发展创造公平竞争的发展环境、规范有序的市场环境、诚信守约的信用环境、公正廉洁的执法环境和公开高效的办事环境。

二、放宽投资领域，支持自主创业。鼓励、支持有条件的私营企业参与法律、法规和国务院决定未禁止的电力、电信、铁路、民航、石油、公用事业、基础设施等垄断行业、领域的投资与经营。在规范准入、严格监管的前提下，支持、引导非公有资本投资教育、科研、卫生、体育等社会事业领域，支持非公有制经济主体参与公有制企业、事业单位的改组改制；允许非公有资本进入金融服务业及国防科技工业建设领域。对其申办登记时有法定前置要求的，应积极先予核准企业名称；对未设法定前置许可的，应依法积极予以注册登记。

三、允许注册资本分期缴纳，促进资本积累运营。允许非公有资本投资设立的有限责任公司注册资本分期到位，两年内补足，首期出资额可放低到其申报注册资本金10%，最低限额3万元。

四、放宽知识产权、非专利技术出资比例限制，促进科技产业发展。在私营有限责任公司中，知识产权、非专利技术作价投资的最高比例可放宽到注册资本的70%。经省级以上科技行政主管部门认定的高新技术成果投资兴办私营有限责任公司的，技术成果占企业注册资本的比例可不受限制，由投资各方协商约定。

五、放宽私营有限公司的对外投资比例。允许私营有限责任公司在其它有限责任公司、股份有限公司的投资比例可超出本公司净资产的50%，控制在70%以内，促进其走向多元化、集团化，做大做强。

六、放宽公司登记中出资方式的限制。非公有资本投资设立有限责任公司，除《中华人民共和国公司法》规定的五种出资方式外，允许股权等其他财产权依法作价用于出资。

七、试行无具体经营范围的公司注册登记。可在入驻各级经济技术开发区的私营有限责任公司中，试行无具体经营范围的注册登记，只明确载明与企业名称中行业特点相一致的主营范围。可根据企业意愿，不具体核定其他经营范围，只核“其他，国家法律、法规及国务院决定规定禁止经营的不得经营;国家法律法规及国务院决定规定需前置审批的，持许可凭证和本营业执照，方可经营”。

八、落实优惠政策，促进创业就业再就业。对下岗工人再就业、高校毕业生自主创业、退役军人自主择业从事个体经营的，3年内免收登记费、管理费和经济合同示范文本工本费；对下岗失业人员、高校毕业生、归国留学生、退役士兵、残疾人员等五类人员控股出资创办有限责任公司的，注册资本的最低限额可降至3万元。

九、创新登记机制，方便个体经营。对合法经营的农村流动性小商贩，实行备案制，免于工商登记；对农民进入集贸市场销售自产农副产品的，可以不登记，不收管理费；县级工商行政管理机关可将个体工商户的登记、备案和验照委托相关工商所实施，方便群众就近办事。

十、支持港澳居民在我省申办个体工商户。允许港澳居民中的中国公民依照内地有关法律法规，在我省直接登记个体工商户，无需经过外资审批。

十一、突出重点行业和领域，支持农村个体私营企业快速健康发展。支持、引导农村个体私营企业从事食品加工业，特别是以粮食、重要农产品为主要原料的加工业；支持、引导个体私营企业承包开发荒山、荒地、荒滩和退耕还林、还草，从事特色经济作物的种植和优良品种畜、禽、鱼类的养殖业，促进农村发展特色产业；引导农村专业户、专业村、专业乡（镇）的发展。

十二、培育、繁荣和规范农村市场。鼓励、支持农村个体私营企业参与农副产品批发市场和集贸市场的经营，发展农产品拍卖、网上交易等方式，扩大交易功能;积极拓宽农资商品经济，支持、引导发展各类农业经纪人，扩大农副产品流通，活跃农村经济，促进农民增收。

十三、引导、支持农民成立专业合作经济组织。积极促进农村“小生产”适应社会“大市场”，引导、支持农民在家庭承包经营的基础上向组织化、规模化发展。对从事各类生产经营活动的农民申请成立专业合作经济组织的，只要有五个以上出资人，出资额达到1万元以上，即可给予工商登记，赋予企业法人资格。

十四、引导、支持非公有制企业参与国企改造。引导、支持有条件的个体私营企业参与国有企业的改革改组改造，与国有企业相互参股、融资，发展新型的混合所有制企业；引导、支持个体私营企业托管、承包、租赁或收购国有亏损的中小企业；引导、支持个体私营企业参与工业技术改造，发展环保型、生态型、外向型产业。

十五、扶持、规范个体私营企业大力发展第三产业。鼓励、支持、引导、规范个体私营企业从事商业批发与零售业、货物和技术进出口业、交通运输与仓储业、旅游经营与服务业、房地产与居民服务业、餐饮卫生业以及法律、会计、咨询信息业等第三产业，促进优化产业结构，增强经济活力，缓解就业压力，引导国民经济健康、持续、快速发展。

十六、支持非公有资本进入文化产业。根据国务院的政策调整，支持非公有制企业从事法律、行政法规未禁止的文化领域的经营，允许非公有资本控股或参股参与相关国有文化企业及事业单位的公司化改建。

十七、引导非公有制市场主体提高信用意识，推进企业信用体系建设。在非公有制企业中，深入开展“守合同、重信用”活动，加强合同管理，强化信用意识；加快建立符合非公有制中小企业特点的信用征集发布制度以及失信惩戒机制，推进建立企业信用档案试点工作，建立和完善企业信用档案数据库；积极推进全省各级信用企业协会建设，建立健全企业信用自律机制。

十八、积极推进品牌战略，提高企业商标意识。引导个体私营等非公有制经济主体注册、使用商标，实施品牌战略；鼓励、指导非公有制经济主体利用知识产权创新经营方式、扩大经营规模，提高质量和效益，增强市场竞争能力；引导、帮助非公有制主体争创著名商标和驰名商标。

十九、保护注册商标专用权，严查商标侵权行为。积极保护各类经济主体的注册商标专用权，特别要对非公有制重点项目企业、龙头产品企业、潜力产品企业的商标权进行重点保护，严厉查处商标侵权行为。

二十、加强监管，规范管理，促进个体私营企业健康发展。通过市场巡查等方式，规范个体私营企业的经营行为，促进其诚信经商，守法经营;加强对涉及群众生活、人身健康行业及社会中介组织的重点监管；加大对制售假劣产品、合同欺诈、无照经营等行为的查处力度。

二十一、简化登记程序，实行审核合一。在实行企业登记审批“一审一核”制的原则下，对企业变更经营期限、经营场所、经营范围等事项的登记，实行受理、审查和核准由一个工商登记工作人员办理的“审核合一”制度。

二十二、试行并联审批，鼓励集中登记。各级人民政府相关部门要做到凡是行政审批都进审批大厅，强化阳光服务，提高工作效率。对企业登记时需办理前置审批手续的，有条件的地方可试行由工商行政管理部门统一受理，抄送相关审批部门，限期予以办理的并联审批制度；在有条件的城市，鼓励实行统一“登记场所、登记人员、登记标准”的法人企业集中登记。

二十三、严格依法行政，实行当场登记。严格依照《中华人民共和国行政许可法》的要求，简化登记程序，减少审批环节，提供申请、受理、审批一站式服务。对申报企业登记只要申办材料齐全、符合法定形式，当场予以核准登记。

二十四、简化营业执照年检、验照的内容和程序。对企业和个体工商户登记数量较多的地区，可实行滚动年检和验照；对分支机构较多的大型私营企业，实行送检上门；对偏远和比较集中地区的个体工商户实行现场验照；对诚信守法、资信等级较高的私营企业，实行年检免审。

二十五、严守工作纪律，维护企业合法权益。各级人民政府相关部门要依法照章办事，严禁以各种形式向个体私营企业进行乱收费、乱罚款、乱摊派；严禁搭企业登记及年检之车，随意实施其他行政行为。要依法行政，严守纪律，切实维护个体私营企业的合法权益。

二十六、加强工作指导，充分发挥个体劳动者协会、民（私）营企业协会的作用。加强对个体劳动者协会、民（私）营企业协会的工作指导，充分发挥协会“自我教育、自我管理、自我服务”的作用，及时掌握个体私营企业在生产、经营、人才、法律等方面的意愿需求，了解企业动态，更好地为个体私营企业提供专门服务，支持企业发展。

二十七、支持个体私营企业组建职工工会联合会。支持、帮助所在地个体私营企业组建职工工会联合会，使非公有制市场主体职工能依照《中华人民共和国工会法》的规定，通过自身组织反映意愿，维护合法权益。

山西省发展和改革委员会关于推进投资管理制度改革支持非公有制经济和县域经济发展的实施意见

晋发改农经发[2005]947号

各市发改（计）委：

为贯彻中共山西省委、山西省人民政府《关于进一步加快非公有制经济发展的决定》和《关于加快发展县域经济的若干意见》精神，进一步改革投资管理制度，大力支持非公有制经济和县域经济发展，提升全省整体经济实力，实现经济社会协调可持续发展，提出如下实施意见。

一、进一步放宽投资领域，开放投资市场

1. 凡是法律、法规未禁止的城乡基础设施、公用事业及其他行业和领域，均允许民间资本进入。

2. 鼓励各类资本通过参股、联合、联营、BOT（建设—运营—移交）、TOT（转让—运营—移交）等方式投资建设和经营各类础设施项目。支持各类建设项目通过公开招标方式确定投资主体。

3. 发挥政府规划、政策、资金引导作用，大力支持民间资本投资特色农业、旅游服务业、城市基础设施等具有较大发展潜力的县域经济建设项目，通过开放投资市场，拓宽融资渠道，促进县域经济发展。

二、改革投资管理制度，进一步简政放权

4. 按照“谁投资、谁决策、谁收益、谁承担风险”的原则，落实企业投资自主权，合理界定政府管理职能，下放管理权限。

5. 对企业不使用政府投资的项目，一律不再实行审批制，区别不同情况，实行核准制、备案制，扩大企业投资决策自主权。

6. 对于县市政府使用本级财政性资金建设的各类社会公益性项目，除国家、省有特殊规定外，省一律不再审批，由当地政府自主决策。

三、转变管理职能，简化审批程序和审查内容

7. 对于企业投资项目，其市场前景、经济效益、资金来源和产品技术方案等均由企业自主决策，政府不再审查。

对于企业投资项目，其市场前景、经济效益、资金来源和产品技术方案等均由企业自主决策，政府不再审查。

8. 对于企业投资建设的重大项目和限制类项目，实行核准管理，企业仅需向政府投资主管部门提交项目申请报告，不再经过项目建议书、可行性研究报告和开工报告的审批，只需核准一道程序。政府主要从维护经济安全、合理开发资源、保障公共利益、防止出现垄断等方面进行核准。

9. 对于企业投资建设须核准以外的其他项目，实行备案管理，企业只需向政府投资主管部门填报投资项目备案申请表，政府只对其项目进行是否符合国家和省产业政策的合规性审查，对其他内容一律不再审查。

10. 对于企业申请政府投资补助、转贷、贴息的项目，政府不再审批可行性研究报告，只审批企业资金申请报告。

11. 需省审批、核准的扩权试点县（市）建设项目，不再经由所在市上报，由扩权试点县（市）直接报省办理，同时抄报所在市。

四、多方筹措资金，支持县域经济发展

12. 发挥宏观调控作用，在发展规划制定，重大项目布局中要充分考虑县域经济发展要求，努力提高县域经济综合竞争力。

13. 千方百计筹措建设资金，保证政府投资力度，发挥政府资金导向作用，引导民间资金投向有利于促进县域经济发展的农林水利、城乡基础设施、生态环境治理、基础教育及其他社会事业项目。

14. 整合资源，集中资金办大事。对政府支农性资金，按照“渠道不乱，资金不散”，和“项目进规划，资金进渠道”的原则，允许县级政府进行资金整合，确保效益以充分发挥支农资金的作用。

15. 省筹建设资金要向有利于县域经济发展的投资项目倾斜，对国家开发扶贫重点县，在安排省投资金建设项目时，可适当提高省投资金的比例。

二OO五年十月二十六日

山西省贫困地区 农副产品加工、流通企业贷款贴息办法（试行）

山西省财政厅、省扶贫办

第一章　总则

第一条 根据《山西省扶贫开发领导组会议纪要》文件精神，为扩大贫困地区农副产品加工企业融资规模，积极探索新的管理模式，整合扶贫资源，更有效地发挥扶贫资金的使用效益，促进贫困地区农副产品加工龙头企业做大做强，特制定《山西省贫困地区农副产品加工、流通企业贷款财政贴息办法》。

第二条 本《办法》所称的贴息，是指贫困地区农副产品加工、流通企业从金融机构贷款后，由省财政扶贫资金补贴企业的据实金额贴息资金。

第二章　贷款贴息的范围和原则

第三条 贷款贴息的范围是35个国家扶贫工作重点县、17个省定贫困县和5个插花贫困县内，以农产品、畜产品、林产品及其他经济作物为原料的农副产品加工企业、流通企业和营销大户；国家级、省级农业产业化龙头企业到贫困地区建分厂的仍按原办法执行。

第四条 凡使用农行、工商行、中行、建行、农村信用社及有关股份制商业银行的贷款，均可享受扶贫贴息。使用农行扶贫信贷资金的可以享受再贴息。

第五条 根据国家有关扶贫开发政策和我省贫困地区的实际，对下列情况优先给予贷款贴息：

1.企业与贫困农户采取股份合作、公司+农户、龙头带基地等各种形式，建立联系紧密的利益共同体，能带动较多农户（至少在100户以上）共同发展的；2.企业有较强的科技创新能力，新开发和生产的产品科技含量高或属绿色食品，能带动贫困农户增加收入、扶贫效益显著的；3.营销企业采取“订单农业”的方式，购销贫困农户生产的农副产品，购销批量大，促进贫困户稳定增收，带动当地形成脱贫支柱产业的。

第六条 贷款贴息不支持以下各类项目及企业：

1.不符合国家产业政策、行业政策及扶贫有关政策的项目；2.对生态环境有不良影响的项目；3.已上市的企业；4.资产和财务状况不良的企业。

第三章　贷款贴息的期限和标准

第七条 贴息资金补贴的贷款额度以50万元为下限，1000万元为上限，超出1000万元的贷款部分不再予以贴息。贴息以当年贷款合同利息为标准实行比例贴息，贴息期限原则上为一年。逾期贷款不予贴息。

第八条 一个企业在同一年度内，原则上只能申请一个项目贴息。

第四章　贷款贴息的申报及报帐程序

第九条 贷款贴息的申报办法。企业和营销大户根据实际贷款金额及银行出具的贷款合同、借据，向县扶贫办提出贴息申请，县扶贫办汇总报同级财政部门审核后联合上报市（地）扶贫办、财政局，市（地）扶贫办和财政局共同审核、汇总后，以正式文件附带企业贷款合同、贷款借据复印件联合上报省财政厅、省扶贫办。省对重点项目要进行考察。经省财政厅、省扶贫办审核汇总后下达贴息预算指标。

第十条 贷款贴息报帐程序。县财政局根据上级财政部门下达的贷款贴息预算指标，通知贷款企业和营销大户持有关贷款结息凭证，办理拨款手续。

第五章　贷款贴息的管理

第十一条 申请贷款贴息的企业和营销大户提供的材料必须真实可靠。如发现弄虚作假骗取贴息者，将追回贴息资金并通报批评。

第十二条 农副产品加工、流通企业及营销大户要严格按规定使用贴息资金。并自觉接受扶贫和财政部门的监督检查。

第十三条 任何部门和单位不得扩大农副产品加工企业贴息的范围，不得以任何形式、任何理由截留贷款贴息资金。对违反规定的，除通报批评追回资金外，还要追究有关人员的责任。

第六章　附则

第十四条 本《办法》由山西省财政厅、省扶贫办负责解释。

第十五条 本《办法》自二〇〇三年九月一日起施行。

山西省财政厅
关于加快非公有制经济和
县域经济发展财政配套措施的意见

晋财预[2005]87号

各市财政局：

根据《山西省委、省政府关于进一步加快非公有制经济发展的决定》（晋发【2004】15号）和《山西省委、省政府关于加快发展县域经济的若干意见》（晋发【2005】18号）的有关精神和省政府的要求，为更好地推动非公有制经济和县域经济的发展，我厅研究制定了《关于加快非公有制经济和县域经济发展的财政配套措施的意见》。现印发给你们，请参照执行。

附件：关于加快非公有制经济和县域经济发展的财政配套措施的意见

二OO五年十一月七日

附：

关于加快非公有制经济和县域经济发展的财政配套措施的意见

一、认真落实《关于建立县级财政增收节支激励机制的通知》(晋财预[2003]120号)精神，继续对县级财政实行增收奖励，鼓励县级财政多收多得。同时对保持收支平衡、消化赤字和减少财政供养人员的县给予奖励。

二、积极落实中央“三奖一补”政策，对财政困难县地方税收收入增收按一定比例予以奖励；对精简机构和人员工作做得好的县，按撤并乡镇数、精减人员数和一定的奖励标准予以奖励；对产粮大县给予奖励，努力缓解县乡财政困难。

三、对35个国家扶贫开发重点县进行“省直管县”财政管理体制改革试点。省财政在体制结算、财政决算、资金调度、税收返还及一般转移支付等方面全部直接核定并监管到试点县。以2004年为基期，2005~2008年间，36个县的增值税、营业税、企业所得税和个人所得税“四税”地方收入每年比上年新增部分的省、市分成全部留县。每年年终，由县级财政提供“四税”地方收入金库报表，经省市财政审核后，通过财政结算返还，增强县级财政实力。

四、省、市和有条件的县(市)财政都要安排扶持中小企业发展专项资金，用于中小企业服务体系建设。省财政按照《山西省委、省政府关于进一步加快非公有制经济发展的决定》(晋发[2004]15号)规定，从2005年起连续5年每年安排2000元用于中小企业服务体系建设并重点搞好融资担保、信息网络、人才培训、创业辅导、法律服务、行业协会等服务体系建设。市县财政也应视财力情况建立中小企业发展专项资金。

五、加大对农林牧生态县财政转移支付支持力度。省财政每年安排的新增财力中向耕地能力建设、新农村新产业、新型农民培训、种草养畜及农产品深加工等方面倾斜，并以贴息方式带动各方投入，扩大深加工规模。

六、对旅游特色县给予一定的财政补贴和支持。省财政在旅游特色县对外宣传，如宣传品制作、宣传设施购置及管理人员培训等方面给予必要的补贴和支持。

七、省财政每年从财政扶贫配套资金中安排1000万元，专项用于贫困县农业产业化项目贷款贴息。

中国人民银行太原中心支行关于印发《关于金融支持县域经济发展的实施方案》的通知

并银发[2005]73号

人民银行各市中心支行、太原辖区各县（市）支行，各国有商业银行省分行，各股份制商业银行太原分行，太原市商业银行，农村信用社太原市城区联社：

根据山西省委、省政府《关于加快发展县域经济的若干意见》的要求，结合全省金融工作实际，人民银行太原中心支行制定了《关于金融支持县域经济发展的实施方案》。现印发给你们，请认真贯彻落实。

二OO五年五月十七日

附：

关于金融支持县域经济发展的实施方案

中国人民银行太原中心支行

（2005年4月28日）

根据山西省委、省政府《关于加快发展县域经济的若干意见》的要求，结合全省金融工作实际，特制定《关于金融支持县域经济发展的配套实施方案》。

一、从全局和战略的高度，深刻认识金融支持县域经济发展的重要性和紧迫性

（一）县域经济是国民经济的重要基础和支撑力量。我省作为一个工业化和城市化水平较低的省份，县域经济的发展还很不充分，县域经济占全省经济总量刚刚过半，多数县还是农业弱县、工业小县、财政穷县。无论是统筹城乡和区域发展，还是扩大和提升全省经济的规模和质量；无论是增加地方财力，还是增加农民收入；无论是推进工业化和城市化进程，还是解决经济社会发展中的矛盾和问题，都需要县域经济的充分发展。因此，加大对县域经济的信贷投入，是金融部门义不容辞的责任。

各金融机构要提高对支持和发展县域经济重要性的认识，树立积极支持我省县域经济发展的责任意识，进一步加大信贷投入，明确信贷投向，发挥好金融支持县域经济发展的推动作用，增强工作的主动性和自觉性，抓住“中部崛起”的战略机遇，围绕建设新型能源和工业基地的战略目标，努力开创我省县域经济发展的新局面。

二、灵活运用货币政策工具，强化对县域经济发展的信贷导向

（二）人民银行要通过“窗口指导”，引导金融机构加大对县域经济的服务力度。一是积极组织货币信贷政策的传导实施和反馈，通过召开金融联席会、银企洽谈会等形式传导货币政策意图，反馈县域经济金融状况，找准货币信贷政策支持县域经济发展的切入点；二是合理运用再贷款、再贴现等货币政策工具，对支持涉农和服务“三农”的金融机构给予倾斜。要加强对支农再贷款的投向监督，切实发挥支农再贷款引导农村信用社发放农户贷款和扩大支农信贷投放的杠杆作用。人民银行太原中心支行将在省建立支农再贷款考核激励机制，加大对支农再贷款使用和管理情况的考核，将支农再贷款限额与农村信用社的农户贷款、经营财务状况和内控管理等挂钩。使用支农再贷款的农村信用社，其当年新增农户贷款占各项贷款的比例原则上不得低于40%，对坚持支农服务方向、农户贷款比例高、以及财务状况和内控管理明显改善的农村信用社，根据需要适时调增支农再贷款限额，反之，将调减其限额，并严格控制新增再贷款；三是指导、督促农村信用社运用贷款利率浮动政策，进一步保护和调动广大农民的生产积极性。对使用支农再贷款的农村信用社发放的种植业、养殖业的农户贷款可在基准利率的基础上不上浮或少上浮。上浮比例最高不得超过50%，实行上限管理，真正将支持“三农”优惠政策落到实处。

三、明确信贷投向，实施对县域经济的重点扶持

（三）要把扶持“三农”经济发展作为对县域经济发展的切入点。各金融机构要大力支持优势特色农产品的区域化发展。对省政府确定的优质杂粮、干鲜果、草畜和蔬菜四大优势特色产业，十大特色农产品基地，以及雁门关生态畜牧经济区、中南部无公害果菜园艺区和东西两山杂粮干果产业区等具备规模优势和比较优势的项目，积极给予信贷支持。积极推动农业产业化发展，强化龙头企业的辐射带动作用和加工增值能力。加大对“百龙”企业的信贷支持力度，着力扶持年销售收入1亿元以上的龙头企业。完善服务手段，对符合公开统一授信的，可签订公开统一授信协议，优先核定可循环使用信用额度；整合系统资源，进行全方位服务；对条件好，用款急，有特殊需求的龙头业，通过“绿色通道”予以特事特办。

（四）要把新型工业化作为县域经济发展的扶持方向。各金融机构要围绕全省建设新型能源和工业化基地的七大支柱产业，结合多数县（市）属于资源型经济的特点，注重扶持改造和提升传统产业，扶持发展资源深加工型、劳动密集型、农畜产品加工型、科技应用型以及与其相配套的工业企业和产业集群。同时，依托园区工业，培育骨干企业，创造县域经济新的增长点。

（五）要把鼓励、支持和引导非公有制经济的发展作为县域经济发展的基本力量。各金融机构要认真落实《国务院关于鼓励支持和引导个体私营等非公有制经济发展的若干意见》和省委、省政府《关于进一步加快非公有制经济发展的决定》，大力支持非公有制经济发展，使之成为县域经济发展的主体力量。要从非公有制经济特点出发，改进信贷管理方式，开展金融产品创新，完善金融服务，加大对辖区内非公有制经济的信贷支持力度。

（六）要把扶持城镇化作为县域经济发展的基本取向。各金融机构要充分发挥小城镇在工业化、城镇化、现代化进程中的带动作用，重点扶持好县城和有发展潜力的建制镇。对具有特色的县域小城镇的支柱产业、基础设施和生态环境建设予以重点金融扶持，以增强小城镇对县域经济和社会发展的承载能力。

四、金融机构要发挥各自优势，提高支持县域经济发展的效率

（七）各金融机构要加强资金流向引导。各金融机构特别是国有商业银行分支行要研究制订县及县以下机构、网点新增存款的一定比例用于农业和农村经济的发展；充分发挥国有商业银行内设中小企业信贷部门的作用，逐步提高对非公有制企业的贷款比重；要根据非公有制企业的不同生产周期、市场特征及资金需求特点，积极探索开发适合非公有制经济发展实际需要的金融产品和服务形式。农业银行和农村信用社在农村吸收的存款，要主要用于农业和农村发展。邮政储蓄机构要研究制定切实可行的措施，保证从农村吸收的存款按一定比例回流农村，支持农村经济建设。

（八）农村信用社要进一步深化改革，充分发挥农村金融主力军的作用。要以改革试点为契机，在国家适当支持、完善管理体制同时，切实转换经营机制，增强服务功能，努力改造成为产权清晰、管理科学、约束机制强、主要为“三农”服务的，支持县域经济发展的社区性地方金融机构；积极研发适应县域经济发展需要的服务品种，拓宽服务范围，提高服务水平。要进一步总结和完善农户小额信用贷款和农户联保贷款办法，用好利率浮动政策，合理确定利率水平，建立健全授信管理制度、贷款定价机制和责任追究制度，加强贷款质量管理，努力实现财务可持续发展和支农投入的稳定增长。要紧紧围绕当地农业结构调整，引导农民按照市场需求组织生产，重点支持农民立足当地资源，发展成本低、见效快的种植业、养殖业，要重点扶植一批形成一定规模经营的龙头企业和“农户+公司+基地”的项目，促进信贷资金的有效配置，提高资金的使用效益，实现农民增收与信用社增盈的统一。

（九）农业银行和其他国有商业银行分支行要结合自身优势，积极支持农业产业化、农村城镇化发展。要增强支农意识，创新金融产品和服务方式，拓宽信贷资金支农渠道，推动特色农业和农产品的基地建设。配合国家淡季化肥储备制度的建立，对各承储企业收储淡季商业储备化肥所需资金，各商业银行应给予贷款支持。农业银行新增存款的70%，其他商业银行新增存款的60%原则上要用于支持县域经济的发展。各国有商业银行还要充分发挥网络发达、信息灵通的优势，积极了解涉农市场供求信息，掌握属地农业、农民对资金的需求情况，主动为农民提供优质服务，支持农村具有还款来源的基础设施建设和县域中小企业发展。

（十）农业发展银行分支行要认真贯彻落实国家支持“三农”及发展县域经济的政策。要继续履行好支持国家粮棉油储备体系建设、粮棉收购资金供应职能；在拓宽融资渠道的基础上，适当增加对粮食加工企业的收购贷款，支持产业化龙头企业用于粮棉油生产、流通或加工的流动性资金需求、以及技术改造、仓储设施建设和粮棉油生产基地建设的中长期贷款需要。同时，要研究改进服务方式，探索依托地方商业银行等中小金融机构和担保机构，开展以非公有制中小企业为主要服务对象的转贷款、担保贷款等业务，扩大为非公有制企业服务的范围，提供服务效率。

（十一）国家开发银行要充分发挥其资金优势。要通过签订银政合作协议等多种形式，不断加大对农业基础设施建设和综合开发项目的资金投入力度，促进农业综合生产能力的提高。要将新增贷款的20%用于支持县域经济的发展。

（十二）保险公司要建立涉农风险转嫁机制。要积极研究开发新的、适合农业生产经营需要的新险种，发挥农业保险对“三农”的保障作用，吸引商业银行资金投入农业发展。要创造条件建立农村政策性保险组织和财政对商业保险机构的补偿机制，有效防范农村金融风险，促进县域经济健康稳定发展。

（十三）其它各金融机构也要发挥各自优势，进一步增强服务县域经济发展的意识。要积极扶持乡镇企业和民营经济发展，为他们的良好发展提供必要的金融支持。

五、创新金融产品，提高金融服务，完善贷款营销激励机制

（十四）各金融机构要创新金融产品，拓宽信贷资金支农渠道。在政策设计上，要鼓励

各种形式的金融创新，解决县域经济发展中的中小企业贷款难和抵押难问题，鼓励各类担保机构拓展符合县域经济发展特点的担保业务，为中小企业创造有效的担保形式和途径；培育和规范农村小额贷款组织，进一步规范和引导民间借贷，提高直接融资比重，支持县域经济发展。

（十五）各金融机构要坚持为县域经济服务的方向。及时了解掌握和解决县域经济发展生产的资金需求，进一步提高县域经济发展贷款的覆盖面；完善现有信贷激励机制，在风险责任与利益激励相对称的前提下，充分发挥一线信贷员的营销积极性，在保证贷款质量的前提下，适当简化对支持县域经济发展贷款的审批环节和贷款手续，加快县域经济项目生产经营的进度。同时，在帐户开立、资金清算和现金供应等方面提供优质高效服务。

六、加强信用宣传，营造良好金融生态环境

（十六）各金融机构要加大对县、乡（镇）、村群众信用知识的宣传力度。要积极配合政府把“信用山西”建设落到实处，以树立信用观念、建立信用秩序、完善信用风险保障三方面为基础，构建信用管理体系。要加强联合与协调，严厉制裁恶意逃废和悬空银行债务的行为，对拒不落实者继续进行联合制裁。同时，积极发挥人民银行信贷登记咨询系统的作用，利用电子网络技术构建企业信用信息平台和企业信用评价制度，健全企业信用档案，增强企业及其经营者的诚信观念。

中国人民银行太原中心支行
关于印发《关于金融支持山西省个体私营等
非公有制经济发展的意见》的通知

并银发[2005]193号

各政策性银行省分行，各国有商业银行省分行，各股份制商业银行太原分行，省农村信用联社，太原市商业银行：

根据省领导制定金融扶持政策支持个体私营等非公有制经济发展的批示要求，结合全省金融工作实际，人民银行太原中心支行制定了《关于金融支持山西省个体私营等非公有制经济发展的意见》。现印发给你们，请认真贯彻落实。

附件：关于金融支持山西省个体私营等非公有制经济发展的意见

二OO五年九月二十七日

关于金融支持山西省个体私营等
非公有制经济发展的意见

为鼓励和支持我省个体私营等非公有制经济的发展，切实解决个体私营等非公有制企业融资难、贷款难的问题，加大对个体私营等非公有制企业的金融扶持力度，根据省领导制定金融扶持政策支持个体私营等非公有制经济发展的批示要求，结合全省金融工作实际，现提出以下意见。

一、切实改进信贷管理方式，使个体私营等非公有制企业申请贷款更为灵活和便捷

（一）要遵照“积极培育，区别对待，控

制风险，加大扶持”的原则，提高效率、简化手续，建立个体私营企业信贷审批绿色通道。各商业银行要从非公有制经济特点出发，开展金融产品创新，完善金融服务，切实发挥银行内设中小企业信贷部门的作用，提高对非公有制企业的贷款比重。同时，对个体私营企业要开辟“绿色通道”特色服务，凡是列入“绿色通道”的个体私营企业，要在融资速度、融资金额、审批环节等方面提供更便捷的服务。

（二）认真落实贷款利率浮动政策，针对个体私营等非公有制经济的特点，制定灵活的贷款定价制度。各金融机构要针对个体私营经济规模小、融资需求旺、频率高、额度小的特点，区别贷款对象、贷款投向，尽快建立健全符合个体私营经济发展实际的利率风险管理机制和贷款定价制度。对信贷风险大、但市场前景好的产业、产品，适当提高贷款浮动水平，增强利率的弹性，调动金融机构对个体私营企业加大信贷投入的积极性，按照高风险、高收益的原则，支持个体私营企业的发展。城乡信用社要在实践中继续完善现有的利率管理制度，加强成本核算，尤其要针对不同客户的需要，建立个性化贷款利率浮动机制，在防范风险的同时，切实加大对个体私营经济发展的支持力度。

（三）各商业银行要不断完善信用评级办法，客观评定个体私营企业的信用等级，积极与符合条件的个体私营企业建立信贷关系。针对个体私营企业的特点，制定并完善适合个体私营企业信用等级评估办法，在进行传统财务报表分析的同时，重点加强对企业经营者的素质（包括信用、社交圈、个人喜好）、贷款回笼、产品的科技含量、产品的市场潜力等内容的审查，从财务因素、非财务因素对个体私营企业进行综合信用等级评估。

（四）各商业银行要在防范风险的前提下，改进个体私营企业信贷管理方式，建立健全授信审批制度。对于单一业务发生频繁、金额较大的企业，要采取单一授信的方式，使企业获得充分的业务灵活性；对于有多种授信需求的企业，要采取综合授信的方式，在综合授信内应涵盖企业所需的合理业务品种；对大型集团化跨地区的个体私营企业，应采取全行联动方式，对其分支企业开展跨地区综合授信，以满足其合理融资需求。

二、树立正确的贷款营销观念，完善贷款营销激励机制

（五）各商业银行要树立正确贷款营销观念。逐步建立以效益为核心，以市场为导向，以客户为中心的市场营销观念，加大对一些效益好的个体私营企业的营销力度，在扶持、服务个体私营企业过程中扩大信贷投放。要充分发挥机构、网络、信息等方面的优势，建立优秀个体私营企业基本情况的信息资料库，并作为重点拓展企业，指定资深客户经理主动上门服务，当好参谋，帮助企业量身定制适合其实际需要的融资、理财及业务发展方案。建议政策性银行依托地方商业银行等中小金融机构和担保机制，开展以非公有制中小企业为主要服务对象的转贷款、担保贷款业务。同时，各金融机构要改进信贷考核和奖惩管理办法，将对非公有制企业的贷款比重作为信贷考核和奖惩的一个重要量化指标。

三、为个体私营企业量身打造金融创新产品，提供全方位的优质服务

（六）各商业银行要针对个体私营经济的特点，不断推出新的业务品种。要在现有的金融服务类型和金融产品难以满足个体私营企业多样化的信贷需求的具体情况下，推广灵活多变的融资方式。一是面向个体私营企业积极推广各种灵活多变的融资方式。对符合有关规定的企业，可开展工业产权和非专利技术等无形资产的质押贷款试点。二是扩大对个体私营企业的信贷业务范围。针对个体私营企业积极开办融资租赁、公司理财和账户托管等业务。对运作规范、经营良好的融资租赁和设备租赁公司开展的小企业技改设备租赁业务，可给予必要的信贷支持。适当扩大出口信贷业务范围，对国家鼓励的高新技术产品出口，可以采用卖方信贷提供融资，也可以在符合贷款条件的前提下办理买方信贷业务。对于资金周转快、经营效益好的个体私营企业，应鼓励其增加商业

汇票业务品种，并适当降低保证金缴存比例。三是大力发展个人创业类贷款。主要是：个人商铺抵押贷款、个人流动资金贷款、个人小型设备抵押贷款。通过个人经营性贷款的发放，支持个体私营企业家创业，以促进个体私营经济的发展与壮大。

（七）为个体私营企业提供全方位的优质服务。结合个体私营企业的特点，除给予信贷支持外，各金融机构还应积极提供结算、汇兑、转账和财务管理等一揽子服务。要依托对公通存通兑系统、实时电子汇兑系统、企业网上银行等新型结算体系，帮助建立企业销售资金回笼网络。为外向型个体私营企业提供包括人民币结算、外币结算、出口信用证、人民币贷款、打包贷款、出口退税质押贷款等本外币联动的金融配套服务，帮助个体私营企业发展外向型经济，出口创汇；提供综合理财服务，包括开展各种代收费业务、网上理财业务及针对个体私营企业经营管理人员的个人理财服务。

四、构建全方位的金融服务体系

（八）各商业银行要成立专门为个体私营企业特别是中小企业服务的信贷部门。要按照《国务院关于鼓励支持和引导个体私营等非公有制经济发展的若干意见》的精神，深入调查分析各类个体私营企业金融服务需求的特点，有目标、有重点、有选择地扶持一批有市场、有效益、有信用的个体私营企业，特别是中小企业。了解掌握本辖区个体私营企业的贷款需求情况，并及时向上级行上报个体私营企业信贷计划。

（九）灵活采取多种形式，开展对个体私营企业的信息咨询服务。各金融机构要充分发挥银行在网点、资金、技术、管理和信息等方面的优势，为个体私营企业提供信息咨询服务，帮助个体私营企业了解国家有关产业政策、金融政策及市场信息，拓宽经营思路，减少决策失误，提高经营管理水平。具体包括提供市场动态、行业发展趋势等信息；分析合作伙伴的生产经营和资信等状况；提供经营决策咨询；充当企业财务顾问，帮助企业设计项目结构、融资方案，协助企业进行项目协议、融资协议的谈判；提供财务管理咨询和策划。

五、积极防范信贷风险，提高银行资产质量

（十）各商业银行在加大对个体私营企业信贷支持的同时，要切实加强贷款管理，保证信贷资产质量，尤其要防止企业利用银行贷款进行无效重复建设。严格执行国家有关部门发布的《淘汰落后生产能力、工艺和产品的目录》和《当前工商领域禁止投资目录》，对利用淘汰设备、技术落后、质量低劣、污染严重、浪费资源、国家明令关停的个体私营企业不得发放贷款，严禁向全省的“五小”企业发放贷款。对逃废悬空银行债务或不守信用、长期恶意拖欠银行贷款本息的个体私营企业，不得发放新贷款。

六、积极建立促进个体私营企业发展的外部环境

（十一）加强和改进对中小企业金融服务的风险管理，建立健促进个体私营企业发展的信用担保体系。地方政府及其有关部门要加强与金融部门的联系，加快个体私营企业风险评价指标体系的制定，规范发展中小企业信用担保体系，建立担保基金和担保公司的担保登记系统，不断打造良好的投融资环境，帮助各金融机构降低金融风险，提高信贷资产质量，克服“慎贷”、“惧贷”思想，增强金融机构对个体私营企业的支持信心。

（十二）积极建立良好外部环境是促进个体私营企业快速发展的重要因素。政府有关部门应牵头将散落在工商、税务、银行、法院、海关、公安、行业协会、商会及其它部门记录个体私营企业的各项信息进行归并，建立较为完善的征信体系，并加大对失信企业的惩罚力度；加强对担保公司、行会、商会、财务公司等为主体的信用担保机构的管理，使其细分服务于不同对象；工商、税务、银行、商会等机构应加大对个体私营企业指导规范力度，合力解决财务信息失真和经济交易行业失信问题，并治理整顿中介机构。

山西省商务厅
关于进一步促进非公有制企业发展的实施意见

晋商政[2005]589号

各市商务局、厅机关各处室：

为贯彻落实晋发[2004]15号《山西省委、省政府关于进一步加快非公有制经济发展的决定》，积极鼓励、支持非公有制企业加快发展对外经贸，凡中央及我省制定的各项对外经贸政策措施均适用于非公有制企业，对各类企业实行统一的外经贸政策。现提出实施意见如下：

一、实行统一的对外贸易政策，支持非公有制企业发展进出口贸易

1. 对非公有制企业进出口经营资格的登记实行与公有制企业统一的标准，对符合条件的企业及时予以指导和帮助，由商务管理部门登记后取得进出口经营权。

2. 积极推动我省中小企业进行国际商标、专利注册、知识产权备案，支持企业开展生产、质量、安全、环保等方面的国际标准体系认证，努力扩大自有品牌产品的出口。推荐符合条件的“非公有制企业出口产品”参加商务部重点培育和发展的出口名牌评选。组织帮助企业参加每年的“中国中小企业博览会”，引荐更多的国内、外展洽活动，为企业搭建投资贸易平台。

3. 享受国家统一的出口退税政策。具有进出口经营权的非公有制企业出口，在货物报关出口后，凭有关凭证按月及时报送税务机关批准退税。

4. 享受国家统一的出口鼓励政策。对非公有制企业申报机电产品、高新技术产品出口技术改造和研究开发给予及时指导和帮助，并在申请国家资金支助上给予扶持。

5. 积极组织非公有制企业参加我省在境内外举办的各种出口展洽会等贸易活动，在政府资金摊位补贴等方面一视同仁；积极支持有条件的民营企业参加广交会、华交会、高交会、东盟会、厦交会等国内各种交易会，按照统一的摊位分配原则纳入分配计划，为企业开拓国际市场提供支持和服务。

6. 在进出口配额使用等方面与公有制出口企业一视同仁，按分配原则同等分配。在非公有制企业中积极推行出口信用保险业务。

二、实行统一的利用外资政策，支持非公有制企业发展经济

7. 按照国家颁布的一系列利用外资的法律、法规和政策，在外商投资的产业政策导向、税收优惠政策等方面不分企业所有制形式一视同仁，积极鼓励非公有制企业利用外资发展经济。

8. 简化招商引资审批程序，为非公有制企业提供便捷服务。非公有制企业与外商合资或合作，投资总额在5000万美元以下的鼓励类项目，可在各市商务局和省级以上开发区进行合同、章程审批手续，并领取批准证书。

9. 通过多种形式、多种渠道向非公有制企业推介外商投资信息，省内每年组织发布的对外招商项目，对非公有制企业给予重点对外宣传和推荐，并免费上网公布。

10. 把各级民营经济园作为引用外资重点单位给予扶持，积极帮助各级民营经济园招商引资。

11. 积极组织非公有制企业参加我省在境内外举办的招商引资活动，适时举办民营企业专题招商引资活动，支持省级以上开发区成为非公有制经济发展的平台，积极帮助和引导非公有制企业入区发展。

三、采取积极措施，推动非公有制企业开展对外经济技术合作业务

12. 积极推进民营企业开展对外承包劳务合作业务。非公有制企业在国外承揽到承包工程和劳务合作项目，可由我省具有对外承包工程、劳务合作经营资格的企业代理签约，并可享受目前国家对开展对外承包劳务合作业务实行的一系列优惠政策。

13. 积极鼓励、支持非公有制企业走出国门开展境外加工贸易业务，实行统一的政策予以扶持，符合条件的企业可申请使用中央外贸发展基金。

14、积极向我国驻外使领馆经商处室、外国驻华使馆经商机构和重点国家地区的工商会等机构推荐民营企业及其对外合作项目，联络、介绍合作伙伴，帮助民营企业开展对外经济合作业务。

15. 积极支持、引导民营企业引进国外高新技术，发展高科技合作项目。

四、加强政策指导，做好服务促进工作

16. 积极支持非公有制企业申请使用中小企业国际市场开拓资金发展对外经贸业务。用于参加境外展览会、质量和环境管理体系建设、各类产品认证、国际市场宣传推介、开拓新兴市场、组织培训与研讨会、境外投（议）标等方面的支出，一般项目按实际支出的50%~70%给予补助。

17. 积极组织非公有制企业家参加各种涉外经济知识学习和培训，采取灵活方式帮助非公有制企业培养涉外经营人才。

18. 加强对非公有制企业外经贸政策指导、市场信息交流、客户联络等方面的服务工作。

19. 在经贸团组的组织及出国审批工作中，非公有制企业享有与公有制企业同等待遇。

20. 加强重点扶持引导、选择有实力、有出口实绩、有一定行业技术优势的非公有制企业作为重点联系单位，建立定期联络工作机制，在对外经贸业务各方面给予重点推动。

21. 积极推动各县（市）组建商务局，建立省、市、县（市）三级通畅便利，运转协调的管理服务运行机制，为非公有制企业的外向型发展，提供组织和服务保障。

二OO五年十一月六日

山西省交通厅 关于贯彻省委、省政府《关于加快发展县域经济的若干意见》的意见

晋交公字[2005]547号

各市交通局、省公路局：

发展和壮大县域经济，是党的十六大和十六届三中全会提出的战略任务，是统筹城乡协调发展、构建社会主义和谐社会的必然选择，是解决好“三农”问题，加快工业化、城镇化和现代化的迫切需要。为了进一步促进我省县域经济发展，根据省委、省政府《关于加快发展县域经济的若干意见》，结合我省交通实际，提出如下贯彻意见。

一、提高认识，统一思想，把支持县域经济发展作为交通工作的一项重要战略任务来抓

1.各级交通部门要充分认识省委、省政府发展和壮大县域经济的重大意义，充分认识交通对发展和壮大县域经济的基础性作用，在规划上、资金上、政策上进一步向促进县域经济发展倾斜，对事关县域经济发展的交通项目要优先规划立项、优先安排资金、优先保证建设，着力构建县域经济发展的交通支持保障服务体系。

2.支持县域经济发展的总体目标是：在“十五”实现省到市“三小时高速通达”的基础上，“十一五”实现市至县2小时通达、县到乡1小时通达、省到乡6小时通达，形成省、市、县、乡四级循环公路体系，建立起基本满足县域经济发展和壮大的物流服务体系。

二、加快高速公路网建设及“县达高速”进程，发挥高速公路对县域经济发展的带动作用

3.在“十五”末建成高速公路“人”字主骨架的基础上，加快“九横九环”建设。到“十一五”末，基本形成网络化的高速公路布局，高速公路通车里程达到3000公里，全省实现市到市和主要出省通道高速化，80%的县（市、区）在1小时内到达高速公路。到2020年，我省“人”字骨架、“九横九环”高速公路网全面建成，全省所有城镇人口在15万以上的市（县、区）均可在1小时内到达高速公路，我省与周边19个大中城市实现高速连接。

4.支持地方建设大中城市、县城、区域经济中心、交通枢纽、重要旅游景区与高速公路的连接线。高速公路连接线建设的基本原则是：省里统一规划、省地共同实施。通往各市的按一级公路标准建设连接线，通往县（市、区）的按二级公路标准建设连接线。路基、小桥涵工程及绿化、征地拆迁由所在市县政府完成，大中桥及路面工程由省交通厅给予配套。

三、抓好国省干线公路改造，充分发挥国省干线路网对县域经济发展的骨架作用

5.加快煤炭外运、旅游开发和扶贫开发通道建设。“十一五”计划改造5000公里，其中：包括煤炭集运公路在内的运煤通道3000公里，包括红色旅游公路在内的旅游干线1000公

里，包括沿黄干线公路在内的扶贫干线1000公里，力争通过五年的努力，完成危桥改造工程加强日常养护、公路绿化和文明路创建工作。

6.加强干线公路养护和管理工作，继续实施公路安全保障工程，和旅游热线小型服务区建设试点，拓展服务内涵，提升路网整体服务水平。

四、加强农村公路建设，充分发挥农村公路对县域经济发展的基础作用

7.“十一五”期间支持地方抓好现有县乡公路改造，努力实现县乡公路油路化。汽车养路费超收分成进一步向地方倾斜，分成资金实行专款专用，主要用于县乡公路改造或担保贷款。

8.继续推进村村通水泥(油)路工程，到“十一五”末使全省95%以上的建制村通水泥（油）路。在保持“十五”政策连续性的基础上，国家和省里资金进一步向贫困地区和积极性较高地区倾斜。

五、积极培育和发展现代物流业，构建县域经济发展的服务体系

9.加快建设以太原物流园区为中心，以大同、侯马物流分园区为支撑，以各大中城市和县域物流中心为节点，以信息网络为纽带的物流网络，搭建现代物流发展的基础平台和信息平台。

10.积极培育市场主体，引导运输企业延长供应链，向第三方物流企业转让；引导仓储配送，货运代理，多式联式等企业融入现代物流，提供优质高效的部分或全程的物流服务；加强物流标准化和集约化建设，提高物流服务水平。

二OO五年十一月七日

山西省扶贫开发领导组办公室 关于落实晋发[2004]15号、晋发[2005]18号文件“十一五”期间利用财政贴息扶持贫困地区农业产业化龙头企业加快发展的通知

晋开发办[2005]88号

各市、县扶贫办：

为了加快县域经济的发展，省委先后出台了晋发[2004]15号、晋发[2005]18号文件。根据文件精神，为推进贫困地区农业产业化进程，发展山老区特色农业产业，增加贫困地区农民收入。“十一五”期间，省扶贫资金每年安排不少于1300万元的额度用于贫困县和非贫困县到贫困县兴办的农业产业化龙头项目贷款贴息。鼓励这些企业和各类金融机构争取贷款，发挥好龙头带动作用。

特此通知

二OO五年十月二十日

山西省教育厅
关于贯彻《中共山西省委、山西省人民政府关于加快发展县域经济的若干意见》的意见

晋教发[2005]14号

各市教育局：

发展和壮大县域经济，是党的十六大和十六届三中全会提出的战略任务，是统筹城乡协调发展、构建社会主义和谐社会的必然选择，是解决好“三农”问题，加快工业化、城镇化和现代化的迫切需求。为深入贯彻落实《中共山西省委、山西省人民政府关于加快发展县域经济的若干意见》（晋发[2005]18号）精神，充分发挥教育对县域经济发展的作用，促进县域经济发展，不断提升全省整体经济实力，实现经济全面、协调和可持续发展，现提出如下意见。

一、全面普及九年义务教育，大力提升义务教育水平

继续把九年义务教育工作继续作为教育工作的“重中之重”，2005年全省所有县达到“普九”标准，完成“普九”任务。同时，在全省大力实施义务教育标准化建设工程，在义务教育普及程度、学校布局、校舍建设、教育教学设施设备、经费保障、教师队伍、教育管理、课程实施、校本研训和教育质量等方面提出明确具体要求，努力争取在今后五年内有60个左右的县达到义务教育标准化建设要求，使全省人均受教育年限达9年以上，县域范围内广大劳动者科学文化素质得到新的提高。

二、采取有力的改革措施，加强对农村贫困地区和弱势群体扶持和帮助

按照国家有关要求，今后几年，要在全省农村中小学校全面实施农村寄宿制学校建设工程、农村现代远程教育工程以及对广大贫困家庭学生的“两免一补”（即免杂费、免课本费，对家庭贫困的寄宿学生予以生活补助）工作等，到2008年，所有农村初中学校配备计算机教室和多媒体教学，所有小学通过卫星接收或光盘播放，与城市学校同步享受现代教育资源。同时加大对广大农村中小学布局调整工作的力度，促使农村学校办学规模扩大，形成合理布局，促使农村学生接受比较规范的现代教育。积极适应城镇化建设要求，在县城和较大城镇，集中建设或改建、扩建一批中小学校，努力解决好目前很多地方存在的城镇和县城所在地中小学班容量大、学生入学难等问题。同时，积极创造条件，促使更多的地方实行免费接受九年义务教育，使县城以下广大农村地区义务教育整体水平得到明显提高。

三、每县（市）建成一所标准较高的中等职业技术学校或职教中心，培养技能型实用人才，为当地经济建设和劳动力转移服务

县级政府要加大对职业教育的统筹力度，赋予职教中心统筹发展各类职业教育的职能，切实解决目前存在的规模不大、档次不高、统筹不力、活力不足的问题。各市政府要对所属普通中专、职业高中、成人中专、技工学校统筹规划，通过资源重组、资产置换、合并办学、新建扩建等方式，办好25所现代化的中等职业学校，加强对发展县域经济所需人才的培养工作。

四、继续推进“科教兴乡、兴县工程”

根据山西省人民政府在《关于进一步加强农村教育工作的决定》（晋政办发[2003]24号）要求。2004年2月，省政府办公厅转发了教育厅制定的《关于在全省实施科教兴乡兴县工程的意见》，科教兴乡、兴县工程正式启动。省教育厅先后制定并下发了《山西省科教兴县评估指标体系》（试行）和《山西省科教兴乡评估指标体系》（试行）。到2004年底全省已有194个乡镇基本达到《山西省科教兴乡评估指标体系》（试行）标准。根据各市推荐，2004年12月份省教育厅确定了全省近两年启动科教兴县工程的25个县（市、区）。实施“科教兴县工程”的目的就是要围绕发展县域经济，全面建设小康社会的目标任务，坚持政府统筹、部门配合、社会参与，建立起县、乡、村三级实用型、开放型的成人科技教育培训体系，以提高劳动力受教育水平、科学文化素质和市场竞争能力为中心，以培训适应农村经济发展需要的各类人才为重点，以“三教统筹”“农科教结合”为主要内容，充分发挥教育的智力和技术优势，实现经济增长、社会稳定、农业增效、农民增收。到2007年，全省力争40%的乡（镇）、30%的县（市）分别达到科教兴乡和科教兴县的标准。

五、充分发挥乡（镇）和村一级成人文化技术学校在农村成人教育中的主渠道作用

县（市）要按初级中学建制建设25所国家级示范乡（镇）成人文化技术学校，并利用多种形式向农民推广农业新知识、新品种、新技术，传播农业环保、无公害农产品、食品安全和经营管理等知识，开展时事政治、民主法制、人口环境和社会文化生活等方面的教育活动。按照“围绕资源搞开发、围绕市场上项目、围绕项目抓培训”的原则，加强案例和实践教学，开展系列化的生产技术培训，培养一大批懂科技、善经营、能从事专业化生产和产业化经营的新型农民。使农民的科技意识普遍提高，到2007年，农村各类技术骨干占劳动力总数的30%以上，GDP中科技贡献率占40%以上，全县区人均纯收入按1990年不变价计算达到2000元。

六、大力开展现代远程教育，把成人高等学历教育和自学考试教育扩展到农村

县级职业成人教育中心要建立校园网络，乡（镇）成人文化技术学校要建立卫星教学收视点和多媒体教学播放点，利用卫星电视、计算机网络、多媒体等现代教育技术，为农民提供各项信息服务。积极创造条件在县职业成人教育中心设立成人高等教育函授站、高等远程教育学习辅导中心、电大工作站、自学考试辅导站和社区教育中心等，结合农村、农业、农民的实际需要，从方便农民求学出发，多形式办学，为构建农村终身教育体系和建设学习型社会积极创造条件。

七、建立农村职业教育和成人教育经费保障机制

认真落实《国务院关于进一步加强农村教育工作的决定国发[2003]19号）中“在确保农村义务教育投入的同时，也要增加对职业教育、农民培训和扫盲教育的经费投入”，设立成人教育的专项经费；在使用农村扶贫资金、科技开发和技术推广经费以及安排农村基础设施投资时要划出适当比例用于农村劳动力培训和农村成人学校的建设。逐步建立政府扶持、用人单位出资、教育机构减免、个人分担一部分的多渠道投入机制。

八、高等院校要紧密结合县域经济发展要求，积极提供人才和智力支持

要围绕生态农业、新型工业、商贸旅游等主导产业，积极调整和设置学科专业，构建合理的人才培养体系，优化人才培养结构，为推进城镇化建设和服务“三农”提供足够的人才支持。在实施人才培养过程中，鼓励高校紧密结合县域经济发展对人才的需要，优先实行“订单式”培养。高等院校还要根据县域经济

建设需要，充分发挥智力资源优势、技术优势，组织对振兴县域经济的种类骨干人员培训，为促进县域经济的可持续发展奠定坚实的人才基础。高等院校要为围绕县域经济发展需求，开展科学研究，对服务县域经济的科研项目优先立项，与之相关的科研成果优先支持使之转化。农业院校要立足服务“三农”，深入研究农畜产品的深加工、精加工技术，服务雁门关生态畜牧经济区建设。理工科院校围绕新型能源和工业基地建设重点发展七大支柱产业，积极开展科技自主创新，提供新技术、新项目、新产品。高等院校还要主动与地方政府联系，建立长期稳定的合作关系，组织专家、教授下基层搞服务，在制定发展规划、调整产业结构、促进社会全面发等方面提供支持和服务。

二OO五年十月二十七日

山西省农村信用社联合社关于支持发展县域经济的实施意见

晋农信发[2005]4号

各市深化农村信用社改革领导小组办公室，各市、县（市、区）农村信用合作社联合社：

为支持县域经济发展和壮大，进一步增强农村金融对“三农”的服务，根据晋发[2005]18号文件精神和农村信用社的实际，提出如下实施意见。

一、进一步增强为“三农”服务的意识，坚定为“三农”服务的经营方向

全省农村信用社广大干部职工要认真学习和深入贯彻《中共山西省委、山西省人民政府关于加快发展县域经济的若干意见》(晋发[2005]18号)文件，以邓小平理论和“三个代表”重要思想为指导，用科学发展观统领支持县域经济工作。围绕农民增收、企业增效的要求，适应农业和农村经济发展的新情况、新特点、新要求，改进服务，创新产品。要坚定为“三农”服务的经营方向，加强服务“三农”的责任感和紧迫感，自觉做到以市场为导向，以支持“三农”为重心，服务区域经济建设，发挥农村信用社在农村金融体系中的基础地位和主力军作用。

二、积极拓宽资金来源渠道，努力壮大支农资金实力

全省农村信用社要客观全面地分析当前农业和农村经济发展的新情况、新形势，积极应对强烈的资金需求。要把组织资金作为农村信用社服务县域经济建设的基础性工作抓紧抓好。通过改进服务态度，改善服务设施，创新负债业务品种，组织更多的资金。要在干部职工中深入开展“三优二争”活动，即：优质服务、优良秩序、优美环境；争当岗位能手，争创文明单位。用热心温暖客户的心，诚心打动客户的心。要利用与农民群众联系面广的特点，继续发扬背包下乡、走村串户的优良传统，主动进村入户，吸收社会闲置资金。要主动适应竞争形势，运用高新技术，提升服务手段，通过热心的工作，优质的服务，高效的操作，积极增加资金来源，不断壮大支农资金实力。

三、进一步加大支持“三农”力度，

促进县域经济发展

各级农村信用社要根据《中共山西省委、山西省人民政府关于加快发展县域经济的若干意见》(晋发[2005]18号)等文件精神，全面落实科学发展观，坚持统筹城乡协调发展的方略，继续完善和强化各项支农政策，增加支农信贷资金投入，进一步加大支持“三农”的力度，坚持把解决好“三农”问题作为支持县域经济发展的基本任务。

1. 科学测算农业信贷资金需求，合理安排资金投向。各级农村信用社要充分发挥自己点多面广、根植农村、贴近农民、了解农情的优势，详细了解农业生产资金需求情况，参照县域经济发展规划，认真做好资金组织运用计划。在充分考虑资金来源的基础上，按照“比例管理，留有余地，‘三农’优先，安全高效”的原则，合理按照信贷投向，认真搞好资金测算工作。各县(市)所组织资金要优先安排“三农”贷款。“三农”资金有缺口的要通过内部调剂或申请支农再贷款等予以保证。

2. 确保农业信贷适度增长的目标。全省农村信用社新增农业贷款占新增贷款总额比例要确保达到60%以上。各市要制定农业信贷计划和支持农业生产计划，要层层分解认真加以落实。要对不同类型、不同产业特点的县份加以区别对待，对粮食主产区的重点农业县和以农业为主导产业的县，农村信用社新增农业贷款占比应达到80%以上，对城郊型县(市、区)，农村信用社新增农业贷款占比原则上不低于40%，以确保我省农业生产有足够的信贷投入，实现粮食稳定增产，农民持续增收，农村经济全面发展的目标。

3. 继续大力推广和完善农户小额信用贷款和农户联保贷款。各级农村信用社要继续做好农户小额信用贷款和农户联保贷款的巩固发展工作，进一步扩大规模，按照农民生产的需要，结合本地实际，积极拓宽农户小额信用贷款和农户联保贷款的服务范围，增强贷款适用性，提高资金运用效率。发放农户小额信用贷款和农户联保贷款必须坚持农户自愿申请、自主使用，农村信用社要认真总结经验，大胆探索农户小额信用贷款和农户联保贷款的新方法，着力解决好农村产业结构调整中农户小额信用贷款的需求。农村信用社农户小额信用贷款和农户联保贷款余额占各项贷款余额的比重，要在上年末的基础上分别提高3个百分点和2个百分点。

4. 大力支持特色经济发展。各级农村信用社要根据省委、省政府农村产业结构调整和农民增加收入的需要，按照区域化、规模化、优质化的发展方向，以扶持发展优质杂粮、草食畜、干鲜果和蔬菜“四大主导产业”为重点，把信贷支农与政府整体规划有机结合起来。大力支持“雁门关生态畜牧经济区、中南部无公害果菜区、东西两山优质杂粮干果区”等特色、优质、安全、生态产业的发展；有重点地支持国家级和省级农业龙头企业，实现“龙头带基地，基地连农户，种养加贸工农一体化”这种“风险共担、利益分享”新型生产经营方式的发展，充分发挥比较优势，提高县域经济的市场竞争力。

5. 积极支持民营经济发展。各级农村信用社在缴足准备金、留足备付金的基础上，按照存贷比例的要求，在优先保证农业生产资金需求的同时，积极支持符合国家产业政策、效益好的民营企业的合理流动资金需要，使其成为县域经济发展的主体力量，创造县域经济新的增长点。

四、加强信贷管理，确保县域经济持续健康快速发展

全省各级农村信用社在深化改革试点期间，在支持县域经济发展上，要制定科学的考核办法，加强信贷资金管理，维护好经营自主权，要做好对贷款投向、投量的适时监控，合理确定信贷支农的预期目标，完善信贷管理制度，建立贷款责任追究制度，规范贷款发放、管理和回收等各个环节的操作程序，建立有效的信贷风险防范体系，保持支农服务工作的连续有效开展。同时，要正确处理和把握好支农与市场的需求关系，支农与政府推动的关系，

支农与县域经济发展的关系，潜心研究本地农业发展趋势及资金需求特点，努力提高农业比较效益，用信贷资金拉动的方式，使支农工作按照市场经济发展规律的要求运作，促进县域经济持续快速发展。

五、加强协调配合，有效提升县域经济发展活力

农村信用社要抓住这次政府推动县域经济发展的有利时机，按照省委、省政府有关加强社会信用体系建设，打击逃废金融债务等失信行为的部署和要求，以保持共产党员先进性教育活动为契机，积极主动争取当地政府和各有关部门的支持配合，特别是在吸收涉农资金、盘活不良贷款，保全农村信用社资产，信用村（镇）建设等方面，要力争得到当地政府及相关部门的大力支持，形成工作合力，借助政府的力量，引导广大农户树立正确的信用观念，增强诚实守信经营意识，进一步降低经营风险，为农村信用社更好地支持“三农”经济发展，支持县域经济发展创造一个良好的信用环境。

二OO五年九月三十日

山西省劳动和社会保障厅关于贯彻省委省政府进一步加快非公有制经济发展的决定和加快发展县域经济的若干意见有关问题的通知

晋劳社厅发[2005]267号

各市劳动保障局：

为了认真贯彻落实省委、省政府《关于进一步加快非公有制经济发展的决定》和《关于加快发展县域经济的若干意见》精神，切实加大劳动保障工作力度，促进我省非公有制经济和县域经济的发展，现就有关问题作如下通知：

一、强化技能培训，提高就业质量，大力推进劳务输出，全力做好就业再就业工作

1. 按照《山西省委、省政府关于进一步加快农村劳动力转移的意见》要求，以全面建设小康社会和构建和谐社会为目标，通过合理引导、公平对待、加强管理与服务，完善就业服务体系，强化就业服务功能，充分调动富余劳动力、用人单位的积极性，形成多渠道、多层次、多形式转移全省富余劳动力的格局，统筹城乡就业，实现城乡富余劳动力合理有序流动，促进全省城乡经济社会协调发展。

2. 大力开展有针对性的职业技能培训工作，培养学生的动手能力和实际操作能力，以缩短就业的适应期，增强就业的稳定性。同时要强化就业服务管理体制，充分发挥省、市、县（区、市）就业服务机构和街道（乡镇）劳动保障工作平台的作用，层层理顺就业服务机构，整合就业服务资源，省、市、县（区、市）就业服务机构和街道（乡镇）劳动保障工作平台人员经费要争取纳入财政预算管理。

3. 进一步落实和完善各项再就业扶持政策，支持各类非公有制经济的发展。要鼓励各类非公有制经济企业吸纳下岗失业人员。各有关部门要积极为非公有制经济企业享受扶持政策开设绿色通道，进一步简化审批程序，加快审批进度，帮助落实企业吸纳下岗失业人员的税费减免、社保补贴、岗位补贴、小额担保贷款等项再就业扶持政策。进一步完善扶持政策。要在国家的政策框架下，继续实施积极的就业政策，对吸纳下岗失业人员的非公有制经济企业提供更广泛的优惠，充分发挥非公有制经济在吸纳就业、促进经济发展方面的积极作用。

4. 结合贯彻《中华人民共和国民办教育促进法》，大力发展民办职业教育，支持和鼓励非公有制企业和个人投资创办职业培训学校，并允许其依法取得合理回报。指导城镇新生劳动力、农村进城务工人员、下岗失业人员，根据自己的就业愿望，有选择地参加职业技能培训。认真开展技能培训援助行动。多渠道开展农村劳动力转移培训服务，乡镇、街道劳动保障所（站）要设立培训咨询、报名服务热线，有组织地指导、监督职业培训机构按照国家职业标准为农村进城务工人员提供技能培训，使其真正掌握一技之长，提高他们的就业能力和就业质量，同时要做好培训与就业的衔接工作。

5. 在非公有制企业工作的技术工人，可以通过参加职业培训和技能鉴定，获得技师、高级技师在内不同等级的职业资格证书；可以参加中华技能大奖、全国技术能手、三晋技术能手等有关荣誉称号和其他行政奖励的评选。

6. 强化跟踪服务，维护外出务工人员的合法权益。要充分发挥驻外省劳务管理机构的职能，加强对我省劳务输出人员的管理和服务。与此同时，发挥劳动保障部门监督检查职能，加强省与省之间的沟通和协作，切实维护外出务工人员的合法权益。加大劳动保障监察执法力度，打击非法职业中介活动，重点加强劳动合同签订、工资支付和社会保险费缴纳情况的监督检查。各级劳动保障监察机构要及时依法处理各类投诉案件。对发布虚假招聘信息或利用招聘进行欺诈、损害劳动者权益的，要会同工商、公安部门予以严肃查处，严厉打击。

二、建立健全社会保障体系，扩大各项社会保险的覆盖面，使更多的人享有社会保障

7. 进一步加强养老保险扩面工作，重点加强非国有企业，包括城镇私营企业及其职工和个体劳动者纳入基本养老保险统筹的相关政策，加大将非公有制企业和城镇个体劳动者纳入养老保险社会统筹范围工作力度，努力使基本养老保险覆盖全体城镇从业人员。

8. 认真落实省政府《关于推进混合所有制企业和非公有制经济组织从业人员参加医疗保险工作的通知》（晋政办发[2005]27号）文件精神，大力推进非公有制企业参保工作。要综合考虑非公有制企业及其从业人员生产经营状况、缴费能力和从业人数等因素，按照“先大后小、统筹兼顾、逐步纳入、有序运作”的思路，采取更为灵活有效的措施，把规模大、效益好、人员多的企业率先纳入，对那些规模小、人员少、积极要求参保的企业也要及时吸纳进来。继续完善灵活就业人员参加医疗保险办法，积极推行“中介机构组织、经办机构登记、银行网点托缴”和设立个人参保窗口相结合的方式，实现灵活就业人员参保的零障碍。要妥善解决好农民工的医疗保险问题。从农民工务工的特点和医疗需求出发，按照“低费率、保大病、保当期”的原则，建立统筹基金和大额医疗费用补助资金，把在本省境内所有用人单位，包括企业、机关、事业单位、社会团体、民办非企业单位及与之形成劳动关系的农民工，全部纳入医疗保险范围。

9. 按照《失业保险条例》的要求，将我省区域内的城镇企业事业单位、社会团体、民办非企业单位全部纳入失业保险范围。要进一步加大基金征缴力度，通过规范缴费基数，完善个人缴费记录，加强稽核等措施，做到应收尽收。同时要加大清欠力度，要制订清欠计划，在完成历年清欠的基础上，避免产生新的欠费。充分发挥失业保险促进再就业的作用，把失业保险工作纳入就业发展的总体部署，成为积极就业政策和市场导向就业有机组成部分。要安排更多的资金用于促进就业再就业，切实用好职业培训和职业介绍补贴，提高使用效益，并会同有关部门，认真研究和积极探索失业保险促进就业的各种有效形式和办法，帮助失业人员尽快重返劳动力市场，减少失业存量。

10. 继续以推进矿山、建筑施工和危险化学品、烟花爆竹、民用爆破器材生产等高风险企业参加工伤保险为重点，进一步加大督查力反，全力推进高风险企业参加工伤保险。与此同时，积极会同有关部门制定和完善农民工参加工伤保险政策措施，推动用人单位为农民工及时办理参加工伤保险的手续，将与用人单位形成劳动关系的农民工全部纳入工伤保险范围。做好国有企业改制、破产过程中工伤人员保障的政策研究。根据工伤保险政策和国家关于改制、破产企业工伤人员安置的有关规定，进一步加强政策研究，并指导统筹地区做好改制、破产企业工伤人员安置和保障工作。

11. 认真贯彻落实省政府《关于做好乡镇企业职工社会养老保险工作的通知》要求和全省乡镇企业社会保险现场会精神，积极抓好乡镇企业农民工参加社会养老保险工作、确保实现“全面启动、全员参保”的目标；制定、完善有关农村社会养老保险的政策法规，确保各项政策法规的整齐配套；积极协调有关部门，组织各市县认真贯彻落实。加大行政推进力度，采取多种形式，扩大农村社会养老保险的舆论宣传。要改进作风、改善服务、以良好的形象和信誉吸引农民参保。

三、加强劳动合同管理，规范工资支付行为，妥善解决非公有制企业职工的劳动关系问题

12、加强劳动合同管理。非公有制企业必须依法与包括农民工在内的职工签订规范的书面劳动合同，并向劳动保障部门进行用工备案。签订劳动合同应当遵循平等自愿、协商一致的原则，企业不得采取欺骗、威胁等手段与农民工签订劳动合同，不得在签订劳动合同时收取抵押金、风险金。各级劳动保障部门要会同有关部门指导、推动企业依法与职工签订劳动合同，建立劳动合同管理台帐，完善相关规章制度，严格履行劳动合同。

13. 规范企业工资支付行为。非公有制企业要认真贯彻执行《工资支付暂行规定》，结合企业特点建立和完善企业内部工资支付制度，明确基本工资制度、岗位工资标准、加班工资计算基数等，在科学劳动定额基础上，合理确定计件工资单价，依法按时（最长不超过一个月）足额支付职工工资，工资标准不得低于或变相低于省政府颁布的当地最低工资标准。所有企业不能以实物、有价证券等其他形式抵付工资，也不得以任何理由拖欠或克扣职工工资。企业要建立健全职工工资正常增长和调整机制，在经济效益增长的前提下，每年都要通过工资集体协商等途径，制订工资增长计划，不断提高职工工资水平，使职工共享企业改革发展的成果。

14. 创建和谐劳动关系工业园区。充分发挥劳动关系三方协调机制的作用，指导、推动企业大力开展创建和谐劳动关系工业园区活动。园区内企业要认真执行《山西省创建和谐劳动关系工业园区（产业集聚区）标准（试行）》（晋劳社劳资［2001］119号），进一步规范劳动用工制度，构建和谐稳定的劳动关系，推动我省工业园区健康发展，使其在更大范围、更高层次上参与国际经济技术合作和竞争。此外，非公有制企业要依照《山西省女职工保护条例》，切实保障女职工的合法权益和特殊权益，禁止使用童工。非公有制企业并购国有企业，参与其分离办社会职能和辅业改制，在职工安置方面，参照执行国有企业改革的相应政策。

二OO五年十月二十日

山西省人民政府办公厅
关于印发山西省民营经济“十一五”发展规划的通知

晋政办发[2006]87号

各市、县人民政府，省人民政府各委、厅，各直属机构：

《山西省民营经济“十一五”发展规划》已经省人民政府同意，现予印发。

二OO六年十一月二十日

附：

山西省民营经济“十一五”发展规划

改革开放以来，我省民营经济不断发展壮大，已经成为社会主义市场经济的重要组成部分和促进社会生产力发展的重要力量。加快发展民营经济有利于繁荣城乡经济，增加财政收入；有利于扩大社会就业，改善人民生活；有利于优化经济结构，促进经济发展；有利于全省国民经济全面、协调、可持续发展。今后五年，是我省全面建设小康社会承前启后的关键时期，也是推进经济结构调整、加快新型能源和工业基地建设的关键时期。为此，依据《山西省国民经济和社会发展第十一个五年规划纲要》编制《山西省民营经济“十一五”发展规划》。这是我省历史上第一个民营经济五年发展规划。

第一章　“十五”主要成就

“十五”期间是我省民营经济发展速度最快和综合效益最好的五年。五年中我省民营经济贯彻落实科学发展观，加快改革与调整步伐，实现了持续、快速、健康、协调发展，为全省经济社会发展和全面建设小康社会做出了积极贡献。

民营经济对经济社会发展的贡献和作用显著提升。民营经济在我省经济、社会建设中发挥着不可取代的作用。五年间，全省民营经济平均增长速度保持在20%以上，高于全省GDP增长率近10个百分点，2005年，全省民营经济完成增加值2120亿元，总量比2000年的650亿元净增了近1500亿元，占到全省GDP的51.4%，占农村经济总量的近五分之四，实现了由2000年“三分天下有其一”到“半壁江山”的历史性飞跃；全省民营企业上缴税金263亿元，占到全省财政收入的三分之一；从业人员达到533万人，吸纳了农村劳动力的三分之一，农村富余劳动力和城镇新增就业的五分之四都流向民营企业；完成出口交货值202.30亿元，占到全省出口总量的71.23%；提供农民人均纯收入1442元，占到全省农民人均纯收入绝对额和新增部分的一半。民营经济生产的煤炭产量占到全省总产量的三分之一，焦炭、生铁、生铁铸件产量均占全省总产量的五分之四。许多经济强县，民营经济创造的增加值、上缴的税金均占到80%以上，除邮电、煤气、电力、金融、通信等国有垄断性行业外，其余基本上都是民营经济。民营经济已经成为农村经济和县域经济的主体，成为城乡居民就业和收入的主要渠道，成为地方财政收入的主要来源。

民营经济结构调整成效明显。一是民营经济布局分散的格局进一步改变，我省民营经济充分发挥自身优势，以龙头企业为依托，培育特色产业和拳头产品，集中连片发展，形成了规模优势。已初步形成了焦化、煤化工、冶金、铸造、锻造、特种耐火材料、建筑及日用陶瓷、乳业、农产品加工等特色经济区域，各类民营经济园区达到1.49个，入园企业完成的增加值和税金分别占到民营企业总量的五分之一和三分之一。二是传统优势产业面貌一新，整体水平全面提升。煤、焦、铁、钢等优势传统产业通过关小建大，开始由资源型向资源深加工型转变，全省民营企业拥有30万吨以上洗煤企业84个，40万吨以上机焦企业近百个，1000立方米以上高炉2座、百万吨钢厂6个。三是新兴产业发展迅猛，成长迅速。农产品加工企业年营业收入超亿元的达20家，规模以上企业达到近500家，初步形成了乳制品、粮油、小杂粮、醋系列产品、干果、畜禽等六大加工企业群体；第三产业发展速度明显提高，餐饮服务、商贸流通、集贸市场等传统服务行业发展壮大的同时，旅游业、信息中介服务业、文化娱乐业等新兴服务行业迅速发展起来；高新技术产业发展步伐加快，初步形成生物制药、精细化工、磁性材料、新型建材、高科技五大企业群体。

民营经济固定资产投资持续增加。五年间，全省民营经济固定资产投资持续增长，2001年全省民营企业固定资产投资近百亿元，2002年增加到190亿元，2003年达到360亿元，2004、2005年连续两年超过500亿元，几乎连年成倍增长。在2005年施工项目中，固定资产投资500万元以上的项目达1411个，其中5000万元以上投资项目达135个，亿元以上投资项目达94个，投资总额达451.92亿元，其中银行贷款下降到三分之一，引进资金比重上升到三分之一，企业自筹、社会集资比重占到三分之一，不少市重点技改项目80%以上为私营、个体企业和股份制企业，民营经济固定资产投资成为拉动我省经济快速发展的重要力量。

民营经济规模不断扩大。五年间，我省民营经济积极适应经济形势变化的需求，抓住有利的市场时机，不断提升企业竞争力，企业规模不断扩大，形成了一批企业“航母”。到2005年，全省规模以上民营企业达到3480个，其中有17户营业收入超过10亿元，362户营业收入超亿元，11户民营企业进入全国民企500强。全省纳税超千万元以上的民营企业达到228个，其中14户企业纳税超过亿元。山西海鑫钢铁集团公司销售收入超过70亿元，纳税达到4.6亿元，成为全省规模最大和纳税最多的民营企业。同时，民营企业技术装备、产品质量、管理水平也有了较大提高。

“十五”期间，全省民营经济在高速发展的同时，也存在一些不容忽视的矛盾和问题：

一是思想观念不够解放。创业意识不强，因循守旧，不愿冒险，乐于守摊子，小富即安等思想仍然普遍。

二是产业结构不尽合理。传统民营主导产业面临重大考验，产业、产品结构与国有经济严重趋同，重型、低档的结构性矛盾仍比较突出。焦化、生铁、冶炼等行业仍有大量的不符合国家和我省清理整顿要求的民营企业。新兴产业发展步伐慢，规模小，层次低，可持续发展的基础不够牢。

三是企业自身素质较差。在我省民营企业中家族式管理仍然占了绝大多数，许多民营企业由于缺乏管理人才和管理制度，发展目标不清晰，管理混乱；并且受产品结构和技术工艺的影响，不少企业严重污染环境，浪费资源，规模无法扩大，发展潜力较小。

四是主导产品市场不确定性增加。焦炭、生铁、钢材、建材等主导产品价格持续下跌，企业产能过剩，需求不足，主导产品市场状况难以把握。

五是融资渠道不够畅通。贷款难，担保难，融资渠道窄，资金短缺成为制约民营经济发展的瓶颈，制约了企业的发展。

六是服务体系不够完善。面向民营经济的政府公益性服务和社会中介服务体系不健全，服务功能差。

第二章 “十一五”面临的环境和形势

“十一五”时期，是我国全面建设小康社会承前启后的重要阶段，也是我省实现跨越式发展的关键时期。山西作为一个经济欠发达的省份，在加快经济结构调整、建设新型能源和工业基地的大背景下，民营经济的发展面临着难得的历史机遇，同时也面对着国内外严峻的挑战。如何走出一条具有山西特色的民营经济发展之路，是我们必须破解的重大课题。

一、发展的机遇

（一）发展的环境将进一步宽松。党的十六届三中全会做出了《中共中央关于完善社会主义市场经济体制若干问题的决定》，国务院出台了《关于鼓励支持个体私营等非公有制经济发展的若干意见》，省委、省人民政府也出台了《关于进一步加快非公有制经济发展的决定》，省人大即将出台《山西省中小企业发展促进条例》，我省民营经济发展的环境将进一步宽松。《中华人民共和国行政许可法》的颁布实施标志着我国政府职能从“管理型”向“服务型”的转变；在我省，随着多次权限下放，各种行政审批进一步减少，公共服务进一步加强，投资环境将进一步宽松，为我省民营企业的发展创造了良好的政务环境。

（二）发展的空间将进一步广阔。随着结构调整的深入，煤、焦、铁等传统产业尽管发展空间受限，但在二、三产业发展空间却非常广阔；随着国家和省里市场准入领域进一步的放宽，国防、文化、金融等领域均可进入，发展领域也更加扩展；随着国企改革力度的加大，大量国企将退出竞争性领域，民营经济发展的市场空间将进一步拓展；随着我省进一步扩大开放，进出口贸易和对外合作将更加活跃，国际市场将进一步开拓。

（三）发展的机遇将进一步显现。国家实施中部崛起战略，新的一系列扶持政策将出台，社会主义新农村建设，任务巨大，内容丰富，民营企业可广泛参与，在进一步壮大县域经济过程中，民营企业将承担和发挥主力军作用。我省晋西北、太行山革命老区开发战略的实施，为全省特别是贫困地区发展民营经济提供新的契机。

（四）发展的基础条件进一步夯实。经过多年的发展，我省民营经济中传统产业基本完成了资本积累，社会资本非常充足；在市场竞争中，我省民营经济培养了一支优秀的企业家队伍和职工队伍；在结构调整中，我省民营经济的技术装备水平和产品科技含量大大提高，为我省民营经济今后的发展奠定了良好的基础。

二、面临的挑战

一是宏观调控的影响逐步显现。国家宏观调控政策对我省以能源、原材料为主的产业、产品结构影响较大，“十一五”期间，我省民

表16 “十一五”时期山西省民营经济发展的主要指标

类别	指标	2005 年	2010 年	年均增长	属性
经济增长	民营经济增加值	2210 亿元	4500 亿元	20%	预期性
对外开放	出口产品交货值	202 亿元	350 亿元	12%	预期性
社会贡献	实缴税金	263 亿元	500 亿元	15%	预期性
	民营企业从业人员	533 万人	680 万人	30 万人	预期性
	提供城乡居民收入	1442 元	2000 元	100 元	预期性

营企业中一大批不符合产业政策的煤、焦、铁、钢企业将被关停，民营经济的发展速度将受到一定影响。如何引导这批已完成原始积累的企业发展，将是“十一五”期间如何发展我省民营经济的重大挑战。

二是资源环境约束进一步加剧。“十一五”期间，煤炭、铁矿等主要矿产资源的争夺将更加激烈，土地、水资源的供需矛盾将日趋紧张，环境污染问题更加突出，传统主导产业的进一步扩张将受到限制。如何引导我省民营企业走资源节约、可持续发展的道路，加快推进医药、旅游、新材料等新型产业的发展，将是我省“十一五”期间民营经济发展的核心任务。

三是国内市场的竞争压力越来越大。近年来，陕西、内蒙、河南、河北等周边省份大力发展能源产业、重工业，与我省民营经济发展方向趋同，我省民营经济发展的压力越来越大，同时我省民营经济单一的产业结构对经济的周期性波动适应性较差，随着国内外能源、原材料供求关系的变化，市场竞争将更加激烈。如何引导我省民营企业增强自身抵御风险的能力，加快对外开发的步伐，增强国内外市场的竞争能力，将是我省“十一五”期间民营经济发展的重要任务。

第三章 指导思想和发展目标

一、指导思想

坚持以邓小平理论和“三个代表”重要思想为指导，以科学发展观为统领，以结构调整与建设新型能源和工业基地为主线，以增加城乡居民收入和增加城乡居民就业为主要任务，突出民营经济、县域经济、产业群体三个重点，实施孵化小企业、扶持成长性中小企业和培育骨干企业三大工程，推进信用担保、信息网络、创业辅导、人才培育、法律维权、行业协会六大服务体系建设，促进全省民营经济在总量上有大发展，在增长方式上有大转变，在整体素质上有大提高，为我省全面建设小康社会做出更大的贡献。

二、基本原则

（一）坚持以人为本、科学发展的原则。要根据国家的产业政策和环保要求，把发展民营经济作为新农村建设、两个基地建设的重要组成部分，以拓宽城乡居民就业渠道、增加城乡居民收入为中心任务，优化配置城乡资源，科学发展民营企业。

（二）坚持发挥比较优势、培育竞争优势的原则。要充分发挥自然资源和劳动力资源的比较优势，大力发展劳动密集型和资源深加工型产业，大力发展农产品加工业，大力发展具有低成本竞争力的产业和产品；同时，要不断提高产品的科技含量，不断提升人力资本，努力培育竞争优势。

（三）坚持因地制宜、分类指导的原则。要坚持因地制宜、分类指导的原则。在民营经济发展尚处在起步阶段的地方，要以发展为主，在发展中提高；在民营经济发展已有较好基础的地方，要以提高为主，在提高中发展。各地要根据自身的资源禀赋特点和发展水平，确定主导产业和重点产品。

（四）坚持集约利用资源、保护环境的原则。要严格按照土地政策和能源消耗标准，引导民营经济聚集发展，降低污染治理的成本，鼓励发展资源节约型企业，淘汰资源浪费型企业。

（五）坚持市场主导、政府服务的原则。要坚持市场主导，遵循市场规律，民营经济发展要以面向市场，满足市场需要为目标。各级政府和部门应通过制定和实施法律法规和政策，为民营经济的发展提供良好的法制环境和政策环境，为民营经济提供信息等服务。

三、发展目标

按照指导思想和基本原则，“十一五”期间，全省民营经济要努力实现以下发展目标：

——保持较快发展速度。全省民营经济增加值平均增长速度保持在20%左右，占全省GDP的比重每年递增3个百分点以上。

——优化经济结构。“十一五”期间，我省民营经济要以特色园区和小城镇为依托，以骨干企业为龙头，重点发展劳动密集型企业、农产品加工企业、科技型企业和外向型企业，经过5年的努力，经济结构战略性调整取得显著成效，传统产业优化升级，新兴产业成长壮大，优势产品做大做强，形成具有较高成长素质和较强竞争能力的产业、产品结构。

——规范企业发展。全面深化民营企业改制，逐步建立归属清晰、权责明确、保护严格、流转顺畅的现代产权制度。加强企业基础管理，建立和完善规章制度，重点抓好“三大管理”，即质量管理、财务管理和组织管理，实现企业管理规范化。进一步拓宽投融资渠道，放宽市场准入，实现投资主体多元化，培育一批规范的公司制企业和上市公司。

——推进科技进步。引导和鼓励民营企业建立研发机构，形成以高新技术为先导、先进适用技术为主体、一般适用技术和传统技术并存的多层次技术体系。通过科技进步，增加科技含量，转变我省民营经济的发展模式和增长方式。扩大对外开放。引导企业全方位、多层次、宽领域的对外开放，进一步改变企业经营思路，着力开发适销对路产品，增加产品出口量，最大限度地开发国内外市场，扩大企业的竞争范围，增加企业的生存和发展的空间。要广泛开展国际贸易和经济技术合作，积极利用外资，鼓励外商在符合国家要求的产业领域来晋投资，发展开放型经济。

——提高人员素质。“十一五”期间，要通过实施“蓝色证书”培训工程，对民营企业在职人员开展岗前及在岗培训，提高民营企业从业人员的素质及操作技能。要不断增加民营企业专业技术人员和较高学历人员占职工总数的比重，到2010年，全省民营经济中专及技校以上文化程度的职工比例达到10%，具有专业技术职称的专业技术人员达到5%，同时使职工中技工的比例显著上升。增强可持续发展能力。“十一五”期间，要鼓励民营企业积极采用国际先进标准进行生产经营，推行质量和环保体系认证。要使民营企业主要行业的物耗、能耗、环保和安全指标基本达到全国同行业平均水平，大中型民营企业要争取达到国内先进水平。

第四章“十一五”发展重点

“十一五”期间，我省民营经济发展的重点是“五个促进”，即以政策法规为指导，促进民营经济的大发展；以新农村建设为动力，促进民营经济的整体推进；以两个基地建设为目标，促进民营经济结构调整的新突破；以“三大方阵”为龙头，促进民营企业整体素质的提高；以增强竞争力为核心，促进民营经济对外开放水平的提升。

一、以政策法规为指导，促进民营经济的大发展

（一）打破各种限制，放手发展民营经济。要认真落实国务院《关于鼓励支持个体私营等非公有制经济发展的若干意见》和省委、省人民政府《关于进一步加快非公有制经济发展的决定》，进一步改善、优化发展环境，简化审批事项和程序，放宽企业市场准入限制，允许民营企业进入法律法规未禁止的行业和领域。协调有关部门加快制定鼓励民营资本进入垄断行业、社会公用事业、基础设施建设等领域，以及参与国有企业、集体企业的改组、改制、改造的政策措施，鼓励支持民营资本进入社会各个领域，拓宽民营经济的生产经营范围。要充分调动民资、民力，大力发展民营经济，使之成为全省国民经济最具活力的增长点。

（二）积极参与国企改革，扩展民营经济发展领域。民营企业参与国企重组是加快国企改革与发展的重要手段，要把推进民营化作为国有企业改革的目标。要吸引已经完成了资本积累阶段，有条件参与国有企业重组的民营企业积极参与国企改革，对停产、濒临破产、资不抵债的国有企业进行参股、收购、兼并。通过对参与国企改革，加快民营经济转型，不断拓展民营经济发展领域，要支持和鼓励民营经济投资教育、文化、医疗、体育、旅游等第三产业，介入法律、会计、信息、咨询和社区服务等新兴服务业，进入小城镇建设、房地产开发、水利、市政基础设施建设等城镇建设和社会事业，形成多行业大发展的新局面。

（三）以创业促就业，不断壮大民营经济总量。依照《中华人民共和国中小企业促进

法》，组织开展“创办小企业，开发新岗位，以创业促就业”活动，引导、鼓励社会力量创办各类劳动密集型企业、农产品加工企业、科技型企业、外向型企业、社区型企业和围绕七大优势产业的配套型民营企业。大力开展创业宣传活动，激发全民创业的热情。面向大中专毕业生、复转军人、下岗职工和农村富余劳动力，组织开展大规模的公益性创业培训，充分发挥民营经济在解决就业方面的作用。组织实施万户小企业孵化工程，力争每年新创办小企业1万户，个体工商户5万户，新增城乡就业岗位30万个。充分利用现有的国有企业闲置土地、厂房、设备，充分利用和发挥现有的农村各类园区，规划建设50个中小企业创业基地，对列为省级中小企业创业基地的，享受省级工业园区、高新技术开发区的优惠政策。

二、以新农村建设为动力，促进民营经济的整体推进

要以党的十六届五中全会精神为指针，按照省委、省人民政府建设社会主义新农村的总体部署，大力发展乡村民营经济，促进民营经济的协调发展，推进农业产业化，加快农村工业化，带动农村城镇化，为建设社会主义新农村做出突出贡献。

（一）以产业化为核心，大力发展农产品加工业。要把发展乡村民营经济，发展农业产业化作为带动新农村建设的关键性、方向性的大事来抓，要大力创办农产品加工型企业，增强农村的“造血功能”和发展后劲。要充分发挥龙头企业的带动作用，用工业化的理念抓农业，推动农业向集约化、产业化、企业化、规模化方向发展。要紧紧围绕我省农业粮、畜、果、菜四大主导产品，适应农业产业化经营的需要，走种养加销运一条龙的路子，要加强“龙头企业”建设，使之充分发挥市场中介、服务中心等重要作用。要充分发挥资源优势，突出地方特色，以特色农业为主攻方向，争取在特色农业、都市农业、生态农业、绿色产品开发和农产品深工等方面率先取得重大突破，重点发展农产品储藏、保鲜、包装和深加工。要重点发展大型农产品加工龙头企业，发展高附加值精加工产品，形成在全国有较大影响的5个农产品加工品牌和10个年产值超5亿元农产品加工民营企业集团。

（二）以适应性为前提，加快发展县域特色经济。要把发展乡村民营企业，壮大县域经济、推进特色经济发展作为新农村建设的重要任务。要从实际出发，找准区域定位和产业定位，突出比较优势，以特色产品为依托，创办和强化优势企业，做强优势产业。要突出民营经济的作用，引导民营企业突破单纯的资源开发型发展思路，从加工和制造业入手，承接产业转移，以创办和发展科技含量高、经济效益好、能源消耗低、环境污染小、人力资源得到充分发挥的优秀企业为目的，以符合当地资源优势、产业特点、传统习惯的特色产业为依靠，形成多元优势支柱产业，使县域经济发展真正符合新农村建设的要求。

（三）以工业化为基础，积极推进城镇化进程。要以市场为导向，以产业为依托，以工业化为先导，积极推进各类园区建设，吸引和推动民营企业向园区集中，形成集聚效应，壮大园区经济。在园区内，要大力发展特色经济，以此为依托，吸纳农村服务业和农民进入，逐步向小城镇发展，形成小城镇的特色优势，不断推动小城镇经济发展。同时，要科学制定城镇规划，准确把握功能定位，完善小城镇功能，建立健全社会服务设施，吸引技术、人才、资金和适宜产业向小城镇流动，形成新的、更高层次的农村工业化。

（四）以项目建设为载体，加快推进“两区”开发的步伐。要本着“强县富民”的原则，充分发挥民营经济在地方经济中的作用，积极引导民营企业参与晋西北和太行山革命老区的开发，全面推进我省社会主义新农村建设。要高度重视“两区”开发工作，抓住机遇，认真筛选好项目，实现与相关政策的对接，获得各方面支持；要依据自身区位优势，大力招商引资，以开放推动发展，以招商推动发展，搞好资本运作，推动乡村民营经济的发

展。

三、以两个基地建设为目标，促进民营经济结构调整的新突破

“十一五”期间我省确立了建设新型能源和工业基地的发展目标，民营经济作为我省经济建设的强大动力，要注重在两个基地建设的基础上进行民营经济结构调整，要加快改变过于依赖煤焦铁等资源性产业的结构，加速新兴产业的发展，促进支柱产业多元化。

（一）统筹发展区域经济。一方面要构建以中南部为龙头，北部和东西两山竞相发展的区域发展新格局。太原、晋中、临汾、运城、长治、晋城民营经济发展较快、水平较高的地区要以提高为重点，进一步优化提升产业素质，大力发展新兴产业和接替产业，继续保持领先势头。大同、朔州、忻州、吕梁、阳泉等地要充分发挥资源优势，采取优惠措施，主动吸引省内外的资金、人才等要素，加快发展步伐。

另一方面要构建城市、县域、山区各有侧重的区域产业发展新格局。大中城市要重点发展第三产业，延伸传统服务业，拓展现代服务领域，引导鼓励民营经济进入医疗卫生、教育、城市公共事业、金融服务、文化娱乐等新兴服务业，扶持培育物流、信息、旅游等现代服务业和高新技术产业；广大的县域、城镇、乡村要充分利用当地的各类资源，按照新型工业化的要求，加快技术改造，促进产业升级和产品更新，大力发展县域工业和特色产业；山区要立足当地资源，紧紧围绕粮、畜、果、菜四大主导产品，大力发展农产品加工业，发展劳务经济和庭院经济。

（二）鼓励发展八大产业。紧紧围绕我省的传统四大产业和新兴四大产业，确定我省民营经济的主导发展产业，“十一五”期间，坚持传统产业新兴化，新兴产业规模化的发展方向，在巩固、提升煤炭、焦化、生铁、普钢等传统优势产业的同时，要加快发展八大产业。

煤炭深加工产业：大力发展洗选煤、型煤，精心培育清洁能源产业，逐步以清洁型能源替代原煤出省。

焦化工产业：加大技术改造力度，提高焦油、煤气等副产品回收和加工利用水平，尽快形成煤焦油、粗苯集中加工，煤气余热回收，中煤、煤泥、矸石利用和精细化工产品综合开发的焦化工业体系和多元化产品结构。

铸造产业：重点发展多口径离心球磨铸管、高精密铸件、汽拖配件、机床配件、体育器材，生铁加工转化率达到70%以上。

建材产业：大力发展优质、高效、高强、保温、防热、防水、防火、环保、节能的新型建材，重点发展新型建筑墙体材料，高档墙地砖、新型板材、卫生洁具等新型装饰装璜材料。

农产品加工产业：重点发展乳制品、粮油、小杂粮、醋产品、干果特产、畜禽等六大类农产品加工企业。

医药产业：重点支持生物医药业的发展，强化天然药物、基因工程产品的生产；加强对新制剂产品的研发和推广，提高传统中成药和化学制剂产品的质量管理，下大力气进行市场开拓。

旅游产业：重点建设“行、游、住、食、购、娱”等配套设施；针对性的开发一批具有浓郁民俗特色的旅游产品；积极发展民营旅游公司等服务组织。

服务业：在提升、改造餐饮、住宿、商贸等传统服务业的同时，鼓励发展文化、娱乐、社会中介服务、信息咨询、物流、金融、保险等现代服务业，重点支持建设一批现代化的、档次较高的大型商贸市场和现代物流园区。

（三）重点发展六大企业群体。要引导民营企业群体发展，通过核心或重点产业的企业群体发展带动相关或配套产业的发展，要重点发展焦化、冶炼、铸锻造、医药化工、农产品加工、商贸等六大企业群体。

焦化企业集群：在引导山西安泰、潞城潞宝、山西阳光、山西美锦、山西大土河、山西金业、山西三佳、楼东俊安、山西通洲、山西城财、孝义金晖、孝义金岩、太原东盛、洪洞远中、山西一一、介休茂盛、吕梁东辉规范发展的同时，积极推进相关企业联合进行煤焦油

加工项目。

冶炼企业集群：要加快推进闻喜海鑫、翼城翼钢、中阳钢铁、福盛钢铁、曲沃宇晋、长治常平、长治长信、长治长宁、宏达钢铁、海威钢铁等一批钢铁企业的规范发展；鼓励和支持闻喜银光、闻喜宏富、闻喜八达、武乡同翔、河津振兴、河津龙门、运城山河、交口肥美等一批镁、铝冶炼及合金企业做大做强。

铸锻造企业集群：要推动清徐赵家堡、山西三联、垣跃实业、潞城新华大、交城兴龙、翼城丰昆、高平泫氏、清徐北录树、侯马汤荣、晨晖管业等一批铸造企业的产品升级换代，加快发展太谷玛钢、定襄法兰等具有特色机械加工群体。

医药化工企业集群：依托太原经济开发区、晋中医药园区、晋城医药园区、大同经济开发区、长治屯留康庄医药园区等5个具有自主品牌的医药工业园区，重点发展桂龙医药、广誉远制药、云中医药、山西威奇达、普德药业、泰盛制药、山西康宝、山西三宝、万荣三九、山西华康、华辉凯德、安特生物、三川药业、宝泰药业等一批医药企业。

农产品加工企业集群：重点发展粟海集团、古城乳品、忠民集团、屯玉种业、大象禽业、雁门乳业、厦普赛尔、晋美油脂、水塔老陈醋、康喜奶业、平遥龙海、中鲁果汁、晋龙饲料、伟业造纸、山西强胜、青玉油脂、纪元实业、平遥牛肉、宏达玉米、太原旭光等一批重点农产品加工企业。

商贸企业集群：要积极发展现代物流产业，使之尽快成为民营经济新的增长点。重点推进太原服装城、大同云中等商贸园区的建设，重点发展华宇购物中心、太原北郊钢材市场、现代装饰大世界、美特好超市、贵都百货、大同五爱、太原万水商贸城、山姆士超市、长治紫坊农产品交易市场、河津市津辉国际建材城等商贸企业发展。

四、以“三大方阵”培育为龙头，促进民营企业整体素质的提高

“十一五”期间，要围绕我省“三大方阵”企业的建设，加快我省民营企业的发展步伐，通过扶持发展骨干企业，引导企业建立现代企业制度，推动质量进步，促进技术创新，加强人才培训，推进信息化进程，促进我省民营企业整体素质的提升。

（一）扶持发展骨干企业。在“十一五”期间，要实施“1251”企业成长工程，推动我省民营企业做大做强，培育一批我省民营企业的排头兵，着力培育一批技术进步、主业集中、主导产品突出、规模较大的企业和企业集团，形成全省“三大方阵”的重要支撑和后备力量。即经过五年的精心培育，到2010年，要建成10个产值超百亿元，利税超十亿元，20个产值超50亿元，利税超5亿元的龙头企业，500个产值超亿元的骨干企业，重点扶持1000户成长性强的企业发展壮大，初步形成一批具有竞争力的规模企业群体。同时要鼓励中小企业向“专、精、特、新”的方向发展，特别是向信息技术、生物技术、新材料技术等方面发展，同时注重发展为大型企业配套服务的中小企业，形成产业间的协作。

（二）建立现代企业制度。民营企业的所有制形式和组织形式应尊重在实践中的选择，不搞一刀切。在放手发展独资、合伙、股份合作、中外合资合作等企业的同时，要通过培训学习、典型引路、政策引导等途径，鼓励和引导有条件的民营企业由个人管理、家族管理逐步建立产权清晰、权责明确、政企分开、管理科学的现代企业制度，鼓励民营企业与省内外国有资本、外资和其他民间资本发展混合所有制经济。要加强与省上市办、证券机构和深交所的联系合作，积极推荐、辅导和帮助达到上市要求的企业。力争到2010年，股份制公司数量占到规模以上民营企业总数的50%，建立起100个体制健全、经营规范的股份有限公司，力争有5个企业成为上市公司。

（三）提升产品质量。要强化质量管理，提高质量意识，建立健全生产标准体系和产品质量检验、计量、检测体系，积极推广先进的质量管理理念，组织开展全员质量管理和全面

质量达标活动，不断提高产品质量，引导广大民营企业走质量兴企的发展道路。加强对名优企业和名牌产品的扶持保护，实施名牌工程。鼓励支持民营企业开展GB/T19000国家标准、IS09000系列国际标准和IS014000国际环境标准的认证工作，到2010年，通过各种国际、国内体系认证的企业达到1000家。

（四）促进科学技术进步。“十一五”期间，要以提高民营企业自主创新能力为目标，支持科研机构、大专院校与民营企业联合建立技术创新机构和技术服务平台，推动民营企业自主创新、联合创新，增强企业竞争力，大型企业要建立独立的研发机构，中小企业要走技术引进的路子。要鼓励民营企业积极采用国际先进标准生产经营，积极采用先进适用技术，提高技术水平，推行质量和环保体系认证，要组织开展彩虹工程，帮助企业与大专院校、科研院所开展经济技术合作，解决技术难题。要使民营企业主要行业的物耗、能耗、环保和安全指标基本达到全国同行业平均水平，大中型民营企业要争取达到国内先进水平。在“十一五”期间，建立技术创新中心和研发机构的民营企业达到300个，信息化示范企业达到500家，大型企业研发费用占到销售收入的3%以上。

（五）加强人才培训。在人力资源管理制度上，鼓励民营企业根据自身实际，探索公开招聘制、任职资格制、聘任制、试用制、末位淘汰制、竞争上岗制、全员劳动合同制、管理职务和技术职称双轨制等各种有效的制度形式。对民营企业在职人员开展岗前及在岗培训，提高民营企业从业人员的素质及操作技能。要不断增加民营企业专业技术人员和较高学历人员占职工总数的比重，鼓励企业参加银河培训工程和蓝色证书培训工程，每年培训企业家10000名，培训职工50万人次。到2010年，全省民营经济中专及技校以上文化程度的职工比例达到10%，具有专业技术职称的专业技术人员达到5%，同时使职工中技工的比例显著上升。

（六）推进信息化建设。按照党的“十六大”提出的“以信息化带动工业化”的要求，引导企业参加民营企业上网工程，力争到2010年骨干企业全部有自己的网站，规模以上企业全部有自己的网页，充分利用网络信息，在网络招商、产品营销、技术交流等方面走在中西部地区的前列。要鼓励支持民营企业开展自动化生产，努力降低成本，提高管理水平，把信息化应用到生产经营的各个环节，进而提高企业的自身竞争力。同时，组织实施诚信工程，每年评选、表彰一批诚信守法企业，并在新闻媒体公布。

五、以增强竞争力为核心，促进民营经济对外开放水平的提升

要把对外开放作为“十一五”期间的主要工作来抓，坚持全方位、多层次、宽领域的对外开放，坚定不移地实施“走出去”战略，发展外向型经济。

（一）坚持解放思想。要在树立开放的发展理念上进一步解放思想，引导民营企业由主要依赖自然资源、传统市场向利用好两个市场、两种资源转变，更加自觉地统筹省内发展与对外开放，积极主动地参与国内外经济技术合作和竞争；要在对外合作方式上进一步解放思想，探索灵活多样的合作方式，注重人才、技术、土地、资源、管理等生产要素的配置和合作，既积极吸引省外、海外投资者以多种方式合作，也鼓励我省有比较优势的企业到省外、海外投资发展；要扎实推进政府职能的转变，要求地方各级政府工作人员增强“亲商、安商、扶商、富商”意识，努力改善民营企业的投资环境，特别是努力改善民营企业投资的软环境，提高服务质量和办事效率，树立重合同、重信誉、依法办事的良好形象，提高外资投资民营企业的吸引力。

（二）实施“走出去”战略。鼓励有条件的民营企业跨出国门，到国际市场上去寻找新的生存和发展空间，最大限度地开发国际市场，扩大企业的竞争范围，增加企业的生存和发展的空间。引导和鼓励民营企业采取独资、

合资和收购等多种方式，兴办境外资源开发型企业和技术开发型企业；引导和鼓励民营企业发展境外加工贸易，带动技术、设备、原材料和劳动力的输出；支持有条件的民营企业通过兼并、收购、联合等方式，发展成为主业突出、市场竞争力强的大公司大集团，将其中部分骨干民营企业发展成为面向国际市场的跨国公司，开展跨国经营。加强民营企业出口产品基地建设，促进其出口产品结构的优化。鼓励和支持民营企业申办自营出口经营权，大力发展自营出口，积极应对国际知识产权保护和市场封锁，开拓国际市场，提高产品的国际市场占有率。引导民营企业着力针对国际市场开发适销对路产品，增加产品出口量，引导民营企业出口产品由低附加值为主向高附加值为主转变，在努力降低产品成本的同时，不断提高产品质量，增加品种，改进包装和售后服务。引导企业进行各类进出口企业产品标准化认证和企业认证工作，进一步提升品牌意识。

（三）引导民营企业开展战略合作。要引导民营企业加强与世界500强企业、行业排头兵的对接，鼓励和支持他们在我省设立装备制造基地、产业配套基地和研发中心。要引导民营企业建立与国内外大财团、高等院校和科研院所的战略合作，探求资金、技术、人才等生产要素对接的有效模式和方法，谋求高起点的战略协作和长期的互利合作，尤其要注重技术的引进、消化和吸收，带动自主创新能力的提高，通过开放为我省民营企业加快发展提供智力和科技支撑。积极引导民营企业赴国外进行市场调研和商贸考察，引导企业加大境外市场调研力度，与国内外其他企业建立战略合作关系。同时引导民营企业积极承接国际产业转移，参与国际产业链分工，积极发展对外加工贸易，利用境外办企业、转口贸易等多种形式，巩固和扩大出口市场，不断提高国际竞争力。

（四）大力招商引资。要树立省外即外的观念，坚持内商外商齐招，内资外资并引，既注重与国外大财团、大集团建立合作关系，又加强与国内知名企业的协作，鼓励民营企业利用国外生产要素。要引导民营企业加大对外招商引资工作的力度，积极探索委托招商、组团招商、网上招商、以商招商等新的招商方式，拓宽招商引资范围，提高招商工作效率。鼓励外资企业特别是大财团和大公司以收购、控股、参股和委托经营等多种方式，投资和管理一些规模较大但经营不善的民营企业。要推出一批发展前景好、产业关联度高、集聚效应明显、对全省经济发展有较大带动作用的项目，吸引国内外大企业、大集团投入资金和技术，使战略合作成为实质性的合作。鼓励外商投资中西部民营企业。鼓励民营企业以市场和资源换技术等手段，大力引进国外先进技术。采取多种激励措施，吸引国外的优秀人才来民营企业工作。要抓住发达国家和我国东部地区产业升级后原有产业梯度转移的机会，充分发挥我省的区位、资源和产业优势，大规模地招商引资。到2010年，我省民营经济引进省外、国外资金占到民营经济投融资总量的35%以上。

（五）要注重发展会展经济。要全面、科学地认识会展经济的作用，提高企业的会展经济意识，提高其参与度。鼓励民营企业积极参加国际、国内各类经贸活动，承办或组织开展1~2次国内大型招商引资、经贸洽谈和产品展销活动。要争取创办一个有吸引力、有规模、有效益、有品牌的国际性会展，至少每年举办一次。要学习外地的先进经验，结合山西特点，走创新之路，使会展经济办出特色，促使会展经济的质量和效益不断提高，促进山西外向经济的发展。

（六）坚持区域经济合作。区域经济合作是经济发展的必然趋势，也是扩大对外开放的有效途径。要引导我省民营企业与中部省份民营企业之间开展经贸合作、人才培训，技术协作等全方位、深层次的交流合作；建立我省管理部门人员、民营企业经理赴东部沿海省份之间的对等交流学习的长期机制；每年组织开展与其他国家、地区中小企业的合作交流活动。要深化与周边和中西部省份的合作，主动与内蒙古、河北、河南、陕西等相邻省份加强合作，促进优势互补，加强协作互动；抓住国家促进中部地区崛起的机遇，与中部省份在产业布局、项目规划等方面互利合作，共赢发展；要扩大与珠三角经济区的交流，积极参与珠三角和泛珠三角的各类经贸活动，充分利用珠三角独特的区位优势和人文背景，借船出海，扩大我省同港澳及海外的联系与合作。

第五章 保障措施

“十一五”期间，我省民营经济发展任重而道远，如何保障各项任务的圆满完成，各级管理部门要在创造民营经济发展的良好环境上下大力气。要明确责任，充实力量，规范行政行为，增强工作透明度，提高行政效率，加快向服务型政府转变，尽快建立和完善民营经济政策法规、资金支持、社会服务、社会保障四大支撑体系。

一、构建较为完善的政策法规体系

（一）制定出台《山西省实施中小企业促进法办法》。

（二）抓好国务院《关于鼓励支持个体私营等非公有制经济发展的若干意见》和省委、省人民政府《关于进一步加快非公有制经济发展的决定》的督查落实，推动省直有关部门和未出台配套文件的市县加快出台配套文件。

（三）制定符合我省民营经济实际的产业发展指导目录。

（四）会同有关部门制定鼓励、引导传统产业资金和民间资金向新兴产业投资的政策措施。

（五）制定鼓励中小企业创业的政策措施。

二、形成较为有力的资金支持体系

（一）积极争取国家有关部门的资金支持，争取我省有关部门重大项目投资的支持。

（二）积极争取由省人民政府建立中小企业发展资金，每年由省人民政府从民营经济上缴税金增长部分中拿出一部分，从其他渠道筹集一部分，建立不少于1亿元的省级中小企业扶持资金，投入形式主要采取贷款贴息、资本金注入方式，以此带动银行和社会的资金投入。各市、县应按照相关规定，尽快建立本级中小企业扶持资金，并与省级资金配套投放，到2010年，力争使省、地两级资金总数达到5亿元。

（三）加快建立中小企业担保体系。鼓励支持成立中小企业担保公司。加强与金融机构的合作，搭建企业与金融部门对接的平台，积极争取银行支持。大力推广区域内企业互助担保或融资等措施，解决企业短期融资问题。到2010年，我省中小企业担保机构资本金力争达到60亿元，注册资本在1亿元以上的担保机构发展到5家。同时，逐步规范全省中小企业担保行业的发展。

三、建成较为健全的社会服务体系

继续健全和完善民营经济社会服务体系，为民营经济开拓市场和提高整体素质提供良好的服务。要重点解决信用担保、信息网络、创业辅导、人才培育、法律维权、行业协会等方面的服务问题，要围绕“五有”开展工作，即：有组织、有人员、有场地、有经费、有工作。

一是加快信用担保体系的规范，加强、完善民营经济风险投资担保机制；二是加强信息网络体系的建设，形成国、省、市三级中小企业（民营经济）信息网络；三是强化创业辅导体系的功能，建立民营企业创业辅导中心和创业基地，为创办民营企业开展各类服务；四是加速人才培育体系的完善，建立全省民营经济人才库，提高人才培育水平；五是抓紧法律援助体系的建立，积极筹备成立各级中小企业法律援助服务中心，开展协调企业劳动和民事纠纷等法律咨询服务；六是发挥行业协会体系的作用，要大力发展协会会员，建立行业竞争自律机制，建立行业诚信的评价体系，促使行业发展协调、有序，避免行业间的恶性竞争。

四、建立民营企业社会保障体系

联合有关部门，加快建立完善各级党委、政府负责民营经济党的工作的机构；建立健全民营企业党组织，充分发挥党组织的战斗堡垒